U0693682

马松源 主编

图文珍藏版

周易

线装书局

习坎卦第二十九 ䷜

【经文】

坎下坎上　习坎①有孚维心亨,行有尚。②

初六　习坎,入于坎窞③,凶。

九二　坎有险,求小得。④

六三　来之坎坎⑤,险且枕,入于坎窞,勿用。⑥

六四　樽酒簋贰,用缶,纳约自牖,终无咎。⑦

九五　坎不盈,抵既平,⑧无咎。

上六　系用徽纆,置于丛棘,三岁不得,凶。⑨

【注释】

①习坎:卦名。通行本为第二十九卦,帛书本为第十七卦。"习",重,谓两《坎》相重叠。

此卦有二名:一为《习坎》,帛本亦作《习坎》(《习赣》),《彖》《象》同;一名为《坎》,《序卦》《杂卦》同。然八经卦重卦后,其他七卦卦名不变,则此卦亦当与彼相同,故仍以称《坎》为是。

"坎"为陷阱,做动词则为掘地为坎以陷物。甲文中"坎"作"凵",陷人则作"臽",陷牛则作"凷",陷鹿则作"凷"(参裘锡圭《释坎》,《甲骨文字研究》第四辑)。《归藏》中《坎》作"荦",疑即"凷"字,与"坎"相同。汉石经残字作"欿",更为醒目。

②有孚维心亨,行有尚:"孚"训卦兆、征兆。"维"同"唯","唯心",顺心(《诗·敝笱》笺:"唯唯,行相顺随之貌")。此"有孚唯心"与《益》卦九五"有孚惠心"同,谓所得卦兆顺随人心。"尚",嘉奖、崇尚。时处《坎》时,见诸行动则有嘉尚。

③窞:坎中之小坎,谓坑陷深处。

④求小得:寻求脱险可略有收效。九二阳刚,居中,与九五敌应,故言"得";未出坎陷,故仅"小得"。他卦敌应不好,而坎险之时,阳刚敌应亦佳。此"得"与上六之"得"相照。

⑤来之坎坎:"之",往。由上至下为来,由下至上为往。"来往"谓前后进退。"坎坎",坑坎相连。

⑥险且枕,入于坎窞,勿用:"枕"或作"沈"(《释文》),深。"勿用",勿轻举妄动。六三处下坎与上坎之间,进退皆坎,故当时时警惧而勿妄动,即《乾》卦九三所谓"终日乾乾"。

⑦樽酒簋贰,用缶,纳约自牖,终无咎:"樽",酒器。"簋",圆形盛饭食器。"缶",盆。"用缶",谓一樽之酒、二簋之食,盛之以盆。"纳",进献。"约",结,结好。"牖",导也、通也。此言六四柔顺居正,以樽酒二簋,进献结好以自通,终可摆脱困境而免于咎害。

⑧坎不盈,抵既平:"盈",满。"坎不盈",谓坑坎尚未填平。"抵"同"抵",至、至于。"既",尽,完全。"抵既平",谓通过不懈努力,很快就会达到完全填平。

⑨系用徽纆,置于丛棘,三岁不得,凶:"系",被绑缚。"徽纆",绳索。"真"同

"置"。"丛棘",围有荆棘的牢狱。"得"与"系""真"相对,指脱险。

【译文】

习坎卦:面对重重陷险,仍然能够意志坚定,勇往直前,这种行为是高尚的。

初六:陷险重重,跌入陷坑最深处,十分凶险。

九二:坑中处境仍然险恶,只求小有改善。

六三:来到坑边,坑非常危险且一个紧挨一个,一不小心便会掉进坑的深处,因此切勿轻举妄动。

六四:一杯酒,两碗饭,用瓦器盛着,悄悄地从窗口递进去,结果没有发生不幸。

九五:取小丘之土填凹陷之坑,虽然坑未填满,小丘却已被铲平,没有什么不好。

上六:被绳索绑住手脚扔在荆棘丛生的地方,三年都逃不出来,凶险啊!

乙公簋

【解读】

本卦阐述了身处陷险之境如何冲破艰险的原则。艰难陷险时期,也正是体现人性光辉的时候,临危不惧意志坚定,对光明依然执着追求,这是崇高的行为。陷险绝非好事,因而尽量不要陷入;若已经陷入,则不可操之太急,而应稳步涉险,徐图解脱。陷入既深,更不可轻举妄动,而应寻求自保之策,静以待变。居于领导地位的人,应发挥自己的才能,以求化险为夷,帮助人民一起脱离险境;事关全局,更宜小心谨慎,稍有不慎,便将愈陷愈深,最终不能自拔。

【经典实例】

信义救人救己

一个人能在紧急危险之时,用诚信和正义来勇敢面对,不仅能使自己逢凶化吉,也会让别人免于灾祸。下面这个感人的故事就极好地证明了这一点。

公元前四世纪,在意大利,有一个名叫皮斯阿司的年轻人触犯了国王。皮斯阿司被判绞刑,在某个法定的日子要被无辜处死。

皮斯阿司是个孝子,在临死之前,他希望能与远在百里之外的母亲见最后一面。国王感其诚孝,决定让皮斯阿司回家与母亲相见,但条件是皮斯阿司必须找到一个人来替他坐牢。

这是一个看似简单其实近乎不可能实现的条件。有谁肯冒着被杀头的危险替别人坐牢呢,这岂不是自寻死路。但,茫茫人海,就有人不怕死,而且真的愿意替别人坐牢,他就是皮斯阿司的朋友达蒙。

达蒙住进牢房以后,皮斯阿司回家与母亲诀别。人们都静静地看着事态的发展。日子如水,皮斯阿司一去不回头。眼看刑期在即,皮斯阿司也没有回来的迹象。人们一时间议论纷纷,都说达蒙上了皮斯阿司的当。

行刑日是个雨天,当达蒙被押赴刑场之时,围观的人都在笑他的愚蠢,那真叫愚不可及,幸灾乐祸的也大有人在。但刑车上的达蒙,不但面无惧色,反而有一种慷慨赴死的豪情。追魂炮被点燃了,绞索也已经挂在达蒙的脖子上。有胆小的人吓得紧闭了双眼,他们在内心深处为达蒙深深地惋惜,并痛恨那个出卖朋友的小人皮斯阿司。

就在刽子手将屠刀举起前的瞬间,人们听到了从雨声中传来的呼喊:"我回来了,我回来了! 刀下留人,不要杀我的朋友!"

人们在惊诧中回过神来,只见皮斯阿司从远处飞快地奔跑过来,一边跑一边挥舞着手臂,同时大声喊着。

这个令所有人感动的消息,像雨声中的呼喊一样,很快传进了王宫,传到了国王的耳朵里。国王似乎不敢相信。他亲自来到刑场,召见皮斯阿司和达蒙,确认之后,大为感动,当场赦免了他们的死罪,并给予厚重赏赐。

在艰难困顿之中,如果确实能够做到守诺诚信,信念坚定,内心诚实而能看到光明亨通,有时真的产生一种神奇的力量,使人们能够跨越艰难险阻,走出困境。

西尔斯公司的成功之道

坎卦阐释突破艰难困境的原则。在险难中,也足以发扬人性的光辉,坚定刚毅地突破重重险难,正是诚信的最高表现,最崇高的行为。首先应当明察,不可陷入险难,至少也不可深陷。既已陷入,不可操之过急,期望过高,应步步为营,逐渐脱险。陷入已深,更不可轻举妄动,应先求自保以待变。在险难中,不可拘泥常理,应当运用智慧,以求突破。即或已有希望脱险,也应当谨慎,要把握最有利的时机。如果轻举妄动,就会愈陷愈深,终于无法自拔了。

百年老店美国西尔斯公司是当今世界上最大的零售商业企业。它的总部设在世界上最高的110层的摩天大楼——芝加哥西尔斯大厦里,拥有各类商店2500多家,分布在美国、加拿大、英国、巴西等30多个国家和地区。年销售额高达300多亿美元,是美国最赚钱的公司之一,其发展稳定就连美国通用汽车公司也望尘莫及。

自创建以来,西尔斯公司坚持以市场为中心、顾客至上的经营方针,公司发展异常迅猛。到20世纪70年代初期,公司在美国和世界各地的零售商店已发展到2000多家,年销售额达200多亿美元,成为世界上最大的以零售为主的现代化商业企业。然而,不久之后,爆发了一场严重的经济危机,西尔斯公司由于当时在经营上过分侧重为上流社会服务,面对突如其来的商品减价的浪潮,有些措手不及。结果,这一"商业帝国"也同美国许多企业一样,出现了危机。它在美国零售市场上所占的比重下降,从1967年的9.3%下降到70年代末的8.2%,年销售额也下跌到200亿美元,西尔斯公司的财务面临空前的困难。

就在西尔斯陷入困境的严重关头,在西尔斯工作32年之久的特林,受命于危难之中,在1979年当上了西尔斯公司的董事长兼总经理。

特林上任后的第一项措施,就是对公司的组织进行大刀阔斧的整顿。他首先

国学经典文库

把一位年仅46岁的地区分公司经理布伦南提到分管全公司商品销售的重要岗位上，全权负责重组公司商品部。接着，又让55岁以上、工作无多大起色的经理人员提前退休，让有干劲、有志向的年轻人来接替。

与此同时，特林坚决地把国内外那些经营不善的商店和子公司统统关闭、变卖，不管它开办有多久，也不管它是否是新创办的。从1979年到1982年，西尔斯关闭的商店就有200家左右，连1925年开业的赫赫有名的芝加哥劳代尔区零售商店也不能幸免。经过这番整顿，公司变得更加精干有力了。

特林深知，顾客的信任是无价之宝，是商业企业取得成功的生命线。因而，他在总结前人经验的基础上，提出了一系列争取顾客信任的措施。

为了及时准确地了解顾客的需求，西尔斯设立了美国规模最大的居民需求调研部。每天公司营业结束后，分设在全国各地的销售网点必须在当天晚上，把当日销售的商品的种类、品名、数量、花色、厂牌名称和价格等，用电子计算机统计出来，电报总公司。调研部收到各销售网点的报告后，立即对上述各种情况进行分类统计，并据此对市场销售趋势和顾客的爱好进行分析，对货物的增减提出建议。第二天早上，7点刚过，当西尔斯公司的决策者走进办公室，打开计算机终端的显示屏时，他们想知道的东西都呈现在眼前，从而能迅速地做出正确的决策。

要赢得顾客的信任，就要有值得顾客信任的商品。为了确保商品质量，西尔斯专门选派366名采购员和302名技术员，到供应西尔斯公司产品的生产线进行严格监督。比如，为了保证抽水马桶的可靠性，他们让它连续工作10万次，每次1分钟。每样商品检验合格了，才准许摆上柜台出售。

为彻底消除消费者的顾虑，西尔斯重申创办初期提出的"包您满意，否则原价退款"的口号，并增添了新的内容：对退回来的东西从不争论，收回任何原因退回来的商品。此举为西尔斯赢得了用金钱也买不到的良好声誉。

特林在公司的经营上还提出一个响亮的口号："跟上时代，着眼未来"。他决策投资17亿美元，对600家商店进行装修改建，并新建62家现代化商场。这些"未来的商店"为顾客提供了更为舒适的环境和更为周到的服务，以吸引顾客到西尔斯商店消费更多的金钱。

曾为西尔斯立过汗马功劳的邮购业务，也随着时代的前进而进一步完善。西尔斯目前的邮购对象已面向全国，邮售的商品目录已增加到1000多项，并在全国各地设立了2383个利用商品目录进行销售的中心。时至今日，西尔斯的邮售营业额仍占全公司销售额的20%左右。

特林不仅把目光停留在传统的商品上，而且努力扩大经营范围，使公司向多元化经营的方向发展，从而大大提高了公司抗风险的能力。1981年，西尔斯大胆地介入金融服务业，花巨额资金买下两家金融公司，成立西尔斯金融服务部，经营提供信贷和销售股票的业务。由于它经济实力强大，深得顾客信任。仅1983年，就获利7亿美元。此后，特林又制定扩展金融服务的大胆战略：把公司的信用卡变为借方卡，这样就能自动从储蓄账户上扣除购买商品的价款。此外，西尔斯还成立了"西尔斯通讯网公司"，提供长途电话服务，使用电话的顾客的电话费，可以在每个月西尔斯开给他们的账单内支付。

经过特林几年的苦心经营,西尔斯冲出了困境。西尔斯重展世界头号商业企业的雄姿,生意兴隆,利润上升。如今这家历经百年沧桑的老店成了美国人心中最理想的购物天堂。

西尔斯是把困境当成了机遇,调动了最大的智慧,弥补了过去的缺陷,创新了一系列的机制,如履薄冰般地一步一步脱离险境,重新迈向辉煌,它的种种做法正符合"坎卦"所阐发的精神。

承　诺

一次8.2级的地震几乎铲平美国的小石镇,在不到4分钟的短短时间里,3万人以上因此丧生!

在一阵破坏与混乱之中,有位父亲将他的妻子安全地安置好了以后,跑到他儿子就读的学校,然而他迎面所见,却是被夷为平地的校园。

看到这令人伤心的一幕,他想起了曾经对儿子所做的承诺:"不论发生什么事,我都会在你身边。"至此,父亲热泪满眶。面对看起来是如此绝望的瓦砾堆,父亲的脑中仍记着他对儿子的诺言。

于是父亲马上挖掘,其他悲伤的学生家长赶到现场,悲伤欲绝地叫着:"我的儿子呀!""我的女儿呀!"有些好意的家长试着把这位父亲劝离现场,告诉他"一切都太迟了!""无济于事的!""算了吧!"等等,面对这种劝告,这位父亲继续进行挖掘,工作,一瓦一砾地寻找他的儿子。

不久,消防队队长出现了,也试着把这位父亲劝走,对他说:"火灾频传,处处随时可能发生爆炸,你留在这里太危险了,这边的事我们会处理,你快点回家吧!"而父亲却仍然回答着:"你们要帮助我吗?"

警察也赶到现场,同样让父亲离开。这位父亲依旧回答:"你们要帮助我吗"然而,却没有一个人帮助他。

只为了要知道亲爱的儿子是生是死,父亲独自一人鼓起勇气,继续进行他的工作。

时间一分一秒地流逝,挖掘的工作持续了38小时之后,父亲推开了块大石头,听到了儿子的声音。父亲尖叫着:"阿曼!"他听到回音:"爸爸吗?是我,爸,我告诉其他的小朋友说,如果你活着,你会来救我。如果我获救时,他们也获救了。你答应过我的:'不论发生什么事你都会在我身边',你做到了,爸!"

"你那里的情况怎样?"父亲问。

"我们有33个,其中只有20个活着。爸,我们好害怕,又渴又饿,谢天谢地,你在这儿。教室倒塌时,刚好形成一个三角形的洞,救了我们。"

"快出来吧! 儿子!"

"不,爸,让其他小朋友走出去吧! 因为我知道你会接我的! 不管发生什么事,我知道你都会在我身边!"

朋 友

公元前四世纪,在意大利,有一个名叫皮斯阿司的年轻人触犯了国王。皮斯阿司被判绞刑,在某个法定的日子要被无辜处死。

皮斯阿司是个孝子,在临死之前,他希望他能与远在百里之处的母亲见最后一面。国王感其诚孝,决定让皮斯阿司回家与母亲相见,但条件是皮斯阿司必须找到一个人来替他坐牢。

这是一个看似简单其实近乎不可能实现的条件。有谁肯冒着被杀头的危险替别人坐牢,这岂不是白寻死路。但,茫茫人海,就有人不怕死,而且真的愿意替别人坐牢,他就是皮斯阿司的朋友达蒙。

达蒙住进牢房以后,皮斯阿司回家与母亲诀别。人们都静静地看着事态的发展。日子如水,皮斯阿司一去不回头。眼看刑期在即,皮斯阿司也没有回来的迹象。人们一时间议论纷纷,都说达蒙上了皮斯阿司的当。

行刑日是个雨天,当达蒙被押赴刑场之时,围观的人都在笑他的愚蠢,那真叫愚不可及,幸灾乐祸的人大有人在。但,刑车上的达蒙,不但面无惧色,反而有一种慷慨赴死的豪情。追魂炮被点燃了,绞索也已经挂在达蒙的脖子上。有胆小的人吓得紧闭了双眼,他们在内心深处为达蒙深深地惋惜,并痛恨那个出卖朋友的小人皮斯阿司。

但是,就在这千钧一发之际,在淋漓的风雨中,皮斯阿司飞奔而来,他高喊着:我回来了!我回来了!

这真正是人世间最最感人的一幕,大多数的人都以为自己在梦中,但事实不容怀疑。这个消息宛如长了翅膀,很快便传到了国王的耳中。

国王亲自赶到刑场,他要亲眼看一看自己优秀的子民。最终,国王万分喜悦地为皮斯阿司松了绑,并亲口赦免了他的死刑。

纵观《坎》卦六爻,尽管身处险境,但吉凶不同,这里的关键在有无诚信。有诚信且又刚健中正者,就能脱离险境。在现实生活中,人难免要遇险,而一旦遇险,一个人能否像水一样有一种始终往前流淌的信念,是否把诺言当作泼出去的水永远不能收回,对于能否脱离险境至关重要,对于交际则更为重要。有的人不把诚信当作谋略,是的,诚信是一种做人的品质和姿态,但有的时候,诚信又是一种最高超的谋略。

"露华浓"脱险记

5年5任CEO,钱港基是最后一位。当他用6个月时间完成了前4任都没有完成的任务时,美国总部竟不相信这是个奇迹。

20世纪末,怀着对中国市场的无限向往,美国著名的化妆品品牌"露华浓"(REVLON)登陆中国。接下来的几年时间里,以上海为基地的"露华浓"并没有如愿打开中国市场,仅在少数一些大城市里才能见到身影,大肆压货的销售模式也极

大地伤害了经销商的激情,销售额连年下滑。

为了止住溃败之势,"露华浓"5年之内,连续换了5任CEO,钱港基是第五个,也极有可能是最后一个。抱着最后一搏的心态请来钱港基的露华浓美国总部,对公司在中国市场上的表现已经失望到了极点:"再不行,就撤出中国市场!"

6个月后,钱港基就让"露华浓"扭亏为盈。如今,数千万美元的债务也已经成了过去式,"露华浓"在中国市场上的发展前景更是为业内人士所看好。

头顶大洋彼岸"必须扭亏"的巨大压力,身背数千万美元的巨额债务,钱港基就这样开始踽踽独行。2000年7月31日,是钱港基正式就职的第一天,他做的第一件事,就是聘任了一位新的财务总监(CFO)。但一个星期后,在看清楚公司的财务状况后,这位CFO决定辞职:"我实在看不到这个公司的前途在哪里。"

老实说,尽管对解决"露华浓"数千万美元的债务相当有兴趣,但到底需要多长时间,钱港基心里也没有底。人称"财务神童"的钱港基在看过公司的财务报表后,觉得那位CFO的结论还是下得有点草率。

解决问题的最好办法,就是先让问题彻底暴露出来。上任第一个月,忙于了解情况的钱港基,在员工们的期待中却选择了简单地说"OK",甚至面对明显的弄虚作假,他也是如此。实在看不下去的秘书怎么提醒他也没有用。

第二个月,钱港基找到了"露华浓"的病根——对市场缺乏了解,公司决策不够灵活。在他加盟之前,"露华浓"的上层管理人员几乎都是外籍人士,甚至有的CEO竟然坐镇中国香港,遥控指挥。而中国美容化妆品市场的竞争已经白热化,远离一线做出的决策是无法指导实战的。同时,由于对中国市场缺乏了解,"露华浓"的外籍管理者认为上海市场就代表了全中国,他们甚至把上海的销售模式向全国推广,希望能做到"一招鲜,吃遍天"。

两个月过后,在全体员工大会上,胸有成竹的钱港基宣布了一个令所有人都震惊的计划——在2001年底前实现赢利。会后,他立即上报给美国总部一个2001年比2000年营业额增长50%的计划。

就像一把冰冷的手术刀,找到并割掉病变的部位,痛是避免不了的。正式动手改革前,钱港基首先就开除了一个不按规矩做事损害公司利益的员工,接下来的3个月,找准了方向的钱港基带领他的员工向着目标飞速前进。对于露华浓中国公司的员工来说,快速奔跑显然让他们无暇顾及改革带来的迷茫和痛苦。

中国地域广大,各地人对化妆品的消费习惯有很大差异。华东和华中消费人群对彩妆和护肤用品支出最大,华北相对少些,西南和华南最少,而且人们选用的产品也有很大区别。比如华南由于日照时间长,因此注重清爽不油腻的产品,很多人甚至没有日常上妆习惯。而华北的消费群体则喜欢浓妆艳抹。描口红、上粉底、搽眼霜……钱港基把"露华浓"的所有产品亲自体验了一回,得出的结论是:"露华浓"的产品变化不够,无法满足市场需求。为此,钱港基把全国分成华南、西南、华东、华中和华北5大区,特别强调了"因地制宜"的策略,按照地区推出不同的主打产品。

为了把公司打造成一支战斗力强而且灵活的队伍,钱港基为财务部、市场部和销售部立下章程。生产部门生产什么产品,旧的产品怎样快速处理,都有详细的规

定。同时,他要求每个销售人员去观察竞争对手,每个人列出一个竞争对手卖得最好的 5 种产品名单,如"欧莱雅"的口红卖得好的是什么颜色。钱港基认为"重要的是颜色,其次是品质和包装"。新的销售策略随即全盘上马,销售人员便捧上这套行头去打天下,一旦遇到困难,马上回来,根据市场的变化迅速做出调整。

长期以来,"露华浓"坚持走的都是中档路线,与竞争对手使用促销、打折等惯常方法不同的是,"露华浓"产品价格坚挺,钱港基对促销手段的使用相当谨慎。如果某个大商场为了做促销一次性向"露华浓"拿 10 万元的货,钱港基非但不会兴奋,反而会思忖再三:"因为很可能在一次活动中只卖出去 5 万元的产品,剩下的只能靠不断打折或附送等方式才能销出,而我们还很有可能收不到经销商的钱。表面热热闹闹的推广让我们和经销商双方压力都很大。我不认为推广一个品牌要用亏本低价铺路。"

一连串攻守有据的组合拳下来,竞争对手惊呼:"'露华浓'变了!"过去市场上那个几乎是人见人欺的"露华浓",变得骁勇善战,显露出了彩妆巨人的实力。但钱港基对中国的彩妆市场却有自己的认识:中国总的彩妆和香水市场并不会很大,护肤和洗护用品市场则相当大。此前,"露华浓"的销售对象主要是 24~30 岁的成熟女性,钱港基的计划是,通过形象改变和更多洗护用品的引进,力争在 1~2 年之内,把 17~24 岁的年轻群体也争取过来。

2001 年 1 月,"露华浓"真的实现了赢利。对这个奇迹,美国总部甚至怀疑这个 CFO 出身的 CEO 在财务报表上做了手脚。在审计结果出来后,露华浓公司才开始真正欢庆这"可疑"的胜利。

人生和事业陷入困境时,应如何摆脱困境,解决困难,是一个应急关键。为了事业的发展,要千方百计突破艰险。

所以,当你身陷困境时,你应当力避深陷,将损失减少到最低的限度,逐步设法脱险,勿操之过急,先求自保以待其变,应摆脱常规,脱险第一,应把握好有利的时机,不要妄动。

及时采取措施以免陷得更深。既然已经陷入坎陷,惊慌失措没用,而应首先设法止住下陷的趋势,将其控制在一定的程度,而将已有的损失减少到最低限度,然后再去考虑别的问题。无疑,这个原则对我们企业决策都是有指导意义的。发现错误而及时改正,所陷不深,改正也很容易;否则愈陷愈深,改正就难了,就像人犯了小错而及时回头、尚可无大害。羞犯了小罪而不知回返,只能愈陷愈深,直到灭顶。

身陷困境,应逐步设法脱险,而不可惊惶。或急于脱险而操之过急,那样非但不达目的,反而会招致更大的灾难。先从局部做起,改善局部条件,然后一步步达到改善全局的目标,方为上策。

程门立雪

程颢、程颐兄弟两个都是宋代极有学问的人。进士杨时为了丰富自己的学问,毅然放弃了高官厚禄,跑到河南颖昌拜程颢为师,虚心求教。后来程颢去世,杨时

自己也四十多岁了,但仍然立志求学,刻苦钻研。为了不断提高自身的学问修养,他又跑到洛阳去拜程颢的弟弟程颐为师。

有一天,杨时和他的朋友游酢一块到程家去拜见程颐,但是正遇上程老先生闭目养神,坐着打盹。这时候,外面开始下雪,这两个人求师心切,又不敢打扰先生休息,于是便恭敬地侍立在门外,也不敢动。过了好长时间,程老先生才慢慢睁开眼睛,才知道杨时和游酢站在门外。这个时候,门外的雪已经积了一尺多厚了,而杨时和游酢并没有一丝一毫疲倦和不耐烦的神情,态度依然是恭恭敬敬。

要走出坎险的困境,需要两方面的条件:一是非人为因素,二是人为因素。非人为的因素,我们就无能为力了,所以只能在人为方面做文章。要克服坎险,就需要自身有能力;而要提高能力,只能通过学习。这个"程门立雪"的故事,不仅反映了求学的精神,而且也反映了品德修养,因此值得深入体悟。

宋 银壶

从报童到超级富豪

在美国,石油大亨不少。但像邦尼一样,屡败屡战,以超人的毅力扫除重重险阻,获得成功的极少。所以说,邦尼一生的经历具有传奇色彩。

1928年,邦尼出生于美国俄克拉荷马州的荷顿威尔镇。从12岁起,他给人送报,并给报社做钟点工。

1949年,邦尼转入俄克拉荷马大学,主修地质学,并于1951年以优秀的成绩毕业。遗憾的是,他没有成为地质学家,进入菲纳斯石油公司当了一名职员。

1954年,邦尼辞职。邦尼用自己的银行储蓄,采取分期付款的形式,买下一辆福特牌客货两用车。创办了一家石油公司,其职员就他一人。他的公司周转快、成本低,收费当然也低廉。而且办事又迅速又可靠,因此,获得同行们的器重,营业额逐日增加。

随着业务的增加,工作量的日益加大,邦尼决定扩大他的一人公司规模。

1956年9月,邦尼和约翰·奥伯恩、麦卡特组成一个新公司——石油发展机构。

石油发展机构的资金由邦尼投资50%,麦卡特和约翰·奥伯恩各占投资额的25%。此外,他俩还借给公司10万美元,由邦尼在5年内连本带利一并归还,否则公司由这两位股东接管。

公司开业后,邦尼任董事经理。他雇了两名优秀的助手:一个是初任公司秘书的施拉芙小姐,后来被提升为经理;另一个是后来任加拿大卡加里分公司经理的罗顿。这两个人都非常熟悉石油业这一行,有着特别丰富的经验。

1958年3月,公司提出开发16口油井的计划,立即就有51名投资者参加,集

资达50万美元。一年以后,16口井中除7口井是干井外,8口井开始生产石油气,1口井可供开采石油。这一年的生产总值达225万美元,超过投资基金的4倍。公司和投资者都赚钱了。

他们信心倍增,同一年年底又推出马沙利斯计划,以医生马沙利斯为主准备开发13口油井,集资47.5万美元。结果,又一次大获成功,13口油井中仅有4口干井,全年生产总值达300万美元;邦尼的事业跃上了一个新的台阶。

这两次的巨大成功使邦尼雄心勃发,他决定大干一番。1959年,一项新的开采计划又匆匆上马。由于判断失误,公司在得克萨斯州历时4个月所钻的油井全部是干井,整整损失了50万美元。

这一沉重打击,使公司业务开始跌入低谷,不得不大量裁减人员,最少的时候只剩下3个人。可是,邦尼并没有气馁,他继续在美国和加拿大之间不停地奔波,积极寻找机会,寻找理想的采油点,以图东山再起。

可是,邦尼的努力一次次遭到失败,在整整3年中,看不见一点起色。但是邦尼没有绝望,还是积极奔波,功夫不负有心人,终于一个机会来了。1962年,邦尼在得克萨斯州一个小郡发现了一块满意的油田,可钻98口油井,每天可保证产油60桶。这时,公司财务状况已经难以维持正常经营了,邦尼只好以每口井4万美元的价格批给投资者。尽管这样,还是赚了75万美元,还清了债务。职工人数又增加了。

邦尼在危境中不绝望,沉着应付,迎来了成功。

寒号鸟的故事

在小学我们学的寒号鸟的故事就是一个典型的拖延的事例。

在古老的原始森林,阳光明媚,鸟儿欢快地歌唱,辛勤地劳动。其中有一只寒号鸟,有着一身漂亮的羽毛和嘹亮的歌喉,更是到处游荡卖弄自己的羽毛和嗓子。

看到别人辛勤地劳动,反而嘲笑不已,好心的鸟儿提醒它说:"寒号鸟,快垒个窝吧!不然冬天来了怎么过呢?"

寒号鸟轻蔑地说:"冬天还早呢?着什么急呢!趁着今天大好时光,快快乐乐地玩玩吧!"

就这样,日复一日,冬天眨眼就到来了。鸟儿们晚上都在自己暖和的窝里安详地休息,而寒号鸟却在夜间的寒风里,冻得瑟瑟发抖,用美丽的歌喉悔恨过去,哀叫未来:"哆哆嗦,哆哆嗦,寒风冻死我,明天就垒窝。"

第二天,太阳出来了,万物苏醒了,沐浴在阳光中,寒号鸟好不得意,完全忘记了昨晚上的痛苦,又快乐地歌唱起来。

有鸟儿劝说:"快垒窝吧!不然晚上又要发抖了。"

寒号鸟嘲笑地说:"不会享受的家伙。"

晚上又来临了,寒号鸟又重复着昨天晚上一样的故事。就这样重复了几个晚上,大雪突然降临,鸟儿们奇怪寒号鸟怎么不发出叫声呢?太阳一出来,大家寻找一看,寒号鸟早已被冻死了。

在每个人的生命长河里，都泛着分分秒秒光阴的波浪，它们稍纵即逝，却又"法力无边"，能把你推向成功的彼岸，也会引你触礁覆没在险滩。时间中唯有"现在"最宝贵，抓住了"现在"，就抓住了时间，做事才有可能成功。事情拖久了可能会变，甚至会失败。

班超当机立断

公元73年，东汉班超出使西域到了鄯善，鄯善王十分礼遇班超，但不久态度就变了。班超告诉属下的官员说："觉不觉得鄯善招待我们的态度，变得不够周到了呢？这一定是匈奴有使者来的缘故，所以鄯善王犹豫不决。明眼人在事情尚未发生时就看得很清楚，何况事态已很明显了呢？如果让鄯善俘虏我们，送给匈奴，我们可能就会葬身在豺狼的口腹之中了。不入虎穴，焉得虎子。唯一的办法，就是借着夜色，火攻匈奴的使者，让他们不知道我们有多少人，一定会很惊慌，那就可以将他们歼灭。匈奴一旦被灭，鄯善自然吓破胆，大功也就告成了。"

班超于是率领属下，奔向匈奴的营地，当天恰好是刮大风的天气，班超下令十个人带鼓，藏身在匈奴房舍的后头。约定看到火然后击鼓、叫喊。匈奴大乱，班超杀了三人，属下则杀了匈奴使及其手下三十余人，其他大约一百人，都被火烧死。

第二天，班超面见都善王，拿匈奴使者的首级给他看，都善全国上下都惊恐非常，就交出王子作为人质。

这是古代军事斗争中当机立断、大功告成的例子。在现代，在变化纷杂的政治、军事、经济、社会活动中，也会有情势危急之际，此刻也应果敢决断。优柔寡断，决心难下，只能痛失良机，遗憾终生。

项羽的优柔寡断

秦朝末年，刘邦攻打关中，占领了咸阳。但是刘邦没想到项羽很快就出现在关中，当他听说项羽准备攻来时，十分惊讶，心想，目前的状态怎么也打不赢项羽。于是就请项羽的叔父项伯居中调解，约好亲自去向项羽道歉。

鸿门宴上，范增屡次使眼色示意项羽杀沛公，又举所佩带的玉做杀状以示意项羽，连做三次，但项羽始终默然，毫无反应。范增看情形不对，便起身来到外面对项庄说："项羽为人心肠太软，不忍亲自下手。你进账去，上前向沛公敬酒，敬完酒便请求在座前舞剑，然后就趁舞剑之便，在沛公的座上杀他。如果失败的话，你们这些人都将会被他杀尽九族。"

项庄于是入账向刘邦敬酒。敬完酒便向项羽说："君主和沛公饮酒，军中没有什么可供娱乐，请准卑将表演剑舞，用以娱乐嘉宾。"

项羽说："好！"项庄于是拔剑起舞，项伯看出项庄的用意，也拔剑起舞，在二人同时舞剑的时候，项伯不断用身体掩护沛公，项庄才没有机会刺杀沛公。

力拔山兮气盖世的项羽有勇无谋，鸿门宴上坐失良机，让刘邦逃脱。结果，刘邦有机会壮大自己的力量，逼得项羽乌江自刎，从而顺利地建立了西汉政权。

古人常说的两句话"将在外,君命有所不受"和"快刀斩乱麻"都是讲决策的命题。重大局势面前,决策须慎重。时间允许之时当三思而后行,时间紧迫之际应有当机立断的魄力。当断不断、反受其乱。

袁绍迟钝多疑失去良机

曹操东征刘备时,人们议论纷纷,担心出师后袁绍从后方袭来,使得曹军进不能战,退又失去了依据的地盘。曹操说:"袁绍生性迟钝而又多疑,不会迅速来袭击我们。刘备是新起来的,人心还未完全归附于他,我们抓紧时间快速攻打他,他必败无疑。这是生死存亡的关键时刻,不可丢失时机。"于是,决心出师东征刘备。

谋士田丰果然劝袁绍说:"老虎正在捕鹿,熊进入了虎窝而扑虎子。老虎进不得鹿,退得不到虎子。现在曹操征伐刘备,国内空了。将军有长戟百万,骑兵千群,率军直指许昌,捣毁曹操的老窝,百万雄师从天而降,好像举烈火去烧茅草,又如倾沧海之水浇漂浮的炭火,能消灭不了他吗? 兵机的变化在须臾之间,战鼓一响,胜利在望,曹操听到我们攻下许昌,必然会丢掉刘备而返回许昌。我们占据了城内,刘备在外面攻打,反贼曹操的脑袋,一定会悬挂在将军的战旗杆上。如果失去了这个机会,曹操归国之后,休养生息,积存粮食,招揽人才,就会是另一种情况。现在大汉国运衰败,纲纪松弛,曹操以他凶狠的本性,用他飞扬跋扈的势力,放纵他虎狼的欲望,酿成篡逆的阴谋,那时,即使有百万大兵攻打他,也不会成功。"

袁绍听后,以儿子有病,推辞此事,不肯发兵。田丰用拐杖敲着地叹道:"遇到这样好的机会,却因为婴儿的缘故而失去了,可惜呀可惜!"

曹操的预见力和判断力远胜于袁绍,这是二人在战争中成败得失不同的根本原因。机不可失,时不再来,不管过去、现在还是将来,这一原则都永远不会改变。

鲁迅的座右铭:要赶快做

1918 年,鲁迅在《新青年》杂志上发表短篇小说《狂人日记》时,第一次采用了鲁迅这个笔名。当好友问及鲁迅有什么讲究时,鲁迅回答说,用这个名字的原因之一,是取愚鲁而迅速之意。他认为自己比较笨拙,无论对学问或者干事情,效率赶不上天分较好的人。这种情况下,只有更加勤勉,做事迅速,才能在一定时间内收到和别人一样的效果。

凡事拖不得。鲁迅的写作经验就是"马上"。鲁迅在《马上日记》中写道:"⋯⋯然而既然答应了,总得想点法;想来想去,觉得感想倒偶尔也有一点的,干时接着一懒,便搁下了,忘掉了。如果马上写出,恐怕倒也是杂感一类的东西,于是乎我就决计:一想到,就马上写下来,马上寄出去,算作我的划到簿。"

他还在逝世的前一个月,写过一篇叫《死》的文章,说由于生命产生了"为先前所没有的"、对一切事情"要赶快做"的想法,"因为在不知不觉中,记得了自己的年龄"。鲁迅经验的可贵,就贵在"马上"和"要赶快做"上。

做事拖延是一种很坏的工作习惯，对一位渴望成功的人来说，拖延具有破坏性，也是最危险的恶习，它使人们丧失进取心。一旦开始遇事拖延，就很容易再次拖延，直到变成一种根深蒂固的习惯。所以，我们要积极地行动，摆脱懒惰与拖延的恶习。

在生活中，我们经常听到有些人说出类似这样的话："我要是等等看，情况会好转的。"这种话表明，他已经陷入了惰性之中。对于有些人来讲，这似乎已经成为他们习以为常的一种工作方式。他们总是明日复明日，因而总是碌碌无为。

如果你做事习惯拖延，那你就绝对不是一位优秀的人。如果一个人存心拖延逃避，就能找出成千上万种理由来辩解为什么事情无法完成。如果你发现自己经常为了没做某些事而制造借口，或是想出千百个理由来为没能如期实现计划而辩解，那么现在正是该面对现实动手做事的时候了。

要时刻把握住当前，做到今日事今日毕。现在做意味着成功；将来某一天做意味着失败。本杰明·富兰克林说过："不要把今天能做的事推到明天做。"我们做任何事情都必须有个明确的时间计划，要珍惜分分秒秒的光阴，心中要有"一寸光阴一寸金"的态度。如果做事总是拖拖拉拉，注定是要失败的。

做事拖延不决，不能当机立断付诸行动，那是因为有所顾虑，做事总是瞻前顾后，犹疑不定。顾虑是我们自己制造的梦想扼杀者，是某事为何不该或者不能做成的辩白或解释。我们必须抛掉顾虑，因为它捆住了我们的手脚，让我们永远平庸。顾虑就像一条拴在精力充沛的狗脖子上的皮带，它会阻止你向前，不是有时，而是每次。

克服顾虑的方法之一就是马上去做！行动可以影响你各方面的生活，它能帮助你去做你所不想做而又必须做的事，同时也能帮助你去做那些你想做的事。它能帮助你抓住宝贵的时机，这些时机一旦失去，就决不会再回来。

在每个人的生命长河里，都泛着分分秒秒光阴的波浪，它们稍纵即逝，却又"法力无边"，能把你推向成功的彼岸，也会引你触礁覆没在险滩。时间中唯有"现在"最宝贵，抓住了"现在"，就抓住了时间，做事才有可能成功。事情拖久了，可能会发生变故，甚至会有灾难。所以，我们需要想尽一切办法不去拖延，对付惰性最好的办法就是根本不让惰性出现。要在积极的想法一出现时就马上行动，让惰性没有乘虚而入的可能。

行动不一定能带来令人满意的结果，但不采取行动就绝无满意的结果可言。因此，如果你想取得成功，就必须先从行动开始。当你养成"现在就动手做"的工作习惯时，你就掌握了个人进取的精义。

孔镛只身退峒人

在人生处于困境，周围的环境过于险恶的时候，应该面对现实，安定心态，避开鲁莽，在深思熟虑之后，寻找解决问题的有效方法，这是《坎卦》告诉人们的道理。

在明孝宗时，云南少数民族地区经常发生骚乱，或是彼此侵扰，或是与官府对抗。很多的官员都不想到那里为官，孝宗知道孔镛的贤明，便把孔镛调到了田州。

孔镛就任田州知府,刚上任的第三天,州内的军队全都到别处执行任务去了,只留下一座空城和几十名老弱病残的兵丁。当地的峒族山民得到了消息,一大清早就冲到山下,包围了州城。众人惊慌失措地关起城门,下决心与城里的老百姓一起死守几天。可是新上任的知府孔镛却命令门卫把城门打开,让峒族人进来。一些久在田州的老官员纷纷说道:"大人,不行啊,峒族人全是山里野人,他们可不知什么空城计,你只要一开门,他们就杀进来了!"

"这是个孤立的城池,内部又空虚,守城能支持几天呢? 只有因势利导,用朝廷的恩威去晓谕他们,或许他们会解围而去。把门打开,我出去与他们谈,我将用皇上的恩威与仁德之理去劝导他们。"众人一听全都哭笑不得,心想这个迂腐的知府老爷怕是死定了。一些好心人不忍看太守去送死,竭力相劝,但孔镛决心已定,接着说:"这是我的城池,我应当独自前去。"众人纷纷劝阻他,但孔镛立即命

明代文官常服

令准备好坐骑,并命令开城门。众人请他带着士兵去,孔否定了。

城门打开了,峒族人望见城门开了,以为是军队出来交战,再一看,是一个官员骑着马走来了,只有两个马夫为他牵马,而且城门随即关上了。只见孔镛身着朝服,毫无惧色。一个峒族人首领喝道:"你是什么人,还不下马受死!"孔镛不慌不忙地说道:"我是新来的太守,带我到你们寨子里去见你们的族长!"

峒族人一听太守要到寨子里去,一时不知如何是好,因为有史以来还没有一位朝廷命官到他们山寨中去,一定不能冒犯,这样的大事得族长来拿定主意。"好吧,我们带你去。"首领说着便带着攻城的大队人马和孔太守往山里走去。

敌兵退了,也避免了一场血战,城里的人都很高兴,然而,峒族人把太守也带走了,田州知府上上下下的人一时不知如何是好了。

孔太守跟着峒族人走到半路上,只见路两边的树林中捆了好多人,那些人一看太守来了,都哭喊道:"大人救命,大人救命啊!"孔太守一看就明白了,这些路过的商人和出城赶考的学子,是被峒族人在半路上捉住的。放人是他们族长的权力,于是他不动声色,一直往前走。

中午过后,到了峒人的山寨,族长并没有见他,而是在屏风后面观察事态的变化。孔太守坐到了位子上。一个首领拿着刀来杀他。孔太守大叫一声:"无礼,本太守第一次到你们寨子视察,还不跪下!"

那个首领不动,反问:"你是什么人? 到这里就是我们的俘虏!"

"叫你们的族长出来跟我说话! 告诉他,我是你们的父母官孔太守,没有我就没有人管教你们! 没有我,你们永远只能是过着打家劫舍的日子! 没有我你们的生活永远不得安宁! 我冒死前来解救你们,你们却要杀我,这是天理不容的事啊! 如果你们不听我的话,我的官兵马上就会前来兴师问罪了……"

还没等孔镛把话说完,族长从屏风后走了出来,双脚跪倒在地,连连磕头说:"要是以前朝廷的官员都像你说的那样体恤我们,我们也就不至于这样,我保证,在您任太守期间,我们绝不会再骚扰进犯州城。一定听大人的话!"

众人一见,全都跪到了地上。

孔太守说:"起来吧,我知道你们本是良民,因饥饿所致入城抢夺,现在我来做你们的父母官,把粮食和布发给你们渡过眼前的难关。明年春季我们再做计划,如果你们过不上好的生活,我孔镛就不离开田州。我走了一个上午的路,现在我已经饿了,给我拿饭来!"

峒族人马上给孔太守做了一顿好饭。吃完饭,孔太守说:"备床,我要休息了。"接着便从容入睡。

第二天一早,他便对峒族人的族长说:"跟我到城里取粮食和布去吧。"于是,众人便随他往城里去。走到半道上时,又看到那些捆在树上的人。孔太守说:"这些秀才是好人,你们既然已经归顺朝廷,就应该放了他们,让他们跟我一起回去。以后也不许再乱捉人了!"峒族人给秀才们松了绑,把帽子和衣服还给了他们,秀才们纷纷向孔太守叩头谢恩。

黄昏时分,孔太守带着峒族人来到了城下。城上的官吏一看,又吓坏了。他们说:"一定是太守投降了峒族人,带着他们来攻城了!"孔镛大喊:"开门,开门!"可城中就是不开门。孔太守这时才明白了,叫峒族人退到大路边上,自己走到城门口。这时城门开了,他来到城里,讲明了情况,城中百姓十分高兴。

峒族人将粮食和布帛运回了山寨,十分感谢,从此老老实实地过起了日子。在这以后孔镛也信守诺言,经常到峒族人的山寨,问寒问暖,帮助峒族人发展生产,使他们很快就过上了幸福的生活。在孔镛调离田州时,峒族人倾寨而出,男女老少跪立在官道两边,喊声震天,哭声恸地,送这位给他们重生的衣食父母。

孔镛身为太守,面对峒族山民的刀刃从容不迫,只身闯入峒族人的山寨,用自己的真诚换来了充满野性的峒族山民的信任,使长期与官府对立的峒族人归顺了朝廷。他也用类似的方法平息了其他少数民族的是非恩怨,保证了明朝边远地区的安宁。

拿破仑曾经说过:"近于绝望的境地最能启发一个人的潜伏力量,没有这种经历,英雄也就难以显现出自己的本色。"善于在绝望中找到希望的人才是真正的强者。

离卦第三十

【经文】

离下离上　离①利贞,亨,畜牝牛吉。②

初九　履错然,敬之,无咎。③

六二　黄离,元吉。④

九三　日昃之离,不鼓缶而歌,则大耋之嗟,凶。⑤

九四　突如其来如,焚如,死如,弃如。⑥

六五　出涕沱若,戚嗟若,吉。⑦

上九　王用出征,有嘉折首,获匪其丑,无咎。⑧

【注释】

①离:卦名。通行本为第三十卦,帛书本为第四十九卦。此与《坎》卦为卦爻反对关系,故次列于《坎》卦后。

《离》本作《罗》,罗网。帛书六十四卦及帛书《系传》皆写作《罗》,《系传》"作结绳而为网罟,以佃以渔,盖取诸罗"即其证;《同人》《大有》等包含单卦的《罗》(《离》)卦,亦是取罗网、网罗之义。《坎》为以坎陷人陷兽,《罗》为以罗网人网兽,故《罗》卦次于《坎》卦后。通行本作《離》,亦作《离》,甲、金文中之"离"字亦象以网捕兽之状,挚乳为"禽"(即"擒"之本字)。物入罗网则为遭遇,故引申有"罹"义,亦写作"丽",《彖》《序》即取此义。

《说卦》"离为鳖,为蟹,为蠃、为蚌、为龟",这也可见与"罗网"之义相关联。而《罗》(《离》)卦的单卦与其他单卦重叠时,亦有用为"日""火"等义。这里的原因很复杂,可能是来于"罗"("离")的通用字"丽",也可能是从《乾》卦的本义分化出的,《说卦》说"离为乾卦,为火,为日"就说明了这一点。

②畜牝牛吉:卦名"离"为罗网,网得母牛并畜养之使繁衍,故言"畜牝牛吉";推及人事,畜养培育牝牛柔顺谦谨之性,方能避开人世罗网之祸,故云"畜牝牛吉"。湖北秦墓所出简文中有"凡邦有大畜生小畜,是谓大昌"(《江陵王家台十五号秦墓》,《文物》一九九五年一月)。

③履错然,敬之,无咎:"履",行进。"错然",谨慎的样子(集解引王弼"错然,敬慎之貌也")。"敬之",警觉(《释名·释言语》"敬,警也")。位在最下,前有罗网,行进谨慎警觉,故能免于咎患;此亦所谓"畜牝牛吉"也。

④黄离,元吉:"元吉",大吉。关于"黄离"二字,历来有不同解释:(一)训"离"为附丽;(二)"黄离"读为"黄鹂";(三)"黄离"读为"黄螭";(四)读为"黄霓",训为云气;(五)黄昏时设网;(六)用黄色网捕取禽兽。按:第六种说法较合理。《周易》言"黄"者,多在二爻、五爻,如《遁》卦六二"执之用黄牛之革"、《坤》卦六五"黄裳元吉"等。古人尚黄色,二、五居中,故言"元吉"。此言设下金黄色的罗网,大吉利。卦辞"畜牝牛吉"、上九爻辞"王用出征……获匪其丑"并与此"黄离元吉"相照。

⑤日昃之离,不鼓缶而歌,则大耋之嗟,凶:"日昃",日落、日晦(《广雅·释言》"昃,跌也")。九三为下卦之终,故言"日昃",谓日之晦尽、一日之终。"离",罗网、

设下罗网。"不鼓缶而歌"之"不"字疑涉"而"字抄衍。"缶",盆,本为瓦器,亦为乐器,《庄子·至乐》"鼓盆而歌"即此。鼓缶而歌或击杵而歌,皆为古代居丧之礼;又《抱朴子·微旨》说"晦歌朔哭,一不祥"。"大耋",程传训为"倾没"。按:"耋",帛书作"絰",均当读为"窒",《吕览·尽数》注"窒,不通"。日暮设网则无获,日晦乐歌则不祥,此必有困厄不通之叹,故云"凶"。

⑥突如其来如,焚如,死如,弃如:"突如",猝然唐突,贸然。"焚如",形容气势逼人。九四为上卦之初,前有罗网,本当"错然敬之",此反贸然气盛,故势必自寻死路,终被毁弃。

⑦出涕沱若,戚嗟若,吉:"沱",泪流滂沱。两"若"字与前诸"如"字同,状貌之词。"戚",悲戚。此与九四相反,虽居尊位,而常怀忧患之意识,故得与六二相同,均可获吉。

⑧王用出征,有嘉折首,获匪其丑,无咎:"有嘉",即有尚、有庆、有功。"折首",斩首。"匪",彼,敌方。"丑",众。上九畜养牝牛之柔和,能常怀忧惧,故有斩敌获虏之功。然《离》卦讲"畜牝牛"之"吉",故折首获丑不言"元吉",仅言"无咎"。

【译文】

离卦:追随利益众生的正义事业,则亨通;畜养安稳老实不使性子的母牛,则吉祥。

初九:深夜传来一阵错杂的脚步声,连忙戒备,总算无事。

六二:用黄鹂占卜,得大吉之兆。

九三:日暮时分,敌人又来骚扰,男女老少一齐动员起来,妇幼呐喊助威,七八十岁的老人在一旁叹息,形势凶险。

九四:敌人来势凶猛,一下子攻了进来,见房子就烧,见人就杀,到处破坏。

六五:劫后余生,泪流如雨,悲声叹气,因此吸取教训,怀有雪耻之心,这是好的。

上九:君王亲自率领精锐之师出征,取得胜利,斩决罪大恶极的敌人首领,对胁从者宽大处理。

【解读】

本卦通过一个比较完整的寓言故事,阐述了追求光明的原则。光明是人类所追求的理想目标,但也受到与之相对应的黑暗的妒忌和干扰;所谓佼佼者易污,光明磊落也需要柔顺中正的品性相辅,才能为世人所接受;在光明磊落的行为受到侵扰时,必然会引起人们的同情与支持;但是,有时在光明磊落的背后却隐藏着黑暗和阴险,稍有不慎便会被其表面现象所迷惑而发生凶险。当然,即使发生这种过错也不要紧,只要吸取教训,使自己的认识深化,便不仅能防患于未然,还能铲除隐藏在光明背后的黑暗与邪恶,获得真正的光明。

【经典实例】

陈平用计铲诸吕

《离卦》阐释依附的原则。当在险难中，必然就要攀附，找到依托才能安全。但寻求依附，首先应认清目标，必须谨慎选择。应把握中正的原则，不可投机取巧。应觉悟升沉生死是自然常理，知天乐命，才不会因得不到依附而自寻苦恼。依附不可乘人之危，采取胁迫的手段，以免招祸。依附强者，应柔顺中庸，时刻警觉，才能化险为夷。

汉高祖刘邦去世后，吕后擅权，更加变本加厉，力图取代开国老臣，控制军政大权。

吕后七年(前181年)，诸吕权势日炽。陈平忧虑局面长此以往，终致力不能制，必将祸及国家，害及己身。他时常燕居深念，以致不能自已。一日，他静坐独思，竟然毫未察觉陆贾走近身边。陆贾自行就座，然后打趣说："丞相的思念何其深远!"陈平骤然一惊，见是陆贾，忙问："先生猜猜我正作何想?"陆贾微微一笑，说道："足下富贵已极，想来再无贪欲;既然还有忧念，不过是顾忌诸吕。"陈平一听道破胸臆，深感知音难得，连忙请教："先生所言不差。但不知如何应付?"陆贾说："天下安，注意相;天下危，注意将。将相协调，则士民依附。如此，天下虽有变，权不能分。君何不交欢于太尉?"这话正与陈平心意相投。于是，二人促膝交颈，密商起来。

事后，陈平用陆贾之计，花五百金为太尉周勃祝寿。太尉也是有心之人，自然依例报答，两人借故你来我往，过从甚密，无形中，使吕氏的阴谋受到阻抑。

吕后八年(前180年)七月，汉廷中的铁腕人物吕太后病死。中央政权的重心立即倾移，平衡失控，外戚吕氏同刘氏宗室以及政府官僚之间的矛盾达到不可调和的地步。各方剑拔弩张，一场厮杀迫在眉睫。在这次斗争中，政府官僚同刘氏宗室结成联盟，共同对付外戚诸吕。

当年八月，斗争到了最紧要关头。丞相陈平与太尉周勃详审时势，全面权衡朝中人物，酌定了一条计策。当时，曲周侯郦商老病在家，其子郦寄与赵王吕禄交谊甚厚。据此，陈平、周勃速派心腹劫持郦商，以此要挟郦寄去计赚权臣吕禄，劝他将兵权交予太尉周勃，快到自己的封国就任。吕禄身为上将军，受吕太后委任主持北军，驻防未央宫，掌握中央的基本军事力量。但此人无勇无谋。他见刘氏诸王和灌婴等将争欲发兵讨伐诸吕，便轻信郦寄，自解上将军印，把北军交予周勃。

九月，周勃入主北军。此时，军心倾向刘氏。周勃当即行令军中："为吕氏者，右袒;为刘氏者，左袒!"这样一呼，军中皆左袒，愿为刘氏效命。这样，一将一相顺利地把持了北军，控制住封建政府的中枢——未央宫。为击败吕氏打开了最关键的一环。

中央军的另一支骨干力量是南军，受相国吕产节制，吕产不知北军变故，欲入未央宫，约会吕禄共同发难，捕杀刘氏宗室和朝臣。陈平侦知吕产阴谋，速召刘氏宗室中反对诸吕最坚定又最勇武的朱虚侯刘章，命他佐助周勃，监守北军军门;还

转告卫尉(未央宫门侍卫长)，设法阻止吕产入宫，刘章见吕产在宫门外徘徊，乘机袭杀这个独夫。随后，分头捕斩吕禄、吕通等人，将吕氏一族诛杀殆尽。

同年九月，群臣拥立刘邦长子、代王刘恒即位，是为汉文帝。刘、吕之争，以吕氏势力的彻底崩溃而告终。从此，西汉转入大治时期。在这些事件中，陈平起了关键作用。

两年之后的十月，陈平死，谥为"献侯"。

《离卦》告诉人们，在困境中不要失去原则，善于结交能帮助自己的人，陈平正是很好地做到了这点，铲除了诸吕，巩固了汉初还不太稳定的政权。

杜邦家族创业史

1776年，美国还是一个不足300万人口的新生婴儿，它与自己的母亲——拥有800万人口的英国翻了脸，独立战争爆发了。在美国独立战争，法国的外交事务异常频繁，英法两国谈谈打打，打打谈谈。皮埃尔出任商务总监时就显示出不同凡响的斡旋能力，深得路易十六的信任，他钦命皮埃尔担任负责英美事务的外交官。

由于这一经历，皮埃尔结识了美国派驻法国的两任大使，一位是本杰明·富兰克林，一位是托马斯·杰斐逊，他们都是美利坚合众国的缔造者和《独立宣言》的起草人，杰斐逊后来还成为美国的第三任总统。皮埃尔与他们交往甚密，在共谋国事的同时也建立了良好的私人关系。富兰克林和杰斐逊担任驻法大使期间都是皮埃尔家中的常客，那时的维克多和伊雷内还是少不更事的孩子，却有缘结识了影响世界历史进程的重要人物。后来，这些社会资源在杜邦公司的初创阶段发挥了异乎寻常的重要作用。

从1776年美国独立战争爆发到1783年《巴黎和约》签订，皮埃尔在美、英两国之间纵横捭阖，左右斡旋，他貌似中立，实际上事事处处站在法国的立场上偏袒美国，以巧妙的方式迫使英国做出让步。《巴黎和约》签订后，路易十六为嘉奖皮埃尔的外交功绩，赐予他盾形纹章，晋封他为贵族。此后，皮埃尔才在自家的姓氏上加了Du(杜)字，因为De和Du是法国贵族世家的象征。

维克多·杜邦身材高大，相貌端庄，性情活泼，言辞敏捷，天生就是当外交家的材料，在皮埃尔的斡旋下，他到法国驻美国大使馆做了外交官。伊雷内·杜邦性格内向，勤于思考，沉默寡言，但凡事都有独立见解。

拉瓦锡是皮埃尔的同僚，不仅官位显赫，更是科学界里了不得的人物，有"法国化学之父"的美誉。他与皮埃尔私交甚好，是杜邦府上的常客，常与皮埃尔商讨国家大事，偶尔也谈论化学问题。当时拉瓦锡正在研究炸药，少年时代的伊雷内对国事并不关心，但对化学问题表现出异乎寻常的兴趣。拉瓦锡无意间开启了这位少年的心扉，他做梦都不会想到数十年后伊雷内·杜邦会成为美国最大的军火商。

伊雷内对化学实验达到痴迷程度，以至于影响了学业，引来校方的批评和指责。他索性中途辍学，到拉瓦锡主管的，皇家火药厂做起试验员来。拉瓦锡对这位

同僚的儿子可谓耳提面命，亲自指导他做各种化学实验。

1789年，法国的社会矛盾像火山一样爆发了。

三十年河东三十年河西——高贵与贫贱发生了戏剧性的逆转。"贵族"曾是令人景仰和敬畏的特权阶级，此时却光辉不再，成为人人喊打的过街老鼠，他们灰溜溜地东躲西藏，惶惶不可终日，不论他们是否作恶多端，随时都可能被送上断头台，连他们的子女和家属都不能幸免。1792年，路易十六和王后被送上断头台。1794年6月，拉瓦锡也被斩首，革命者没有因为他在化学领域做出过杰出贡献而饶他一命。皮埃尔预感到大难临头，无可奈何地龟缩在家中苟延残喘。果不其然，1794年7月13日，一群革命者把皮埃尔关进了监狱，他确信自己必死无疑。

但皮埃尔命里注定大难不死——革命阵营分裂了，温和派反对乱捕滥杀——他在牢狱里待了一个多月后被放出来。皮埃尔家里有不少积蓄，此时他想到了美国。《独立宣言》向全世界宣布"人人都有追求幸福的权力"，不论是贵族还是平民，不论是新教徒还是天主教徒，不论是英国人还是法国人，人人都可以到那里去，凭着本事创立家业。皮埃尔还想借有生之年干一番事业，他梦想着在美洲大陆开拓一片法属殖民地。他利用自己的旧日声望和人际关系上下活动，筹措了几百万法郎巨款。但是，风云突变，1799年，法国政府发布公告，命令所有贵族放弃爵位，否则必须离境。

1799年皮埃尔·杜邦变卖了全部家产，率领全家及亲属一行13人，携带了10多箱随身细软和食物，还有价值24万法郎的金银珠宝，于11月3日登上了"美国鹰"号三桅船。

美国政要们没有忘记老朋友杜邦。时任副总统的托马斯·杰斐逊盛赞杜邦是"最能干的法国人"，《纽约时报》以《欢迎我们的朋友——杜邦》为题报道了杜邦家庭的到来。

埃尔和长子维克多都是政治家，他们在外交场合能够纵横捭阖，左右逢源，但是，在商业领域里却没有丝毫经验。他与维克多制定了一个又一个投资计划：投资海上运输，与法属西印度群岛做转口贸易，买卖土地等等。这些计划听起来非常宏伟，实践起来却非常困难，像海市蜃楼一样不着边际，因为美国刚刚独立，百废待兴，市场经济很不发达，法规很不健全，战争此起彼伏，海盗出没无常，信息交流困难，商品流通渠道经常受阻。从事大规模海上贸易可以赚取高额利润，但也要冒极大风险。

一项外交使命促成了皮埃尔的归国梦。时任美国总统的托马斯·杰斐逊听说皮埃尔有归国打算，派人送去一封密信。

皮埃尔·杜邦做生意是外行，在外交上却是一流高手，他仔细分析了当时的国际局势——美国西扩是必然趋势，拿破仑在欧洲战事频繁，压力巨大，很难抽出兵力到美洲作战，充其量只能在象征意义上增派少量军队。20多年前的美国独立战争已经证明，欧洲列强的海外殖民地路途遥远，难以控制，殖民地人民来自各国，文化背景千差万别，历来就有强烈的独立愿望，即使拿破仑能够保住路易斯安娜，也得付出高昂代价。法属殖民地的独立只是时间问题。法国出兵路易斯安娜必然得不偿失，落得个赔了夫人又折兵的下场。但美国

也不愿与法国兵戎相见，打一场伤筋动骨的战争。

皮埃尔·杜邦是法国资深外交家，美国是他的第二故乡，从感情、政治乃至个人利益上，皮埃尔·杜邦是美法两国都可接受的、最理想的中间人。

皮埃尔·杜邦经过反复考虑，向杰斐逊提出了一个避免战争的解决方案：让美国出钱买下路易斯安娜。杰斐逊完全赞同皮埃尔的方案，能否成功则要看拿破仑的态度。皮埃尔·杜邦果然不负美国政府的众望，他返回法国后，在美国驻法大使列维斯顿和拿破仑之间反复斡旋，几经讨价还价后，拿破仑同意以 1500 万美元的价格把路易斯安娜卖给美国，平均每英亩土地仅为 3 美分。拿破仑是一流军事家，但在生意场上是彻头彻尾的外行，做了一笔天下最愚蠢的生意。他急于为对英作战筹款，就算他没有足够的军事实力保住路易斯安娜，至少可以把价格抬到 2000 万美元以上。

1803 年 4 月 30 日，拿破仑签署了出售路易斯安娜的协议书。1500 万美元相当于当时美国一年的国民生产总值，大大低于杰斐逊的预期。美国不仅避免了一场战争，还以最低代价使国土面积扩大了两倍，西扩计划的最大障碍顺利排除。

皮埃尔·杜邦不是美国人，却做了一件令世代美国人受益匪浅的绝大好事，成了美国的功臣。美国政府欠了杜邦家族一笔最大的人情债，自然要为流落异国他乡开创基业的杜邦家庭提供便利。

杜邦公司的真正创始人是伊雷内·杜邦（Eleutherelrenee duPond）和美国陆军上校路易·特萨德（Louisde Tousard）。有一天，他们一起外出打猎，他们一边行猎一边谈论起英国火药与美国火药的质量差别。上校抱怨说美国人生产的火药质量太差，既然伊雷内精通化学，应当知道美国火药的症结。伊雷内告诉路易，他曾经师从拉瓦锡研究过火药，路易上校说："你有这么好的基础，为什么不创办一家火药公司？"

真是"山穷水尽疑无路，柳暗花明又一村"。上校一句话令伊雷内·杜邦茅塞顿开，他立刻意识到火药是一种前途无量的商品。

外交家皮埃尔更看好火药的巨大前景——国际政治变幻莫测，美国的军用火药历来从英国进口，两国一旦交恶，美军火药就得不到保证。他立即表示支持儿子创办火药公司。

为了慎重起见，皮埃尔没有把全部资金押在火药上，只给了伊雷内所需资本的 2/3，其余部分由他自筹。路易上校与杜邦家族私交甚好，在军界有广泛的关系，顺理成章地成为杜邦公司的第一位合伙人。

维克多利用父亲的旧关系，到处结交法国社会名流，步入一家又一家皇亲贵族和金融家的豪门大宅，甚至结识了约瑟芬皇后、拿破仑的宠妓拉兹亚姬和拉瓦锡的漂亮遗孀，他利用这些女人的影响，叩开了法国火药局的大门。杜邦家族深知，火药是一种特殊商品，仅靠自家人经营火药公司难免势单力薄，必须有政府的大力支持，有金融界人士的鼎力相助。此时，法国政府正在筹备对英作战，急需优质火药。老皮埃尔和维克多向法国火药局递交了在美筹办火药厂的计划，得到了火药局官员的支持。他们同意向杜邦家族提供最先进的火药生产技术和设备，同意法国金融界人士以私人身份对杜邦家族的公司进行投资。他们还希望杜邦家族把火药公

司牢牢控制在法国人手中,全部雇用法国移民。

1802年4月,杜邦—尼摩尔火药制造公司正式成立,注册地为特拉华州的威尔明顿,注册资本3.6万美元,杜邦家族占2股,分别记在老皮埃尔、维克多和伊雷内名下,路易上校1股,法国银行家毕格尔曼1股,杜瓦根1股,原法国财政大臣涅卡1股,此外,流亡美国的法国商人彼德·波蒂2股。股东们个个背景不凡,全是在美、法两国工商界、政界、军界和金融界有影响的人物。

以后的结果全世界都知道了,因为杜邦已发展成一个世界性的大公司。

弥太郎发迹

弥太郎自创业以来,与政界人士往来密切,并懂得如何巴结政府要员,从而操纵政府来达到自己的目的,明治七年,即1874年,日本准备出兵入侵中国台湾岛。弥太郎意识到这是千载难逢的好机会。于是用钱买通了明治政府官员大久保利通、大隈重信,并与之结为莫逆之交,使三菱完全独揽了中国台湾航线上的运输业务。为了从中谋利,弥太郎想出一个绝招。他让政府先买船,把船交给三菱商会使用,用这些船运输兵员、武器、弹药,最后以无偿的方式,将这些船舶收归己有。政府当局匆匆购入13艘外国货船,委托与三菱关系密切的朝野重臣大久保利通、大隈重信负责海上军事运输要务,这二位重臣转而把经营业务委托给三菱公司。

由于拥有13艘先进船舶,并开辟了中国台湾航线,三菱蒸汽船公司的效益迅速上升,从1874年8月到12月,短短四个月就进行了24次大规模的海运业务,出色地完成了军事重要物资和兵员的运输业务。三菱不但获得了极为丰富的利润,同时也博得了政府的高度信任,为官商经营的进一步拓展打下了基础。1875年在侵略战争刚刚结束时,日本政府立即授权三菱蒸汽船公司开辟日本至中国上海的第一条定期航线。同年5月,根据日本明治政府内务卿大久保利通的建议,实行了以"民有民营海运加以保护监督"为核心的海运政策,这为三菱垄断海运业提供了保护伞,同年7月,日本明治政府又把侵略中国台湾时做过委托经营的13艘轮船无偿地出让给三菱,同时与三菱订立契约,每年给三菱25万日元的经营补助金,且连续供应14年。同时还指出三菱蒸汽船公司虽然是一家私人企业,但必须接受明治政府的监督,不许经营其他事业。这样三菱公司的事业只能在海运业上发展。以后政府又下令解散日本国邮便蒸汽船公司,并将该公司旗下所有的船舶、仓库等都交给三菱蒸汽船公司。1875年9月,三菱蒸汽船公司改名为"邮便汽船三菱公司",它所拥有的船舶达40余艘,是日本最大的船舶公司,已成为无与匹敌的海运业的垄断者。

富兰克林的扩张策略

富兰克林省吃俭用,到23岁那年,总算积累了几十镑资金,但还不足创办印刷厂。此时机会来了,一个叫美利狄斯的人听说印刷业利润丰厚,便提议与富兰克林合伙创办印刷厂。二人总共投入100多镑,从英国订购了机器、字

模、设备和工具。工厂开工了，一切都很顺利。但美利狄斯只善于务农，对印刷技术一窍不通，不久即提出退伙，重操农业。他要求富兰克林支付他100镑本金、40镑工资及相应的利润分成，富兰克林乐得顺水推舟，一口答应，以负债方式独立经营起这家印刷厂。

富兰克林从创办印刷厂时起，就显示出了高超的经营和管理能力。当时，美洲殖民地没有任何一家工厂可以生产铅铸字模，必须从英国进口。布拉德弗德家族是殖民地最大的印刷商，他们的印刷厂经常临时凑合，使用废字模，印刷品的字迹常常不够清晰。富兰克林从一开始就注重印刷质量，不惜花费较高代价从伦敦进口新字模。此外，他还发明了一种修补字模的工艺，他印的书籍和广告字迹清晰，赢得越来越多的客户。

有了自己的工厂后，下一个目标是创办报纸。此时，一个叫凯默的印刷商抢先创办了宾夕法尼亚的第二家报纸，并给它起了一个奇怪的长名：《所有艺术和科学的万能指导者——宾夕法尼亚报》。富兰克林曾经在凯默的印刷厂打过工，对他的经营能力了如指掌，他断定凯默既不是办印刷厂的良才，更不是办报的能手，迟早都会陷入窘境。果不其然，《所有艺术和科学的万能指导者——宾夕法尼亚报》创办于1728年12月24日，发行量只有90份，经营困难。次年10月，凯默办不下去了，不得不把报纸的经营权卖给富兰克林。富兰克林把那个不伦不类的长名压缩成《宾夕法尼亚报》，该报承袭了《闲谈家》和《观察家》的风格，刊载当时人们关心的政治、宗教、伦理和自然科学方面的文章，办得生动活泼，印刷质量上乘。富兰克林不仅亲自撰稿，还请当地有教养的商人和绅士撰稿，随着来美洲定居的移民数量不断增长，《宾夕法尼亚报》的订户越来越多，发行量仅次于布拉德弗德家族的《美洲信使周报》。

哥哥创办的《新英格兰报》因为刊登抨击政府的文章受到查禁，富兰克林办报伊始就接受了这一教训。他的办报原则是，绝不刊登有损政府形象的文章，也不刊登有损社会公益的文章，更不刊登攻击他人的文章。这种原则受到新闻自由论者的批评，他们说报纸应当像公共马车，任何人只要出钱，就有权上车旅行。富兰克林则说，如果你坚持出钱刊登攻击别人或攻击政府的文章，可以，印多少都行，但是，我不负责发行，你自己发行，自己承担后果。

当时的费城已经有几万人口。成为初具规模的商业中心，那里有四家印刷厂，竞争相当激烈。威廉·布拉德弗德（1663年~1752年）与他的儿子安德鲁·布拉德弗德（1686年~1742年）不仅是美洲殖民地印刷业的创始人，也是美洲报业的创始人，他们的印刷厂资历最老、资本最雄厚，他们办的《美洲信使周报》发行量最大、读者最多。最重要的是，布拉德弗德父子还分别兼任波士顿邮局和费城邮局的局长，控制着报纸的发行命脉。在富兰克林的工商生涯中，布拉德弗德父子一直是他的最大竞争对手。

在国外，少数人集官、商于一身。掌权的商人们可以利用手中的权力合法地谋取更大私利，从而使富有者更富有。在殖民地时代，社会公职的薪水不一定很高，但实惠却很大。以布拉德弗德家族为例，邮局局长的薪水不高，但来自欧洲大陆的全部邮件和报纸最先送达邮局，他们最先获得海外信息，而信息的快慢与报纸的内

容和销量有直接关系。《美洲信使周报》是宾夕法尼亚州的第一大报,重要原因之一是布拉德弗德家族占有信息优势。发行量大的报纸可以吸引较多广告,这又为布拉德弗德家族带来一笔丰厚的利润。此外,邮局还控制着报纸的发行权,布拉德弗德家族利用这一职务给竞争对手们制造了许多麻烦,该家族父子两代牢牢控制着邮局,长达数十年之久。他们深知谁掌握了邮局,谁就占据了报业的制高点。富兰克林在经营印刷和报纸的过程中处处受到布拉德弗德家族的掣肘,他为争夺邮政局长的职位与布拉德弗德家族展开了长期的明争暗斗。

富兰克林有一句名言:"没有财富就没有尊严。"因为他清楚地认识到,在当时的社会条件下,要想出人头地就得首先创办企业,成为合格的纳税人,而后才能获得选举权和被选举权,进而步入地方议会,担任公职,实现自己的抱负。

富兰克林经营有方,热心公益事业,注意维护政府形象,这种处事之道给他带来了许多好处。

富兰克林创办印刷厂的第一年,就与布拉德弗德家族就货币印刷权问题展开了一场竞争。殖民地的生产力在稳步发展,移民数量不断增加,纸币出现短缺。1729 年以前,宾夕法尼亚州的全部流通纸币只有 15000 镑,这么少的货币很快就沉淀在人们手中,商品流通和货币周转全都发生困难,如果不解决货币量不足的问题,整个市场就可能倒回易货贸易的原始状态。富兰克林只有 23 岁,但对金融问题已有独特见解,他认为增发纸币不仅可以解决流通问题,还可以促进商贸发展。但是,许多商人担心货币贬值,反对增发货币——他们的担心不是没有道理,新英格兰就因为增发纸币过多造成货币贬值。富兰克林大张旗鼓为增发纸币呐喊,亲自撰写了一本小册子《流通纸币的本质和必要性》,并将它印刷发行。他认为增发纸币不会造成货币贬值,因价值不是由纸币所代表的黄金决定的,而是由劳动创造的。富兰克林是提出劳动创造价值观点的第一人,比亚当·斯密还要早。卡尔·马克思对这篇文章给以极高评价。

持反对意见的富商们居然找不到一个代笔人与富兰克林唱对台戏。同年,地方议会采纳了富兰克林的建议,决定增印 20000 镑纸币。印刷货币是一项利润丰厚的生意。但是,富兰克林的印刷厂刚刚起步,他在上层社会还未站稳脚跟,增发货币的印刷合同被布拉德弗德家族拿走了。

富兰克林的印刷厂和报纸生意越做越好,渐渐获得良好声誉,取得了总督和地方议会的信任。1731 年,宾夕法尼亚议会决定再次增发 40000 镑纸币,富兰克林如愿以偿地拿到了印刷合同。此时的富兰克林在地方议会中没有任何职位,他能够承接如此重要的政府订单,无疑做了大量幕后活动。他与总督大人的私人友谊,与商人集团的和睦关系全都给他帮了大忙。这笔生意给富兰克林带来了整整 100 镑纯利。他把这笔钱叫作"赚到的第一桶金"。今天,100 镑是一个很小的数目,在当时却是一笔可观的财富。富兰克林用这笔钱偿还了全部债务。他深信只要赚下了第一个 100 镑,第二个 100 镑也会接踵而至。

富兰克林印刷的纸币质量上乘,因此,1735 年增印 35000 镑,1739 年增印80000 镑,战争期间增印 350000 镑的任务全是由他承担的。

　　1733 年,发达起来的富兰克林开始向外扩张,成立了第一家合伙印刷公司,他派一个诚实能干的助手前往南卡罗来纳的查尔斯顿筹建了一家印刷厂。富兰克林出资 1/3,每年抽取红利,合同期限 6 年,6 年后合伙人还清富兰克林的本金和利息,成为独立业主。这位助手的经营能力和道德品质都没有问题,但他不懂会计。虽然他每年都给富兰克林寄来红利,却不能出具财务报表。富兰克林颇为恼火,因为他无法甄别自己的投资是否得到了合理回报。没过多久,这位助手去世,他的妻子接管了工厂。这个女人既善于经营,又懂会计,按时给富兰克林寄来财务报表,并把自己的孩子培养成合格的接班人。6 年后,女人照约偿清了富兰克林全部投资的本金和利息,成为独立业主。

　　富兰克林总结了这次投资的经验和教训,用同样方法相继在纽约、纽哈文、兰开斯特、多米尼加群岛、安提瓜岛、英属西印度群岛开办了合伙制印刷厂。这种合伙制可谓控股公司的早期雏形。富兰克林坐镇费城,运筹帷幄,把生意的触角延伸到加勒比海地区。在既没有电报和电话,也没有火车和汽车的时代,富兰克林做到这一点可谓达到了极限。时代限制了他,如果他晚出生 100 年,不知道会把生意扩大到何种程度。

　　他终于可以从繁忙劳累的一线管理位置上退居二线,让托管人替他管理企业了,他则有了闲暇和学习的时间。他开始学习法语、西班牙语、意大利语和拉丁语,研究自然科学,尤其是物理学。

　　1736 年,拥有财富的富兰克林有了尊严,他进入地方议会,担任公务员,这是富兰克林踏入的殖民地官场的第一个台阶,有了官员兼商人的双重身份,他利用这一公职获得了印刷地方选票、法律文件和货币等利润丰厚的订单。他的下一个目标就是夺取布拉德弗德家族占据的邮局局长的位置,进而抢夺殖民地报业的制高点。不知道富兰克林采用了什么公开和隐蔽方法,利用了何种人际关系,但他肯定动了不少脑筋,所以才能在议会和官场上一帆风顺,青云直上,并最终如愿以偿。

　　有人说,弥太郎和杜邦家族发迹的最大秘诀就是善于博取当权者,尤其是执掌大权者的欢心,并从中赚得大笔钱财。我们姑且不论他们是如何发家的,就《离》卦之设而言,也合于自然常理。在自然界与人类社会中,不管什么光明之源,本领有多大,如果没有一定的附丽关系,行吗? 太阳之明,如果不在宇宙空间占据一定位置,依附天体运行,怎能形成太阳系呢? 太阳即使有光,其光波光能又通过什么物质媒介传播到各个星球呢? 火炎昆岗,玉石俱焚,光芒万丈,威力无穷;但是,如果火不依附于燃烧的物质如木头、石油之类,火源何在? 其实何止太阳,火焰,世上万事万物各有其一定的附丽关系。作为万物之灵的人类,则附丽于一定的社会关系中。

康师傅饮品

　　2004 年 1 月 5 日,日本两大企业巨擘"朝日啤酒"和"伊藤忠商事"与康师傅控股有限公司公布,三方将结成战略联盟——合营一家日资股东与康师傅各占 50%

股权、规模高达9.5亿美元(约近80亿元人民币)的饮料集团。这次合作成为目前日资进军内地饮料市场最大的投资项目。而按其80亿元的企业价值计算,该公司也将超越其他国内饮料巨头,成为食品饮料业的霸主。

新公司"康师傅饮品"将全资拥有原先康师傅旗下的13家饮料子公司的全部权益,包括13个生产基地的92条生产线,全国400多个主要销售城市及700多个乡镇等。至此,康师傅旗下的饮料事业被剥离出来。

作为国内食品企业的巨头,康师傅此番举动,背后有更深刻的市场原因。

据康师傅控股有限公司财务长林清棠透露,朝日和伊藤忠的加盟带来的3.848亿美元现金收益,将主要用于继续投资康师傅核心业务——方便面业务上,进一步加强其在中国市场的领导地位,所得款项还将用于发展其他投资机会及偿还公司借款。

同时,三巨头也明确表示,新成立的康师傅饮品在进一步提升现有产品及竞争力的同时,还将开发功能型及咖啡型饮料等新产品,以迎合中国新一代都市消费者的口味。据悉,2002年中国非碳酸饮料的总消费量高达200亿升,而销售总额则高达1170亿元人民币。

康师傅总经理滕鸿年称,新成立的饮品公司主攻以"康师傅"和"鲜的每日c"为品牌的一系列饮品。而运动型、能量功能型及咖啡型饮料等非碳酸新产品,将是公司未来的发展方向。

朝日啤酒的岩崎次弥和伊藤忠商事株式会社的执行役员青木芳久,在逾一小时的电视会议上,均反复强调交易的是"强强结盟"和"优势互补",避免触及"收购""兼并""重组"等敏感字眼。

"康师傅拥有中国饮料市场最有名的本地品牌、遍布全国的生产基地和广泛的销售渠道;朝日具备适合东方人口味的饮料生产技术和研发能力;而伊藤忠则是日本领先的贸易公司之一,在80多个国家设有办事处,拥有全球贸易的平台。三强联手后,新的康师傅将成为最有竞争力的饮料生产和贸易商。"岩崎次弥指三方合作的基石坚固,阵营牢不可破。

朝日在内地起步较晚,虽然与青岛啤酒结盟,但在中国大陆市场的知名度有限。然而,它在日本饮料界的江湖地位人尽皆知。朝日的饮料制造技术,将让有意发展功能型等饮料以丰富自身产品线的康师傅获益良多。而选择康师傅的销售平台全面进军内地,朝日也是借力不少。至于位列世界500强企业的伊藤忠商事,在零售业和原料采购方面功力深厚。据称,它在中国的业务零星分布于华北、华东、未显霸气。但伊藤忠在市场销售、配送中的高招,在三方展开合作后,就会悉数传授给康师傅,康师傅将如虎添翼。

对康师傅而言,它在方便面、饮料事业发展时面临的忧患,也是促其联姻日资强手的原因。

首先,不得不提康师傅的老对手——统一的威胁。"康师傅与统一在内地市场的方便面大战已经打得难解难分。双方在促销赠品、广告投放、通路铺设、降低价格等方面紧咬不放。统一集团一度将毛利降到了15%"。一位曾任统一公司的员工在接受采访时如是透露。同时,近3年来,方便面业务的利润也在逐步降低。目

前,康师傅方便面业务的毛利率已从 2001 年 28% 下滑至 2002 年的 26%。

这使得饮料战线的重要性突出起来。"国内饮料市场发展迅速,康师傅与统一都在打速战速决的歼灭战,竞争尤其激烈。"国内饮料行业知名营销策划人齐渊博在接受媒体采访时称:据悉,茶饮料和果汁饮料是中国饮料市场的佼佼者。其中,康师傅和统一的竞争早已白热化。

据悉,康师傅在原有的"康师傅"果汁饮料系列产品之外,2003 年年初又推出了另一果汁品牌"鲜的每日 c",统一则紧追不舍。"在茶饮料上,统一的广告攻势是一波高过一波。在果汁饮料市场上,统一却占有市场份额第一的位置。"中国饮料协会负责人也深有感受。

另外,碳酸饮料两大巨头也一直难掩对非碳酸饮料市场的觊觎之色。日前,百事可乐斥资 3000 万美元,在广州开发区建立了百事在亚洲最大的非碳酸饮料生产基地。该生产基地主要用于生产百事旗下的果汁、果汁饮料和其他非碳酸系列饮料产品,此举也表明百事将全面进军非碳酸饮料市场。而可口可乐早在几年前就开发茶饮料、"天与地"矿泉水等非碳酸产品。2002 年,可口可乐重拳出击,打造"酷儿"果汁。2003 年年初,可口可乐又联袂雀巢,共同打造雀巢冰爽茶,在市场上取得了相当的知名度。

中国本土强势企业,在中国果汁市场上也起步了。2003 年初,农夫山泉在占领矿泉水市场后,打出 3 种水果"混合"的概念;随后引发了娃哈哈高钙果汁的全面袭击;汇源真鲜橙的"冷罐装"掀起非碳酸饮料的风暴⋯⋯

国内外饮料巨头纷纷抢滩非碳酸饮料市场,康师傅面临挑战自是不言而喻。得到两大日资巨头的有力支持后,康师傅保持业界领先地位,并实现稳步发展的愿望,似乎更容易实现了。

离可解为丽为明,又为附着。从卦上看是个错乱卦。陷必有所丽,在艰险中必须有所依靠,相附才能脱险,当附着必须顺从坚守正道,才会有利,两高相重,光明无限,在人生和事业之中,离开自己的地方,就要依附、依托人家,当你身处在困难中,在分别之中,必须要依托他人,才能渡过难关。在依托时必须注意认清正确的依附对象,存心中正,不偏不倚,顺其自然,不要强求,手段要正当,用心真诚,讲求策略,清除邪恶,去掉坏心。

首先认清正确的对象。因为依附对象的好坏高低决定着你依附结果的好坏高低。不要急于寻找出路而盲目依附。认清依附对象包括两个方面,一是认清对象所从事的是伟大而正当的事业,这样的人才值得依附;二是认清对象能使自己的才能得到充分发挥。这两者相辅相成,缺一不可。

依附于别人不能靠胁迫,也不能怀投机心理,手段必须正当,内心必须真诚。最好的时机是被人急需扩大力量,招揽天下英才之时。此时本着诚信的原则去依附,必然受到欢迎,即使双方有前嫌也会化解。

找对"靠山"事业方能成功

据宋·司马光的《资治通鉴·唐纪》载,杨玉环是唐朝有名的美女,唐玄宗李

隆基非常喜欢她，封她为贵妃。这样一来，杨家便鸡犬升天了，她的堂兄杨钊也官运亨通，一人兼任十五个官职，皇帝又赐给他一个名字，叫"国忠"。后来杨国忠做了宰相，大权在握，不可一世。不少人都去投靠他。

当时陕西有个进士，名叫张彖，没有机会做官。他的朋友们都劝他去求见杨国忠，以便尽快得到一官半职的。可是他始终不去。他反倒对朋友们说："你们都把杨国忠看得像泰山一样稳固，可是我却以为他不过是一座冰山罢了。将来天下一旦有变，他就会倒台，就好比冰山遇到太阳就会化掉一样，到那个时候你们就失掉靠山了。"说完之后，他就隐居到中岳嵩山去了。

"安史之乱"爆发后，安禄山领兵迅速攻占京城长安，杨国忠随从唐玄宗逃走，途中经过马嵬驿时，随行护驾的军士兵变，杀了杨国忠，杨玉环也被迫自缢身亡，杨家果然靠不住了。

找一个"靠山"，可以使事业更容易成功。生活中，人们也常常是这样做的。但是，找"靠山"一定不能违背原则，要选择正义的、德高望重的人作为自己的"靠山"才行，否则，下场难料。

孝庄深谋远虑下嫁多尔衮

清朝建国以后，为了保护儿子的皇位，皇太后不惜贡献出自己，下嫁给大臣。这位皇太后便是清朝入关后第一个皇帝顺治皇帝的母亲博尔济吉特氏，史称孝庄后。

孝庄后是清朝奠基者皇太极（史称清太宗）的皇后。公元1643年，皇太极未能看到清朝的最后胜利便溘然长逝。皇室成员展开了激烈的帝位争夺战，其中最具实力的是皇太极的弟弟多尔衮和皇太极庶出的长子豪格。

　　孝庄后却有自己的想法。此时,她的小皇子福临年方六岁,他是皇太极的嫡亲儿,最具有继承帝位的资格。可是,他们孤儿寡母,若不能得到实力派的支持,帝位是临不到他头上的。为此,孝庄后单独召见了多尔衮,提出以福临继承皇位,而以多尔衮为摄政王,全权负责国家大事,虽没有皇帝的头衔,却握有皇帝的实权。

　　多尔衮对这位美丽聪慧的皇嫂早已存有爱慕之心,又觉得她的安排对自己有好处,便同意了。一年以后,明朝灭亡,清王朝在北京正式建立,刚刚七岁的福临便成了清朝的第一位皇帝(史称顺治帝)。

　　对于清朝的建立,多尔衮是立有汗马功劳的。他并没有放弃当皇帝的念头,他手握军政大权,又将与他争夺帝位的豪格幽禁而死,另一位摄政王也被贬官。他唯我独尊,势焰熏天,根本不把小顺治放在眼里,凡事独断专行,从来也不向顺治禀奏,只等有一个合适的时机便取而代之。

　　孝庄后(此时已是皇太后了)意识到局势的危险,她忧心忡忡,怎么样才能扭转这个局面,保住幼子的皇位呢?多尔衮自然不稀罕什么官爵、钱财,但多尔衮极好色,孝庄后也知道多尔衮长期以来一直对自己怀有好感,并有据而有之的念头。此时此刻,为了保住儿子的皇位,也只有贡献出自己娇美之躯这一个办法了。从此,她故意在多尔衮面前展露风情,多尔衮怎能抵住这种诱惑,便留宿宫中,孝庄后终于以自己的美色将多尔衮牢牢地笼络住了。

　　公元1645年,二人宣布正式结婚。为此朝廷还下了一道正式的诏书,大意是说:皇父摄政王丧偶,皇母皇太后寡居,众大臣同词吁请,以为皇父皇母不宜分居,应当合宫同居,此议甚合朕心,谨请皇父皇母于某年某月某日行大婚典礼,合宫同居,以便朕得以芝肘时尽孝心。

　　到了孝庄后大婚的这一天,文武百官一律朝贺,朝廷还因此大赦天下。

　　这段政治联姻,使多尔衮被控制在孝庄皇太后手中,多尔衮纵有篡位野心,也慑于孝庄皇太后的压力和监视而无法有过分的行动。

　　后来,福临渐渐长大,身边已有了自己的心腹,培养起了自己的势力。为了彻底消除身边的隐患,孝庄皇太后终于不顾与多尔衮多年的夫妻情分,派人将他杀掉。至此,迎来了顺治帝长达11年的统治。

天堂和地狱之门

　　一天,信重武士向白隐禅师请教说:"真有地狱和天堂吗?你能带我去参观吗?"

　　"你是做什么的?"白隐禅师问。

　　"我是一名武士。"

　　"你是一名武士?"白隐禅师大声说,"哪个蠢主人会要你做他的保镖?看你的那张脸简直像一个讨饭的乞丐!"

　　"你说什么?"信重武士热血上涌,伸手要抽腰间的宝剑,他哪受得了这样的讥嘲!

白隐禅师照样火上浇油："哦，你也有一把宝剑吗？你的宝剑太钝了，砍不下我的脑袋。"

信重武士勃然大怒，"哐"的一声抽出了寒光闪闪的利剑，对准了白隐禅师的胸膛。此刻，禅师安然自若地注视着信重武士说道："地狱之门由此打开！"

一瞬间信重武士恢复了理智，觉察到了自己的冒失无礼，连忙收起宝剑，向白隐鞠了一躬并道歉。

白隐禅师面带微笑，温和地告诉信重武士："天堂之门由此敞开！"

这个故事是要告诉我们，任何时候，不管受到他人怎样的对待，都要以尊重之心对之，这样可以改变事情的发展，这样做于人于己都没有害处。

包玉刚与造船商互尊互敬财源不断

世界船王包玉刚认为自己的巨大成功主要有三点：个性，银行界信赖支持，与日本航运界及世界各地造船、航运大王有着良好的关系。

世界船王包玉刚有着鲜明独特的个性，谈生意时十分尊重对方，也尊重自己，从来不把客户领到青楼、酒馆里去谈生意，而是每次都在他豪华的会客室里，用高雅的话题和名贵的茶叶来招待客人，在友好的气氛中商讨共同利益。

日本造船商把包玉刚称为"我们最尊贵的主顾"，因为从1961年以后，他一直在日本订造船只。每逢造船业淡季，日本船厂吃不饱、亏损大时，包玉刚宁可自己吃些亏也在日本订船。1971年，航运业生意不景气，他依然向日本订造了6艘船，总吨位达150万吨，造船商为此感激涕零。后来航运生意兴旺，船东纷纷在日本订船，造船商忙不过来，不肯接单，但只要是包玉刚订的船，船商二话不说，立即命令船厂开工，为其造船。

互相尊敬才能互相受益。只有尊敬别人才能换来别人的尊敬，做生意最讲究面子，生意场上面子最值钱。千万不要不好意思，一切从自己开始。主动表示善意不难。

人与人之间可以分为三种关系：敌人、朋友、非敌非友。对于敌人（竞争对手或曾伤害过自身的人），我们要与他化解宿仇，千万不可树敌太多。万一不能化解双方矛盾也要保持克制，这样才有利于交往。

对于"敌人"尚且要尊敬（须知"敌人"的本事都很大），何况对朋友与路人。有的人在生意场上只知道攻击，霸气十足，动不动就下黑手，完全用不道德的手段赢取暴利，这样的人肯定不会长久，大多没有好下场。要做大事就要尊敬别人，相信别人，这样才会赢得朋友，财源不断。

每个生命都是值得尊重的存在，都有令人感动的地方，而那种唯我独尊的骄纵与优越，只能暴露自己的幼稚与肤浅。懂得人生的人绝不会轻易去否定或忽略一个人，因为任何一个生命都有别人不可超越的价值和特质。所以无论什么时候，我们都应该保持一颗柔软的仁慈博爱的心，善待身边的每一个人。

张仪利用矛盾以敌制敌

公元前313年,秦王想讨伐齐国,但又担心齐、楚间的"合纵"之盟引发实力强大的楚国出兵救齐,于是派张仪到楚国活动,结果上演了一场口称割地600里而实际只让6里的"滑稽戏"。

楚王受辱后大怒,以黔中之地向秦"换得"张仪,正想杀他消除心头之恨。不想张仪早就买通楚王的宠臣靳尚,靳尚又唆使楚王的宠姬郑袖向楚王吹枕边风,使得楚王不仅不敢妄杀张仪,而且厚待张仪,以讨好秦国。

张仪高高兴兴地离开楚国,马上到了韩国,对韩王游说道:"韩国的土地多是险恶的大山,生产粮食不多,国家没有储备够两年吃的粮食,士兵不过20万,秦国却有士卒百万。以韩国之力抵抗秦国,就像把千斤重的东西垂挂于鸟窝之上一样,必然没有侥幸的可能!为大王打算,不如事秦而攻楚,既免去秦国进攻的灾祸,也取得了秦国的欢心,没有比这更好的计策了。"韩王果真糊里糊涂地同意了。

张仪肩负秦王的使命东行齐国。他对齐王说:"现在秦、楚已为兄弟之国,韩国献宜阳之地给秦国,魏国向秦国献出了河外之地,赵国割河间给秦国。独大王你如果不听从秦国,秦国就可以让韩、赵、魏三国进攻齐国。到时候齐想与秦国联合也不可得了。"齐王听从张仪的话,倒向了秦国。

张仪又西去赵国,对赵王说:"大王联合天下之力以抗秦,秦兵不出函谷已有15年了。大王的威势遍及山东六国(齐、楚、韩、燕)。我秦国很是恐惧,秣马厉兵、囤积粮草不敢轻举妄动。但大王您做得太过分了,屡次威胁秦国。秦国虽然处于偏僻遥远之地,但对赵国心怀怨恨已有一段时间。现在秦国的军队已驻扎在渑池。秦王让我先来通知您和您的臣子,现在楚与秦已为兄弟之国,韩、魏已成为秦国的藩臣,齐国已向秦国献上盛产鱼、盐的地方。如今之势,赵国的右臂已经断了。断一右臂的人与别人斗,势单力孤,想要没有危险是不可能的。……为大王打算,不如与秦国结为兄弟之国。"赵王也被张仪吓唬住了。

张仪又北去燕国,对燕王说:"现在赵王已到秦国朝见并送上河间之地以表示臣服。大王如果不臣服于秦国,秦国将让赵国进攻燕国。况且当前齐、赵对秦国来说就像恒一样,不敢轻举妄动,发兵攻伐。大王如果臣服于秦,可以长期免去齐、赵进攻的祸患。"燕王马上请求献上常山一带五座城池,以求得与秦国的和好。

张仪能以一个政治家的眼光,对当时列国的政治、经济、军事状况有深刻的了解,对山东六国之间的矛盾洞若观火,抓住各国诸侯关心各自国家的利益而适时诱之以利,能够把政略、战略、外交与必要的秘密谍报活动紧密地结合起来,这不能不说是他游说诸侯、拆散"合纵"获得成功的重要原因。

世界万事万物都是矛盾的统一体,都在矛盾运动中发展变化。善于抓住制约和影响对方态度、行为的主要矛盾,或点明其症结所在,或分析其利弊得失,并以此吸引对方听从自己,这就是利用矛盾的方法。

向竞争对手借势可以弥补自己力量的不足,可以强化自己的优势,可以让自己

突破各种局限,可以达到事半功倍的效果,可谓高明之极。

日本人依靠敌人获得力量

日本的游泳运动一直是处于领先地位,但有人说,他们的训练方法也是有着神奇的秘密。有一个人到过日本的游泳训练馆,惊奇地发现,日本人在游泳馆里养了很多鳄鱼。后来他探询到了日本人的秘密。

原来,在训练的时候,队员跳下水之后,教练不久就会把几只鳄鱼放到游泳池里。几天没有吃东西的鳄鱼见到活生生的人,立即兽性大发,拼命追赶运动员。运动员尽管知道鳄鱼的大嘴已经被紧紧地缠住了,但看到鳄鱼的凶相,还是条件反射地拼命往前游。

无独有偶。加拿大有一位长跑教练,因在很短的时间内培养出了几位长跑冠军而闻名。有很多人探询他的训练秘密,谁也没有想到,教练成功的秘密是因为有一个神奇的陪练,而这个陪练不是一个人,而是一只凶猛的狼。因为教练训练的是长跑队员,所以他一直要求他的队员从家里来时一定不要借助任何交通工具,须自己一路跑来,作为每天训练的第一课。

教练的一个队员每一天都是最后一个来,而他的家还不是最远的。教练甚至都告诉他,让他改行去干别的,不要在这里浪费时间。但是突然有一天,这个队员竟然比别人早到了20分钟。教练知道他离家的时间,他算了一下,惊奇地发现,这个队员今天的速度几乎可以超过世界纪录。教练见到这个队员的时候,这个队员正在气喘吁吁地向其他的队员描述着他今天的遭遇。

原来,他在离开家不久,在经过一段有5公里的野地时遇到了一只野狼。野狼在后面拼命地追他,他拼命地在前面跑,那野狼竟然被他给甩下了。教练明白了,这个队员今天超常的成绩是因为一只野狼,因为他有了一个可怕的敌人,这个敌人使他把自己所有的潜能都发挥了出来。

从此,教练聘请了一个驯兽师,找来几只狼,每当训练的时候就"放狼",他的队员的成绩都有了大幅度的提高。

无论是那个日本人还是加拿大人,他们无疑都掌握了这样一个道理:敌人的力量会让一个人发挥出巨大的潜能,创造出惊人的成绩,尤其是当敌人强大到足以威胁你的生命的时候。敌人就在你的身后,你一刻不努力生命就会有万分的惊险和危难。

潜在的对手能够不断激发你的能量,而现实的对手也能够让你保持清醒的头脑,在积极的状态中赢得另一个领域上的胜利。敌人是在某个十字路口上挡住你去路的人,你可以不喜欢,但不得不依靠。他是你的对手,也可能成为你前进的障碍。但是,没有对手的人生索然无味,没有拦路虎的坦途令人丧失斗志。依靠敌人,把敌人的力量当作前进的动力,你会认清方向,不断进取。

老教授借力使力四两拨千斤

在某个校园里,有一位老教授,个头矮,人又瘦,但他每天早晨都在操场一

国学经典文库

角打太极拳。一天，一位本校工人路过，与众人一起围观，看着看着笑起来了："那有什么用？一点力也没有。"几个熟知老教授"厉害"的学生说："那你跟他比试比试。"

工人自恃人高马大，臂力雄健，又是一笑，心想：那还能经我一击，口上却说："不敢！不敢！"他说的"不敢"有双重意思：一是怕打伤了老人；二是不敢与教授动手。教授为了宣扬太极拳的好处和威力，就说："你来吧，没关系。你有多大劲就使多大劲。"

经一再激励、催促，工人就一下子猛冲向老人，想一下取胜。眼看一座高山迎面扑来，老人侧身一让，同时抓住工人的一只手顺势一拉，工人一下窜出一二丈远，还是站立不住扑地倒下了。这还是教授用力有度，否则，工人要吃更大的亏。

工人起身红着脸说："力大无穷！力大无穷！"老人说："这是你自己的力，我只是借你的力让你跌倒而已。"

太极拳法看上去柔弱无力，而其中的奥妙却无穷无尽，它的防卫腾挪避闪，快中有慢，慢中含快。化解之中常常突发奇招，借力打力。借力打力不但省时省力，而且效果奇佳。谁都知道"借风行船"的道理，风愈大船行得愈快；与对手交锋也是一样，对手的力量越强，它所带给你的作用力就越大。

因此，要战胜敌人，取得胜利，在直接的较量中除了要付出自己的努力之外，还要学会巧借对方之力乘势将其打败。大家所熟知的"四两拨千斤"，奥妙完全就在于此。

约翰逊以弱附强独步天下

20 世纪 50 年代末，佛雷化妆品公司独占美国黑人化妆品市场。乔治·约翰逊是这家公司一名十分出色的推销员。乔治不甘久居人下决定自立门户。他以仅仅 2000 元的微弱家当办起了约翰逊黑人化妆品公司。

创业之初，只有三名雇员，两间简易厂房。约翰逊清楚地知道他无力与佛雷公司竞争，只是该如何打开自己产品的市场，令他头痛。经过一段时间的思考，约翰逊灵感终于有了，于是他与雇员们一起，集中力量搞出了一种粉质化妆膏。

产品有了，怎样去推销呢？经过反复地思考，约翰逊决定采用"衬托法"推销自己的产品。他制作了一则广告，广告中说："当你使用佛雷公司的产品化妆以后，再擦上一些约翰逊的粉质膏，将会收到意想不到的效果。"

他的雇员对这种依附式宣传很不满意，说他不是自己给自己做广告，而是在替佛雷公司吹牛。佛雷公司的人也因此嘲笑他："你和我们公司的感情很深嘛！要不怎么免费替我们做广告呢？"

约翰逊对此不予理睬。他笑着对雇员们说："就是因为他们公司的名气大，我们才这样做。打个比方，现在几乎很少有人知道我叫约翰逊，可如果我能想办法站在美国总统身边的话，我的名字马上便会家喻户晓、人人皆知了。推销化妆品的道理是同样的，在黑人社会中，佛雷公司的化妆品享有盛名，如果我们的产品能和它的名字一同出现，明着捧佛雷公司，实际上却抬高了我们的身价。"

这一招果然很灵,消费者很自然地接受了他的产品,市场占有率迅速扩大。接着约翰逊又生产出一系列新产品。这次他改变了以前的依附式宣传策略,转而强化宣传自己的产品,因为他已经羽毛丰满,就要展翅高飞。经过短短几年的努力,约翰逊生产的化妆品便将佛雷公司的大部分产品挤出了化妆台。美国黑人化妆品市场成了约翰逊的独家天下。

势力弱小时投靠在强势一方,在其翼护之下安全地成长,这也是一个借势的好策略。羽翼未丰,势单力薄,难胜强敌,屈居强大对手羽麾之下,借其声威,养精蓄锐、备而后动,这种谋略叫作"借玉雕玉"。"借玉"是栖身之举,卧薪之术,而"雕玉"才是发展之道、壮身之本,"雕玉"就是要超过对方,以玉攻玉,最后战胜对方。

从积极意义上讲,敌人也是靠山,彼此相互依存。因为有敌人存在,所以才不会放松警惕,轻易懈怠,从而不断进步,最终取得胜利。事物的发展是内因外因共同作用的结果,做事的成败是自强与借力结合的结果。自己力量不足时,就借用对手的力量,甚至暂时依附于他,进而发展壮大起来,这也不失为一种成功之道。

在我们所生存的社会里,到处都充满着拼搏和竞争,任何时候你都有可能遭遇强敌。他们是你前进中的障碍,甚至会将你彻底地击败。然而,"塞翁失马,安知非福",障碍与失败常常能够激发你更多的能量,挖掘出你最大的潜能。面对敌人,你会拿出超常的毅力和智慧,最终走向事业的成功。

对手是你不可多得的一种驱动力。现实的对手会激发你的能量,而潜在的对手又提醒你不断进取。依靠你的对手,生活才更有活力,事业也会不断攀升。相反,如果一个人只知经营自己的事业,把同行对手全都当作真正的敌人来对待,那么他的利益必然不会长久。

把敌人当成你的朋友和靠山,你就能更清楚地认识和了解对方,从而占据竞争中的主导地位。你可以抓住对方的弱点随机而动,做到有的放矢;也可以借助对方的力量,减少阻力,成就自我。

一种客观存在的现实力量,尤其是对手的力量,乍看起来,对自己是一种现实的威胁,是一种不利因素。但若能施巧借之妙,这种威胁之力正可以成为扬帆之风,使不利变成有利、敌力变成我力,顺路帮你壮大力量,扫除障碍,何乐而不为?

孔子懂得推己及人

有史记载:一次,孔子要出门,刚好天下大雨,找不到车。孔子的弟子中有人说:"子夏有,跟他先借用吧!"但孔子却不同意,他说:"子夏这个人的短处就是在钱物上比较小气。我听说和人交往,推重他的长处而避开他的短处,这样才能长久相处。"弟子们听后,就没有去向子夏借车。

孔子说:"做人起码在三件事上要懂得推己及人。如果对居上位的人不能尽心事奉,却要求属下凡事听命;如果对双亲不能尽孝,却要求儿子孝顺;如果对兄长不能尊敬,却要求弟弟听话,这就是不能推己及人的毛病。人如果在这三件事上面懂得推己及人,就能成为立身端正的君子了。"孔子这里所说的"推己及人",即是以

朴素、通俗的语言阐明"己所不欲，勿施于人"的道理。

在人际交往中，要真正想到对方，尊重对方，而不是将自己的要求及处理事情的方式方法强加给对方。孔子在这方面可谓是楷模。

如果我们能以自己之心去体悟别人的合理要求，不违背别人的合理情意，节制自己，不执着于自己的意愿与利益，学会并更好地为别人着想，君子的处世风度因此而得以成立。在此基础上，才可使人人都能生活在以和为贵的环境中。

齐白石、梅兰芳的君子之交

我国著名的戏曲演艺家梅兰芳先生曾向齐白石学画，作为弟子，经常为齐白石磨墨铺纸，而他的画艺也受到齐白石的赏识。

后来，梅兰芳进入戏曲行，演技高超，名声如日中天，与此同时，曾为其师的齐白石却生活俭朴，衣着平常，经常不被人理睬。但是，梅兰芳并不以自己是戏曲界的名角而轻视齐白石，在公共场合，梅兰芳总是恭敬地同他交谈，常常使得在场的宾客惊讶不已。

为此，齐白石特地画了幅《雪中送炭图》赠予梅兰芳，并题诗："记得前朝享太平，布衣尊贵动公卿。如今沦落长安区，幸有梅郎说姓名。"梅兰芳与齐白石两位艺术大师的友谊一直维持到终生，为后人所景仰。这里既没有市侩的势利眼，也没有文人"相轻"的陋习，堪称平等待人、平等相处的典范。

无论我们担任什么职务，从事何种工作，取得何种成就，都是社会的分工，都不应该以此去傲视别人。平等待人是做人的基本准则，也只有交往双方处于平等的地位，才可能有真正成功的交往，由此换得真诚的友谊。

古语说："君子敬而无失，与人恭而有礼。"与人交往，只有相互平等，才会有真正的彼此尊重。尊敬别人能换来别人的尊敬，互相尊敬能互相受益，主动示善最为珍贵。

生命都是平等的，富贵也好，贫贱也好，荣耀也好，卑微也好，它都不能改变人的尊严。不要轻易去否定或忽略一个人，因为任何一个生命都有别人不可超越的价值和特质；无论何时都应以仁慈博爱的心善待身边的每一个人，因为每个生命的存在都具有被尊重的意义。

然而在现代社会，似乎很多人都有一种莫名其妙、不知所以的优越感和骄纵，当地人看不起外地人，大城市的人看不起小城市的人，城市人看不起农村人，富人看不起穷人，白领看不起蓝领……不可否认，人们在出身、受教育程度、外貌及个人能力等方面确实存在不同程度的差异，但却不能因此将人做高低贵贱之分。

在与他人交往中，我们提倡平等的交往，在交往中应自尊而不骄傲，尊重别人而不谄媚；受惠于人不形成依赖；批评别人，以精诚相待、忠言诱导；受人批评，应虚心诚恳，即使对方有所偏颇，也不耿耿于怀，只要对方是出于真诚目的就不要再计较。

人们常喜欢摆架子，我行我素、挑剔别人的不是，在众人面前指责他人，而没有考虑到是否伤了别人的自尊心。每个人都有自尊心，这个自尊心的外在体现就是

好面子,中国人是一个非常要面子的民族,因此,给他人保留面子是一件十分重要的事情,而人们却往往忽视了这个问题。其实,只要多考虑一下,讲几句关心的话,为他人设身处地想一下,就可以避免许多不愉快的场面。

依附朝廷,胡雪岩登上财富巅峰

"独行客"是创不了天下的。这是亘古不变的真理。俗话说得好:"好风凭借力,送我上青云。"一个人要想有一番大的作为,仅靠个人的力量是不可能有什么大气候的。只有依附于他人的力量,得到他人的帮助,你就会在前进的道路上攻克一个又一个的难关,顺利地到达成功的彼岸。

曾经红极一时、富甲一方的"红顶商人"胡雪岩,正是依靠背后强大的政治力量才使得财源滚滚而来,最终登上财富巅峰的。

在封建社会,实行四民制:士、农、工、商。其中,商人排在最后,身份也最低贱,这样的体制使商业活动难以充分发展。政治的力量足以让商人们心惊胆寒了,大多数商人在商业活动中会尽量回避官府,不与官府发生冲突。胡雪岩却与众不同,他设法与官吏们相互沟通,争取得到保护,从而获得更大的活动范围和经济利益。

经商要得到官吏的保护,首先得找到值得交往的官吏。封建官场中也是良莠不齐,哪些官员会在宦海沉浮中握有实权,并能出人头地,哪些官员会在官场竞争中屡遭厄运,升迁无望,要识别他们,全凭商业奇才的一双"慧眼"。

王有龄在当时只是一名候补官员,可是他穷途落魄、举目无亲,每天只能闲坐在茶馆里浪费光阴,根本无钱"投供加捐"做官。胡雪岩得知王有龄的情况后,心中颇为高兴。他凭借商人的慧眼和睿智,断定王有龄将来必定会大有前程。如果自己助他进京"投供加捐",就一定会有惊人的回报。胡雪岩当时只是信和钱庄收账的小伙计,他当机立断,没同老板商量,就将手里刚收上来的五百两银子送给了王有龄。王有龄得到资助,大受感动,把胡雪岩当作大恩人,他暗暗下了决心:不管成名与否,定要报答胡雪岩。第二天,王有龄就带着这笔钱直奔北京城了。

老板得知胡雪岩资助了王有龄,火冒三丈,将胡雪岩赶出钱庄。其他钱庄老板,也因为胡雪岩的"独断专行,私用钱款"的恶名而不愿意雇用他。一时间,胡雪岩穷困潦倒,艰难度日。而这时在北京的王有龄却开始了他平步青云的红运,他得到一份掌管海上运粮的美差。胡雪岩得知王有龄已身登官门,心里的一块石头总算落了地,知道自己的苦日子马上就要结束。不久,王有龄衣锦还乡。

王有龄到任后,第一件事就是帮助胡雪岩重新找回饭碗,洗刷名声。他帮胡雪岩办起了钱庄,钱庄的同行们了解胡雪岩"独断专行,私用钱款"的真相后,也认为胡雪岩是个忠厚仁义之人,纷纷与他合作。自此,胡雪岩在钱庄业声名鹊起,为他日后自己的生意打下了坚实的基础。

在王有龄的鼎力协助下,胡雪岩还贩运粮食。他利用王有龄职务之便代理海运,为自己筹借到一笔款项;同时,他还利用王有龄在官场的势力,代理公库,把公家闲置的银子充实到自己的钱庄。没到两年工夫,他的钱庄就名震江南了。

有了王有龄这个名声好、升迁快的后台,朝廷粮食的购办与转运,地方团练与

军火费用,各方面的钱都涌进胡雪岩所办的钱庄。胡雪岩深知官府势力的巨大作用,便继续与前途有望的官员们交往,同时在官府新贵中寻找依附对象,给予帮助,以使自己得到更快的发展。他不计得失,为朝廷大员左宗棠运输粮食,得到了左宗棠赞赏,左宗棠又成了胡雪岩做大做强的有力后盾,胡雪岩也可以放心地一次吸收上百万的巨款,也可以理直气壮地与洋人的商行抗衡。

由于左宗棠的帮助,胡雪岩接受了皇帝赏赐的顶戴,被美誉为"红顶商人",这意味着胡雪岩的商业活动有无可置疑的合法性。同时,皇帝的恩宠使胡雪岩身价百倍,甚至保证了他的信誉。这个小小的"红顶",居然给商业奇才胡雪岩带来了莫大的好处! 胡雪岩凭着这"红顶",积累了万贯家资,成为显赫一时的一代巨贾。

胡雪岩不愧是眼光独到的商业奇才,他发现了依附他人对生意人的重要性,便不断地寻找自己事业上的帮手,终于积累了大量的财富,取得了辉煌的成就。

如今,社会分工越来越明晰,彼此竞争也越来越显得激烈,要想成就自己的事业,更需要得到他人的帮助,不管他人名望怎样、地位如何,只要对你走向成功有所帮助,他就是你登高望远的好"梯子",你就会高瞻远瞩,把事业越做越大!

下　经

咸卦第三十一　䷞

国学经典文库

【经文】

艮下兑上　咸①亨,利贞。取女,吉②。

初六　咸其拇③。

六二　咸其腓,凶,居吉④。

九三　咸其股,执其随,往吝⑤。

九四　贞吉,悔亡。⑥憧憧往来,朋从尔思⑦。

九五　咸其脢,无悔⑧。

上六　咸其辅颊舌⑨。

【注释】

①咸:卦名。通行本为第三十一卦,帛书本为第四十四卦。《咸》卦下《艮》山而上《兑》泽,象水绕山转,喻女悦男、男娶女,故卦辞言“取女吉”。宋秦观《踏莎行》所谓“郴江幸自绕郴山”即是斯义;又卦象为男欲娶妻安家定居(下《艮》为止,为少男)而女方则悦从之(上《兑》为悦,为少女),故爻辞言“居吉”、言禁止外出之“往吝”。此可与《屯》卦相参读。“屯”即屯聚、屯止,全卦讲婚媾、安居、定国之事,故卦爻讲“勿用有攸往”“利居贞”及婚媾之事。本卦卦名之“咸”字取“感动”义。

②取女,吉:“取”同“娶”。卦象为水绕山转、娶妻安家而不外出远行,故卦辞言“取女吉”。此可与《屯》卦相参读。有人认为卦辞“取女吉”与后面的爻辞意思无关,卦辞说取女安家定居而爻辞说不外出远行,二者意思似相补足。

③咸其拇:“拇”,脚大拇指,在此指代脚趾、足脚。“咸”字旧注皆从《彖》《象》读为“感”,训为感动、动。我们基本同意这种说法。《归藏》、帛书本卦卦名写作“钦”。钦、歆、咸古书中音同相通。《诗·皇矣》朱熹注“歆,欲欲动也”,《诗·生民》“履帝武敏歆”,孔疏“心体歆歆然欲动之状也,如有人道感己者”。在此可译为触动、抚摸、接触。高亨、张立文等从朱骏声说训“咸”为“伤”,古本有“咸刘”一语,即斩伤之义。周策纵先生读为“针灸”之“针”,也不无道理。按:在本书此次修订前,我们曾认为诸“咸”字皆用为禁止之义,“咸”本与“禁”“缄”相通。《临》卦之“咸”字,帛书即作“禁”;《庄子·天运》《释文》云“缄,司马本作咸”,《礼记·丧大记》注“咸,读为缄”,“禁”“缄”皆为“止”义,帛书《二三子问》“箴(缄)小人之口”即此卦上六“咸(缄)其辅颊”。仅供参考。

④咸其腓,凶,居吉:“腓”,小腿肚子,指代小腿。“凶”,指外出远行则凶,与下文“往吝”相近。又按:“凶”上疑夺“征”字,下文“往吝”,帛书即夺去“往”字。“居吉”,谓安家定居则吉。时处《咸》时,戒占者先成家而后立业,六爻皆如此。即《屯》卦“勿用有攸往”“利居贞”。

⑤咸其股,执其随,往吝:“股”,大腿。“执”,执持。“随”,相随者,指初六、六

二。初六、六二象足与小腿，皆随大腿之动止，故言"随"。下卦象人体下半身，上卦象人体上半身。帛书脱"往"字。

⑥贞吉，悔亡：占问吉利，不好的事情消失。之所以"贞吉悔亡"，是因为下卦能够互感。

⑦憧憧往来，朋从尔思："憧憧"，往来的样子。"往来"，指九四与初六阴阳往来交际。"朋"，指应爻初六，指女方。"从"，取上《兑》悦随之义。"尔"，指阳爻九四，即"取女"的男方。"思"，语辞。

⑧咸其脢，无悔："脢"，脊背。

⑨咸其辅颊舌："辅颊"，脸颊。本书此次修订前，我们曾认为："辅颊"，指代口舌言语。"舌"字高亨疑为"吉"字之误，可从。"咸其辅颊，吉"与《坤》卦"括囊，无咎"、《艮》卦"艮其辅，言有序，悔亡"相同。"咸(缄)其辅颊"与"括囊""艮辅"、《二三子问》"箴(缄)小人之口"相同，上六《象传》的"滕口说也"当亦读为"滕口说也"("滕"，缄也)。缄其口说，盖恐言语不当而生婚讼也。仅供参考。

【译文】

咸卦：人与人相感则亨通，但必须入于正道才有利；例如，少男娶少女，便吉祥如意。

初六：感应发生在脚的大拇指上。

六二：感应发生在小腿肚上，凶险；安稳守序则吉祥。

九三：即便感应发生在大腿上，如果不把握分寸一味追求对方，发展下去难免会遭羞辱。

九四：心地纯正便吉祥，灾害也不会光临；感情出乎自然，少女便会主动前来，伴随左右以遂少男久思之念。

九五：感应上升到了喉间，倾吐着无悔的山盟海誓。

上六：少男少女情深意浓，贴腮哺舌，亲昵无比。

元代青花鸳鸯戏水壶瓶

【解读】

本卦通过"咸其拇""咸其腓""咸其股""憧憧往来""咸其脢""咸其辅、颊、舌"等一系列关于男女情感发展的描述，阐述了人与人之间相互感应的原则。人与人之间的相感应该自然而然地发生，不可勉强；它是一个循序渐进的过程，不能妄动，更不可强求；人与人相互感应时，要保持独立人格，有主见、有原则，不可盲从；心地必须纯正，感情出乎自然，人们便会主动接近你、追随你。只要坚持不懈地遵循这些原则，人与人之间的思想情感便一定能沟通，人与人之间就能建立起和衷共济、亲密无间的友好关系。

【经典实例】

"咸"通和顺结幸福硕果

俗话说,强扭的瓜不甜。在爱情生活中,必须坚持"咸"的原则,这样才能酿造出爱情的美酒。

宋朝大文豪苏轼在密州上任时,通判是刘庭式。一天,刘庭式请假回乡后,同僚们对苏轼说:"庭式说是回乡结婚,恐怕未必……"

"为什么?"苏轼有点不解。

原来刘庭式年少时,和同乡一个姑娘议定了婚约,后来,他中了进士,偏巧那姑娘的眼睛瞎了。姑娘家本来很穷,女婿当了官,地位就悬殊了,何况又双目失明呢?难怪同僚们议论纷纷了。然而,出人意料的是,不久,刘庭式却同瞎姑娘结婚了,连苏轼也感到诧异,问他:"你同瞎姑娘结婚,家里……"

"别说家里,连我老丈人也不落忍哩。我妻子的妹妹长得漂亮,有人劝我娶她妹妹。"刘庭式严肃地说:"这怎么成呢?我早把心交给妻子了,怎能悔约呢?"

苏轼看看刘庭式诚朴的脸,说:"别人大都爱美色,那么,你爱的是什么呢?"

"我爱她,因为她是我妻子!"刘庭式认真地说:"谁要是只图美色,再美的妻子衰老了,岂不也没有爱了吗?那么,轻浮的女人岂不就可做他的妻子吗?"

苏轼听了,连连点头。

后来,刘庭式夫妻俩非常恩爱,日子过得很幸福。

这个故事让那些以钱、以利、以色为标准来择偶的人看来,无疑是神话,然而它却是真实的。《咸卦》告诉我们,只有自然的真情相感应,两情才能相悦。刘庭式看起来很傻,也很蠢,绝对是个糊涂虫,但实际上他们过得很幸福。

没有"咸"的婚姻生活不仅感受不到爱情的甜蜜和幸福,而且是一种痛苦和折磨。

幸福是需要追求的。它需要放弃那些无"咸"的结合,而去追求有"咸"的真情。

感应天地之道

《咸卦》阐释感应法则。天地间的一切交往,莫不是由无心的感应发端。感应自然而然地发生,但不可鲁莽,不可妄动,不可强求,应听其自然,静待发展。应有主见,坚持原则,不可盲从。动机必须纯正,应当排除私心,不可心胸狭窄,怀有成见,心地光明正大,就能冷静判断,不会犹豫不决,否则把持不定,无以感动他人,也不能虚怀若谷,接纳他人。孤僻冷漠,封闭自己,无法与广大外界沟通,不能建立和谐的人际关系,也就不能有所作为。至于花言巧语,取悦诱骗,更是小人的作为,不是君子应有的态度。

一代枭雄曹操,胸怀自有一番大气魄。他无论任何时候都对自己的前途充满信心。他经常能在众人悲观沮丧的困境中感天应地,表现出异常的乐观来。

他在朝任典军校尉时,大将军何进与司隶校尉袁绍等谋诛宦官,商议不定,正紧锁眉头,他在一旁却鼓掌大笑,向何进等提出了自己的策略。

董卓当朝时,王允等班阁旧臣有心图之,因无计可施而于席间压声而哭,曹操却在旁边抚掌大笑说:"满朝公卿,夜哭到明,明哭到夜,还能哭死董卓否?"不仅如此,他还当即提出谋刺董卓的方案,随后又亲自去实施。

在战场上,碰到失利的情况,他也并不悲观。曹操在濮阳被吕布打败后,伤势很重,众将拜伏问候,他却仰面大笑说:"误中匹夫之计,我必当报之。"

曹操与马超作战时,听说有羌兵两万前来帮助马超,他一反众之情,闻报大喜,原来他是想到边远地区的敌人若汇聚一起,便于一举歼灭。他相信马超再强大,也终会为自己所败。

赤壁之战是曹操最大的一次败仗,曹军损失惨重,仓皇逃跑,数次路过险峻之处,都在马上扬鞭大笑。

曹操在战败之际的乐观态度,是对自己军队士气的鼓舞,是对慌恐情绪的镇定,是在长自己的志气! 这种败而不馁的顽强性格,在一定程度上讲,是一种富有韬略的修养。

曹操这种感天应地的精神直到晚年也未改变。他在总结自己一生的功绩时,向身边的大臣说道:"如国家无孤一人,正不知几个称帝,几个称王。"

他晚年作诗云:"老骥伏枥,志在千里;烈士暮年,壮心不已。"表达了他永不衰竭的进取精神。

无论身处何境,人都应保持大将风度,谈笑自若,泰然处之。在逆境,要耐心地等待时机的来临,不必惊慌失措;在顺境,无论做什么事也需步步为营,不要得意忘形,应该谨慎从事。身处顺境而不骄矜,身处逆境而不颓唐,这才是与天地同声共气的精神。

相反的例子也是有的。同是三国时的蜀国重臣杨仪,因未受到重用,而心生抱怨,口不择言,乱发牢骚,招致被贬黜,最后羞惭自刎而死的结果。

曹操逼宫图

诸葛亮去世后，蜀后主刘禅依照孔明的遗言，任命蒋琬为丞相；晋升费祎为尚书令，同理丞相事。杨仪虽为官多年，还有新功，却仍袭旧职，此情况下，心中不快是自然的。他找到费祎发牢骚，诉说对蒋琬的不服气。还说如当初带兵投魏，也不至于像现在当这个小官。后来传到后主的耳朵里，险些丢了性命。

诸葛亮临终前对他托以大事，说明他的素质、能力和应变急才是过人的；但诸葛亮又没有向刘禅推荐他做"任大事者"，又可知杨仪有他的个人局限。杨仪就好比一位有实战经验的将才，能在瞬息万变的战场态势下率千军万马从容应对，但却缺少和平时期与上下左右友好相处之气量，因此只能胜战，不能治国。诸葛亮还是识人有方的。

这一正一反的两种精神境界，说明了感应天地之道，调解自身的必要性。这也正是《咸卦》所阐发的道理。

柴可夫斯基的痛苦

琴键在俄国作曲家柴可夫斯基的手指间雨点般跳动，整个房间里充满着一种压抑、苦恼、烦闷的气氛。听得出，乐曲是从作曲家心底里迸发出来的：爱情的不幸和痛苦在折磨着他。

几年前，这位用乐曲描绘俄罗斯苦难生活图画的作曲家，一天收到了一位28岁的姑娘安东尼娜的求爱信。当时，柴可夫斯基没有兴趣接受这位多情女子的爱情，他写了一封信，婉言谢绝了姑娘的好意。但是她很快又来信了，执拗地表示：如果作曲家不接受她的爱情，她将以死来表示自己的忠贞。作曲家害怕出现这样的结局，出于怜悯，他同意了。

婚后不久，作曲家发现安东尼娜只知贪婪地占有他的荣誉，终日絮絮不休的是上流社会的趣闻，而对音乐却一无所知。厌倦和痛苦严重地影响着作曲家的创作，他不得不悄悄躲开她无休无止的纠缠。后来，安东尼娜和一个叫波尔科夫的人姘居并且生了孩子。这时，朋友们建议柴可夫斯基同这位毫无共同语言的妻子离婚，但善良的作曲家没有这样做，他以人道的宽容，依旧供给安东尼娜全部生活费用，直到最后。

柴可夫斯基的不幸根本在于妻子的恋爱婚姻观。此类女人太实际，过于实际，也是个极聪明的人，但对于柴可夫斯基来说这种价值观是不可忍受的。

徐志摩与陆小曼

我国现代著名诗人徐志摩与陆小曼的恋情及婚姻，是一段脍炙人口的佳话。可有谁知道，这桩姻缘实在得之不易。在徐志摩爱上陆小曼之前，陆小曼已有家室。她的丈夫叫王赓。王赓留过洋，学过哲学，后又毕业于西点学校，回国后仕途也很顺利，与徐志摩也是好友。王赓因为忙，常常叫徐志摩陪陆小曼玩，后来北上任哈尔滨警察局长，又托请徐志摩常去看望小曼。接触多了，相谈又非常投机，志摩与小曼便产生了爱情，终至到了难舍难分的地步。但是，又该如何向王赓表示这

层意思做通他的工作呢？几方面都深感为难。

后来，还是徐志摩的朋友们想出了办法，他们公推著名画家刘海粟出面，请王赓到上海著名的素菜馆功德林赴宴。刘海粟果然有胆有识，不仅请了王赓、徐志摩、陆小曼，还把杨杏佛、李祖法、唐瑛也请了来，这是另一对三角关系，唐瑛如同上海的陆小曼，而杨杏佛与李祖法恰也是好友。此外，还有徐志摩前妻的胞兄张君劢，以及陆小曼的父母等人。仅以邀请的客人而论，就是动了一番脑筋。

刘海粟是酒宴主人，他举杯为大家幸福健康干杯。接着他侃侃而谈，讲爱情与人生的关系，讲自己逃婚和追求自由幸福的亲身经历，讲男女结合的基础是爱情，没有爱情的婚姻是违反道德的。夫妇之间如果没有爱情而造成离婚，但离婚后还应当保持正常的友谊。友谊和爱情是不同的范畴，不可混为一谈。希望大家都能自由地追求真正的新生活，获得真正的幸福。

刘海粟一席话说得大家无不动容。张君劢趁热打铁，向大家斟了一杯酒，说："志摩与舍妹结婚时，可惜他没有逃。他与舍妹离婚我们都赞成，舍妹也赞成，虽然她一度很痛苦。但他们离婚后反而产生了友谊。舍妹现在发愤苦学，归国后准备在中国女界中切实干一番事业，这不能说不是离婚给她开阔了新的道路。"

众人也连连称是。

王赓自然也极其明白，他站起身，举杯祝愿大家各自幸福，也创造别人的幸福，一饮而尽，随后，借口有事提前告辞，并与徐志摩握手道别。不久，王赓同意与陆小曼离婚。

《咸》卦六爻可看作是古时青年男女的婚恋图。但《周易》以"观物取象"，其目的是"以象尽意"。男女相感在《咸》卦中只是象，这种象在世界上一切相感的事物中最易为人所理解、所感知；如果以引象来推及其他各类事物，许多道理都是一样的。

相感首先需要一定的感情基础。俗话说"强扭的瓜不甜""捆绑不能成夫妻"，看来这在古时男女求爱时就意识到这一问题。感情是婚姻的基础，男女之间彼此的感应、感知，共同的理想、追求，是婚姻得以成功的黏合剂。真正的感情往往不是以物质条件的好坏、金钱的多少来衡量的。

其次，相感要利于守正。《周易》中经常强调的"正"，即符合正道，也就是说人的所作所为要符合社会伦理道德。男女之间确立夫妻关系是人伦之始，当然更应如此。守正有利于家庭的稳定、社会秩序的正常；这一点不仅是男女相感，还可推及其他方面的关系，如父母与子女的关系、亲朋好友之间的关系、同事之间的关系、上下级之间的关系都是一样的。彼此间如能相感以情，关系就和顺、通达；彼此间如能守正，就有益于共处、共事，也有益于社会。

他爱他的，她爱她的

法官正在宣读着判决书，法庭上前所未有的安静……蒲以生的头和耳朵同时嗡嗡作响，他什么都听不到，此时苏媚的律师投过来的得意神情却明确地告诉他，他输了。观看庭审的人们陆续散去，蒲以生却颓坐在被告席上，面色死一样惨白。疯了，疯了，蒲以生无助地喃喃自语。他7天之内输了两场官司，一场是他告那个

叫苏媚的女人诈骗，另一场是那个叫苏媚的女人告他诽谤。现在，连他自己也觉得自己该输，官司、人，统统都输掉了。

曾经相爱的两个人最后分开，结局若干，蒲以生和苏媚是其中最恶劣的一种：为了钱翻脸成仇，恨不得咬碎对方吞进肚子。

35岁的蒲以生在这个南方都市里，大大小小也算个人物。贫苦出身的他，靠水产、饮食起家，如今已在该行业中数一数二。千万家业全凭双手挣得，初时所受辛苦教得他珍惜财富，笃信细水长流，跟他一起创业的公司资深高层都不敢在他面前多报一分公关费用。

那天，蒲以生的第十家海鲜酒楼开业，邀请了一干媒体的朋友。酒桌上，蒲以生初见电视台的当红主持人苏媚。她静静地坐着，有一口没一口地饮着绿茶，不发一语，顿时和周遭叽叽喳喳的时尚女孩区别开来。后来，她向他走来，他看清她穿着一袭及踝深黑长裙，质地柔软，恰如其分地勾勒出她曼妙玲珑的身姿，手里的绿茶换了红酒，表情仍是那么笃定，冷艳中又带着几分娇媚。

蒲以生见她白葱般纤纤细指将手里红酒杯微微一扬，"蒲总，初次见面，先干为尽。"自认见过诸多世面的蒲以生竟然发了半秒呆，眼看眼前女子优雅地饮完酒，他才突然发现自己手里的酒杯是空的。

那一刻，蒲以生甚至觉得苏媚便是可以和自己相伴终生的那位了。这个极大地满足了他虚荣心的女人，总是拒绝他送的贵重礼物，也让他觉得她是值得他爱的女子。

然而，世事总是万般难料，有时候亲眼所见、亲耳所闻的，也未必就是真的。

苏媚又何尝没想过行云流水地爱上一场，何尝没想过和某人阳光下十指交握，拥有平凡而真实的幸福。可自从大学毕业进了市里最大的电视台以后，短短两年间，她就被染得五颜六色、七彩缤纷了。

她年轻，领悟力强，很快在和男人的周旋中学会了既能保护自己，又能获取利益的方式：自己不是最美的，但一定是最媚的，对可以带给自己好处的男人永远时而近、时而远。她今日对你热情如火，明日即对你冷若冰霜，令你心痒难耐之余，云里雾里便着了她的道。

自从酒宴上遇到蒲以生以后，苏媚就暗自打听到这个年轻帅气的富翁的所有情况：独身自好，身家千万，公司前景看好。她掐指计算了一番，平日里围绕周围的追求者几十有余，统统不是没有事业基础的毛头小伙，便是拥有肚腩、一副老态的已婚男人，相较之下，蒲以生绝对算得上是极品。最重要的是，苏媚早就从他那日看她的眼神里，得到了自信。

如果没有后来的事，苏媚甚至也有这样的想法，这个男人或许真能当自己的真命天子。

蒲以生和苏媚，都不过是这个几乎没有季节变化的南方都市里的两个自私的人，一个不改商人本色，像是在寻找一支业绩好投资又最少的股票；一个则是在挑选一张最能让自己后半生安稳、荣华富贵的饭票。

曾经有人说，这是一个无情而苍白的时代，相信爱情，爱情毁灭我们。一个活在需要随时打起十二分精神的商界里，一个活在随时可能成明日黄花的屏幕上，谁

能不对别人设防呢？男的对女的百般试探，女的对男的施尽手腕。两个人的暗战从第一日起便宣告开始。

蒲以生终究已经35岁，他累了，想放松精神，有一个真正属于自己的家。于是，当苏媚第一次婉转地提出要借100万元买房的时候，他答应了，不过要求她写张借条。对他而言，这只是平常的原则，然而却冷了苏媚的一颗心。放下电话，她咬得贝齿作响，这个男人终究是靠不住的，自己又何须对他客气。

当天晚上，苏媚一个电话打过去，不说话，只是一个劲儿地嘤嘤哭泣，直哭得蒲以生心都疼了。连声询问，她才期期艾艾地哭诉自己命苦，父亲长年患病，弟弟又不争气，自己谁也指望不上，一个人打拼如何委屈云云。蒲以生顿时升起一股强烈的保护欲，发誓一定要让她将来安心。

第二天，苏媚红着眼睛到蒲以生的公司拿支票，很自然地递上自己的借条，蒲以生豪气干云，当看她的面就将它扔进了碎纸机。苏媚梨花带雨，破涕为笑，顺势投进了他的怀抱……

事情结束得很快，当蒲以生一个星期后向苏媚求婚的时候，她却像彻底换了一个人，"我们的关系远不到结婚的程度吧，再说我工作很忙，以后没事不要找我。"如同一盆冷水兜头浇来，蒲以生从头到脚阵阵发凉，"媚媚，你别开玩笑了。"然而，他等来的是苏媚"噔"的一声挂掉电话。

蒲以生再拨，不接，再拨，关机。他发疯似的冲进电视台找她，人家很奇怪地问他是她什么人，他才想起，苏媚从来没有带他见同事，理由是电视台太复杂，影响不好。他们一年以来甚至连一张能够证明两人关系的合照都没有。他一下被问醒了，那个叫苏媚的千娇百媚的女人原来早就布好了一张网，让他慢慢地自己投进来。

蒲以生把自己交给酒精，喝得酩酊大醉。

在一个月联系不到苏媚以后，蒲以生以诈骗罪将她告上了法庭。一个是知名企业家，一个是电视台红主持，顿时闹得满城风雨。苏媚也不是省油的灯，一个反手，又以诽谤罪将蒲以生也给告了。

他爱他的，她爱她的，两个曾经以为相爱的人，其实各不相干，如今彻底撕破了脸。大梦醒来迟，明知是假，最后，蒲以生和苏媚却都给硬生生地疼得落下真泪来。

当今世界上人与人交往中都有一个难题。那就是人们中常说的一句"人心难测"，万人万个心，谁知其心意，根据成卦之理你在人际交往相互感应间应注意一些。应顺其自然，不要妄动，心有主见，千万不要盲目附会他人，动机纯正，胸怀坦荡，光明正大，勿冷漠孤僻，封闭自己的真心实意。不要玩弄口舌。

人与人之间有了一定的感情基础，但仍然没有十分把握的情况下，也不要随便轻举妄动。因为人与人的感应不可强求，就像你和某人相识虽久，但在他没有真正暴露自己的真实面目，或你还没有认清他的面目之前，你最好谨慎从事。这看上去似乎和感应的原则相背，但要知道感应是双方的，而不是单方面的。孤掌难鸣，只有你一边是不足以感应对方的。若双方都试图了解对方，问题便自然解决。

阴阳力量的交感

　　唐朝时，书生崔护在去往长安的路上口渴了，就到路旁的一家讨水喝。那农家院中出来一位姑娘递给他水喝，他接过姑娘递过来的水，一边喝一边偷眼相看。只见那位姑娘依在桃树下，双眉如画，眼如秋水，面似桃花，蜂腰纤细，楚楚动人，爱慕之情不由从心底升起。

　　第二年春天，崔护旧地重游，见绿柳含春，宛如昨日；桃花盛开，一如去年。他又来到村舍前，见茅屋依旧，但双扉紧锁。他深感惆怅，于是在门上题诗一首："去年今日此门中，人面桃花相映红。人面不知何处去，桃花依旧笑春风。"

　　又过了些日子，崔护无论如何也无法排遣心中的愁绪，又鬼使神差地来到了村舍前。他走到门前，突然听到有老人的哭泣声。他推开房门，来到院中，才知道老人在哭自己的女儿。原来他的女儿看了崔护的题诗后，爱上了崔护，可是崔护一去不回，女儿便害了相思病，刚才一急竟死去了。

　　崔护听了老人的话，悔恨不已，也放声痛哭。他哭自己遇到如此好的姑娘，却未曾开口表白自己的心愿；他也哭自己因为一首诗而断送了一个姑娘的性命。他越哭越伤心。不料，他的痛哭却惊醒了那位"死"去的姑娘，原来那姑娘只是昏过去了，老人见女儿醒来，万分高兴。不久他们便举行婚礼，成为夫妻。

　　佛家讲的是"缘"，而《易经》讲的是"感"：爱情的确是没有理由可讲，常常是在没有准备的时候发生。

人心向背，苻坚兵败淝水

　　男女之间心灵相通而生爱慕之情，结为夫妇，组成幸福和谐的家庭；天地交感促成万物发育生长；君子以其德行感化百姓，上下一心，则天下太平。这是咸卦中阐释的道理，俗话说："同心山成玉，协力土变金。"把上上下下的智慧集中起来，把方方面面的力量凝聚起来，才会取得事半功倍的成效。对于领导者来说，善于团结是一种责任，是一种胸怀，要处处从大局出发，要有讲团结的良好愿望，要有兼听纳谏的宽阔胸怀，更要有善于同不同意见的人合作共事的协调能力。这样才能领导属下干出一番轰轰烈烈的事业来。

　　公元383年发生的淝水之战，是偏安江左的东晋王朝同北方氐族贵族建立的前秦政权之间进行的一次战略性大决战。战争的结果，是弱小的东晋军队上下团结，利用前秦统治者苻坚不得人心和战略决策上的失误而大获全胜，成为中国历史上以弱胜强的著名战例之一。淝水之战中双方得失关键在于人心归一与否。胜负双方的原因辩证地说明了《咸卦》中阐释的相互感应的重要性。

　　公元316年，在内乱外患的多重打击下，腐朽的西晋王朝灭亡了。在割据混战的状态下，占据陕西关中一带的氐族统治者以长安为都城，建立了前秦政权。公元357年，苻坚自立为前秦天王。他即位后，重用汉族知识分子王猛治理朝政，推行一系列改革，在吏治整顿、人才擢用、学校建设、农桑种植、水利兴修、军队强化、族

国学经典文库

际关系调和方面均收到显著的成效,在一定程度上使前秦国实现了"兵强国富"的局面。在这种情况下,前秦积极向外扩张势力,初步统一了黄河流域的北方地区。

公元 373 年,符坚亲率大军向南挺进,攻占了东晋的梁、益两州,这样长江、汉水上游就纳入了前秦的版图。接着,前秦军队又先后占领了襄阳、彭城两座重镇,直接威胁偏安于长江下游的东晋王朝。秦晋矛盾日趋尖锐,终于导致了淝水大战。

东晋太元七年(382 年)四月,被军事上的胜利冲昏了头脑的符坚决定大起军队攻打江南,想一举荡平江南地区。群臣中只有少部分人附和符坚的意见,多数大臣对此却持有反对的意见。尚书左仆射权翼认为,东晋虽然弱小,但是君臣和睦、上下团结,且晋拥有长江天险,又得到民众的拥护支持,进攻不易取胜。但符坚却骄狂地声称:"以我百万大军,把马鞭扔在长江中,也完全可以阻断长江水流,东晋方面还有什么天险可以凭恃的呢?"(典故"投鞭断流"即出于此)深得符坚信任的兄弟阳平公符融也不同意出兵,符融还陈述了前秦表面强盛的背后是民族矛盾、阶级矛盾还相当激烈。然而这一切符坚根本听不进去,固执地认为,以强击弱,垂危的东晋政权可以迅速消灭。

这年七月,符坚不顾大臣们的反对,决意南下。任命其弟为征南大将军,委任谏议大夫裴元略为巴西、梓潼二郡太守,积极经营舟师,企图从水路顺流东下会攻建康。

为了劝阻符坚南下攻晋这一冒险举动,前秦的大臣们进行了最后的努力。他们针对符坚信佛的特点,通过释道安进行劝说。符坚的爱妃张夫人和太子宏、幼子诜也都一再相劝,符坚依然是不改初衷,积极备战。

太元八年(公元 383 年)八月,符坚认为攻晋的时机成熟,挥军南下,誓师一举攻灭东晋,并扬言说要生擒司马曜(即晋孝武帝)。于是,符坚亲率 90 万大军,水陆并进,在东西长达几千公里的战线上摆开了南下攻晋的阵势。

在符坚积极备战的同时,晋孝武帝司马曜在谢安等人的强有力辅弼下,任命桓冲为江州刺史,谢石为征讨大都督,谢玄为前锋都督,胡彬为水军都督,摆开了与前秦大军决战的态势。

由于双方力量悬殊太大,东晋城池相继失守,符融部将梁成率兵五万进抵洛涧(今安徽怀远县境内),并在洛口设置木栅,阻断淮河交通,遏制从东西增援的晋军。晋军将领胡彬困守硖石,粮乏兵绝,难以支撑,便写信求请谢石驰援,可是此信却被前秦军所截获。符融及时向符坚报告了晋军的情况,建议前秦军迅速开进,以防晋军逃遁。符坚得报,便亲率骑兵 8000 驰抵寿阳,并派遣原东晋襄阳守将朱序到晋军中劝降。心念旧主的朱序到了晋军营阵后,抱着以身报国的必死决心,不但没有劝降,反而建议谢石等人主动出击。谢石听了朱序的情况介绍和作战建议后,决定转守为攻,争取主动。

十一月,晋军前锋都督谢玄派猛将刘牢之率领精兵 5000 迅速奔赴洛涧。前秦将梁成在洛涧边上列阵迎击。刘牢之分兵一部迂回到前秦军阵后,断其归路;自己率兵强渡洛水,猛攻梁成的军队。前秦军腹背受敌,抵挡不住,主将梁成阵亡,步骑 5 万人土崩瓦解,争渡淮水逃命,丧生者不计其数。晋军活捉了前秦扬州刺史王显等人,缴获了前秦军的大批辎重、粮草。洛涧遭遇战的胜利,极大地鼓舞了晋军的士气。谢石乘机命诸军水陆并进,直逼前秦军。符坚站在寿阳城上,看到晋军布阵

严整，又望见淝水东面八公山上的草和树木，以为也是晋兵，心中顿生惧意和怨气，对苻融说："这明明是强敌，你怎么说他们弱不堪击呢？"（典故"风声鹤唳"即出于此）

　　前秦军洛涧之战失利后，沿着淝水西岸布阵，企图从容与晋军交战。谢玄知道自己兵力较弱，利于速决而不利于持久，于是便派遣使者激将苻融说："将军率领军队深入晋地，却沿着淝水布阵，这不是速战速决的方法。如果您能让前秦兵稍稍后撤，空出一块地方，使晋军能够渡过淝水，两军一决胜负，这不是很好吗？"前秦军诸将都认为这是晋军的诡计，力劝苻坚不可上当。但是苻坚一意孤行，说："只引兵略微后退，待他们一半渡河，一半未渡之际，再用精锐骑兵冲杀，便可以取得胜利。"于是苻融在苻坚的命令之下指挥秦军后撤。前秦军本来就士气低落，人心不齐，指挥不灵，这一撤更造成阵脚大乱。此时朱序率领旧部乘机在前秦军阵后大喊："秦军败了！秦军败了！"

淝水之战图

　　前秦军听了信以为真，丢盔弃甲，争相逃命。谢玄等人指挥东晋军队乘势抢渡淝水，展开猛烈的攻击。苻融眼见大事不妙，骑马飞驰巡视阵地，想整顿稳定退却的士兵，结果马倒在地，被追上的晋军手起刀落，一命呜呼。主帅毙命，前秦军全线崩溃，人马相踏而死者，满山遍野，堵塞大河。活着的人更没命地拔脚向北逃窜。苻坚本人也中箭负伤，仓皇逃至淮北。淝水之战，秦军被歼灭的十有八九。从此前秦王朝便江河日下，一蹶不振了。

　　淝水之战的结果，使东晋王朝的统治得到了稳定，为江南地区社会经济的恢复和发展提供了必要的契机，也促使北方地区暂时统一局面的解体。北方贵族重新崛起，乘机肢解了前秦的统治，苻坚本人也很快遭到了身死国灭的悲惨下场。

　　苻坚惨败淝水，其中最主要原因是：主将骄横，一意孤行；内部不稳，意见不一，降将思乱，人心浮动。与此相反，东晋军队的胜利，最主要的原因就是：主将有能，指挥若定；君臣和睦，将士用命。

　　"人心齐，泰山移"，事实表明，无论是一个人的自身发展还是社会的进步，都

需要有各种条件,其中最重要的是人和的力量,而人和力量来自团结。团结具有强大的威力,必然带来丰厚的回报。

恒卦第三十二

【经文】

巽卜震上　恒[①]亨,无咎,利贞,利有攸往。

初六　浚恒[②],贞凶,无攸利。

九二　悔亡[③]。

九三　不恒其德,或承之羞[④],贞吝。

九四　田无禽[⑤]。

六五　恒其德,贞妇人吉,夫子凶[⑥]。

上六:振恒[⑦],凶。

【注释】

①恒:卦名。通行本第三十二卦,帛书本也是第三十二卦,此与《咸》卦(䷞)为卦爻翻覆的关系,故次列于《咸》卦后。此与《咸》卦都是六爻相应。

"恒"即恒久、长久,诸如一切自然现象就其不变者而言之,均可谓"恒",所谓"日月之恒"即是。就本卦卦象而言,"雷"在天上,"风"在地上,此种现象即为"恒";至如天上地下、日东月西、天高泽卑之类,亦为"恒";推及人事,《震》刚长男在上,《巽》柔长女在下,尊在上而卑在下,如此之类,亦为"恒";此皆就其不变者而言之,即《易》所谓"不易"之理,在这个意义上说,恒定是绝对的。而就其变者而言之,万物皆在运动,诸如日西沉、雷入地、天气下地气上(如《泰》卦)、《兑》阴少女居上而《艮》阳少男居下(如《咸》卦),此即《易》所谓"变易"之理,在这个意义上说,恒定又是相对的。总之,静极必动、动极必静(《黄帝四经》等多有此类论述)即是"恒"的真正内蕴,也是《恒》卦所蕴涵着的朴素的辩证法思想。

②浚恒:"浚"训为深,即过分。"恒",恒定。初六虽居下卦《巽》体,当主于柔静,又柔爻居初位,但过分追求恒定,不思进取通变,故"贞凶,无攸利"。陈梦雷说:"初在下之下而四在上之下,皆未及乎恒者,故泥常而不知变"即是此意(《周易浅述》)。

③悔亡：九二居中，又处柔位，追求恒道得其适度，故能"悔亡"；但居不当位，又为刚爻，处下《巽》柔静之时，有躁进之嫌，故仅"悔亡"而不言"吉"。

④不恒其德，或承之羞："承"，受，蒙受。九三处下《巽》之终，不能持静，不能恒守其德，"重刚而不中，上不在天，下不在田"，阳刚躁动，进求上六，故或将蒙受羞辱，占问有吝害。陈梦雷云："三在下之上，上在上之上，皆已过乎恒者，故好变而不知常。"

⑤田无禽："田"，田猎。九四"重刚而不中，上不在天，下不在田，中不在人"，居不当位，已入上卦《震》体，当运动变通，而仍恒守静定、泥于常位，宜其田猎无获。

⑥恒其德，贞妇人吉，夫子凶："贞"，占问，统下"夫子凶"句。此"德"为"行"之内在者，谓行事的准则。六五为柔爻，妇人属阴，主静，故阴柔之妇人恒守本分、行事一贯则吉；而六五处上卦《震》体，居刚位，主动，故阳刚之男子恒守一理，处《震》动之时，不能通变制宜则为不吉。

⑦振恒："振"，动。上六居《震》动之极、《恒》定之终，动极必静、终而返始，此则动而不已，往而不返，失其恒道，故有凶。

【译文】

恒卦：循守常道，就能亨通，不会有灾难，但必须以坚持纯正为前提，才有利于事业的发展。

初六：恒守常道必须出乎自愿。倘若强求，即便动机纯正也难免凶险，发展下去有害无益。

九二：灾悔自行消除。

九三：不能坚持常道，有如妇女品行不端遭夫休弃；若与这样的女人继续保持夫妇关系，必有灾祸。

九四：狩猎，结果一无所获。

六五：循守常道因人而异，例如妻子从丈夫则吉祥，丈夫从妻子则凶险。

上六：循守常道之心摇摆不定，必生凶险。

【解读】

《恒卦》所阐发恒久之道，是《周易》哲学思想体系中极其高深的理论，但落实到人事上，全卦的大义就是"人贵有恒"。只要真正懂得恒久之道的精髓，即持中守正的不易之恒与终而复始的不已之恒，并在立身处世时真正地持之以"恒"，那就会亨通，无害，利于守正，利有所往。

卦辞从正面立论，说明只要真正懂得并做到持之以恒，则必然亨通无害，所以卦辞非常吉祥。爻辞从反面立论，分别以夫妇之道为喻象，从不同的侧面指出不能持恒的各种情况及后果，所以各爻兆辞均不吉利，这实际上是从反面警醒世人，道出持之以恒的重要性。

【经典实例】

坚持是生命的需要

《恒卦》从一个侧面告诉我们恒久之道的意义,其实,恒不仅是爱情的需要,也是我们取得最终成功或脱离险境所必有的前提。有时候,"恒",甚至是生命的需要。下面这个令人惊心动魄的故事就说明了这一点。

佩尔肩上背着用毯子包起来的沉重包袱,在山谷中一瘸一拐地走着。

他们本来是两个人,但就在佩尔的脚腕子扭伤后,他的同伴比尔抛下他,头也不回地一个人先走了。

现在,他已经两天没吃东西了。他常常弯下腰,摘下沼泽地上那种灰白色的浆果,把它们放到嘴里,嚼几口,然后吞下去。这种浆果并没有养分,外面包着一点浆水,一进口,水就化了。

突然,佩尔被一块岩石绊了一下,因为极度疲倦和虚弱,他摇晃了一下就栽倒了。他侧着身子,一动也不动地躺了一会儿。接着,他从捆包袱的皮带当中脱出身子,笨拙地挣扎起来勉强坐着。这时候,天还没有完全黑,他在乱石中间找到一些干枯的苔藓,生起一堆火,并且放了一白铁罐子水在上面烧着。

佩尔在火边烤着潮湿的鞋袜。鹿皮鞋已经成了湿透的碎片,毡袜子有好多地方都磨穿了,两只脚皮开肉绽,都在流血。一只脚腕子胀得血管直跳,已经肿得和膝盖一样粗了。他一共有两条毯子,他从其中的一条撕下一长条,把脚腕子捆紧。然后他又撕下几条,裹在脚上,代替鹿皮鞋和袜子。

6点钟的时候,佩尔醒了过来,开始整理包袱准备上路。在检查一个厚实的鹿皮口袋时,他踌躇了一下。袋子并不大。他知道它有15磅重,里面装着粗金沙——这是他一年来没日没夜劳动的成果。在是否要继续带上它的问题上,他犹豫了很久。最后,当他站起来,摇摇晃晃地开始这一天的路程的时候,这个口袋仍然包在他背后的包袱里。

佩尔扭伤的脚腕子已经僵了,他比以前跛得更明显,但是,比起肚子里的痛苦,脚疼就算不了什么。饥饿的痛苦是剧烈的,它一阵一阵地发作,好像在啃着他的胃,疼得他不能把思想集中在走出去的路线上。

这一天,佩尔走了10英里多路。第二天,他只走了不到5英里。

又过了一夜。早晨,佩尔解开系着那厚实的鹿皮口袋的皮绳,倒出一半黄澄澄的金沙,把它们包在一块毯子里,在一块突出的岩石下藏好。又从剩下的那条毯子上撕下几条,用来裹脚。

这是一个有雾的日子,中午的时候,累赘的包袱压得他受不了。于是,他又从口袋中倒出一半的金沙,不过这次是倒在地上。到了下午,他把剩下的那一点也扔掉了。

佩尔重新振作起来,继续前进。这地方狼很多,它们时常三三两两地从他前面走过。但是都避着他。一则因为它们为数不多,此外,它们要找的是不会搏斗的驯鹿,而这个直立行走的奇怪动物可能既会抓又会咬。

　　接着下了几天可怕的雨雪。佩尔不知道什么时候露宿，什么时候收拾行李。他白天黑夜都在赶路。他摔倒在哪里就在哪里休息，一道垂危的生命火花重新闪烁起来的时候，就慢慢地向前走。他已经不再像人那样挣扎了。逼着他向前走的，是他的生命，因为他不愿意死。

　　有一天，佩尔醒过来，神智清楚地仰卧在一块岩石上。太阳明朗暖和。他只隐隐约约地记得下过雨，刮过风，落过雪，至于他究竟被暴风雨吹打了两天还是两个星期，他就不知道了。

　　远处仍旧是一片光辉的大海，那艘船仍然清晰可见。难道这是真的吗？他闭着眼睛，想了好一会，毕竟想出来了。他已经偏离了原来的方向，一直在向北偏东走，走到了铜矿谷。这条流得很慢的宽广的河就是铜矿河，那片光辉的大海是北冰洋。这次不是幻觉而是真的！

　　太阳亮堂堂地升了起来。这天早晨，他一直在跌跌绊绊地，朝着光辉的海洋上的那艘船走去。

　　下午，佩尔发现了一些痕迹，那是另外一个人留下的，他不是走，而是爬的。他认为可能是比尔。

　　佩尔跟着那个挣扎前进的人的痕迹向前走去，不久就走到了尽头——潮湿的苔藓上摊着几根才啃光的骨头，附近还有许多狼的脚印。他发现了一个跟他自己的那个一模一样的厚实的鹿皮口袋，但已经给尖利的牙齿咬破了。比尔至死都带着它。

　　佩尔转身走开。不错，比尔抛弃了他，但是他不愿意拿走那袋金沙，也不愿意吮吸比尔的骨头。

　　这一天，佩尔和那艘船之间的距离缩短了三英里。第二天，又缩短了两英里——因为现在他已不是在走，而是在爬了。到了第五天，他发现那艘船离开他仍然有七英里，而每一天连一英里也爬不到了。

　　这一天，有一半时间他都一直躺着不动，尽力和昏迷斗争，当佩尔又一次从梦里慢慢苏醒过来的时候，觉得有条舌头在顺着他的一只手舔去。他静静地等着，狼牙轻轻地扣在他手上了，扣紧了。狼正在尽最后一点力量把牙齿咬进它等了很久的东西里面。突然，那只被咬破了的手抓住了狼的牙床。于是，慢慢地，就在狼无力地挣扎着、他的手无力地掐着的时候，他的另一只手也慢慢地摸了过去……

　　5分钟之后，他已经把全身的重量都压在了狼的身上。他的手的力量虽然还不足以把狼掐死，可是他的脸已经紧紧地压住了狼的咽喉，嘴里已经满是狼毛。半小时后，佩尔感到一小股温暖的液体慢慢流进他的喉咙。后来，翻了一个身，他仰面睡着了。

　　捕鲸船"白德福号"上，有几个科学考察队的人员。他们从甲板上望见岸上有一个奇怪的东西，它正在向沙滩下面的水面挪动。他们没法分清它是哪一类动物，于是，他们划着小艇，到岸上去察看。

　　他们发现了一个活着的动物，可是很难把它称做人。它已经失去了知觉。它就像一条大虫子在地上蠕动着前进。它用的力气大半都不起作用，但是它仍在一刻不停地向前扭动。照它这样，一个小时大概可以爬上20尺。

　　3个星期以后，这个人躺在"白德福号"的床铺上，眼泪顺着他削瘦的面颊往下淌，他说出他是谁和他所经历的一切。同时，他又含含糊糊地、不连贯地谈到了他的母亲，谈到了阳光灿烂的南加利福尼亚，以及橘树和花丛中的他的家园……

　　这是杰克伦敦以他的亲身经历所写的一个令人难忘的故事，主人公正是由于生死边缘的坚持才重获新生。

　　坚持就是胜利，这个道理表面上谁都明白，关键在于人们能否从深层次上用心去领悟它的真谛，并且在生活中时刻坚守，从而使自己的生命防线永不溃败。

桑弘羊晚节不保殒命

　　《恒卦》阐释了恒久的道理。有恒为成功之本，恒久亦即坚持，但坚持也要有一定的分际，必须坚持的，是自立立人正当的大原则，在运用上，依然须把握中庸原则，通权达变。正义也不可强迫他人接受；相反地，应当相互感应沟通。当柔则柔，应刚则刚，不同的立场与本分，所应坚持的也不同。极端坚持，反而违背常理，动荡不安。以上不但是夫妇之道，也是为人处世的大道理。

　　汉武帝时，出身于洛阳商人家庭的桑弘羊，因为善于心算，被武帝看中，13岁就当到了侍中。侍中一职，官属内朝，和皇帝关系密切，并可参与国家重要政事的议论。大概是家庭环境和地域环境的影响吧，桑弘羊对理财、经商一类的经济事宜特别在行；又由于汉武帝时期发动了几十年的战争造成财政匮乏，所以在桑弘羊39岁那年，被汉武帝任命为大农丞。这是个为朝廷管财政的重要职位，桑弘羊在这个职位上干了5年，著名的"算缗""告缗"统一铸币等工作，就是在他任内完成的。以后，武帝又把他提升为治粟都尉和代理大司农，在此期间他做了"盐铁官营""平准""均输"等具体工作。

　　桑弘羊的理财是卓有成效的，他为朝廷对外战争提供了大量的经费，为朝廷立下了汗马功劳。所以，汉武帝去世前，让他与霍光、金日磾、上官桀、田千秋等人一道，以御史大夫身份共同辅佐年幼的昭帝。

　　然而，一个人的思维定式大概不容易改变，特别是上了年纪以后更是如此。后来的桑弘羊已步入老年，可是他仍然以朝廷的有功之臣自居。在他头脑中"官尊者禄厚"，"父尊者子贵"的思想根深蒂固，经常要向朝廷提出一些要求，为其子弟谋求官位。当他的欲望没有得到满足时，就对朝廷中握有主要辅政大权的大司马大将军霍光怨恨至极，终于卷入了上官桀谋反的漩涡之中。

　　这件事的为首者是汉昭帝的哥哥燕王刘旦。早在武帝还在世时，他就提出要继承帝位，引起武帝大怒。武帝死后，刘旦公开勾结宗室刘泽、刘长等人，策划叛乱。阴谋败露后，刘泽等人被杀，刘旦被责令悔过自新。然而，他仍然于暗中勾结上官桀父子等人，打算除掉霍光，废掉汉昭帝。上官桀先是以燕王刘旦名义，向昭帝上书，诬告霍光图谋不轨，对霍光提出弹劾。这时已14岁的汉昭帝并没有被他牵着走，反而正色道："大将军是忠臣，先帝嘱托他辅政，再敢有说三道四的，处罪论之。"

　　上官桀一计不成，又生一计，他让昭帝姐盖长公主出面宴请霍光，想乘酒席宴

上杀害霍光，再废昭帝以立燕王刘旦为天子。没想到此事走漏消息，阴谋未得逞。上官桀父子等有关人员全部被杀。

桑弘羊也参与了这件事的全过程，终于遭杀身灭族之祸。真是"一失足成千古恨"。

本来，在武帝"轮台罪己诏"颁布之后，国家政策已从对外战争转向休养生息，桑弘羊从当时为战争实行"轻重"政策的重臣地位而下降至霍光之下。在这个时候，桑弘羊本该意识到自己在朝廷中地位的微妙变化，尤其是到了朝廷决策圈中自己更应洁身自好，以求保持晚节。可惜，桑弘羊没有认识这点，仍以过去的独尊地位自居，一不如意就走上了参与谋反的道路，终于酿成悲剧性的后果。

孔子也曾引用过"恒卦"中的"不恒其德，或承之羞"的观点，告诫人们如果不永远地保持自己的德行，有时就会承受耻辱。桑弘羊优裕一生，最后因为晚节不保而殒命，正是说明了这个道理。

诺贝尔的火药厂

提到诺贝尔这个名字，全世界几乎无人不知。以他的名字命名的诺贝尔奖是世界最高荣誉之一。

19岁时热爱发明的诺贝尔开始细心研究硝化甘油。由于它呈液化状态，稍有不慎就会发生可怕的爆炸。

经过多次努力，诺贝尔将硝化甘油装入小玻璃管，再放进一个铁罐里，四周塞满黑色火药，然后用导火线点火。"轰！"一声巨响，试验成功了！这种能使火药完全爆炸的小玻璃管，便是诺贝尔发明的"雷管"。

雷管诞生后，诺贝尔计划成立一个工厂，生产硝化甘油。为了筹措资金，诺贝尔前往法国，拜访巴黎银行，向他们说明他从事的是一种具有伟大远景的事业。但是，没有一家银行愿意贷款给他。后来，因法国皇帝拿破仑三世对他的发明很感兴趣，诺贝尔因此获得了10万法郎的贷款。

1863年，火药工厂正式开始制造硝化甘油。不料由于大意，9月3日这天，发生了爆炸，工厂已成了一片废墟。他们从残留的灰烬中找到五具遗骸，其中一具便是诺贝尔最疼爱的小弟艾米尔。

巨大的不幸发生后，父亲病倒了，母亲终日以泪洗面。诺贝尔也是万分悲痛，他从悲伤中振作起来，并立下一个宏愿："我一定要找出硝化甘油最安全的使用、存放和大量制造的方法。"

由于爆炸事件造成的影响，政府部门严禁诺贝尔火药工厂复业，且要求他们不得在离市区5公里内做这项危险试验。诺贝尔于是到乡下去寻找用地，但人们都避之唯恐不及，诺贝尔只好买了一艘大船作工厂，到一个大湖上做试验。尽管如此，其他船只上的人因上次的爆炸事件而心惊胆寒，不许诺贝尔的"水上工厂"靠近。诺贝尔不得不经常改变停泊位置。

经过努力，硝化甘油终于生产出来了。但因为爆炸事件，无人敢买。诺贝尔于是亲做示范表演，让人们知道这是一种安全可靠的炸药。大家目睹了他的示范表

国学经典文库

演,疑虑渐消,工厂的订单源源而来。

但是,不利的消息也在各处流传……

有一位德国旅客到纽约,外出时把一个小盒子存放在旅馆服务台。服务员不知道盒内装的是硝化甘油,随手放在椅子下面。不久小盒子往外冒黄烟,服务员惊慌之余,拿起盒子就往马路上丢,眨眼间,就引起了一场大爆炸。附近一带民房的门窗玻璃全被震破,而马路上丢盒子的地方被炸成了1米的深坑!

1866年3月,巴拿马一艘名叫"欧洲号"的轮船离港时,船板上的硝化甘油爆炸又造成14人死亡……

接二连三的爆炸,引起人们的极大恐慌,致使各国都严格禁止硝化甘油的贮存和制造。

这些打击和不绝于耳的责难,并没有使诺贝尔灰心丧气。他想起那些无辜的被炸死的人们,想起可怜的弟弟艾米尔,暗暗下定决心,一定要研制出十分安全的硝化甘油炸药来。经过无数次试验,他终于研制出一种用雷管引发的、固体状态的硝化甘油炸药。

这年10月,德国组织了一个硝化甘油炸药审查委员会,对诺贝尔所制造的炸药在安全性和威力做了全面的安全审查。审查后全体委员一致认为:这是一种成功的产品,在使用和运输方面都可以绝对放心。

经过不懈的努力,第二年年初,德国矿业界人士前来订购大批硝化甘油炸药。接着,法国、英国也为采购,连诺贝尔的祖国瑞典也订购了。

一度被视为可怕的危险物品,已成为赐福人类的大功臣。

硝化甘油炸药的发明促进了世界科技的快速进步。诺贝尔的克鲁伯火药工厂在不断地扩展着。到1874年,硝化甘油炸药的供应量达3120吨。

一个真实的故事

佩尔肩上背着用毯子包起来的沉重包袱,在山谷中一瘸一拐地走着。

他们本来是两个人,但就在佩尔的脚腕子扭伤后,他的同伴比尔抛下他,头也不回地一个人先走了。

佩尔把周围那一圈世界重新环视了一遍。这真是一片叫人看了发愁的景象。到处都是模糊的天际线。小山全是那么低低的,没有树,没有灌木,没有草——什么都没有,只有一片辽阔可怕的荒野,他的眼中露出了恐惧的神色。

佩尔虽然孤零零一个人,却没有迷路。他知道,再往前去,就会找到一条小溪。这条小溪是向西流的,他可以沿着它一直走到狄斯河,在一条翻了的独木舟下面可以找到一个小坑,坑里有来福枪和子弹,还有钓钩、渔网等打猎钓鱼的一切工具。

比尔会在那里等他的。他们会顺着狄斯河一直向南走到赫德森湾,那儿不仅树木长得高大茂盛,而且吃的东西也多得不得了。

佩尔一路向前挣扎的时候,脑子里就是这样想的。他苦苦地拼着体力,也同样苦苦地绞着脑汁,他尽力想着比尔并没有抛弃他,想着比尔一定会在藏东西的地方

等他。他不得不这样想，不然，他就用不着这样拼命，他早就会躺下来死掉了。

佩尔已经两天没吃东西了。他常常弯下腰，摘下沼泽地上那种灰白色的浆果，把它们放到嘴里，嚼几口，然后吞下去。这种浆果并没有养分，外面包着一点浆水，一进口，水就化了。

走到9点钟，佩尔被一块岩石绊了一下，因为极度疲倦和虚弱，他摇晃了一下就栽倒了。他侧着身子，一动也不动地躺了一会儿。接着，他从捆包袱的皮带当中脱出身子。笨拙地挣扎起来勉强坐着。这时候，天还没有完全黑，他借着流连不散的暮色，在乱石中间找到一些干枯的苔藓，生起一堆火，并且放了一白铁罐子水在上面烧着。

佩尔在火边烤着潮湿的鞋袜。鹿皮鞋已经成了湿透的碎片，毡袜子有好多地方都磨穿了，两只脚皮开肉绽，都在流血。一只脚腕子胀得血管直跳，已经肿得和膝盖一样粗了。他一共有两条毯子，他从其中的一条撕下一长条，把脚腕子捆紧。然后他又撕下几条，裹在脚上，代替鹿皮鞋和袜子。

6点钟的时候，佩尔醒了过来，开始整理包袱准备上路。在检查一个厚实的鹿皮口袋时，他踌躇了一下。袋子并不大。他知道它有15磅重，里面装着粗金沙——这是他一年来没日没夜劳动的成果。在是否要继续带上它的问题上，他犹豫了很久。最后，当他站起来，摇摇晃晃地开始这一天的路程的时候，这个口袋仍然包在他背后的包袱里。

佩尔扭伤的脚腕子已经僵了，他比以前跛得更明显，但是，比起肚子里的痛苦，脚疼就算不了什么。饥饿的痛苦是剧烈的，它一阵一阵地发作，好像在啃着他的胃，疼得他不能把思想集中在去狄斯河必经的路线上。

傍晚时，佩尔在一条小河边发现了一片灯芯草丛。他丢开了包袱，爬到灯芯草丛里，像牛似的大咬大嚼起来。他还试图在小水坑里找青蛙，或者用指甲挖土找小虫，虽然他也知道，在这么远的北方，是既没有青蛙也没有小虫的。

佩尔瞧遍了每一个水坑，最后，在温温的暮色袭来的时候，他才发现一个水坑里有一条独一无二的，像鲦鱼般的小鱼。他解下身上的白铁罐子，把坑里的水舀出来。半小时后，坑里的水差不多舀干了，可是并没有什么鱼。他这才发现石头里面有一条暗缝，鱼已经从那里钻到了旁边一个相连的大坑——坑里的水他一天一夜也舀不干。

佩尔四脚无力地倒在潮湿的地上。起初，他只是轻轻地咒，过了一会儿，他就对着将他团团围住的无情的荒原号啕大哭起来……

天亮了——又是灰蒙蒙的一天，没有太阳。雨已经停了。刀绞一样的饥饿感觉也消失了，佩尔已经丧失了想吃食物的感觉。

虽然饿的痛苦已经不再那么敏锐，但他却感到了虚弱。他在摘那种沼泽地上的浆果，或者拔灯芯草的时候，常常不得不停下来休息一会儿。他觉得他的舌头很大，很干燥，含在嘴里发苦。

这一天，佩尔走了10英里多路。第二天，他只走了不到5英里。

又过了一夜。早晨，佩尔解开系着那厚实的鹿皮口袋的皮绳，倒出一半黄澄澄的金沙，把它们包在一块毯子里，在一块突出的岩石下藏好。又从剩下的那条毯子

上撕下几条，用来裹脚。

　　这是一个有雾的日子，中午的时候，累赘的包袱压得他受不了。于是，他又从口袋中倒出一半的金沙，不过这次是倒在地上。到了下午，他把剩下来的那一点也扔掉了。

　　佩尔重新振作起来，继续前进。这地方狼很多，它们时常三三两两地从他前面走过。但是都避着他。一则因为它们为数不多，此外，它们要找的是不会搏斗的驯鹿，而这个直立行走的奇怪动物可能既会抓又会咬。

　　傍晚时佩尔看到了许多零乱的骨头，说明狼在这儿咬死过一头野兽。这些残骨在一个钟头以前还是一头小驯鹿，一面尖叫，一面飞奔，非常活跃。他端详着这些骨头，它们已经被啃得精光，其中只有一些还没有死去的细胞泛着红色。难道在天黑之前，他可能也变成这个样子吗？生命就是这样吗？

　　他蹲在苔藓地上，嘴里衔着一根骨头，吮吸着仍然使骨头微微泛红的残余生命。

　　接着下了几天可怕的雨雪。佩尔不知道什么时候露宿，什么时候收拾行李。他白天黑夜都在赶路。他摔倒在哪里就在哪里休息，一道垂危的生命火花重新闪烁起来的时候，就慢慢地向前走。他已经不再像人那样挣扎了。逼着他向前走的，是他的生命，因为他不愿意死。

　　有一天，佩尔醒过来，神智清楚地仰卧在一块岩石上。太阳明朗暖和。他只隐隐约约地记得下过雨，刮过风，落过雪，至于他究竟被暴风雨吹打了两天还是两个星期，他就不知道了。

　　佩尔痛苦地使劲偏过身子，想确定一下自己的方位。下面是一条流得很慢、很宽的河。他觉得这条河很陌生，真使他奇怪。他慢慢地顺着这条河奇怪的河流方向，向天际望去，只看到它注入一片明亮光辉的大海。后来，他又看到光亮的大海上停泊着一艘大船。但他并不激动。多半是幻觉，也许是海市蜃楼，他想到，他眼睛闭了一会再睁开——奇怪，这种幻觉竟会这样地经久不散！

　　佩尔听到背后有一种吸鼻子的声音——仿佛喘不出气或者咳嗽的声音。由于身体极度虚弱和僵硬，他极慢极慢地翻了一个身。他看不出附近有什么东西，但是他耐心地等着。

　　又听到了吸鼻子和咳嗽的声音，离他不到20尺远的两块岩石之间，佩尔隐约看到了一匹灰色狼的头。这是一匹病狼，它的那双尖耳朵并不像别的狼那样竖得笔挺，眼睛也昏暗无光，布满血丝。

　　至少，这总是真的。佩尔一面想，一面又翻过身，以便瞧见先前给幻觉遮住的现实世界。可是，远处仍旧是一片光辉的大海，那艘船仍然清晰可见。难道这是真的吗？他闭着眼睛，想了好一会，毕竟想出来了。他已经偏离了原来的方向，一直在向北偏东走，走到了铜矿谷。这条流得很慢的宽广的河就是铜矿河，那片光辉的大海是北冰洋。这次不是幻觉而是真的！

　　他挣扎着坐起来。裹在脚上的毯子已经磨穿了。他脚破得没有一处好肉。最后一条毯子已经用完了。他总算还保住了那个白铁罐子。他打算先喝点热水，然后再开始向船的方向走，他已经料到这是一段可怕的路程。

佩尔的动作很慢，他好像半身不遂地哆嗦着。等到他想去收集干苔藓的时候，他才发现自己已经站不起来了。他试了又试，后来只好死了这条心，用手和膝盖支着爬来爬去。

喝下热水之后，他觉得自己可以站起来了，甚至还可以走路了。这天晚上，等到黑夜笼罩了光辉的大海的时候，他知道他和大海之间的距离只缩短了不到四英里。

这一夜，佩尔总是听到那匹病狼咳嗽的声音，有时候，他又听到一群小驯鹿的叫声。他周围全是生命。不过那是强壮的生命，非常活跃而健康的生命，同时他也知道那匹病狼所以要紧跟着他这个病人，是希望他先死。

太阳亮堂堂地升了起来。这天早晨，他一直在绊绊跌跌地，朝着光辉的海洋上的那艘船走。

下午，佩尔发现了一些痕迹，那是另外一个人留下的，他不是走，而是爬的。他认为可能是比尔。

佩尔跟着那个挣扎前进的人的痕迹向前走去，不久就走到了尽头——潮湿的苔藓上摊着几根才啃光的骨头，附近还有许多狼的脚印。他发现了一个跟他自己的那个一模一样的厚实的鹿皮口袋，但已经给尖利的牙齿咬破了。比尔至死都带着它。

佩尔转身走开。不错，比尔抛弃了他，但是他不愿意拿走那袋金沙，也不愿意吮吸比尔的骨头。

这一天，佩尔和那艘船之间的距离缩短了三英里。第二天，又缩短了两英里——因为现在他已不是在走，而是在爬了。到了第五天，他发现那艘船离开他仍然有七英里，而每一天连一英里也爬不到了。

佩尔的膝盖已经和他的脚一样鲜血淋漓，尽管他撕下了身上的衬衫来垫膝盖，他背后的苔藓和岩石上仍然留下了一路血渍。有一次，他回头看见病狼正饿得发慌地舔着他的血渍，他清楚地看出了自己将遭遇的结果——除非他干掉这匹狼。于是，一幕残酷的求生悲剧开始了——病人一路爬着，病狼一路跛行着，生灵就这样在荒原里拖着垂死的躯壳，相互猎取着对方的生命。

有一次，佩尔昏迷中被一种喘息的声音惊醒了。他听到病狼喘着气，在慢慢地向他逼近。它愈来愈近，他始终一动不动地躺在那儿，静静地等着。它已经到了他耳边，那条粗糙的干舌头正像砂纸一样地摩擦着他的两腮。他的两只手一下子伸出来，他的指头弯得像鹰爪一样，可是抓了个空。

狼的耐心真是可怕，人的耐心也同样可怕。

这一天，有一半时间他都一直躺着不动，尽力和昏迷斗争，等着那个要把他吃掉，而他也希望能吃掉的东西。

当佩尔又一次从梦里慢慢苏醒过来的时候，觉得有条舌头在顺着他的一只手舔去。他静静地等着，狼牙轻轻地扣在他手上了，扣紧了。狼正在尽最后一点力量把牙齿咬进它等了很久的东西里面。突然，那只被咬破了的手抓住了狼的牙床。于是，慢慢地，就在狼无力地挣扎着、他的手无力地掐着的时候，他的另一只手也慢慢地摸了过去……

5分钟之后，他已经把全身的重量都压在了狼的身上。他的手的力量虽然还不足以把狼掐死，可是他的脸已经紧紧地压住了狼的咽喉，嘴里已经满是狼毛。半小时后，佩尔感到一小股温暖的液体慢慢流进他的喉咙。后来，翻了一个身，他仰面睡着了。

捕鲸船"白德福号"上，有几个科学考察队的人员。他们从甲板上望见岸上有一个奇怪的东西，它正在向沙滩下面的水面挪动。他们没法分清它是哪一类动物，于是，他们划着小艇，到岸上去察看。

他们发现了一个活着的动物，可是很难把它称做人。它已经失去了知觉。它就像一条大虫子在地上蠕动着前进。它用的力气大半都不起作用，但是它仍在一刻不停地向前扭动。照它这样，一个小时大概可以爬上20尺。

3个星期以后，这个人躺在"白德福号"的床铺上，眼泪顺着他削瘦的面颊往下淌，他说出他是谁和他所经历的一切。同时，他又含含糊糊地、不连贯地谈到了他的母亲，谈到了阳光灿烂的南加利福尼亚，以及橘树和花丛中的他的家园……

本卦以夫妇关系为隐喻，阐述了恒守常道的原则，说明了坚持、不退缩和永不放弃的重要性。许多人常半途而废，其实，只要他们再多花一点力量，再坚持一点点时间，那些已经花下大功夫争取的东西就会得到。可惜，当目标就要达到时，却一下子放弃了。英国诗人威廉·古柏曾语重心长地说："即使是黑暗的日子，能挨到天明，也会重见曙光。"

美国有这样一则故事，讲一个当年到西部去淘金的人，花了好几年的时间在一块地上挖掘，他相信那里有黄金。

一天又一天，他不断地挥动锄头，每天辛苦地工作，但没有结果。最后，失望使他没有了信心，于是把锄头往地上一摔，收拾好自己的装备，离开了那个地方。

几年以后，锄头生锈了，把柄也腐烂了，但在距离这两件东西六尺的地方，竟发现了一个大金矿！

这是事实，最后的努力奋斗，往往是胜利的一击。坚持就是胜利，这个道理谁都明白。关键在于大多数人都没有这个耐心。

孔子周游列国

孔子为了推行他的政治思想，坚持周游列国。虽然他的治国主张不被当时的诸侯接纳，但他依然持之以恒，知其不可而为之，等待着他的主张被采用的那一天。

孔子带领弟子在蔡国住了三年，他的政治思想没有被采用。这时，吴国开始攻打陈国。楚国派军援救陈国，驻军于城父。听说孔子正待在陈蔡边界，楚国便派人去聘请孔子。孔子很高兴，打算去楚国。陈国和蔡国的大夫们在一起商量说："孔子是圣贤，我们没有重用他，若他去了楚国，我们就危险了。"于是陈蔡两国一起派人把孔子和他弟子围困在荒野中，结果孔子一行一连几天都不能赶路，而且连吃的东西也没有了。弟子们饿的饿，病的病，境况十分困难。

在这种情况下，孔子依然讲诵《诗经》，并弹琴歌唱。子路不高兴了，问孔子说："君子也有穷困的时候吗？"孔子回答说："君子当然也有穷困的时候，只不过不

圣迹图

会像小人那样一旦穷困就为非作歹。"子贡也面露不满，孔子说："赐，你以为我是努力学习才懂得道理的人吗？"子贡回答："是的。难道不是吗？"孔子说："不是，我只不过一贯坚持道理罢了。"

孔子知道弟子们不高兴，于是把子路叫进来说："《诗经》上说：'不是兕不是老虎，为何在旷野上游荡？'我所遵循的道理不对吗？我们为何落到这个地步？"子路说："难道是我们还没有做到仁，人们才会不相信我们吗？难道是我们不够聪明，人们才会不放我们走吗？"孔子说："有这样的道理吗？由，假使仁者就一定使四方相信他，怎会有伯夷、叔齐饿死的事情呢？假使智者就一定会处理事情，怎会有王子比干被剖心的事呢？"

子路出去，子贡进来了。孔子也问了他同样一个问题。子贡回答："夫子的道太伟大了，所以天下容不下夫子。夫子何不稍微降低一下标准呢？"孔子说："赐，好的庄稼人会耕种，未必会有好收成，好工匠手艺很好未必会使所有顾客满意。君子能遵循并坚守自己的理想，而不能放弃以求宽容。现在你不想坚守理想而求降低理想的标准。赐，你的志向不远大。"

子贡出去，颜回进来了。孔子询问他对这个问题的看法。颜回回答说："夫子的道太伟大了，所以天下容不下夫子。虽然这样，夫子还是应坚持推行大道，容不下怕什么？容不下才显示君子的风采，夫子不能遵循大道，是我们的不对。夫子遵循大道而不被采用，是诸侯的不对。"孔子欣然而笑，说："好一个颜回，假使你很有钱，就让我替你管理吧。"

后来，孔子派子贡到楚国去请救兵。楚昭王派兵来迎接孔子一行，才解除了孔子的困境。以后，孔子仍然坚定地走自己的正道而不改变。

阳光卫视超前的代价

2000年8月8日,阳光卫视开播。其播出之初的定位是一个以历史及人物传记为主题的华语卫星频道,目标观众群定位在既有较高学历,亦是最具消费力的高收入人群。

阳光卫视的经营方式,主要是以联盟的方式,向各地购买商(媒体)提供公司节目,这些节目内容包括世界一流节目制造商的原版节目,以及打着阳光卫视品牌的人物访谈、人文纪录片节目。

与传统电视台以及诸如凤凰卫视之类的电视新贵不同的是,尽管拥有自己的播出平台与传输网络,但阳光卫视却志不在此。其拥有的超过45000个小时的节目内容储备,彰显着阳光卫视觊觎华语节目总供货商的巨大野心。

阳光卫视将自己定位为内容供应商,显然是看到了这种国际上的趋势。从国内的情况来看,两方面的情况也使得节目内容供应商的定位有一定的市场需求。一方面,随着政策的放开,各种内容制作机构开始在中国得到一定的发展,有可以提供更为优秀的节目;另一方面,传媒频道资源过剩但内容严重不足,电视观众日常虽然能够收看少则三四十、多则六七十个频道,但这些台的节目雷同,内容贫乏,千篇一律,这使得电视台对于优秀的节目会有越来越大的需求。

从某种意义上看,阳光卫视是带着先进的理念来开拓中国的媒体市场的。

然而,任何市场都是一个完整的系统。企业销售从产品生产到完成交易,不能仅仅看是否有市场需求,因为要达成真正的交易,还要考虑市场的现实条件。

从国内的情形看,电视台的竞争并未完全市场化,其本身还带着浓浓的事业单位的色彩。在某种程度上,电视台扮演着资源垄断者的角色,他们的运作并不完全按商业化规律进行。有时供应商的节目内容再好,如果电视台不播,节目内容制造商也无可奈何,根本谈不上任何收入。这种情形使得节目内容供应商在双方的交易中,反而成为弱势的一方。

在双方的谈判中,节目定价权、黄金时段、黄金频道的资源置权,往往被牢牢掌控在购买者手中。供应商为达成最后目的往往退让,只好不惜以节目换广告时间的方式达成交易。

在节目内容的定位上,阳光卫视同样走进了脱离国内电视市场现实的误区。

表面看来,国内电视台节目有大量的"低智商"内容,这使部分受教育水准相对比较高的观众无电视可看,"电视无文化"之说一度甚嚣尘上。这为阳光卫视的内容定位提供了大环境背景。

阳光卫视致力于历史、人物、旅游、科技、健康、食品等专题节目的制作,格调定位高雅,文化气息浓郁。目标受众群相对较明确,使其在建立初期就占据了区别于国内其他电视频道的受众市场。另外,其节目大多来自外国的知名制作公司及媒体,来源方面也显示出与国内电视的差别,在一定程度上引起了人们的兴趣。

但是,实际的情况是,"电视无文化"之说代表的只是较少一部分掌握文化话语权的群体发出的声音,而不是市场需求的主流。

　　阳光卫视提供的内容是可有可无的内容，而非缺一不可的内容，是有固然好但无也并非不可的内容，是感觉非常类似，而相互差异并不明显的内容。劳累一天的普通劳动者打开电视为的是获取一天难得的轻松与快乐，自然不愿去看阳光卫视的节目；青年学生虽然需要这样和那样的文史知识和人生智慧，但天性好玩的他们在没有强迫的情况下，也不会将手中的遥控器指向这个频道；而喜欢深刻、标榜崇高的知识分子，更多愿意选择自主性更强的知识获取方式，诸如阅读之类，也较少将收看电视作为第一选择。

　　受众面严重偏窄，严重影响到阳光卫视的广告收入。实际上，阳光卫视除了《杨澜工作室》等极个别节目外，日常节目广告投放量的稳定根本无法得到保证。与每天滚动播出的惊人投入相比，产出却不能得到有效的保证，阳光卫视无奈地陷入亏损沼泽。

　　持之以恒，勿急勿躁，不急于求成，无论什么事，都要按一定的程序来进行，如饭要一口一口地吃，路要一步步地走，知识的增长，事业的成功，靠的是坚持不懈、按部就班、脚踏实地的奋斗。若违背规律地急躁地冒进，往往欲速而不达。不顾一切地急于求成，即使目的纯正也有危险。

　　恒之道即长久地坚持中正之道，即把握适度和平衡的原则。世界上不论任何事物，都有一个度的概念。从量变到质变，真理向前多跨一步就会变成谬误。平衡不能过激，要注意事物相互之间的联系，做到适可而止，通权达变。事业上的任何不平衡都将增加实施的难度，甚至根本无法实施。它是实现目标所要把握的一种方针和原则。三心二意，没有恒心不行，一味走极端，不达目的仍不罢休，即又违背了事物的规律。

临池之书，池水为墨

　　王献之学习书法，起得早，睡得晚，甚至忘记了吃饭睡觉。他用完了成堆的白纸，写光了成缸的墨水。过了一段时间，他觉得自己练得差不多了。有一天，他写了一个"大"字，觉得不错，就高高兴兴地送到王羲之手里，让父亲看。但父亲一句话也没有说，只用毛笔在"大"字下加了一点，成了一个"太"字。然后把字交给他。

　　王献之不知父亲为什么要这样做，就又拿着字到母亲那里。王献之的母亲虽然不经常写字，但对书法艺术也很精通。她拿起这个"太"字仔细研究了好长时间，然后对他说："只有下面这一点有点儿功力。"

　　王献之脸上出现了愧色，因为这一点不是自己写的。为此，他常常感到自己写的字远远不如父亲。于是他回到父亲的身边，对父亲说："我如何才能把字写好呢？"

　　王羲之把他领到家里的十八只水缸跟前，指着水缸对他说："练好字的诀窍就在水缸里面。你把这十八缸水用完了就会知道了。"王献之听了以后，再也不敢骄傲自满了。他继续学习书法，像父亲那样"临池学书，池水为墨"，终于吸收了前人的优点，加上自己的创造，形成了独特的风格，成为我国历史上有名的大书法家。

　　王羲之与妻子通过一"点"，让献之明白了：成功不是一蹴而就的，只有持续不

王羲之爱鹅图

断的努力，才能最终成才。

吉温反水

唐玄宗天宝年间，李林甫、杨国忠、安禄山这三个乱世奸雄相继登台表演。他们之间为了争权夺利而大打出手、相互倾轧。一些卑劣小人乘时而出，在三奸钩心斗角的混战中推波助澜，从而加剧了大唐统治集团内部矛盾的日趋尖锐和政局的日益混乱。吉温正是这些卑劣小人当中表演最为充分、也最为丑恶的一个。

吉温"早以严毒闻"，是个"性禁害，果于推劾"、手辣心狠的酷吏，而这又与他贪图功名且急于求成的品性有直接的关系。正是由于他的功名之心太切、权势之欲强，所以他才会沦落成为一个不顾一切、不择手段往上爬的官迷，成为一个不问是非、不计亲疏、见风使舵的小人。

吉温一向有着"谄附贵宦，若子姓奉父兄"的臭名声。天宝初年，吉温担任了万年县尉，大宦官高力士的私宅就在其辖境之内。当时高力士经常留居禁中，很少出宫还家，但每次只要他回到家里，吉温必然要亲往其府拜谒探望，极尽殷勤。

高力士对他十分喜欢，两人"言谑甚洽，握手呼行第"，又"爱若亲戚"。吉温靠着高力士的关系，不仅化解了与顶头上司萧炅的旧怨，而且还被萧炅"引为曹官，荐之于林甫"。

吉温依附李林甫之时正是李林甫一手遮天的阶段，他和罗希奭一起，扮演着李林甫的心腹亲信与打手的角色。当时李林甫"屡起大狱，诛逐贵臣，收张其势"，吉、罗二人治狱案，"皆随林甫所欲深浅，锻炼成狱，无能自脱者。时人谓之'罗钳吉网'"。靠了这样的努力，李林甫很快就提拔他做户部郎中兼侍御史，对他"倚以爪牙"。

吉温曾向李林甫表白忠心说："若遇知己，南山白额虎不足缚也"。他以为，只要抱紧了李林甫的粗腿出将入相乃是指日可待之事，但他鞍前马后辛苦了几年却官职依旧，他既对李林甫不肯"超擢"自己而深怀怨恨，更为自己升迁太慢而忧心如焚。情急之下，便生出改换门庭、另寻靠山的念头。

当时杨、李二人"交恶若仇敌"，相对虎视已成水火难容之势。吉温见杨国忠日益贵幸，步步高升，便毫不犹豫地"去林甫而附之"，成为杨国忠手下的一员战将。

吉温反水之后，立刻就竭尽全力去为杨国忠建功立业。他一面"教其取恩"借玄宗之力压迫李林甫，一面协助杨国忠四处搜寻证据，接连把萧炅、宋浑等人治罪贬官，赶出京城，使李林甫丧失了心腹亲信，元气大伤。他还出面游说安禄山让安氏与杨国忠联手，诬告李林甫谋反。他的这一番活动很快就使李林甫陷入被动境

地在忧懑恐惧之中死去。由此,吉温就成为杨国忠跟前的大红人。

不过,吉温这次投靠杨国忠可与上次依附李林甫不同。从一开始他就一边与杨国忠打得火热,一边又对安禄山频送秋波,与安氏"约为兄弟",呼之为"三兄"。天宝十载,安禄山又加任河东节度使,吉温曾与他密谋说:"若三兄奏温为相,即奏兄堪大任,挤出林甫,是两人必为相矣。"此计后来虽然因故未行,但两人的感情和关系却由此更加密切起来。安禄山因此奏请玄宗,委任吉温为河东节度副使、知留后,"河东事悉以委之"。

吉温脚踩两只船,本是出于狡兔三窟的考虑。他同时受宠于杨、安二主,也曾经自以为得计,高兴一时。但在李林甫死后,杨国忠与安禄山之间的矛盾日益加剧,又成不能两立之势。杨国忠为了笼住吉温,便将他召回京师,委以御史中丞的重任。但吉温却不领情,他以为安禄山是杨贵妃的干儿,在玄宗面前又很受宠,加上重兵在握,将来一定能取代杨国忠。所以,他虽然表面上与杨国忠虚与委蛇,实际上却是身在曹营心在汉,成为安禄山安插在朝廷中的耳目和坐探,"朝廷动静,辄报禄山,信宿而达"。

天宝十三载正月,反心已决的安禄山入朝,为了能更好地发挥吉温的内应作用,他又奏请玄宗任命吉温为武部侍郎、兼御史中丞及四副使。杨国忠由此而知吉温已经叛他而去,又恼又恨。安禄山离京师不久,杨国忠就借故将吉温罢官,贬出京师。天宝十四载正月九日吉温被杨国忠杖杀于狱中。

这个一生都在梦想高官显位的投机分子、跳梁小丑,最终也没有实现他出将入相的愿望。是非不分,反复无常,每每见风使舵,最终导致杀身之祸也是意料之事。

孔子认为,德是个人立身之本。孟子也认为,有德始能成事。一个人品德的形成,是逐渐积累的过程。不可能因为其某天做了一件好事,就认为他是一个有德的人。积德修身是一辈子的事,自己必须从小做起。自己有心向善,才能成大事业。历史上许多"有德者昌,无德者亡"的案例就是最好的证明。

国学经典文库

丘吉尔捉鱼

第二次世界大战以前,英国首相丘吉尔和德国独裁希特勒开会,两人在花园中边走边谈。来到一个水池边,丘吉尔突然提议两个人来打赌,看谁能不用钓具将水池中的鱼捉起来。

希特勒心想,这还不容易!马上拔出手枪朝池中的鱼射了几枪,可惜没有一发击中。希特勒只好无奈地说:"我放弃了,看你的吧!"

只见丘吉尔不慌不忙地从口袋里掏出一把小汤匙,把鱼池中的水一匙一匙地舀到沟里。

希特勒大喊道:"这要等到什么时候啊!"

丘吉尔笑嘻嘻地回答说:"这方法虽然慢了一点,但最后的胜利必然是属于我的。"

力到木穿

有一个高中生耐性不够,做一件事只要稍稍有点困难就很容易气馁,不肯锲而

不舍地做下去。

有一天晚上,他的父亲给他一块木板和一把小刀,要他在木板上切一条刀痕。当他切好一刀以后,他父亲就把木板和小刀锁在他的抽屉里。

以后每天晚上,他父亲都要他在切过的痕迹上再切一次。这样持续了好几天。

终于到了有一天晚上,他一刀下去,就把木板切成了两块。

父亲说:"你大概想不到这么一点点力气就能把一块木板切成两片吧?你一生的成败并不在于你一下子用多大力气,而在于你是否能持之以恒。"

俗话说:"不怕慢,就怕站。"骐骥一跃,不能十步,驽马十驾,功在不舍。记住:你一生的成败,并不在于你一下子用多大力气,而在于你是否能持之以恒。

才能就是坚持不懈

徐亮是徐斡的堂弟,一心想干一番事业,可他干一行厌一行,多少年来一事无成。

一天,徐亮对徐斡说:"你看,我是不是应该像苏秦那样头悬梁、锥刺股,等到把基础打好了再去干事业啊?"

徐斡说:"道理并不在这里。如果因为年成有丰有歉而荒废掉农事,就不是一个好农夫;如果因为利润有多有少而抛弃自己的财货,就不是一个好商人;如果因为做事既能获福也能致祸而改变自己的主张,就不是一个贤达之士。意志坚定,事业有成,这才是你所应该遵循的啊。"

想去做一件事情,如果缺乏决心和信心,能够把事情做好吗?决心和信心是把事情做好的先决条件,一旦下定了决心,就要毫不动摇地做下去。如果朝三暮四,动摇不定,就将一事无成。

孔琳和几个同学为了搞好学业,早一些成就功名,避开繁杂的闹市,躲到深山里去学习。孔琳的父亲孔诚找到山里劝孩子们回家去,可是他们说什么也不肯。于是孔诚便说:"发奋苦读这很好,但是,学习必须循序渐进。看到山上滴下来的水吗?那水最柔,却能把石头穿透。见过山中的蝎虫吗?很小也很弱,但它能把坚硬的木头蛀穿。滴水不是凿石的凿子,蝎虫不是钻木的钻子,然而却能够以它们微弱的力量穿透坚硬的东西,难道不是逐渐的积累和持之以恒的结果吗?"听了这番话,孩子们愉快地返回家中。

急于求成是违背事物发展客观规律的,因为它容易把问题简单化,很难把事情办好。在学习上、做事上一定要有滴水穿石的精神,虽然效果一时并不明显,但从不停顿,从不间断,持之以恒,最终必定能够达到目的。

俗语说:"心急嫁不到好汉子,性急吃不了热豆腐。"话虽粗俗了点,但理却是这个理。毛泽东也曾有一副对联:"苟有恒,何须三更起,五更眠;最无益,莫过一日曝,十日寒。"西谚说:"罗马城不是一日建成的。"道理也是如此。认准一个目标,只要持之以恒,锲而不舍,终究会学有所成。有学者说:"才能就是坚持不懈"。事实的确如此。恒心是到达目的地的最近通道,只要我们持久不断地努力,一定会迎来胜利的曙光。

吴炳新盲目扩张

1994年8月,三株公司老总吴炳新提出,公司的经营目标是,当年实现销售收入1亿元,第二年保三争五,第三年保九争十六。可是到1995年之后,三株公司的目标突然放大了上百倍,在《人民日报》上刊出的"五年规划"中,吴炳新提出的目标是,1995年达到16—20亿,发展速度是1600%—2000%;1996年增长速度回落到400%,达到100亿元;1997年回落到200%,实现300亿元;1998年回落到100%,实现600亿元;1999年增长速度达到50%,实现900亿元。正是在这种膨胀心理的驱使下,三株公司的机构、人员极度膨胀。

三株公司在鼎盛时期,在全国所有大中城市,注册了600多个子公司,在县、乡(镇)设立了2000多个办事处,各级营销人员总数超过15万人。吴炳新曾豪言,除了邮政网以外,在国内没有比我的网再大的了。仅1997年上半年就一口气兼并了20多个制药厂。与此同时,管理队伍也出现了超常膨胀,短短四年内,母公司、子公司管理人员相应扩大了100多倍。

日后一位副总裁用"十天十地"为三株画了一幅像:"声势惊天动地,广告铺天盖地,分公司漫天遍地,市场昏天黑地,经理花天酒地,资金哭天喊地,经济缺天少地,员工怨天怨地,垮台同行欢天喜地,还市场经济蓝天绿地。"

在"巨人"倒下之后,史玉柱曾经总结自己的经验时说,自己最大的失误,就在于不懂财务失去了对风险的控制。吴炳新曾对史玉柱说:"天底下黄金铺地,哪个人能够全得?一个人要学会控制自己的贪念。"

史玉柱和吴炳新的经验总结,无非是说做事情要有控制,必须要经得起诱惑。无论是人还是企业,因为冒进而死,往往都死在最为辉煌的时候,所以尤其令人可惜。

郭广昌把握节奏和平衡

复星集团的老总郭广昌曾经说过:"快与慢不是外界可以评判的,快慢的标准在于自身对平衡感的把握。"节奏和平衡是郭广昌此番谈话中最频繁提及的两个词汇。

郭广昌曾经热衷于自行车运动,在大学里他的两件"成名之作"都和自行车密切相连:第一件是在1987年暑期,他一个人不声不响地骑自行车沿大运河考察到了北京;第二件是在1988年暑假,他组织十几个同学搞了个"黄金海岸3000里"活动,骑车沿海考察,到了海南。

"企业的经营和骑自行车很相似,自行车比赛有两种,一种是比快,一种是比慢,速度快了有危险,速度慢了也会摔跤。所以一方面不能太快,另一方面认为越慢风险越小也是片面的。"

既然速度不会被放弃,那么不同的,其实只是侧重的棱面。2004年,复星集团总裁郭广昌曾经说过:"除了四大主业之外,我们都选择淡出。根据上半年的外部

环境和企业自身的情况，我们调整了发展节奏，以使集团发展更加平衡。"郭广昌说，今后复星将会更加看重对主业的发展，对进入新的行业会更加谨慎和敏感。

做事情跟开车的道理是一样的，当你速度过快的时候，它的稳定性就差，而且风险就会提高，更容易出问题。

拿破仑循序渐进

拿破仑在小时候，就在他居住的小岛上做上了他未来的将军梦。他每天弄把大尺子，在岛上量来量去，嘴里还念叨着："在哪里布阵，在哪里冲锋"，忙得不亦乐乎。

他还把小伙伴组织起来，扮成红、蓝两军，他"亲自"制定"作战方案"和指挥"作战"。后来他那杰出的军事才能，和这样的"训练"有密切的关系。从士兵到将军，拿破仑的成功，鼓舞了许多平民出身的青年。

做人不可心浮气躁，要能够从小事做起，逐步做大。从小小成功开始，就是要乐得做"小人物"；从小小成功开始，就是要愿意做"小事情"。小人物、小事情、小产品、小生意、小项目、小收获，只要用心去做，积少成多、循序渐进，都可能大起来。成功，甚至很大的成功，就会在"不经意"间唾手可得。

我们在做事情时需要注意速度问题，做事并非越快越好，无论是理论还是实践都证明了这一点，这就要把握节奏和平衡。

比如开车，当汽车以合理的速度行驶的时候，它会完全在我们的控制之中，是平稳和安全的。但是当速度提高以后，虽然看上去短时间内效率提高了，但是它出事故的概率也会随着提高。

又比如经营，企业的业务发展速度比较快，但是相对来说，企业的管理和控制能力提高的速度就要慢得多，因为它是一个知识、经验、人才，以及文化逐渐积累的过程。当业务发展速度过快的时候，管理如果跟不上，就可能会出现管理失控，企业就会出问题。

所以从长时期来看，高速度往往不一定能带来高效率，结果很可能是"欲速则不达"。实践证明，真正的高效率是长期保持一种稳定的合理速度，节奏是音乐的灵魂，没有节奏的音乐是一堆破烂的音符；节奏是诗的灵魂，没有节奏的诗是一洼肮脏的积水。做事情能够处理好速度与安全的关系，做到张弛有度，才能避免失败。

做事心浮气躁，欲速则不达，只有凶险而无利益。这就要求我们要有耐心，持之以恒，循序渐进。俗语说："心急嫁不到好汉子，性急吃不了热豆腐。"话虽粗俗了点，但理却是这个理。毛泽东也曾有一副对联："苟有恒，何须三更起，五更眠；最无益，莫过一日暴，十日寒。"西谚说："罗马城不是一日建成的。"道理也是如此。

认准一个目标，只要持之以恒，锲而不舍，终究会有所成就。有学者说："才能就是坚持不懈。"事实的确如此。恒心是到达目的地的最近通道，只要我们持久不断地努力，一定会迎来胜利的曙光。这样所获得的幸福才能保持长久。

刘备为何不救吕布

　　东汉末年,各地封建势力割据,为争权夺利互相兼并。骁勇善战的名将吕布,最初拜荆州刺史丁原为义父,丁原对待吕布就如同自己亲生的儿子一样。但是吕布这个人,却是有勇无谋,道德极差。为了要贪图功名富贵,被同乡李肃一煽动,就决定投靠董卓。

　　当天晚上,吕布就提刀进入丁原的营帐中杀了丁原,并且取下了丁原的首级。第二天,就带着丁原的首级投效董卓,并且还发誓拜董卓为义父。后来吕布又为了貂蝉和司徒王允,而把义父董卓用戟刺死。

三国　青瓷水注

　　东汉兴平二年,吕布与曹操争夺兖州失败后,逃到下邳,投靠刘备,刘备盛情接纳了他,并将他安顿在沛城。不料,刘备在抵御袁术进攻的时候,吕布却在袁术的怂恿之下,袭取了刘备的下邳,自称徐州牧,反而把刘备赶到了小沛。

　　吕布与袁术为了各自的利益,几度联合,又多次反目对抗。东汉建安三年,吕布与袁术再次联合在一起,进攻驻扎在沛城的刘备。刘备兵少将寡,自知非吕、袁的对手,急忙派人向曹操求救。

　　曹操原来就打算击败吕布,扫除后顾之忧,以便与北方最强大的对手袁绍决一死战,这次看到刘备求救,就先派大将夏侯惇率军前往救援。曹操救兵到达沛城,立足未稳,就被吕布手下的大将高顺击败,夏侯惇也被流箭射伤左目。援军败退,吕布军队乘机攻破沛城,刘备不得已单骑出逃,投奔曹操。曹操闻知夏侯惇兵败,立即率大军征讨吕布,途中遇到落荒而逃的刘备,合兵一起前往沛城。

　　吕布得到探报,知曹操大军已到,十分忧虑,谋士陈宫说:"我们应该出兵迎战,以逸待劳,定能取胜。"吕布见曹军声势夺人,就说:"不如等曹操大军前来,我将他们都赶入泗水。"但是由于胆怯,吕布数战连败。曹军已进于下邳,他只好退入城中。

　　这时曹操又写信劝降吕布,吕布更加害怕,想出城请降。陈宫劝道:"曹操远道而来,很难持久,将军若带兵到城外屯扎,我在城内坚守,内外配合,互相呼应,等到曹军粮尽,那时我们内外夹攻,必破曹军无疑。"吕布决定依计而行。

　　晚上吕布与妻子告别,妻子对他说:"陈宫、高顺二人不和,一定不能同心守城。以前曹操对陈宫很好,陈宫还舍曹还归将军,今天您把全城和妻儿都交给他,孤军远出,一旦有变,我还能是将军的妻子吗?"言毕大哭。

　　吕布不是个大丈夫,宁听妻子的不听朋友的。一听此话决定不再出城,只是派使者趁黑夜混过曹营向袁术求援。吕布曾答应将女儿嫁给袁术的儿子,后来又反悔了,袁术一直耿耿于怀,因此他不肯派兵救援。吕布也估计袁术迟迟不发兵的缘

故是因为他上次毁婚，只好用丝棉缠好女儿的身体，把她缚在马上，想趁深夜冲出包围，但被曹军发现，冲不出去，吕布只好退回城中。

两军相持日久，曹操想退军，谋士郭嘉劝他："吕布有勇无谋，屡战皆败，锐气尽丧，三军以将为主，主将无斗志，全军必定无奋勇作战之心。陈宫虽然多智谋，但预见迟缓，计谋未定，我军加紧急攻，其城可拔。"曹操采纳此计，引沂水、泗水灌城，下邳在水中泡了一个多月。

吕布再无斗志，他登上城楼朝曹军士兵大喊："你们不要再围困我了，我明天向明公自首。"在一旁的陈宫一把拉开他："什么明公？是逆贼曹操。你若降他，犹羊入虎口，岂能保全？"于是吕布天天借酒解愁，动辄责打士兵。

吕布的暴虐终于激起兵变，兵将侯成等人捉住陈宫，高顺也投降了曹军。吕布听到消息，无奈也只能投降曹操。吕布见到曹操大声地说："从今以后，天下可定了。"曹操说："为什么？"吕布厚着脸皮回答：

"明公最担心的就是我吕布，现在我已归降了，如果让我率领骑兵，您率领步兵，天下还能不定吗？"

吕布想活命，又向坐在一旁的刘备求情说："如今你是座上客，我是投降的俘虏，皇叔就不能替我说句话？"曹操笑着说："缚虎不得不紧些。"曹操有心收降吕布，问刘备如何处理。

刘备说："明公不会不知道丁原、董卓的下场吧？"曹操知道吕布先后拜丁、董二人为义父，后又杀了他们。于是点头称是，当即下令士兵将吕布缢死。

吕布轻信寡谋，反复无常，待人又没有诚信，交不下一个朋友，最终难逃被杀的命运。如果当初交下刘备，或许能救他一命吧。

做人要能够保持操守，持之以恒，表里如一。纵观历史，所有成功者莫不如此。对于人生道路上有追求、有理想的人来说，踏踏实实，不反复无常是到达理想境界的唯一方法。对于一般平平常常的人来说，要想生活得安宁、幸福，也需要踏实，要保持其德行。

一个人品德的形成，是逐渐积累的过程。不可能因为其某天做了一件好事，就认为他是一个有德的人。孔子认为，德是个人立身之本。孟子也认为，有德始能成事。积德修身是一辈子的事，自己必须从小做起。自己有心向善，才能成大事业。历史上许多"有德者昌，无德者亡"的案例就是最好的证明。

持之以恒，冯立军经营"南国徽都"

坚持就是胜利，这是永远不变的真理！中央电视台《人与自然》节目，曾播放过这样一组画面：几十只大象在"象王"的带领下开始了它们异常艰苦的旅程，恶劣的天气和高山大河的阻挡，并没有改变它们前进的方向，它们总是坚定不移地朝着遥远的目的地进发。有个非洲国家为了防止大象侵害庄稼，在路上设置了有刺的金属围栏，阻止它们北上，结果象群踏平了围栏，继续它们的千里征程。象的坚持只是出于生存的本能，不带任何功利色彩，而人类的"坚持"却融入了太多的内容，结果也就千差万别。

有这样一则故事：

师傅教两个徒弟酿酒之法，告诉两个徒弟要选重阳节正午颗粒饱满的米，与冰雪初融的高山流泉调和，注入千年紫砂铸成的陶瓮，密封九九八十一天，直到鸡鸣三遍时方可启封。两个徒弟按照师傅的说法去做了，然后就是漫长的等待。

终于，第八十一天到了，两人夜不能寐。远远地传来第一声鸡鸣，过了很久很久，才依稀响起了第二声，漫长的等待已经让其中一个徒弟再也忍不住了，未等第三声鸡鸣，他迫不及待地打开陶瓮，里面全是像中药一般苦、醋一样酸的水！他追悔莫及，只能失望地把它洒在地上。

而另外一个，虽然也按捺不住想要伸手，但还是坚持到了三遍鸡鸣响彻天宇时才启封。呈现在这个徒弟面前的是芳香醉人、甘甜清澈的美酒。只是多等了一遍鸡鸣，结果却大相径庭。

这个故事告诉人们，成功者与失败者的唯一区别，就在于是否坚持到底，而坚持，并不都是漫长的时间，一年，一天，有时甚至是"一遍鸡鸣"而已。坚持目标，永不停息，谁能坚持到底，谁就能取胜。这也是恒卦所诠释的道理。

现在有不少的成功人士，他们就是因为坚持自己的人生目标，最终走出了一条成功的终南捷径，冯立军就是其中一个。

说起冯立军，中山市民没有一个不知道的。可能和许多大企业的老板相比，他的经历不值得一提，但他有一个成功必备的素质——眼光长远、持之以恒。或许，正是这种人的创业过程和创业故事更能贴近我们的生活，所以，人们记住了他的名字。

冯立军的老家在皖南山区一个偏远的小山村。十年前，只有初中文化的他只身一人来到繁华的中山市，租了一间十几平方米的小房子，开始在一家小快餐店打工。打工的日子十分艰辛，然而，在远大的目标的驱使下，他总是重活累活抢着干。由于他吃苦耐劳、手脚勤快，而且聪明伶俐，很快就被主人安排到厨房学习炒菜，不久就成了快餐店的大厨。有了一门手艺和稳定的收入，他渐渐在城里立下了足。但冯立军和别的打工仔不同的是，他并不满足于这种生活。他省吃俭用，并留心学习小快餐店的管理方法。

积累了一定的资金后，冯立军开始实现人生理想的第一步，自己做老板开了一家小餐馆。他把老婆从老家接到中山，冯立军既当老板，又当厨师，早上还要赶早市买菜。老婆是服务员兼收银员。开业半年，小店被他经营得红红火火。短短两年时间他便净赚 8 万余元，这笔钱对于冯立军贫寒的家来说无疑是一笔巨款。但他并未就此打住。经过考察，他花了 4 万元接手了一家距小快餐店不远的经营不善的小玩具经营部，雇一个老乡看店。由于他的销售形式灵活，生意日渐红火。

到了 1999 年初，他又看准新的商机，跨出人生第二步，花 9 万元吃进一家近200 平方米的饭店，而将小快餐店转让给他人经营。自己买菜、做厨师，又雇了 2人，加上老婆一共 4 人，经营着一家饭店，他早上 5 点起床去早市买菜，买回来后要清洗、摘切；客人来了要热情接待，让客人满意。有时晚上生意做到很晚才能休息。回忆起那段时光，冯立军说："人是很累，但有生意做，就是不觉得累。"经过两年多的苦心经营，他积累了一定的资产，他把自己的饭店装饰一新，取名为"南国徽

国学经典文库

都"，由于管理得当,饭店的生意日渐兴隆。

2003年,第一家"南国徽都"的分店在中山市繁华闹市石歧凤鸣路开业了,自此,冯立军的餐饮事业进入了蓬勃发展的黄金时期。如今,在珠江三角洲的很多大城市都开有集娱乐、休闲和餐饮为一体的"南国徽都"的分店。今年刚刚30岁的冯立军已经成为"南国徽都"餐饮集团的老板了!

"经商不易,功从苦来。"冯立军就是靠这种持之以恒的精神,苦干、实干加巧干,10年功夫,从一位一文不名的伙计成为资产几百万元的饭店老板。他依然过着俭朴的生活,他的心里只有一个目标——将生意做得更好更大,把"南国徽都"打造成一个品牌走向全国,走向世界。

纵观古今,凡是有卓越成就的人,无不是靠恒心、耐心和自己顽强的意志、毅力获取的。

发展之路从来就不会是一马平川,面对目标的持之以恒,不管经历多少折磨,无怨无悔,心无旁骛,就一定能战胜各种诱惑和困难,最终获得成功。

遁卦第三十三 ䷠

【经文】

艮下乾上　遁①亨,小利贞②。

初六　遁尾,厉,勿用有攸往③。

六二　执之用黄牛之革,莫之胜说④。

九三　系遁,有疾厉⑤;畜臣妾,吉⑥。

九四　好遁,君子吉,小人否⑦。

九五　嘉遁,贞吉⑧。

上九　肥遁,无不利⑨。

【注释】

①遁:卦名。通行本第三十三卦,帛书本第三卦。"遁"是离去、遁去之义。《遁》卦上《乾》下《艮》,"乾"为日气、云气,"艮"为山、为留止、蓄止。云气出于山,不为山所蓄而离去,象贤人不为朝廷所畜养("艮"为门阙、宫阙)而遁去。《遁》卦颠倒,下《乾》上《艮》,则为《大畜》(䷙),云气在山下,为山所畜止,象征贤人为朝廷所畜养(参见《大畜》卦译注)。

从卦爻上看,初、二两阴渐长,上迫于阳,为卦《遁》将转《否》(䷋)之时,君子洞察几微,知时而遁。

②亨,小利贞:"亨",谓阴长渐盛之时,及时遁隐方能亨通,即《彖传》所谓"遁而亨也"。《正义》亦云:"小人方用,君子日消,君子当此之时,若不隐遁避世,即受其害,须遁然后得通"。"小利贞",占问小事有利。此与他卦"小贞吉,大贞凶"意思是一样的。于阴长阳消、君子隐遁之时,不宜大事大为,仅宜小事。《易》例以阴为"小",凡言不利大事而仅利小事者,皆当阴长渐盛之时。

③遁尾,厉,勿用有攸往:"尾",末尾、滞后。卦之初为尾,卦之上为首,如《既济》初九"濡其尾"、上六"濡其首"。"尾"在此谓隐遁滞后,又有尾随他人隐遁之

义。"往",卦爻由下至上、由内至外为"往"。初六与九四为正应,因此,"往"在此指初六尾随九四之"好遁"而隐遁。隐既滞后,已有矢的之危,当暂息声迹,不宜冒险而行。下卦止体(《艮》),正须慎其隐。

④执之用黄牛之革,莫之胜说:"执",系缚。"之",指代六二。"胜",能。"说"同"脱",逃脱、隐去。六二与九五正应,欲随九五之"嘉遁"。然为时所系,不能遁去;但六二居中得正,自然能以贞洁固守其志,《象传》的"固志也"就是这个意思。六二未言吉凶,但其无凶咎可知。

⑤系遁,有疾厉:"系遁",欲遁去而被系缚住。"疾",指疾病及各种患害。九三无应爻,居不处中,在上卦之极,又阳刚躁动,为时所系,而仍匆遽欲遁,故有患害之危。初、二、三皆说"时止则止"之理,四、五、六皆说"时行则行"之理;《象传》"与时行也"即陈说此二事。

⑥畜臣妾,吉:"臣妾",臣仆侍妾,皆人之微者;以"畜臣妾"喻做小事。九三既为时所系而不得遁去,又不能与俗合污,只可行微小之事,等待良机,以此趋吉避害。古之人于"系遁疾厉"之时,亦多有"弄儿床前戏,看妇机中织"以"畜臣妾"的方法静候时机的。

⑦好遁,君子吉,小人否:"好",美好适时。九四已出《艮》止之体而入上卦,适时而隐,故云"好遁";能够"好遁",及时避免祸患,因此说"君子吉"。小人则见小利而不知几微,故不能如君子之"好遁",因此也不能避开祸患,所以说"小人否";"否"在此兼"不""不吉"二义,读音亦兼 Fou 及 Pi 二音。

⑧嘉遁,贞吉:"嘉",谓值得嘉赞崇尚。九五居中得正,故得"嘉遁"。

⑨肥遁,无不利:"肥",古或读为"飞"(《易林》《王注》等),字本相通。初爻为尾、上爻为首(如《既济》),上爻多有元首高举之义(如《乾》上九之"亢龙"即"顽龙"),则"飞遁"即高举远遁。上九在《遁》之最外,无所牵系,故高举远遁并能无所不利。

【译文】

遁卦:隐退是为了事业的顺利发展,这对执于正道小有好处。

初六:成了隐退的尾巴,情况很危险,此时务必不要再有举动。

六二:用黄牛皮做的绳子捆缚,谁也不能解脱。

九三:因受束缚而不能隐退,危险很快就会降临;以畜养臣妾之心处世,也会吉祥。

九四:摈除所好一意隐退,君子才能做到这一点,所以吉祥;小人是不可能做到的。

九五:隐退之举值得赞美,坚守正道必然吉祥。

上九:摆脱一切世俗的隐退,没有任何不利之处。

【解读】

本卦通过遁尾、系遁、好遁、嘉遁、肥遁等概念,系统阐述了退避(或曰隐退)的原则。认为应当隐退的时候不可迟疑;当已经失去隐退机会时不可躁急盲动;退隐的主意既定,就不宜再有动摇;退隐时不可瞻前顾后,应该退隐又一时难以退隐时更要谨慎涉世;退隐时尚能自我克制摈除所好,是一件一般人难以做到的事情;倘若身居尊位仍能从容退让超然归隐,则更加难能可贵;退让并非绝对消极,运用得

唐孙位作《高逸图》

当便能退中有进,而且能收到无处不能进的效果。

【经典实例】

能退才能更好地进

在人生进取中,如果情况对自己不利,再要继续下去很可能身败名裂,甚至丢了性命,那就必须考虑如何全身而退,先保住自己的本钱再说。此时,必须当机立断,绝不可拖泥带水,如果本钱没有了,后来的一切都将无从谈起。

在春秋五霸中,晋文公重耳是最为独特的一个,他即位于多事之秋,并且即位时已六十多岁。但他在短短的几年内就使晋国强盛起来,成了著名的春秋五霸之一。

他之所以能够迅速取得这样的成就,主要得益于他的曲折丰富的人生经历。他成功的最大特点是以退为进。第一次以退为进是为避祸在外逃亡19年,后来终于回国当了国君;第二次以退为进是在与楚进行城濮之战时退避三舍,终于赢得了战役的胜利,确立了他的诸侯霸主地位。这种靠以退为进而成就千秋霸业的事例,在中国历史上恐怕是绝无仅有的一次。但这种在被动或主动的情势中都自觉使用"遁"卦的策略却成为中国政治运营术中一个不可忽视的传统。

重耳在狄国住了12年,晋国一些较为有才能的人也跟他跑到了狄国,其中比较著名的有狐毛、狐偃、赵衰、胥臣、狐射姑、先轸、介子推、颠颉等人,他们大都在狄国娶妻生子,看样子要长期住下去。一天,狐毛、狐偃接到了在晋国做大臣的父亲狐突的信,说是上次刺杀重耳的那个大力士勃辊在三天内要来刺杀重耳,重耳听后急令从人拾掇东西,准备逃走。启程之后却发现掌管行李的人携物逃走,害得重耳一行人狼狈不堪,不得不到处求乞。

他们准备到齐国去,但去齐国必须先经过卫国。卫国当初造楚丘时晋国没有帮忙,卫君心胸怒愤,况且重耳是个落难公子,卫君就吩咐城门卫兵不让重耳进城。重耳一行只好忍饥挨饿,来到了齐国,齐桓公热情地招待,送给他们二十辆车,八十四马,不少房子,把这一行人安排得很舒服,并把自己的一个本家的姑娘嫁给了重

耳，他们就在齐国住了下来。

齐桓公死后，桓公的五个儿子争位，把齐国弄得一团糟，齐国霸主的地位从此失去，不久又归附了楚国。重耳等人本是希望借助齐国的力量回国，看看没了希望，只好又来到了曹国。

曹国国君只让他住了一夜，而且很不客气，还戏弄他们，要看重耳身上的"骈肋"（一种肋骨长在一起的生理畸形），惟有曹国大夫僖负羁见重耳手下人才众多，日后必成大事，就暗暗地施以饭食，赠以白璧。重耳一行又来到宋国，宋襄公虽刚打了败仗，但对重耳还是十分欢迎，就送他们每人一套车马，只是没有力量帮助重耳回国。不久，他们又到了楚国，楚成王把重耳当贵宾接待，重耳对楚成王也十分尊敬。当时，楚国大臣子玉要杀掉重耳，以除后患，但被楚王阻止了。在一次宴会上，楚王开玩笑说："公子将来回到晋国，不知拿什么来报答我？"重耳说："玉石、绸缎、美女你们很多，名贵的象牙，珍奇的禽鸟就出产在你们的国土上，真不知拿什么来报答您，如果托你的福能回到晋国，万一有一天两国军队不幸相遇，我将后退三舍来报答您。"

不久，秦穆公派人去请重耳到秦国，说是要送他回国即位。原来，晋惠公对秦国多次忘恩负义，秦穆公当初打算立个坏国君自己可弄点好处，结果事与愿违。晋惠公即位不久即发兵攻打秦国，秦国兵强势大，打败了晋国，并俘虏了晋惠公，后来秦穆公还是将晋惠公放了回去，但让他把儿子公子圉送到秦国当人质。秦穆公善待公子圉，把自己的女儿嫁给了他。后来秦灭梁国，梁是公子圉的外公家，他怕自己失去了靠山无法即位，于是在父亲病重时偷偷地跑回晋国当了国君，秦穆公十分生气，决定送重耳回国即位。

公元前636年，秦国大军到了秦晋交界的黄河。过河的时候，重耳掌管行李的人把过去落难时用的物品全搬到了船上，重耳见了，就让他扔到河里。狐偃一见，心里咯噔一下，赶忙跪下说："现在公子外有秦军，内有大臣，我们放心了。我们这帮老臣就不必回去了，就像您刚才扔掉的旧衣服旧鞋子一样，还是让我们留在黄河这边吧！"重耳一听，恍然大悟，立刻让人把破衣服、鞋子、瓦盆等搬上船去，并把玉环扔到河里。行过祭祀河神之礼后发誓说："我重耳一定暖不忘寒、饱不忘饥，不忘记过去的一帮旧臣。"这样，狐偃等人才跟随他过了河。

他过黄河后攻下几座城池，因为公子圉已众叛亲离，晋国的大臣们就不再抵抗，迎立了重耳，就是晋文公。晋文公43岁逃往狄国，55岁到了齐国，61岁到了秦国，即位时已62岁了。他在外流浪了19年，过的是寄人篱下、颠沛流离的日子，受尽了人情冷暖之苦，尝尽了世间的酸甜苦辣，见识了各国的政治风俗，锻炼了各方面的才能，到这时，他已成为一个成熟的政治家了。

晋文公的"退"虽然是被迫无奈的，但同时也在客观上适应了实际情况。所以后来他的成功，虽然有晋国内部的原因，但在很大程度上，还是得益于这种该退即退、不盲目冒进的策略。

功成隐退的大君子张良

《遁卦》阐释退避的道理。极端恒久，必然又动荡，再演变成小人势长，君子退

缩的局面。退避也是正当的手段，并非消极地逃避，而是隐忍，等待积极行动最有利的时机。当这一最难抉择的时刻来临，应当觉悟满招损的必然法则性，积极对抗，徒然造成伤害，已经毫无意义。因而，除了坚定信念，坚持刚毅中正的态度，不可同流合污之外，应退则退，必须隐忍，不可妄动；断然抛弃一切，急流勇退，不可迟疑，不可眷恋；或隐没于世俗之中，或超脱于世俗之外，以等待时机。

　　自从汉高祖刘邦入主关中，登基大宝之后，张良便托辞多病，闭门不出，屏居修炼道家养生之术。

　　不久，汉高祖开始行赏功臣。因为张良一直在随从刘邦谋划，特从优厚，高祖让他自择齐地三万户。张良只选了个万户左右的留县，受封为"留侯"。他曾说道："今以三寸舌为帝者师，封万户，位列侯，此布衣之极，于良足矣。愿弃人间事，欲从赤松子(传说中的仙人)游。"

　　张良假托神道，可谓用心良苦。对此，一千多年后的宋朝大史学家司马光评论道："夫生之有死，譬犹夜旦之必然，自古及今，固未有超然而独存者也。以子房之明辨达理，足以知神仙之为虚诡矣；然其欲从赤松子游者，其智可知也。夫功名之际，人臣之所难处。如高帝所称者，三杰而已，淮阴(韩信)被诛，萧何系狱，非以履盛满而不止耶！(岂不是因为走到头而不知停步吗！)故子房托于神仙，遗弃人间，等功名于外物(把功名看作身外之物)，置荣利而不顾，所谓'明哲保身'者，子房有焉！(张子房是会明哲保身的人啊！)"

　　司马光点破了张良的寓意：他看到帝业建成后君臣之间的"难处"，欲以"虚诡"逃脱残酷的社会现实，欲以退让来避免重蹈历史的悲剧。的确如此，随着刘邦皇位的逐渐稳固，张良逐步从"帝者师"退居"帝者宾"的地位，遵循着可有可无、时进时止的处事准则。

　　在汉初消灭异姓王侯的残酷斗争中，张良极少参赞谋划。

　　在西汉皇室的明争暗斗中，张良也恪守"疏不间亲"的遗训。

　　又过了几年，高祖欲废吕后之子、太子刘盈，改立戚夫人之子、赵王如意，吕氏强迫张良，令他出谋划策。张良无可奈何，只得道破红尘，说出一番颇有道理的内心话："始(起初)上(皇上)数在困危之中，幸用臣策。今天下安定，以爱欲(以自己的好恶)易太子，骨肉之间，虽臣等百余人何益？"吕氏再三威逼，张良只好授意吕氏迎请"商山四皓"，就是刘邦一向仰慕却求之不得的四个隐士，作为太子刘盈的羽翼。此术虽见功效，但对张良来说，却是个金蝉脱壳的计策。

　　第二年夏天，淮南王英布谋反，刘邦再次亲征，使太子刘盈代理朝政，命张良辅弼太子。张良仅行少傅事，显然退居次要地位，而将主要职事推于太傅叔孙通。

　　次年，改立储君的政争愈演愈烈，张良于泛泛一谏之后，索性辞病不朝。如此过了7年，直至汉惠帝六年张良病逝。

　　西汉建国后，张良悉心整理、编录汉初传世的各类兵书，对保存和研究一大批军事著述做出了贡献。张良生得清秀，"貌好如妇人"，不曾上阵杀敌，却以军谋家著称。至唐玄宗开元十九年，为兼尚武功，特给吕尚立庙(即"武成王庙")，选"十哲"(历代十位著名军事家)配享，以张良居首。

　　张良绝非胆小懦弱之辈，而是异常勇敢之人，年轻时就表现出过人之处。他为

张良吹箫破楚兵

了替韩国王室报仇，与友人锥击博浪沙，刺杀秦始皇车驾，可惜误中副车。后遭秦始皇追杀，藏匿于圯下，遇异人黄石公，为其俯身提履，遂得授兵书《太公兵法》。秦末农民战争暴发，张良聚众投奔刘邦，有胆有谋，为刘邦成就帝业运筹帷幄，立下汗马功劳。虽然奇功在身，宠誉交加，他并未忘乎所以，而是深刻洞悉帝王的城府，皇室的诡谲，遂退避三舍，相望于江湖，成为历史上为数不多的功成身退的大君子。张良岂止是兵书读得好，对《遁卦》的理解也比常人透彻得多。

销声匿迹

　　1959年10月15日夜，密特朗在巴黎天文台公园遭到一伙人开枪袭击。这就是当时轰动法国的天文台公园事件。新闻界和几乎所有的左翼组织都在行动起来，慰问密特朗，反对"法西斯主义"的暴行。但事隔不久，10月12日，凶手佩斯盖突然露面，作口供申明这是一次应密特朗本人要求而策划的行动。转眼间，密特朗从一个无辜的被害者变成了骗人的肇事者。一时间乌云压顶，谩骂声、讥笑声、责问声像狂风暴雨般向密特朗袭来。在任总理米歇尔·德勃雷为此建议取消密特朗的参议员资格。而当时密特朗却既不申辩，也不反击，他认为，对于这种经过周密策划的栽赃陷害，最好的办法是不予置理。

　　密特朗压抑着自己的愤怒，决定暂时隐退，以退为进。平日，他埋头读书，专心写作。清晨，他去朗德树林散步，呼吸那清爽而新鲜的空气，欣赏一番茂密翠绿的田野。大自然的美丽景色使他忘掉了萦绕在心头的忧愁和烦恼。1960年春，他到国外做了一次旅行，到过中国、美国和伊朗等国家。在中国，他参观游览了不少城市，记下了许多见闻。回国后，于1961年出版了专门介绍新中国成立后所发生的重大变化的专著《中国面临挑战》。该书的出版，赢

得了不少读者的欣赏，密特朗的名字又重新在法国社会上传扬。在1962年11月2日的立法选举中，他东山再起，终于击败戴高乐派在涅夫勒省的保卫新共和联盟的竞选人让·塔耶尔，再次当选为国民议会议员。

另辟蹊径

天有不测风云。正当"天一公司"财源广进、生意兴旺之时，岂料风波陡起、厄运袭来。原来，"天一"未成立之前，上海滩的"明星公司"在申城是一枝独秀，无人匹敌。该公司财力雄厚，旗下人才济济，明星如云，独揽影坛2/3的江山。"天一"出道之前，曾有数家小公司欲与"明星公司"分庭抗礼，结果均以夭折、惨败告终。就在"明星公司"横扫影坛，不可一世之时，"天一公司"创立，成为电影界一匹"黑马"。"天一"对影坛老大"明星"造成了严重威胁，将其业务抢走许多，"明星公司"旗下的明星、导演们均要跳槽，加盟"天一"。很快，"天一"便成为上海滩上电影业新巨头、新霸主！

"明星公司"岂能容忍"天一"染指它的电影霸业，更不能忍受"天一公司"取代它的霸主地位。于是"明星公司"当即出面，以它为主，联合"大中华百合""民新""友联""上海"及"华剧"等五家电影公司，成立了"六合影业公司"，组成强大的联合发行网，共同抵制、围剿"天一公司"。其中有一条最为严厉的规定：任何发行商和他们签订了合同，就绝对不准购买"天一"出品的影片。必须严格遵守，不得违反。

"六合"联手出击的计划果然奏效，"天一"腹背受敌，处境堪忧。生死存亡，只在旦夕，莫非"山重水复疑无路"？

1926年的"六合围剿"使"天一公司"在上海陷入了困境。然而，邵氏兄弟知难而进，使"天一公司"并没有因此而结束它的历史使命，面对业务上的竞争与生存需要，身为"天一公司"营业经理的邵仁枚，深谋远虑，看准了南洋一带华人众多，是一个很有前途的国产片市场，他决心将"天一"的事业向南洋发展。

第二次世界大战前的南洋，包括英国殖民统治下的马来西亚和新加坡，因为封闭保守，社会经济与人民生活非常落后，寻常百姓生活枯燥单调，缺少娱乐和消遣。而迁移到那里的华裔在南洋人口中又占了很大的比重，这正是"天一公司"决定开拓南洋市场的一个理由。

1926年3月，邵仁枚带着三部"天一公司"的影片，只身来到新加坡。当时的新加坡还没有中国电影，只有大戏院间或放点儿西方无声片。邵仁枚发现这里一家电影院也没有，便立即着手租借戏院，推销影片，然而，大戏院只放西片，小戏院又给"六合公司"绑住，对"天一"封锁。出师不利，邵仁枚没有气馁，他避开对手锋芒，先在新加坡的周边城镇进行的欣赏口味，备受欢迎，立即打开销路。

"天一公司"的影片，由于邵仁枚具有生意头脑，善于经营，很快在新加坡打开局面，于是，邵仁枚急召远在上海的邵逸夫，前来新加坡共展宏图。1926年，年仅19岁的邵逸夫离开上海，南下新加坡，从此，邵氏兄弟二人通力合作，致力电影事业。为日后驰名的"邵氏电影王国"的建立打下了坚实的基础。

那段时间,兄弟俩带着一架破旧的无声片放映机和数十卷"天一公司"的影片,走遍了星马的穷乡僻壤,巡回放映影片,备尝辛酸劳碌。那时的南洋,特别贫穷落后。人们为了生活而起早贪黑,玩命苦干,根本谈不上什么娱乐。因此,邵氏兄弟把"天一公司"的电影带到他们中间的时候,人们都当作是莫大的享受,以至于一部简单的无声影片也能使他们忽而欢呼雀跃,忽而泣不成声。

南洋属于热带气候,这里长年酷暑,又有肆虐的蚊虫,再加上热带丛林里的荆棘、野兽,这一切使邵氏兄弟的创业之路更显艰难。经过艰难困苦,重重险阻,他们终于使"天一公司"的影片赢得了观众,有了观众也就有了发展前途。于是,兄弟俩及时地开始拍摄适合当地居民及华侨口味的影片,并下意识逐渐地建立自己的戏院网络。在邵仁枚和邵逸夫的努力下,"天一公司"终于买下了新加坡的"华英戏院"、吉隆坡的"中华戏院"、怡保的"万景台戏院"和马六甲的"一景团戏院",构成了"天一公司"在南洋最早的院线和发行网络。"天一公司"终于拓展了南洋的市场,摆脱了"六合"的围剿。

"天一公司"在南洋的事业越发顺利起来。好事接踵而至,"天一公司"取得了同南洋一带最大的"新世界游乐场"合作的机会。"新世界游乐场"在当地兴隆旺盛,财源不尽,独占星马娱乐业的魁首。主人黄文达和黄平福兄弟独具慧眼,认定邵仁枚和邵逸夫两人是不可多得的人才,毫不犹豫地同"天一公司"合作,将"新世界游乐场"大胆地交由邵氏兄弟管理。经历南征北战,沐浴商场风雨多年的邵仁枚和邵逸夫,当然有自己的致胜法宝,经商奥秘。他们不负众望,把"新世界"经营得锦上添花,一年下来,获利甚丰。

邵氏兄弟挟"新世界"经营得胜的余威,愈战愈勇,捷报频传,又在马六甲、吉隆坡、怡保、太平、槟城、亚罗士打等地相继开出游艺场。在购地建戏院上,邵逸夫有他独到的考虑。他不但购地建戏院,而且还常购进毗连的地皮,待价而沽或供日后发展,邵逸夫认为,戏院总是人群聚集的地方,附近的土地亦将因此而涨价。

邵氏兄弟越干越起劲,干脆在新加坡成立了"邵氏兄弟公司",继续发展"天一公司"在南洋的事业,"邵氏兄弟公司"成立之初,便果敢抉择,斥巨资收购"大世界游乐场"。如此一来,"邵氏兄弟公司"在新加坡的三大游乐场中已占其二。随后,"邵氏兄弟公司"展开猛烈的收购大战。到1937年,兄弟俩经过十多年的努力,使"邵氏兄弟公司"在新加坡、马来西亚、爪哇、越南、婆罗洲等南亚各地已拥有电影院110多家,游乐场9家,游乐场设有舞台,剧场,每晚可娱乐观众数万人,几乎称霸了东南亚影业市场。

《遁卦》象征退避,强调该退之时则避,是应天顺时,其道亨通,意义重大,道理又是相通的。实际上,《遁卦》所象征的退避,是事物发展中的一个特殊阶段。一般人以事物发展向上向前为吉,而以向下向后之退避为凶。这样并非全面地理解《易》理。如果该进之时而向前,当然是吉兆。但是,如果处在该退之时仍盲动前进,则由吉趋凶,自取其咎。相反,此时如能顺时而急流勇退,行遁之道,则又逢凶化吉,故卦辞所以称"亨",也即退避是为将来的更大发展作铺垫,而打开了通向亨通之道的大门。所以《象辞》释云:"与时行也,……遁之时义大矣哉!"

　　清咸丰七年(公元 1887)，发生在安徽战场上的三河之役，在曾国藩父丧夺情复出之后，湘军急于进军安徽，以便切断太平军的生命线，完成包围太平天国首都天京(今南京市)的任务，因此派出大将李续宾率师攻皖，湘军七千人马，连下太湖、潜山、桐城、舒城四地，掠足金银财宝，自以为锐不可当，势如破竹。当时赵烈文即劝李续宾急速撤离三河而不攻，该退则避，但是，这时的湘军将领，利令智昏，只知进不知退，因而招致了一个全军覆没的巨大阴影悄悄袭来。原来，当时太平国的统帅陈玉成，采用了让开大路、占领两厢的办法，在形势不利或大军尚未调集之时，主动撤退，连让四城以保存实力，然后在击破包围天京的清朝江南大营时，迅速挥师进皖，十几万人马在三河镇布下口袋陷阱，引诱李续宾的湘军来钻。这时太平军所发挥的恰恰就是《遁卦》的以退避为亨的道理。果然，湘军的骄兵悍将钻进口袋，十几万礮平军立刻合围，湘军四面楚歌，主帅李续宾自杀，七千人马全部被歼。太平军这次战役的胜利，证明了该退则避，主动后撤是正确的，这为三河合围捕捉了时机，保存了有生力量，证明了《周易》所称"遁，亨"之理。而李续宾等湘军将领，则只知进而不起退，不明《遁卦》道，自取灭顶之灾。

思科与华为的博弈

　　Bruce Claflin，这个受人尊敬的老牌电器厂商 3Com 的首席执行官有一套毛泽东式的哲学：敌人的敌人就是我们的朋友。

　　2003 年亚洲最大的电信展北京国际电信展结束后第二天，3Com 和华为联合宣布，华为 3Com 有限公司正式获批成立并开始业务运作。这家由华为公司与 3Com 公司合资组建的企业注册在中国香港，主要运营机构设在杭州。

　　这次合作是谨慎的，从 2002 年 8 月 Bruce 第一次踏上深圳华为的园区开始，就已经开始了合作的谈判，自 2003 年 3 月宣布到最后成立，又经过了 8 个月之久。这次合作也是冒险的。思科华为的知识产权官司刚刚尘埃落定，思科竭力把这场官司描绘为好人与坏人的对抗，思科行政副总裁 Charlie Giancarlo 说，当他得知他们长期以来尊敬的竞争对手 3Com 和他们正起诉的公司成立合资公司后，三天没说话。

　　Bruce 为其新的中国合作伙伴的辩护是调侃的，他称思科对华为的知识产权侵权的指控是一场"有趣的戏剧表演"。

　　Bruce 用与华为的坚定合作表明了他的立场。华为 3Com 公司英文名是 3COM—HUAWEI，中文名是华为 3Com。华为公司总裁任正菲担任首席执行官，3Com 总裁 Bruce Claflin 担任董事会主席。华为公司拥有合资公司 51% 的股份，3Com 公司拥有合资公司 49% 的股份。两年之后，3Com 可以选择购买控股权。新公司拥有近 1500 名员工。

　　任正菲的意图很明显，华为并没有输掉卷土重来的勇气。

　　胜利的天平暂时看起来更倾向于思科。

　　这已然是一场家喻户晓的诉讼：2003 年 1 月 22 日，农历新年的前夕，全球路由器和交换机等网络设备的霸主美国思科系统公司首先发难，向得克萨斯州东区联

邦地方法院递交了一份诉讼请求。该诉讼书中,华为被指控在多款路由器和交换机中盗用了思科的IOS(互联网操作系统)源代码,华为AUIDWAY系列路由器和交换机的技术文件、命令行接口等软件侵权,以及对思科拥有的至少五项与路由器协议相关的专利侵权。

华为被迫应诉。10月,华为和思科就这场以诉讼形式出现的商业征战达成"和解"——以华为将相关产品撤出美国市场,修改包括软件部分,控制路由器的命令,用户手册以及网上帮助文件为代价,双方达成了暂停诉讼程序的和解协议。

如果根据华为的官方言论,他们会从根本上否认这是第一次真正与跨国行业巨头交锋:"2002年我们实现了5.5亿美金的海外销售额,哪一笔单子不是从跨国公司手里抢来的?"遑论思科诉讼带来的负面影响了。华为会给你一份《经营情况汇报提纲》:华为的各类产品已经进入了40多个国家和地区,包括德国、法国、英国;1~9月,华为合同销售收入超过200亿元人民币,已经实现出口合同销售额达10亿美金,几乎是2002年全年海外销售额的翻番——在这个应对思科诉讼的年份里,似乎一切都变得比以往更好而不是相反。

"思科起诉华为,对我们来讲百利而无一弊。现在全球都知道我们是思科的竞争对手了。这等于为我们做了免费宣传。"华为北京研究所的一位人士如此宣称。

这是事情的真相吗?是,但不全是。

2002年,华为设立美国分公司Futuer wei之后,思科第一次感觉到了近在咫尺的威胁。思科起家于加州,公司LOGO就是著名的旧金山的金门大桥的剪影。华为专门策划了一个暗示性极强的广告:一边是金门大桥和路由器,另一边是金门二桥和相似的路由器,广告词意味深长地说:"它们唯一的不同,就是造价。"

这是一则典型地反映了华为公司性格和竞争优势的广告,即咄咄逼人的行事风格和低价格的产品。但是它触怒了行业巨头思科公司。"华为在国内的这些做法我们从来不加理会,这里就是这样一个具体的商业环境。但是它把这些带到了美国,股东们看了非常生气。思科怎么能这样放任竞争对手呢,如果我们不对华为采取一些措施,股东们不会同意。"思科中国北方区一位销售经理称,这是思科起诉华为最直接的原因。一个被命名为"Beat Future Wei"的组织也随后在思科内部成立。

华为很快又自己撞到了枪口上。按照业内流传的说法,华为当时正在积极谋取海外上市,除已聘摩根士丹利为财务顾问处,还在中国香港找了知识产权的法律顾问来为上市做知识产权的公证。法律顾问按照惯例将有关知识产权疑义的地方交到思科美国总部求证,保证未来不会对华为的上市或者上市后造成影响。思科的法律顾问发现有些代码雷同后,于是,故事开始了。

思科中国区总裁杜家滨说,去年12月9号,思科派了一位副总裁到中国来,去华为谈有关侵权的问题。华为并没有派出主要负责人进行接待。在将近一个半月的时间沟通没有得到回应后,思科副总裁改而与政府有关部门进行沟通。"当没有办法得到顺利解决的时候,只好向华为公司在美国分部的所在地提起诉讼。"杜家滨说。事后,思科发表声明说:"我们发现,这些官方机构对我们的顾虑表示理解和尊重。"

毫无疑问,侵权事实是明显的。思科的律师在法庭上有一段相当幽默的开场白:如果华为的原代码是自己写的,它的概率与一个人今天写莎士比亚的《哈姆雷特》,结果两本书每一个字完全相同是一样的。

华为的应变能力的确让人钦佩。据说思科起诉的当天,华为就做了最迅速的反应,主动将被诉侵权的产品撤出了美国市场。"其实在美国被诉的机器只有不到10台而已,我们很快就和客户解决了。"华为的一位人士透露。

同时,华为在外松内紧地处理这件事,用华为流行的话叫"暗水潜流"。副总裁费敏带领一班人,集中攻关,3个月内一定要拿出类似而没有思科知识产权的产品。三个月后费敏等人果然成功。诉讼反而成为增强华为信心的正面教材,振奋员工。华为方面乐观地认为这场诉讼已经结束,所谓的暂时停止是思科给自己的下台台阶。

请注意思科的用词。杜家滨强调,这场诉讼不是"结束",而是"暂时中止"。思科有可能随时再次拿起知识产权这个武器,前提是华为再次玩过界。

IDN电信中国区总裁于向国说,华为在路由器方面已经势不可当,在这种情况下思科如果不告它,华为就会发展更快。而一起诉,整个电信运营商都会引起注意。思科起诉华为与其说是一个知识产权纠纷,不如说是它中国市场战略攻防的一部分。

华为的确已经站在了迈向"世界级企业"的最后几节台阶上。但是现在看起来,登顶要比它预想的难度大很多。

遁——小不忍则乱大谋。遁,是逃亡、退避之意,是在局势不利,自己得不到发挥而又有毁灭危险性的时候,如何隐忍待机的策略。人生事业上遇上这样的事极多,一定的退让是必要的。

当对手得势之初,就应戒惧谨慎,隐忍待机,而不可轻举妄动。对手的力量在许多时候是可以感觉和预见的,明智的人往往能预见其发展,但往往又因各种原因而对此无能为力。

最好的"遁"是超然物外。这样做并非彻底不问世事,而暂时置身事外,就可以冷静地观察一切,总结经验;也因未卷入旋涡,便能没有任何不利和犹豫,不必担心对手的攻击。就经营决策而言,这是身处乱世的上策。

避开"淘金热"巧抓机遇　出奇制胜

100多年前,美国西部掀起了一股"淘金热",犹太人李维·施特劳斯怀着淘金发财的梦想来到旧金山。但是,当他看到那里已经聚集成千上万淘金的人们后,改变了自己的初衷,离开淘金的人潮,自己开了家经营日用品的小商店。

有一天,他携带一些线团之类的小商品和一批供淘金者搭帐篷和马棚用的帆布外出销售。在船上,小商品很快便销售一空,待抵达码头时,他携帆布去推销,可是,却未能如愿。懊丧之余,李维听到淘金者抱怨裤子不耐磨,没穿几天就破了。他灵机一动,立刻找到一家服装店,用自己的帆布布料做了几条裤子,卖给淘金者,一下就卖完了,并接到大批的订单。此后,李维专门从事牛仔裤的生产、销售,并成

国学经典文库

立了李维·施特劳斯牛仔裤公司，设立专门的服装厂，大批量生产"淘金工装裤"，以淘金者和西部牛仔为销售对象。由于这种耐磨的帆布裤适应了人们的需要，既结实又好看，因而销路十分好。

李维·施特劳斯取得了初步的成功，但是他并未就此止步，而是继续投入到产品的深层次开发中。

李维根据工人们的劳动特点，不断改进裤子面料和样式，以适应工人的需求。最终，他找到一种法国哔叽布为面料来生产裤子，既坚固耐用，又美观大方。

考虑到人们习惯于将矿石的样品放进裤袋里，先前使用线缝制的裤袋不牢固，李维就在缝制臀部裤袋时改用金属钉钉牢；牛仔裤的扣子则用铜、锌的合金材料制成，并在重要的部位用皮革镶起来。这样不但赢得了广大矿工的好评，而且由于它形成了牛仔裤的特有样式，成了一种时髦服装，受到人们的欢迎。结果它的销售量直线上升。

此后，李维公司根据人们不同时期消费观念的变化，又不断推出新的样式，使牛仔裤做到耐穿、便宜、合身。时至今日，李维·施特劳斯公司已经在世界12个国家设有加工厂，在许多地区和国家设有销售网，形成年销售额达20亿美元的大型企业集团，令诸多服装加工业同行为之震惊。

叔詹智退公子元

公元前666年，楚文王去世，王后息妫是一位倾国倾城的美人，楚文王的弟弟公子元想讨好嫂嫂，得到美人的欢心，在息妫寝宫附近的馆舍中日夜歌舞。息妫知道公子元的用意，感叹道："我的丈夫文王，问军事，未曾向国外扬威，致使声望日下。阿督身为令尹，不奋发图强，重振国威，却沉醉于靡靡之音中，真令人担心！"息妫的话传到公子元耳朵里，公子元想讨好嫂嫂，决定率领大军去攻打邻邦郑国。

郑国兵力远不及楚国。面对来势汹汹的侵略军，郑文公惊慌失措，急忙召人商讨对策。叔詹不慌不忙地说："从前，楚国出兵，从未有这么大规模。据我所知，公子元这次出兵，不过是讨好他的嫂嫂，没有什么其他目的。楚兵若来，老臣自有退兵之计。"

不久，楚军先头部队直抵皇城。叔詹下令军队埋伏在城内，大开城门，街上商店照常做买卖。百姓来来往往，熙熙攘攘，秩序井然，毫无紧张气氛。楚军见到这番情景，出乎意料，料定城中早有防备，是在故意诱敌深入。他们满腹狐疑，不敢贸然杀进皇城，下令就地扎营，等候主帅的指示。

公子元率领大部队赶到，大吃一惊，见城内秩序井然，似有埋伏，心里踌躇。他想到郑国与齐、宋、鲁有盟约，眼下城内有埋伏，万一不能取胜，齐、宋、鲁援军一到，前后夹击，楚军失利，脸上无光，嫂嫂会瞧不起自己。再说这次出兵，已攻下几个地方，几天之间，就打到郑国都城，也算是打了胜仗，目的已经基本达到，还是见好就收吧！

于是，公子元连夜班师回国，又怕郑军追击，命令所有营帐保持原样，遍插旗子,也想摆一个空城计,疑惑郑兵。

次日,叔詹登城遥望楚营,一会儿,便高兴地叫到:楚兵撤走了! 众人都不相信,叔詹指着远处说:"凡是军队驻扎的营地,必定击鼓壮威,以吓骇鬼神。你们看那里有飞鸟盘旋,证明军营里连一个人也没有了。我料定楚军怕齐国援军赶到,被内外夹击,连夜撤走,还摆下一座空营计来迷惑我们。可惜,公子元会摆空营计,却识不破我的空城计!"

刘文汉旧鞋子没破该扔就得扔

20世纪60年代初,中国香港人刘文汉在一次与美国朋友的交谈中,意外得知假发在美国很有市场。后来,他通过认真仔细的调查了解,发现美国的"假发热"确实有其深刻的社会原因:当时美国黑人反对种族歧视、争取平等权利的斗争与声势浩大的反对越战的学生运动,汇合成一股巨大潮流,冲击着美国社会。在动荡不安的美国社会中,出现了以长发为标志的一些嬉皮士,戴假发成了当时的时尚。美国市场对假发的需求量空前之大,这无疑给假发制造业开创出了一个前所未有的黄金时期。

刘文汉看清了假发市场的广阔前景后,立即开始调查制造假发的原料来源和制作人员、制作工艺。当时中国香港有人利用从印度和印尼进口的真发制成各种发型的发笠,成本相当低廉,而成品售价都高达300港币。刘文汉经过一番深思,当即做出重大决策,决定在中国香港创办"假发"工厂,向美国市场销售。

可是,当时中国香港没有一家生产假发的工厂,连一个美国人所需要的假发样品也弄不到,刘文汉对这一行也丝毫不懂。于是他请来专门替粤剧演员制造假须假发的师傅,并对传统的假发制作工序进行现代化改造,购进制造假发的机器和原料。终于,第一批假发生产出来了。

当刘文汉拿着自己公司制造的新型假发向美国连卡佛公司行销时,连卡佛公司的高级职员简直不敢相信这样质地优良的假发会是中国香港的工厂制造的。因为在此之前,中国香港还没有一家像样的假发制造厂,美国进口的假发大多数是法国工厂制造的。他们的速度如此之快,太让人觉得不可思议了。

连卡佛公司对刘文汉公司生产的假发质量非常满意,立即和他签订合同,每月进货100个,每个价格是500港元,仅是法国同类制品的1/3。第一炮打响后,消息不胫而走,订货单迅即雪片似的飞来,刘文汉的钱袋迅速鼓起来,很快就成了中国香港的一大富豪。

一年之后,中国香港出现了300家假发制造厂,雇佣工人数千名。在20世纪60年代的10年里,中国香港假发的出口总值高达10亿港元之巨,在香港制品出口中占第四位,刘文汉当选为中国香港假发制造商会的主席,被誉为"假发业之父"。

刘文汉并没有被一时的辉煌冲昏头脑,他发现假发制造业竞争者日益增多,繁荣的假发市场背后已经显露出衰退的迹象。

有句话说得十分形象:旧鞋子没破该扔就得扔,老生意好做该变也得变。于是,他当机立断,急流勇退,回到他的出生地澳大利亚,去开创葡萄酒酿造业。他先

把离悉尼只有10公里远的一家葡萄园买下,接着又动用上千万港元买下了当地一家酿酒厂。70年代后期,美国的假发业如潮水般消退,中国香港的假发制造厂商纷纷关门倒闭。号称"假发之父"的刘文汉却在海外安然无恙,而且还拥有一家位列全澳前10名的大酿酒厂。

收手,需要智慧和远见,需要进行周密无悔的判断,下定决心,然后破釜沉舟,果敢行事。只有及时收手,方能显英雄之本色,达人之远见。

做人做事不仅要知时而进,更能够应时而退。常言道:"花无常好,月无常圆",所以"得些好处须回首"。一个良好的撤退,也应该和伟大的胜利同样受到尊敬。

如果你对所处的环境既缺乏明智的判断,又心怀系恋,以致该进反退,该退反进;你不仅会处于危险的境地,而且外人也难以对你产生同情。人生中准确地把握时机调整自己的目标,适时进退,是十分重要的,该退的时候一定要退。

古人云:"功成而身退,为天之道;知进而知退,为乾之元。"功成名就之后应急流勇退,这才能符合自然规律。对于功名利禄,明智之人忍耐住对权力的渴望,在事业成功之时,全身而退。如果你的事业达到鼎盛时,没有意识到将要衰退的趋势,你将会走向进退两难的境地。

大凡一种祸害,往往会在盛时埋下祸根,而某种机遇又往往会在困境中种下善果。一个人若是能在适当的时间选择做短暂的"隐退",不论是自愿的还是被迫的,都是一个很好的转机,因为它能让你留出时间观察和思考,使你在独处的时候找到自己内在的真正的世界。

人生如棋。茫茫人海,大千世界,有坦直大道,也有险恶崎岖。要站得起,立得直,就要懂得纵横捭阖,审时度势,进退随缘,慎终如始。棋有棋道。下棋高手都能胸怀大局,洞若观火,勇于迎战,敢于胜利,正视失误,胜不骄,败不馁,守信用,懂规矩。他们沉着冷静,三思后行,运筹帷幄,机动灵活,呕心沥血,落子生根,善于求新,敢于开拓。

会玩牌的人总会在赢钱后收手,"见好就要收,处世不可贪"是聪明人切记的名言。古往今来会做加法的英雄很多,会做减法的智者却很少。于是我们发现那些英雄在做足加法后不懂适可而止,还一味地加下去,结果加数引起变数,反被外部世界做了减法,失败了。与其被外部世界做减法灭掉,不如我们自己先做减法骤然停止游戏,终止原有游戏规则的控制,便可无恙。

经营人生,在于忍耐,赢在战略,赢在执行,不在乎一朝一夕,一城一地之得失。正所谓"进步处便思退步,庶免触藩之祸;着手时先图放手,才脱骑虎之危。"以退为进这种曲线的生存方式,有时比直线的方式更有成效。一切都在退之中孕育着希望,这也是一种人生的练达。

曹操煮酒论英雄,能屈能伸者成气候

龙,这种神话中的灵物,能大能小,能升能降。大可以兴云吐雾,小可以隐而无形;向上升可以升腾于宇宙之间,向下降可以潜伏于大海深处。世间的英雄就像龙

一样,俗话说:"形势比人强,识时务者为俊杰。"面对纷纭变幻的世界,你要做到能屈能伸,才能大有作为。

人世间是个复杂多变的世界。在这个世界里充满了喧嚣纷争,充满了坎坷不平,充满了喜悦甜蜜,充满了爱恨情仇……这些构成了一幅五彩斑斓的生动画面。面对这复杂的人生,一腔热血办不了大事,只进不退成就不了壮丽的人生,前面是悬崖峭壁,再要继续下去很可能身败名裂,甚至丢了性命。此时,必须当机立断,隐忍待时。因为从来真正的英雄都是"能屈能伸"的高手。

《三国演义》中有这样一个故事:刘备由于苦不得志,迫不得已去投靠曹操。一日与曹操青梅煮酒论英雄,酒席之间,曹操问刘备:"汝周游四方,一定知道当今的英雄,你道来我听。"刘备说了几个人的名字,曹操均摇头表示不同意。

曹操对刘备讲:"所谓英雄,就是要胸怀大志,腹有良谋,有包藏宇宙之机,吞吐天地之志。"

刘备接着问道:"那么当今谁能称得上是盖世的英雄呢?"

曹操用手指了指刘备,又指了指自己,说道:"现在天下能称得上是英雄的人,非你我二人莫属!"

刘备闻听此话,大吃一惊,手中的筷子不小心落在了地上。好在此时雷声大作,刘备巧妙借雷声掩饰住了自己内心的惶恐。刘备为何会被吓成这样呢?因为他与曹操心存异心,他正在养精蓄锐,他害怕曹操发现自己诛曹扶汉的意图。

刘备能够成就一番事业,首先在于他脑中始终藏有一股夺取天下的霸气,这股

东汉　镂雕玉座屏

霸气迫使他跟自己赌着一口气,也跟曹操赌着一口气,就是做个乱世英雄而不屈居人下。其次就在于他聪明的处世方法,也就是为求存而善于蛰伏,为求得生存能够做到能屈能伸。

但是,刘备在这一点上与曹操相比还略有逊色。

刘备历尽千辛万苦,终于占领了东西两川和荆州之地。然而由于关羽的失误,荆州被东吴夺取,关羽也惨死麦城。刘备得知消息,肝肠痛断,发誓要为关羽报仇,他要起兵伐吴。尽管赵云再三劝阻,但丧失了理智的刘备依然兴兵伐吴。后来,刘备被陆逊火烧连营七百里,全军大败,自己也一病不起,命丧白帝城。堪称一代枭雄的刘备不能做到能屈能伸,感情用事,结果换来的是彻底的失败。

一个人有七情六欲是完全正常的,也是完全应该的,但一个做事只考虑感情的人一定是一个不成熟的人。事情是复杂多变的,感情往往左右人们的理智,使人们错误地分析复杂多变的形势。刘备感情用事,在心态上,他无法与曹操相比。

曹操镇压了黄巾起义后,声势大振,有了一块较为稳定的根据地,于是派人去接他的父亲曹嵩。当曹嵩带着一家老小途经徐州时,徐州牧陶谦出于一片好心,同时也想借此结交曹操,便亲自出境迎接曹嵩一家,并给他们全家以热情招待。一般来说,事情办到这种地步就可以了,但陶谦还嫌不够,他还专门委派五百多士兵护送出城。这样一来,好心却办了坏事。护送的这批人原来是黄巾军余党,他们只是出于无奈才归顺了陶谦,而陶谦却没给他们任何好处。如今他们看见曹家的车辆满载着金银财宝,顿时起了歹心,半夜杀了曹嵩一家,将宝物抢劫一空。曹操闻听此讯后,咬牙切齿道:"陶谦放纵士兵杀死我父亲,此仇不共戴天!我要兴起大军,将徐州踏平。"但是,当曹操正准备率军攻打徐州报仇雪恨之时,情况出现了变化:吕布率兵攻破了兖州,占领了濮阳。这该如何是好?一边大仇未报,一边情况又发生了突变。如果曹操被复仇的心态所左右,那么,他就看不出事情的发展趋势,也察觉不出情况的危急。但曹操毕竟是一个十分冷静沉着的人,而且很会控制住自己的心态。正因为如此,他便立刻分析出了情况的严重性,他说:"兖州失去了,这就等于让我们没有了归路,不可不早做打算。"

于是,曹操彻底放弃复仇计划,立刻决定拔寨退兵,去收复兖州。他对事态做了较为全面的考虑,才做出了这个决定。从而摆脱了这次危机,保住了自己的地盘和势力。

将曹操的遭遇与刘备的情况进行比较,就可以看出:刘备仅失去了一个义弟关羽,曹操一家老小40余人被杀,曹操的恨应该更大、更强烈。刘备与曹操却截然相反,他只凭自己复仇的心态而制定实施了伐吴的计划。因此,刘备的失败是必然的。

能忍者自安。我们面对纷纷纭纭的大千世界,对待千变万化的人间世事,要成功地把握住事态发展"方向盘"。能够抓大局,从全面考虑,决不可凭一时的冲动,感情用事,最终做出错误的决定。事实证明:能屈能伸的人才是真正的"伟大夫"。

大壮卦第三十四

【经文】

乾下震上　大壮①利贞。

初九　壮于趾,征凶,有孚②。

九二　贞吉③。

九三　小人用壮,君子用罔,贞厉,羝羊触藩,羸其角④。

九四　贞吉,悔亡⑤,藩决不羸,壮于大舆之輹⑥。

六五　丧羊于易,无悔⑦。

上六　羝羊触藩,不能退,不能遂⑧,无攸利,艰则吉⑨。

【注释】

①大壮:卦名。通行本为第三十四卦,帛书本为第二十六卦。此与《遁》卦为卦爻翻覆的关系,故次列于《遁》卦之后。

通行本六十四卦卦序,从爻画上看,都是相对两卦的卦爻有内在联系,而相邻的两卦之间则无必然联系。如三十三《遁》卦与三十四《大壮》卦就是这样;而《遁》卦与上卦《恒》卦及《大壮》卦与下卦《晋》卦,在卦爻上毫无联系;六十四卦均如此。所谓内在联系,有两种情况:第一,卦爻反对,如《乾》之与《坤》等等。第二,卦爻翻覆,如《遁》之与《大壮》等等。《易》之对待关系最为显明。

《大壮》卦从卦象上看,上《震》雷、下《乾》天,雷的震动超过了天之上,是该卦有太壮、过壮之义。从卦爻上看,四阳爻刚壮强进,位已过中,有太壮之义;《遁》卦阴气渐长(☷),为《否》之将至(☷),而《大壮》阳气过盛(☰),为《泰》之已过(☰);因此,《遁》卦戒人察几而遁,《大壮》则戒人守弱知止。

老子说"物壮则老"、欧阳修说"物既老而悲伤""物过盛而当杀"(《秋声赋》),及时知止方能壮而不伤,故虞翻注及《释文》引马注释"壮"为"伤",《杂卦传》释《大壮》为"止"("《大壮》则止"),释"伤"释"止"均是对《大壮》卦的义理推衍,非"壮"字释为"伤"与"止"也。高亨等读"壮"为"戕"训为"伤",可能是对虞注的误解。《归藏》作"耆老",即老子"物壮则老"之义。

②壮于趾,征凶,有孚:"趾",指代足履。初在最下,故以之取喻。"征",往前行进。"孚",应验。处过壮之时,初爻便足履强壮,一味强进则有凶险,此终将有应验。《履》卦初九"素履,往无咎"、《离》卦初九"履错然,敬之无咎",皆与此正相对。

③贞吉:"贞",占问。九二虽刚爻,但于过壮之时,能居中处柔,又有柔爻六五相应,是其能知雄守雌、处中知止,故占问得吉。

③小人用壮,君子用罔,贞厉,羝羊触藩,羸其角:"用壮",以壮逞强。"罔",否,"用壮"的反面,指虽壮而守之以弱。《周易会通》引京房云:"壮一也,小人用之,君子有而不用",此亦老子"知雄守雌"之义。"贞厉"以下是君子不能"用罔"的结果,"贞厉",占问凶险。"羝羊",公羊,与《易》之"牝牛"一刚一柔,正相反对。"羸",毁坏(《易程传》"羸,毁败也"。闻一多说"羸疑当读为偏。《说文》:偏,相败也。偏其角,即败坏其角")。或训"羸"为缠绕,然观下文"羸"与"决"互文,则当以程传为是。九三与上六均居卦之极,故皆以羊角触藩用壮逞强取喻。

⑤贞吉,悔亡:九四处上卦之初,居于柔位,不用强,故占问吉利,悔事消亡。

⑥藩决不羸,壮于大舆之輹:"决",撞开缺口。"羸",毁坏。"壮",指车輹坚固。"輹",车箱底部连结车箱与车轴的零件。此二句是倒装语式,正叙式为"壮于大舆之輹,藩决不羸",谓车輹坚固,虽撞损藩篱,车輹亦未毁坏。"羸"是就车輹说,非是指"角"羸。因为九四居上卦之初,故以车底之輹取喻;而九三、上六皆居卦之极,故皆就"角"而立说。注家均以九四之"羸"为"角"羸,有误。

⑦丧羊于易,无悔:"羊"即九三下卦之极与上六全卦之终的"羝羊",喻逞强之壮。"易"同"场",田畔(《释文》"陆作场,谓疆场也",朱熹《本义》"或作疆场之场",亦通。《汉书·食货志》"场作易"。《来氏易注》"易即场,田畔地也")。六五爻为本卦阳刚爻画与阴柔爻画相接之处,故以"场"取喻;由刚爻入柔爻,故以"丧

羊"取喻;过壮之时,丧失羝羊之强可以免祸,故占之为"无悔"。柔爻处中,故能于过壮之时"无悔";但仍居刚位,故不如九二、九四之"吉"。

⑧羝羊触藩,不能退,不能遂:"遂",进。上六居本卦之极,故逞强触藩;但毕竟强弩之末,又柔爻处柔位,故仅卡住其角、进退不能,不至于如九三之败坏其角,且有转吉之可能。

⑨艰则吉:"艰"谓处艰知艰、能正确对待艰难处境。壮极知返、持守雌柔,则能变不利为吉利。

【译文】

大壮卦 象征刚大气盛。大壮卦卦象是下单卦,为天;上单卦为震,为雷。两单卦结合,雷天大壮,阳德刚健,为天地之大用。壮盛阴消,故隆盛者必操守纯正,则利。

初九 壮于趾,表示有所往,有所征,但出征必有凶险,应坚持"天人合一"的规律,不可妄动。即使有承诺,前进会有凶险。

九二 阳刚得中,阳以中为盛。吉。

九三 小人盛壮,逞强凌势,君子盛壮刚强得中;任性发威,就像公羊用角强顶藩篱,羊角定然被藩篱羁绊。

九四 吉卦,君子刚柔相济,无所阻悔,犹如藩篱决口,缠不住羊角,又如大车车辖坚实适用,奔走如飞。

六五 男儿敢做敢当,即使遇到"丧羊之象"又何惧之。

上六 公羊抵触藩篱,既不能前,也不能后。只有知艰难而能审时度势者,才不敢犯难。

【解读】

《大壮卦》借用各种喻象,揭示了一个千古不易的真理,即正才能大,才能壮,才能持久。人也好,事也好,如能以正为其立身行事的基点,将如雷行于天一样,势壮而无阻。

《大壮卦》六一爻说"丧羊于易,无悔",其意思是指有人在易的地方丧失了羊,但没有悔恨。但也有人认为羊在大壮卦中表示刚性,丧羊,表示除去刚性,而代之以柔性。因六五爻处在尊位,地位较高,处于这样位置的人,如果只知道用刚的手法去处事,即今人所说的"硬碰硬",不一定有好的效果。因此,六五爻强调去除刚性,改用柔和的方法,来达到治理的目的。

【经典实例】

骄矜者必吃苦头

"大壮"容易引起自满的情绪,于是骄矜滋生,这是导致失败的非常常见的原因。"大壮"者应防止自满情绪产生,不被一时的"壮"所陶醉,以保持长久的"大壮"。

三国时期的曹操就因骄矜而痛失西川。当时,盘踞汉中地区的汉宁太守张鲁,打算夺取西川,扩大势力,好登上"汉宁王"的宝座。益州牧刘璋急派别驾张松到

许都向曹操求援。张松走时,除携带一批准备献给曹操的金银珍宝以外,还暗地藏了一幅西川的地形详图。由于刘璋糊涂而又懦弱,当时川中的有识之士都感到群雄竞争的形势下,刘璋绝对不能保住西川,因此不少人都有另投靠山的打算。张松借出使的机会,带着这幅极有价值的军事地图,就是有这种打算。

张松一行到了许都,被接待在驿馆里,等了三天才得到接见的通知,心中很有些不高兴。而且丞相府的上下侍从都公开索贿,才肯引见,这使得张松更加摇头。曹操傲慢地接受了张松的拜见,然后责问:"你的主人刘璋,为什么这几年都不来进贡?"张松巧妙地解释:"因为道路艰难,贼寇又多,常常拦路抢劫,不能通过。"曹操大声呵斥说:"我已扫清中原地区,哪里还有什么贼寇!分明是捏造借口。"

张松是四川有名的人物,生得头尖额翘,鼻低齿露,身长虽还不满五尺,但嗓音洪亮,说话有如铜钟之声。他读书很多,有超人的见解,以富有胆识闻名。自来许都后,发现曹操那样慢待,心中早已不快。今天又见曹操这般蛮横,便断了向他投奔的念头,决心教训他一番。曹操刚讲完话,张松嘿嘿一笑说:"目前江南还有孙权,北方存在张鲁,西面站着刘备,他们中间拥有军队最少的也有十余万人,这算得上太平吗?"

这一段抢白顿时使曹操窘得说不出话来,曹操一开始见到张松,觉得他个子小,面孔怪,猥猥琐琐,已有五分不喜欢,现在又发现他言语冲撞,让人很不高兴,于是一甩袖子,起身转进后堂去了。

曹操左右的人纷纷责怪张松无礼,张松冷笑一声说:"我们西川可惜没有会说奉承讨好言辞之人!"这句话立即召来一声大喝:"你们西川人不会奉承讨好,难道我们就有这样的人吗?"张松转眼一看,原来是丞相门下的掌库主簿杨修。张松过去听说过他是朝廷太尉杨彪的儿子,博学善辩,不觉有心难他一难。杨修也一向自命不凡,发现张松不是一般人物,就邀请张松到旁边书院里会上一会。

两人坐定后,杨修略做寒暄说:"出川的道路崎岖,先生远来一定很辛苦。"

张松表示:"奉主人的命令办事,虽赴汤蹈火,也不能推却啊!"

杨修接着又询问一句:"川中的人才怎么样?"

张松越加得意地说:"西川历史上出现过大辞赋家司马相如、名将马援、'医圣'张仲景和著名阴阳家严君平。其他出类拔萃的人才,数也数不完!"

杨修又问一句:"先生现在担任什么职务?"

张松谦虚地回答说:"滥充一名别驾,很不称职。敢问杨先生在朝廷里担任什么职务?"

杨修回答说:"在丞相府里担任一名主簿。"

张松不客气地反扑过来:"杨先生的上代担任国家高级官员,为什么不到朝廷里任职,直接协助皇帝工作,即屈居在丞相府里干这样一个小官!"

杨修听了这话,满脸惭愧,硬着头皮勉强解释说:"我虽然职位不高,但蒙丞相将处理军政钱粮的重任交付给我,而且早晚还可以得到丞相的教诲,很受启发,所以就接受了这个职位。"

张松听到这句话,干笑一声说:"我听说曹丞相文的方面不明白孔孟之道,武的

方面不了解孙武、吴起的兵法，仅仅依靠强横霸道取得宰相的高位，哪能有什么教诲来启发阁下呢？"

杨修一本正经地说："不对，先生居住在边地，怎么知道丞相的杰出才干呢？我不妨让你开开眼界。"说着，叫手下人从书箱里拿出一卷书来，递给张松。张松一看书名题作《孟德新书》，于是从头到尾翻了一遍，其中共有13篇，都是谈论战争中的重要策略的。谁知张松看完，颇有些不以为然地对杨修说："杨先生怎样看待这部书呢？"

杨修不无炫耀地回答："这是曹丞相博古通今，模仿13篇《孙子兵法》写成的。你看这部书可以传之不朽吗？"

张松竟扬声笑了起来："我们西川三尺高的孩子都能把这部书背下来，怎能叫'新'呢！这原是战国时代一位无名氏的作品，曹丞相把它盗窃来表现自己，这只能骗骗阁下罢了！"

杨修不无嗔怪地说："这完全是丞相自己写成的，先生说什么川中的孩子都能背诵，欺人太甚了吧！"

不料张松立即应声说："先生如果不相信，我马上背给你听。"说着，即合起书来，从头到尾将书中全部字句背诵了一遍，一字不差。杨修大吃一惊说："张先生过目不忘，真是天下的奇才啊！"

后来，杨修在曹操面前夸赞张松，要求重新接见张松。终因双方的观点差距太大，张松又讽刺了曹操一顿，然后离开许都，把身上带着的那张十分有价值的地图献给刘备去了。

曹操一辈子都在搜罗人才，却因自己一时的骄矜之态而助了他人一臂之力。这种教训，是一切正处于盛大之势者引以为戒的。

居安思危，明察世事

《大壮卦》阐释壮大后的运用原则。壮大后容易自负，容易流于横暴。所以，大必须正，应当坚守正道；大必须中，应当把持中庸原则，外柔内刚，能够节制，不使其过当。壮大也应当量力，不可以妄动。壮大，不可以恃强任性，更应当坚持正义。壮大，同样的不可能恒久持续，当显露衰退的迹象时，就不可再有积极的行动。当已经步入衰退时，更应当及时觉悟，艰难的时刻，已经到来，力求自保，以等待时机。

朱元璋能够从一个小沙弥而成为一位开国皇帝，除了很多内外环境因素的影响和朱元璋卓越的智谋韬略外，还有他的谋臣刘基和徐达这两个人同样是功不可没的。

徐达是个"指挥皆上将，谈笑半儒生"式的人物。他出生于元朝濠州（今安徽凤阳）一个农家家庭，小时与朱元璋一起放过牛。在其戎马一生中，有勇有谋，用兵如神，为明朝的创建和中国的再度统一立下汗马功劳，是中国历史上一个智勇双全的谋将帅才，他深得朱元璋宠爱。

但是，就是这样一位战功赫赫的人，他却从来不骄傲。徐达每年春天挂帅出征，到了冬季才回来。回来后立即将帅印交还，他回到家里过着非常勤俭的生活。按道

理说，像他这样一位儿时就与朱元璋一起放过牛的至交，且战功赫赫，而且朱元璋还将自己的次女许配给他的儿子，完全可以"享清福"。朱元璋也在私下对他说："徐达兄创建了盖世奇功，但从来没有很好的享受一番，我把我曾经住过的旧宅邸赐给你，让你好好享几年清福吧。"朱元璋的这所旧宅邸，是他登基前当吴王时居住的府所，可徐达就是不肯接受。实在想不出办法的朱元璋，只好请徐达到这所府里饮酒，将他灌醉，然后蒙上被子，自己亲自将他扶到床上睡下。徐达半夜酒醒后问周围的人自己住的是什么地方，内侍说："这是旧内。"徐达大吃一惊，连忙跳下床，俯在地上说自己犯了死罪。朱元璋见他如此谦恭，心里十分高兴，连忙命令有关部门在此旧邸前修建一所宅第赐给徐达，门前立一牌坊，并亲书"大功"二字。

徐达像

徐达还好学不倦，对自己严格要求。放牛娃出身的徐达，少年时没有读书机会。但他好学亲儒，虚心求教，每次出征前都携带大量书籍，一有时间便仔细研读，这样他掌握了渊博的军事理论。因此在每次作战指挥时，料敌如神，进退有据，而且每战必胜，令人心服口服。

身为统帅的徐达，从不摆出统帅的架子，能与士卒同甘共苦。遇到军粮不济，士卒吃不饱，他也不饮不食；扎营未定，他也不进帐休息；士卒伤残有病，他亲自慰问，给药治疗。如遇上士卒牺牲，他更是重视而筹棺木葬之。将士对他有说不尽的感激，而且非常尊敬他。

本来可以锦衣玉食的徐达，却平生没有喝酒的习惯，也不好色，对钱财更是无所谓，"中正无所疵，昭明平日月。"朱元璋赐给他一块沙洲，因为它是农民水路必经之地，家里通过它可以谋点私利，徐达知道后，立即将此地上缴官府，"其无私欲，持大节类如此。"

1385 年，徐达病逝于南京。朱元璋悲恸不已，追封为中山王，并将其肖像陈列于功臣庙第一位，称之为"开国功臣第一。"

相反，刘伯温的命运就让人惋惜了。在辅佐朱元璋打天下时，刘伯温以张良自命，朱元璋也的确将他视为自己的张良。如果就智谋而论，刘基不比张良逊色，但是，他缺乏张良功成身退的勇气与远见，他还想跃跃欲试，施展自己的才华。可是，朱元璋已经不需要他了，就在朱元璋登上了帝位半年多以后，便将他打发回到浙江青田的老家，此后处处对他加以防范和侦察，最后还是利用他和丞相胡惟庸的矛盾，借胡惟庸之手将他毒死，这时距大明王朝的建立刚刚十年。

人性是不完美的，人生是有缺憾的，甚至当人处在顺境时，这种缺憾也没有一丝一毫的减少。《大壮卦》告诉人们，越是在顺境，越是要居安思危，明察世事，奉

持正道,把人生的缺憾减少至最低。

对　手

有两则民间传说:其一:在一个渔村里,每年渔民都将捕捞的沙丁鱼放入船上的鱼槽里驶回渔港。沙丁鱼不容易活,谁能将活的沙丁鱼带回来就可以卖个好价。渔民们不断努力想做到这一点,但总不成功,沙丁鱼多半会在途中死掉。然而有一艘船却一直能够让沙丁鱼活着回来。后来一个偶然的机会,人们才得知,秘密在于船主在鱼槽里放了一条鲶鱼。沙丁鱼发现这个陌生的家伙,觉得大事不妙,便十分紧张地左冲右突。这样一来,就能个个活蹦乱跳地回到渔港。一条鲶鱼成了打破一群沙丁鱼平衡的动力,而沙丁鱼却在运动中获得了生命与活力。沙丁鱼运动,是因为它们感到了危机。可以这么说,是危机感救了它们。

其二:美洲虎是一种濒临灭绝的动物,世界上仅存 17 只,其中有一只生活在秘鲁的国家动物园。

为保护这只虎,秘鲁人从大自然里单独圈出 1500 英亩的山地修了虎园,让它自由生活。参观过虎园的人都说,这儿真是虎的天堂,里面有山有水,山上花木葱茏,山下溪水潺潺。还有成群结队的牛、羊、兔供老虎享用。奇怪的是,没有人见这只老虎捕捉过猎物(它只吃管理员送来的肉食),也没见它威风凛凛从山上冲下来。它常躺在装有空调的虎房,吃了睡,睡了吃。

一些市民说它太孤独了。说一只没有爱情、没有伴侣的老虎,怎么能有精神呢?于是大家自愿集资,又通过外交渠道,与哥伦比亚和巴拉圭达成协议,定期从他们那儿租雌虎来陪它生活。

然而,这项人道主义之举,并未带来多大改观,那只美洲虎最多陪女友走出虎房,到阳光下站一站,不久又回到它卧的地方。人们不知道它还有什么不满足的地方。

一天,一位来此参观的市民说,它怎么能不懒洋洋?虎是林中之王,你们放一群只吃草的小动物,能提起它的兴趣吗?这么大的虎园,不弄几只狼来,至少也得放几条豺狗吧?虎园领导听他说得有理,就捉了三只豹子投进虎园。

这一招果然灵验,自从三只豹子进了虎园,美洲虎不再睡懒觉,也很少回虎房。它时而站在山顶引颈长啸,时而冲下山来,雄赳赳地满园巡逻。时而冲到豹子面前,放肆地挑衅。没多久,它还让巴拉圭的一只雌虎下了一只小虎崽……

后　路

明代的奸臣宰相严嵩是江西人,他的生日是正月二十八日。亭州人刘巨塘是宜春县令,来京城拜见皇帝,就随同众人前往严府为严嵩祝寿。寿礼结束后,严嵩疲倦了。他的儿子严世蕃叫人关上大门,禁止出入。这时,刘巨塘因来不及出门被关在严府内。到了中午,刘正感到饥饿难忍时,有个叫严辛的人,自称是严家的仆人,领刘从一条小路来到他自己的住所请刘吃了饭。饭后,严辛说:"以后希望阁下

多多关照。"刘巨塘说:"你的主人正当显赫昌盛的时候,我能帮你什么呢?"严辛说:"太阳不会总是当午,愿您不要忘了今日我的托付。"没过几年,严嵩垮台,刘巨塘恰在袁州当政,严辛因为窝赃2万两银押在狱中。刘巨塘想起当年的话,为他减轻了罪,改判为发配边疆。

身处乱世,更要有一种危机感。严辛在主人鼎盛之时能想到太阳不会总是当午,才会有后来减轻罪行的关照。世道不好之际,较之建功立业,更重要的是保身。

大壮是衰退的反面,本是好事,然而,因为壮大,往往滋生自负、自满的情绪。危险往往潜伏在人们的自满中,在人们懈怠的那一刻突然出现。无论现状有多好,我们时时都要具有忧患意识。只有居安思危,做好迎战坏事到来的思想准备,才能使"大壮"的状态保持长久,一旦危机来临,也不会措手不及。

"活力28"能否再现活力?

2003 年 3 月 28 日,湖北省荆州市。

"活力28"回收庆典活动在这里隆重举行,当地政府、业界重量级人物以及省内外新闻媒体纷纷前来捧场。然而为这场活动造势的主角却不是"活力28"自己,而是控股的天发集团。

7 年前,"活力28"集团与德国邦特色公司合资组建活力美洁时公司(由德方控股),并买下"活力28"50 年商标使用权,如今已由湖北天发集团控股的"活力28"集团与德方谈判,提前将这一品牌接回"娘家"。相比较几年前的合资风暴,这一次"活力28"的品牌回归却没有引起太多人的注意。正像今天,当你提起"活力28",很多人都是一片茫然一样。

可就在 1998 年,某公司在中国几个大城市进行抽样调查,结果"活力28"以百分之百的认知率高居榜首,不仅让正在中国刮起外资狂潮的汰渍、奥妙退避三舍,也把老牌国有企业白猫、海鸥抛在后面。而这还是在"活力28"的广告销声匿迹近两年多时间后,足见其在人们心目中的地位。

号称"中国日化第一品牌"的"活力28"何以在正负盛名时嫁入"洋门"?"活力28"收回之后能否重新称雄市场?……

"活力28"前身系沙市油脂厂,其主导产品为油脂,尾料则用以加工肥皂。到了 80 年代中期,由于国家宏观调控、原材料价格上涨,企业为了另谋生路,买下荷兰厂家提供的超浓缩无泡洗衣粉配方,凭自身的力量生产出了这个新产品。

"活力28"生产出来后,厂里的职工倾巢而动,有的走街串巷挨家挨户送给人使用;有的到宾馆的洗衣房帮助洗衣服,以验证其超浓缩无泡沫的神奇功效……与此同时,以"活力28,沙市日化"为广告词的"活力28"广告亮相中央电视台。这一石破天惊的举措,不仅使"活力28"一举成名,而且让沙市(现在荆州的一个区)这个并不出名的中等城市变得妇孺皆知。

著名经济学家、中国社科院研究员戴圆晨当时撰文称,"活力28"创下的业绩,为其所有同行无法企及。如:第一个提出超浓缩无泡洗衣粉的概念,掀起了日化行业的第一次浪潮;第一个在中央电视台做洗衣粉广告,引爆了日化行业的广告大

战;是第一个将广告牌竖在中国香港的内地日化企业,使"活力28"名扬海内外……然而,当占据洗衣粉城市市场三分之二份额的时候,"活力28"被暂时的胜利冲昏了头脑,开始了大规模的疯狂扩张。一时间,洗洁精、洗衣膏、洗发水、香皂、卫生巾、杀虫剂、纯净水等项目纷纷上马,使"活力28"在资金上显得捉襟见肘。而与此同时,其活力纯水的开发更是被当成失败案例刊登在报刊上。

特别是1994年,"活力28"洗衣粉的销售量达到9万多吨,创造历史最高水平。按照集团的销售政策,销售人员只管卖货,不管贷款回收,无论到账与否,均可享受销售提成。结果到了年底,集团欠清小组一摸底,才发现呆死账遍布全国各地。

因负荷沉重,实际上已经举步维艰……

四面楚歌的"活力28"为了突出重围,组织专人筹划企业上市。然而,上市之路却遥不可及,资金匮乏的"活力28"被迫选择合资。

1996年5月,"活力28"与德国帮特色公司签订协议,联合组建湖北活力美洁时洗涤用品有限公司。该公司由德方控股(占60%的股份),活力28以品牌和生产设备一起作价7000万元入股。按照协议,合资企业以288万元的年租金获得"活力28"50年民用洗涤剂领域商标使用权(其所有权仍属活力28集团),且每年在"活力28"上投入不得少于1亿元,否则视为违约。

相对其他国有日化品牌合资以后被打入冷宫而言,活力28合资不丢牌似乎是捡了一个"大便宜",殊不知,协议中的多项指标难以衡量,尤其是销售费用无法计算,德方的实际投入根本不为外人所知。

颇具戏剧性的是,合资三个月之后,活力28被批准上市。此时的活力28尽管握有大把大把的钞票,却丧失了"活力28"的商标使用权,面对的是一套50年代的折旧率为零的生产设备。

由于活力28跌入低谷,其董事长滕建新被迫"下课"。是时正值利润空间小的普通洗衣粉走俏市场,第二任董事长雷世忠推出一个以活力的英文power的谐音"波尔"为品牌的洗衣粉后,迫不及待地吹响再度扩张的号角。

然而,由50年代的设备生产的"波尔"根本不能适应90年代的市场,而且在宣传上也未作投入,只是希望能沾德方广告的光,仅在外包装上出现"活力28"字样。新开发的一次性饭盒、活力26洗衣机、药品、纸品等项目均也因上马仓促、推广不力见效甚微,有的产品甚至尚未面世即"胎死腹中"。每到年终,美洁时拿出的都是亏损报表,本以为借合资捞个钵满盆满,没想到迎来的却是更大的亏损。

这次作为控股方的天发集团总裁龚家龙说:"'活力28'集团正全线开工,试图通过资金的投入和市场运作使'活力28'这一品牌在海内外再展雄风。'活力28'还拟建'活力28'工业园,计划在经济和科技发达的地区设立产品研发基地。"

但是这场迟来的爱是否会有新的美好前景呢?湖北省经济界人士分析,目前,与"活力28"具有相同命运的知名民族日化品牌已相继与外资分手,如熊猫也重获自由身,"浪奇"则携上市公司之名再入江湖,然而市场形势却今非昔比,宝洁、联合利华等跨国公司已经抢占了中高档产品市场,国内的一些其他日化企业如雕牌、奇强已在低档产品市场争取到了相当比例的份额。活力28、熊猫、浪奇等老牌产

品试图东山再起，显然并非易事。

大壮：即为大的强壮。在势力力量增长时如何去积极有所作为，妥善地运用自己手中的力量，使事业蓬勃发展，力量壮大，可以随心所欲地作为，这本是好事，但壮大容易自负而走极端。所以，当你力量壮大时，不是先求胜过别人，而是首先克制自己，在势力壮大时能够克制自己，说明你有着无坚不摧的力量。所谓自强者胜，此时的问题不再是没有力量，而是力量用不完，该如何恰当地运用。因此，现在你的事业，当在壮大时就必须记住勿过于自负，适度、量力、中庸。不要以壮大凌人，坚守纯正，应有自知之明，居安思危。

人生和事业一壮大便易自负，易流于粗暴，目空一切。但任何壮大是不可能永远保持的，何况人的壮大是许多条件使而传成。一旦这条件突变，你的壮大便会失去依据，走向衰落。何况山外有山，天外有天。故人在此时，尤应头脑清醒，量力而行，不可依恃力强，肆意妄为。

力量强大，更应把握中庸原则，适度而有节制，有把握地运用自己的力量，才会吉祥有利。人生如此，事业更是如此。企业和组织亦力不待言。适度和中正，使人可进可退，游刃有余。

山内博慧眼识珠驰骋电子游戏业

任天堂公司社长山内博刚掌管任天堂时，任天堂还在生产它的传统产品，但山内博已感到了它的发展前途的局限性，于是开始寻机转舵离开此行。

在电子技术推动下，1975 年日本掀起了电子热，电子游戏业也随之兴起。娱乐产品的各厂家争先恐后地投下巨资，抢占市场。但好景不长，石油危机的爆发导致了严重的经济衰退，刚刚起步的电子游戏机市场陷入萧条。

坚信电子游戏业的光辉未来及巨大的市场潜力，任天堂决定抓住稍纵即逝的机会，在挑战中奋进。于是，公司冒着风险，再次投资，向电子游戏业发起冲击。

任天堂公司认识到，日本电子游戏业市场的竞争是非常激烈的，若想称雄于电子游戏界，还必须独辟蹊径，不断创新。通过对娱乐市场的透彻分析，山内博敏锐地认识到，花钱少的娱乐消费是娱乐需求的一个市场缝隙，是电子游戏业尚未被识别的发展契机。

1981 年，个人电脑在日本开始普及。一般厂商纷纷投入"远景看好"的个人电脑生意，而山内博认为，人们在使用电脑时大部分使用的是电脑的游戏功能。如果不考虑电脑的其他功能，而制造一种专门用于游戏的简易电脑，岂不更妙？山内博决心放手一搏，任天堂将尽全力研制电脑游戏机软硬件。

1983 年 7 月，任天堂以与众不同的产品定位和廉价策略，将第一批家用游戏机推向市场。别的厂家将游戏机价格定在每台 30000～50000 日元之间，而任天堂却将游戏机价格定在每台 14800 日元，低得令人难以置信。因为公司认为面向普通家庭的娱乐商品，必须做到低成本和低售价，公司的低价格策略是"放长线，钓大鱼"，当人们花很少的钱高高兴兴地买下任天堂的电脑硬件后，必然要购买软件（否则是玩不成的），而且还经常更换软件（这样才能不断

有新花样），一套软件的价格在 4000～6000 日元之间，利润率是较高的。就这样，任天堂 1983 年推出的游戏机以"画面清晰、内容精彩、价格大众化"的强大优势，一上市即被抢购一空，生产线加班运转也供不应求，一举将其他 8 家游戏机生产厂商全部击垮，任天堂游戏机在市场上遥遥领先。

功能专一的家用游戏机大获全胜后，任天堂还不断开发新产品。1989 年开发出微型便携的"少年壮志"游戏机。1990 年又研制成功具有画面更清晰和立体声更逼真的"超级游戏机"，并将其上市时间比原计划推迟一年半，以煽动市场消费者的热望，上市后，立即被翘首以待的顾客抢购一空。此外，公司还不断花样翻新，为自己的游戏机配套设计了 106 套新奇有趣的吸引力强的专用游戏卡，一次次激起消费者的欲望，一次次煽动着市场的热浪。

任天堂自 1983 年首次推出游戏机，在近 10 年时间里，国内销售的各种游戏机达 3400 多万台，家庭普及率达 50％以上，独占国内硬件市场的 80％，在海外销售 7400 万台以上，仅美国的家庭占有率就达 1/3。其软件在国内累计销售 3.25 亿个，海外累计销售 4 个亿，在日本电子游戏软件市场的占有率高达 90％。全国 1/3 的玩具店和 2000 多个任天堂玩具专柜销售其游戏机和游戏卡。

好大喜功，乾隆王朝由盛而衰

"大壮"本是好事，但很容易引起自满的情绪，于是骄矜滋生，最终导致失败。很多大成者曾经受各种困苦赢得了成功，然而成功的光环却让他们头晕目眩，于是整天陶醉在歌舞升平的景象当中，没有意识到浮华的背后潜伏着重重危机，骄傲自大，放任自流，危机就在他们懈怠的那一刻突然出现，顷刻间，大厦倾倒，成功的辉煌变成过眼云烟，淹没在沧桑变幻之中。

《大壮卦》告诉人们应省身自律，不被一时的"壮"所陶醉，才能使"大壮"的状态保持长久，一旦危机来临，也不会措手不及。曾经英明一世的乾隆皇帝，就因为晚年好大喜功，劳民伤财，宠幸佞臣，致使满清王朝江河日下，最终走向崩溃的边缘。

乾隆帝在其统治的早期，文治武功，励精图治，沿袭着康熙以来的国富民强盛世景象。这种"天朝大国"的盛况滋长了他不可一世的傲气，于是他开始巡游南北各省，以图声威天下。一开始的时候，乾隆是本着巡视天下，抚恤民生的意图，是打着陪奉太后巡幸的旗号，侍候皇太

清　乾隆铜印

后南巡。然而随着巡游的次数增多，其目的也发生了变化，再加上宠臣和珅串通上下官吏，大肆搜刮民财，铺张浪费，乾隆的巡游也就成了天下百姓的灾祸了。

乾隆八年（公元 1743 年），乾隆与太后前往盛京祭谒祖陵。这边还没开始走，那边便忙于修筑桥梁道路，装饰皇帝所要住的行宫，以及准备为其来临所需的一切。孝圣太后与乾隆帝到达盛京后，先赏赐盛京将军银 5000 两、副都统银 2500

两。随即举行大宴,盛京文武官员、三陵官员及自京随来的王公大臣、官员、蒙古王公、额驸等均入宴,耗费银两达千万计。

乾隆十年七月(公元1745年),乾隆帝再次奉皇太后谒陵。因"途次迎銮者,踊跃趋事",重奖吉林将军、副都统以下各级执事官员、兵丁。到了盛京谒陵完后,又是颁赏盛京官兵。而盛京礼部侍郎郎世臣,因备办祭典"并不竭尽诚敬,草草办理",被发往黑龙江。乾隆此举助长了官员重金迎驾的风气。

公元1748年2月,乾隆帝侍奉太后去曲阜谒孔子陵庙,游泰山,一路冠盖如云,极尽奢华之能事。

乾隆追求排场奢华,生活也日益奢靡。乾隆前后六次南巡,每次的队伍都相当庞大。除了随行的后妃、皇子孙,还带有一整套政务处理班子及王公、章京、侍卫等,约2500余人。走水路得用千余艘大小船只,巡幸所经地方,各级官员都要提前建造行宫,训练士卒,通缉盗匪,清理刑狱,筹办珍玩,安排迎銮。

南巡途中,乾隆的生活条件和设施与宫中没有两样,每日早晚照例鸣鼓奏乐。茶房所用乳牛多至75头;膳房所用羊1000头,牛300头,均提前从北京运到镇江、苏州等地。乾隆对饮食极为讲究,每天仅供乾隆一人生活所需的就几达千人。

乾隆六次南巡靡费了大量人力、物力和财力。江浙商人们又为了迎合乾隆的享乐,绞尽脑汁,煞费苦心,不惜银两,慷慨资助。正由于商人的积极参与,使乾隆南巡显得格外铺张豪奢。然而商人们为了报效银两,资助他的南巡活动,加重了对百姓的盘剥,民不堪命,商业也陷入日趋困顿的局面。

乾隆南巡多打着治理河患的旗号,对黄河、长江等处水利治理多少也有些推动。但这种极其靡费的"观风问俗"方式,不仅耗费了前代积聚的大量资财,也助长了地方官员竞尚奢华、贪贿敲索的颓风,影响是巨大的。

乾隆后期的奢靡之风,很大的原因就在于宠臣和珅。乾隆中期,正红旗人和珅承袭了一个三等轻车都尉的低级世职,公元1769年转到銮仪卫当差。后承袭了三等侍卫之职,公元1785年,升为副督统;公元1786年,升任户部侍郎,命为军机大臣,尔后执掌朝政几十年。乾隆退位前,对和珅的擅权,已有所觉察,但依然是任其所为。和珅虽有辅政之能,但唯唯利是图,生活奢侈糜烂,有这样的辅政大臣,群臣不贪才怪。

事实上,自从乾隆三十年以后,清王朝已经开始有了衰败的迹象,边关的战争和皇室贵族的日常开支,已经开始让朝廷财富日益变少。再加上官吏的贪污腐败,朝廷的政务也开始慢慢变了味道。各地不断出现的大案要案就是明证。比如公元1768年两淮盐政营私案、山东库银案、江苏包庇贪吏案、浙抚贪污案等等。乾隆帝虽然严厉惩处了这些大案的贪官,但因和珅从中周旋,为贪官撑腰,始终无法制止各地的贪风。

乾隆禅位后,嘉庆并没有对和珅做出什么动作,公元1799年,乾隆驾崩后的第6天,嘉庆列了和珅20款大罪,将他赐死,并没收了他的全部家财。据说所得约值白银10亿两,相当于清政府20年的财政总收入。

做了六十年的皇帝,早年的乾隆的确很有作为,这和他的才能与勤政都是相互联系的。他大权在手,勤于政事;他有较高的文化素养,他懂得蒙文、藏文、维文等

多种民族文字,他精于骑射,领悟军事。在所有的帝王之中,他也算是一个文治武功都不错的皇帝。就因为晚年不能洁身自保,使他的功业大打折扣。或许是封建帝王特殊的地位,"康乾盛世""天朝上国"让乾隆沉醉于"千古第一全人"的迷梦之中,如果他能看到当时西方工业革命的兴起和发展,如果他能看到满清王朝内忧外患的势头,那么,书写中国帝王史杰出篇章的非乾隆莫属!

凡是成功者,必定是经过千辛万苦、艰苦努力才最终成功。取得成功不容易,保持它就更难。这需要我们正确面对成功之后的喜悦,保持冷静的头脑,正确地看待自己和对手。如果是不可一世,轻视对手,这样不仅不能守成,失败也会跟着来了。

晋卦第三十五

【经文】

坤下离上　晋[①]康侯用锡马蕃庶,昼日三接[②]。

初六　晋如摧如,贞吉[③];罔孚裕,无咎[④]。

六二　晋如愁如,贞吉[⑤];受兹介福,于其王母[⑥]。

六三　众允,悔亡[⑦]。

九四　晋如鼫鼠,贞厉[⑧]。

六五　悔亡,失得勿恤,往吉,无不利[⑨]。

上九　晋其角,维用伐邑[⑩],厉吉无咎,贞吝[⑪]。

【注释】

①晋:卦名。通行本为第三十五卦,帛书本为第五十一卦。上卦《离》为日,下卦《坤》为地,象日升于地,故卦辞与六爻爻辞皆说升进之事。"晋"与"进"同。

②康侯用锡马蕃庶,昼日三接:"康侯"犹言"安侯",安国之侯(朱熹《本义》"康侯,安国之侯也")。此"康侯"似非具体指历史上之某侯,《正义》亦云:"康者,美之名也。侯,谓升进之臣也。"顾颉刚等以为"康侯"即周武王之弟康叔封,可备

参考。"用"与下文的"接""受"义同，指享用、接受。"锡"同"赐"。"马"，车马之类。"蕃"，盛。"庶"，多。"昼日"，犹言一日。"三"，喻多次。"接"，接受、蒙受（或释"三接"为三次被接见，似不确）。康侯所受赏赐之车马盛多，一日之内数次接受赏赐，此正说康侯荣膺晋升之事。旧注皆释"用锡"为受天子之赐，然观下文"受兹介福，于其王母"，则卦辞"康侯用锡马蕃庶"乃是受赐于王母，《集解》引九家《易》亦曰："大福，谓马舆蕃庶之物是也。"

③晋如摧如，贞吉："晋"，进。两"如"字为语辞。"摧"，退（《释文》）。初与四应，故可升进；居不当位，故又宜退守。进退适时，故占问得吉。初六在《坤》地之下，下卦之初，故须进退适宜。

④罔孚裕，无咎："罔"，无。"孚"，卦兆，征兆。"裕"，富裕。初在最下，尚晦之时，时进时退，虽无富裕之兆，但可无咎害。"罔孚"或作"有孚"，帛书本衍"悔"字，"罔"字音讹为"亡"。

⑤晋如愁如，贞吉："愁"同"揫"，敛抑（《礼记·乡饮酒义》郑注："愁读为揫，敛也"）。六二居位中正，故可升进；上无应爻，故又当适时敛抑，如此乃可占问得吉。六二在下体《坤》地之中，明尚未显，故有"揫如"之戒。

⑥受兹介福，于其王母："受"与卦辞"用""接"义同，接受。"兹"，此，指代卦辞"锡马蕃庶"（《集解》引九家《易》曰："大福，谓马舆蕃庶之物是也。"）"介"，大。"王母"，指六五，五居尊位，但为阴爻，故不称"王"，而称"王母"，犹言女主也。

⑦众允，悔亡："众"似指初、二而说，谓众人、百姓。《坤》为众、百姓。"允"，信，崇信。六三在下体《坤》之最上，与上九相应，又得在上之信赖，故悔事消亡，谓升进向上可也。

⑧晋如鼫鼠，贞厉："如"与初、二之"如"相同，语辞。"鼫"或作"硕"。"晋如鼫鼠"，谓九四本当向上升进，却首鼠两端，若鼠之犹疑不决；如此则占问危险。九四已入卦之上体，日已升地，大明之时，又为阳爻，本当果于前进，今处上下卦之交，为下阴所牵累，进退迟疑，故"贞厉"。下体为晦，故有"摧如""揫如"之戒；上体为明，若鼠之摧揫则有厉，其时不同也。《乾》之九四"惑"之无咎，戒亢龙于几微；《晋》之九四"鼠"而有厉，失明进之机。二者皆"时"也。

⑨失得勿恤，往吉，无不利："恤"，忧虑。六五居尊处中，在上体大明之中，逢时得宜，果于前往，吉无不利。

⑩晋其角，维用伐邑："角"，锋芒。位居最上，故以"角"取喻。"维"，发语辞。"用"犹"可"。"邑"，属邑、小国。

⑪厉吉无咎，贞吝：属邑有乱，理当进呈锋芒以征伐之，然攻伐之事，必有危险，故云"厉"；本有刚德，又处大明进往之时，故吉而无害。但卦之将终，明盛将衰，于此时征伐亦出于不得已；若一味肆其勇武，则占问小有灾咎。

【译文】

晋卦：晋是晋升提拔，例如对待那些康民治国的公侯，天子不仅赏赐给他们许多马匹，还在一天之内三次接见他们。

初六：无论进还是退，均能安于正道，则一定吉祥；即便一时之间不能取信于人，但只要宽裕自处，便不会有灾难。

六二：上进的同时又充满着忧患，但是只要上进之心一如既往，便能吉祥；获得极大的恩惠和福泽，这都来自王母的赐予。

六三：获得上下众人的信任，努力进取，悔意消失。

九四：晋升到高位又像鼫鼠一样无能而又贪婪的人，一定没有什么好结果。

六五：消除后悔，不要患得患失忧虑重重，只要勇往直前，就会吉祥、顺利。

上九：就像牛、羊用其锐利的角抵触来犯者一样，君王拨精锐之师讨伐叛军的城堡，终于逢凶化吉，天下恢复太平，然而讨伐虽属正义，有人叛乱毕竟脸上无光。

【解读】

本卦阐述了进取的原则。《晋卦》所讲的进取，与《升卦》《渐卦》所讲的进取，意义不一。《晋卦》之进乃日之东升，明德自昭，为万民谋福之义，较《升卦》《渐卦》之义更优。本卦认为，积极进取以求发展，须动机纯正，即便失败也问心无愧；不能忧虑于一时的得失，而应把握中正的原则；求上进，须以得到民众拥护为前提；前进时不可贪得无厌，不可存侥幸心理，而应谨慎从事，不能在发生偏差之后再去纠正。

【经典实例】

杨秀清被诛的教训

在前进高升的途中，一定要把握一定的原则，懂得依附和柔顺的道理。如果过于激进，看不清仕途的极限，无异于与虎谋皮，其结果也可想而知。太平天国的高级领袖杨秀清的遭遇，就很能说明这个问题。

太平军攻破清军南大营后，清将向荣战死，太平军举酒相庆，歌颂太平军东王杨秀清的功绩。天王洪秀全更深居不出，军事指挥全权由杨秀清决断。告捷文报先到天王府，天王命令赏罚升降参战人员的事都由杨秀清做主，告谕太平军诸王。像韦昌辉、石达开等虽与杨秀清等同时起事，但地位低下如同偏将。清军大营既已被攻破，南京再没有清军包围。杨秀清自认为他的功勋无人可比，阴谋自立为王。于是，一场导演的并不高明的"天父下凡"之戏就上演了。

杨秀清借天父之口要求洪秀全禅位，洪秀全表面上积极筹备禅位大典，把杨秀清稳住；暗中调兵遣将，召见韦昌辉秘密商量对策。韦昌辉自从江西兵败回来，杨秀清责备他没有功劳，不许入城，韦昌辉第二次请命才获许。韦昌辉先去见洪秀全，洪秀全假装责备他，让他赶紧到东王府听命，但暗地里告诉他如何应付，韦昌辉心怀戒备去见东王。韦昌辉谒见杨秀清时，杨秀清告诉他别人对他呼万岁的事，韦昌辉佯作高兴，恭贺他，留在杨秀清处宴饮。酒过半旬，韦昌辉出其不意，拔出佩刀刺中杨秀清，当场穿胸而死。韦昌辉向众人号令："东王谋反，我暗从天王那里领命诛杀他。"他出示诏书给众人看，又命令紧闭城门，搜索东王一派的人予以灭除。结果是东王一派的人多数死亡或逃匿。洪秀全的妻子赖氏说："祛除邪恶不彻底，必留祸。"因而劝说洪秀全以韦昌辉杀人太酷为名，施以杖刑，并安慰东王派的人，召集他们来观看对韦昌辉用刑，可借机全歼他们。洪秀全采用了她的办法，而突然派武士围杀观众。经此一劫，东王派的人差不多全被除尽，前后被杀死的多达三

万人。

正如《晋卦》所提醒我们的那样,晋升之道,须把握中正的原则。前进时不可贪得无厌或者存有侥幸心理,而应谨慎行事,等发生偏差之后再去纠正恐怕就来不及了。杨秀清之所以被诛,正是因为没有看到自己晋升的极限,行动过激而丢掉了性命。

苻坚一意孤行至身亡国破

《晋卦》阐释进取的原则。壮大,当然就可以前进求发展,就像太阳上升,普照大地,为万民谋幸福。但在前进求发展时,必须动机纯正,即或失败,也能于心无愧,而且不可忧虑一时的得失,只要把握中正的原则,必然成功。求前进,必须以得到群众的信赖与支持为前提,不可存侥幸的心理,贪得无厌。必须妥善策划,谨慎实行。如果发生偏差,再去改正,即或不失败,也是耻辱。

春秋时期,楚国日益强盛,楚将子玉率师攻晋,楚国还胁迫陈、蔡、郑、许四个小国出兵,配合楚军作战,此时晋文公刚攻下依附楚国的曹国,明知晋楚之战迟早不可避免。

子玉率部浩浩荡荡向曹国进发,晋文公闻讯,分析了形势。他对这次战争的胜败没有把握,楚强晋弱,气势汹汹,他决定暂时后退,避其锋芒。对外假意说:"当年我被迫逃亡,楚国先君对我以礼相待。我曾与他有约定,将来如我返回晋国,愿意两国修好。如果迫不得已,两国交兵,我定先退避三舍。现在,子玉伐我,我当实行诺言,先退三舍(一舍相当于30里)。"

接着,就撤退90里,他撤到晋国边界城濮,仗着临黄河,靠太行山,足以御敌。他已事先派人往秦国和齐国求助。

子玉率军追到城下,晋文公早已严阵以待。晋文公已探知楚国左、中、右三军,以右军最薄弱,右军前头为陈、蔡士兵,他们本是被胁迫而来,并无斗志。子玉命令左右军先进,中军继之。楚右军直扑晋军,晋军忽然又撤退,陈、蔡军的将官以为晋军惧怕,又要逃跑,就紧追不舍,忽然晋军中杀出一支部队,驾车的马都蒙上老虎皮。陈、蔡的战马以为是真虎,吓得乱蹦乱跳,转头就跑,骑兵哪里控制得住,楚右军大败。晋文公派士兵假扮陈、蔡军士,向子玉报捷:"右师已胜,元帅赶快进兵。"子玉登车一望,晋军后方烟尘蔽日,他大笑道:"晋军不堪一击也。"其实,这是晋军诱敌之计,他们在马后绑上树枝,来回奔跑,故意弄得烟尘四起,遮天蔽日,制造假象。子玉急命左军并力前进,晋军故意打着帅旗,往后撤退。楚左军又陷于晋军埋伏圈内,再次被歼灭。等子玉率中军赶到,晋军左、中、右三军合力,已把子玉团团围住。子玉这才发现,右军、左军都已被歼,自己已陷入重围,急令突围。虽然他在猛将成大心的护卫下,逃得性命,但部队伤亡惨重,只得悻悻回国了。

晋文公量力而行,深得"进退有度"之术,为了前进,不妨暂时退却,这是真正了解前进之道的做法。

但是许多成就大事业的豪杰就不了解这个道理,他们在其艰难创业时期,都能做到兢兢业业,不骄不躁,事事谨慎戒惧;一旦事业大成,实力雄厚,就要踌躇志满,

　　忘乎所以。前秦王苻坚也没有战胜常人的这一弱点。

　　他成为北方无人可敌的霸主后，错误地估计了形势，认为统一中国的时机已经成熟。公元382年10月，苻坚召集文武大臣，对他们说："我继位已近二十年了，现在四海升平，只有东南一隅还没有臣服。我粗略算了一下，全国总计可以征集九十七万大军，我想亲自出征，你们以为如何？"

　　苻坚的决策遭到了群臣的反对。他把苻融单独留下商议。苻融说："大臣们的意见是对的，希望陛下能采纳。"

　　苻坚的脸色马上变了，生气地说："你也这样想，还让我去和谁商量。"

　　苻融也动了感情，哭着对苻坚说："东晋不能灭，是明摆着的道理。陛下仔细想一想，鲜卑、羌、羯是我们的宿敌，现在已布满京都。假如我们倾国而去，一旦有什么变故，太子一个人带着几万老弱残兵怎么能对付得了！已故大臣王猛是一代奇士，陛下每每比之于孔明，他最后一件不放心的事就是伐晋，临终时曾叮咛陛下千万不要轻举妄动。难道陛下忘了吗？"

　　苻坚所宠爱的张夫人看到苻坚固执己见，谁的话也不听，也柔情地对苻坚说："臣妾听说，王者之师，必须上观天道，下顺民心。现在大臣们都说晋不可伐，陛下却一意孤行，这怎么可以呢？民谚说：'鸡夜鸣，不利行军；犬群吠，宫室将空；兵器响动，马无故受惊，军败不归。'今年自秋冬以来，所有的鸡常在夜里啼鸣，狗不住哀

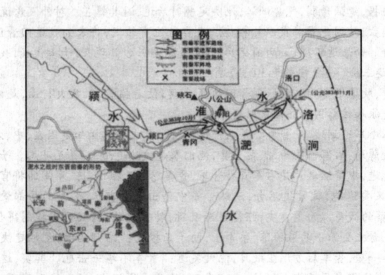

淝水之战地形图

嚎，厩中的战马老是受惊，兵库中的武器经常自动发出声音，这都是出师不祥之兆。"

　　苻坚勉强听完了张夫人的话，笑着对她说："行军打仗的事，你们妇人不懂！"

　　太子苻宏以为父亲也许会听自己的劝谏，便对苻坚说："晋国今年粮食丰收，不可攻打。我们应该厉兵秣马，等待晋国暴君即位，朝纲混乱，才有机可乘。"

　　苻坚说："天下大事，小孩子懂什么！"

在一片反对声中，只有从北燕前来投靠的慕容垂居心巨测地赞成伐晋。符坚非常高兴："和我一起平定天下的，只有你一人啊！"

第二年的7月，符坚下令大举伐晋。20万大军为前锋，步兵60万，骑兵27万，行军队伍前后千里，旌旗蔽日，水陆并进，浩浩荡荡，向江南开拔。慕容垂和羌族人姚苌料到此行必败，都在暗中虎视眈眈地等待着复国的机会。

结果淝水一战，符坚全军覆没风声鹤唳，草木皆兵，前秦兵自相践踏，满山遍野都是死尸，残兵败将昼夜不停、露行野宿地逃命不迭，百万大军折损了十分之七八。符坚身中流矢，一个人骑马逃到了淮州，后被慕容垂出卖，被姚苌勒死。

符坚不明形势，轻举妄动，一意孤行的后果，不仅没有达到自己的目标，反而落得个身亡国破的下场。

"天父"下凡

一天，洪秀全刚起床，突然一个女官跑进来启奏："天父下凡了，请天王快去东府伺候。"洪秀全急忙更换衣服，乘着肩舆，一溜小跑来到东府。

东府里庄严肃穆，钟声震耳。在京的文武百官，跪了一院子。杨秀清躺在宝座上，二目紧闭，面色苍白，人事不省。豫王胡以晃、东殿尚书侯谦芳、春官正丞相蒙德恩、卫国侯黄玉昆。兴国侯陈承熔，都在旁边伺候着。洪秀全跪在杨秀清面前，高呼道："小子秀全迎接天父。"杨秀清浑身一哆，翻身坐起，二目如电，声似洪钟，说道："秀全小子来了吗？"洪秀全往前跪爬一步，叩头道："天父在上，小子秀全在此，恭候天父训示。""天父"道："为父无事不来，无大事也不来。我且问你，你四弟功劳大否？"洪秀全说："东王功劳最大。""天父"道："天降大任，唯秀清也！屈居东王，大材小用了。你应禅位给他，让秀清执掌天国。"洪秀全忙说："儿谨遵天父训旨。""天父"又说道："东王为万岁，东王子当如何？"洪秀全说："自然也是万岁，世世代代皆为万岁。""天父"点点头，满意地说："这才像我的儿子，至诚至孝。记住，同为天国撑江山，能者多劳要占先；人间之事由天定，理应恪守莫拖延。钦此，为父归天去了！"

杨秀清又一哆嗦，翻身摔倒在地。众人一看，忙把他扶了起来。略停片刻，方才"苏醒"。杨秀清揉了揉眼睛，一眼瞅见了洪秀全，忙倒身下拜："请二兄上面坐！"洪秀全站起身来，满面赔笑道："恭喜四弟，贺喜四弟，不久你就是天国的万岁了。"杨秀清说"天父对我说时，弟感到十分突然。曾再三推辞，怎奈天父不允。"洪秀全说："天父的安排是圣明的。常言道：'有德者居之，无德者失之。'四弟德配天地，小兄望尘莫及。天父训旨，正合我意。"说罢大笑。二人归座后，杨秀清又说："请问二兄，准备何时禅位？"秀全道："这是极其重要的事情，应该举行隆重的禅位大典。有许多事情都得筹办，不能操之过急。我想定到下月十七日，在你寿诞那天，你看如何？"东王道："如此甚好。"

商量已毕，洪秀全起身归府。杨秀清送到金龙城，才转身回来。他登上望云楼，卧到椅子里，情不自禁地大笑起来。他没想到，事情进展得如此顺利。每走一步，都能踩到点子上。在不久的将来，不，在下月，就是万岁皇爷了。他越想越舒畅,乐得都要发狂了。

天王洪秀全强压怒火,拖着沉重的双腿,回到寝宫,屏退左右,一头扎在床上,心中暗骂道:杨秀清呀杨秀清,你太狂妄了。竟敢借天父之口,假传圣旨,逼我退位。哼,我岂能容你!洪秀全表面上,积极筹备禅位大典,以假充真,把杨秀清稳住;暗中调兵遣将,把北、翼、燕三王调回天京,出其不意,把杨秀清除掉了。

晋升之道,须把握中正的原则。前进时不可贪得无厌或者存有侥幸心理,而应谨慎行事,等发生偏差之后再去纠正恐怕就来不及了。在家族企业里,不是所有的老板都具备现代管理的观念。老板为了自身的利益,对能为他赚钱的人才不会过多干涉,但却不会轻易放弃决策权。作为一个打工者,如果待遇合理,又能证明自己的能力,请千万别胡思乱想,不该谋的位置就不谋。

"汽车疯子"李书福

2003年初,"2002年中国十位最聚人气企业家"评选揭晓,我国唯一一家生产小轿车的民营企业——"吉利集团"董事局主席李书福金榜题名。

鲜花和掌声再次拥向"汽车疯子"李书福,可李书福在接受记者采访时,却不无感慨:"其实,这些年我都是在尴尬和动荡中度过的,做一个民营企业家不容易啊!"

一个拥有上万名员工,位列中国民企四强之一的吉利集团掌门人,何出此言?

自嘲为"汽车疯子"的李书福从小就喜欢汽车。他们四兄弟的床下,全是用泥巴做的汽车。用绳子牵着满地跑。为此,他们还老挨老爸的骂。5年前,李书福参加北京国际汽车博览会回来后,当晚梦见自己开着自己生产的轿车腾云驾雾,驶进千万个百姓家庭。

李书福一个人想造汽车,就和其他三兄弟商量。"出于尊重我的考虑,董事会同意可以试一下。但不能投太多。投一些钱进去,准备先期亏1亿元,行或者不行,基本苗头就出来了。走一步要成一步。我们败不起呀!"

董事会通过造汽车的决议后,李书福首先在内部选人才,看谁懂汽车。他挨个翻摩托车厂员工档案,发现其中有三个人是汽车厂来的工程师,李书福如获至宝,立即把他们三个人叫到自己的办公室。坐定之后,李书福说:"我想生产汽车。"此话一出,三个人不由得呆了。李书福壮他们的胆:"没关系,你们别多想,也别多说了,你们照我的思路去做,失败了也没关系,大不了,就是把钱花掉了。"连李书福在内,这4个人就是吉利汽车最初的核心力量。李书福带着三个人,跑到上海大众汽车零配件公司去请教专家。那次经历让李书福现在讲起来都很生气。

那个工程师先是见了李书福,但一听说他们要自己造轿车,没讲几句,起身扭头就走,也没说去哪里,害得李书福一行等了半天,才晓得人家原来压根儿就不愿理自己这茬儿。"没办法,我们也只好灰溜溜地回来了。"

李书福又北上到一汽研究所,请求其专家支持,"研究所的领导明明知道搞不起来,但是,他们愿意用我们的经费,把这作为一个科研项目来搞。"

解决了研发设计问题,接下来,李书福又像当年造摩托车一样,遇到没有"目

录"的障碍。

1997年,一次偶然机会,李书福在浙江跟一些四川朋友吃饭聊天。李书福说,他想生产轿车,但就是生产权解决不了,国家政策怎么这样啊？这时,有一个人说,他有一个朋友,是四川德阳监狱监狱长,也是监狱下属汽车厂的厂长。李问："他能生产轿车吗？"那人说："不能,但通过努力,可以生产一种像轿车但不是轿车的客车。"李书福说："像轿车也行,试试吧。"

李书福去德阳找到那家监狱,建议生产"奔驰"。监狱长就去了机械部申请目录,结果监狱长挨了批,回去告诉李书福,上头不准生产"奔驰",要想通过,得搞一个不像轿车、哪怕像拖拉机的。后来,李书福把夏利改了,"把脸改得很难看,颜色也一塌糊涂,搞了几辆,让他去上目录,这样果然同意了。"

吉利和德阳监狱就这样合资成立了"四川吉利波音汽车有限公司"(后来改叫吉利汽车制造有限公司),吉利投了几千万,占70%的股份。

李书福笑言,除了"人工开销低"这一点优势,在那个监狱办汽车厂有诸多弊端。最简单的,厂设在监狱里面,进进出出就不方便,更重要的是,让吉利这样一家民营企业和一家监狱企业制度对接,真是痛苦死了。"他们不出一分钱,而且机构臃肿,什么事情都要请示。"李书福对德阳监狱长说,要么不搞了,要么把监狱的股份全买下来到浙江去搞,但监狱开了一个高价。"我那时真是觉得走投无路了。"

偏偏这个时候,监狱长出车祸死了。新的监狱长上任后,李书福一做工作,那边很快就把30%股份卖给了吉利。

李书福立即在浙江临海市郊征地850亩,建起了"吉利豪情汽车工业园区"。仅用一年时间就造出了家用经济型汽车。2000年底,李书福迎来了年产销万辆汽车下线的大喜日子,产品供不应求。

当地的市委书记调到宁波后,吉利又在宁波经济技术开发区建起了第二个汽车厂——吉利美日。

汽车制造的投资动辄几十亿元甚至上百亿元,李书福以自己杯水车薪的财富投资造汽车,不但"做了汽车人想都不敢想的事",而且还发展成拥有几十亿元资产的大型现代企业集团。他可称得上大款了。

在一般人眼里,大款可以大吃大喝,大肆挥霍,享尽人间富贵。但所有与李书福共过事的人几乎都异口同声地说："跟他真苦。"他从不为自己构筑安乐窝,他从不乱花一分钱,不讲究穿戴,甚至100元买三件衬衫也照样穿。他是个工作狂,常常废寝忘食,别人常常陪着他饿肚子,熬长夜。一次在北京召开有关专家参加的吉利大学发展研讨会,李书福滔滔不绝,会议从上午一直开到下午3时,这才想起给每人发两个面包充饥。

拥有30多亿资产的老板中,李书福可能是最年轻的一位。可拥有巨额财富的李书福住职工宿舍,吃职工食堂,开吉利产汽车、摩托车,穿吉利皮鞋、吉利工作服。在食堂就餐端盘排队,要求职工并自己带头做到碗光、桌光、地光,残渣入盘成堆,"三光一堆"成为吉利的企业精神。他投资4000多万元建造专家楼和职工宿舍,1万多职工免费就餐。而他自己住的还是10年前造的房子,紧靠马路边,噪音很大,手下很多员工都买了"小别墅",他却从不考虑。员工们都说："我们的老板赚的钱最多,个人花的钱最少。"

人生的进取必须抱着纯正的动机,即在求取个人胜利的欲望中少一些小人的

私欲。心中无私,即使失败,也会坦然。若能以此而取得成就,自然心中诚实。心中无私才会坦荡,心中坦荡才会在成败利害面前显人格。

信守中正,必有成功。只要努力工作,必然会有成功之时。提升固然会促进事业的发展,但正当的提升是以事业的发展为本。因此,应将个人进取的目标放在踏实地工作上,以出色的成绩赢得大众的信任,这种成功才是真正值得骄傲并可靠的。

商汤求雨

商国的国君商汤灭了夏桀取得了天下之后,就遇到了前所未有的天灾。老天不下雨,大旱七年,江河里的水都晒干了,地上的石头和沙子也快晒化了,百姓叫苦连天。

伊尹像

在古代,由于对于大自然的无知和对神灵的虔诚,在遇到大事情的时候人们常需要占卜。商汤见求雨求不下来,便让史官卜了一卦。史官在占卜后,告诉商汤:"大王,假如拿人来做牺牲上供神灵的话,才有求雨的希望。"商汤说:"既然求雨是为了百姓,一定要拿人做牺牲,那就让我来吧!"商汤在心中默念:"尊贵的天神啊,我商汤诚心诚意向您求雨,请您一定要下雨啊!"

举行盛大典礼的日子到了,商汤换上了一件粗布衣裳,披散着头发,身上捆了一束易燃的白茅,坐在白色的车子上,用白马拉着,朝着殷民族的神社桑林进发。人们抬着三足鼎,演奏着庄严肃穆的音乐,走在前面,商汤的马车慢慢地跟在后面。一路上,巫师们高声吟唱着求雨的祷文。

不多时便来到了桑林。神坛已经摆好,神坛的前面堆了一大堆柴火,祭盆里的火燃烧着。几位巫师正聚精会神地在做着法事。商汤走下马车,神色自若。他默默地走向神坛,跪倒在地,双手合十,虔诚地向神祈祷:"万灵的天神啊,我一个人有罪,请不要连累万民。万民有罪,请加在我一个人身上。请神灵不要以我的罪过来伤害万民的生命。"

祈祷完毕,大巫师走过来,拿出剪刀剪下商汤的一些头发和指甲,然后把它们丢在火里烧掉了。随后,两个巫师扶着商汤走上那高高的柴堆。只要时刻一到,巫师便会点燃商汤身体四周的柴火。

此时,已有好多百姓赶来了。天空依旧晴空万里,没有一丝云彩,空气依然是那样的炎热。商汤感到,自己的皮肤都要燃烧起来了。他闭上眼睛,静静地等待着。

百姓们多么不希望商汤王为了他们而舍弃自己的生命啊!可是,这是没有选择的选择。祭雨的时刻终于到来了,尖利的号角声响起来了,人群中已传出了低低的啜泣声。巫师们从祭盆中点燃火把,然后围着柴堆站好,同时把火把放在柴火上。火燃起来了，层层火焰透过柴火炙烤着商汤的身体，他紧咬牙关坚持着，不出一点动静。他在心中强烈地祈祷着，祈祷着……

这时，奇迹出现了。或许是商汤的精神感动了天地，或许是其他原因，只觉得天边一阵狂风吹过来，霎时乌云布满天空，豆大的雨点密密地落下来。一阵电闪雷鸣过后，雨也下得越来越大了。

祭盆里和柴堆上的火已经被浇灭了，巫师们连忙把敢于献身、充满仁爱之心的商汤王扶下来。商汤欣喜地看到，干裂已久的土地由于雨水的滋润已经黏合在一起了。欢喜的人群在雨中欢呼、跳跃。人们仰起脸来，尽情地享受着雨水的甘甜。

商汤王用手接了一捧水喝了，欣慰地笑了。

卢藏用升迁有道

司马承祯是唐朝的一位著名隐士，在都城长安南面的终南山里住了几十年。唐玄宗知道之后，就请他出来做官，可是被他婉言拒绝了。于是，唐玄宗为他盖了一座非常漂亮的房子，让他住在里面抄写和校正《老子》这本书。

他欣然领命，开始在终南山中校订《老子》。他完成了这项任务之后，就到长安去向唐玄宗交差。他见过了皇帝之后，正想离开长安回终南山的时候，却遇到了也曾经在终南山隐居，但是现在做了官的卢藏用。两人谈了多时，后来卢藏用指着终南山说："这里面确实有无穷的乐趣啊！"司马承祯讽刺说："不错，我看那里的确是做官的'捷径'啊！"

原来卢藏用过去多年求官不成，郁闷不得志，便故意跑到终南山去隐居。当时人们往往认为隐士的精神高洁，而皇帝也愿意搜罗高人雅士，在朝廷上装点门面。而终南山离国都长安不远，容易让皇帝知道。不久，卢藏用果然被请出来做官，达到了目的。

三星集团的沉浮

三星集团的发展并不是一帆风顺的。

1987年以前，由于它的盲目扩张，导致了它年年亏损。当年亚洲金融危机爆发时，三星曾以170亿美元债务濒临破产的边缘，标有Samsung的产品被认为是廉价货。

李健熙上台后，果断进行业务收缩，使三星起死回生。

1987年，李健熙接管三星，当时的三星和其他的大企业一样，为了显示其实力，不断地扩展自己的业务，最后，其业务从电子产品直到航天飞机，凡是与电子有关的都包括。针对这种情况，李健熙做出了这样的决定：将集团变为一家知识密集型公司，其核心以三星电子为主导，力争在半导体业获得一席之地，并且以手机作为主攻产品，进行研制开发。7年之后，三星开发出自主技术的手机产品。

在金融危机过后，李健熙更是加强了对业务的精简，共精简了20个业务种类。集团也将汽车等与核心竞争力无关的产业放弃，从而形成以电子、金融、化工、机械为主的新

构架。

在李健熙的带领下,这家靠干货、水果进出口贸易起家的韩国商社,如今已经成为全世界企业的学习榜样,在半导体业的许多产品领域都超过美、日等竞争对手。

就这样,李健熙将企业定位于半导体行业并且大刀阔斧地削减次要业务、不相关业务,使三星有能力集中于半导体行业的研究开发上,使三星具有了美、日竞争对手所不拥有的技术优势,对三星今日的成功起到了积极的推动作用。

2002年,三星集团的总收入为1168亿美元,占韩国国内生产总值的23.96%。集团中赢利最丰的三星电子,当年利润高达60亿美元,比Intel同期赢利多出近1倍。现在,三星电子已经取代通用电气、IBM,成为世界上最受尊崇的商业巨人。

三星的沉浮表明:在打算进入新的领域时,应充分考虑自己的实力。

步步为营,万向集团稳步发展

弓弦拉得太满就容易绷断,人对自己要求过高、过急、过苛、过于理想化,就如同拼命拉一张本已绷紧的弓,往往会适得其反。真正老练的弓箭手,都是稳稳地拉弓、缓缓地加力,一旦拉满,力贯千钧,势不可挡。当一个人蓄势待发、胸有成竹时,也就是掌握了拉弓的真谛之时。这个真谛就是不断地积累、蓄势,让人们不断地领略你那日见深厚的潜质。有潜质的人,是最具魅力的人,也是最具成功希望的人。

万向集团的掌舵人鲁冠球,就是这样一个具有潜在魅力的人,从万向的发展进程,我们就不难看出他是如何蓄势而发,一步一步走向成功的。

企业家是企业的缩影,企业是企业家的放大。几十年来,鲁冠球把一个小作坊发展成通用、福特汽车的合作伙伴,一举开创民营企业收购海外上市公司的先河。带领万向集团牢牢抓住汽车零部件主业不放松,坚持以高新技术改造传统产业,向新型工业化道路一步一步地迈进,企业发展不断跃上新的台阶。他身上见证了民营企业的过去,也反映了民营企业的未来,他向人们展示了一个民营企业家稳步发展、与时俱进的真实传奇。

万向创建之初,由于是计划经济,只能拾遗补阙,生产五花八门的产品,犁刀、铁耙、万向节等等只要能做的都做。企业因此生存下来。七十年代中期,有了一定的积累以后,鲁冠球开始选择了专业化的发展道路,专攻万向节。

那时的鲁冠球总认为船小好调头,几年的磨炼,鲁冠球慢慢地懂得,如果老是调头,不仅容易迷失方向,而且耽误时间,影响速度。做企业必须要有目标,目标确立以后,专注执着,集中精力,一步一个脚印地向主攻目标逼近。这样,才能够保证每一件事都在为目标而创造价值,工作的效率也才能够得到最大的发挥,这样,成功的机会也才会最大。鲁冠球当即选定了企业的奋斗目标,他表示,发展汽车零部件产业是万向长远的战略,这不仅是一种追求、一种积累,更是一种坚定不移的承诺。

1980年,机械部对全国56家万向节生产厂家的产品进行整顿评比,万向一举成名,成为全国三家定点万向节生产厂家之一。从此,鲁冠球带领企业稳扎稳打,

一步一个台阶,小产品逐渐做出了大市场。

改革之初,鲁冠球制订了"立足国内创业,面向国际创汇,扎根企业内部,脚踏实地工作"的战略。用的是国内先进设备,产品销往了全国。

员工辛勤的汗水点点滴滴地完成了资本的累积,1994年,企业改名为万向集团,正式形成集团化管理结构,创建董事局,并对下属企业实行公司制改造,变原来的行政式放权为经营式放权。并制订了"大集团战略、小核算体系、资本式运作、国际化市场"的战略。此时的万向用上了国际先进设备,产品销往国际市场。1996年,鲁冠球进行资产重组,以较低的投入和较快的速度获得了多家年销售亿元、利润超千万元的成长性公司,实现了相关产品的系列化,核心业务能力显著增强。第二年,随着万向技术中心的设立,企业知识产权工作逐步走向规范化、科学化。

21世纪,鲁冠球把战略方针调整为"大集团战略,小核算体系,资本式经营,国际化运作"。别看只在九十年代的目标上调整了4个字,却反映了他带领万向从国际营销到国际生产,再到国际资源配置,不断融入全球化的思考和实践,也是万向发展战略再一步提升的具体体现。

如今的万向已经拥有国家级技术中心,2004年综合能力评比列全国332家国家级技术中心第3位;拥有国家级实验室,出具的试验报告获得46个国际组织的互认资格。在首届中国自主产权百强企业排行榜中,万向名列第9位,并成为世界上万向节专利最多的企业。

跑得快,还得跑得稳。30多年,鲁冠球咬定汽车零部件不放松,坚持走产品延续、技术延续、市场延续的道路,一步一个脚印,锲而不舍地实施从零件到部件,到系统模块化的发展战略。从一个产品、一家企业,发展到现在的几十家企业,几千个品种的产品,老老实实地做配角,专心致志地把零部件做专、做精、做透、做强、做大,国内已形成4平方公里的制造基地,小产品做出了大市场。

鲁冠球常说,办企业,谁都想做大,做到行业第一。但制订发展战略,必须遵循实事求是、循序渐进的原则,有多少能力做多少事情。企业一旦超越了自己的承受能力,过度的扩张,就等于把自己的命运交给了别人。如果企业不超越自己的能力,宏观再调控,银根再紧缩,土地再控制,都不会影响发展。稳健的经营决策和作风使万向一步一步走向辉煌。

惊人的业绩并没有使鲁冠球懈怠,他依然豪情万丈地带领万向人向新的台阶迈进。

万向的成功是一个积累和渐进的过程,做人和做事是一样的道理。人的智力和才华,是随着知识与经验的积累而逐渐丰富的,而既是积累,也就需要有一个实践和感悟的渐进阶段。对自己要求过急、过高、过苛,企望一口吃成个胖子是不可能,也是不现实的。

做人做事都要有程序,不能逾越事物的自然发展阶段,不从小事做起,积累经验,怎么能有办大事的能力呢?南柯一梦终究有醒的时候,再美好的蓝图那也只是梦境,毕竟不是现实,梦里可以一步登天,现实之中干什么事都不是那么容易的,都要脚踏实地地去干,想很快把什么事情做完又做好的可能性是很小的。

为官是一级一级地上升,致富是一点一点地积累。打败强大的对手,必须一步

一步地去做。急躁冒进，只能是暴露自己的实力，不仅不能挤掉对手，反而有可能使自己处于危险之中。初出茅庐未必就非要当那个莽撞的初生牛犊，而应当在知识与经验的积累中逐渐展示自己的才华，稳中求进，步步高升。"万丈高楼平地起"，只有不断地积累才能达到一个质变的飞跃。

明夷卦第三十六　䷣

【经文】

离下坤上　明夷①利艰贞②。

初九　明夷于飞，垂其翼③；君子于行。三日不食④。有攸往，主人有言⑤。

六二　明夷，夷于左股，用拯马壮，吉⑥。

九三　明夷于南狩⑦，得其大首⑧，不可疾贞⑨。

六四　入于左腹，获明夷之心，于出门庭⑩。

六五　箕子之明夷，利贞⑪。

上六　不明晦，初登于天，后入于地⑫。

【注释】

①明夷：卦名。通行本为第三十六卦，帛书本为第三十八卦。此与《晋》卦为上下卦颠倒的关系，故次列于《晋》卦后。

《晋》卦说日之升进而天下大明，《明夷》卦说明之伤陨而天下晦暗，所以《序传》说："晋，进也，进必有所伤，故受之以明夷；夷者，伤也"，《杂卦》说："晋，昼也；明夷，诛也"，"诛"也是"伤"的意思。此两句互文，日明为昼，明伤为夜，所以《集解》引侯果说："明入地中，昼变为夜……晋与明夷，往复不已。"爻辞"明夷"五见，皆取此义。

②利艰贞：占问艰难之事可获吉利。《明夷》卦讲人如何知艰处艰，处于艰难之时如何有效地摆脱困境，所以卦辞说"利艰贞"。

③明夷于飞，垂其翼："夷"，灭（《集解》引蜀才）、没（《小尔雅·广诂》）、伤（《序卦》），"明夷"即日明伤陨。"于"，词头，无义。"飞"即《遁》卦上九之"飞遁"，指退飞、遁去。既说遁退，所以低垂羽翼，这是形象的说法，它的主语即是蒙后省略了的"君子"，即问著者。高亨、李镜池等据荀爽"火性炎上，离为飞鸟，故曰于飞"（《集解》引）及《说卦》"离为雉"而读"明夷"为"鸣雉"或"鸣鹈"。按：荀爽并未以雉鸟释"明夷"。《说卦》的"离为雉"只是就《鼎》《旅》二卦而言，因此二卦上卦都是《离》，都含有"雉"字（"雉膏""射雉"），而《明夷》卦并无雉鸟字样，出土帛书此二字亦不作"鸣雉"或"鸣鹈"而仍作"明夷"。所以今不取释"明夷"为雉鸟的说法。又按"垂其翼"帛书作"垂其左翼"。

④君子于行，三日不食：此承上两句而说。"行"，谓出走行隐。明伤晦暗之时，君子飞遁垂翼、出走行隐以避灾全生，是为大得；三日无食，是为小失。"翼"与"食"协职部韵，这是同一个叙述层次，是正面的占问。"三日不食"犹《困》之"困于酒食"。

⑤有攸往，主人有言：此是另一个叙述层次，是反面的占问。"往"谓前往，前

进（由下至上为往，由上至下为来）。"言"通"愆"，过误、麻烦（闻一多说）。设若明伤暗晦之时，不行隐遁，反而有所进往，则问著者必有不利。"主人"与"君子"应是换文同义，都是指问著者。换言之，于飞垂翼、于行不食、攸往有愆的主语是一样的，都是问著者。

⑥明夷，夷于左股，用拯马壮，吉："夷"，伤。"左股"，左腿。"左"本含退义，如《师》卦六四"师左次无咎"即是。这是说在日明伤阴时退避而伤了左腿。"拯"或作"抍"，通"乘"（《列子·黄帝》《释文》"升本作乘"），李镜池亦读为"乘"。"马壮"即"壮马"。此言若以壮马乘坐而迅速遁去则可获吉。程传："拯用壮健之马，则获免之速而吉也。"六二本为阴爻，又处柔位，能以壮济弱，果于速退，故而获吉。又"拯"如字释为救、济，亦通。

⑦明夷于南狩："南狩"，犹言南征（《正义》释"狩"为"征伐之类"），征讨昏君、征伐昏暗之主（《国语·周语》注："南，南面君也"）。帛书作"明夷夷于南狩"，似衍"夷"字。

⑧得其大首："大首"，指上六，昏暗之主。爻在最上，故称"首"称"大"，"大首"犹"大君"也，如"师"卦上六"大君有命"，《履》卦六三"武人为于大君"（"大君"指《履》之上九）。"得其大首"，喻除暗济明大有收获。九三阳爻，居刚位，处下卦之极，有强健惩恶之力，自当担负除暗济明之责，此所谓大任斯人，受命于危难之际也。

⑨不可疾贞："可"犹"利"。"疾"谓速成。九三虽强健，而晦暗之势亦正强，故除之不可求速，否则不利于占问。

⑩入于左腹，获明夷之心，于出门庭：此爻爻辞较费解，朱熹亦云："此爻之义未详。""入"有退、返等义。"左"亦有退义。"左腹"为心官所在之要地。"入于左腹"，似有反观内视、自我省思、退藏于密等含义。"心"为人身百节之主，亦犹世间万理之要道。"入于左腹，获明夷之心"，似为退藏于密，得悟明伤时的处世之道。"于出门庭"谓退出门庭是非之地而远遁。六四阴爻柔位，处上《坤》暗体之最下，爻性与九三大异，故不可南狩而宜于"入于左腹"、自我晦藏省思而已。"腹"，高亨、李镜池读为"夏"，训为山穴。

⑪箕子之明夷，利贞：注家多以此爻之"箕子"同于《象传》的"箕子"，认为是指殷纣之诸父。然而汉人亦有训"箕子"为"荄滋"者。按："箕"或作"其"，音亥，"箕子"即"亥子"，谓亥末子初之时。宋翔凤《过庭录·周易考异下》云："惠定宇曰：蜀才从古文作其子。其，古音亥，故读为亥。"亥者，阴之将近；子者，阳之将生。"亥子之明夷，利贞"，是说日明的伤阴已经到了亥末子初阴尽阳生之时，有利于占问。

⑫不明晦，初登于天，后入于地："不明晦"即"不明而晦"。伤明已甚，为暗至极，乐极生悲，自遗其咎，即"初登于天，后入于地"之义。

【译文】

明夷卦：光明受到伤害，宜于韬光养晦，苦守正道。

初九：受伤的鸣鸟要继续飞翔，但是双翅难举；君子被逐，三天没有吃饭；继续前行，又遭旅店主人的恶语欺凌。

六二：君子伤在大腿，如有健壮的马代步，仍可脱险而吉祥。

九三:君子被贬往南方担任牧守,受到当地人民的拥戴,但是恢复正义之事仍不可操之过急。

六四:进入左方腹部,探获光明损伤的内中情况,并毅然走出门庭。

六五:箕子在光明损伤时明智逃避,是有利而正确的。

上六:天空晦暗不明,起初升上天空,最终坠落地下。

清代珊瑚红花鸟纹瓶

【解读】

《明夷卦》记载了商周之际政治斗争的风云变幻,也给后人留下了极为珍贵的政治斗争经验,特别是处在政治黑暗之时的斗争策略。明夷卦总的说来就是光明受到黑暗的伤害,这从卦象上可以看得很清楚,处在这种环境中,代表光明的君子应该怎样对付这种黑暗现实呢? 总的原则就是卦辞所说"利艰贞",强调在艰难中维护正道,在"自晦"中保存光明,以待时局的发展,转衰为盛,变黑暗为光明。

【经典实例】

"黑暗"中要学会自保

处于"明夷"这个黑暗的时代,形势险恶、世事艰难的时代,要晦藏明智而不显露出来,显露必招祸,因此宜于知险而不轻举妄动,在这一点上,司马懿可谓做到了家。

魏明帝曹睿死时,太子年幼,大将军司马懿与曹爽共同辅佐太子执政。曹爽是皇室宗族,自从掌握大权后,野心勃勃,要独揽大权。但司马懿是三朝元老,功劳高,有威望,而且谋略过人,在朝廷中有相当大的势力,因此,曹爽还不敢公开与司马懿斗。而司马懿也想夺权,他早把曹爽的举动看在眼里,但表面上仍然装糊涂,后来,干脆称病不上朝。

曹爽虽然一人独揽朝廷大权,可他对司马懿仍然不放心。司马懿虽然自称年老多病,不问朝政,可他老奸巨猾,处事谨慎,谁知他是真有病还是假有病? 因此,曹爽对司马懿不敢掉以轻心,他经常派人打听司马懿的情况,可就是摸不到实情。

河南尹李胜讨好曹爽,得到曹爽的信任,曹爽就把李胜召到京城,任命他为荆州刺史。李胜临去上任时,曹爽安排李胜以探望为名,到司马懿府中去探听虚实。

李胜在客厅坐了很久,才见司马懿衣冠不整,不断地喘息着,由两个侍女一左一右地架着,从内室慢慢走出。

李胜连忙站起身来,向司马懿行礼问安。司马懿的儿子司马昭对李胜说:"李大人免礼罢,家父身体难支,还要更衣。"

旁边走过一个侍女,用盘子端着一套衣袍来到司马懿面前,司马懿颤颤抖抖地伸手去拿,刚拿起来,他的手无力地往下一垂,衣服掉在了地上。侍女赶忙拾起衣服,帮司马懿穿上,两个侍女搀扶着,小心地让司马懿半躺着坐在躺椅里。

司马懿喘息了一会儿，慢慢地抬起右手，用手指指自己的嘴，上气不接下气地说："喝——粥——"

一个侍女连忙出去，端着一碗粥来到司马懿面前，司马懿抖着手去接，可他的手抖动得太厉害，最终还是拿不住碗。侍女只好端碗送到司马懿的唇边，用汤匙一小口一小口地把粥送进司马懿嘴中。司马懿的嘴慢慢地蠕动着，粥不断地从嘴角流出来，流到下巴的胡须上，又顺着胡须滴落在他的衣襟上。

喝着喝着，司马懿突然咳嗽起来，嘴里的粥喷了出来。不仅喷到他自己身上，还喷了喂粥的侍女一身。侍女放下手中的碗，拿过毛巾给司马懿擦身上的粥。司马懿叹了一口气，闭上眼睛。

李胜看见司马懿这副样子，就走上前去，对司马懿说："太傅，大家都说您的中风病复发了，没想到您的身体竟这样糟，我们真替您担心！"

司马懿慢慢地睁开眼睛，气喘吁吁地说："我老了，又患病在身，活不了多久了。我不放心的是我的两个儿子，你今天来，我很高兴。我以后就把两个儿子托付给你了。"说着说着，眼中流下泪来。

李胜连忙解释说："太傅不必伤心，我们都盼着您早日康复呢。我马上要到荆州赴任，今天特意来拜望您，向您辞行的。"

司马懿故意装糊涂，说："什么？你要去并州上任，并州靠近胡人，你去了要很好地加强戒备，防止胡人入侵。"

李胜见司马懿年老耳聋，连话都听不清了，就重复说："太傅，我不是去并州，是去荆州。"

司马懿听了，故意对李胜说："你刚去过并州？"

司马昭凑上前去，大声对司马懿说："父亲，李大人不是去并州，而是去荆州。"

"哦，是去荆州，那更好了。唉，我人老了，耳聋眼花，不中用了！"司马懿对李胜说。

李胜认为司马懿确实老病无用了，就站起身来，对司马懿告辞说："太傅多保重，您的身体会好起来的，以后有机会进京，我会再来拜望您的。"说完就离开了太傅府。

李胜刚出府门，司马懿就从椅子上站了起来，手捋胡须，看着司马昭，父子两人相视而笑。

李胜出了太傅府，直奔曹爽的府中，见到曹爽，高兴地说："司马懿人虽活着，却只有一息尚存，已经老病衰竭，离死不远了，不值得您忧虑了。"

曹爽听了，心中大喜，当即把李胜留在府中，饮酒庆祝。从此以后，曹爽根本就不把司马懿放在心上了，更加独断专行。

春天到了，按照惯例，曹魏皇帝宗族要去祭扫高平陵。曹芳起驾，曹爽、曹羲等兄弟全部随驾同行，一行人耀武扬威，浩浩荡荡开出了洛阳城。

等曹爽他们出城不久，司马懿就精神抖擞地带领着司马昭、司马师披挂上马，率领着精锐士兵占领了洛阳各城门与皇宫，把洛阳城四门紧闭，不准人随便出入。然后假传皇太后的诏令，废曹爽为平民，并派人把诏令送到皇帝曹芳那里。

司马懿握有重兵，曹爽又没防备，所以只能坐以待毙。司马又懿下令把曹爽兄

弟及其亲信桓范、何晏等人抓起来砍了头，并灭掉了三族。

　　司马懿的手段，虽然是为一种更大的阴谋而做出的，但同时也有自保的成分。这种"自晦"的策略，是深得明夷之卦意的。

林逋身处乱世洁身自爱

　　《明夷卦》阐释当苦难来临时，君子应当觉悟立场的艰难，收敛光芒，艰苦隐忍，逃离险地，先求自保。隐忍逃避，是为了避免伤害，以争取时间，结合力量，迅速谋求挽救，待机而动，甚至不惜采取非常手段；但不可操之过急，必须谨慎。往往最危险的场所，也是最安全的所在；最艰难的时刻，也是奋发有为的大好契机。应当明辨是非，坚持纯正。邪恶不会长久，正义必然伸张，违背正义的原则，最后必然灭亡。

　　林逋是千古以来被中国传统读书人所推崇的高洁之士。他的"妻梅鹤子"历来为人们所赞赏。

　　林逋出生时正值五代十国天下大乱时期。当时中原地区的景象是赤地千里，饿殍遍野，百姓易子而食，折骨为炊，百里之内不见行人。乱世之际，权在军阀，老百姓也不知道地方长官是从哪派来的凶神恶煞，反正个个"龌龊无能"，只知"诛求刻剥"，"秽迹万状"。许多才智甚高的读书人，不是遁入空门，就是隐匿山林。林逋就是当时有名的隐逸，而且情趣格调非常高雅。

　　林逋生性恬淡旷达，无意于功名富贵。对于家境的清贫苦寒，始终不以为意，泰然自若。由于世风日下，官场黑暗，因此无心为官。早年在江淮一带浪迹江湖，后来回到杭州，见西湖的孤山四面环水，幽静安谧，竹篁森森，凤尾袅袅，正是隐居的好地方，于是就在这里搭了一间茅屋，住了下来。

　　西湖的山光水色温柔秀美，徜徉于林间溪畔，给人以一种仿佛与佳人共诉衷肠的惬意。他常常独自一人饮酒赋诗，泼墨作画。这种身出红尘、笑傲王侯的生活他一过就是二十年，一次也没有进城。当时的杭州是江南第一繁华锦绣之地，"有三秋桂子，十里荷花，参差十万人家"。然而，林逋既厌恶尘世的喧嚣，也反感污秽的欲流，宁可在青山绿水之间与鹤为伴，与鹿为友，也不愿意破坏内心的一片宁静。

　　这时候大宋已经建立，宋真宗听到他的大名，亲自派人赏赐金银玉帛，而且命令江浙的长官每年春节都必须登门慰问，想以此感召他能出山为朝廷效力。然而，他始终不为所动。林逋特别喜爱动物，他养了两只白鹤和一只小鹿，整天与鹤鹿嬉戏玩耍。鹤鹿与他共同生活的时日一久，也渐渐有了灵性。他常常泛舟于西湖，留恋于寺院，三五日不归。如果有客来访，他的书童就将鹤放入空中，双鹤会在云间发出呼唤，林逋听到鹤鸣，就知道有客人在等他，立刻划船回家。

　　"雪满山中高士卧，月明林下美人来。"踏雪赏梅，是林逋最感销魂的乐事。孤山的梅林是他亲手所栽，不知是偶合，还是一种象征，刚好三百六十株——象天之数。每当琼玉映日，寒梅傲雪的良辰美景，孤山宛若一位白天而降的娇娘，他或踏月夜游，或邀友吟诗，那浮动飘逸的幽幽清香，疏影挂月的摇曳仙姿，无不令他黯然

销魂。每当这时,他的诗情就会像梅之幽香一样无处不是,妙语华章也便源源而至。他随写随扔,潇洒惬意极了！友人看着与梅同舞的素笺随风飘散,十分惋惜,对他说:"诗是风雅之物,应当保存起来,留传后世,轻易抛弃,岂不可惜?"林逋不以为然地说:"写诗是为了自我陶醉,我隐居山林,决心做一方外之人,如若心存以诗文博取俗名的念头,岂不有违我的初衷?"他的朋友们只好将他的诗偷偷记下来,使之有三百多首传世。

　　林逋一生没有娶妻,也没有子孙后代。但他自诩终生"以梅为妻,以鹤为子",其清雅脱俗真如仙人。

　　梅林岂只是他情爱之所钟,而且使他一生衣食无虞。他把出售梅子的钱一树一包投入瓶中,共三百六十包,正好每日花销一包。他每天随意伸手探取一包,不拘几钱,是多少就花多少。其洒脱逍遥于此可见一斑。

　　林逋晚年在草屋边上为自己修坟一座。他临终的那一天,将"鹤子"抚弄一回,说:"我将去也,从今以后,东西南北,任你飞吧。"又踱到"梅妻"身旁说:"二十年来,我们朝夕相伴,以后你们好自为之吧。"然后无疾而终。他死之后,那只白鹤绕着他的坟墓,悲鸣三天三夜而死,梅林也二度重开。

　　林逋虽然终身为国家并未建尺寸

之功,但是他那种身处乱世洁身自爱、不改其志的高尚情操还是值得后人称道的。《明夷卦》所阐释的"明辨是非,坚持纯正"道理也就在此。

长虹的新一轮腾飞

　　东南亚金融危机爆发后,韩国众大企业集团严重受挫,也对长虹有一些影响,在这种情况下,长虹早先一步调整,彻底抛弃旧有的、不适应新形势下跨国企业发展的模式,以利于进一步的发展。正是及时地看到了这一点,长虹在建业40周年庆典上提出了铸造"百年长虹"的目标,追求企业的持续、稳定、健康发展。作为实现这个最高战略目标的第一步,长虹将1999年定为"调整年",借鉴众多世界一流企业发展过程中的经验,主动放缓前进的脚步,开展自上而下的"革新运动"。

　　"调整是为了创造更大的发展空间,实现新一轮腾飞。"倪润峰说。他认为,长虹要做"百年长虹",而树"百年长虹"目标,就是追求企业持续、稳定、健

康发展。长虹的调整选这一时间切入,是因为从1998年开始,由于宏观经济的变化,中国家电市场竞争日趋白热化。从内部来讲,多年的高速发展,存在管理机制与发展的不协调,产权和权责都不明晰,随着长虹的快速发展和经营规模的不断扩大,越来越成为制约长虹的瓶颈。长虹的调整在制度建设上取得重大突破。长虹的一套班子、两块牌子,很难分清你我。此次四川长虹电子集团公司和四川长虹电器股份公司从产权上彻底划清,集团公司是长虹电器股份有限公司的母公司和最大股东,持有53.62%的股份。倪润峰担任长虹集团公司、股份公司董事长,不再兼总经理,实行"两块牌子、两套班子",这是长虹历史上的里程碑,是发展曲线图中的重大拐点。调整也进一步明确长虹全球经营的定位。进入21世纪,我国加入WTO和西部大开发,都给长虹带来机遇和挑战。长虹要发挥科技、规模、资金、配套、品牌优势,构建现代化国际集团公司框架,走出去融入国际资本市场,与跨国公司进行深层次、大范围的合作。实现全面的管理现代化、市场国际化、经营全球化。长虹15年的发展,给二次创业打下很好的基础。摆在二次创业面前的,是完成产业结构的调整和升级。集团公司作为投资决策、战略规划、资本经营的中心,要抓住产业调整的机遇,利用好国家的产业政策,制定出切合实际的发展战略。整合优势资源,采取资本运作、品牌经营和投资主体多元化等方式,迅速切入新的产业领域,逐步培育出若干个极具成长性的公司。再造长虹的核心竞争力,是长虹股份公司新领导班子最重要的任务。核心竞争力的再造,包括企业要具有竞争对手难以模仿的独特竞争优势;企业对市场和技术变化敏锐的感受和敏捷的反应能力;企业围绕特定的市场目标和商业目标,进行全面的资源整合能力;对员工、股东和消费者有强烈感召力的企业文化。根据集团公司的战略构思,集团下一步的投资重点是与数字网络相关的系列医疗保健产品、环境监测装置、新型雷达、电化学及相关应用装置、电子产品配套件、小家电。集团公司充分依靠技术中心和培训中心,加速孵化技术和人才,强化对新技术、新产品的投资力度,加快培育新的经济增长点。

或许,长虹这种国际化经营策略在目前的中国企业界中还太过"前卫";或许,大多数的行业内外人士还看不懂这其中的玄机。但如果大家知道杰克·韦尔奇曾经用10年时间将彻底改造成为"敏捷的大象";郭士纳用4年时间调整,带领IBM这位蓝色巨人创造新的辉煌;东芝、日立、松下等著名跨国公司都在新千年来临之际大打"调整"牌,那么,我们不得不佩服长虹放眼全球的鸿鹄之志与不断否定、超越自我的勇气与胆略。作为中国国有企业改革的先行者,虽然身上总免不了有小人留下的齿痕,但长虹还是义无反顾,用行动为中国企业的成长提前上了宝贵的一课。

对长虹而言,这次调整可以说是阵痛与希望并存,战略调整让长虹付出发展速度代价的同时,也取得了实质性的成功:存货减少了19亿元,资金周转率提高了一倍以上,负债率降低到了20%,与同行普遍80%以上的负债率形成鲜明对比,财务风险得到了根本化解。长虹在近几年"滚雪球"式的自我积累中,每年手里都有30亿左右的自有机动资金,中国工商银行、中国建设银行分别于1999年9月和2000

年4月主动向长虹授信近100亿元。长虹新世纪腾飞的跑道已经铺平。

事物都是变化发展着的。光明也有受损而敛其光华的时候,遇到这种情况,作为经营者应该及时控制规模,积极调整发展速度和内部结构,找出"光明"受损的原因,解决潜在的问题和危机,达到第二次"光明"。长虹正是这样的,同时,长虹的调整也诠释了《明夷》的另一个含义:调整未必非要等到光明受损时才开始进行。

"小灵通"长成电信巨人

"UT斯达康应该进案例教材。"中国香港BDA咨询公司的王萌对UT斯达康的评价代表了很多业内人士的看法,"它演示了一个中型企业的成功之道。"

他们一致认为UT斯达康不是一家实力雄厚的公司,不是一家技术领先的公司,但是却是一家聪明的公司。"它们聪明地选择了中国这个在世界电信业普遍处于下滑趋势中仍然保持上升的市场"。曾经在诺基亚工作过的王萌说,"在中国这个市场中,它们聪明地选择了处在灰色地带的小灵通。"

这个市场的用户量不是很大,所以大企业不愿意做,小企业又没有实力做,所以到现在为止,小灵通的市场被UT斯达康多年垄断,即使如今中兴和朗讯打进了它的市场,它仍然牢牢占据着60%的市场份额。

这让人不得不佩服UT斯达康的眼光,它证明了一个中小公司如果找准了市场细分的话,是有机会成长起来的,开始不一定要有高技术或者巨额的投入。

"蜂窝电话是贝尔实验室发明的,被人说是落后技术,摩托罗拉花了500万做市场调查,凭着这个技术挣了很多钱。"总裁吴鹰认为,技术是要看市场的,不在于是不是最先进。他指着脚下说:"北京的地下摆了上千吨的铜。这是非常落后的。铜的带宽是非常有限的。我们认为做无线接入一定有市场。"

15年前,中国政府为了鼓励电信业的发展,没有给电信行业很多资金,但是给了两条政策:"初装费""快速折旧"。电信设备投入使用之后,1年折旧40%,第二年又折旧40%,电信这样超前发展,容量的利用率就不够,有些地区只有容量的50%~60%。UT斯达康认清了电信运营商是它们的客户,就从运营商的角度分析,中国电信有大量的闲置交换机,固网利用率极低,无线市话是可以利用这些富裕容量来做的。

这是UT斯达康非常聪明的地方。它们没有直接用日本的技术,因为日本技术要重新建设一个网,而是利用中国电信的交换机,依附于现有的网络资源传输和交换资源还有铜线资源,发展起小灵通的。

但UT斯达康进入中国并非一帆风顺,它首先面临的挑战就是政策的不确定性。

小灵通曾经在2000年5月被叫停,最明显的一个见证是——信息产业部部长吴基传在中国香港被问到有关小灵通业务时,他含混地回答说:"这件事很复杂,几句话说不清楚。"

"我们一直在危机之中。"吴鹰承认说。2000年5月,第一个暂停小灵通业务

并进行调查的文件出来时,UT斯达康作为纳斯达克的上市公司,立刻披露了公告,声明中国在向市场经济的过渡过程中,是会公正对待小灵通的。

但是市场不相信眼泪,也不相信猜测。公布当天,UT斯达康市值一天跌去200亿人民币,我们那一天成了世界上最有名的公司。大家都在谈论那个严重缩水的UT斯达康。"一个月后,604号文件出来后,UT斯达康的市值一天内又回升了100个亿。"回忆股价坐升降梯的那一个月,吴鹰只记得他很忙,除了要做各种各样的维护工作,还要做大量的说服工作。

604号文件终于让小灵通名正言顺地冠上了"无线市话"的头衔,但是阴影仍然在它头上徘徊。2002年六七月份,北京曾考虑在通县做小灵通的实验,刚刚放出风声,就不知为什么被暂停了。

"在中国做生意,一定要有政府支持。"吴鹰深有体会。UT斯达康设有负责政府关系的部门,由吴鹰的一个助理专门管理。吴鹰从来不否认,他的留学生身份的确对政府公关很有帮助。浙江省政府给UT斯达康很多很好的政策,批了380亩地给UT斯达康。UT斯达康也投桃报李,尽管中国的总部在北京,但是运营中心、研发中心和生产中心都设在杭州。最近UT斯达康又投资8亿,在杭州建立一个24万平方米的研发和生产基地,设计中一层楼的面积就是6万平方米。

但要想真正消除政策不确定的风险,UT斯达康手里最重要的砝码就是快速的爆发性增长的用户。有分析人士认为,一旦到上千万用户,这项业务就很难再被叫停,如果按照它们的计划在2005年增长到2000万用户,甚至有可能将小灵通过渡到3G。这样,即使未来中国电信拿到移动牌照,小灵通也可以依旧开展业务,而不是被当作鸡肋抛弃。

吴鹰认为2000年5月的危机不会再重新上演了。那时,他手中只有几十万用户而已,而到2002年6月底,小灵通有901万用户。上了小灵通系统的城市,2001年底是196个,2002年6月底达到237个城市,仅仅浙江就有155万用户,福建达150万用户。

吴鹰办公室正面的墙上有一张巨大的中国地图,上面密密麻麻插满了小小的红色图钉,每攻克一个城市,他就会在上面插一个红图钉,现在,东南沿海已经一片红彤彤的,而站在地图前的吴鹰,很像个攻城略地的将军。

有人把UT斯达康的管理比做黄灯管理,一边要看绿灯,准备着加速发展;一边要看红灯,随时准备暂停某些业务。

吴鹰觉得这个比喻很贴切,"我们在发展上一直非常慎重,我们不能定了一大堆货,结果卖不出去。我们的管理团队一直在进行一个专业的培训,就是市场预测。"

小灵通的得势与中国电信的首次分拆也不无关系。中国电信被剥离出了无线移动电话市场。但是,由于固话业务已经没有利润增长点,中国电信选择了小灵通。对于中国电信,小灵通更像是它们与中国移动、中国联通谈判桌上的一枚筹码。但是,它的竞争力主要是价格优势,一旦本地GSM网和CDMA网降价,小灵通很难保持自己的竞争力。

吴鹰很巧妙地躲避着和中国移动、中国联通的正面冲突,"其实小灵通就是取代铜线,我是坚决反对小灵通来做移动的。"幸运的是,新网通的挂牌和铁通的出生又使小灵通有了新的机遇。

夷:即为伤痛、创伤。人生事业,难得一帆风顺,要前进必有险阻,前进不已,难免有伤。世间万物在发展中都会有其理。明夷卦为我们阐述了人和事业遭遇挫折,苦难时收敛自己的光芒,用晦明隐忍待机的法则。所以像你现在这样的情况,当人处于最困难、最黑暗的时候,你应记住:韬光养晦以自保,以外柔内刚之法,采取非常行动,最危险的地方往往是最安全,不管你是什么事,这是唯一方法。

若祸害及身,首先应及早避开,以免除危险。若一时避不开,唯以外柔内刚应之,不要硬性对抗,否则只有徒然遭到打击。

当自己已经被伤害,退避已然无益时,应采取非常行动,才能挽救危机。当然,在这样的非常时刻采取行动,务必谨慎从事。

雀巢公司的成功之道

食品产业是成熟产业,没多大的发展前景,一般的公司都因利润不佳而转到其他行业中,但雀巢公司一直以食品为主业,并且在此行业取得了辉煌的战果。这其中的奥秘是什么呢?

雀巢面对食品业的黑暗前景,不盲目转行,更不盲目扩张,而是在保持食品饮料为主业的基本战略不变的前提下,根据市场、技术、消费者的变化适时而动。如雀巢公司为保证业绩能稳定增长,开始转换赢利结构,医药品、矿泉水等商品成为公司新的赢利来源。

1999 年雀巢公司医药品部门的营业额是 10.77 亿瑞士法郎,比前一年增加 18%,首次超过巧克力和甜点部门(8.82 亿瑞士法郎)。巧克力是雀巢的传统商品,这个部门的赢利被新兴的医药品部门超过,象征公司获利结构的改变。

另一个带动雀巢业绩增长的新产业是矿泉水。1969 年,雀巢买下的 Vittel 和 1992 年买下的 Perrier 是生产矿泉水的两大支柱,它们在全球的市场占有率非常高,约 16.96%。成为继咖啡之后,另一个重要获利来源。

雀巢公司的领导人员普遍认为:与其盲目扩张,陷入更危险的境地,还不如维持本公司在本行业市场内的领先地位。为了达到此目的,雀巢公司实施持久战略。不局限于短期收益,而是着眼于长远。进入新世纪后,雀巢的战略目标是,执食品与饮料业的牛耳,用一流的设备生产一流的产品,不仅要占有发达国家的市场,而且还要占有拥有 40 多亿人口的发展中国家的市场。雀巢的这一新世纪战略规划显示了其做事的专注,眼光的长远,百年企业的成功秘诀可见一斑。

不难看出,雀巢公司在黑暗中行走,坚守正道——凭借着自己在食品业的经验保持原有业务在本行业市场内的领先地位,并根据市场、技术、消费者的变化开发新的产品。

惨遭宫刑,司马迁谱写"无韵离骚"

困难正是磨炼人意志的最好时机,只有经受了困难挫折考验的人,才能成大事。人的一生之中,不可能是一帆风顺的,总会遇到各种各样的困难、挫折,无论是来自自身的,还是来自外界的,都在所难免。能不能忍受一时的不顺利,这就看你是否有雄心壮志。一个真正想成就一番事业的人,志在高远,不以一时一事的顺利和阻碍为念,也不会为一时的成败所困扰。面对挫折,必然会发奋图强,艰苦奋斗,去实现自己的理想,成就功业,这是一种积极的人生态度。

司马迁用血泪著《史记》

"天将降大任于斯人也,必先苦其心志,劳其筋骨,饿其体肤,空乏其身,行拂乱其所为,所以动心忍性,增益其所不能。"这是《孟子·告子下》中那一段尽人皆知的话,同样也是《明夷卦》中所阐释的要义,它们很好地总结了如何才能走向成功彼岸的道理。西汉司马迁经受非人的磨难而著《史记》就是这方面最好的例证。

司马迁,字子长,汉景帝中元五年(公元前145年)出生于龙门山下(在今天的陕西省韩城市)。司马迁的祖先并不十分显要,其家族世代掌管太史的官职。但是司马迁和他的父亲司马谈都以此为荣,在他们的心目中,修史是一项崇高的事业。他们为此奉献了自己一生的精力。

司马谈一直准备写一部贯通古今的史书。在父亲的直接教导下,司马迁十岁时便开始学习当时的古文。后来,他又跟着董仲舒学习《春秋》,跟孔安国学习《尚书》。司马迁学习刻苦,进步非常快,极有钻研精神。

司马谈去世后,司马迁一直牢记父亲的遗志,他决心效法孔子编纂《春秋》,写出一部同样能永垂史册的专著。公元前104年,司马迁在主持历法修改工作的同时,正式动手写他的伟大著作《史记》。在写作的过程中,发生了司马迁为李陵辩

护的事件。司马迁也因此事被判了死刑。

　　据汉朝的刑法，死刑有两种减免办法：一是拿五十万钱赎罪，二是受"腐刑"。司马迁官小家贫，当然拿不出这么多钱赎罪。腐刑既残酷地摧残人体和精神，也极大地侮辱受刑者的人格。司马迁当然不愿意忍受这样的刑罚，悲痛欲绝的他甚至想到了自杀。可后来他想到：人总有一死，但死的轻重意义是不同的。他觉得自己如果就这样"伏法而死"，是毫无价值的。他想到了孔子、屈原、左丘明和孙膑等人，想到了他们所受的屈辱以及所取得的骄人成果。司马迁毅然选择了腐刑。面对最残酷的刑罚，司马迁痛苦到了极点，但他此时没有怨恨，也没有害怕。他只有一个信念，那就是一定要活下去，一定要把《史记》写完，"是以肠一日而九回，居则忽忽若有所亡，出则不知所往。每念斯耻，汗未尝不发背沾衣也"。正因为还没有完成《史记》，他才忍辱负重地活下来。

　　司马迁在这种残酷的打击下，不仅没有在耻辱中颓废，还使他的思想发生了深刻的转变，司马迁在奇耻大辱的震撼中获得了新生，极大地影响了他的写作。他不羁的性格从此挥发出内在的洒脱，拿得起、想得开、放得下。他用传统的力量来宽解传统的压力，对世俗的"俗人"，他视若等闲，积极、充分地保护自己；在历史人物身上找到自慰和自励；他为自己的生命设立了目标，他要以惊人的毅力忍受肉体和精神上的摧残，为了完成《史记》而勇敢地活下去，即使碎尸万段亦不言悔。

　　这崇高的信念和坚强的意志使他把满腔的悲愤化作无穷的动力，兢兢业业地写作，用他真实的心，强劲的笔，和着他的血和泪，融着他的感情和智慧，构建着中国史学辉煌的大厦。汉武帝要把这位旷世奇才推进万丈深渊，却把他推向了光辉的顶点，《史记》在耻辱的激励下丰满传神。司马迁通过《史记》表达了对汉武帝及其封建专制的不肯屈服的信念，也表达了自己的爱憎。《史记》这部鸿篇大著至今闪烁着耀眼的光辉。它把一幅幅色彩斑斓、威武雄壮的历史生活画面再现给千千万万的读者，并洋溢着感人肺腑的艺术力量，使《史记》成为"史家之绝唱，无韵之离骚"。

　　艰苦的生活对人是一种磨炼，是对意志、品质的考验，也是培养自己远大理想和浩然正气的途径。只有用晦明隐忍待机的法则，忍住这种生活中的艰苦，韬光养晦以自保，以外柔内刚之法，采取非常行动，也就不怕前进道路中的任何障碍了。

　　顺境容易使人陶醉，不思进取，于是虚度顺境，甚至会造成命运的逆转。逆境虽然会给个人成长带来不利的影响，但只要不悲观、不消沉，努力与逆境抗争，扬长避短，变不利为有利，同样能够成才，甚至做出通常情况下做不出的奇迹。

家人卦第三十七

【经文】

离下巽上　家人①利女贞②。

初九　闲有家,悔亡③。

六二　无攸遂,在中馈,贞吉④。

九三　家人嗃嗃,悔厉吉,妇子嘻嘻,终吝⑤。

六四　富家,大吉⑥。

九五　王假有家,勿恤,吉⑦。

上九　有孚威如,终吉⑧。

【注释】

①家人:卦名。通行本为第三十七卦,帛书本为第六十三卦。《家人》卦上《巽》木,下《离》火。古人"构木以为宫室"(《淮南子·泛论训》),《释文》"人所居称家",《吕览·慎事》注"家,室也",则《家人》卦上卦之《巽》木指居室;《大过》卦上《兑》泽,下《巽》木,为"泽灭木","木"亦指居室,故卦爻辞屡言"栋"。"火"指灶火而说,《淮南子》曰"炎帝作火,死而为灶神",魏王朗《杂箴》曰:"家人有严君焉,井灶之谓也。"室中有灶,故名为家或家人。而妇女为主灶者(《礼记·月令》"灶者,老妇之祭"),故卦辞说"利女贞",六二说"在中馈"。

②利女贞:利于女子占问。妇女不问外事,专修家内之事,故卦象为室中有灶、卦名为《家人》、卦辞说"利女贞"、六二说"在中馈"。若男子筮得此卦,则暂不宜有为于世,但可修治家务,"弄儿床前戏,看妇机中织"(鲍照诗),等待时机。

③闲有家,悔亡:"闲",戒防、戒备。"有"同"于"。位在《家人》之初爻,不宜有事于外,当先使家有戒备,无后顾之患,悔事则消亡。此爻恐人之不戒备于初,而使祸起萧墙。

④无攸遂,在中馈,贞吉:"遂",或训成,或训坠,或训专。按:此与《晋》卦"不能遂"之"遂"同训,义为进往,《广雅·释诂》:"遂,往也。"无攸遂,即无所行往。由下向上、由内向外为"往",谓不外出离家(《春秋元命包》注"遂,出也")。"中馈",家中饮食之事,"在中馈",指在家中料理家务。就女子来说,筮得此爻,宜不问外事,只管料理好家务,则占问吉利,《诗·斯干》所谓"无非无仪,唯酒食是议";就男子来说,筮得此爻,不宜外出有为,只管照顾好家人,占问便吉利。

⑤家人嗃嗃,悔厉吉,妇子嘻嘻,终吝:"嗃嗃"读为"嗷嗷"(程传),愁虑的样子(《说文》"嗷,众口愁")。"嘻嘻",喜乐过度的样子。筮得此爻,愁虑忧患,处危而

国学经典文库

转吉；得意忘形，处安而生祸。《左传·襄公三十年》"或叫于宋太庙，曰嘻嘻出出"（杜预注："嘻嘻，热也。出出，戒伯姬"）。鸟鸣于亳社，如曰嘻嘻（杜预注："皆火妖也"）。甲午，宋大灾（火灾），宋伯姬卒。"鸟"当即雉鸟，为《离》。"甲"木"午"火，木生火。"灾"为火灾。《家人》卦九三为《离》之最上，则《左传》之"嘻嘻"即出典《家人》之"嘻嘻"，而《家人》九三之"吝"初当亦指火灾而言。

⑥富家，大吉："富"，使家庭致富。处《家人》之时，筮得此爻，使家庭致富即为大吉；至于入仕显达之类不在此卦此爻。

⑦王假有家，勿恤，吉：此"王"与"利见大人"的"大人"可能意思接近，均指贵人。"假"同"格"，至、到。"有"同"于"。"恤"，忧虑。此言有贵人来至于家，将得贵人相助，勿须再忧虑，非常吉祥。高亨以《吕览·音初》（亦见《论衡·书虚》）夏帝孔甲至民家之古事说之，可供参考（高亨《周易古经今注》）。

⑧有孚威如，终吉："孚"，卦兆。"威"帛书作"委"，顺随貌。

【译文】

家人卦：在家庭中，如果主妇守本尽职，则家道正，全家人受益。

初九：严格正规的家庭教育，防患于未然，就不会有后悔之事发生。

六二：遇事不自作主张，在家庭中料理烹饪供应食物很尽职，合乎妇道因而吉祥。

九三：家人苦于家法之严，整天战战兢兢唯恐有失，结果吉祥；妻子儿女整天嘻嘻嬉笑无所忌畏，结果难免会有羞辱。又一说：贫困人家因为妻子愁叹、孩子嗷嗷待哺而发奋图强，终于日渐富裕；富贵人家因为妻室儿女骄奢淫逸、挥霍无度而最终陷入贫困。

六四：理家有道而致富，非常吉祥。

九五：无论王室还是平民家庭，家人之间如能和睦相处，无忧无虑，就会吉祥如意。

上九：以诚信和威严治家，终究会吉祥。

【解读】

人既是活生生的个体，同时又是社会关系的一种体现。而家庭则是人所处的社会的基层细胞。因此，家庭不仅涉及个人生命，而且直接关系到社会发展。简而言之，家庭是社会的缩影。治家即是齐国、平治天下的演习。因此，古代儒家有修身、齐家、治国、平天下之明训。齐家进一步关系到国家安危和天下盛衰。《家人卦》所言，即是儒家之前的上古人民对于齐家重要性的一种朴素的认识。

【经典实例】

沈氏"制造"家庭和睦

家庭，对于个人来说，是我们的生所，也是我们的死所。我们的一生都是为了这个家。倘若家庭不能和睦，不但不会产生幸福，相反还让人难以全力以赴去干事业。只有家庭和顺了，有一个坚实的"后方"，人心才能切实踏实下来。

有个叫沈爱珠的，本来是名门闺秀，后来嫁给许季臣为妻。

许季臣天性风流，经常留连在青楼柳巷中，爱珠屡次劝谏，季臣仍然是我行我素，结果夫妻间也弄得不和。季臣索性就纳妓女王墨兰为妾，把爱珠打入冷宫。

邻居有个叫郭氏的妇人，面貌可说得上是丑恶，但性情和顺，所以夫唱妇随，十分恩爱。因结婚多年，郭氏并没有为丈夫生下一女半子，郭氏就劝丈夫纳一小家女为妾，而夫妇间的感情却不受丝毫影响，反而更加恩爱。

爱珠真是想不通，难道郭氏有什么秘方，使得先生对她的宠爱不稍减？她感到大惑不解，就去请教郭氏。

郭氏说："我们夫妇俩，是在患难中结合，彼此都能互信互谅，自然就如琴瑟般和顺。现在姊姊你的容貌比二太太要好得多了，却得不到先生的宠爱，理由很简单，因为人通常都喜新厌旧的，又加上二太太本来是妓女出身，善于耍弄手段，来媚惑先生，自然姊姊就要失宠了。现在我教姊姊个计策，此后一个月内，姊姊只需穿着破衣，不必化妆，与夫婿疏远些。这是第一步。一个月后，姊姊再来，我教姊姊第二步。"

爱珠回家后，就按计行事，每天着粗服，和奴婢们一道劳作。季臣看见夫人变成了这个模样，望而却步，益加不敢亲近。

一个月后，爱珠又去向郭氏请教第二步骤。

"明天，是我姑妈的寿诞，姊姊可盛装艳服来我这儿，切记：不可使你先生见着了。"郭氏说。

第二天，爱珠一大早就打扮得艳丽异常，到郭氏家道贺。

季臣、墨兰也被邀请参加。寿宴后，季臣先回家去，郭氏就强邀墨兰搓麻将，打个通宵，直到第二天早上才回去。

那季臣守到半夜，还不见墨兰回家，百般寂寞，没处可遣解。忽然听到敲门声，以为是墨兰，开门一看，只见得一美人，不声不响的，直往里走。

季臣想：怪了，哪来的这么一位貌若天仙的丽人？跟踪进去，才看出来，原来是爱珠。

本来爱珠的姿色就胜墨兰许多，加上盛装艳服，看起来更加光彩动人。季臣不禁心旌摇动，颠倒不已，强拉爱珠并坐卧床。

"你有你心爱的人，这里又不是你留宿的地方，来这儿做什么？"爱珠故作娇嗔地说。

"夫人不要生气，我知错了，请夫人不要见怪。今晚我是住定这里了。"季臣赔着笑脸说。

从此，夫妇二人重修旧好。

家首要应推"和睦"二字。一家人犹如舌，牙齿，共居一处，时时刻刻会有矛盾冲撞发生，但是，在绝大多数的时间里，他们的关系是相互协助，相互关切的和睦共处关系。像上面的例子中许季臣、沈爱珠两口子，本来是热乎乎的小家庭，之后却因不和而闹得很不愉快。当发现这种现象以后，如果双方不采取任何措施，必然就会发展到不可收拾的境地。郭氏就抓住了这一点，略施小计，让沈爱珠给予许季臣一种崭新的印象，终使许季臣回心转意。

从此沈爱珠一心一意地帮助丈夫，攻读诗书，在日常生活中经常出些小花样，将自己的小家庭生活点缀得甜蜜幸福，许季臣再无异心，两人和睦亲爱、携手共进。

国学经典文库

终于，许季臣金榜高中，后从政亦得妻子协助，颇有政声，子女均有成就。

正如《家人卦》所描述的那样，家和才能万事兴，如果一家人整天吵架不休，在这样的环境里，哪里会有什么兴隆发达呢？家庭是社会的基础，是最基本的细胞，家庭的安定和顺，是社会稳定的基础。《礼记·大学》中说："所谓治国必先齐家，齐家不可而能教人者，无之。"就是这个道理。中国历代王朝以齐家为治国平天下的根基，所以十分注意褒扬一些治家有方的大家族。这些世代合族共居的大家族，又称为"义门"，其治家根本就在于和睦二字。

攘外必先安内

《家人卦》阐释治家的原则。孝悌为一切道德的根本，是我国传统文化的一大特色。家庭是社会结构的基础，延伸来说，攘外必先安内，儒家经典《大学》中所说的"诚意、正心、修身、齐家、治国、平天下"的道理，可以说就是来自这一卦。治家，首先应防患于未然。家庭以主妇为主体，应当具备柔顺、谦逊、中正的德性。治家要求宁可过不可溺于亲情，失之于过分宽大。在家庭中，每一分子都能各尽本分，相亲相爱，必然和谐，欣欣向荣。而治家最基本的原则，在于诚信和以身作则基于诚信的威严。

在尧治理天下的时候，相传人人安居乐业，家家孝慈礼敬，天下一片太平景象。

但在历山这个地方，却住着一对出了名的坏夫妻。他们的本名叫什么，人们都忘记了，只记得大家给他们起的绰号。男的叫瞽，意思是"瞎子"；女的叫顽，意思是"顽劣"。男的是个老糊涂虫，原配妻子死了后，娶了后妻顽，对后妻为他生的儿子象和女儿罢很好，对与前妻生的儿子舜很不好。

壁画艺术中宁静的尧舜时代

后母顽简直把舜看成眼中钉，容不下舜，坏的给舜吃，烂的给舜穿，还让舜住在不避风雨的破烂小屋中。弟弟象是个粗野傲慢自私自利的家伙，只有小妹妹罢多少还有点善良之心。舜在这样的家庭中生活，不但得不到温暖，还常常遭到父亲的打骂。心肠狠毒的后母，总想找机会杀死舜。但舜一点也不怨恨他的父母，反而非常孝敬自己的父母，爱护弟妹。

最后，夫妻俩变本加厉，舜在家中实在呆不下去了，只好一个人搬到了历山脚下，盖一间草屋，开垦一片荒地，一个人过起了日子，但他心里依然想着父母和家庭，每遇荒年，他总是暗中拿些粮食去接济他的父母。

舜在耕地时，常常为自己得不到父母的爱心而发愁，经常责问自己有哪里没做好，有时候竟仰天大哭起来。乡里人都说，舜是不堪父母的虐待才痛哭的。

舜却说："我不是为我的劳苦而哭的，我哭的是怎么我不能让父母为我高兴起来。"

听了舜的回答，人人都夸奖他，说他是个天下少见的好孝子。

一传十，十传百，由近到远，舜的孝名被传到四面八方。

在他德行的感化下，那些过去争夺地界的农民，就都能够和睦相处了。后来舜又到雷泽去打鱼，那些为争夺渔场而打得头破血流的人也都能和睦相处了。舜走到哪里，他崇高德行都能感化他周围的人，大家都愿意跟他住在一块儿。大家都喜欢他，围绕着他住了七年，过了一年，他住的地方便成了村庄；到了第三年那里就成了一个小镇。

当时，帝尧的年纪已大，正在天下寻找贤人，准备把帝位禅让给舜；各地的族长们也都推荐舜，说他既孝顺又有才干，可以做继承人。于是尧就把自己的两个女儿娥皇和女英嫁给舜做妻子，把自己的帝位禅让给了他。

舜做了国君以后，心里时刻关心百姓的疾苦，国家治理得非常好。

舜晚年出巡，病死在苍梧之野（在今湖南宁远县），葬在九嶷山南面。噩耗传来，人们都像死了爹娘一样失声痛哭，悲痛万分。他的两个妻子娥皇和女英，更是悲痛欲绝，天天望着苍梧哭泣，滴滴泪水挥洒在竹林里，竹子上从此留下了斑斑的泪痕，后人便称这竹为"斑竹"（又叫湘妃竹），悲痛之下，两人一起投湘水自尽了。

《家人卦》告诉人们，君子美德的发扬，应孝悌为先，总是先让身边的家人受益的，渐渐才能光大推及到大众。身为五帝之一的舜就是这么做的，成了中华民族杰出的领袖，受到后人万古的顶礼膜拜。

鲁冠球的"无情"

1986年春，有12个国家的36位外国记者采访万象集团总裁鲁冠球，其中美国《华尔街日报》记者问鲁冠球："鲁先生，你承包企业以后的权力与我们国家的老板比，你看怎么样？"鲁冠球稍加思索后就回答说："我的权力和贵国老板比，有两点不同：第一，我们生产资料是公有的，你们是私有的；第二，我们的剩余劳动价值是大家共享的，你们是老板独占的。除了这两点外，我的权力和贵国老板一样大，我也有产供销权、人财物权，但我不为私乱用权。"这个记者回国后，就写文章说："我本来以为中国已实现资本主义了，听了鲁冠球介绍以后，知道中国依旧是社会主义，因为他们生产资料是公有的，剩余劳动价值是大家共享的。他们用权力，是为公办事。"确是这样，从鲁冠球对他妻子的工作安排便是一例。他的妻子章金梅，是与他共同建厂创始的七人之一，20多年来，风风雨雨跟着鲁冠球吃苦，工厂办好了，鲁冠球却没有让老婆当干部，也不做清闲工作，一直在一线做操作工。一位全国政协常委到厂视察，知道这个情况后，表扬鲁冠球和章金梅，说他们真的不简单。外国客人了解这个情况后，深有感慨说："这在我们外国是不可想象的。如在我们那里，像你鲁冠球这样，早就是百万富翁了，别墅已有好几幢了，太太早已有不少人来服侍了，哪还要做操作工"。鲁冠球总是笑笑说："我们做人，办事情，总得对人类有个贡献"。问鲁冠球："为什么这样办？"他笑笑说："现在有许多出名的企业家，一有地位，一有钱财，就想着个人享乐了。这是要跌跤的，因为他们不会管住自己。"他说："要办好一个企业，没有人才，可以引进；没有钱财，可以借贷；没有产品，可以开发；没有技术，可以买。但如果没有正

确的观念,那就难办了。因此,关键还是办厂领导人要有一个正确的观念,一个正确的经营观念,正确的指导思想,这是千万不能少的。"由于他有这样一个胸怀全局的正确指导思想,他办的企业和事业不断兴旺发达,被誉为"中国企业界的长青之树"。

明智的总经理

部门经理跳槽去另一家公司任总经理。生产部经理位子空缺,两个副经理都默不作声,暗中较劲。晚上聚会时,同事都在议论:"哎,你说是余副理会成为我们的部门经理呢,还是王副理会有幸高就呢?"

余副理是总经理的表弟,业绩也不算错,王副理是两年前来这个部门的,他行事低调,但为人和做事都可圈可点,去年升任部门副理,但这年头,没有后台的想干上经理位子有点困难。

周一上班,王副理就被叫进了总经理办公室,出来的时候他已是部门经理了,总经理亲自来生产部宣布。

王经理升上去,全公司的人都跌破了眼镜。据说业务部的江副理气得脸都绿了。原来跟王副理平起平坐的余副理更不用提,听说已经打算另谋高就。

倒是总经理在同仁的眼里,好像头上戴了一圈光环。他能够用人唯才、大公无私,真是太伟大了!

只是,业务部和生产部之间的紧张状态,也可以想见。生产部的东西稍慢,或出点问题,江经理就去上面告状。业务部接单子,稍微不努力,小王也立刻上去参一本。据说小王自己,还亲自抓回了两宗业务部没做成的买卖呢!搞得江经理面子不知往哪儿摆。

这种对立,岂不是会影响公司的发展吗?

可是公司的业绩不但没下滑,反而一路上升,很多原来不打交道的贸易商都自己上门。年终奖金发下来,全公司的人都乐开了。

本卦说的是治家之道。每一位成功人士都有家人,处理好你的家人和自己职业权力的关系,会在很大程度上影响着你以后的事业发展。

总经理是不是因为大公无私,而提升了领导者的形象?

王经理能以一个外人,而获得重用,是不是会加倍卖命?

业务部经理发现自己表哥毫不徇私,是不是特别警惕?

生产部会不会因为余经理的挑剔,而要注意品质、产量与交货时间。

余经理会不会因为王经理盯得很紧,而愈会拼命拉生意,公司业绩能不上去吗?

这里的家人,指的不仅仅是自己的配偶,还指子女亲戚等。实际上这个道理放在官场里道理也是相通的。如民族英雄桥则徐,一生"历官十四省,统兵四十方",但他以身作则,严于治家。其儿子林汝舟考中进士离家任职,林则徐写信给他,要求"勿贪利禄,勿恋权位,勿儿女情长,勿荒弃学业"。在自己当钦差大臣赴广州后,给夫人写的第一封信就是"夫人务必嘱咐二儿须千万谨慎,切勿仰仗乃父的势力,和官府妄相往来,更不可干预地方事务"。在林则徐故居,他手书的楹联中寄托

了对后辈的勉励："师友肯临容膝地，儿子莫负等身书"。由于林则徐治家有方，其后裔在光绪年间共出了二十一个举人，七个进士。

福特公司主管们的妻子

在一片制造汽车的狂热当中，很多人都头脑不清——尤其是在家庭生活方面。有很多时候，利斯其实可以跟玛克辛分享他的想法和心情，但是他却把话都留在自己内心里。有一天，玛克辛的母亲从俄克拉荷马州打电话来，说要找利斯。玛克辛的父母都退休了，她心里一阵着急，她觉得她爸爸或妈妈一定出了什么事了。

玛克辛问她："怎么回事？"

她妈妈一再说："没事，我只是想跟利斯讲句话。"

"可是他现在不在，你吓死我了，一定有什么事情。"

玛克辛的母亲问她："你不知道吗？"

"我不知道！"

"今天他派人送了一部新车给我当礼物，他都没告诉你吗？"

"没有，妈，他没告诉我。"

"哦，这边的经销商通知我们说我们有一部新车，叫我们去领回来。"

玛克辛这才想起，两三天前她无意间提到她母亲那部破旧的老爷车，到现在还在开。他们并没有多谈，但是利斯显然记住了这件事，还想到送他岳母一部新的水星。偶尔他就会做出这样体贴的事情，使得玛克辛更没办法责备他疏忽了家人。后来她问利斯决定送车怎么没告诉她一声，他的回答只是："哦，我想让他们惊喜一下，而且老实说，我根本没想到要告诉你。"

丈夫不在身边，这些太太就彼此照应。他们都经历过二次大战，准备重建新的生活，在底特律都是人生地不熟，而且所嫁的丈夫都在福特工作。这些共同点拉近了她们的距离，慢慢建立起深厚的友谊，大家常会聚在一起打打扑克牌、玩玩比手画脚地游戏。玛克辛还记得："我们大部分都在谈我们的生活，谈别人对我们的期望。我们的生活方式跟以前比起来，愈来愈奇特了，而且大家期望我们扮演一个支持者的角色，好让我们的丈夫没有任何后顾之忧，全心全力投入工作。"

随着这些人达到更大的成就、更高的地位，太太的角色也愈来愈吃重。她们必须给她们的主管丈夫更大的支持，而一个称职的企业夫人，也要遵守一定的游戏规则。诚如《组织人》的作者威廉·怀特在书中所说，对于50年代训练有素的好太太，这些规范应该变成第二天性。

勿与闺中密友飞短流长，尤其是丈夫在同一部门上班的人。

不可邀请上司，应由上司采取主动。

除非迫不得已，否则不可出现在办公室。

对于你丈夫在升迁之路上可能超越的同事，勿与他们的妻子太过亲密。

对公司的任何人都不可留下不好的印象，也许有一天……

要懂得装扮，主管的成功与妻子的容貌有非常密切的关联。

要经常与你丈夫的秘书通通电话、聊聊天。

国学经典文库

切勿——谨记，谨记——切勿在公司聚会中喝醉。这可能会留下不良记录。

在社交场合上，有些福特太太们在拍照以前，一定要把手上的烟熄掉，桌上的鸡尾酒也一定要藏到椅子后面去，不愿意这些东西出现在镜头上。新车发表会、商展中的汽车促销活动、经销商的聚会，都有数不尽的社交义务，欢迎茶会、鸡尾酒会、午宴、盛大的晚宴，使这些组织人的贤内助应接不暇。

很多时候，这些部门主管跟经销商谈着正事，他们的妻子就得负责招待其他的夫人小姐，带她们去看服装表演、吃午饭、逛街。有时候利斯会打电话给玛克辛说："我今天晚上需要一个太太。"这就代表又一次生意上的应酬，每个人都在聊车子、公司和竞争。聚会中会碰面的客人，利斯会先把照片带回家，玛克辛就得坐下来把每个人的面孔和姓名背起来。这方面米尔斯完全仰仗海伦的好记性，她很容易就能把每个人跟名字对起来，在社交场合上轻声提醒她丈夫那些经销商和生意上的朋友姓甚名谁，为米尔斯避免了很多尴尬的场面。

对有些太太来说，这些送往迎来带给她们焦虑，不下于她们的主管丈夫在委员会上做报告时的紧张。企业夫人最害怕的是做了什么可能令她丈夫没面子的事情，影响了他的升官机会。在迈阿密的水星新车发表会上，玛克辛一袭灰色的蓬裙礼服，裙摆上还饰有马鬃，她走过鸡尾酒长桌的时候，不小心碰翻了四杯酒，有两杯刚好洒在克罗素身上，虽然克罗素笑说没关系，玛克辛却是吓得说不出话来。

避开底特律的舞台中心，躲到安阿伯市去住的玛姬·麦克纳马拉，大概是最离经叛道的福特夫人了。她不像许许多多的企业夫人一样打打高尔夫，或是参加一些没什么匡正社会意义的妇女组织和俱乐部。汽车人太太每星期都会光顾的布隆菲中心十四球道的保龄球馆，她也从不去露面。其他的贵妇人都定期在这里聚会，个个争奇斗艳，比发型、比名牌服饰，顺便打打球、喝杯可乐，有说有笑。其他福特夫人对来访的太太小姐，总是招待她们看服装表演，玛姬却是带客人到密歇根大学去看物理系上的回旋加速器，一种使原子核分裂的大型装置。她还加入底特律的联合国组织以及"妇女选民联盟"，对三个孩子玛格丽特、凯瑟琳和克瑞格更是宠爱有加，在一个几乎没有家庭存在的地方，建立起她的家庭。

家人即一家之人。家庭是每个人生活的归宿，其重要性不言而喻。每个人应当如何爱护家庭，处理家庭的矛盾，如何解决。正确处理家庭问题是一门艺术，它直接影响到人生事业的发展。家庭的幸福和稳定还和社会有密切的相关。要使你的家庭幸福，事业兴旺发展，就看你的治家方针，策划如何。所以，不管是事业合作中遇到问题时应该记住以下原则：防患于未然，主妇贤淑、谦逊、柔顺、恩爱并行。各尽己责，以和睦安乐为上，家长要诚信威严。

"家人"卦特别强调了主妇的家庭中的重要性，认为主妇正，则一家皆正，延伸到家庭之外的一切必然也正。所以卦辞特别强调"利妇贞"，似乎"家人"卦专为家庭主妇而设。事实上，主妇确实是我们大多数家庭的主要决策人，这不仅因为她们认真细致，更因她们负责照管着油盐酱醋、收入支出以及丈夫和孩子等大小一切事情，她们对家庭问题的了解最深刻、最为全面。所以，做有关家庭问题的决策，主妇的意见往往是正确的。这是每个成了家的男子都应该了解的道理。

治家的原则是家庭成员要各按其本分行事。说通俗一点，就是丈夫像个丈夫，

妻子像个妻子，儿女像个儿女。就是要求家庭的每个成员都为家庭负责，为家庭尽自己该尽的义务和责任。否则，家庭永远治理不好。

梁鸿与孟光"举案齐眉"

梁鸿是东汉时的一个穷书生，他知识丰富，人也正派，深受当地人的尊重。不少富贵人家都想把女儿嫁给他，但都被他拒绝了。

孟光是县里一个有钱人家的女儿，已经三十多岁了，还没有出嫁。有很多有钱的子弟来提亲，都被孟光拒绝了。孟光说："我要嫁给像梁鸿那样贤良而又有学问的人。"

梁鸿知道之后，觉得孟光是一个很贤惠而且又有主见的姑娘，是自己理想的伴侣，就托人到孟家提亲，把孟光娶回了家。

孟光刚结婚的时候，穿着新娘的服饰，打扮很入时。梁鸿看不惯，一连几天都不理她。到了第八天，孟光脱下新装，取下金银首饰，穿着粗布衣服，纺纱织布，下地做饭，做各种家务。梁鸿看了非常高兴，主动上前与妻子说话。

梁鸿与孟光结婚之后，先是在霸陵山中隐居，织布种地，读书弹琴，过着清贫而自在的日子。后来他们搬到了吴中，借了别人一间屋子住下来。梁鸿天天出去帮助人家种地，而孟光则在家中操持家务，两人共同劳动，互敬互爱，过着和睦美满的日子。

每天梁鸿干完活回家，孟光已经做好了饭菜，放在托盘里，双手端着，举得与自己的眼眉一样高，恭敬地送到梁鸿的面前。梁鸿也非常有礼貌地接过来，然后夫妻一起享用。

梁鸿与孟光"举案齐眉"的故事，听起来有点"玄"。夫妻之间没有必要过于注重形式上的东西，但是，互相敬重的确是搞好家庭关系的关键。

古耕虞的成功之道

用人不当会给企业带来灾难。造成用人不当的主要原因是让各种关系干扰了自己的决策。旧中国猪鬃大王古耕虞经营企业时，就注意了这个问题，结果事业如日中天。

古耕虞父亲办企业时，取名"古耕记父子公司"，大有"传诸万世"之意。古耕虞接手后，大胆地开放股权与外姓，他宣布企业是社会上的事业，不是姓古的家族事业。他认为，对于谁能担任董事长总经理，要选贤任能，不是只有姓古的才能当，所以，古耕虞时期，整个公司的领导层中，姓古的不过几个人。大多数经理、助理都是从外面聘请来的，有些还是古耕虞"三顾茅庐"从其他地方请来的。后来古耕虞搜罗国内人才不足，还请了10个美国人5个德国人充当技术顾问。

1946年，古耕虞在美国设代表处，公司大多数人向他建议任命他胞弟古大闳为经理——管理公司在美国的业务，因为他胞弟是美国明尼苏达大学的经济硕士，但古耕虞却认为不可，其理由是他尚无实际经验，不足为任，而另派别人充任代表，

古大阅仅作普通职员。古耕虞认为用人如不以才能为依据,仅凭关系,别人是不会服气的,这怎么发展企业呢?

由于古耕虞在任人时不受各种关系的干扰,结果在他手下集中了一大批人才,他的事业也因此越来越发达。

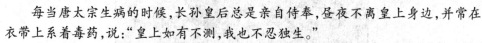
相夫教子,长孙皇后母仪天下

一个家庭的幸福和睦包含了每个家庭成员的身心健康、老有所养、小有所教、婚姻美满等许多因素。家庭和事业同样重要,家庭和睦、舒心,事业才会蒸蒸日上;同样,家庭也需要事业的成功,如果没有事业,碌碌无为,生活就会缺乏经济基础。所以重视家庭,也别忽视事业、放弃事业。在干事业的同时,也要注意多顾自己的小家。这就是家人卦中所阐释的道理。如果你想做成一件事,整天后院起火,那你就绝对做不成,反之,你将迅速做好,只有凭借家庭的力量,才能达到事半功倍的效果。其中更为关键的是夫妻团队,夫妻一条心,黄土变成金,好的夫妻团队就是另一半可以给他全力、无私的支持,反之,将给他同样的反作用力。

现在社会流行这样一种说法:一个男人的终极品位在于选择妻子,因为选择了什么样的妻子就等于选择了什么样的人生。事实也确实如此,俗话说得好"女怕嫁错郎",男人何尝不是。年少的时候,或许曾迷惑于外貌的绚丽,可是生活终究不是广告,随着日子的流逝,渐渐地,发现妻子这也不是那也不是,必然会给自己带来很多烦恼,糟糕的家庭关系必然影响到自己的工作和事业。一代明主唐太宗的成功很大程度就得益于他的妻子长孙皇后。

长孙皇后自幼饱读诗书,受过良好的教育。当唐太宗闲暇无事时,常与她谈古论今。她品评古代人物非常精到,对唐太宗处理政务很有帮助。长孙皇后嘉言懿行,对唐太宗帮助很大。唐太宗正是把长孙皇后作为依靠,才开拓出一片大唐盛世。

唐太宗有暴戾的性格,有时对毫无过错的宫女乱发脾气。长孙皇后见此情况,往往会顺从皇帝,假装发怒,将宫女暂且拘押,等到皇帝怒气平息之时,长孙皇后再为宫女申辩。

每当唐太宗生病的时候,长孙皇后总是亲自侍奉,昼夜不离皇上身边,并常在衣带上系着毒药,说:"皇上如有不测,我也不忍独生。"

长孙皇后有胃病,有一次跟随唐太宗到九成宫,柴绍等人半夜报告有变故,唐太宗穿起甲衣出门询问情况,长孙皇后也抱病随从,左右加以阻止,她义正词严地说:"皇上已受震惊,我心里怎能自安!"从此病情日益加重。

后来长孙皇后病重,众医都束手无策。一日,太子对皇后说:"医药尽备,可疾病不愈,望奏请皇上赦免罪人及剃度一些人士为僧,或可得到神灵福佑。"

皇后听后摇摇头,严肃地对太子说:"死生在天,不是人力所能转移。如果为善即有福,我又不曾干过恶事;如果为善与有福无关,妄自祈求又有什么用!赦免罪犯的诏旨,是国家大事,不可屡屡下达。岂能因为我一个妇人,而让皇上做他不想做的事!如果按你的想法去做,我还不如早早死掉!"

面对长孙皇后这铿锵有力、掷地有声的话，太子再没有胆量上奏了，他只好私自将这件事情告诉宰相房玄龄，房玄龄又转告唐太宗。唐太宗听后，想颁布赦令，却遭到长孙皇后的制止。

这期间，房玄龄因事被免官，长孙皇后知道后很不放心。几个月后，长孙皇后知道自己离大限之期不远的时候，便与太宗诀别："房玄龄伺候皇上多年，小心谨慎，屡有奇谋妙计，如果无重大过失，请陛下不要责罚他。"言辞恳切，令太宗潸然泪下。

长孙无忌与唐太宗是布衣之交，又是皇后之兄。太宗将他视为心腹，平时对他以礼相待，甚至想任用他为宰相。没想到，这一想法遭到长孙皇后的坚决反对，她说："妾位居后宫，我家所受富贵荣宠已达极点，为了宗族安全，实在不应让我的兄长再执掌国政。汉朝吕氏、霍氏和上官氏，可为彻骨之戒，请陛下体察我的心意。"

"妾生时无益于人，更不能以死害人，愿陛下不要因坟茔之事劳烦天下百姓，只要借山为坟，有些瓦木葬器就可以了。"

"妾还愿皇上亲近君子，远离小人，接纳忠谏，省息劳役，中止游猎。如果这样，妾身虽灭于九泉，亦再无所怨恨。此外，也不要儿女前来看我，见到他们悲哀，只会在我心中徒增悲苦。"

然后，皇后取出衣中毒药给皇上看，说："妾身本想在陛下患病不愈之日，以死随从车驾的，因我不想处在当年吕后那样的地位。"

不久，长孙皇后便与世长辞。

长孙皇后不仅是一位杰出的女性，更是一位伟大的"妻子"，从她平时对丈夫——唐太宗细致入微的照顾和她的遗嘱中，我们可以看出：唐太宗李世民之所以能够享有一代明君的美誉，与长孙皇后的竭力相助是分不开的。

长孙皇后去世后，唐太宗非常悲痛，将皇后生前采录历代妇人得失之事写成的

《女则》出示诸位近臣,说:"皇后所写这些书文,足以百世垂范。朕不是不知天命而做无益的悲伤,只是从此以后再也听不到那些有益的劝谏之言,失去了一位良佐,所以不敢忘怀!"

于是他马上召回房玄龄,让其官复原职。长孙皇后难能可贵的是身为皇后,助夫、教子、母仪天下。

作为一个男人,如果有一位贤明的妻子陪你度过一生,那将是你莫大的幸福与荣幸。爱人不但是你生活中的可靠伴侣,更是你事业上的得力助手。

睽卦第三十八

【经文】

兑下离上 睽①小事吉②。

初九 悔亡。丧马勿逐,自复。见恶人,无咎③。

九二 遇主于巷,无咎④。

六三 见舆曳,其牛掣,其人天且劓,无初有终⑤。

九四 睽孤,遇元夫,交孚,厉无咎⑥。

六五 悔亡。厥宗噬肤,往何咎⑦?

上九 睽孤,见豕负涂,载鬼一车,先张之弧,后说之弧,匪寇婚媾,往遇雨则吉⑧。

【注释】

①睽:卦名。通行本为第三十八卦,帛书本为第五十三卦。此与《家人》卦是卦爻翻覆的关系,故次列于《家人》卦后。

"睽"是张目而视(《文选·鲁灵光殿赋》注)、目少精采之义(《一切经音义》),归藏作"瞿","瞿"是惊顾无守之义。二字意义相通,四、上之"睽"即用此义,他爻皆说惊视而有所遇见之事。所惊顾者必为乖违之事,故卦名之"睽"用为"乖",帛书即作"乖",二字音义相通。

《睽》之为卦,上火下泽,火上炎,泽下流,其象为乖违,故可只为小事;然乖极必变,上下颠倒,则为大亨之《革》。

②小事吉:占问小事吉利,但不可为大事,故二、四虽遇主、遇元夫,亦仅获无咎而已。《遁》之"小利贞"、《家人》之"利女贞"、《旅》之"小亨"与此"小事吉"意思接近。或以为阴柔居五而阳刚居二,故曰"小事吉"。但《遁》卦是阳刚居五而阴柔居二,卦辞仍言"小利贞",故不采此说。

③丧马勿逐自复。见恶人,无咎:"逐",追索。"复",返。初九处乖离之渐,故有"丧马"之小失;渐而必盛,故不可逐,逐则愈远;盛而衰、极而反、乖极必合,故云"自复"。初九阳爻,于乖违之时,能以和柔安静之道处之,故虽遇恶人,亦得无咎害。

④遇主于巷,无咎:"主",主人,犹今语之贵人。由初人二,故云"巷",喻乖之渐深。乖违之时,二能以刚居柔,故得以遇贵人之助而免于咎害。"主"盖谓六五,二与五相应。

⑤见舆曳,其牛掣,其人天且劓,无初有终:"曳",人往后拉。"掣",牛往前拉。此喻乖违。六三处下卦之终,介于上下卦之交,间乎二阳之间,二曳于后,四掣于

前,乖违渐深。"其人",指曳车的车夫。"天",截发之刑。"劓",割鼻之刑。古俗以遇见或梦见刑人为不祥。"无初有终",指开始不好而结局好。舆曳牛掣象征乖违,又见刑人更为不祥,此即所谓"无初";六三与上九相应,自有出乖之时,故云"有终"。

⑥睽孤,遇元夫,交孚,厉无咎:"孤",虞翻读为"顾"。"睽孤"即惊顾、张望。"元夫",大夫,在此喻贵人。"交",合、相合。

"孚",卦兆。九四居上卦之初,以刚处柔,又遇贵人相助,所以处乖虽深,仍危而无害。九四以刚处柔位,亲比六五,故"元夫"盖与九二之"主"相近,皆指六五。旧注以"元"为"阳",故认为"元夫"指阳爻初九,似未必。常时以阳为夫,乖违之时,尊者皆得称夫。故二应六五,以六五为主,四比六五,以六五为夫,二遇之得无咎,四遇之得交孚而厉无咎。

⑦厥宗噬肤,往何咎:"厥",其(按:帛书"厥"作"登",盖"其"字之讹)。"宗",主、主人,亦犹贵人,指上九。五承上九,上九为其主。"噬",食,在此做使动词。"肤",肉。"厥宗噬肤"即其主使之食肉。古以梦见食肉为吉。六五既有贵人食肉之邀,前往自然无害。六五即将出乖离睽,故有此象此占。

⑧睽孤,见豕负涂,载鬼一车,先张之弧,后说之弧,匪寇婚媾,往遇雨则吉:"睽孤"即"睽顾",惊顾、张望。"负",背。"涂",泥。"负涂",背上满是污泥。下卦为《兑》泽,故见豕行于沼泽,满背污泥(《庄子》所言"曳尾于涂"之龟与此相近)。豕之与鬼与六三之天与劓相对而言。豕鼻上翻,犹人之劓;鬼皆披发,犹人之髡头,皆不祥之兆。《左传·庄公八年》齐侯田猎,见豕欲射,豕人立而啼,从者以为公子彭生(杜预注"皆妖鬼也"),齐侯田猎后即被杀,亦是豕妖之古事。"说"同"脱",放下。先张弓欲射,以其为妖魅强寇;后放下弓箭,因其为婚媾也。这里的婚媾是指相应的六三阴爻而说,因此指送婚队伍。而《屯》卦六二的"匪寇婚媾"是指相应的九五阳爻而说,因此指迎亲队伍(《贲》卦六四的"匪寇婚媾"指阳爻初九而说,与此同)。既有婚媾,则合之象,已经出乖离睽。雨为阴阳合和之象,盖古俗本有婚娶遇雨为吉兆之说。

【译文】

睽卦:睽是目不相视、相互背离、大事不济、小事吉利。

初九:后悔应该清除。坐骑跑掉不必去追,因为马是家养已久的,一定会自己回来;遇见一个面目狰狞的人,结果平安无事。

九二:在小巷中遇见主人,平安无事。

六三:看见一辆车缓缓而行,拉车的是一头牛,赶车的是一位烙了额、割了鼻的奴隶。开始时牛车前进很艰难,后来道路渐渐平坦,终于顺利前行。

九四:充满对立,孤独无援,幸遇刚健之人以诚相交,才得以转危为安。

六五:悔意消除。遇见一位宗族中人坐在路旁

山东出土的战国时玉器马

吞噬着鲜嫩的肉,因此知道前途无忧。

上九:孤单地行走,忽见前面有一群沾满了泥巴的猪,还有一辆大车,满载着一群形同鬼魅的人,先是向他拉弓搭箭,后来又放下了弓箭,原来是跟他开玩笑。他们不是拦路抢劫的强盗,而是一支娶亲队伍。再往前走,天降喜雨,很吉祥。

【解读】

本卦阐述了离与合、异与同的一般法则。离久则合、异中求同,这是客观规律。有作为的人,有时固然因为时势的考虑、坚持原则的需要,虽同而存异,随和而有别,但是在一般情况下,应以积极主动的姿态,努力从异中求同,结合力量有所作为。异中求同需要有宽宏的胸襟,能包容常人所不能容者。异中求同是顺应时势所要求的权变,它是一种并不违背原则的委曲求全。在异中求同过程中,会有种种障碍,但是只要持之以恒必能如愿。从主观方面分析,异中求同必须真诚,只有相互信任,求同才能成为可能;猜疑则是求同的大碍,如果心中存疑,即便同也会变成异,合变为离。本卦还通过睽久必合的分析再次展示了物极必反这一条普遍规律。

【经典实例】

刘邦的帝王术

《睽卦》阐释离与合,异与同的运用法则,有离必有合,有异必有同,这是必然的自然法则。君子对待消极的力量固然应同中有异,合而不同,顺应大势,坚持原则;但也应积极以异中求同,才能结合力量,有所作为。异中有同,正邪之间也不例外,唯有宽大包容,才能异中求同,异中求同,是为了结合力量,不得已而权变,积极主动去寻求,并不违背原则。异中有同,同必然能合,即或障碍重重,最后也能合,不必忧虑。同中有异,因而必须互信,才能于异中求得同。而且必须去求,才能于异中结合同志;所以,异中求同,为必须而且正当的手段。然而,猜疑是和同的大敌,足以使同也变成异,合也变成离,不能不警惕。

刘邦击败了项羽,登上了皇帝的宝座,但是他对那些昔日与自己攻战杀伐的武将并不放心,不仅没有给他们优厚的封赏,而且还杀了几个武将。一日,刘邦在洛阳南宫边走边观望,只见一群人在宫内不远的水池边,有的坐着,有的站着,一个个看上去都是武将打扮,在交头接耳,像是在议论着什么。刘邦好生奇怪,便把股肱之臣张良找来问道:"你知道他们在干什么?"

张良毫不迟疑地答道:"这是要聚众谋反呢!"

刘邦一惊:"他们为何要谋反?"

张良却很平静:"陛下从一个布衣百姓起兵,与众将共取天下,现在所封的都是以前的老朋友和自家的亲族,所诛杀的是平生自己最恨的人,这怎么不令人望而生畏呢?今日不得受封,以后难免被杀,朝不保夕,患得患失,当然要头脑发热,聚众谋反了。"

刘邦紧张起来:"那怎么办呢?"

张良想了半晌,才提出一个问题:"陛下平日在众将中有没有造成过对谁最恨的印象呢?"

国学经典文库

刘邦说:"我最恨的就是雍齿。我起兵时,他无故降魏,以后又自魏降赵,再自赵降张耳。张耳投我时,才收留了他。现在灭楚不久,我又不便无故杀他,想来实在可恨。"

张良一听,立即说:"好! 立即把他封为侯,才可解除眼下的人心浮动。"

刘邦对张良是极端信任的,他对张良的话没有提出任何疑义,他相信张良的话是有道理的。

几天后,刘邦在南宫设酒宴招待群臣。在宴席快散时,传出诏令:"封雍齿为甚邡侯。"

雍齿真不敢相信自己的耳朵。当他确信无疑真有其事后,才上前拜谢。雍齿封为侯,非同小可。那些未被封侯的将吏和雍齿一样高兴,一个个都喜出望外:"雍齿都能封侯,我们还有什么可顾虑的呢?"

事情真被张良言中了,也就这么化解了。论功封赏,这是件好事。然而,每次论功封赏都不可能面面俱到,结果总是一部分人笑逐颜开,一部分人心灰意冷,弄得不好甚至还会出现一些意想不到的副作用。本来是一件好事,到头来却没有收到好的效果。刘邦的论功封赏,的确体现了战争中以地位作用高低论功,在发现由此出现的一些矛盾后,又能以宽容为怀,化解矛盾,这种智谋既保证了自己队伍中骨干积极性的发挥,又能做到队伍的基本稳定。的确为高明之举。

刘邦的做法有可取之处,他解除了众武将的猜忌,为汉朝储备了军事实力;但是还不能完全肯定他的做法,因为他自己没有完全放下猜忌。所以,他的做法只是帝王术,而非真正完全的君子之道。真正的君子,应如孔子所说"和而不同"。"睽卦"告诉人们,应该完全放下猜忌,求同存异,这样双方共同的事业才会兴盛。刘邦没有完全做到放下猜忌,去真正实行睽卦揭示的精神,遂使汉朝初期一度陷入动乱。

谋士鲁仲连

周元王元年至秦王政二十六年(前475~前221年),秦始皇统一中国之前这段时期,历史上称为"战国时期"。从春秋末期到战国,是我国由奴隶社会向封建社会转型的时期。这一时期,国与国之间由于各自的利害关系,时而联合,时而对抗,出现了齐、楚、燕、韩、赵、魏、秦"战国七雄"称霸中原的局面。这七个国家为了自身的利益经常进行战争,形成万马逐鹿的混乱局面。由于这几个国家力量相差不是很大,所以有时为了共同的利益,也能联合起来。

一次,秦国的军队包围了赵国的都城邯郸,魏安釐王派将军晋鄙领兵救赵。由于害怕秦军的威力,魏军在荡阴(今河南汤阴)屯兵,不再前进了。魏王又派将军辛垣衍潜入邯郸,通过赵国的相国平原君转告赵王说:"秦军之所以紧密围困邯郸,是因为先前跟齐闵王争强,互争帝号。后来秦王无奈放弃西帝的称号,是因为齐王除去东帝称号的缘故。现如今齐国更加弱小了,天下唯独秦国最强。秦国这次出兵不是一定要夺取邯郸,而真正的用意在于求个帝号。赵国如果能派一个使节去拜秦昭王为帝,秦王一高兴,就会撤军了。"平原君听了,觉得不太妥当,一时犹豫

不决。

此时，著名谋士齐国人鲁仲连正巧在赵国做客，听说了这件事情，就去拜见平原君，说："事情怎么样了？"平原君叹了口气，说："我还敢说话吗？赵国已经在境外折损了上百万的军队，现在秦兵又深入国境，包围了邯郸，根本没法让他们退兵。魏王派来的客将军辛垣衍就在这里，要我们尊秦为帝，我哪里还敢说什么！"

鲁仲连是个明白人，他知道若秦国称了帝，其他六国的日子就不好过了，后果不堪设想。当下，他打定主意，便对平原君说："辛垣衍在哪里？让我跟他谈谈吧。"平原君听了，马上说道："让我去请他来见先生吧！"

平原君找到辛垣衍，对他说："齐国有位鲁仲连先生正好在我国，我想介绍他跟将军您见见面。"辛垣衍说道："听说鲁仲连是齐国的高士，我是臣子，奉命来出使，有要职在身，还是不见面为好。"无奈平原君再三劝说，辛垣衍只好答应了。

鲁仲连见了辛垣衍，并不开口讲话。辛垣衍便打趣说道："依我看，留在这座城市里的人，都是要向平原君讨点好处的。可我看先生的样子并不想这么做。那您为什么不离开这里呢？"

鲁仲连便说："世人都认为鲍焦不是从容地死去的，这种看法是不对的。现在没有见识的人才仅仅替个人打算。秦国本来是个不讲礼义、穷兵黩武的国家；用诈术来对待读书人，把百姓当俘虏看待。如果秦王毫无顾忌地做皇帝，统治天下，那么我鲁仲连只有跳东海自杀了，我是决不愿做秦国的百姓的！我之所以来见将军，是想对赵国出点力啊！"辛垣衍便问："先生怎样来帮助赵国呢？"鲁仲连说："我打算让魏、燕两国出力帮助它，齐、楚两国已经在帮赵国了。"辛垣衍听了，不以为然，说道："先生有何良策来让魏国帮助赵国呢？"鲁仲连说："这很容易！以前，魏国没有看到秦国称帝后的害处，如果知道了这些害处，它一定会帮助赵国的。"

"什么害处呢？"

鲁仲连听了，便继续说下去："以前齐威王实行仁义，倡导天下诸侯去朝见周天子。那时，周王室衰微，诸侯都不愿去朝见周天子，只有齐王单独去。周天子死了之后，齐王就对他破口大骂，这实在是由于忍受不了天子的苛求啊！既然尊为天子，倒也认为理所当然。"

辛垣衍说："先生您没见过仆人吗？十个仆人听从一个主人，难道是力气比不过、才智跟不上吗？是因为怕他啊！"

鲁仲连点了点头，又问辛垣衍："魏国对于秦国好比仆人对主人吗？"

"是！"

鲁仲连听了，不禁笑道："那你们就甘愿当仆人吗？你还是再听我说两件事情吧！以前，鬼侯、鄂侯和西伯侯是商朝的三公。鬼侯有位女儿长得很漂亮，鬼侯为了显示对纣王的忠心，便把女儿献给他。谁知纣王却并不领情，反而嫌她丑，认为鬼侯有欺君之心，就把他杀了。鄂侯为鬼侯辩解时由于言辞激烈，也被纣王杀了。西伯侯姬昌听了，叹了口气，依旧被纣王关进监牢。为什么有如此才能、具备了称帝的条件的人，会有如此下场呢？再有，齐闵王要到鲁国去，夷维子跟随他一同去。夷维子对鲁国人说：'你们准备怎样款待我们的国君呢？'鲁国人回答道：'我们准备用牛、羊、猪各十头来款待你们国君！'夷维子说：'你们这样接待我们国君，是哪来的礼节呀？我们的

国君是天子。天子出来视察，诸侯都得让出正殿，自己住在殿外，交出钥匙，还得像仆人一般，撩起衣襟，端着几案，站在堂下，侍候天子用膳。要等天子吃过了酒食，才告退下去听政办公。'鲁国人一听，把城门关得紧紧的，最终没让他们一行进去。于是，齐闵王不得不转道去薛国。路过邹国的时候，正逢邹国国君去世，齐闵王便想前去吊丧。夷维子对邹国刚即位的国君说：'天子来吊丧，主人一定要把灵柩移转方向，坐南朝北，好让天子南面致吊礼。'邹国的群臣哪里肯依，群情激愤地说：'如果你们一定要这样做，我们就自刎而死，决不受辱！'齐闵王见状大惊，也就不敢去邹国了。邹国和鲁国的臣子活着的时候，轮不着他们在天子跟前当差，死后也不能按照隆重的仪式盛殓。同样，闵王想让他用对待天子的礼节来侍奉自己，也是办不到的。如今秦国是个有万辆战车的大国，魏国也是，彼此同样可以称王。但若仅仅看到秦国打了一次胜仗就想尊秦为帝，这样看来，韩、赵、魏的大臣们还比不上邹、鲁的臣子呢！再者说，秦王的贪心没有止境。如果他真的称帝了，就会变换诸侯的大臣，撤换他认为不行的人，提拔他认为能干的人，处罚他所厌恶的人，赏赐他所喜爱的人。他还要把自己的女儿和那些喜欢说坏话的女人嫁给诸侯作为妃嫔。这样的人进入魏国的王宫，魏王还能心安体泰、平安无事吗？就将军你而言，又怎能保证仍旧保持以前魏王对你的宠幸呢？"

鲁仲连的声音抑扬顿挫，他的这一番话把辛垣衍说得心服口服。辛垣衍站起身来，拜了两拜，抱歉地说："我起先以为先生是个普通人，今天我才知道先生真是天下少见的高士！我要走了，决不会再提尊秦为帝的事情。"辛垣衍离开了，鲁仲连为自己的一番努力有了结果而感到欣慰。他准备静观事态的发展。

秦国的将领知道了这件事后，就退兵五十里。这时，魏安釐王的弟弟信陵君夺取了晋鄙的兵权，统率大军来援救赵国，攻打秦国，秦军不敌，就撤兵了。

战斗胜利了，这可解了赵国的燃眉之急，帮了赵国的大忙。于是，平原君决定封赏鲁仲连。鲁仲连再三推辞，怎么也不肯接受。平原君设宴款待时，鲁仲连说道："作为天下之士可贵的地方就在于他们乐于替人排难解纷，而不取任何报酬。如果拿了报酬，那就跟商人没有什么两样。我鲁仲连可不愿做这样的人！"于是，鲁仲连向平原君告辞，离开了赵国，从此再也没有露面。

求同存异

1954年10月，周恩来接待应邀前来我国访问的印度总理尼赫鲁。会谈中，尼赫鲁谈到亚非会议问题。周恩来表示：我们愿意参加这个会议，因为这个会议是为亚非和平和世界和平努力的。1955年4月4日，周恩来向中共中央提出《参加亚非会议的方案（草案）》和《访问印度尼西亚计划（草案）》，指出："我们在亚非会议的总方针应该是争取扩大世界和平统一战线，促进民族独立运动，并为建立和加强我国同若干亚非国家的事务和对外关系创造条件。"第二天，他参加了中共中央政治局的讨论。6日，国务院会议上通过了周恩来提出的参加会议的方针和代表团成员名单。周恩来为代表团首席代表，陈毅、叶季壮、章汉夫、黄镇为代表。7日，周恩来率代表团去广州。

　　亚非会议定于4月18日至24日在印度尼西亚的避暑胜地、风光明媚的山城万隆市召开。周恩来这时刚动过阑尾炎手术。他认为这次会议非常重要，一定要亲自参加。14日，他到达仰光。15日晚同尼赫鲁、吴努、纳赛尔、范文同、纳伊姆汗举行非正式六国会议交换意见。周恩来提出在亚非会议上不提共产主义问题，以免引起不必要的争论，致使会议无结果。这个建议获得一致赞同。17日，到达万隆。18日，亚非会议开幕。

　　亚非会议是第一次由亚非国家独立召开，没有西方殖民国家参加的会议。帝国主义和反动派对这次会议十分害怕，极端仇视，一开始就施展种种阴谋，企图阻挠和破坏。蒋介石还派出了暗杀团组织，打算在万隆暗杀周恩来等。但在爱国主义的感召下，暗杀组织成员中有人向中国代表团报告了，中国代表团及时采取了预防措施。帝国主义见破坏会议召开的阴谋没有得逞，转而又利用亚非国家社会制度和意识形态的不同，以及长期殖民统治造成的相互之间的某些隔阂，挑拨离间，企图使会议陷于无休止的争论而归于失败，特别是挑唆中华人民共和国和其他亚非国家的关系。参加会议的29个国家中，同中国建交的只有7个，同美国有援助关系的有22个。许多国家对中国很不了解，有些国家受帝国主义的影响，对中国怀有恐惧甚至敌意。美国认为它有充分把握破坏这个会议。在帝国主义的挑唆下，会议一开始，有的国家的代表就提出所谓"共产主义威胁"，所谓"颠覆活动"等，会议气氛相当紧张。

　　4月19日，会议第二天的下午，轮到中国代表发言。鉴于以上情况，周恩来临时决定把原定的发言稿作为书面稿印发与会者，自己则利用午间的短暂休会时间起草补充发言稿，以回答对中国的造谣中伤。他一边写，一边交给工作人员译成外文。下午的全体会议上，他发言指出：

　　"中国代表团是来求团结而不是来吵架的。我们共产党人从不讳言我们相信共产主义和认为社会主义制度是好的。但是，在这个会议上用不着来宣传个人的思想意识和各国的政治制度，虽然这种不同在我们中间显然是存在的。"

　　他说："中国代表团是来求同而不是来立异的。在我们中间有无求同的基础呢？有的。那就是亚非绝大多数国家和人民自近代以来都曾经受过、并且现在仍在受着殖民主义所造成的灾难和痛苦。这是我们大家都承认的。从解除殖民主义痛苦和灾难中找共同基础，我们就很容易互相了解和尊重、互相同情和支持，而不是互相疑虑和恐惧、互相排斥和对立。"

　　他说："本来，对于美国一手造成的中国台湾地区的紧张局势，我们很可以在这里提出……请求会议加以讨论。……我们也可以提议会议讨论承认和恢复中华人民共和国在联合国的合法地位问题。……而且，中国在联合国所受的不公正待遇，也可以在这里提出批评。但是，我们并没有这样做。因为这样一来，就很容易使我们的会议陷入对这些问题的争论而得不到解决。"

　　他说："我们的会议应该求同而存异。"会议应该把"共同愿望和要求肯定下来"，"我们还应在共同的基础上来互相了解和重视彼此的不同见解"。他谈了不同的思想意识和社会制度问题、有无宗教信仰自由的问题、所谓颠覆活动的问题，并说，"中国俗话说'百闻不如一见'，我们欢迎所有到会的各国代表到中国去参

观，你们什么时候去都可以，我们没有烟幕，倒是别人要在我们之间施放烟幕。"

他在发言的最后说："十六万万亚非人民期待着我们的会议成功。全世界愿意和平的国家和人民期待着我们的会议能为扩大和平区域和建立集体和平有所贡献。让我们亚非国家团结起来，为亚非会议的成功努力吧！"

周恩来的发言获得了与会代表普遍热烈的欢迎和赞扬，会场响起了经久不息的掌声。当他讲毕回到自己的座位时，许多代表过来同他握手祝贺。缅甸总理说：周恩来的演说是"对打击中国的人一个很好的答复"。有些在会上发表过攻击中国的言论的代表也不得不承认"这个演说是出色的，和解的，表现了民主精神"。周恩来的发言，阐明了中国的外交政策，回击了反动派的造谣诬蔑，使一些国家对中国的认识更清楚了。这个发言，引导会议绕过暗礁，拨正方向，回到了正确的轨道上来。"求同存异"这个1954年周恩来曾提出的同英国等西方国家交往的方针，成了万隆会议的原则。

会议毕竟取得了成功。经过各国代表的反复磋商，特别是周恩来在坚持原则的基础上同意把五项原则的前四项改为七项，同意把"和平共处"一词改为联合国宪章的用词"和平相处"，这样，终于通过了万隆会议的十项原则。这十项原则，是照顾了有些国家避嫌不愿直接提和平共处五项原则的情况，实际上包括了和平共处五项原则的全部内容。

会议期间，周恩来打破资产阶级外交规格，同与会各国的代表，不管小国还是大国，已经建交还是尚未建交，都积极主动地进行了广泛的接触，交结了很多朋友，增进了各国对中国的了解，为后来一些亚非国家同中国建立外交关系创造了条件，为进一步发展中国同广大亚非国家的友好关系打下了良好的基础。

周恩来顾全大局的崇高风格、平等待人的谦逊作风和作为政治家所具有的广阔胸怀，博得了与会代表一致的钦佩和赞扬。中国的保卫和平、反对战争和大力支持亚非国家正义斗争的严正立场，和"求同存异""协商一致"，不强加于人，摆事实，以理服人的态度，赢得了广大亚非国家的同情和支持。各国代表普遍肯定了周恩来对亚非会议所做出的杰出贡献。著名黑人学者杜波依斯夫妇曾对王炳南说："非洲大陆人民的解放事业受到国际广泛注意，正是周总理在万隆会议上的精辟讲话所引起的。"

5月13日，周恩来回国后在全国人大常委会上做《关于亚非会议的报告》，阐述了这次会议的重大历史意义。他说："这个会议是在没有西方殖民国家的参加下，由渴望掌握自己国家命运的亚非国家举行的，它反映了占全世界人口一半以上的亚非人民的共同愿望和要求。"这在历史上是第一次。

1956年底到1957年初，周恩来出国访问亚欧11国，"寻求友谊、寻求知识、寻求和平"。同时，他十分重视开展人民外交活动，在这个历史时期，尽管不少国家同中国还没有建交，但是友好团体和民间人士的往来络绎不绝，中国在世界上发挥越来越重要的作用。

本卦阐述了离与合、异与同的一般法则。离久则合、异中求同，这是客观规律。国家与国家的建交是这样，个人之间的交往也是如此。有作为的人，有时固然因为时势的考虑、坚持原则的需要，虽同而存异，随和而有别，但是在一般情况下，应以

积极主动的姿态,努力从异中求同,结合力量有所作为。异中求同需要有宽宏的胸襟,能包容常人所不能容者。异中求同是顺应时势所要求的权变,它是一种并不违背原则的委曲求全。在异中求同过程中,会有种种障碍,但是只要持之以恒必能如愿。从主观方面分析,异中求同必须真诚,只有相互信任,求同才能成为可能。

苏秦合纵连横

有离必有合,有异必有同,这是必然的自然法则。这与对方建立合作关系,能否成功的核心就是彼此间有无共同的利益。战国时的苏秦之所以能够凭借一张嘴,从求同存异的角度切入,让各国认清了"合纵"与自己国家的利害息息相关,将相异的六国联合在一起,形成了对付强大秦国的联盟。

战国中期,著名纵横家苏秦,开始时企图推行连横政策,当时秦孝公已卒,他坚决支持商鞅的变法,而孝公的继承者秦惠王新立,不用辩士,故而苏秦没有在秦国得到什么职位。

苏秦怀着愤恨和不满,转而到关东六国组织合纵反秦。

周显王三十六年(公元前333年),苏秦到达燕国,求见燕文公,对他说,燕国与赵国是近邻,受到赵国的威胁要大于秦国,所以要联合赵国来保全燕国。燕文公认为他的话很有道理,便采纳了这个意见,于是苏秦得到燕国器重。

苏秦到了赵国,对赵肃侯说,赵国处于关键的地方,对于六国有所偏移,则最终对自己不利,而联合六国,可以有效地制衡秦国,成就霸业。赵肃侯觉得苏秦说的

很有道理,打心眼里高兴,立即优厚地款待苏秦,赐给他大量财物,作为他去联络其他诸侯的费用。

苏秦到了韩国,见到韩宣惠王,针对韩国的形势分析说韩国的土地是有限的,而秦国的需求是无限的,以有限的土地,去对付无限的需求,这简直是拿钱去买祸害,不经过战争就悄悄地把土地消耗光。韩宣惠王把苏秦的话琢磨了一阵,决定参加合纵。

苏秦到了大梁,假托赵王的命令,向魏王提出六国同盟、合力抗秦的方针,劝魏王不要向秦国称臣,说魏国地方似乎不大,但是人烟稠密,武士众多,足以联合他国,抗击强秦。魏王也采纳了苏秦的方针。

苏秦又来到齐国,向齐王发表了长篇的说辞,晓之以秦国不可能越过赵魏来攻打齐国,而齐国居然臣服于秦国,很令人蒙羞的。齐王听了他的话,顿时有所醒悟,急着向苏秦请教今后的方针。苏秦果断地说:"你们还没有沦为秦国的附庸,并且有着自己的地位。因此,我建议大王参加六国同盟,互相支持,使秦国根本不敢跨进关东半步。"齐王连连答应。

苏秦对楚威王说,楚国是天下的强国,秦国最怕的就是楚国,六国中其他各国已经联合,楚国不参与,则必然为秦国所攻。楚威王高兴地同意加入合纵集团,并愿意做联盟的领袖。

经过这样的一番游说,建立起了秦国为之忧虑的六国合纵联盟。苏秦成为纵约长,执六国相印,并给秦国下了纵约书,秦国15年不敢出函谷关东进。

异中求同,是客观规律。国家与国家的建交是这样,个人之间的交往也是如此。有作为的人,有时固然因为时势的考虑、坚持原则的需要,虽同而存异,虽合而有别,但是在一般情况下,应以积极主动的姿态,努力从异中求同,团结所有的力量以便大有所为,这对所有加入者都有益处。

团结产生力量,任何一个团队必须先统一思想,成员之间要相忍、相容,要有吃亏精神,要善于在异中求同,在同中存异。领导者要有自知之明,切不要有狭窄的视野、固定的模式、陈腐的框框,更不要疑心太重。还要保持清醒的头脑,学会"去粗取精,去伪存真",择其善者而从之。遇到困难时,团队成员应该做到患难与共、共同承担责任,处理工作要有大局观念,在处理内部的团结上也要有大局观念,从大局出发求团结,这样团队才能经得起波折和风浪,才能无往而不胜。

蹇卦第三十九　☷

【经文】

艮下坎上　蹇①利西南,不利东北。②利见大人,贞吉。

初六　往蹇来③誉。

六二　王臣蹇蹇,匪④躬之故。

九三　往蹇,来反⑤。

六四　往蹇,来连⑥。

九五　大蹇,朋来。

上六　往蹇,来硕⑦,吉。利见大人。

【注释】

①蹇卦:艮下坎上,象征行事艰难。"蹇"难也。

②利西南,不利东北:西南象征平地,所以"利";东北象征山丘,所以"不利"。

③来:返回,归来。

④匪:非。躬:自身。

⑤反:通"返"。

⑥连:连络、连合。

⑦硕:大。

【译文】

蹇卦 因跛而行走不便,象征处事艰难。蹇卦的卦象是下单卦为艮,艮为东北,指山区地貌;上单卦为坎,坎为水。山水结合有奔涉千山万水之象利西南,不利东北。困境中必须有大才大德之人,固守正道,整饬家邦。宜于君子修德。

初六 知难而止,量力而行,耐心等待,才能获得美誉。

六二 君王的臣子历尽艰险,奔走赴难奋力营救。不为自己的私事,而是意在报国。

九三 外出行动遭逢艰难,不如相与慎守返回家园。

六四 风险赴难,为的是济世救人。因此必须同心同德,这样才能担此重任。

九五 九五难是大难。君王如能深体天下之危机,虽无为但善与人同。并操守中正,故能得臣民之拥护。

上六 努力拯救时艰,历尽艰难可建大功,十分吉祥。有利于施世大德人才出现。

【解读】

本卦阐述了处在困境时的一般原则。遇到困难和危险时,应该停止行动先求自保,若冒险前进则有陷险之危。一旦陷入险境,应该奋不顾身互相援助,审时度势,联合同志共渡难关。正义的事业、有德的君子,即使陷入最危险的境地,也会得到志士仁人的援助而化险为夷。即将脱离险境时,更应该注意与贤能之士的结合,紧紧地追随刚毅中正的领袖,以免功败垂成。

【经典实例】

不同的选择就有不同的结果

同样是危机和困难,是往"西南"还是往"东北",结果往往大相径庭。危机的另一面往往是亨通,困难的背后也常常隐藏着机遇。是"利"还是"不利",关键看你在危机面前是否可以做出明智的选择。希腊船王奥纳西斯一生遇到很多艰难险

阻,但他总是凭着机智的选择和得当的策略脱离险境,最终走向了辉煌的成功。

奥纳西斯出生于爱琴海之滨的伊兹密尔,他的父母是烟草商人。1929年,正当奥纳西斯准备去德国读大学时,土耳其人占领了伊兹密尔。接着,奥纳西斯及其父母都遭逮捕。由于奥纳西斯年龄还小,不久便被释放了。回到家里以后,他做了第一次重大抉择,取走了父亲锁在保险柜里的钱,将全家人保释了出来。这一年,奥纳西斯只有16岁。

奥纳西斯乘坐一艘驶向阿根廷的破旧货船来到阿根廷首都布宜诺斯艾利斯,不久便在电话公司找到了一份做电焊工的工作。当时,电话公司实行计件工资制,只要努力工作,任何一个移民都可以获得不少的报酬。奥纳西斯每天工作16个小时,有时甚至通宵达旦地加班。为了节省一点钱,他和另一个打工仔合租了一张床,轮流睡觉。经过一段异常艰苦的生活,奥纳西斯积攒了一笔数目可观的钱。

当奥纳西斯手中有了一定的积蓄后,他选择了从小就耳濡目染的烟草业作为投资对象。当时,南美烟草业被几个大老板所垄断,要打入进去比较困难。但奥纳西斯从自己吸烟的独特癖好中找到了突破口。他发现南美洲及阿根廷的烟草不像希腊烟草那么柔和,许多希腊人都吸不惯阿根廷带有浓烈烟味的香烟,敏锐的奥纳西斯从中看到了成功的希望,于是他就把市场定位在专营希腊香烟上。他四处借钱,买了一台卷烟机。不到两年,他就赚了将近100万比索。

奥纳西斯对此并不满足,他又看上了烟草贸易和烟草运输。他租了一艘轮船,短短四年就从中获利30万美元,成为希腊侨民中的杰出代表,并受到阿根廷的普遍关注和尊重。

但正当奥纳西斯官运商运都亨通的时候,爆发了席卷全球的经济危机。在这场灾难的袭击下,世界贸易陷于瘫痪状态,而海上贸易更是首当其冲,1931年的海运量仅为1928年的35%,许多扬帆商海的巨轮顷刻间失去了用武之地。

奥纳西斯当然也身陷危机之中,但他很快就摆脱出来,进而抓住了这个千载难逢的良机而大发其财。

奥纳西斯得到一个消息说:加拿大一家公司在这场危机中也元气大伤,要拍卖6艘货船,10年前价值200万美元,如今每艘只卖2万美元仍然无人问津。奥纳西斯一听到这个消息,他当机立断,义无反顾地赶往加拿大,以12万美元将6艘旧船悉数买下。当时,许多人都把奥纳西斯这一怪举视为丧失理智的狂乱行为,简直是在为自己寻找葬身之地。可是奥纳西斯却坚信,危机总有一天会过去,好日子一定会到来,货船肯定会重新获得它应有的价值。

这次经济危机最终激发了第二次世界大战。大战的爆发,需要大量的商船、货船运送战时的军需用品和日常用品,这就给那些拥有船只的人们提供了良好的机会。一夜之间,奥纳西斯在加拿大购买的6艘货船给他带来了财运。奥纳西斯终于实现了自己多年以来的梦想,成了一位名副其实的大船王。

至1975年,他已拥有45艘油轮,其中有15艘是20万吨以上的超级油轮,从而成为世界上最大的私人商船队。

奥纳西斯的过人之处,在于他在"蹇"中没有束手投降,而是充分发挥自己的聪明才智,寻找可以同舟共济渡难关、谋大事的合作者。这种行为,不仅使之顺利

克"蹇",而且借此走向了更辉煌的明天。

大唐名臣狄仁杰

　　《蹇卦》阐释处困境的原则。在困境中,应当用柔,不宜用刚;应当积极谋求对策,不可一味退缩;应当反省,坚持正义;应当充分了解状况,而且量力,当然不能轻率冒险。一旦陷入危险,就唯有奋不顾身彼此相救才能脱险。明知有困难,冒险侥幸,不如退守自保,先求安全,再寻出路。必须冒险犯难时,也应当结合同志,增强力量。尤其要坚持正义,得道多助,才能感召同志,应当结合贤能,追随贤能,才能转危为安。

　　唐代武则天专权时,为了给自己当皇帝扫清道路,先后重用了武三思、武承嗣、来俊臣、周兴等一批酷吏。

　　一次,酷吏来俊臣诬陷平章事狄仁杰等人有谋反的行为。来俊臣出其不意地先将狄仁杰逮捕入狱,然后上书武则天,建议武则天降旨诱供,说什么如果罪犯承认谋反,可以减刑免死。狄仁杰突然遭到监禁,既来不及与家里人通气,也没有机会面奏武后说明事实,心中不由焦急万分。审讯的日期到了,来俊臣在大堂上宣读完武后诱供的诏书,就见狄仁杰已伏地告饶,趴在地上一个劲地磕头,嘴里还不停地说:"罪臣该死,罪臣该死! 大周革命(武则天夺取政权后,改国号为大周)使得万物更新,我仍坚持做唐室的旧臣,理应受诛。"狄仁杰不打自招的这一手,反倒使来俊臣弄不懂他到底唱的是哪一出戏了。既然狄仁杰已经招供,来俊臣将计就计,判了他个"谋反是实",免去死罪,听候发落。

　　来俊臣退堂后,坐在一旁的判官王德寿悄悄地对狄仁杰说:"你也可再诬告几个人,如把平章事杨执柔等几个人牵扯进来,就可以减轻自己的罪行了。"狄仁杰听后,感叹地说:

　　"皇天在上,后土在下,我既没有干这样的事,更与别人无关,怎能再加害他人?"说完一头向大堂中央的顶柱撞去,顿时血流满面。王德寿见状,吓得急忙上前将狄仁杰扶起,送到旁边的厢房里休息,又赶紧去处理柱子上和地上的血渍。

　　狄仁杰见王德寿出去了,急忙从袖中抽出手绢,蘸着身上的血,将自己的冤屈都写在上面,写好后,又将棉衣里子撕开,把状子藏了进去。

　　一会儿,王德寿进来了,见狄仁杰一切正常,这才放下心来。

　　狄仁杰对王德寿说:"天气这么热了,烦请您将我的这件棉衣带出去,交给我家里人,让他们将棉絮拆了洗洗,再给我送来。"王德寿答应了他的要求。

　　狄仁杰的儿子接到棉衣,听说父亲要他将棉絮拆了,就想:这里面一定有文章。他送走王德寿后,急忙将棉衣拆开,看了血书,才知道父亲遭人诬陷。他几经周折,托人将状子递到武则天那里,武则天看后,弄不清到底是怎么回事,就派人把来俊臣召来询问。来俊臣做贼心虚,一听说太后要召见他,知道事情不好,急忙找人伪造了一张狄仁杰的"谢死表"奏上,并编造了一大堆谎话,将武则天应付过去。

　　又过了一段时间,曾被来俊臣冤杀的平章事乐思晦的儿子也出来替父申冤,并得到武则天的召见。他在回答武则天的询问后说:"现在我父亲已死了,人死不能复生,但可惜的是太后的法律却被来俊臣等人给玩弄了。如果太后不相信我说的

国学经典文库

话，可以吩咐一个忠厚清廉，你平时信赖的朝臣假造一篇某人谋反的状子，交给来俊臣处理，我敢担保，在他酷虐的刑讯下，那人没有不承认的。"

武则天听了这话，稍稍有些醒悟，不由想起狄仁杰一案，忙把狄仁杰召来，不解地问道："你既然有冤，为何又承认谋反呢？"

狄仁杰回答说："我若不承认，可能早就死于严刑酷法了。"武则天又问："那你为什么又写'谢死表'上奏呢？"狄仁杰断然否认说："根本没这事，请太后明察。"

武则天拿出"谢死表"核对了狄仁杰的笔迹，发觉完全不同，才知道是来俊臣从中做了手脚，于是下令将狄仁杰释放。

狄仁杰公正执法

狄仁杰忍耐住刚强直率的性格与对手周旋，终于使自己得到昭雪。是"蹇卦"的智慧保住了这位大唐名臣的性命。

希腊船王的智慧

1968 年 10 月 20 日，一个希腊商人与美国总统约翰·肯尼迪的遗孀杰奎琳在斯科尔比奥斯岛举行了一场轰动全球的婚礼。这场婚礼不仅让美国人丢失了面子，而且让美国人伤透了心。这个伤透美国人心的人物就是希腊船王奥纳西斯。

奥纳西斯出生于爱琴海之滨的伊兹密尔。他的父母是烟草商人，1992 年，正当奥纳西斯准备去德国读大学时，土耳其人占领了伊兹密尔。接着，奥纳西斯及其父母都悉遭逮捕。由于奥纳西斯年龄还小，不久便被释放了。回到家里以后，他取走了父亲锁在保险柜里的钱，将全家人保释了出来。这一年，奥纳西斯只有 16 岁。

奥纳西斯乘坐一艘驶向阿根廷的破旧货船来到阿根廷首都布宜诺斯艾利斯，不久便在电话公司找到了一份做电焊工的工作。当时，电话公司实行计件工资制，只要努力工作，任何一个移民都可以获得不少的报酬。奥纳西斯每天工作 16 个小时，有时甚至通宵达旦地加班。为了节省一点钱，他和另一个打工仔合租了一张床，轮流睡觉。经过一段异常艰苦的生活，奥纳西斯积攒了一笔数目可观的钱。

当奥纳西斯手中有了一定的积蓄后，他选择了从小就耳濡目染的烟草业作为投资对象。当时，南美烟草业被几个大老板所垄断，要打入进去比较困难。但奥纳西斯从自己吸烟的独特癖好中找到了突破口。他发现南美洲及阿廷的烟草不像希腊烟草那么柔和，许多希腊人都吸不惯阿根廷带有浓烈烟味的香烟，敏锐的奥纳西斯从中看到了成功的希望，于是他就把市场定位在专营希腊香烟上。他四处借钱，买了一台卷烟机。不到两年，他就赚了将近 100 万比索。

奥纳西斯对此并不满足。他又看上了烟草贸易和烟草运输。他租了一艘轮

船,短短四年就从中获利 30 万美元,成为希腊侨民中的杰出代表,并受到阿根廷的普遍关注和尊重。

但正当奥纳西斯官运商运都亨通的时候,爆发了席卷全球的经济危机。在这场灾难的袭击下,世界贸易陷于瘫痪状态,而海上贸易更是首当其冲,1931 年的海运量仅为 1928 年的 35%,许多扬帆商海的巨轮顷刻间失去了用武之地。

不过,奥纳西斯并没有成为这次危机的牺牲品,相反他是抓住了这个千载难逢的良机而大发其财。

奥纳西斯得到一个消息说:加拿大一家公司在这场危机中也元气大伤,要拍卖 6 艘货船,10 年前价值 200 万美元,如今每艘只卖 2 万美元仍然无人问津。奥纳西斯一听到这个消息,他当机立断,义无反顾地赶往回拿大,以 12 万美元将 6 艘旧船悉数买下。当时,许多人都把奥纳西斯这一怪举视为丧失理智的狂乱行为,简直是在为自己寻找葬身之地。可是奥纳西斯却坚信,危机总有一天会过去,好日子一定会到来,货船肯定会重新获得它应有的价值。

这次经济危机最终激发了第二次世界大战。大战的爆发,需要大量的商船、货船运送战时的军需用品和日常用品,这就给那些拥有船只的人们提供了良好的机会。一夜之间,奥纳西斯在加拿大购买的 6 艘货船给他带来了财运。奥纳西斯终于实现了自己多年以来的梦想,成了二位名副其实的大船王。

大战结束后,奥纳西斯却已敏锐地看到,战后各国经济将会进入一个迅速复兴和重建的阶段。而经济的大发展必然会大大地刺激人类对于石油等能源的需求,而石油消耗量的大幅度增加,势必会导致油船运费的猛增。为此,在其他船东仍然对战后的发展形势持观望态度的时候,奥纳西斯立即从他的商船队中抽出大笔资金投资建造油船,为日后的石油争夺战做了充分准备。

当时,阿拉伯丰富的石油引起了世界的关注,而阿美石油公司及其股东们则垄断了阿拉伯石油的开采。奥纳西斯到达麦加后,同年迈的沙特国王进行了一次长时间的密谈,临别前又和王储阿卜杜拉·阿齐兹进行了长谈。

阿美石油公司同沙特国王签订了十分明确的垄断开采石油的合同,合同规定:阿美石油公司拥有石油的垄断开采权,并用自己的油船把开采出来的石油运往世界各地销售;每采一吨石油就要付给沙特国王相当数目的特许开采费。精明的奥纳西斯却发现所订立的合同中有一个小小的空子可以钻,即合同中并没有载明排斥沙特阿拉伯拥有属于自己的油船来从事石油运输。奥纳西斯此次麦加之行,正是想向沙特国王指明这一点,并愿意为沙特提供油船,而借此一举进军沙特的石油。奥纳西斯对沙特国王游说:阿美石油公司把你的石油开采出来,又通过运输卖出去则可以赚到两倍的钱。你为什么不自己买船运输呢?

为了促使国王同意,奥纳西斯还将德国原希特勒的国家银行总裁雅马尔·沙赫特请到沙特来游说国王。他应奥纳西斯之邀,劝说沙特国王采纳奥纳西斯的意见,并建一个有奥纳西斯参加的阿拉伯油船公司,沙赫特本人则可以通过德国的一个财团借款给他们,以便购买奥纳西斯的油船,组建自己的石油运输船队。

从 1951 年到 1955 年,奥纳西斯拥有油船的总吨位就从战前的区区 1 万吨,迅速发展到 5 万吨,成为当时世界石油运输界的一支重要力量。

至 1975 年,他已拥有 45 艘油轮,其中有 15 艘是 20 万吨以上的超级油轮,从而成为世界上最大的私人商船队。

破釜沉舟

1983 年底郑俊怀被任命为呼和浩特市回民奶食品总厂(后来发展为伊利集团)的厂长,可那时候这个厂设备简陋、工艺落后、人员素质不高、管理混乱……使这个厂面临着倒闭的命运。

怎么样才能使这个厂起死回生呢? 在困难面前,在逆境中成长起来的郑俊怀仔细分析了厂子的现状和原因,在洞察了回民奶食品总厂的方方面面之后,他相信,凭自己的能力,有全厂职工的支持,一定能使这个厂旧貌换新颜。

通过不断的分析思索,他的思路逐渐开阔起来,他的组织、管理、经营能力也有效地凸显了出来。上任伊始,郑俊怀先为企业规定了各项生产、经营、管理制度,使企业很快就走上了正轨。接着,他把生产新产品作为企业发展的突破口。

为了确保新产品在春节期间上市,到了腊月二十八,郑俊怀和工人们都放弃了休息。经过多次试验,他们的新产品——一毛钱一支的奶油冰棍终于面市了。然而,这种新产品却未能引起人们的青睐,他们首次开发的新产品以失败而告终,工厂的信任危机也随之面临着挑战。

在这种情况下,职工们的情绪非常低落,没想到自己的心血就这样白白花费了。有些工人甚至心灰意懒,无心再做其他事情。郑俊怀却好像没发生什么事似的,他抚慰他的职工们说:"这算什么,我们要做的是大事,做大事就不能向困难低头。自古以来,哪个做成大事的人没有经历过失败。"他的鼓舞使工人们又重新振作起来。

与此同时,他也寻找失败的原因。后来找到了原因所在:企业要想发展,必须开发出新的高质量的乳制品,而不是一毛钱一支的奶油冰棍。

这一年的正月十五,当别人家都沉浸在家庭团圆的幸福中时,郑俊怀却独自一人到上海考察冷饮市场和生产设备去了。在那里他看上了一种生产雪糕的设备,但是这种设备非常抢手,即使付现款也得等 1 年才能提货。并且当时的回民奶食品总厂根本就没有钱。这个难题摆在了郑俊怀面前。

郑俊怀马上返回呼市向银行要求贷款,可是他的厂是个小厂,又面临亏损,企业信誉又不高,银行拒绝贷款给他。

面临艰难处境,郑俊怀拿出了破釜沉舟的决心,他每天都在银行里死缠硬磨,就这样坚持了 1 个多月,他这种"得不到贷款誓不罢休"的精神感动了一位农行领导,他终于贷到了 10 万元资金。

贷到款后,郑俊怀马上派了两位厂领导去上海。这两位厂领导走之前对郑俊怀说:"我们一定尽力把设备买回来。"郑俊怀生气了:"把'尽力'那两个字去掉,你们一定要把设备买回来。"两位厂领导犯了难说:"人家要是不卖呢?"郑俊怀说:"我怎么把款贷出来的,你们就能怎么把设备买回来。"两位厂领导茅塞顿开,到了上海后不辞劳苦,一遍一遍地找厂家,厂长终于也被打动,卖给了他们设备。

设备到达厂里后,郑俊怀为了抢时间不分昼夜地与工人们一道工作,并肩作战,不到一个月,设备就安装完毕,靠这套日产雪糕10万支的设备,回民奶食品总厂当年的利润,达到了10万元。就是这10万元利润,鼓舞了职工们的信心,使企业获得了巨大的发展。

郑俊怀也实现了自己使回民奶食品厂旧貌换新颜的目标。

遇到困难怎么办?《蹇卦》辞指出:"利西南,不利东北。利见大人,贞吉。"意思为人们在"蹇"的时候,去西南有利,去东北不利。西南、东北在这里只是比喻。主要是指点人们在遇到困难时能做出明智的选择,以利于克服困难,走出困境。

明智的选择贵在对"蹇"的处境有所知,知才能明。人们在遇"蹇"时,首先要知时势,即对险恶的形势和局面有所认识。在大的困难面前,身居重任的人既要刚健有为,又要有自知之明;既要正视客观现状,又要注意自身修养;既要身先士卒,又要团结大多数,同心协力过难关。人们在困难的情况下,能头脑冷静,理智处事。同时要及时修正、调整目标和策略,做出明智的选择。

姬昌治国有方

古时候,有一个人叫姬昌,他就是后来的周文王。最初他是殷商朝统治下的周国的国君。他在位五十年,广泛推行仁政。他制定法令规定百姓助耕公田,交纳九分之一的租税。大小官员都有土地,子孙继承,作为公家的俸禄。商人来往各地,关市不收税;不禁止在水池、河渠里捕鱼;一人犯罪,妻子儿女不受株连。这些仁政,与纣王的暴政形成鲜明对比。商朝的老百姓纷纷逃往周地。

周文王姬昌像

姬昌虽然贵为国君,但他常常穿着普通人的破旧衣服,到田地里劳动。日出而作,日落而息。他对老百姓很仁慈、宽容。一次,姬昌派人挖池,挖出了死人的遗骸,官吏把这件事报告了姬昌。姬昌叹了口气说:"另外找个地方把他埋葬了吧。"官吏答道:"这遗骨没有人来认领啊!"姬昌正色说道:"拥有整个天下的人就是天下的主人。拥有整个国家的人就是一个国家的主人。现在我不就是这遗骨的主人吗?"于是下令让官吏给遗骨穿上衣服,找了个僻静的地方埋葬了。四方的百姓听说了这件事,都说:"我们的大王真是贤明啊!他的恩惠施及死人的遗骨,更何况对活着的人呢?"于是老百姓都很爱戴他,愿意亲近他,向他提意见和治国的建议。

有一次,有人告诉姬昌:"老百姓在怨恨你呢!"他听了以后,就召集臣子,让他们指出自己的缺点和过失,从而对自己的言行更加谨慎。如果真的是自己的过错,他就赶快改正。如果不是,就记在心里,勉励自己。

于是,各地的贤德之士都来投靠周国。住在孤竹国的伯夷、叔齐听说西伯(即姬昌)善待老人,也投奔在他的门下。

姬昌丝毫不敢懈怠,他更加认真地治理国政。他礼贤下士,又亲自请来了姜子牙,为他歼灭纣王出谋划策,并让姜子牙经常给自己提意见,从而使自己不偏离正道。

经过姬昌的励精图治,周国变得很强盛。他又调解了虞、芮两国的争端,使之和好,从而提高了周国在诸侯国中的威望。四方诸侯日渐归附周国。

姬昌发动兵马,先讨伐扰乱边疆的少数民族犬戎获胜,接着又出兵灭了密须国(今甘肃灵台西南),巩固了周国的西北边防,其后又打败东面的黎国(今山西黎城),攻克了崇国,并在此修建了新都。

姬昌治国五十年,始终注重自己德行的培养,不断反省自己,才有后来的大事业。他死后,他的儿子姬发(即后来的周武王)打败了纣王,完成了统一大业,建立了周王朝。

可口可乐使出杀手锏

1985年4月23日,可口可乐公司董事长罗伯特·戈伊朱埃塔宣布了一项惊人的决定。在美国乃至世界商业史上,还从来没有哪一个商业决策能像可口可乐公司的决策那样引起如此巨大的震惊、骚动和争论,戈伊朱埃塔说:"即使是最好的也可以做得更好。"他宣布:经过99年的发展,可口可乐公司决定放弃它那一成不变的传统配方,因为现在消费者更偏好口味更甜的软饮料。为了迎合这一市场需求的变化,可口可乐公司决定更改配方调整口味。推出新一代可口可乐。

直至20世纪70年代中期,可口可乐公司一直是美国饮料市场上无可争议的领导者,然而,从1976~1979年间,可口可乐在市场上的增长速度从每年递增13%猛跌至2%。与此形成鲜明对比的是,百事可乐来势汹汹,异常红火。它先是:推出了"百事新一代"的系列广告,将促销锋芒直指饮料市场最大的消费群体——年轻人。

1985年4月23日,戈伊朱埃塔在纽约市的林肯中心举行了盛大的新闻发布会,正式宣布"新可乐",取代传统的可口可乐上市了。可口可乐公司向美国所有新闻媒介发出了邀请,共有200余位报纸、杂志和电视记者出席了新闻发布会。消息闪电般传遍美国。在24小时之内,81%的美国人都知道了可口可乐改变配方的消息,这个比例比1969年7月阿波罗登月时的24小时内公众获悉比例还要高。

"新可乐"上市初期,市场反应非常好。1.5亿人在"新可乐"问世的当天品尝了它,历史上没有任何一种新产品会在面世当天拥有这么多买主。发给各地瓶装商的可乐原浆数量也达到5年来的最高点。

愤怒的情绪继续在美国蔓延,传媒还在煽风点火。对99年历史的传统配方的热爱被传媒形容成为爱国的象征。堪萨斯大学的社会学教授罗伯特·安东尼奥说:"许多人认为可口可乐公司把一个神圣的象征给玷污了。"就连戈伊朱埃塔的父亲也站出来批评"新可乐",甚至他威胁说要不认这个儿子。

可口可乐公司的决策者们不得不认真考虑问题的严重性了。在一次董事会上，戈伊朱埃塔决定暂时先不采取行动，到6月的第4个周末再说，看看到那时销售量会有什么变化。

但到6月底，"新可乐"的销量仍不见起色，而公众的抗议却愈演愈烈。于是，可口可乐公司决定恢复传统配方的生产，其商标定名为Coca—Cala Classic（可口可乐古典）。同时继续保留和生产"新可乐"，其商标为New Coke（新可乐）。7月11日，戈伊朱埃塔率领可口可乐公司的高层管理者站在可口可乐标志下向公众道歉，并宣布立即恢复传统配方的可口可乐的生产。

消息传来，美国上下一片沸腾。ABC电视网中断了周三下午正在播出的节目，马上插播了可口可乐公司的新闻。所有传媒都以头条新闻报道了"老可乐"归来的喜讯，民主党参议员大卫·普赖尔还在参议院发表演讲，称："这是美国历史上一个非常有意义的时刻，它表明有些民族精神是不可更改的。"华尔街也为可口可乐公司的决定欢欣鼓舞，"老可乐"的归来使可口可乐公司的股价攀升到12年来的最高点。

遇到困难，力量不足而难以济险时，应当运用柔的法则，勿去硬进，而要先暂时停下来。以便获得充分的时间了解情况，把握方向，而且要量力而行。万不可轻易冒险。若勉强前进，必然会将自身置于更加危险的境地。惟知己知彼，把握时机，才不会发生危险。

一旦陷入困境，唯有和处于同样困境的人互相帮助，背水一战，才有出险的希望。许多奇迹都是在奋不顾身时创造出来的。从另一方面来看，即使失败，你也不会为此而遗憾或内疚，因为你已经尽了最大的力量。

背水一战以求成功，多是在走投无路时才如此。但若形势不太要紧，危险只是日益加重，自己一时又无出险的把握时，则与其冒险前进以图侥幸成功，不如先退守以求安全，然后再找机会前进，这样是稳妥而又明智的。

曹刿看车辙

公元前684年，齐国军队侵犯鲁国。鲁庄公决心抵抗，两军在长勺这个地方摆开阵势，准备打一场恶仗。在这国家危亡之秋，鲁国的曹刿自告奋勇地去求见鲁庄公。

经他和鲁庄公的一番交谈，曹刿觉得鲁庄公是个不错的君主，决心好好帮他一把，便要求和鲁庄公一起到前线去。鲁庄公见曹刿很有见地，自然一口应允。曹刿有什么能力指挥鲁军打败强大的齐军呢？

当齐鲁两军相遇的时候，鲁庄公便想擂鼓下令向齐军冲锋，曹刿马上制止，说："不好，还不是时候哩！"当齐军发动过三次进攻，都没有成功，齐兵士气大减的时候，曹刿及时对鲁庄公说："现在是向齐军发动冲锋的时候了！"鲁庄公赶紧擂鼓下令。鲁军如猛虎出山，势不可挡，一下子把齐军打垮了，齐军溃不成军，抱头鼠窜。

眼见这大好形势，鲁庄公想马上下达追击令，曹刿又加以制止。他跳下战车，察看齐军溃逃时的战地车辙的情况，尔后又登上战车眺望远去的齐军，然后对鲁庄

公说:"你下令吧!"鲁庄公下达了军令,取得了大胜。

战后,鲁庄公向曹刿请教他为什么那么指挥。曹刿说:"打仗凭的是士气。第一次击鼓冲锋时士气最旺盛,第二次击鼓时士气就差了,到第三次击鼓时已经没有劲了。当敌军士气衰竭时,我军的士气正旺盛,这时候向敌军出击自然容易成功。再说追击时机的掌握。齐国是大国,他的退却会不会有诈,前方会不会有伏兵,这很难说,要仔细观察。我下车看到敌方退却时车辙混乱,不像是有秩序地撤退,再看远逃的敌军,指挥旗也倒了,这证明他们是真的被打败逃跑了,没有埋伏,所以我们才可以去追击。"

这一番话,使鲁庄公茅塞顿开。

龚遂及早掉头摆正姿态

西汉宣帝刘询时,渤海(今河北沧州一带)及邻近各郡年成饥荒,盗贼蜂起,郡太守们不能够制止。宣帝要选拔一个能够治理的人,丞相和御史都推荐龚遂可以委用,宣帝就任命他为渤海郡太守。

当时龚遂已经70岁了,皇上召见时,见他身材矮小,其貌不扬,不像所听说的有本事的样子,心里颇看不起他,便问道:"你能用什么法子平息盗寇呀?"

龚遂回答道:"辽远海滨之地,没有沐浴皇上的教化,那里的百姓处于饥寒交迫之中而官吏们又不关心他们,因而那里的百姓就像是陛下的一群顽童偷拿陛下的兵器在小水池边舞枪弄棒一样打斗了起来。现在陛下是想让臣把他们镇压下去,还是去安抚他们呢?"

宣帝一听他讲这番道理,便神色严肃起来,说:"我选用贤良的臣子任太守,自然是想要安抚百姓的。"

龚遂说:"臣下听说,治理作乱的百姓就像整理一团乱绳一样,不能操之过急了。臣希望丞相、御史不要以现有的法令一味束缚我,允许臣到任后诸事均据实际情况由臣灵活处理。"

宣帝答应了他的请求,并派驿传将龚遂送往渤海郡去。经过几年治理,渤海一带社会安定,百姓安居乐业,温饱有余,龚遂名声大振。

于是,汉宣帝召他还朝,他有一个属吏王先生,请求随他一同去长安,说:"我对你会有好处的!"其他属吏却不同意,说:"这个人,一天到晚喝得醉醺醺的,又好说大话,还是别带他去为好!"龚遂说:"他想去就让他去吧!"

到了长安后,这位王先生终日还是沉溺在醉乡之中,也不见龚遂。可有一天,当他听说皇帝要召见龚遂时,便对看门人说:"去将我的主人叫到我的住处来,我有话要对他说!"一副醉汉狂徒的嘴脸,龚遂也不计较,还真来了。

王先生问:"天子如果问大人如何治理渤海,大人当如何回答?"龚遂说:"我就说任用贤才,使人各尽其能,严格执法,赏罚分明。"

王先生连连摆头道:"不好! 不好! 这么说岂不是自夸其功吗? 请大人这么回答:'这不是小臣的功劳,而是天子的神灵威武所感化!'"

龚遂接受了他的建议,按他的话回答了汉宣帝,宣帝果然十分高兴,便将龚遂

留在身边,任以显要而又轻闲的官职。

龚遂之所以得到了皇帝的"甜头",是因为他没有耍"个人英雄主义",听从了下属的建议,自己没有"出风头",而是巧妙地把功劳推给了上司,上司怎能不高兴!

现实生活中,我们也要善于摆正自己的姿态,不要只顾着向前走,而要想着有不好征兆的出现,要早做准备,及时改变,这样才能真正一路走好。

人生之路并不是一条笔直的大道,面对复杂多变的形势,不要低着头只顾走路,否则可能一头撞在墙上,要么就走进死胡同行不通了。所以聪明人会停下来看看路该往哪里走才最好,遇有凶兆要及时改变路线,这样才能顺利平安一生。

《礼记·中庸》上说:"道也者,不可须臾离也,可离非道也。是故君子戒慎乎其所不睹,恐惧乎其所不闻。莫见乎隐,莫显乎微,故君子慎其独也。"意思是说,道德原则是时刻也不能离开的,要时刻检点自己的行动,警惕是否有什么不妥的言行而自己没有看到,害怕别人对自己有什么意见而自己没有听到。

因此,一个有道德的人在独自一人、无人监督时,总是小心谨慎地不做任何不道德的事,在"隐"和"微"上下功夫,即有人在场和无人在场都是一个样,不让任何邪恶念头萌发,才能防微杜渐,使自己的道德品质高尚。

海伦·凯勒在逆境中重生

身处逆境,也许她失去了健康,也许她失去了财富,甚至是失去了家庭,但只要不失去坚忍的品质,她最终还会拥有一切的,甚至比失去前更多。

海伦·凯勒是位全世界家喻户晓的盲人成功者,她的成功,对所有的人来说,都是一堂生动感人的人生课。

海伦刚出生时,是个正常的婴孩,健康可爱,能看、能听,也会牙牙学语。可是,一场疾病却改变了她的一切,她变得既盲又聋又哑——那时她才19个月大。

人生的不幸,令小海伦性情大变。稍不顺心,她便会乱发脾气,又敲又打,野蛮地用双手抓食物塞入口里;若试图去纠正她,她就会在地上打滚,乱嚷乱叫,甚至双手乱抓。父母在绝望之余,只好忍痛将她送到波士顿的一所盲人学校,特别聘请一位老师照顾她。

万幸的是,小海伦在最黑暗的时候遇到了一位伟大的光明天使——安妮·沙莉文女士。沙莉文也是位有着痛苦经历的女性。她10岁时,和弟弟一起被送进麻省孤儿院,在孤儿院的悲惨生活中长大。由于房间紧缺,幼小的姐弟俩只好住进放置尸体的太平间。在卫生条件极端恶劣而生活又非常贫困的环境中,幼小的弟弟6个月后就夭折了。她也在14岁患了眼疾,几乎失明。后来,她被送到帕金斯盲人学校学习凸字和指语法,现在她做了海伦的家庭教师。

从此,沙莉文女士与这个蒙受巨大痛苦的姑娘的斗争就开始了。固执己见的海伦以哭喊、怪叫、乱抓乱打等方式全力反抗着严格的教育。然而她最终成功了,沙莉文女士用无比的爱心与惊人的信心,倾注于一位全聋全哑而眼睛又失明的小女孩身上,通过潜意识的沟通,靠着身体的接触,为她们的心灵搭起一座桥。接着,

自信与自爱在小海伦的心里产生,使她从痛苦孤独的地狱中拔救出来,通过自我奋发,将潜意识无限能量地发挥,一步步走向光明。

就这样,两人手牵手,心连心,用爱心和信心作为"药方",经过一段别人难以想象的痛苦挣扎,唤醒了海伦那沉睡的意识力量。一个既聋又哑且盲的少女,初次领悟到语言的喜悦时,那种令人感动的情景,实在难于描述。海伦曾写道:"在我初次领悟到语言存在的那天晚上,我躺在床上,兴奋不已,那是我第一次希望天快点亮——我想再没其他人,可以感觉到我当时的喜悦吧。"

仍然是失明,仍然是又聋又哑的海伦,凭着触觉——指尖去代替眼和耳,学会了与外界沟通,凭着永不放弃的坚忍,证明了自身的存在与价值。她10岁多一点时,名字就已传遍全美,成为残疾人士的模范——一位真正的由弱变强者。

小海伦成名后,并未因此而自满,她仍孜孜不倦地学习。1900年,这个20岁的、学习了指语法、凸字及发声,并通过这些手段获得超过常人的知识的姑娘,进入了哈佛大学拉德克利夫学院学习。她说出的第一句话是:"我已经不是哑巴了!"当她发觉自己的努力没有白费时,兴奋异常,不断地重复说:"我已经不是哑巴了!"4年后,她作为世界上第一个受过大学教育的盲聋哑人,以优异的成绩毕业。

海伦不仅学会了说话,还学会了用打字机著书和写稿,她著了7本书。她虽然是位盲人,但读过的书却比视力正常的人还多。而且,她比正常人更会"鉴赏"音乐。

海伦的触觉极其敏锐,只需用手指头轻轻地放在一个人的唇上,就能知道他在说什么;把手放在钢琴、小提琴的木质部分,就能"鉴赏"音乐。她能以收音机和音箱的震动来辨明声音,又能够利用手指轻轻地碰触对方的喉咙来"听歌"。

海伦的坚忍和顽强引起了全世界的震惊,也赢得了全世界人民的赞扬。她大学毕业那年,人们在圣路易博览会上设立了"海伦·凯勒日"。她始终对生命充满信心,充满热忱。她喜欢游泳、划船,以及在森林中骑马。

二战后,她在欧洲、亚洲、非洲等地巡回演讲,唤起了社会大众对身体残疾者的注意和同情,她被《大英百科全书》称颂为有史以来残疾人士最有成就的由弱而强者。美国作家马克·吐温评价说:"19世纪中,最值得一提的人物是拿破仑和海伦·凯勒。"

海伦·凯勒,虽然严重残疾,但她凭着坚强的信念,终于战胜自己,体现了自身的强者价值。她虽然没有成为巨富,也没有成为政界伟人,但是,她所获得的成就更感人肺腑、辉煌灿烂。

解卦第四十　䷧

【经文】

坎下震上　解①利西南②,无所往,其来复吉③;有攸往,夙吉④。

初六　无咎⑤。

九二　田获三狐,得黄矢,贞吉⑥。

六三　负且乘,致寇至,贞吝⑦。

九四　解而拇,朋至斯孚⑧。

六五　君子维有解,吉,有孚于小人⑨。

上六　公用射隼于高墉之上,获之,无不利⑩。

【注释】

①解:卦名。通行本为第四十卦,帛书本为第三十卦。此与《蹇》卦为卦爻翻覆的关系,故次列于《蹇》卦后。

卦名"解"字出自九四、六五两爻之"解"字,其义亦相近。《解》卦上卦《震》雷,下卦《坎》雨。云雷纠结、密云不雨的情况已经解除(上《坎》下《震》为云雷之《屯》),含雨的云层从震雷中解离开而下降为雨,这便是卦名"解"的基本含义。乖蹇晦气已经解除,小人恶夫已被解去,爻辞即申说此义。肃冬之冰封解释、地冻消解,彖、象、杂、序即取此义。

②利西南:西南为温暖之方,万物舒缓之地,解之时利于南行。

③无所往,其来复吉:"无所往",谓若不向西南行而止于原处。"来复",当指七日之内。一卦往复经七个爻位,故《复》卦说"七日来复"。此云若无所行往而止于原处,则只限于七日之内吉利,逾此期限则不吉矣。此戒人在解之时,不宜久滞原处,当速南行。《蛊》卦"利涉大川,先甲三日,后甲三日"、《巽》卦九五"先庚三日,后庚三日,吉"与此"来复(七日)吉"相近。

④有攸往,夙吉:"夙",早、速。谓若打算南行,则不须犹疑,宜早行动为吉。

⑤无咎:解之初,晦事已除,好事未形,故仅得"无咎"。

⑥田获三狐,得黄矢,贞吉:"田"同"畋",猎。猎得狐、得黄矢,均为吉兆。狐象祥瑞,黄为吉色。《吴越春秋》说:"涂山之歌曰:绥绥白狐,九尾庞庞,我家嘉夷,来宾为王"。狐为祥瑞,自可避邪,《中华全国风俗志》云:"儿童小帽以五色绒丝织上,上复驯狐之毛,避邪祟也。"《山海经》郭璞注:"九尾狐,太平则出而为瑞。"

⑦负且乘,致寇至,贞吝:"负",肩背货物。"且",又。肩背货物,又乘坐车上,其货物贵重已经外泄,故招致强盗寇抢,占问不利。从爻位来看,六三阴爻不中,又处刚位,复居下卦之极,张扬其圭角,故有寇至之吝。而《大有》九二"大车以载,有攸往,无咎",其财物以大车载之而无寇至之咎,因其阳刚居柔位,又处中,能含藏其密。《系辞》所谓"机事不密则害盈"即此之类。

⑧解而拇,朋至斯孚:"解",松解、解脱、放开。"而"同"尔",你。帛书作"其",亦通。"拇",足拇趾,在此指足。九四在上卦之下,故称足,《鼎》卦九四"鼎折足"同此。"解而拇",谓放开脚步往西南行,因为卦辞说"利西南"、《坤》卦卦辞说"西南得朋"。九四之所以要"解其足",是因为九四已入《震》体,震为动,故不宜

"无所往"，而当迅速放开脚步往西南行进。"朋"，朋贝，钱财。"斯"，乃，于是。"孚"，《程传》《本义》释为"验"，即为证验、报应。帛书作"复"，《论语·学而》皇侃疏"复犹验也"，《汉书·谷永传》注："复亦报也"，与"孚"同。然"孚"（报）有善报、恶报之分，下文"有孚于小人"则恶报也。此言放开脚步往西南行进，乃有得财之报验。

⑨君子维有解，吉，有孚于小人："维"，系缚。"孚"，验、报。君子系缚得到开解而转吉，则小人将有恶报。所谓君子道长，则小人道消。

⑩公用射隼于高墉之上，获之，无不利："隼"，凶猛之恶鸟。"墉"，城。射获恶禽，喻晦事解去，故云"无不利"。《金史·石土门传》载：太祖射获乌鸟，石土门解释说：乌为恶鸟，今射获之，乃为吉兆。与此事相同。

【译文】

解卦：解除困难，是因为得到了同道者的援助；困难解除之后不应再有任何激烈行动，而应恢复原有的社会秩序，才会吉祥。解除困难、恢复原有秩序的工作应当迅速，才会吉祥。

初六：困难开始缓解，不会发生什么过失。

九二：在田野里猎得三只野狐，又获得黄铜箭头；伸张正义，坚守正道，所以吉祥。

六三：身上带着贵重东西，乘着华丽的马车招摇过市，招致盗寇劫夺。这样即便所怀之财取之有道，也难免羞。

九四：解开脚上的镣铐，恢复昔日的雄姿，朋友们便会聚拢在你的周围，竭诚相助。

六五：君子摆脱困境，又恢复安生养息的社会秩序，因而吉祥如意，以致那些小人也相信只有改邪归正才有前途。

上六：身居高位的公爵藏箭于身边，站在城墙高处随时准备射落那些盘旋飞来的恶鸟，不会有不利。

【解读】

本卦阐述了解除困难的一般原则。有了困难和危险要尽早感知，并设法解除。在排除困难和危机的时候，一方面要注意方式方法，另一方面，要抓住时机迅速解除。当断不断，而纷扰延续过久，就会坐失良机，等酿成大乱再去处理，那一切都太晚了。

【经典实例】

刘基和徐达的免祸策略

《解卦》告诫人们，遇到问题需要尽早尽快解决。一般的问题是这样，对于危及生命的事情更应抓住时机迅速行动，切不可犹豫不决，否则就没有第二次机会了。

朱元璋当上皇帝以后，变得多疑、残忍，喜怒无常。特别是对开国功臣，更是疑

神疑鬼。夺取胜利的朱元璋时时在内心算计怎样处置这批开国功臣。他从《史记·勾践世家》的"飞鸟尽,良弓藏,狡兔死,走狗烹"这句话中得到启发:既然已经得到天下,留他们又有何用?

第二天,朱元璋便下旨建造功臣阁。名为褒功,暗设圈套,一切做得十分隐蔽。但他的诡计瞒过了满朝文武,却未瞒过正宫娘娘马皇后。她知道皇上要用残忍的办法对付功臣,虽不满意,却又无力阻止。

当她想起开国功臣刘基时,不忍如此良臣惨遭毒手。马娘娘想到刘基每隔一天便要为太子授课,便吩咐心腹宫女,将接送刘基的轿子换上了一根被虫蛀坏的杠子。结果,刘基坐上轿子没走上几步就从轿子里摔了出来,脚踝受伤。

接着,马娘娘又不失时机地差太监送去两盒礼品慰问刘基。刘基打开金丝彩盒一看,一盒盛着几个剩枣,另一盒盛着几个半青半红的蜜桃。刘基暗想,皇宫里有的是山珍海味、时鲜果品,马娘娘为何偏偏送来又小又差的剩枣和半生不熟的蜜桃呢?正在纳闷,忽闻门外徐达前来。

徐达问刘基是否知道皇上要在功臣阁赐宴,而且只有开国功臣才去。刘基觉得这功臣宴太突然,再想到马皇后送剩枣和蜜桃的事情,百思不解的刘基心里豁然开朗:"剩枣蜜桃"不就是"趁早秘密逃跑"之意么!刘基有意想告诉徐达,但仔细一想,又不便直说,只好暗示道:"赴宴时,请切记八字:'尽忠报国,紧跟万岁'。懂吗?"

徐达听后,似懂非懂地点点头。心里好似压了一块石头的徐达,过了半晌才问:"难道庆功宴另有说法?"

刘基画像

刘基紧盯着徐达,一字一顿地说:"到时便知,切记勿忘!"

到了那天晚上,功臣阁上君臣欢宴,歌舞升平。酒过三巡,皇帝降旨:今宵赴宴的开国功臣均官晋三级,荫袭三代。群臣三呼万岁,欢声雷动。

朱元璋起身离席,对群臣说:"朕有国事,不能奉陪,众卿自便吧!"临走时又吩咐总管李太监说:"好生侍候众位大人开怀畅饮!"

徐达见朱元璋要走,立即想起刘基叮嘱的八个字:"尽忠报国,紧跟万岁"。便悄悄跟下楼来。

朱元璋见徐达跟随下楼,恼怒地问:"徐卿不在楼上饮酒,来此作甚?"

徐达急忙跪奏道:"万岁夜间回宫,途中需防奸人暗算,臣特来保驾。"

朱元璋见推辞不了,只好让其保驾回宫。

朱元璋走后,李太监频频劝饮,众臣被灌得醉眼矇眬。忽然有人大喊:"不好

了！失火了！"待群臣惊醒时,四面已烈焰冲天,大家纷纷出逃,但此时楼梯已被抽掉,无路可逃。

这时,朱元璋正在金华宫和嫔妃饮酒作乐,听说功臣阁失火,假装派人去救火。但等到御林军赶到,功臣阁早已是一片废墟。朱元璋"大怒",下令将李太监立即斩首示众。——可怜的李太监成了替罪羊。

而刘基,已在早些日子告老还乡了。

对于逃命这样的大事,当然必须抓住时机,果断快速行动,才能死里逃生。虽然在人生中的厄运并非都那么严重,但"解"的规律却是相同的:不但要有良策,更要抓紧时机,否则,就有可能因分毫之差而误了大事。

一代名相寇准

《解卦》阐释解除困难的法则。发生困难,就应当设法解除。原则上,应当采用柔和平易的方法,才能得到群众的支持;而且应当快速,立即恢复平静,以免扰民。当困难开始之初,就应当刚柔相济,顺应情势,立即解除。应当坚持中庸正直的原则;任用得当,名实相符,不可敷衍了事,徒然增加困难。而且要除恶务尽,不惜断然采取严厉的手段。

北宋建立之初,因为刚经历了长达数十年的战乱,国弱民贫,面临重重困难。但幸好宋初的几位宰相都很贤明,很大度,很能干。在他们的治理下,北宋很快富裕起来。如果不论军事武功,宋朝比以前的任何一个朝代都繁荣富裕。

名相吕蒙正刚刚任翰林学士,兼任参知政事。刚为京官时,有人指着他说:"这小子也有资格参与政事的讨论吗?"吕蒙正假装没有听见。同行的人很不服气,想替他打抱不平,去责问那个说话人,究竟是何居心。吕蒙正说:"如果一旦知道了那人的姓名,就会终身不忘的,不如不知道的好。"蒙正为人宽厚,主张要实行仁政。他积极举荐贤能,不和同事们争权夺利。他曾说过:"我确实没有多大才能,但如果硬要问我有什么能耐,我想那就是能够用人罢了。"蒙正随身携带着一本小册子,每有外地的官员来造访他,他一定要询问当地有哪些未出仕的贤才。当朝廷征召人才时,吕蒙正就会从袋里取出小册子,向朝廷推荐贤能。所以,他当宰相时,文武百官每个人都很称职尽责。

另一位宰相王旦,一向与寇准有过节。寇准曾屡次在皇帝面前告王旦的状,但是,当王旦临终时,竟然推荐寇准代替自己当宰相。可见,王旦真是名副其实的宽宏大量。

王旦辅佐了宋太祖、宋太宗两朝皇帝。寇准多次诋毁王旦,而王旦却常在皇帝面前赞美寇准的才干。皇帝对王旦说:"你虽称赞寇准有许多优点,但他却专门说你的缺点。"王旦说:"很正常啊。我任宰相的时间很长,治理国事时的差错一定很多,寇准对陛下你无所隐瞒,这是我之所以看重他的原因。"皇帝因此更加尊重王旦。

有一次,中书处将奏请皇帝的文书送到了枢密院,这是违反规定的。当时任枢密使的寇准,将这件事上报了皇上,因此,王旦受到了皇帝的斥责,手下的人也跟着

国学经典文库

受到了处罚。一个月后，枢密院有事送到中书处，这也是违反规定的。王旦手下的人很高兴地将此事告诉了王旦。王旦不仅没有像寇准那样做，反而派人送还了枢密院。寇准为此很惭愧。等到寇准被免去了枢密使，托人向王旦求情，想担当宰相的职位。王旦惊讶地说："将相的任命，难道是口说的吗?"寇准深感遗憾。不久，寇准被提升为武胜军节度使，兼任平章事，入朝叩谢隆恩说："不是陛下了解我，我哪有今天。"皇帝详详细细地告诉他，这都是因为王旦的推荐。寇准羞愧得连连感叹，自己从境界上根本不能与王旦相比。

寇准任节度使时，建造起大棚，为自己贺寿，寿宴的场面同帝王的差不了多少。为这事，有人向皇帝参了寇准一本。皇帝大发雷霆，对王旦说："寇准总和我相比。"王旦微笑着劝谏说："寇准年纪大了，有些痴呆了吧。"经王旦这么一化解，真宗皇帝怒气才消了，说道："也是，这家伙真的有些痴呆了。"于是，才没有追究。宋朝真宗时的许多有作为的官员，都是王旦推荐的。

王旦临终前，宋真宗问他谁可以代替他担任宰相的职务，王旦说："了解臣子的没有人比得上陛下，陛下来决定吧。"真宗询问尚书张泳和马亮两人如何，王旦不答话。真宗又说："那你说谁比较合适。"王旦勉强起身举笏板说："以臣愚见，没有比得上寇准的了。"真宗说："寇准的心胸偏狭，刚愎自用，你再想想第二个人吧。"王旦说："别的人我就不知道了。"

寇准后来也成了一代名相。

《解卦》讲，小人势消，君子道长，然而，君子只有得到正义力量的信任与支持，才能使困难消除于无形。

肇事者

小宋一晚上连赶三场应酬，又被拉去酒廊，告辞时已经深夜两点。所幸路上的人少，可以加足马力往前冲。

没想到有人比他冲得更猛，一辆摩托车"飙"的一声就超过了小宋，说时迟，不知因为下坡速度太快，还是桥面不平，那辆车突然弹起来，连翻几个筋斗，骑车人的人就像布偶似的被抛在空中，跌落桥面。

幸亏小宋的反应快，不然车子一定会压过去。

尽管没压到，小宋心想那人也必受了重伤，因为他很清楚地听见撞上桥墩的声音。

小宋将车速放缓，想下去急救，这是医生的天职，医生不去救，还有谁救得了他?

可是小宋又迟疑了，他虽然被称为宋医生，但执照是租来的，如果警察或新闻记者赶到，发现自己的身份，怎么办?

想着一阵心寒，脚下的油门踩得更重了。

第二天早上，小宋特意绕路过去，地上果然一摊血，还用粉笔画了人形，想必是死了。

又过两天，桥头灯柱上居然挂出一张私人的告示："家兄于某月某日在此桥上

惨遭撞死,肇事者逃逸,若有仁人目睹,出面指认凶手……"

"我就是仁人!"小宋对太太说,"可是做医生的见死不救,又怎么叫仁人?"突然灵光一闪,"对了! 至少我可以告诉他家人,死者是骑太快,自己翻车的,也好让他家里能心平气和地料理后事。"说着拨通了告示上的联络电话:

"我要告诉您有关车祸的消息……"

小宋才开口,就被对方打断:"谢谢你! 我们已经接到好几通电话,凶手的车号是不是×××××××,刚才已经报警,非把他剥皮不可!"

小宋一怔,那不是他的车号吗?

杨骏不行正道被杀

杨骏是晋朝人,他的女儿就是晋武帝司马炎的皇后。他凭借女儿的地位取得了权势,但掌握大权后便胡作非为。他自己不行正道,不仅被别人杀害,还落得了个株连九族的下场。

晋武帝司马炎即位以后,认为魏朝很快就灭亡了的原因是皇族子弟没有权力。所以,他采用了周朝的分封制度,分封了二十七个诸侯王。他以为这样晋朝的江山就会如同松柏一样万古长青了。实际上,他做了错误的选择。

统一了全国后,晋武帝以为可以喘口气了,就肆意行乐。他整日在寝宫玩乐,天长日久,把身体给搞垮了。太熙元年(290年)的冬天,晋武帝一病不起,吃尽了各种灵丹妙药也不见好。晋武帝不能打理朝政了,就让皇后的父亲杨骏帮忙商量大事。

杨骏是个野心很大的人。他刚掌握了大权,就决心除掉其他有权势的大臣。他先对汝南王司马亮下手。司马亮是晋武帝的叔叔,权力很大。杨骏费了不少心思才说服晋武帝封司马亮为大司马,都督豫州的军事。这样,司马亮就得离开京城。只不过当时晋武帝病重,司马亮还不能马上启程上任。

杨骏背着晋武帝把原来服侍晋武帝的人都撤换了。一天,晋武帝发现了这一情况,就问杨骏怎么回事。杨骏忙说:"原来伺候的人年龄大了,手脚不灵便。为臣特地选了些机灵的人,对皇上一定会忠心。"

晋武帝有些不高兴,有气无力地瞪了杨骏一眼,说:"把奏章拿来让朕看看。"武帝看了几份,便不想再看,因为杨骏把一些奏章批得乱七八糟。他接着问道:"汝南王离京了没有?""没有。"杨骏说了实话。武帝马上说:"立即下旨,让他留在京城同你一起辅政。"杨骏没有办法,只好传令下去,起草圣旨。

一会儿,武帝又神志不清,昏迷了过去。杨骏见状,马上跑了出去,直奔中书省,询问圣旨传下去了没有。当他得知还没有发出去的时候,松了口气,然后说皇上要收回这道圣旨,便取回了圣旨。

一天傍晚,晋武帝已经不行了。杨皇后命中书监华廙、中书令何劭起草遗诏。杨皇后代替晋武帝说出了遗诏的内容:封杨骏为太子太傅、太尉,掌管全国的军队和政务。诏书写好后,杨皇后把它拿到武帝眼前,武帝已经连看的力气也没有了,一会儿就咽了气。

第二天，在杨骏的扶持下，杨皇后的傻外甥即位，是为晋惠帝。杨骏又下令汝南王立即离京到豫州去赴任。汝南王心里有一百个不愿意，但也没有办法，只得匆匆离开京城。没有了汝南王的京城让杨骏感到很舒服。现在，没有人可以来干涉杨骏的所作所为了。所以，杨骏就随着自己的心意，愿意干什么，就干什么，坏事都做绝了。其实，杨骏并不知道，背后已经有人把矛头对准了自己。这个人就是皇后贾南风。

贾南风当了二十年的太子妃才得以当上皇后，她本以为傻丈夫即位以后，自己就可以有享受不尽的荣华富贵了。可是，丈夫不争气，国家大权都掌握在杨骏手中，而且杨骏做尽了坏事，已惹得许多大臣怨声不断。贾皇后颇有心计，她知道杨骏不行正道，在朝中树敌颇多，认为若能除掉他，必会赢得许多人心，自己将来就可独揽大权了。

贾南风又想，自己力量薄弱，需有人帮忙才行。她想到了两个人，一是汝南王司马亮，一是楚王司马玮。主意已定，她便派人去找司马亮，可司马亮畏惧杨骏的势力，不敢答应。贾南风不禁恨恨地骂了他几声"胆小鬼"。她不敢耽搁，又派手下人去找司马玮商量对策。司马玮为人心狠手辣，年轻气盛，贾南风不费多大劲儿就说服了他。二人密谋良久，做好了充足的准备。

永平元年（291年），贾南风谎称杨骏要谋反，以惠帝的名义命令东安公司马繇领兵捉拿杨骏。而司马玮早已秘密带兵进入京城，他跟在司马繇的后面，以备不时之需。

杨骏知道了这一情况，大惊失色。他恨自己低估了这位贾皇后的能耐。他急忙召集文武百官商量解决的办法。主簿朱振主张立即发兵包围皇宫，捉住贾皇后。可杨骏已急得六神无主，他久久不能果断地下命令，结果就丧失了反抗的最佳时机。其他官员本不是打心眼儿里想保护杨骏，见此情况，都借故离开，再也不肯露面。

东安公司马繇领兵包围了杨骏的府第，司马玮也率兵及时赶到，两股兵力一联合，把杨府的人都杀光了。可怜，由于杨骏的罪过，累及了一些无辜的人。而杨骏虽然躲在马槽下，还是被兵士们发现了，落得个被乱刀砍死的下场。心地狠毒的贾皇后把杨骏党羽都杀了，而且还没有放过杨家的任何一个人。最后，杨太后也没有幸免，受尽折磨，在第二年悲惨地死去了。

大权落到了贾皇后的手中。而此后，皇室里也就再也没有了以往的平静。

用智慧脱离困境

刘表有两个儿子：长子刘琦和次子刘琮。刘琦作为长子，本来应当是刘表的法定继承人，但是刘琮的母亲蔡夫人非常得宠，总想让自己的儿子刘琮继位。刘琦的处境非常危险，但是又不知道应当如何才能脱险。

当时恰好刘备和谐葛亮在荆州，而诸葛亮有经天纬地之才，治国安邦之策，刘琦对他十分敬重。为了自保，刘琦不止一次请诸葛亮为自己出谋划策，但诸葛亮对此总是避而不谈。

　　有一天，诸葛亮随刘备到荆州议事，刘琦趁机请诸葛亮到后花园中游玩，诸葛亮实在不好推辞，就应邀前往。刘琦与诸葛亮登上一座高楼，边饮酒，边赏风景。其间，刘琦命人将楼梯撤去，然后双膝跪倒在诸葛亮的面前，恳切地求道："现在这里上不至天，下不至地，言出先生之口，入我一人之耳。可以为我出一个万全之策了吧？"诸葛亮见刘琦态度恳切，就说："你可知道，申生在内而危，而重耳在外而安的故事吗？"

　　原来申生和重耳两人都是春秋时期晋国献公的儿子。晋献公有一个宠妃叫骊姬，想除掉申生和重耳，好让自己的儿子登上王位。后来，申生在都城内被逼自缢，而重耳由于逃亡在外而没有遇难。

　　刘琦听了诸葛亮的话之后，立刻明白。恰值江夏太守死了，刘琦向刘表请求去任江夏太守，刘表马上答应，于是刘琦安全地上路了。

　　运用智慧，我们可以找到巧妙的解脱办法，从而脱离困境。

不抢人之美

　　胡雪岩的商德之所以为人称道，有很重要的一条，就是能用宽容之心去对待同行，把同行的事情看得高于眼前利益，在面对你死我活的激烈竞争时，做到了一般商人难以做到的：不抢同行的饭碗。

　　胡雪岩开阜康钱庄时，为了消除信和钱庄的疑虑，他声明自己将不会挤占信和钱庄的生意，而是另辟门路，浙江海运局的钱款往来仍由信和钱庄经营。这样，信和钱庄不是多了一个对手，而是多了一个伙伴，自然疑虑顿消，转而真心实意支持阜康钱庄。在胡雪岩以后的经商生涯中，信和给了他很大的帮助，这还要归功于他当初没有抢信和生意的那份情谊。

　　甚至对利润极丰的军火生意，胡雪岩也注意宁可抛掉银子，也不得罪同行。军火生意利润不薄，但风险也特别大，要想吃这碗饭不是一件容易的事。胡雪岩凭借已有的商业基础，依靠在漕帮的势力，很快在军火上做了几笔大生意，成为一个有头有面的人物。

　　一次，胡雪岩听到消息，外商又运进了一批先进的军火，他知道这是一笔好生意，做成一定能赚钱。他立即联系外商，凭借他老道的经验，高明的手腕，以及他在军火界的信誉和声望，胡雪岩很快就把这批军火生意做成。

　　正当春风得意之时，他听商界的朋友说，有人指责他不仁道。原来外商已经把这批军火以低于胡雪岩的价格，拟定卖给另一位同行，只是在那位同行还没有付款取货时，又被胡雪岩以较高的价格买走，使那位同行丧失了赚钱的机会。

　　胡雪岩听说后，对自己贸然行事感到惭愧。他立即找来那位同行，商量如何处理这件事。那位同行知道胡雪岩的影响，害怕他在以后的生意中与自己为难，只好推说这笔生意既然让胡老板做成了就算了，只希望以后留碗饭给他们吃。

　　事情似乎就轻易地解决了，但胡雪岩不然，他主动要求那位同行同样以外商的价格把这批军火卖给他。这样，那位同行就挣了差价，而不需出钱，更不用担风险。事情一谈妥，胡雪岩马上把差价补给那位同行，那位同行甚为佩服

国学经典文库

胡雪岩的商业道德。

如此协商一举三得：胡雪岩照样做成了这笔买卖；也没有得罪那位同行；更博得了那位同行衷心的好感，在同业中声誉更高。这种通达的手腕日益巩固着他在商界的地位，成为他在商界纵横驰骋的法宝。

张英胸襟宽广写诗化干戈

清代中期，当朝宰相张英是安徽桐城人。他素来注重修身养性，颇得他人的喜欢和尊重。同时他也非常孝敬父母，在朝廷任官时，把母亲安顿在家乡，并经常回家探望。张老夫人的邻居是一位姓叶的侍郎。张英在一次回家看望母亲时，觉得家中的房子呈现破败之象，就命令下人起屋造房，整修一番。安排好一切后，他又回到了京城。

很巧的是，侍郎家也正打算扩建房屋，并想占用两家中间的一块地方。张家也想利用那块地方做回廊。于是，两家发生了争执。张家开始挖地基时，叶家就派人在后面用土填上；叶家打算动工，拿尺子去量那块地，张家就一哄而上把工具夺走。两家争吵过多次，有几次险些动武，双方都不肯让步。

张老夫人一怒之下，便命人给张英写信，希望他马上回家处理这件事情。张英看罢来信，不急不躁，抖起如椽大笔写下一首短诗："千里家书只为墙，再让三尺又何妨？万里长城今犹在，不见当年秦始皇。"封好后派人迅速送回。

张老夫人满以为儿子会回来为自家争夺那块地皮，没想到左等右等只盼回了一封回书。张母看完信后，顿时恍然大悟，明白了儿子的意思。为了三尺地既伤了两家的和气又气坏了自己的身体，更何况，如真大动干戈，对双方来说，都是灾难，这样太不值得了。老夫人想明白了，立即主动把墙退后三尺。邻居见状，深感惭愧，也把墙让后三尺，并且登门道歉。这样一来，以前两家争夺的三尺地反而形成了一条六尺宽的巷子。

当地人纷纷传颂这件事情，引为美谈，并且给这条巷子取了一个特别的名字——六尺巷。有人还据此作了一首打油诗："争一争，行不通；让一让，六尺巷。"

祢衡死于狂妄

三国时期的祢衡年少才高，目空一切。建安初年，祢衡二十出头来到许昌。当时许昌是汉王朝的都城，名流云集，司空掾陈群、司马朗、荡寇将军赵稚长等人都是当世名士。

有人劝祢衡结交陈群、司马朗。祢衡说："我怎能跟杀猪、卖酒的在一起。"有人劝其参拜赵稚长，他回答道："赵某是酒囊饭袋，只好叫他看厨房。"这位才子唯独与少府孔融、主簿杨修意气相投，但他还是对人说："孔文举是我大儿，杨德祖是我小儿，其余碌碌之辈，不值一提。"由此可见他何等狂傲。

献帝初年间，孔融上书荐举祢衡，大将军曹操有召见之意。祢衡看不起曹操，抱病不往，还口出不逊之言。曹操求才心切，为了收买人心，还是给他封了个击鼓

小吏的官，借以羞辱他。一天，曹操大会宾客，命祢衡穿戴鼓吏衣帽当众击鼓为乐，祢衡竟在大庭广众之中脱光衣服，赤身露体，使宾主讨了个没趣。

曹操恨祢衡入骨，但又不愿因杀他而坏了自己的名声。心想像祢衡这样狂妄的人，迟早会惹来杀身之祸，便把他送给荆州牧刘表。祢衡替刘表掌管文书，颇为卖力，但不久便因倨傲无礼而得罪众人。刘表也聪明，把他打发到江夏太守黄祖那里去。

祢衡为黄祖掌书记，起初干得也不错。后来黄祖在战船上设宴，祢衡说话无礼受到黄祖呵斥，祢衡竟顶嘴骂道："死老头，你少啰唆！"黄祖急性子，盛怒之下把他杀了。其时，祢衡仅26岁。

祢衡文才颇高，桀骜不驯，本有一技之长，受人尊重。但是祢衡没有因为这一技之长而受惠于世。他恃一点文墨才气而轻看天下，殊不知，一介文人，在世上并非有甚不得了，赏则如珍宝，不赏则如败履，不足左右他人也。祢衡似乎不知道这些，他孤身居于权柄高握之虎狼群中，不知自保，反而放浪形骸，无端冲撞权势人物，最后因狂纵而被人宰杀。

这也让我们想起了李敖，李敖的"狂"可是出了名的。就因为"狂"，他才在大牢里待了几年。现在说话行事依然是"老夫聊发少年狂"，看来是个性使然，江山易改，禀性难移。

先生卖弄学识

我们都知道孔乙己"茴香豆的茴有四种写法"的故事。下面这个故事与之如出一辙，都是穷酸迂腐，卖弄学识。

古代有一位先生买到一头驴，要卖驴的人给他写个字据。卖驴的人说："我一个字不识，你就代劳一下吧。"先生并不推辞，提笔就写，一口气写了三大张纸。

卖驴的人等得有些不耐烦了，让先生念给他听一听。没想到他听完后吃惊地问："你写了这么多了，怎么还没有写到驴字啊？"

先生说："你这么讲话太没有学问了，今天我不要你的钱，让你长一长学问吧。"说着又提笔写了下去。卖驴的人有点急了："早知如此，这驴说什么也不能卖给你呀。"

故事似乎荒诞，道理却实实在在。可以肯定地讲，世上没有多余的知识，只有多余的招摇卖弄。要把所学到的知识真正运用到实践中去，必须有科学的态度和可行的方法。不然，谁能买你的账呢？

刘超然开跑车上班

刘超然夫妇都在某公司任职，先生恃才傲物，得罪了不少人，太太则处事圆通，甚得上司的喜爱。只是或许刘超然自以为夫妻都是公司不可或缺的高级主管，加上接连几笔大生意，愈发嚣张起来，终于被"莫须有"地炒了鱿鱼。

"笑话！他们以为这样便能把我整垮吗？"刘超然愤愤地对太太说："明天

我就给你买辆全新的跑车,开去让他们瞧瞧!那个跟我过不去的总经理,他还买不起呢!"

"刘超然走路,太太反而开了跑车!"果然成为公司的大新闻。只是没多久,他太太也卷了铺盖。

临走,总经理把他太太叫到办公室:"让我说个故事给你听吧!从前我上高中的时候,学校规定头发不能超过三公分。有一次老师拿着尺子检查,我只超出不到半公分,居然叫我回去剪,还威胁说,如果再不合格就要记我警告。"

"我一赌气干脆剃了个光头。结果不但被记了警告,而且两次警告,理由是消极抵抗,有辱师长尊严!"

总经理叹口气说:"我其实满欣赏你,只是人生就像拳击赛,如果你不想多挨打,最好倒下去。如果你才倒下去,又站起来,就非再挨拳不可。你们未免起来得太快了,我不出手,怎能赢得这场比赛?又怎样领导别人呢?"

张扬与低调是两种截然不同的处世风格。张扬者犹如一株拼命拔高的树,而低调者宛如一棵平凡无奇的小草,而风雨雷电之后,得以保全的却往往是草而不是树。为人不可自以为是、目中无人,行事谦虚低调才是君子的行径。

人世沧桑,变化无常,就像捉迷藏。其实世事就是俩字:福祸。俩字半边一样,半边不一样,就是说,俩字相互牵连着。就好比箩面的箩筐,摇过去是福,摇过来就是祸。凡遇好事的时光不用张狂,张狂过头了,后边就有祸事。

稍有点本事就到处夸耀、不可一世的人容易遭人耻笑,真正展示教养与才华的自我表现绝对无可厚非,只有刻意地自我表现才是最愚蠢的。"花要半开,酒要半醉",凡是鲜花盛开娇艳的时候,不是立即被人采摘而去,也就是衰败的开始。人生也是这样,当你志得意满时,切不可趾高气扬,目空一切,不可一世,不然坏运也就离你不远了。

迎难而上,史玉柱再写辉煌

《解卦》所阐述的是面对困境应把持的原则,譬如迎难而上,赦免过失,宽大罪犯,缓和矛盾等等。这些内涵丰富的哲理启迪着千千万万的人们去面对困难,战胜挫折,赢得辉煌的人生。

一个人要想干成一番事业,不但会遭遇挫折,而且还会遭逢困难和艰辛。有的人在一般情况下,也是不怕困难的。但若碰到太多的困难,感到"对手"太强大了,则往往被慑服。其实,在自然界和社会历史的限定下,人生的主宰就是人自己。在困难面前能否有迎难而上的勇气,这有赖于和困难拼搏的心理准备,也有赖于依靠自己的力量克服困难的坚强决心。黑格尔说:"人格的伟大和刚强只有借矛盾对立的伟大和刚强才能衡量出来。"困难只能吓住那些性格软弱的人。对于真正坚强的人来说,任何困难都难以迫使他就范。相反,困难越多、对手越强,他们就越感到拼搏有味道。史玉柱就是一位善于在困境中拼打的铁汉。

十几年来史玉柱一直是中国经济界的风云人物,他白手起家,创造了90年代的财富神话,后经巨浪,又陷至一贫如洗,然而几年后又奇迹般东山再起。

他的创业经历给人最深刻的印象，不是他的广告轰炸，而是他顽强的意志和永不言败的信念。

史玉柱的老家在安徽怀远。1984年他从浙江大学数学系毕业，分配到安徽省统计局。因工作出色，1986年安徽省统计局认为他人才难得，将其列入干部第三梯队送至深圳大学软件科学管理系读研究生，毕业回来即是稳稳地处级干部。一般人皆认为他官运亨通，前程似锦，但到深圳后他开阔了眼界，同时为深圳"遍地金钱"所打动的史玉柱，深大研究生毕业后所做的第一件事竟是辞职。为此遭到了领导、亲人的一致反对，但他义无反顾，很快带着其在读研究生时开发的M—6401桌面文字处理系统返回深圳。

重返深圳的史玉柱一贫如洗，只能借宿于深大学生宿舍，买不起电脑编写程序，便采用"瞒天过海"之手法冒充深大学生混入学生计算机实验室，被管理人员发现驱逐后，他又通过熟人来到配置有电脑的学校办公室，别人下班他上班，天天苦干到凌晨。1989年夏，他自认自己开发的M—6401桌面文字处理系统作为产品已经成熟，便用手中仅有的4000元承包下天津大学深圳电脑部。该部虽名之为电脑部却没有一台电脑，仅有一张营业执照。

当时深圳电脑价格最便宜一台也要8500元。为了向客户演示、宣传其产品，他决定赌一把，以加价1000元的代价获得推迟付款半个月的"优惠"，赊得一台电脑。以此方式，如他在半月之内没有收入，不能付清电脑款项，不但赊购之电脑需要交回，1000元押金也将鸡飞蛋打。

为了尽快打开软件销路，史玉柱想到了打广告。他再下赌注，以软件版权做抵押，在《计算机世界》上先做广告后付款，推广预算共计17550元。1989年8月2日，他在《计算机世界》上打出半个版的广告，"M—6401，历史性的突破。"广告刊出后，他天天跑邮局看汇款单，整个人几乎为之疯狂。直到第13天头上，史终于收到汇款单，不是一笔，而是同时来了数笔。史玉柱长出一口气。此后，汇款便如雪片一般飞来，至当年9月中旬，他的销售额就已突破10万元。他付清全部欠账，将余下的钱重新投向广告宣传，4个月后，M—6401桌面文字处理系统的销售额突破100万元。这是他的第一桶金。

此后，史玉柱再接再厉，又陆续开发出M—6402，一直到M—6405汉卡，获得巨大成功。但他也为此付出惨重代价，妻子也与他分道扬镳。1991年巨人总部从深圳迁往珠海，M—6403实现利润3500万元，38层的巨人大厦设计方案出台。后来这一方案因头脑发热、行政暗示等各种因素一改再改，从38层窜至70层。1992年成立巨人高科技集团，注册资金1.19亿元。

1993年，巨人推出M—6405，中文笔记本电脑、中文手写电脑等多种产品，其中仅中文手写电脑和软件的当年销售额即达到3.6亿元。巨人成为位居四通之后的中国第二大民营高科技企业。史玉柱成为珠海第二批重奖知识分子。

1994年初，巨人大厦一期工程动土，计划3年完工。8月推出脑黄金，一炮打响。史玉柱当选为中国十大改革风云人物。

1995年，巨人推出12种保健品，投放广告1个亿。史玉柱被《福布斯》列为大陆富豪第八位，而且是唯一高科技起家的企业家。

　　1996 年保健品方面因为巨人大厦"抽血"过量，再加上管理不善，迅速盛极而衰。巨人大厦资金告急。1997 年初巨人大厦未按期完工，国内购楼者天天上门要求退款。而媒体地毯式报道巨人财务危机，客观上进一步封堵了巨人的迂回余地。不久巨人大厦停工，巨人名存实亡。

　　1998 年初，史玉柱黯然离开成就他一番事业的珠海。只是此次之苍凉哀伤同当年南下深圳开始创业的豪迈不同。离开珠海的时候，史玉柱几乎身无分文。当时身上几乎没有钱，只得给人做市场策划，以应生活之需。

　　史玉柱决定东山再起，他再次选择保健品作为个人再起的一个突破口，有他自己的理由，由于资金有限，刚开始的时候，史玉柱采取的是委托加工的生产方式，边生产边试销。后来，脑白金侧重于对功效的宣传。南京、常州、苏州、苏南地区就这样做起来了，之后，延伸至浙江、山东等地。

　　史玉柱的市场销售才能又再次得到发挥。于是我们看到了同以往脑黄金、三株口服液、飞龙等相类似的产品营销手法和市场再演。确实，由于其出奇的广告效应，脑白金以星火燎原之势迅速占领全国市场，2000 年实现销售收入 8.01 亿元；2001 年，销售收入突破 10 亿元，稳居保健品市场榜首。

　　脑白金迅速红遍大江南北，使史玉柱很快有了归还巨人大厦欠款的经济实力。2001 年 1 月，史玉柱以个人名义开始偿还原巨人大厦在中国香港及内地的楼花欠款，用两亿多元的钱挽救了自己的名声。史玉柱用从脑白金赚来的钱基本还清了债。史玉柱再一次神话般崛起。

　　史玉柱经受了常人无法承受的挫折，从他的创业经历中我们可以看到：真正的强者，不但在碰到困难时不害怕困难，而是在碰到困难时，还积极主动地解决困难。

　　"上帝给你关上一扇门，必然会给你开一扇窗。"假如上帝在关上门的同时，也封闭了窗。那就只能背水一战——画一扇窗给自己！它可以让希望重新燃起，让一切还没有来得及实现的梦想在心灵的窗前翩然起舞。

　　许多人在困境中变得沮丧，当进展受挫、陷入困境时便张皇失措，或怨天尤人，或到处求援，或借酒消愁。这些做法只能徒然瓦解自己的意志和毅力，客观上是帮助困难打倒自己。还有的人，面对很大的困难不愿竭尽自己的全力，当攻不动困难时，便心安理得地寻找这样或那样的理由，似乎是"天亡我，非战之罪也"，其实这就是一种怯弱。不言而喻，这种人永远不能克服困难，成功的足迹只能永远湮没在困难的泥淖里。

　　泰戈尔曾这样写过——明月说："我的清白挥洒向了人间，虽说我身上有些许污斑。"困难的环境，虽然耗去了我们的时间和精力，但更磨炼了我们的意志，增强了我们的才干。害怕困难，回避挑战，都是懦夫的表现，只有以积极的态度迎难而上，在前进的过程中不断地正视困难、征服困难，这样的成功才会令人目眩。

损卦第四十一　

【经文】

兑下艮上　损①有孚，元吉，无咎，可贞，利有攸往②，曷之用？二簋可用享③。

初九　已事遄往④，无咎，酌损之⑤。

九二　利贞，征凶，弗损益之⑥。

六三　三人行，则损一人；一人行，则得其友⑦。

六四　损其疾，使遄有喜⑧，无咎。

六五　或益之十朋之龟，弗克违⑨，元吉。

上九　弗损益之，无咎，贞吉，利有攸往，得臣无家⑩。

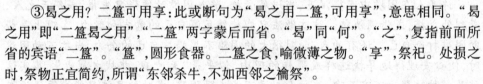

【注释】

①损：卦名。通行本为第四十一卦，帛书本为第十二卦。

"损"是减损，敛抑。从卦象上看，内卦或曰下卦，为《兑》泽，外卦或曰上卦，为《艮》山；内卦谓己，外卦谓人；泽卑山高、己卑人高，正是自我减损、卑抑之象，故卦名题为《损》。《文子·上仁》"自卑下故能高人，自损弊故实坚"，斯之谓也。另从卦爻上看，《乾》天高，《坤》地卑，内卦《乾》自损一阳以益外卦之《坤》，则己之《乾》天高而自损为《兑》泽卑，亦是卦名"损"之义。

②有孚，元吉，无咎，可贞，利有攸往："有孚"统领以下数句占辞，即谓有大吉、无害、宜于占问、行往有利等卦兆。

③曷之用？二簋可用享：此或断句为"曷之用二簋，可用享"，意思相同。"曷之用"即"二簋曷之用"，"二簋"两字蒙后而省。"曷"同"何"。"之"，复指前面所省的宾语"二簋"。"簋"，圆形食器。二簋之食，喻微薄之物。"享"，祭祀。处损之时，祭物正宜简约，所谓"东邻杀牛，不如西邻之禴祭"。

④已事遄往：帛书"已"作"巳"，《集解》引虞翻作"祀"。高亨等从虞翻说。经中"祀"字两见，均见于《困》卦，而帛书不做"巳"，亦作"祀"。因此"已事"读为"祀事"，可能是汉后的事。然而读为"祀事"确实较他说为顺畅，理由一是此爻"祀事酌损之"正承卦辞"二簋可用享"而说；理由二是《益》卦六三"凶事益之"与此爻"祀事损之"正相为对。参照"益"卦之"凶事"，可知此爻之"祀事"是指祈福的祭事。"遄"，速。

⑤酌损之：酌量减损。处损之时，祈福之祭在规模、数量等方面要适度为之。

⑥征凶，弗损益之："征"，谓征伐别人以自益。"弗损益之"，谓处损之时，不应损害别人而是要帮助别人（《战国策·秦策》注："益，助也"）。这是对"征凶"的解释。上九"弗损益之"与此同训。

⑦三人行,则损一人;一人行,则得其友:此谓人杂则不同心,不同心则事败;反之则同德,同德则事成。"损一人""得其友",比喻事成、事败。"三人行则损一人",即所谓"损有余";"一人行则得其友",即所谓"补不足"。

⑧损其疾,使遄有喜:"损其疾",疾患减轻;引申之,凡不顺、晦气、毛病缺点等皆可谓之"疾"。"有喜",病愈(说见《无妄》卦注);引申之,由不顺转顺、由不良转良亦可谓之"有喜"。"其",指六四自身,即问著者。

⑨或益之十朋之龟,弗克违:"或",不定代词,指有人。因六五处君位,故"或"可能是指大人、贵人。古以贝为货币,用绳串起,一串五贝,两串为一朋。"十朋",价值百贝。百贝之龟,盖即古所谓大宝龟,长一尺二寸(见《史记·龟策列传》)。贵人以大宝龟助益之,自是大吉之兆,不能拒绝("克",能。"违",背、拒绝)。

⑩利有攸往,得臣无家:"往",出去做事,"得臣",谓得为国君之臣而食朝禄。"无家",不再闲居于家。"得臣无家"可与《大畜》卦"不家食"对看(参《大畜》卦注)。经过不断地自损、益人,至上九自家始得受益也。

【译文】

损卦:当有所减损时,只要有诚意,仍会大吉,不会招来祸患,可守正道,利于行事。以祭祀为例,只要心诚,即便减损到只用"二簋"的菲薄祭品,也会被神灵所接受,得到保佑。

初九:毫不犹豫地停下自己的事情去援助别人,不会有灾难;援助别人时,应斟酌量力减损自己。

九二:利于坚守正道,如果轻举妄动就会招致凶险,有时不减损自己也能助益别人。

六三:三人同行,因为主张不合而使其中一人离去;一人独行,因为孤单寂寞而寻找朋友结伴而行。

六四:治疗疾病,必须及时迅速,才会有可喜的效果,不会有灾难。

六五:人们都愿意减损自己以增益君主,用价值十朋的大龟占卜,结论也是大吉。

上九:自身充实,不仅毋须损别人受损,而且使人受益;不仅太平无事,而且吉祥如意。既有利于事业的发展,亦使人臣服,一心为国,以至忘了自己的家。

【解读】

本卦阐述了损有余而补不足的原则。指出如何运用损的手段为自己开辟前进道路的一般途径,认为损己益人,应以诚信为基础,由此取得别人的信任与支持。对于志同道合者的助益,当损则损,但是也要量力而行,不可拘泥程式,尽量谋求不损己也能益人的途径;损有余以益不足是天地之间的一条普遍法则,因而以损增益的行动务须不失时机,使损失减少到最低限度,使增益得到最大的效果;柔顺、中正、谦和的人,即使有所不足也必然会得到众人的助益,全力支持其抱负的施展;处在领导地位的人,当自己得到充实之后,也应不忘其本,取之于民,用之于民,务须懂得损己亦即益己,助人实为助己的道理。

【经典实例】

烤肉的味道

西晋时，廷尉顾荣应邀赴宴。席间上来一道烤肉，侍者在布菜时，直咽口水，那样子像馋得不行。顾荣心中不忍，就把自己的那一份让给了侍者。同桌的人笑他有点呆气，他却认为，整天看着烤肉吃不到，是很难受的，因而对自己的做法毫无悔意。

此后过了许多年，西晋发生了"八王之乱"。宗室汝南王司马亮、楚王司马玮、赵王司马伦、齐王司马冏、长沙王司马乂、成都王司马颖、河涧王司马颙、东海王司马越等八王为争权夺利而相互厮杀，搞得国家一片混乱，民不聊生。这时远在边陲的匈奴首领刘渊发现了这个进攻中原的大好时机，派兵东下，灭掉了西晋。

这场灾难发生在永嘉年间（公元 307～312 年），后来，"永嘉"一词就成了一个伤心的象征。永嘉年间的确令人伤心。异族的入侵，引起汉民族极大的恐慌，他们纷纷抛家舍业，扶老携幼地加入向南方逃亡的难民队伍。相比之下，长江以南的东南地区成了一片乐土。滔滔江水隔开了燃烧于江北广大土地上的战火，北方难民也纷纷奔南而去。

顾荣本是江南吴人，自然毫不犹豫地率领全家加入这支逃亡的难民之中。世道混乱，兵匪横行，逃亡的路上自是险象环生。但顾荣每每身处危急之时，总有人来舍命相救。渡过长江之后，顾荣找到救命恩人表示感谢。问起来历，原来这人就是当年那个接受烤肉的侍者。这令顾荣感慨不已。

吃"小亏"得"大便宜"

郑周永创立的"现代集团"拥有 29 家子公司，且分布在海内外，据推测，他的资产总额已超过 50 亿美元。他是如何积累起这巨大财富的呢？

创业之初，他进军建筑行业，通过各种关系以及自己的活动，终于在 1953 年，一座大桥的修建工程被承包下来。为了能顺利完工，他巧思善虑，设计工程方案。然而，"人算不如天算，天有不测风云"，时间不长，修建大桥的各种费用陡然上涨。按当时的物价计算，所需工程费总额竟比签约承包时高出了 7 倍。在这危急存亡之际，友人劝告：必须马上停工，以免再受损失。

然而郑周永的决定大大出人意料：为了信誉，宁愿赔本。就是破了产也在所不惜，必须按期完工。结果，工程按时完工，交付使用，可是却使得郑周永差点垮台。但是，自然而然地也给他带来了另一个好的方面，那就是他的讲信誉的名气一夜之间传遍天下，尽人皆知。

这样一来，虽然这一次郑周永损失惨重，但得来了信誉之后，他很顺利地承包了大批生意，终于能够起死回生。不久，韩国的四大建设项目被承包，开价 3.7 亿美元，而且还承建了汉江大桥第一、二、三期工程，赚取了大量的美元，从而在同行业中独领风骚，无人能敌。

发家后的郑周永并未就此止步,而是继续秉持这种"舍不得孩子套不着狼"的精神前进。

郑周永称霸了国内建筑市场后,决定开拓海外市场。1965年,郑周永首次承包了泰国的一条高速公路,尔后相继在关岛、越南、新几内亚、巴西等国家承建了大批工程,并且都大获全胜。从此,就揭开了进军世界的序幕,而且一发而不可收,利润大增。

在竞争中,郑周永表现出非凡的魄力。最惊心动魄的一幕是郑周永承建的沙特阿拉伯的杜拜海湾工程。这项工程之艰巨是难以想象的。这项工程包括岩岸边、防坡墙、道路、停泊设施、码头工程以及海上输油总站。建成这个总站预算总投资达15亿美元,工程浩大,世界罕见,仅是它的底部工程就总共需沉箱89座,每个沉箱相当于一座20层楼房的体积。这些沉箱必须用韩国境内大量廉价设备和建材浇铸出来。而且,这些庞然大物还得漂洋过海,经过台风频繁的台湾海峡和菲律宾海域,往返一次需35天,可以说是路途遥远,大有风险。这项工程是否能承建关系着郑周永的前途命运,怎么办?

魄力惊人的郑周永经过冷静思考,决定大干一场。经过与其他实力雄厚的建筑公司的激烈角逐,郑周永终于以9.3亿美元的"倾销价格"承包了杜拜海湾工程,令世人刮目相看。在承包下来之后,困难依旧重重,甚至有人预言:郑周永这次要彻底垮在沙漠里了。韩国的企业家杂志纷纷刊出这样的文章:《沙海折戟,现代集团前途堪忧》,《郑周永再出大手笔,一力承建杜拜坟墓》……

郑周永却信心百倍,表现出超凡脱俗的大家风度。对于怎样运输沉箱,郑周永又做了一大创举,显示出惊人的魄力,也确确实实舍得"孩子"。郑周永大胆、果断地决定采用立体平台船装载运输沉箱,用1万马力的拖船拖运。这种平台船每次可装5座沉箱,这种沉箱每座按韩国货币计算,造价5亿元,也就是说每次运输将有损失25亿元的风险,这对郑周永来说,不可能不是一件非常头疼的事情,更何况89座沉箱,需运8次,风险之大,可想而知。

但是郑周永既然舍得"孩子",就不会畏惧这样的风险。再者,如果成功了,那将会赚到数不尽的金钱。结果,沉箱一船一船运到沙特阿拉伯的杜拜海湾,除掉一次在新加坡与一艘中国台湾渔船相撞,因平台船倾斜,被迫丢掉一座沉箱外,前后运送7次都安全到达,沉箱运输获得了成功。

郑周永和他的员工们克服了一个又一个困难,最后终于建成杜拜海湾工程,而且工期比原计划的36个月提前了8个月。

输就是赢

有一个政客,想在东北谋一个美差,曾经请了个有势力的大老板,把他推荐给张作霖,张也表示同意委以重任。可一等再等,委任状迟迟不下来,急得那个政客像热锅上的蚂蚁。

有一次他遇到了一位旧友,此人正好是张作霖的顾问。这位政客把自己的处境告诉了他,请求他催催张作霖。

旧友见政客一脸失望，竟也为朋友想出条主意："我想到一计，老头子近来很高兴打牌，我们就借某总长家里，请人来吃饭打牌。打牌时你也来，你是打麻将的老手，每次是包赢不输。这回你只许输，不许赢。不妨连自己的底也输光，一定要让老头子赢得满意。到那时候，我自有妙计。"

一切照这个顾问的计划进行，这天，张作霖的牌风可顺呢，要什么牌就来什么牌，要吃有吃，要碰明碰，坐庄就连庄。他高兴得一个劲儿地乐！

那政客真不愧是打麻将的能手，张作霖手中的十三张牌，他摸得透透的。知道张在等和了，就拆了搭子给他和满贯。十二圈牌打下来，一结算，那政客输了2000元，张作霖赢了1800元。

1800元在张作霖眼里根本算不了什么，可他这次却玩得十分开心，自然以为牌摸得好，运气也好！那政客开了支票，付了赌款，怀着心事走了。

打过牌后，张作霖要吃筒烟提提神，那顾问就陪在烟榻旁烧烟。两人边吃边聊，顾问捧他："大帅，您这牌可打得太棒了！"

张作霖吸了口烟，笑着："哪里，碰运气罢了！"

那顾问话锋一转："今天那一位可输苦了！他也不是个富有的人，这次到北京来，是想谋一个差事的。"

张作霖听了把烟枪一搁道："他是你的朋友，那就把支票还给他得了，咱们一千两千的也不在乎！"说着就去口袋里掏支票。

那顾问连连摆手道："使不得，使不得，他也是个要面子的人，输了的钱，他决不会收回的。他在前清也是个京官，还有些才干呢！大帅要可怜他，就周全周全他，给他个什么职司，他就感激不尽啦！"

张作霖突然想起了什么，拍拍脑袋道："噢，想起来了，某人也曾经推荐过他的，我成全了他吧！"

那顾问忙道："那我先替他向大帅谢恩啦！"

不出一个星期，那个政客就到东北去做官了。

本卦阐述了"损有余以益不足"的原则。指出如何运用损的手段为自己开辟前进道路的一般途径。想要人人都为我，我必先行为人人。吃亏是福，居然是德，损己能受益，屈己能得伸，这是理所当然的事。也许你对上文后一个故事里政客的行为不屑一顾，引以为耻，但他的这种做法也能给人以启发。

亿安科技老总罗成

2003年3月26日，"亿安科技案"在广州中院开庭，5位股价操纵案嫌疑人在法庭上现身，亿安集团再次成为人们关注的焦点。

一个大型企业生命的终结，必定带来巨大的经济损失和社会损失。这个当年曾红极一时的大型企业，在她进入生命垂危的关键时刻，人们不免要回望其兴盛与消亡的轨迹。

亿安集团事发之前，经历了一场惊心动魄的生死之战，它所折射出来的，不仅是亿安集团老板罗成个人的命运，更是中国民营企业的命运。"亿安科技案"，这

个以110亿元代价获得的失败案例,对人们的启发远远超越了企业自身。

在一定程度上,罗成的特点是企业家个人的价值观与中国企业生存环境中的某些不良因素相互作用的产物。这也是他成为当前中国一类比较浮躁的企业家之典型的重要原因。

作为一个企业家的罗成,其做企业的价值取向是在两个必须具备的条件下形成的:一是自己的目标、喜好与意愿,二是能够验证这种价值取向是否可行的土壤或环境。

浮躁的心态、精于外在经营资源的运作却在企业内部治理方面一塌糊涂,是罗成的突出特点;以高效的管理与经营追求企业利润最大化的原则,在罗成身上得不到一点体现,取而代之的是纯粹地追求企业经营资源规模的最大化和资金短期投资收益的最大化。

罗成是在追求一种快感,一种个人价值观完全凌驾于企业价值观之上的快感。

而他的价值取向得到了充分的验证:从空手套白狼地盘活第一家楼盘,到收购万燕、亿安科技上市并成为中国第一只百元股,再到亿安集团迅速滚大的上百亿经营规模,他在最短的时间内创造和体验了最辉煌的成就。

罗成的聪明与智慧发挥到了极致,但他心态中的浮躁与对企业正常规则的漠视,也达到了极致。尽管罗成的所作所为在客观上也对社会做出了不少的贡献,但对他来说,这一切只能说明他的追求和做法的无比高明与正确。

出事前的罗成在外人看来,从亿安蒸蒸日上的繁荣景象到他那价值1700万元人民币的别墅,从他左右逢源的资源运作到前呼后拥的出入场景,都令人敬畏,充满了神秘与尊贵。

但在另一面,罗成又是最可悲的。

也许罗成很清楚自己成功的原因,但他却万万想不到,他的成功本身又会成为他失败的原因。一切都像一场游戏那么简单,一切又都如梦境一般不可琢磨。如同中国的很多企业家一样,罗成在自己原始资本的积累阶段,采取了很多不规范的做法。为什么要这么做?处于社会转型时期的很多重要资源,还都无法市场化和公平化,被高度垄断,要在"特殊的竞争环境"下取得这些资源,更多的个人或企业,尤其是民营企业,在按捺不住的诱惑与冲动下,就会采取不规范的做法去放手一搏。

博弈游戏便由此开始,加入此局便意味着参与者已经成为一颗注定很难掌控自己命运的棋子。

我们看到了很多民营企业家总是编造出冠冕堂皇的口号与理由,或者想方设法偷偷向境外转移资产,我们明白了他们的真实心理:在资本积累阶段中太多不规范的运作在博弈群中无法掩饰,彻底透明化了,他们心虚,害怕翻船,他们知道会翻船,他们想出局,想走出这一场看不见但又似乎无处不在、令人心惊胆战的博弈之局。

我们了解到,罗成的博弈"对手"同样有着各种复杂的背景,这些人也是短期利益的追逐者,他们在客观上无形地制约与塑造着罗成。以炒股为例,罗成无法自拔的原因一方面是其自身特点使然,但另一方面他又不得不炒,因为他已在股市上

给共同利益博弈者带来了实实在在的暴利，罗成自己需要，他们也需要，只要这种关系在，这种需要几乎就没有止境，博弈的初始基础注定了罗成无法随意背约——一种纸上看不见但又默契得不能再默契的无形之约，一种社会"常识"。

游戏的规则就是这样的，"逃约"本身就足以葬送你的"大好前程"。

但罗成未必能意识得到自己的隐患与可悲，他反而认为这才是"唯一真正的现实"，另外还会为自己的"重要性"洋洋自得。

再比如，银行又是另一个层面博弈群中的一员，银行的不规范行为给罗成的不规范行为也提供了滋生的土壤。在亿安辉煌的时期，罗成在银行拿到的部分贷款，居然没有正规手续。没有人真正去问清楚你要的钱将做什么，是否应该评估一下风险。

在这些博弈者中，银行是比较"命苦"的，他的不慎造成的后果就是面对将来数额巨大的呆账死账欲哭无泪，亿安数十亿的银行负债如今面临无法收回的风险，在某种程度上来说，银行自己也有不可推卸的责任。所有不规范而又很真实的现实，加深了罗成对"其实一切都是不规范的"观念的认同程度。

罗成如此，很多身处其中的人又何尝不是？当越来越多持有这样观念的人相互影响并依此行事，又会影响另外一大批人——循环就这么形成的了，"博弈怪圈"也就这么形成了。

罗成是脆弱的，他轻易地就成了那个怪圈的"美食"；他又是愚蠢的，他忽视了社会发展的主流趋势，没有认识到"不规范"最终将被"规范"替代的必然，因此也又失去了许多挽救和改变自己命运的机会。

罗成"发迹"于"不规范"，又在"不规范"面前倒下，也许从一开始就注定，他不会逃出这个难以逾越的怪圈。

损即减损，损失。天下的事物都有损益，本卦论述企业决策中的自我损抑的原则。所谓损抑就是指人要学会自己的贪欲有所控制，人因欲望而生恶心，于是欲壑难填，矛盾丛生，人的欲望是个无底洞，如不加以控制，必然损人又害己，因此，在欲望和利益面前，应克制自己，而当自己力量盛大时，而应损己以助人。

量力和适度，这实际上是告诫我们，不论是办任何事情，都要根据自己的情况量力而行，留有余地，而不要将力气用完，将事情做绝。那样一旦发生失误，便没有任何回旋的余地。做超过自己力量的事情，都是过于自负，过于满盈。若自己不知抑损，常如不足，也许可得逞一时，最终却必定归于失败。

只要你有盈余，不论是权势，还是财富，都应当自损以益人，这绝非一句泛泛的空话。盈余则极，物极生反。

诸葛亮"七擒七纵"

诸葛亮为了巩固后方，为出兵伐魏做准备，于公元225年出兵南方。当时南方的首领是孟获，他与诸葛亮展开了顽强的斗争。

诸葛亮得知孟获不但作战勇敢、意志坚定，而且待人忠厚，在当地少数民族中非常得人心，于是就决定把他招降过来。孟获虽然勇敢，但是有勇无谋，不善于用

兵。第一次交锋，他见蜀军败退下去，就以为蜀军敌不过自己，便不顾一切地追了上去，结果闯进了埋伏圈被擒。

孟获以为，诸葛亮一定会处死自己，不料诸葛亮亲自给他松绑，并好言劝他归顺。孟获不服，诸葛亮没有生气，微微一笑，放了孟获。孟获回去之后，重整队伍，又与诸葛亮开战，结果又被诸葛亮捉住了。这一次，孟获还是不服，诸葛亮又把他放了。就这样七次被捉，七次被放。最后，孟获把各族的首领都请来了，大家一起上阵，结果都被诸葛亮捉住了。蜀营里传出话来，请孟获等人回去。各位首领都请孟获做主，究竟应当怎么办。孟获至此彻底服了诸葛亮，流着眼泪说："作战中七擒七纵，自古以来从来没有听说过。丞相对我们仁义至极，我不能再回去了。"于是，孟获归顺了蜀汉。

孔明出山图

虽然"七擒七纵"损失了蜀军一定的人力和物力，但是这种损失是值得的。因为它换回的是蜀汉巩固的后方。

及时奖励　屡得良策

狮子公司已进入500强了，实力十分雄厚。你知道它成功的诀窍是什么吗？是及时奖励引来的良策。

加藤信三这名员工性子急，爱思考问题。每天早上，为赶时间，他粗粗地刷了几下牙，牙龈都出血了。

后来，他苦苦思索：为什么刷牙后会出血呢？如果是我的牙龈有问题，但为什么许多人都出血呢？他思来想去，觉得可能是牙刷有问题。于是他拿出放大镜，仔细观察牙刷的毛，猛地发现，牙刷毛顶端是四方的，很不圆滑，而有的就像刺儿一样。难怪它会刷得牙龈出血。

加藤信三便向领导建议：公司应该把牙刷毛顶端改成圆形。

一个小小的建议，让狮子牙刷很快占领了日本40%的市场，在国外也大受欢迎。而加藤信三也马上得到加薪晋职。

后来，总裁对公司的牙膏销售不旺感到烦恼。由于该公司的奖励制度比较好，大家都在想主意，并提出了不少的建议，但都站不住脚。

一次，总裁为此事召集会议。在会议上，一个年轻的经理递给了总裁一张纸条。总裁接过那张纸，阅毕，马上签了一张数额很大的支票给那位年轻的经理。

在场的人傻眼了！怎么，一张纸就值那么多钱？它上面有什么好点子呢？

这时，总裁说："这位年轻人要我把牙膏的出口增大一毫米，这可是个好计谋呀！诸位好好算一算，每天早上，每个消费者多用一毫米的牙膏，每天的牙膏消费量将多出多少倍呀？心算不出来，就用手，用脚也行啊！"

在大家还在计算的时候，总裁已经下令更换新的包装了。这个决定，使该公司这一年的营业额增加了32%。

就这样，狮子公司得到不少的良策，也因此不断发展壮大。到1993年，其销售额达28.9亿美元，利润4000万美元，拥有资产25.5亿美元，员工5000人，排名全球最大500家工业企业第483位。

晋文公虚心听劝终成霸主

春秋时，大家都知道晋文公是个贤明的君王，善于纳谏。晋文公手下的臣子也因此敢大胆地向他提出自己的看法。

公元前636年，晋公子回国当上国君，是为晋文公。他当上国君后，开始征发百姓，组织军队，训练作战。两年后，晋文公便准备用训练的百姓称霸诸侯。

大臣子犯劝阻说："百姓虽然经过训练，身体强健，但还不懂得义，还没能各居其位，不能用。"

晋文公觉得有道理，他便想办法让百姓懂得义。正在这时，周朝发生了"昭叔之难"。

昭叔是周惠王的儿子，他和他的哥哥襄王之后狄隗密谋叛乱，襄王知道后，便将狄隗废掉。这件事触怒了狄隗的娘家，他们派重兵进攻周朝，周襄王被迫逃到郑国。

周朝在当时名义上是各诸侯国的宗主，晋文公决定帮助周襄王返回周朝并用此事教育晋国的百姓什么是义。

他派出左右两军，右军攻打昭叔，左军去郑国迎接周襄王返国。事成后，周襄王为表彰晋文公的功劳，以天子的礼仪迎接文公。

晋文公却推辞说："这是臣下分内之事。"

他帮助襄王返国后，又回国致力于便利百姓，使百姓安居乐业。他认为可以使用百姓了。

子犯出来阻拦说："百姓虽然懂得了义，但还不知道信是什么，还不能用。"

晋文公听了，觉得有道理。

他率领军队攻打原国，命令士兵携带三天的口粮。军队围困原国城池整整三天，士兵们的粮食全部吃完了，而原国还坚守城池不出。于是晋文公下令退兵，正当晋军刚退兵时，间谍从城里出来报告说："原国已经准备投降了。"

有人主张再坚持一下，等待原国投降。晋文公坚决地说："当初带三天军粮，就是准备攻打三天的；如今已下令退兵，就应该说话算数。如果不退兵，即使得到原国，也会失去信用。得失相比哪个多呢？"

由于晋文公利用攻打原国教育百姓知道信，所以国内民风大变，凡事以信为

国学经典文库

本,他们做生意不求暴利,不贪不骗。

做完这些后,晋文公问子犯:"这回行了吧?"

子犯回答:"百姓虽知信、义,还不知道礼,还没有养成恭谦让范。"

于是,晋文公又在让百姓知礼方面下苦功。他举行盛大的阅兵仪式,每个环节都依照军礼执行,使百姓看到礼仪;他又规定百官的等级及职责,使百姓知道对什么职官行什么礼仪。百姓们不但如此,还知道根据礼来判断一件事的是非。这时,子犯笑着说:"可以用民了。"

于是,晋文公开始伐曹,攻卫,取得齐国之地,大败楚军于城濮,成为春秋五霸之一。

损小益大,福特汽车跑遍全美

损益必须坚持损有余益不足的原则。办任何事情都得有投入,自然会有损失,这就要求人们权衡利弊,斟酌得失。特别是讲求经济效益的今天,是损是益就更成为人们关注的焦点。以使损失减低至最低限度,使增益得到最大的效果成为所有商家的追求。

损与益,要适时运用,应当减损时减损,应当增益时增益,而且柔和、谦虚、中正,才能获得他人的全力支持,得以施展抱负。这损益之道早在 20 世纪初就被福特汽车公司的创始人亨利·福特巧妙地运用在他的经营策划之中,而且取得了非常好的效果。

20 世纪最初的 20 年里,美国工人的工资很低,一个月全上班,也不过三四十美元。那时能买得起汽车的人中很少有工薪阶层,因而汽车的销售也非常困难。

随着生产出来的汽车大量地积压,亨利·福特想,我的汽车卖给谁呢? 连我的工人都买不起汽车,谁还买我的汽车! 一个重大的损益决策在他头脑里产生了。

一天,他把媒体的记者请到公司的总部,他发布了一条震惊全美的消息:

从今天开始,福特公司所有的生产线上的员工月工资涨到 150 美元! 让自己的员工能买得起自己生产的汽车。

这一新闻铺天盖地地洒向全美,就是这一句话新闻,福特把汽车推向了广大消费者。

事后他对记者说:自己生产的产品是必须卖出去的,是必须有人使用的,汽车是一般大众都可以使用得起的交通工具,而不是一种奢侈品。福特的员工首先能买得起福特所造的车,只有这样循环才能推动福特公司的发展。

那个时候,一辆福特汽车要卖 200 多美元。如果一个员工一个月只能挣三四十美元钱,那么他可能打消购买汽车的想法。反过来,如果一个员工一个月挣 150 美元钱,公司再补贴一点,工人只需要干一个多月,就可以买一辆汽车,他的员工马上都可以变成福特汽车的买主。

也正如福特所想的,一个月以后,他的很多员工都开着福特汽车上班了,其他很多公司员工羡慕不已,于是一些经济效益好的公司员工也开始开车上班了。汽车销售市场迎来了前所未有的火爆,积压的汽车很快被兜售一空,从全国各地发来

的订单像雪片一样飞到福特的办公桌上。

福特刺激汽车消费的办法不是压低汽车的价格,而是把消费者的工资提上去,这种方法很有效。他不是把汽车制造和销售当作简单的做生意,而是想将整个汽车市场带动起来,使之创造、培养和扩大。

亨利·福特虽然出发点是为自己谋取利润,但是他的做法暗合了"损有余以奉不足"的损益之道,想出了提高工人工资让他们买得起汽车的好主意。这样,一方面工人得到了实惠,调动了他们的积极性,另一方面,他的汽车也推向了市场,这是一举两得的大好事,何乐而不为?

益卦第四十二　☶

【经文】

震下巽上　益①:利有攸往,利涉大川②。

初九　利用为大作③,元吉,无咎。

六二　或益之十朋之龟,弗克违④,永贞吉。王用享于帝⑤,吉。

六三　益之用凶事⑥,无咎;有孚⑦,中行告公用圭⑧。

六四　中行告公从,利用为依迁国⑨。

九五　有孚惠心,勿问元吉,有孚惠我德⑩。

上九　莫益之,或击之,立心勿恒,凶⑪。

【注释】

①益:卦名。通行本为第四十二卦,帛书本为第六十四卦。此与《损》卦为卦爻翻覆的关系,故次列于《损》卦后。

就通行本的卦序来说,《损》卦是内卦损去一阳爻,故卦题名为《损》;《益》卦则相反,是内卦受益了一个阳爻,故卦题名为《益》。从卦象上看,上卦《巽》风,下卦

《震》雷,风得雷助其声益烈,雷得风播其声愈远;二者相互助益,故卦名为《益》。又:《益》卦下《震》雷,上《巽》木,震雷动地,万木进长,故卦名为《益》。"益",长也。

然而就帛书本卦序而言,《益》卦与《恒》卦相对,《益》卦是《恒》卦上下卦颠倒的结果。《恒》卦的卦象为雷在天上,风在地上,此为自然之"恒";《震》刚长男在上、《巽》柔长女在下,尊上卑下,此为社会之"恒"。反之,风越居雷之上,巽女越居震男之上,便是过分,过分则变,《恒》者不恒,变而为《益》;"益"即"溢",过分的意思;则卦名之"益"与爻辞之"益"不同。《益》上九说"立心勿恒,凶",这与《恒》卦九三"不恒其德,或承之羞,贞吝"可能有联系。《恒》卦《大象》说"君子以立不易方",强调不变;而《益》卦《大象》则说"君子以见善则迁、有过则改",强调变,二者似又有内在联系。伊川《击壤集·十七·大易吟》云"雷风相薄,恒益起意",将《恒》《益》两卦对照起来考察,这是蛮有深意的。

②利有攸往,利涉大川:《易》之卦辞通常有两种情况:一是概括卦之始或曰前半卦,二是概括卦之终或曰后半卦。《益》卦卦辞便是概括卦始的,所以初爻说"利用为大作";《损》卦卦辞便是概括卦之终的,所以上爻所述与卦辞基本一样。他皆如此。

③利用为大作:"为",做。"大作",大事。大事,指为耕稼之事而祭祀天帝。《左传》云"国之大事,在祀与戎"。而《益》卦下卦为《震》,属东方木,为正、二月之卦;是知所谓初九之大事指春月"祈谷于上帝"之祭事。二爻"王用享于帝"亦可为证,说见下。

④或益之十朋之龟,弗克违:这两句的注释已见《损》卦。但"弗克违"尚可有其他解释。本卦的"违""告""从""依"等皆为卜筮等之专用词,如《乾·文言》"天且弗违,况于鬼神乎",又《书·洪范》"龟筮共违于人"等。"弗克违",盖谓以宝龟占卜,龟不违人之愿。亦可能为贵人赠以宝龟,自当敬受之而不违神之意愿。

⑤王用享于帝:"享",祭祀。"帝",盖东方木德太皞之帝,为农事而享祭之。六二在下卦《震》体,震为木,为东方之卦,属春。《随》卦下《震》上《兑》,兑为西方之卦,故上六云"王用享于西山",所祭盖西方金德少皞之帝,所谓"迎秋于西郊"也。《吕氏春秋·孟春纪》:"孟春之月……其日甲乙,其帝太皞……太史谒之天子曰:某日立春,盛德在木……天子亲率三公九卿诸大夫以迎春于东郊……天子乃以元日祈谷于上帝。"

⑥益之用凶事:将受益的财物用于除去灾祸之事,如祭祀祓除、施舍财物等。此即后来术士所谓"破财消灾"。"凶事"帛书作"工事",盖声之误。

⑦有孚:指占卦的征兆、问卦的结果。

⑧中行告公用圭:"中行"旧皆训为"中道"。然《易》凡言"中行""行中"者,皆在二爻、五爻,而本卦却在三爻、四爻,故知此"中行"与彼"中行"义有不同。"中行"当为筮者之名字。"告"即《蒙》卦"初筮告,再三渎,渎则不告"之"告",谓告之以卦兆之吉凶。"中行告公用圭"为兼语式,即"中行告公,公用圭"。"用圭"者,以

国学经典文库

圭璧礼祀神灵。以圭祀祭神灵，古籍多载之，《书·金滕》"尔之许我，我其以璧与圭，归俟尔命"，《山海经·中山经》"其祠：毛用一雄鸡祈，瘗用一圭"。此用圭礼神盖与被除凶祸相关联。

⑨中行告公从，利用为依迁国："从"即《书·大禹谟》"枚卜功臣，唯吉之从"之"从"，谓听从龟筮之占。"为"，以，连词。"依"即《书·大禹谟》"鬼神其依，龟筮协从"之"依"，与"从"同义，依从、依顺，指依顺龟筮之占、顺从天意。关于"依"字尚有如下三种说法，尽管我们不同意这三种说法，但仍抄录如次：一是训为《左传·隐公六年》"周之东迁，晋郑焉依"的"依"，释为"依傍""依凭"；二是读为"殷"（高亨等）；三是从帛书作"家"（帛书何以作"家"？有如下可能：古"宸""依"同字，盖或本有作"宸"者，"宸"与"家"义近，《尔雅·释宫》云："牖户之间谓之宸，其内谓之家"，故"依"转为"家"。又："依""殷"声近相假，而"殷"与"家"声近。《说文》："家，豭省声"。《史记·酷吏列传》"殷仲"，徐广曰："殷，一作假"。《史记·建元以来侯者年表》"零殷"，《汉书》作"豭葭"。"依"在微部，"家"在歌部。微，歌古音相近。《释名·释床帐》"依，倚也"，《诗·淇奥》"猗重较兮"，安徽阜阳汉简"猗"作"依"。"倚""猗"即为歌部字）。

⑩有孚惠心，勿问元吉，有孚惠我德："惠心"，顺心、顺人心愿（王引之《经义述闻》《尔雅》曰：惠，顺也）。"有孚惠心"，谓问著的结果顺人心愿。"问"，言、解释。《集解》引崔憬云："问犹言也"，《尔雅》"问，讯也"；讯，言也。《书·洪范》"三人占则从二人之言"，"言"即解释龟坼卦兆。"勿问元吉"，谓不用解说，龟坼卦兆显然是大吉的。"有孚惠我德"，谓问卦的结果是龟筮顺从我的心愿（即《书·大禹谟》"龟筮协从"），因我有美好之德。《书·洪范》之"九畴"，七为稽疑，八为庶征，九为五福，五福之一为"攸好德"，"有孚惠我德"盖即此也。

⑪莫益之，或击之，立心勿恒，凶："立心勿恒"，谓持守为善之心不能长久。此就九五"惠我德"之"德"而言。此与《恒》卦九三"不恒其德，或承之羞"正相对照。

【译文】

益卦：象征增益，有利于发展事业，有利于涉渡大川。

初九：有利于从事伟大的事业，能获得大吉而不发生过失。

六二：能得到许多人的助益，即便用价值十朋的大龟占问，结论始终一致，因为循于正道的人总是吉祥如意；就像君王用祭品祭祀天帝，天帝只保佑循于正道的君王吉祥如意。

六三：发生不测大祸而请求别人的助益，没有什么过错；但是必须本着诚信之心并且用于正道，在恳求别人时必须手持瑞玉，以天地的名义起誓。

六四：用于正道，有求必应；为了相互依靠，甚至可以迁移国都。

九五：有施予别人恩惠的诚意，不用占问就知道这是非常吉祥的事情，因为别人也会诚意给予回报。

上九：没有人来助益他，反而有人来攻击他，内心拿定了主意又不能持之以恒，必有凶险降临。

【解读】

本卦阐述了损己益人、损上益下的原则。损己益人，必然使人悦服；施即是授，诚心诚意助益他人，必然能得到他人的诚心诚意的回报。当然，益人者的动机须纯正，目的须正当；而受益者倘若贪得无厌，不仅得不到他人的助益，还会遭到他人的攻击，导致求益反损的结果。

【经典实例】

益人终能自益

益民则民悦，民悦国无疆。清初统治者明白此理，轻徭薄赋，奠定了大清的盛世之基。

清初，由于经过长期的战乱，社会经济遭到严重的破坏，耕地大量荒芜，农民死亡逃徙，全国各地呈现一片荒凉萧条的景象。在这种情况下，广大人民群众的生活极端困苦，阶级矛盾十分尖锐。

形势十分严峻地摆在清统治者的面前。要维持自己的统治，就要缓和阶级矛盾，安定人民的生活，以促进社会经济的发展。如果进一步竭泽而渔，对人民进行残酷的剥削，不仅不能稳固自己的统治，而且也不可能有任何效果，因为广大农民已在死亡线上挣扎，根本不可能承受明末统治者那样大的剥削量。清统治者从明朝的灭亡中看到，苛重的剥削是造成农民起义的重要原因，认识到"收拾民心，莫过于轻徭薄赋"，"行蠲免，薄赋敛，则力农者少钱粮之苦，而从逆之心自消"，因此，采取了"轻徭薄赋"的政策。这对当时的清统治者来说，是巩固政权的唯一途径。

从顺治元年（1644年）七月开始，清政府根据各地的不同情况，分别减免田赋，或全免，或免二分之一，三分之一；有免一年、二年或三年不等。自顺治元年始，凡正额之外，一切加派，如辽饷、剿饷、练饷及召买米豆尽行蠲免。并规定，赋税征收以万历初年《赋役全书》所载为正额，其余各项加增尽行免除。

为了确定征收赋税的依据，避免地方官任意加增，顺治三年（1646年）下令重修《赋役全书》，于顺治十一年（1654年）完成。从该书规定的数额看，清朝对农民的赋税征收要比明朝明显减轻。为了使农民自己知道所交钱粮的数目，以防胥吏从中舞弊，清政府于顺治六年（1649年）颁刻"易知由单"。单内开列各州县应征本折款项，共计起运若干，存留若干，每亩应征银米数目等，将单当众散给，收取本人亲笔领状。如果单外多征者，准许告发。此外，又将应解漕粮改为"官收官解，不得仍派小民"，从而免除了部分解户的赔累之苦。

清初，特别是康熙年间推行的"轻徭薄赋"政策，减轻了农民的负担，对安定人民生活，调动农民的生产积极性，促进社会生产力的发展，起了积极作用。康熙以后，全国耕地面积扩大，人口增长，均与这一政策有一定的关系。可以说，这一政策的推行，为清朝前期社会经济的繁荣发展打下了坚实的基础。

益人必然使人悦服。不但治国如此，对于个人而言，如果能诚心诚意，益于他人，也必然能得到他人诚心诚意的回报。

今日"乐百氏"

　　"乐百氏"商标从字面上去理解，就是给千家万户送去欢乐，送去健康（英文 ROBUST 表示健康的意思）。今日集团紧紧围绕"乐百氏"品牌的文化特征和造福社会的基本内涵，大力参与社会公益活动，树立良好的社会风尚，引导青少年健康向上的奋斗精神。为此，今日集团每年都要举办不同形式的"六一"儿童节公益活动。

　　例如，今日集团资助举办了"上海少年爱上海，争做上海好少年"活动。鼓励少年儿童刻苦学习，爱祖国，爱上海，树立良好的社会风尚，在上海掀起了一股少年儿童争做好事的热潮。在这次公益活动中，今日集团拨出专款作为选拔"上海好少年"的活动经费，并给当选的十佳"上海好少年"颁发了奖品，在上海引起了较大的反响。

　　为了把公司的宣传活动与公益活动结合起来，今日集团与天津市教育局等单位联合举办了为期3个月的"天津市小学生爱护环境，变废为宝大行动"活动。利用4月22日世界地球日的特定时间，帮助孩子们树立爱护地球、保护环境的环保意识。这次活动提倡从每个人做起，从每个家庭做起，人人爱护环境、使人类生存环境更加优美，引起了天津市小学生的极大兴趣，有50多万名小学生踊跃参加了这次"爱护地球、保护环境"的宣传活动。为鼓励学生多读书、长知识，今日集团采用设立班级图书角的形式作为对学生们参加这次活动的一种奖励，为20个"乐百氏图书角"命名。公司除为这些图书角购置首批书籍外，还定期购进新书充实图书角。使孩子们在阅读中学到更多的环保知识、其他科技知识等。今日集团协办的这次公益活动，得到了天津市领导和市教育局的高度赞扬，天津市教育局特别向今日集团颁发了"支持义教，恩泽后代"的荣誉证书。

　　今日集团在公益活动中注重感情投入，注重培养少年儿童的爱心。每年5月母亲节来临之际，今日集团都要以不同形式举办爱母亲的公益活动。与《北京日报》联合举办了"乐百氏杯"《我和妈妈》征文朗诵比赛，这次声势浩大的征文活动得到了几十万少年儿童的热烈响应，征文活动盛况空前。许多昔日的"小皇帝""小公主"在这次征文中表现出少有的成熟和激情。征文活动在京城大地掀起了爱母亲、尊长辈的社会风尚。家长、老师对这种公益活动倍加赞赏。

　　类似这样的公益活动，可谓不胜枚举。今日集团在华东地区举办学雷锋、学赖宁活动；与中国少年报社共同举办了"同在阳光下、大家共快乐"知心姐姐接待日活动帮助解答小朋友的问题；在大连举办了规模盛大的"乐百氏献爱心，开放的中国盼奥运"活动，有百万大连市少年儿童和市民聚会斯大林广场，在由儿童们绘成的巨型粉笔画上签下他们的姓名和美好祝愿，表达中华民族对象征和平、友谊的奥运会的真情……

下　岗

　　20世纪80年代的一个初春，北方的一个国有企业调整产业结构，张丽和所有

国学经典文库

的下岗女工一样,不得不离开了她为之工作了多年的工厂。

从这天开始,工厂里再也发不出工资了,张丽不知道该如何面对这突如其来的变故。她一脸茫然地走在街上,不知道自己下个月的生活费在哪里。

张丽回到了母亲的家里,她的父亲是参加过长征的老红军,享受国家的补贴。张丽看到自己年迈体衰的父母,她感到自己无论如何也张不开口向他们求助。

她又找到了几位有钱、有地位的亲戚,想向他们说出自己的困境,求他们帮助她找一份工作,可是,还没等她开口,亲戚已经料到了她的来意,告诉她现在下岗的人太多了,一时难以找到工作。

张丽用仅有的积蓄买来一套炊具,开始在农贸市场里摆小吃摊,卖起了煎饼、果子。一天,一位卖菜的妇女面带难色来到了张丽的摊位前,她说她要去上货,孩子没人看,想求张丽帮助她照看一下。张丽是个热心人,一看别人有困难,就满口答应了。过了几个小时,那位妇女回来,看到孩子正在张丽的小餐桌旁高兴地做游戏。那位妇女很感激,一定要付给张丽工钱,被张丽婉言谢绝了。

后来,一传十,十传百,大家都知道张丽是个热心人,农贸市场里凡是没时间照顾孩子的人,都来找张丽,因为大家把孩子放在张丽这里放心。

又过了几个月,路边的小餐桌实在放不下那么多的孩子了。就有人主动帮助张丽在农贸市场附近找了一间房子,办起了"嫂子饭桌",中午家里没人照顾的孩子都来这里就餐,张丽的生意十分红火。

后来,她发现,孩子仅仅吃饱了,功课没人辅导也不行。张丽咬咬牙,把相邻的房子也租下,买来桌椅,又请了一位退休的小学教师,帮助孩子复习功课。后来家长发现,凡是来张丽这里就餐的孩子,不仅身体健康,而且学习成绩也直线上升,有的还当上了三好学生。

慕名找到张丽的人越来越多,她又租下了两层楼,楼下是餐厅,楼上改成了文化艺术教室,不仅辅导功课,还根据孩子不同的特长,教孩子唱歌、画画、讲故事,孩子们都亲热地叫她"张妈妈"。

张丽由一个普普通通的中年妇女,成为一所儿童艺术学校的校长,在工厂里的时候,她只是一个普通的女工,从来没有想过自己有朝一日会当上校长。

公司要想发展壮大,必须注意公司形象,积极参与社会公益活动,服务社会,回报社会,并使活动得到消费者的认同,由此加强公众对公司的信赖。从公益活动的宣传中,把公司的经营理念、服务社会的目标渗透到广大消费者心中,为公司的长远发展奠定坚实的群众基础。这就是一个现代企业不可忽略的谋略。其实个人也是如此,你益别人,别人也就益你,你付出的越多,收获的也会更丰厚,张丽的故事就是很好的例证。

瑞星聚积能量

"我们不做窝里斗的小公司。"北京瑞星科技股份有限公司总经理刘旭说这句话的时候,已是2001年的年末。这年9月,瑞星发布了瑞星杀毒软件2002版,并

公开声称要进军国际市场,争取做到信息安全产品及服务提供商的世界前五名。

瑞星面壁数年急于破壁,是因为在日复一日的口水战和价格战中,瑞星已忙得焦头烂额,同样焦头烂额的还有它的竞争对手:江民公司和金山公司等。回顾国内的这些杀毒软件(信息安全产品)公司的过去,借用鲁迅的名言,也无非是两种历史:坐稳了江山的时代和想坐江山而不可得的时代。

瑞星迫切需要的是一场新的全面战争,以改朝换代。

瑞星对新推出的瑞星杀毒2002版寄予厚望。除了所谓的"六项专利、八大绝技"外,这款单机版(个人电脑用户)杀毒软件还包括厂中文简/繁体、英语、日语四种语言环境支持。2002版是瑞星试探国际市场的一枚问路石子,刘旭说,瑞星正在尝试以海外代理制的方式打开通向国际市场的渠道,主要目标定在日本和东南亚国家。虽然瑞星说自己不做一个窝里斗的小公司,但刘旭也坦言,国内市场瑞星绝不会放弃。面对竞争日趋激烈的国内杀毒软件市场,任何试图脱离战场的行为都有可能导致整个战役的失败,瑞星当然不是傻瓜。

对手任何一点的风吹草动,对瑞星来说,都会产生类似台风过境一样的市场压力。反之亦然。数年的江湖恩怨,瑞星和它的竞争对手们越缠越紧。

瑞星显然是意识到自己在市场策划和宣传方面的"短板",起而反击。2001年年末,瑞星推出"瑞星新年大扫毒"活动,而且在市场公关方面着力塑造自己的企业新形象:进军国际市场、实现"三大转变"、建立"全球病毒监测网、计算机病毒应急处理网、全国计算机病毒预报网和反病毒服务网",和媒体的关系也异乎寻常地亲密起来。而在背后策划这一系列公关活动的人物,正是瑞星在2001年请来的新任副总裁毛一丁。毛一丁的公关能量早已在IT圈内人尽皆知。

瑞星也许是意识到了自己身处的这个杀毒软件市场一些宿命式的怪圈。

瑞星最早是做反病毒卡起家,1993年到1997年的5年间,瑞星游离了杀毒软件市场,同时也被这个市场无情地抛弃。1998年,瑞星决意重返杀毒软件市场,翌年,著名的CIH病毒流窜全球,瑞星快速反应,宣称自己的产品能查杀CIH,结果大受欢迎,一举确立了自己在杀毒软件市场的主流厂商地位。

CIH病毒的爆发,促成了瑞星的崛起。这虽然是偶然因素,但却成了杀毒软件市场跳不出的第一个怪圈。就像当年陈桥兵变的赵匡胤,做了皇帝后不得不提防手提重兵的部将一样,新病毒的爆发,同样有可能被市场的新进入者抓住机会,改写整个市场的格局和座次。瑞星,亦面临着被重新抛后的危险。

这种机遇式的宿命论也引发了另一种不正常的现象,就是杀毒厂商故意炒作某些病毒的危害性和流行范围,夸大其词,以触发市场购买热情。比如前时被大肆渲染的"红色代码"病毒,所感染的程序软件其实在国内很少有计算机使用,因此受害的用户很少,但众厂商却心照不宣地一致炒作此病毒危害如何如何。

"我们已加强了自己的技术储备。"刘旭说,"如果对新领域的病毒一无所知,瑞星肯定会落后。"在瑞星内部,已展开了对新的IT设备如手持移动设备(手机)、数字家电和宽带网络的病毒研究,尽管目前还没有这方面病毒发作的报告,但瑞星独有的对病毒行为特征进行判断来防未知病毒的技术,使瑞星能够在新型病毒出现之时做出及时反应。

第二个怪圈是价格战。瑞星当年也是靠低价撼动了江民公司的市场份额，并争取到代理商的支持。对任何一个市场的新进入者来说，低价策略都是极具杀伤力也最立竿见影的方法。金山在2000年11月推出金山毒霸，到2001年已进入杀毒市场三甲之列。有人笑言，哪怕是刚从你自己的肾里取出来的结石，扔过来一样可以把你砸得头破血流，价格战也是如此，当初从中受益的瑞星，难保不会被价格战的利刃刺痛，如果执意纠缠于价格战，只会越陷越深。

"我们已不把国内同行当作竞争对手。"刘旭说。瑞星期待自己能在国际市场上一试身手，有意无意中，正是想借此拉开与国内对手的定位和竞争层次，把瑞星打造成以品牌和技术为支撑点的信息安全产品和服务提供商，泅渡价格战的漩涡。

向国际市场进军的战略调整，也是瑞星希望能够破解市场的第三个怪圈——企业模式——所给出的一个答案。瑞星、金山、江民公司，创业初期都带有浓厚的中关村式的个人英雄主义色彩，瑞星的防病毒卡程序，最早就是刘旭写的，1999年10月份以前，瑞星根本没有严格意义上的研发部。而今天，在瑞星的杀毒软件中，已没有一行程序是刘旭写的了，代之的是一个60多人的研发团队。同时，瑞星的市场部、技术支持部、海外市场拓展部已相继组建，瑞星新提出的三个战略转变：公司公众化、管理知识化、营销国际化，也体现了瑞星希望以严格的现代企业制度来代替以往的作坊式生产，最终使公司"可持续发展"。

厌倦了国内杀毒市场拼争的恩恩怨怨，瑞星决意面壁5年，做世界领先的信息安全产品和服务提供商，破壁前行。

增益实际是进取，所以只要不超出一定的分寸，只要有条件，有机会增益自己，不论是知识，还是财富和地位，或其他我们想得到的东西，都应勉力进取。只要抓住一个切实的机会，就有可能使企业跃上一个新台阶。不论何时何地，及时进取都应是我们人生的准则。若将它用于企业竞争，它就意味着努力抓住一切机会摧垮对方，击败敌人。

求益还要有原则，当求则求，不当求则不求。若有困难，首先要立足于挖掘自己的潜力，不要动辄求人，若自己力量充足，则不必求益。若实在难以自拔，求人才是必要的。任何人都不能保证自己一生永远都一帆风顺。人人都有需要"求益"之时。

解决力量不足问题的最好办法是寻求志同道合者共同前进。事实上，这便是最大的"求益"。它使我们在短时间内得以迅速扩大力量，以突破障碍。而且，这对所有加盟者都有利，而不会损伤任何一方的利益。因此，团结同志，携手共进是最好的"求益"。

益人者自益

战国末期，秦国的公子异人在赵国的都城邯郸做人质。由于异人有兄弟二十多人，而自己在父亲那里又没有什么地位，所以他在赵国的生活非常艰苦。卫国商人吕不韦见到异人之后，认为奇货可居，就决定不惜一切代价把异人推上秦国王位。作为这个计划的第一步，就是要让异人成为太子。

异人的父亲虽然有二十多个儿子,却没有一个是正妻生的,他的正妻华阳夫人没有儿子。吕不韦变卖了所有的家产,然后把这些钱全部用在异人身上。他送了很多财宝给华阳夫人,说服华阳夫人认异人作为自己的儿子。华阳夫人接受了礼物,把异人认作自己的儿子,并多次在异人的父亲那里夸赞异人,这样就使异人很顺利地登上了太子之位。

异人被立为太子之后,改名为子楚,吕不韦成了他的老师。又过了几年,子楚如愿以偿地当上了秦国的国君,就是秦庄襄王。他当初曾经对吕不韦说,如果吕不韦帮助他取得王位,他愿意和吕不韦共享秦国。现在真的当上了国君,当然对吕不韦感激不尽,于是就让吕不韦为丞相,封为文信侯。此外,还给了他大量的土地,享受十万户的租税。吕不韦当年在异人身上花的钱不但全部收回,而且不知多得了多少倍。

可见,在恰当的时候帮助他人,你就会使自己深受其益,这就是"益人自益"的道理。但是,如果动机不纯往往好日子不会长久,如吕不韦般,终为不了局。

为对手留有余地

在生意场中,不是互利的行动千万不要采取。胡雪岩以此为行动的准则,善于让人,结果赢得了对手的信任。

胡雪岩到苏州,到永兴盛钱庄兑换十个元宝急用,这家钱庄不仅不给他兑换,还指责阜康银票没有信用,使他很生气。

永兴盛钱庄本来就来路不正。原来的老板节俭起家,干了半辈子才创下这份家业,但40出头就病死了,留下一妻一女。现在钱庄的档手是实际上的老板,他在东家死后骗取了寡妇孤女的信任,人财两得,实际上已经霸占了这家钱庄。永兴盛的经营也有问题。他们贪图重利,只有10万银子的本钱,却放出二十几万的银票,已经岌岌可危了。

胡雪岩在这家钱庄无端受气,自然想狠狠整它一下。起初他想借用京中"四大恒"排挤义源票号的办法。京中票号,最大的有四家,称为"四大恒",行大欺客,也欺同行。义源本来后起,但由于生意随和,信用又好,而且专和下层人民打交道,名声很盛,官府都知道它的信誉,因此生意蒸蒸日上。"四大恒"同行相妒,想打击义源,于是出了一手黑招。他们暗中收存义源开出的银票,又放出谣言说义源面临倒闭,终于造成挤兑风潮。

胡雪岩仿照这种办法,实际上可以比当年"四大恒"排挤义源时更方便。浙江与江苏有公款往来,胡雪岩可以凭自己的影响,将海运局分摊的公款、湖州联防的军需款项、浙江解缴江苏的协饷几笔款合起来,换成永兴盛的银票,直接交江苏藩司和粮台,由官府直接找永兴盛兑现,这样借刀杀人,一点痕迹都不留。

不过,胡雪岩最终还是放了永兴盛一马,没有实施他的报复计划。他放弃计划,有三个考虑。一是这一招实在太辣太狠,一招既出,永兴盛绝对没有一点生路。二是这样做,很可能只是徒然搞垮永兴盛,而对自己来说,也没有什么利益。因为太辣太狠的招数一使,就会在同行留下坏的印象。三是永兴盛一垮,老百姓存在它

那里的钱也要打水漂。

结果，永兴盛的老板对胡雪岩感激不尽，胡雪岩也因此树立了更好的形象，生意也越做越顺。

鲁肃雪中送炭

三国争霸之前，周瑜并不得意。他曾在军阀袁术部下为官，被袁术任命当过一回小小的居巢长，一个小县的县令罢了。

这时候地方上发生了饥荒，年成既坏，兵乱间又损失不少，粮食问题日渐严峻起来。居巢的百姓没有粮食吃，就吃树皮、草根，活活饿死了不少人，军队也饿得失去了战斗力。周瑜作为父母官，看到这悲惨情形急得心慌意乱，不知如何是好。

有人献计，说附近有个乐善好施的财主叫鲁肃，他家素来富裕，想必囤积了不少粮食，不如去问他借。周瑜于是带上人马登门拜访鲁肃，刚刚寒暄完毕，周瑜就直接说："不瞒老兄，小弟此次造访，是想借点粮食。"

鲁肃一看周瑜丰神俊朗，显而易见是个才子，日后必成大器，他根本不在乎周瑜现在只是个小小的居巢长，哈哈大笑说："此乃区区小事，我答应就是。"

鲁肃亲自带周瑜去查看粮仓，这时鲁家存有两仓粮食，各三千斛，鲁肃痛快地说："也别提什么借不借的，我把其中一仓送与你好了。"周瑜及其手下一听他如此慷慨大方，都愣住了，要知道，在饥荒之年，粮食就是生命啊！周瑜被鲁肃的言行深深感动了，两人当下就交上了朋友。

后来周瑜发达了，当上了将军，他牢记鲁肃的恩德，将他推荐给孙权，鲁肃终于得到了干事业的机会。这就叫给人恩惠必有报。

现实生活中，没有人能够万事不求人，人总有遇到挫折、困难之时，而此时若要得到更多的帮助，就需要平时多帮助别人。此外，在别人危难时，给予帮助，你将会获得一生的吉祥。

国学经典文库

邓芝的"双赢"思想

三国时候，刘备猇亭战败，退到白帝城暂时驻扎下来。不久，他就因忧愤悔恨而病倒了。在病势沉重的时候，刘备派人去成都，把丞相诸葛亮等人请到白帝城来安排后事。

刘备让诸葛亮坐在床边，对他说："我有了丞相，才有今天的帝王事业。可是，我的知识浅陋，没有听丞相的话，自讨失败。想来又悔又恨。如今眼看我就要死了，儿子刘禅软弱无能，我只好把大事托付给丞相。"他一边说，一边把事先写好的遗嘱交给了诸葛亮，并且要求他尽力辅佐太子刘禅。

诸葛亮向刘备表示，一定要尽一切力量辅佐少主，不辜负刘备的重托。蜀汉章武三年（公元223年）四月，刘备去世了，死的时候六十三岁。十七岁的刘禅，在成都继承了皇位，改年号为建兴元年，加封诸葛亮为武乡侯。从此，蜀汉政治上的一切大小事情都由诸葛亮决断。

联吴抗魏，本是诸葛亮的重要战略决策。可惜猇亭一战，蜀吴联盟遭到破坏。诸葛亮担心孙权乘刘备刚刚死去的机会发动突然袭击，正考虑派人去和东吴修好，可一时又找不到合适的人。

一天，邓芝来见诸葛亮，说："目前，主上年幼，初登皇位，民心未安。如果要完成统一大业，就应该抛弃旧怨，和东吴联好。没有东顾之忧，咱们才能北上进取中原。不知道丞相是怎样考虑的？"

诸葛亮一听邓芝的话，十分高兴，觉得邓芝很有见解，而且邓芝正是完成这一使命的理想人选。他笑着对邓芝说："我对这件事已经考虑了很久，可惜没有找到合适的人来担当起联合东吴的使命。你既然明白联吴的好处，那一定能够很好地完成这个使命。"他马上决定任命邓芝为出使东吴的使臣。

邓芝到了东吴，求见孙权。魏国也派使者到了东吴，要孙权联魏攻蜀。孙权正犹豫不决，因此不肯接见邓芝。邓芝写信给孙权说："我这次来，不光是为了蜀国，也是为了吴国的利益呢。"孙权这才接见了邓芝。

邓芝给孙权分析当时的形势，说："吴国有长江做天险，蜀国有山川为屏障，两国和好，互为唇齿，力量就大了。进，可以兼并天下；退，可以鼎足而立。如果东吴要和魏国联盟，就必然要向魏国屈服称臣。要是不听它的话，魏国就要借口讨伐东吴。那时候，蜀国也可以顺流而下。江南的广大地区，就不会再是大王所有的了。"

孙权听邓芝说得有理，回答说："我是愿意跟蜀国和好的，只恐怕蜀主年轻懦弱，在魏国的压力下中途变卦，不能始终如一。既然先生这样说，我就放心了。"从此，吴国和蜀汉又结成了抗拒曹魏的联盟，并且多次派遣使者互相访问，不断发展友好联盟关系，从而使得三国鼎立的局面得到进一步的巩固。

在这则故事中，邓芝之所以能够说服孙权联蜀抗魏，最大的原因就在于他一开始便提出了"双赢"的思想："不光是为了蜀国，也是为了吴国的利益。"而后，他又具体分析了联蜀对于吴国的好处，使孙权不得不同意联蜀抗魏的主张，从而圆满地完成诸葛亮交付给他的使命。

张禹多交友少树敌

张禹原是汉成帝的老师，汉成帝对他颇为敬重，封他为安昌侯，与成帝的舅舅王凤、王商先后同时主持朝政。王氏兄弟倚仗太后王政君之势，专擅朝政，炙手可热，张禹自觉难以与其争锋，便一再上书辞职，成帝就是不答应。

张禹于是就来个当官不主事，尸位素餐，专心致志于买田置地，广增家产，流连声色，以求自安，可是终于因为买一块好地，与王氏兄弟之一、曲阳侯王根发生了冲突。

这时，由于水旱之灾频繁，地震连年不断，一些不满王氏的大臣便借题发挥，以为这是由于王氏专权所致。汉成帝对王氏兄弟的跋扈也早已暗怀猜忌，便来征询张禹的意见。如果此时张禹附和那些大臣的意见，挑动成帝的不满情绪，对王氏将是很不利的。

老于世故的张禹看出王氏兄弟的权势不可动摇，成帝终究不过是个傀儡，自己

已经年老,子弟又都位低势弱,不是王氏的对手,何不借此机会化解矛盾、讨好王氏呢? 于是就对成帝说:"灾异之事人所难以理解,圣人也避而不谈;这些新进后辈信口开河,不必信他!"

成帝因此也就不疑王氏。王根兄弟得知此事之后,果然十分高兴,与张禹关系亲密起来。张禹由此不仅富贵终身,而且子孙后代也都官居高位。

为人处事不要攻击他人,这是免祸保身的法宝。权力场上变化莫测,谁也难料穷秀才日后不能中状元,一日之间变成自己上司;谁也难料居高位的自己日后不会直线下降。官场穷通变化,一时难料,高明者能够遵循少结怨、少树敌、多交朋友、多做实事的做官长远之道,不独占利益,不攻击他人,古时官场避祸中的法宝在现代也有很大的借鉴作用。

利益使一些人盲目,使另一些人眼明。在生活中,一个人如果只顾自己,只为自己打算,那么就没有吸引他人的磁力,就会使别人对他感到厌恶,就没有人喜欢与他结交往来。如果能在和谐的气氛中,朝着共同的目标一起努力,而无需争论琐事或竞争势力范围,那么,这个世界一定会更好。

一个精明的人必须安排好他的利益等级,使之井然有序。在我们同时急着做许多事情时,我们的贪婪常常会扰乱这一次序,结果因为想得到太多的很不重要的东西,我们错过了那些最为重要的事情。

自私是人的本性,每个人都希望能"人人为我",即不愿去践行"我为人人"这个前提条件。结果呢,就导致人在社会中没有安全感、关爱感。人与人之间互周互济,互相借重,团结一心,这样,不仅能共同做出一番事业来,还能相互倚重,保全自身。

能成就大事的人,都不会被眼前的暂时的利益所蒙蔽,能够清晰地辨识事务的轻重缓急,从而正确地进行取舍。有这种慧眼的人一般为官则大贵,从商则大富。

只注重利益的人往往得不到真正的利益。做事情,当然不能没有功利心,但也不要太急切。如果你是在一个团队中工作,就一定要注意周围人的感受;如果你经营一家企业,不能把赚钱作为唯一目的,还要对社会有责任感和使命感,才能让大众从感情上接受你的产品。

所以,有了利益,不要独占,而是与人分享;也不要为了利益去攻击别人。当你任由自己卷入人际冲突、玩手段、抢功劳、为小事争吵不休的纷争中,这些事会耗尽你的精力,影响你的态度,另外你还浪费了原本应该用在正事上的宝贵时间。

在日常忙碌的生活中,我们很容易对生命中真正有价值的东西失去洞悉力,其实,那才是真正重要的。

王竑爱民

王竑,字公度,明朝甘肃河州(今甘肃临夏)人。他自幼聪明好学,待到二十岁时已成为一个有上进心、办事果断的人了。明英宗正统四年(1439 年),二十六岁的王竑考中进士,七年后任户科给事中。王竑为人正直,又体恤百姓的辛苦,希望自己能给百姓做一些好事。他常对身边人说:"士当希汲黯、朱云,安能居促效辕下

驹耶!"汲黯、朱云是西汉时期的地方官员,他们以敢犯颜直谏而为世人所称道。王竑如此说,实是希望自己能像他们一样敢于为民而直谏。

明代宗景泰二年(1451年)冬天,王竑受命为江淮地区的巡抚,不久又受委任兼理两淮盐课。在任期内,王竑得以大展才能,辛勤地处理政务。他严格要求自己,立志要当一名为百姓办好事的清官。

王竑很是爱民,知道要想了解百姓的情况必须要深入到百姓中去,便经常微服私访,了解百姓疾苦。景泰三年(1452年),监察御史王珉前来视察河务。王珉品性极差,常常化了装骚扰百姓,做了好多坏事,百姓怨声四起,但也不敢上告。王珉又特爱钱,看到白花花的银子就欢喜得不得了,就借计让漕运粮官给他送礼。有些漕运粮官薪俸不是很多,但又不得不迎合王珉,于是就开始贪污钱财,搜刮百姓,百姓的日子就更难过了。王竑走访百姓时,得知了这一消息,就认真搜集王珉违法的证据。紧接着,他就向皇上上疏说明了事实真相。景帝听了王竑的陈词,就派专人调查这一事件。结果,王珉就被派往边关戍边去了。这件事的处理大快民心,王竑也得到了百姓的信任和爱戴。

明孝宗弘治五年(1492年)正月,山东东昌(今聊城)、河南开封、淮北徐州和淮安等地天气变得非常冷,许多庄稼都被冻死了。到了夏天的时候,阴雨绵绵,又引发了大洪水。转过年来的春天又是风雨交替肆虐,灾情严重。百姓为求生计,被迫背井离乡。有许多人饿死在道路两旁,无人收埋。王竑很是心急,派人向皇上票告了受灾的严重情况。皇上的旨意还没有下来,王竑已等不及了,决定开仓放粮。他亲自坐镇,指挥手下人发放粮食,通知百姓前来领粮。饿急了的百姓得知了这一消息,像是落入水中的人抓住了一颗救命稻草,从四面八方蜂拥而至。不到一顿饭的工夫,粮仓里面已没有一粒粮食了。那些没有分到粮食的灾民看到这种情况不由得号啕大哭,一齐跪倒在王竑面前,苦苦哀求。王竑也没有了办法,只得用自己的俸禄买来一些米做成稀粥,总算让饥民吃了一顿饱饭。可是,以后又该怎么办呢?王竑陷入深深的思索中。

王竑心里明白,眼下只有徐州广运仓还储备有一部分粮食。可是,广运仓的粮食是专供京城官民使用的,没有皇上的旨意任何人不得擅自动用。而且,皇上每年都派宦官、户部官员共同来管理。王竑知道,这是最后的一个办法了!当下便穿戴整齐,带领手下人直奔徐州广运仓。王竑见到了典守宦官,向他说明了灾情的严重和赈灾的危急,下令开仓放粮。典守宦官见没有皇上的御旨,便不肯开仓。王竑很是着急,大声地对他说:"民是国家的根本,百姓安居乐业了,国家就会安宁。现在,百姓如此穷苦,让本官担忧社稷的安危,所以才有如此打算。你若不听从本官的话,如果百姓中有什么祸患,本官就先杀了你,治你个招来祸患之罪来消解百姓的怨怒,以避免皇上的忧愁,到时本官再向皇上请罪!"一番慷慨激昂的话说得宦官哑口无言,他既不敢私自开仓,也不敢担什么罪名,便不再阻挡了。于是,王竑便命令手下人开仓放粮,解了燃眉之急。但是,广运仓储备的粮食也只能维持几个月的时间,王竑不敢急慢,马上面见皇上。他首先向皇上说明了自己擅自做主的罪过,然后又向皇上建议通过让除死囚之外的所有犯人交纳一定量的米来赎罪的方法来筹集粮食。景帝批准了他的请求,考虑到他一心为民也就没有治他的罪,并派人跟随

他进行赈灾活动。王竑下令山东的在押犯交的米归人济宁仓，河南的在押犯交的米归人当地的粮仓管理，南京及南北两直隶的在押犯交的米归入徐州仓。

有了这么多的粮食，王竑便重新忙碌起来，组织人发放粮食。王竑又下令淮河的商船根据其大小交纳不同量的米来帮助百姓，解救了一百八十五万多饥民。据史书记载，王竑还极力规劝富豪之家慷慨解囊，共得粮食二十五万七千三百石，白银三千六百七十两，再加上许多布帛，共分给了五十五万七千四百七十九家饥民。当时有七万四千三百九十七家缺少种子、农具、耕牛，王竑尽力去帮助解决，使五千五百九十三家恢复了以往的生计。同时，王竑还下令给得病的人发放药材，组织百姓收埋死去的人，谁家卖了子女的就帮忙赎回来，以前离家的愿意回来的就给安家费。这一措施的施行，温暖了许多百姓的心，解除了他们的后顾之忧，许多离家的人又回到了故乡从事生产、重建家园。一些外地流亡的人看到王竑待百姓这么好，也愿意在他管辖的地区安家。当时，大约有一万零六百多户在此安家落户。百姓们都感激王竑的恩德，得到帮助后纷纷赶来向他道谢。王竑看到百姓不再挨饿了也很高兴，鼓励他们安心生产。

与此同时，景帝还派南京户部尚书沈翼带三万两白银到济宁赈灾。沈翼在散发了五千多两白银后觉得可以了，就不再发放，想把剩下的银子送还京库。当时灾情还存在，等待救济的百姓还很多，王竑极力劝说无效，便向皇上上疏，奏报沈翼"惟知聚敛，略无远图，欲将前银取回京库，殊负皇上保民大信"。王竑请求仍就将这部分白银换成米以备赈灾用，或者是用来收买耕牛送给缺少劳动力的穷苦百姓。景帝为他的诚心所感动，批准了他的建议，并提升他为左副都御史。

随后的几年里，淮河流域经常发大水，有时发生大的旱灾，百姓的苦难一个连着一个。每次赈灾，王竑都努力采取积极有效的措施安抚百姓。就这样，王竑带领百姓度过了一个又一个难关，顽强地生存着。而王竑的清名也越传越远，当地的老百姓都感念这位爱民恤民的好官。在灾荒之年，王竑采取有力措施使百姓能依靠官府的帮助尽快地开始新的生活，从而没有发生大的动乱，维护了社会稳定，有利于百姓的休养生息，有利于国家的进一步发展，显示了其爱民的慈善之心和为政的卓越才能，值得后人学习。

周处知错就改

周处(？～297年)，字子隐，西晋时期义兴阳羡(今江苏宜兴南)人。父亲周鲂在三国时期曾任吴国鄱阳郡(今江西鄱阳)的太守。在周处很小的时候，他的父亲就去世了。没有了父亲的严格管教，周处自由自在地长大了。没有人来管教他，他便不知学习，也不懂学问和为人的道理，一切都很散漫。

周处快到二十岁时，身体长得异常高大，臂力过人。他非常喜欢骑马奔跑，又常去打猎。他生性粗鲁，不拘小节，大大咧咧，对一些事情不管不顾，却又常常喜欢和别人打架。他和一些恶少往来，沾染上了恶习。一时间，他横行乡里，专干坏事，蛮横无比，搞得鸡犬不宁，乡里人都害怕他，也讨厌他。有人常说："什么时候没了周处，这乡里就太平了，那该多好啊！"孩子们还编了骂他的儿歌当着他的面唱给他

听。渐渐地，周处觉得脸上挂不住了。

　　过了一段时间，周处从街坊邻居的眼神和言语中看出大家都很厌恶他，而且由于他的粗鲁无礼，竟没有一个人愿意和他成为真正的好朋友。一天，他独自呆在空荡荡的家中，萌生了和乡里人和睦相处的念头。他想："乡亲们都讨厌我，定是我以前放荡不羁的行为惹怒了他们。以前年少气盛，不懂事理，闯下了不少祸端，现在补救都来不及了。我该怎么办呢？"他向窗外看去，发现春天来了，干枯的树枝上发出了嫩绿的新芽。他顿时看到了希望，发誓要改过自新，多做好事、善事，给乡亲留下一个与以往不同的全新的好印象。想到这里，他不禁开心地笑了。是啊，只要我多做善事，乡亲们会接受我的。他一时间觉得精神抖擞，就到院子里锻炼身体去了。他相信有了好的身体，才能为乡亲们多做些好事。

　　过了一段时间，周处去拜访乡里管理公共事务的德高望重的老人，只见老人一脸愁苦色。他笑着问道："今年风调雨顺，收成又好，您老为什么还愁眉苦脸呢？"老人看了看他，摸了摸胡须，长叹一声说："现在乡里有三大害还没有除掉，哪有什么快乐可言呢？"周处笑着问："哪三害呢？"老人不动声色地回答："南山的白额猛虎，长桥下的蛟龙，还有周处你，就是乡里的三害。"周处听了，很是伤心。他没有想到乡亲们竟然把他看成是一大祸害了。他尴尬地笑了笑，思索了一阵子，斩钉截铁地说："如果这些是祸害，我周处定能把他们除掉。"老人面露喜色，告诉周处说："你如果能除掉它们，那么这就是乡里值得庆贺的一件大事，而不仅仅是除掉祸害而已。"

　　周处回到家里，把久已不用的弓箭找了出来，细心擦拭，又找出一把锋利的短剑，作为武器。他做了够几天吃的干粮，待一切收拾停当以后，背上包袱，大步走出家门，就进山了。乡亲们都知道周处要去除掉乡里的两大祸害，但都不知晓他此去是否成功，也不知他是否真有胆量这么做。大家都在期待着。

　　周处进山之后，用弓箭把猛虎射死。等到蛟龙又出来兴风作浪的时候，周处就跳进水中，和蛟龙搏斗在一起。他死死地抱住蛟龙，用短剑猛刺他的要害。蛟龙痛苦地在水中挣扎，有时沉下去，有时又浮上来，一直漂流了几十里，周处一直紧紧地抓住它，发誓要把它杀死。经过了三天三夜，乡里有人说周处和蛟龙都死去了。乡亲们一听三大祸害已除掉，就都互相庆贺。

　　却说周处终于把蛟龙杀死后，他认为乡亲们一定会称赞自己是大英雄。但他精疲力竭地回来，却看到乡亲们在庆贺三大害被除掉，这时才知道乡亲们已经对他恨之入骨了。他痛不欲生，一步不回头地离开了家乡。

　　周处来到吴国，寻找当时著名的文学家陆机、陆云两兄弟。碰巧陆机不在，他拜见了陆云，把发生在自己身上的事情告诉了他。他似乎已没有了信心和勇气，对陆云说："我想自学，可是年龄已经这么大了，恐怕时间已来不及了，仍会一事无成，遭人耻笑。"陆云微微一笑，说："《论语》上讲：'朝闻道，夕死可矣。'古人知道了为人之道，就是当天晚上死去，也不会感到遗憾。你正当壮年，还有远大的前途呢！一个人就怕不立志，只要立大志，有过就改，你还愁好的名声不被人知晓吗？"听了陆云的话，周处又恢复了信心和勇气。他立志要学好学问，要把自己改造成一个好人。他处处以义的标准来规范自己的言语和行为。他注意收敛自己的行为，力求

做到言必信,行必果。他常克制自己的行为与欲望,以"仁"的标准要求自己。他的勤奋好学终于有了良好的结果。几个月的时间过去了,周处和以前已判若两人,连他周围的人都对他的这一转变感到欣喜不已。

周处知道了自己的进步,也感到很高兴。不过他并没有放松对自己的要求。他勇于向德高望重的长者学习,看到别人善的行为,就暗自记下来,回到家里就仔细揣摩、学习。天长日久,他以前身上的毛病和坏习惯逐渐地消失了。周处已经成为知书达理、文质彬彬、文武双全的人才了。

周处的名声越来越大,方圆百里的郡县都知道了他的事迹。第二年,州郡交相召请他去任职。周处认为"学而优则仕",也不推辞,就做了吴国宫中藏书处长官的助手。孙皓皇帝在位末年,他又做了无难这个地方的总督。西晋政权建立后,他又任新平郡(今陕西邠县)太守。他勤于政事,敢于弹劾那些违法乱纪的官吏,又非常注意和少数民族的关系。他通过安抚的政策,平息了戎狄族要和西晋发生战争的念头。从此,大家都知道了周处善待少数民族的事迹。又过了一段时间,曾经反叛的羌族也来归附,这在古代关西雍州之地传为美谈。

周处的乡亲知道了周处的变化,很是欣慰,又举行了庆贺活动。周处知道后,开心地笑了。从此,他一如既往循规蹈矩地生活,关心百姓疾苦,深得百姓爱戴。

龚遂让功

龚遂是汉宣帝时代一名循良能干的官吏。当时渤海一带灾害连年,百姓不堪忍受饥饿,纷纷聚众造反,当地官员镇压无效,束手无策,宣帝派年已七十余岁的龚遂去任渤海太守。

龚遂单车简从来到任上,安抚百姓,与民休息,鼓励农民垦田种桑,规定农家每口种一株榆树,一百棵薤白,五十棵葱,一畦韭菜,两口母猪,五只鸡,对于那些心存戒备依然持刀带剑的人,他劝谕道:"干吗不把剑卖了去买头牛?"

经过几年治理,渤海一带社会安定,百姓安居乐业,温饱有余,龚遂名声大振。于是,汉宣帝召他还朝,他有一个属吏王先生请求随他一同去长安,说:"我对你会有好处的!"其他属吏却不同意,说:"这个人,一天到晚喝得醉醺醺的,又好说大话,还是别带他去为好!"龚遂说:"他想去就让他去吧!"

到了长安后,这位王先生终日还是沉溺在醉乡之中,也不见龚遂。可有一天,当他听说皇帝要召见龚遂时,便对着门人说:"去将我的主人叫到我的住处来,我有话要对他说!"龚遂也不计较还真来了。王先生问:"天子如果问大人如何治理渤海,大人当如何回答?"

龚遂说:"我就说任用贤才,使人各尽其能,严格执法,赏罚分明。"王先生连连摆头道:"不好,不好!这么说岂不是自夸其功吗?请大人这么回答:这不是小臣的功劳,而是天子的神灵威武所感化!"

龚遂接受了他的建议,按他的话回答了汉宣帝,宣帝果然十分高兴,便将龚遂留在身边,任以显要而又轻闲的官职。

作臣下的最忌讳自伐其功,自矜其能,凡是这种人,十有九个要遭到猜忌而没

有好下场。汉宣帝并不是一个昏庸的皇帝，但喜好虚荣，爱听奉承话，这是人类天性，作为一个万人注目的帝王更是如此。为臣下者有功归上，不独占利益，不自夸，谨慎做事，正是暗合这一点，是免祸保身因宠求荣屡试不爽的法宝。

在古代建功立业是官场中每个人的追求，可是功劳大了，又会令上司不安，给自己带来致命的危险。于是智者就会将一切功劳、成绩、好名声都归给上司，而将过错、骂名留给自己。这既可得到建功立业所带来的好处，又可避免因此而导致的祸患。

张禹少结怨

为人处事更不要攻击他人，也是免祸保身的法宝。

张禹原是汉成帝的老师，汉成帝对他颇为敬重，封他为安昌侯，与成帝的舅舅王凤、王商先后同时主持朝政。王氏兄弟倚仗太后王政君之势，专擅朝政，炙手可热，张禹自觉难以与其争锋，便一再上书辞职，成帝就是不答应。

张禹于是就来个当官不主事，尸位素餐，专心致志于买田置地，广增家产，流连声色，以求自安，可是终于因为买一块好地，与王氏兄弟之一，曲阳侯王根发生了冲突。

这时，由于水旱之灾频繁，地震连年不断，一些不满王氏的大臣便借题发挥，以为这是由于王氏专权所致。汉成帝对王氏兄弟的跋扈也早已暗怀猜忌，便来征询张禹的意见。如果此时张禹附和那些大臣的意见，挑动成帝的不满情绪，对王氏将是很不利的。

老于世故的张禹看出王氏兄弟的权势不可动摇，成帝终究不过是个傀儡，自己已经年老，子弟又都位低势弱，不是王氏的对手，何不借此机会化解矛盾、讨好王氏呢？于是就对成帝说："灾异之事人所难以理解，圣人也避而不谈；这些新进后辈信口开河，不必信他！"

成帝因此也就不疑王氏。王根兄弟得知此事之后，果然十分高兴，与张禹关系亲密起来。张禹由此不仅富贵终身，而且子孙后代也都官居高位。

权利场上，变化莫测，谁也难料穷秀才日后不能中状元，一日之间变成自己上司；谁也难料居高位的自己日后不会直线下降。官场穷通变化，一时难料，高明者能够遵循少结怨、少树敌、多交朋友、多做实事的做官长远之道，不独占利益，不攻击他人，古时官场避祸中的法宝在现代也有很大的借鉴作用。

自私是人的本性，每个人都希望能"人人为我"，即不愿去践行"我为人人"这个前提条件。结果呢，就导致人在社会中没有安全感、关爱感。人与人之间互周互济，互相借重，团结一心，这样，不仅能共同做出一番事业来，还能相互倚重，保全自身。与人相处，若能做到互助互益，必大有裨益。

顺治帝稳固大清基业

《益卦》，"上卦阳多，故曰有余，下卦阳少，故曰不足"，卦象告诉我们，治国有一条原则，就是"自上惠下"，统治者减损，使人民增益。"天道下济品物咸亨，圣人下济万国咸宁"，范仲淹曾说："益上曰损，损上曰益。何也？夫益上则损下，损下则伤其本也，是故谓之损；损上则益下，益下则固其本也，是故谓之益。本斯固矣，干斯茂矣，源斯深矣，流斯长矣。"由此可见，损下益上也罢，损上益下也罢，不管表面上直接受损的是谁，但是在国家社稷这个统一体之内，受损者最终还是能够有所得益。这就是上下、损益之间最突出最根本的相辅相成的关系。历来英明的政治家把"民"当作国家的"本""源"，在一定程度上认识到了上与下、统治者与民之间相反相成的辩证关系。他们认为，如果无限制地搜刮人民、减损人民，统治者不过是收一时之利。相反，如果人民富庶，民富则国强，统治者就可永享太平，其利将取之不尽用之不竭。清顺治皇帝就是这样一位英明之主。

清世祖顺治皇帝爱新觉罗·福临像

在叔父多尔衮执掌朝政期间，顺治福临这个皇帝也就当得无忧无虑了。随着年龄的增长，福临已经步入了少年时代，他不仅骑射之术日精，更关心治国用兵之道。他也很想君临天下，有一番作为。顺治七年（公元1650年）十一月，多尔衮出猎坠马受伤，不久在喀喇城去世。顺治八年（公元1651年）正月十二日，顺治皇帝在太和殿亲政，14岁的福临成了真正的一国之君。然而，摆在顺治面前是国家贫弱、民生凋敝的景象，长期的战乱使社会经济遭到严重的破坏，耕地大量荒芜，农民死亡逃徙，广大人民群众的生活极端困苦，阶级矛盾十分尖锐。

由于宫廷中良好的学习条件，顺治6岁时以少年人所特有的热情和勤勉，阅读了大量汉文书籍，左史庄骚、先秦两汉、唐宋八大家、宋元时期的著述等都耳熟能详。勤奋读书使他摆脱了先辈那种游牧民族的草莽之气，他不再像自己的先辈一样单靠"武功"治天下，转而以"文教"作为治国之本。他非常清楚，要维持自己的统治，就要缓和阶级矛盾，安定人民的生活，以促进社会经济的发展。如果进一步竭泽而渔，对人民进行残酷的剥削，不仅不能稳固自己的统治，而且也不可能有任何效果，因为广大农民已在死亡线上挣扎，只有给农民以实惠，才会有民富国强，天下太平的景象出现。

顺治即位伊始，大胆革除多尔衮摄政时期的一些弊政。在军事上，他决定首先采取以抚为主的怀柔政策和先西南后东南的先主后次的战略措施，终于使大规模武装反清斗争得以平息，一个统一的多民族的封建王朝终于在顺治的文治武功中完成了草创，这为老百姓营造了安居乐业的外部环境。

顺治不愧是一代明君，他从明朝的灭亡中看到，苛重的剥削是造成农民起义的重要原因，认识到"收拾民心，莫过于轻徭薄赋"，"行蠲免，薄赋敛，则力

农者少钱粮之苦,而从逆之心自消",因此,采取了"轻徭薄赋"的政策。这对当时的清统治者来说,是巩固政权的唯一途径。顺治以国计民生为首务,采纳了范文程等人的建议,设立兴屯道厅,在北方推行屯田开荒,制定了一系列的鼓励政策。顺治十四年(公元1657年),清政府免除明朝天启、崇祯年间繁重的杂派,不久又编成《赋役全书》颁行天下。以防止各级官吏的加征和私派。第二年,鼓励垦荒的措施立见成效,使顺治十分喜悦,他对主持这件事的官员大为称赞,并立即加以提拔重用。

多尔衮摄政时曾进行了两次大规模的圈地。一些满族官兵随意将民地指为官庄,把私人熟田硬说成是无主荒地,一律圈占。许多百姓被圈地弄得倾家荡产,无以为生。被圈的土地中只有少量分给了八旗旗丁,大部分落入皇室王公和八旗官员之手。顺治认为田野小民全仰赖土地为生,亲政后便下了严禁圈地的谕令。令地方官将以前所圈土地全部退还原主,使其抓住时机耕种。在顺治期间,这种危及千家万户的滋扰总算暂时中止了。

多尔衮执政时期,对文武官员的烧杀掳掠、贪污行贿多持放纵态度,造成吏治腐败。顺治清楚地认识到吏治的腐败威胁着清政权的巩固和稳定,开始亲政时,他就下达了惩治贪官的谕令,明示臣下。他派出权力很大的监察御史巡视各地,对违法的总督、巡抚、总兵进行纠举。顺治亲自召见这些监察御史,对注意事项一一做了指点。不久,漕运总督吴惟华、江宁巡抚土国宝、云南巡抚林天擎等人就因贪污不法苛派累民被革职。巡按御史顾仁辜负圣上重任,执法犯法,"违旨受赃",被立即处死。据记载,仅顺治九年被革职的贪官污吏就达200余人。

顺治的这些措施,都是从老百姓的根本利益出发,对安定人民生活,调动农民的生产积极性,促进社会生产力的发展,起了积极作用。康熙以后,全国耕地面积扩大,人口增长,均与这一政策有一定的关系。一时间,大清天下出现了政治清明,百姓安居乐业的局面。

益人必然使人悦服。不但治国如此,对于个人而言,如果能诚心诚意地帮助别人,让他人得到实惠,也必然能得到他人诚心诚意的回报,自己也得益。

夬卦第四十三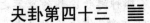

【经文】

乾下兑上　夬①:扬于王庭②,孚号③;有厉告自邑④,不利即戎,利有攸往⑤。

初九　壮于前趾,往不胜,为咎⑥。

九二　惕号,莫夜有戎,勿恤⑦。

九三　壮于頄⑧,有凶;君子夬夬独行⑨,遇雨若濡有愠,无咎⑩。

九四　臀无肤,其行次且⑪;牵羊悔亡,闻言不信⑫。

九五　苋陆夬夬中行⑬,无咎。

上六　无号,终有凶⑭。

【注释】

①夬:卦名。通行本为第四十三卦,帛书本为第四十二卦。"夬"通"决",果

决,爻辞之"夬夬"即取此义。从卦象、卦辞来看,卦名"夬"取义于决断、占断,卦象为上《兑》下《乾》。按照《说卦》的解释,"兑为口,为巫","乾"为天,象天阙、朝廷。《夬》卦之卦象象征巫人在王庭占断卦兆,卦辞"扬于王庭,孚号"等即是此义。至于《彖传》《象传》则对卦象有其他解释,说见后。《归藏》作"规","规",谋断(《淮南子·主术训》注"规,谋也")。与"夬"之决断意义相含。扬雄《太玄·断》准《夬》卦,云:"阳气强内而刚外,动能有断决",又云:"决其聋艇,利有谋也",可资参证。

②扬于王庭:"扬",称说(《淮南子·说山训》注:"扬,称也"。《广雅·释诂》:"扬,说也"。《汉书·霍光传》注:"扬,谓宣唱之")。"扬于王庭"谓巫人在王庭占断卦兆。

③孚号:"孚",卦兆。"号",告,示(《广雅·释诂》:"号,告也"。《蒙》卦《释文》"告,示也")。

④有厉告自邑:"厉",危险。"邑"即《否》卦"自邑告命"之"邑",属邑。

⑤不利即戎,利有攸往:"即",就,从。"戎",兵。"即戎"即出兵征战(《论语·子路》"善人教民七年亦可以即戎矣",《黄帝四经·经法·君正》"七年而可以征",是"即戎"即征战)。"利有攸往"在这里指利于做出兵征战之外的事情。

⑥壮于前趾,往不胜,为咎:《大壮》初九"壮于趾,征凶"与此"壮于前趾"同,喻勇于前进。初在最下,故以"趾"喻(按:古"前"字作"歬",疑"歬"为"趾"之讹衍)。初在最下而过于勇进,有往而不能胜任之象,故占为有咎("为"犹"有")。

⑦惕号,莫夜有戎,勿恤:《旅》卦"旅人先号咷而后笑","号"即"号咷"之省,为"笑"之反面,喻惊惧。"莫",古"暮"字。"恤",忧,患。"勿恤",无有患害。朱熹云:"九二当决之时,刚而居柔,又得中通,故能忧惕号呼以自我戒备,而莫夜有戎,亦可无患也。""戎",兵寇、战事。

⑧壮于頄:"頄",亦作"頯",面颊。三在下卦之上,故以"頄"喻,此犹《大壮》初以趾喻、三以角喻,亦犹《鼎》卦初以趾喻、三以耳喻。壮于面颊,喻勇壮见之于颜色。壮形于外,过壮也,故云"有凶"。三爻以阳居刚,又处下卦之极,故云"壮于頄,有凶"。"頄"或作"頯",帛书即作"頯",有人读为"跰",从《说文》训为"胫肉"。按:《易》之取象有两种:一种是就全卦而论,由下至上依次为趾、腓、股、脢、颊者(如《咸》卦);另一种是就单卦而说,则初与四近、三与上近,《夬》卦等就是属于后者。九四"臀无肤",《困》卦初六言"臀困于株木"就是这个道理。

⑨君子夬夬独行:此从高亨断句,下文"苋陆夬夬中行"同。"夬夬",果决的样子。三居下卦之极,以阳居刚,故云"夬夬"。

⑩遇雨若濡有愠,无咎:阳刚九三与阴柔上六正应,以阴柔调节阳刚而使之和柔,有"遇雨"之象。

"若",而。"濡",沾湿。"愠"宜从帛书作"温",谓颜色和柔(《诗·燕燕》郑笺)。此对"壮于頄"而说。勇壮形于色则有凶,而果决独行本有咎,但调之以阴柔,外见之以和悦,则又无咎也。

⑪臀无肤,其行次且:四爻居上卦之初,故以"臀"取喻。"无肤",谓刚决受惩而臀无完肤。"次且"又作"越趄",难进之貌。

⑫牵羊悔亡，闻言不信："牵"，收束、节制。"羊"，喻刚愎之性。九四刚爻居柔位，故云"牵羊"，谓以柔节其刚。若能如此，则悔事可以除去。"闻"同"问"，占问。"言"同"愆"，过咎。"信"同"伸"，解除、开解。此言占问显示咎害尚未解除。《困》卦卦辞"无咎，有言不信"同此。

⑬苋陆夬夬中行："苋陆"有两种解释：一是解释为柔脆的植物（"苋"即马齿苋，"陆"即商陆）；二是以为"苋"当作"莧"，释为细角山羊（《说文》），"陆"读为"蹊"，跳跃（吴澄、王夫之、高亨等说）。疑"陆"当如字，"苋陆"即来到陆地的山羊、陆行之山羊。"中行"为双关语，一为道中，一为行动适中。陆为平易之地，五又居中位，刚柔适中，故"苋陆夬夬中行"而能无咎。此即《庄子·秋水》"陆行不避兕虎"之意。四爻说"牵羊"，五爻说"苋羊"，而四、五皆为《兑》体，《说卦》"兑为羊"盖本于此。

⑭无号，终有凶："号"与九二"惕号"同。刚决之极，而不知惕惧，故终于有凶险，《乾》上九"亢龙，有悔"与此相同。《夬》至上爻，阴变为阳，则上六犹《乾》之上九。

【译文】

夬卦：清除奸巧小人，应在朝廷上公开宣布其罪恶，然后以诚心号召众人一起行动；小人垂死挣扎，危险仍然存在，因此还要告喻自己领地的人民，倘有不利便动用武力，除奸行动一定能顺利进行。

初九：壮胆举步前行，却力不从心，以至自取其辱。

九二：大声疾呼，警惕敌人来犯，所以即便夜间有敌偷袭，也不必担心失利。

九三：怒形于色，便会招致小人的憎恨、暗算；虚与委蛇，又会被刚毅的君子误解与小人妥协，心中不免懊恼，有如单独行路遇到大雨，外面的衣服被淋湿，内心则窝着一团火，这并没有什么关系，因为误解总会消除。

九四：屁股上脱掉了皮，走路趔趄艰难；羊牵在手里还怕它逃走，别人的忠告充耳不闻。

九五：虽有清除小人之心，但态度又很暧昧，有如割苋陆草一样不干脆；但是毕竟还有刚毅中正之心，清除小人之事不至于有何过失。

上六：已经走投无路，哭喊求饶亦无济于事，最终难逃厄运。

河南出土的商代龟牛骨刻辞

【解读】

本卦阐述了清除邪恶小人的原则。小人阴险奸巧，诡计多端，在清除邪恶小人时不能不小心谨慎，戒骄戒躁，应先谋而后动，刚柔相济；对付阴险小人，亦应以其人之道还治其人之身，不妨悄然进行，不露声色，把握时机，一举歼灭。清除工作不可迟疑，也不可冲动冒进；处置小人，应持不偏不激的态度，尽可能采用怀柔感化的方式，使其改邪归正。小人久居高位，毕竟是众矢之的，迟早会被清除。

【经典实例】

康熙计除鳌拜

　　一般来说,邪恶小人的势力一旦威胁到正义的事业,必然已成气候。因此,务以小心应对。在没做好充分准备之前,万不可轻举妄动,以防打草惊蛇,导致自身处于被动的劣势。而在做好全面充分的准备之后,一是要果断坚决地行动,快刀斩乱麻,一举成功。康熙皇帝稳妥除掉鳌拜的事例,就是一个很好的典范。

康熙像

　　康熙亲政后立志要做一个像汉武帝、唐太宗那样有作为的皇帝,因此对鳌拜擅权十分不满。决心改变大权旁落的状况。于是便下令取消了辅政大臣辅政权,使鳌拜的权力受到限制。

　　鳌拜虽然意识到康熙要夺回自己的权力,但误认为"主幼好欺",对自己的所作所为非但不加收敛,反而更加肆无忌惮。在群臣向康熙朝贺新年时,鳌拜竟然身穿黄袍,俨如皇帝。在他托病不朝,康熙亲往探视,他把刀置于床下,直接威胁皇帝的安全。对于鳌拜的这些欺君罔上的行动,康熙已经忍无可忍,决心采取果断的措施,把他除掉。

　　康熙是一个很谋略的人。他知道鳌拜的势力大,党羽多,除掉他不是很容易的,必须要计划周密,谨慎从事。他一方面把近身侍卫索额图、明珠提拔为朝廷大臣,作为自己的左膀右臂。以便通过他们联络朝廷内外反鳌拜的势力;另一方面又给鳌拜封官加爵,麻痹他对自己的警觉。与此同时,一个擒拿鳌拜的计划渐渐形成了。

　　康熙按照满清皇朝的规定,在满族权贵人家中,选了一批身强力壮的子弟充当自己的贴身警卫。这些半大的孩子,跟皇帝年龄相仿,平日里天天在一起练习摔跤。有时候鳌拜进宫办事,他们也照样摔跤,玩得热热闹闹。这就给鳌拜一种假象,以为皇帝跟这群孩子一样,淘气得可以,不问国家大事,只知道打闹找乐子。

　　鳌拜装病试探皇帝的事发生之后,鳌拜按理该人宫答谢,并且向皇帝汇报这几日发生的事。康熙见时机已经成熟,就把平日跟自己一同练习摔跤的卫士们找来,安排好捉拿鳌拜这件至关紧要的大事。

　　康熙对卫士们说:"你们是效忠我,还是效忠鳌拜?"这些侍卫平日早被灌输了憎恨鳌拜的思想,便齐声回答:"我们只效忠皇上。"康熙接着说:"鳌拜身为辅政大臣,却有违祖先规矩,处处安插亲信,排斥异己,擅杀大臣,实在是太过分了。朝廷里的大事,都由他在家里商量好了才启奏,我这个皇帝还有什么可做的? 照这样下去,大清什么时候才能富强?"

接着,他把早已深思熟虑好的计划告诉了卫士们。这批侍卫听了,个个摩拳擦掌,只等着鳌拜前来,可以执行皇上布置好的任务。

鳌拜进宫的时间到了。他依然像往日一般,大摇大摆,一副旁若无人的样子。来到皇帝的住处,只见平日那些孩子侍卫们正准备着练习摔跤,一个个蓄势待发,好像士兵即将出征一般。

"这些娃娃又在闹着玩儿啦。"鳌拜一肚子的不屑。不料那群孩子突然冲上前来,抱腰的抱腰,拧腕子的拧腕子,蹬腿窝的蹬腿窝,一下子跟这位满人里的"巴图鲁"大臣较起了劲。

初时,鳌拜还以为小皇帝跟自己闹着玩,便听凭那些娃娃掰了自己的腕子,揪了那条辫子。待到一群娃娃把他摁倒在地上,他才觉得不大对头,斜着眼去瞧指使他们的皇帝,只见康熙一脸的冰冷,又听得小侍卫们满口的怒骂,方才觉得大事不妙。这时他再要挣扎,已经迟了。鳌拜一下子被捆了个结结实实。

拿了鳌拜,康熙立刻召集大臣,把鳌拜交给他们审理。大臣们早就恨透了这位专横的顾命大臣,一桩桩列举他的罪状,一致要求将他处死。康熙听了,倒没有赞成大臣们的意见,只说了一句:"念他替朝廷效力多年,军功卓著,免死。"死罪可免,活罪难饶,鳌拜被判终身监禁。而他那些死党,则被一网打尽,处死了一批,另一批判了刑。

16 岁的康熙皇帝,深得"夬"卦之深意,不动声色地拿下权臣鳌拜,把大权收归己有,扫除了管理国家道路上的一大障碍,体现出一位杰出的政治家的魄力。从此以后,他开始一心一意地治理国家。在他统治下,一个个棘手的问题迎刃而解,满清政权开始进入全盛的时期。

武则天传皇位于太子

《夬卦》阐释消除邪恶的原则。过度增益,必然又会盛极而衰,小人势力再度伸张,又得将其决断。小人诡计多端,决断小人暗中进行,把握时机,一举歼灭,以免被反击。既不可迟疑不决,也不可冲动,应有决心,审慎行动。

女皇武则天晚年宠幸面首张易之、张宗昌兄弟。这两兄弟经常侍奉在武则天左右,想方设法取得武则天欢心,并以武则天为靠山,贪赃枉法,凌驾群臣之上,群臣对武则天对二张的袒护无可奈何。

武则天宠幸张易之、张宗昌胜过自己的骨肉子孙。她的儿子李显,虽然贵为太子,但却被幽困东宫,无法参与朝政。李显软弱无能,惧怕武则天。有一次,李显的两个未成年的子女私下议论了张易之、张宗昌,不料被武则天知道了,追问李显,李显竟吓得回东宫后让自己的两个子女服毒自尽了。

神龙元年(705 年),武则天病重,她只让张易之、张宗昌兄弟在她身边,把一切国事统统交给二张处理,不许大臣近前。大臣们担心二张擅权篡位,焦急地筹划对策。年已 80 岁的宰相张柬之决心出面组织策划铲除二张。他先个别地做守卫皇宫的羽林军的工作,联络了武将,再联络朝中一批正直的大臣,商议怎么办,但谁也不敢担"犯上"之名。于是决定逼太子出面,以太子的名义号召宫廷内外。

约定的时间到了，张柬之和武将们率领500多名羽林军来到宫廷外的玄武门，并事先派李多祚等人到东宫去迎接太子。但太子李显想到他的几个兄弟因反对武则天而被杀掉，吓得六神无主不敢决断，李多祚等人再三催请，并痛切陈述利害：如果再延误时机，就来不及了，事已至此，倘若失败，不仅断送了祖宗的基业，而且太子和群臣的身家性命都难保，后果不堪设想。

太子没办法，随同李多祚等人来到玄武门，于是在张柬之的带领下，径直闯入武则天的寝宫，张易之和张宗昌见张柬之进来，正欲发难，士兵冲上去把二张砍死，武则天在内听到响声，正欲起身，张柬之进前奏报："张易之和张宗昌谋反，我等奉太子之命，已将逆贼杀死。"武则天轰地一下晕过去了。等到她醒来，追问太子李显："这件事是你指使的吗？"李显点头承认。武则天虽然痛恨杀二张的大臣们，但由于是秉承太子的意旨干的，也就无法降罪于大臣了。大臣们乘机上言，劝谏武皇传位给太子。武皇日益病重，只得让位于太子。张柬之等人借太子皇权的力量，又迅速消灭了张易之、张宗昌的党羽，稳定了局势。

决断小人，应把握不偏不倚的中庸原则；最理想的方式，是用柔，以感化使其改过迁善。但是，如果小人不思悔改，一意孤行，则可采取断然措施。总之，小人势力，无法长久，虽得意一时，终将毁灭。

扬眉吐气

郁兰在电话里喋喋不休地抱怨。虽然她的声音压得很低，仍可以听出她正怒火中烧。"那个死老外以为他是谁，动不动就跟我吹胡子瞪眼，明明是他告诉我的传真号码不对，他倒来怪我发错了地方，说话永远都让人感觉你是他们家丫鬟，做秘书怎么就这么倒霉！真是受够了！……唉，你有没有合适的工作介绍？"郁兰的朋友秀京虽没有什么合适的工作，但是她给了郁兰一些建议：与其压抑情绪、蓄积不满、不如找个机会把自己的想法向老板和盘托出。敢怒不敢言有时会使事情变得更糟。

郁兰把秀京的建议付诸实施。她选了老板不太忙的一天郑重其事地和老板做了一次谈话。首先表明自己希望做好工作并且也一直在努力；然后告诉老板虽然她可以理解他有时工作压力大，心情欠佳，但是他的无端指责她仍感到很难接受，最后表示希望可以通过双方努力使大家在工作中保持良好心态，以更利于工作的进展。用郁兰的话说，谈话的效果好得意想不到，不但老板对她的态度有了转变而且自己也觉得"扬眉吐气。"

勇　气

泰德·斯坦坎普12岁时挨了邻居一个孩子王一顿揍，因此决心留在家里不出门比较保险。几天之后，泰德的父亲给他一些钱去看电影，买冰淇淋吃，以奖励他帮忙割草。泰德收下父亲给他的钱，但是不去看电影——平常他是最喜欢看电影的——怕会遇见那个揍他的孩子。

"我父亲问我是不是生病了,"泰德·斯坦坎普说,"我只是支吾其言。第二天傍晚我冒险到巷子里去玩弹子。后来我看见我的敌人——这时候的他看起来简直就像圣经里那个被大卫王杀死的菲利斯喘咻咻,吓得全身发僵——然后发现我正跟我爸爸面对面。他问我到底在干什么,我软弱地解释说我们在玩捉迷藏。这时候巷子里冒出一个声音说:'出来,你这胆小鬼。'

"我爸爸拿了一条大约两英尺长的厚厚的汽车皮带走过来,然后平静地告诉我说,要不出去面对巷子里的那个男孩,就得躲在车库里挨皮带。我犹豫得太久了点——皮带落在我的屁股上,那种痛楚超过打架时挨过的拳头。

"我像颗炮弹般冲出车库,出其不意地攻击那个孩子。第一拳打过去,他没有心理准备,因此我又痛痛快快地揍了他一顿,我把他赶出巷子。

"接下来的几天是我童年记忆中最快乐的日子,我充分享受勇气所带来的报偿,重新找回自尊。而且我学到一个我长久以来一直珍藏的真理——不要逃避现实而是要面对它。我从一条汽车皮带和一个明智的父亲那里学到这个真理。"

应聘测试

那是一个名气很大的合资公司,招聘一名总经理助理,年薪 20 万。刘露在众多应聘者中脱颖而出,最后一关是外方总经理面试。

总经理对她进行了长达两个小时的面试,刘露从经营方略到内部管理、新品开发等方面阐述了自己的想法。总经理认真地听着,不时赞许地点点头,显然,他对刘露很满意。

"好了。"总经理说,"讲了半天,口一定渴了,我也有些口渴,请你去买两瓶矿泉水来。"说着递给刘露一张百元大钞。

刘露走到街上,买了两瓶矿泉水,回来递给经理,把剩下的钱交代清楚一分不差地也交给总经理。她认为这很可能也是考试内容的一部分。

果然,总经理打开一瓶矿泉水,说:"这是今天测试的最后一道题目了。你给我留下了很好的印象,如果这道题你能回答得让我满意。你将通过今天的测试。这道题是这样的:假如这两瓶中有一瓶被人掺了毒药,当然目标是针对我的,现在我命令你先尝一尝。"

刘露说:"我明白你是在测试我对公司和你的忠诚程度,也许我尝了你就会录用我,但我不能尝,虽然我很想得到总经理助理这个位子,可是我认为这是对我人格的污辱。"

总经理怒道:"这次应试者上千人之多,我别说让他喝这没毒的矿泉水,就是真的让他们吃屎,他们也吃!"

刘露正色道:"我认为你刚才说的话与你的身份地位很不相称,对不起,我觉得今天的测试该结束了。"说着要起身离去。

总经理立刻和颜悦色地说:"请原谅,刚才只是测试,我很欣赏你的反应和品格。请坐。是的,今天的测试你通过了。祝贺你! 你被录用了。"

刘露说:"招聘是双向选择,你对我的测试通过了,但我对你的测试却没有通

过，你不是我想象中的老板。再见!"说完拂袖而去。

有人说，本卦主题，讲的是周文王与商纣王决裂的事情。在现在这个和平年代里，我们可能会遇到很多不顺心的事，但多数事还没达到要彻底决裂的程度，所以在决裂之前还是想一想能否用其他方式加以解决，这样，可能为稳妥。也许你正为了老板的莫名其妙而大动肝火。也许是客户的吹毛求疵令你心生郁闷，抑或是升职加薪又与你无关，而你又觉得自己值得并不比别人差。先别忙着整理简历、打点行装准备另谋高就，也不必委曲求全，忍辱负重。你要做的既不是莽撞离职，然后再急急忙忙地陷入另一份同样并不完美的工作，也不是长期抱着"骑驴找马"的心态在公司长吁短叹地挨日子，你要做的是给自己降降温、看清形势、轻松应对。在恰当的时机恰到好处地对这些不平之事予以回击，你也会大有"扬眉吐气"之感的。

当事关尊严和原则性的问题出现时，事情就不同了，我们必须予以正义的有力地回击，就像梁山好汉那样，该出手时就出手，决不给对方留情。

顾雏军南征北战

顾雏军曾说，从发明格林柯尔制冷剂的那一天起，他就一直有一个梦想，要打造全球最大的制冷帝国。在他的梦想里，这个制冷帝国必须达到几个基本的标准：技术全球领先，规模世界第一，品类全面覆盖，市场国内外均衡。对于如何实现自己的梦想，顾雏军认为必须实行超常规的发展战略：并购。

顾雏军选择在科龙打响了他并购的第一枪。

2001年10月31日，国内著名制冷企业广东科龙电器股份有限公司发布公告：公司法人股东——顺德市容桂镇政府所属的广东科龙（容声）集团有限公司与顺德市格林柯尔企业发展有限公司签订股权转让合同书，将其所持的20.6%的股份转让给格林柯尔。

顾雏军简直毫不掩饰他由来已久的"野心"。一入主科龙，他就说："收购科龙仅仅是第一步，它是我正式征伐、整合中国制冷业的开始。"可当时，业界还并不买他的账，顾雏军被当成"骗子""野心家"备受质疑，再加上媒体的夸大宣传，顾雏军遭到了始料未及的压力。顾雏军深知，科龙既然是他征伐的第一战，就只许成功不许失败，否则他的帝国"野心"也永远只能是"野心"了。痛定思痛，顾雏军一方面大胆走向前台公开声明"我不是骗子"，一方面狠下决心要改造好科龙。

顾雏军为此特别向科龙员工宣布，没有两个亿的利润，他不拿工资。入主科龙已经一年多时间了，顾雏军每个月只是象征性地拿一块钱月薪，其决心可见一斑。

2002年，是科龙的成本控制年，为了降低成本，顾雏军和科龙的高层可谓用心良苦，除了在各种会议乃至方案报批的每个细节不断向员工灌输成本意识，力斩裙带关系和既得利益，使得跑、冒、滴、漏现象得到有效制止；而采用IT手段进行反拍卖式的招标以及和小天鹅进行联合招标等举措，则开业界之先河，赚足了传媒和业界的注意力，更使科龙的原材料采购成本得以大幅下降。据科龙透露，2002年，科龙在冰箱的成本降幅同比在11%以上，而空调的成本降幅竟达25.6%。

过去科龙和华宝两个品牌交织在一起，让经销人员无所适从，市场占有率也不

国学经典文库

断下滑。顾雏军对科龙和华宝品牌重新定位,细分市场:科龙作为一线品牌扼守中高端市场,而华宝以一线品质、三线价格承担对科龙品牌健康成长的保护,同时形成对三线品牌价格优势的打压。2002 年,华宝连续三次降价,使得华宝得以放量上扬,销量已经接近公司销售总量的 50%。当国内一些企业在为规模和市场占有率而不惜血拼的时候,科龙"赢利导向"率先拧干了厂家电行业国际营销一贯作秀的水分。"不赚钱的单一个都不接",顾雏军极其简单的话语里蕴涵着不变的原则——"利润"。

除了成本控制、调整市场策略外,能够支撑科龙赢利的便是对产品和技术的重视。2002 年,科龙在顾雏军的手里发挥所长,摈弃了以前只做技术劳模的角色,通过"精美化"运动,将技术和产品的领先外化为消费者能够感受到的品质特性。于是,科龙推出的"分立多循环"冰箱和制冷制热双效王空调引起较大反响。

顾雏军的大刀阔斧很快收到了成效。2002 年,科龙赚得 9000 万元的利润,一举扭亏为盈。

科龙的扭亏为盈,让人们见识了顾雏军的身手。顾雏军乘胜追击,又一口气收购了江西南昌的家电制冷企业齐洛瓦、吉林省的老牌冰箱企业吉诺尔,以及上菱冰箱的两条生产线。顾雏军终于可以大声自豪地在业界"说话"了。顾雏军表示,他并购的脚步还远未停息,公司仍在与其他制冷企业接触。

人们仿佛看到,一条巨鳄的影子在中国制冷业晃动着,其所到之处,无不彰显着勃勃野心,腾腾杀气。

果然,人们很快又听到了顾雏军入主美菱的消息,这距当初顾雏军被骂成骗子还不到两年。两年之间,顾雏军已吞下了冰箱业"四大家族"的半壁江山。

美菱股份有限公司作为安徽省第一家上市公司,是安徽家电行业的龙头企业,冰箱的产销量居国内前 5 名。但由于种种原因,近年来几乎是"每况愈下",其市场份额不断萎缩,2000 年到 2002 年每股收益分别为 0.013 元、-0.85 元和 0.02 元,已经无法与海尔、新飞和容声相提并论。其与德国西珂玛的合作也是波折不断。

2001 年 11 月,美菱就与德国西珂玛公司共同出资成立了"合肥美菱西珂玛空调器有限公司",注册资本 1000 万美元。"德方控股 80%,以现金方式入股,美菱出厂房、设备,占 20%。"尽管德方雄心勃勃地想自建销售网络,但原定 5 万台的年销售量目标,到 2002 年 8 月为止,只销售了 3 万台。2003 年 3 月 26 日,两家第二次牵手,美菱将为西珂玛生产和销售冰箱,作为交换条件,西珂玛也将贡献出自己在欧洲的销售网络,以助美菱拓展海外市场。没想到,仅仅两个月后,美菱干脆把自己"卖"给了格林柯尔。

业内人士分析,美菱原大股东——美菱集团欲引退是促成此次并购的主要原因。美菱集团前身是合肥市第二轻工机械厂,1985 年正式转产家用电冰箱,并发展成为多元化经营的大型企业集团,目前具有年产 150 万台电冰箱、20 万台洗衣机及主要配套产品的生产能力。1992 年 11 月美菱转制,以合肥美菱电冰箱总厂为主体的合肥美菱股份有限公司正式成立,并于次年在深市挂牌。

尽管美菱股份是上市公司,但由于集团公司转制过程中的一些问题,导致美菱股份在为集团公司担保的过程中背上了巨额包袱,加上国外家电和部分国内家电品牌纷纷

加入电冰箱市场,企业经营困难不断增大。基于以上原因,美菱集团不得不将电冰箱抛出去。

而对于顾雏军来说,这无疑是求之不得的事情了。顾雏军是个资本运作高手,他当然明白此次并购对格林柯尔的分量。业界分析,美菱与格林柯尔牵手,使昔日的对手科龙(容声)瞬间成为盟友,这不仅改变了中国冰箱业多年来"四大家族"的均衡格局,更改变了全球冰箱业的竞争态势。格林柯尔与美菱合作,从地理位置上更有着较强的互补性,利用美菱在华东优越的地理位置,还有强大的资源、劳动力成本优势,对加强双方经营要素整合,共同降低生产和销售成本有着极大的推动作用;从技术上看,格林柯尔的旗舰科龙,一直保持着全球领先的制冷技术,2002 年更以分立多循环技术开创全球"后冰箱时代",而美菱是纳米冰箱技术的领军人物,强强联手在技术上业内一时无人可以比拼;从规模上看,科龙与美菱的产能已近 800 万台,已是亚洲第一、全球第二;从品牌覆盖来看,格林柯尔旗下四个冰箱品牌,科龙主打高端市场,容声、美菱取中高端市场,康拜恩针对中低端市场,成"赢家通吃"之势;如再整合格林柯尔、科龙、美菱三家的全球采购平台、营销平台、物流平台和技术开发平台,充分发挥规模经济效益和协同效应,将极大地提升核心竞争力,对同行的杀伤力可想而知。

难怪有人惊呼,中国冰箱业的"大白鲨"出现了。

"夬"即决,决断。人生事业很多的成果在于决断中带来的结果。正确与不正确的决断,完全是正反两立。你的人生事业和处理一些问题,决断是非常重要的,所以你现今的事情为了一统江山,而铲除对手,你应该记住以下告诫:是量力而行,不可盲动,必须随时戒备,警惕反击,如果对手强大则隐忍待时机。切忌犹豫不决,进退失居。应坚守正道,这就是,你当今的决策。

量力而行,不可盲动。力量不足,或未曾计划周全,没有十成把握,千万不要轻举妄动。否则非但达不到目的,反而会为对手所败。

铲除对手应果断坚决,不可犹豫不决,进退失据。

机不可失,时不再来

据《宋史·岳飞传》载,金在靖康年间,掳走了北宋的徽、钦二帝之后,又于公元1140 年挥师南下,入侵南宋。宋高宗急令大将岳飞率"岳家军"抗金。岳飞在郾城把金兀术的十万大军打得落花流水,损失惨重,这就是著名的"郾城大捷"。岳飞随即命

中兴四将图

人联合太行山等地的义军共同抗金，各地的豪杰纷纷打出"岳家军"的旗号来响应。北方的百姓早就恨透了金军，日夜盼望岳家军早日到来。义军打起"岳"字旗号之后，百姓都牵着牛羊给义军。还有百姓在头上顶着盆，盆中燃着香，等在路上迎接义军的到来。

那时候金国在燕山之南发布命令，已经没有人理睬了。金军的统帅几术想征集军队来抗击岳家军，但是命令下达之后，黄河之北根本没有人来。他叹息道："自从我起兵北方以来，还没有像今天这样惨败过。真是撼山易，而撼岳家军难啊！"金军的将领也惶惶不安，不断有人向宋军投降。有个叫韩常的将军，就准备带五万人马归降岳飞。

岳飞看到形势非常有利，就高兴地对部下说："我们很快要直捣金人的老巢黄龙府了。到时候，我一定同大家痛痛快快地畅饮一番！"

但是，由于小人在上，岳飞"痛饮黄龙"的愿望并没有实现。南宋没有在最有利的时候兴师北伐，结果埋下了后来覆灭的隐患。大到一个国家，小到一个人，要铲除邪恶，就要在有利的时机彻底根除，否则，时机一失，悔之晚矣。

王安公司的盛衰

20世纪80年代中期是王安公司的鼎盛时期。然而，危机也正悄悄降临。自60年代开始，王安公司新产品源源不断，前后称雄达10多年，被人称为"电脑界的快枪手"。随着时间的推移，王安电脑王国的扩张，王安的创新意识似在钝化。享尽成功喜悦的王安自傲于自己产品在设计和科技水准上的优势和声誉，未认识到个人微型电脑的崛起之势，死抱文字处理机和大型电脑不放。当80年代中后期IBM等公司都已致力于更廉价和更多功能的个人电脑之时，王安无视各方忠告，仍拒不开发新产品，企业的生命之源近于枯竭。

电脑用户从使用方便出发，要求电脑产品具有兼容性。不少公司为了适应这一需求，纷纷推出与IBM产品兼容的电脑，自信的王安却固执己见，长期坚持生产与IBM产品不相容的电脑，引起客户的反感和不满。此外，王安公司还通过机器维修和其他附加费用，从客户那里不断收取钱财，伤害了众多客户的感情，一些客户认为：他们在软件设计、售后服务和按时交货方面令我们很失望，他不再是我们唯一选择。王安公司与客户间的关系日益紧张，结果使IBM、数字公司和苹果公司用户增多。有人称王安已"忘记了顾客"。

科学的管理是公司发展的重要保证。王安以中国人特有的人情味建立了公司的体制，形成了"王安模式"，给公司带来了长久的活力。比如说，依据具体对象采取灵活的管理方式，对创造性强的工程师和科学家，条规限制极少。对一般职员则条律鲜明，简化管理机构，职能部门较小，人员较少，特别是在公司一级，更是如此，允许属下为解决问题犯错误；以才绩论职，不管他是否具有学历，也不管他来自哈佛还是无名气的学府；以身作则，相信管理者本人榜样的力量。

然而，随着王安电脑王国的膨胀，随着王安本人年龄的增大，"王安模式"渐渐扭曲、变形甚至出现裂变。原来灵活的体制趋于僵化，条规限制增多，大大挫伤了

科研人员的积极性,原来简化体制趋于臃肿,部门增加,人员膨胀,管理层次叠加,大大阻碍了公司运转的灵活性。原来的允许犯错误的机制趋于虚设,人们的创造热情渐渐冷却。原来的依才论职变成一纸空文,诸多王安的亲信居于公司最高决策层。这一切已经预示电脑王国的危机已临。

崩溃之兆首现于1985年。

1985年第四季度,王安公司出现了10年来的第一次亏损,并且公司进行了第一次裁员。

王安出于浓厚的父爱,对其长子王菲德寄予厚望,希望王菲德能承继父业,将王氏家族发扬光大。为了达到这一目的,王安曾安排王菲德在公司各部门熟悉情况,但王菲德经营素质欠缺且刚愎自用,表现令人失望。王安却不顾他人劝告,仍令王菲德接任父职,出任公司总裁,公司决策层一时矛盾四起,曾跟随王安20年的销售能手愤而离去。与此同时,一系列附属性的家庭企业急剧膨胀,引起公司进一步动荡。一些董事规劝无效后,亦挂职而去,致使人才流失严重。

1989年,是各国电脑界深感恐惧的一年。电脑界巨头IBM公司的形势急转直下,纯利润从1984年的65.8亿美元骤降至1989年的37亿美元,数字、CDL及苹果公司等均受重创,本已危机四伏的王安公司自然难以例外,公司股票从1983年的40美元降至1989年的6美元。

时任公司总裁的王菲德仍盲目自信,声称:"我们拥有30亿美元的年收入,绝不可能垮台!"然而,大话难以挽救公司的颓势。

1989年8月,公司竟出现了令人震惊的事情:股东联名控告王安父子营私舞弊。

已身患重病的王安迫于无奈,撤掉了王菲德,不得不以年收入100万美元的高薪聘请经营高手爱德华·米勒出任总裁。

米勒以善于挽救濒临绝境企业而闻名全美,他在王安的病榻前,握着面显迷茫而执着的老人之手,表示了自己的信心:"我将使我的年薪成为理所当然的收入。"1990年,王安,这位为电脑王国奋斗一生的老人终于闭上了他的双眼。

米勒赴任后,公司似乎出现了复苏的转机。他首先着手整治了公司的财务,仅仅一年时间,公司债务由5.75亿美元降至1200万美元,显示出这位"回春能手"的过人气魄。王安公司的股票也立即上升了25美分,达到6.25美元。

但是,米勒毕竟是电脑的新手,管理技巧娴熟,对产品开发则一无所知。公司债务虽一时得到缓解,作为公司生命线的新产品却始终不能面世,因而,公司利润1990年大幅度下降,只有13亿美元,公司股票再跌至3.75美元,崩溃之势在即。

竞争者犹如闻腥之猫,纷纷出动。1990年2月,GEC公司以最低价收购了王安公司的海外租赁融资作业机构。3月,法国的公司吞并了王安公司的一家分公司……

面对如此危势,王安公司终于在1992年8月18日向法院提出破产保护申请。

一位电脑专家断言:辉煌的王安电脑王国大厦已成昨日黄花,难以复兴!

在危机成长壮大之前,只要发现有危机的苗头,就应予以抑制,在危机还未形成之前,就应制止,采取各种措施,以保持组织的强健。

组织或同道者最重要的是互相之间的团结，而不要自相冲突奋争，以使危机扩展。这也是一个非常重要的决策准则。因为内部冲突只会削弱自己的力量，给对手以可乘之机，你力量的削弱，就是对手力量的增强。有时，有着相同利益的两方也应遵守这个原则以维护双方共同利益，对付第三方的威胁。

按游戏规则办事方成大业

做生意是有游戏规则的，不能随心所欲，任意为之。在胡雪岩看来，同行的竞争总是难免的，如何打好价格战呢？方法是按"真不二价"办事，这也是他信守的"按照游戏规则办事"的具体体现。

胡庆余堂开办之初，就遇到了杭州许广和、叶种德两家药号和他展开的竞争。他们是杭州城里两家最大最老的药号，都有自己的看家本领。由于胡庆余堂刚刚开办时，胡雪岩采取组织送药、修合公开、养鹿取茸等方式，收到极好的效果，以致显出极旺的势头。每日顾客盈门，而且杭州附近州县的百姓也都慕名而至，大有雄霸杭州一方的气势。

胡庆余堂的生意好了，许、叶两家的生意自然也就清淡了许多，于是他们想方设法争取顾客。这两家药店自恃自己历史长，实力强大，决定与胡庆余堂打一场价格战，希望通过压价销售拼垮胡庆余堂。叶种德的老板率先降价，胡庆余堂的高丽参每两二钱银子，他们只卖一钱七；胡庆余堂的淮山药每两五厘，他们只卖四厘……顾客自然是捡便宜的买，于是叶种德药号又拉回了很大一批顾客。

按一般的做法，胡雪岩应该以牙还牙，与许、叶两家打一场价格战，而且此时的胡雪岩其实有能力和他们拼价格。胡庆余堂药店开办的时候，他已经有钱庄、典当做后盾，如果要与许、叶两家打价格战，甚至有可能一举挤垮他们。但是胡雪岩没有采取这种普通的做法，他不仅没有将自己的药材降价，反而在大堂上挂出"真不二价"的牌匾。

胡雪岩的做法显然是受了"韩康不二价"故事的启发。相传韩康是古代一位深谙医道、遍识百草的采药人，他以采药、卖药为生，每日上山采药，然后挑到集市上出售。集市上自然少不了讨价还价，而有些卖药人常常以次充好，允许讨价还价，唯独韩康不准还价。他对人们说："我的药值这个价，我也只卖这个价。这就叫真不二价。"那些买药人吃讨价还价买来的药，数帖不能见效，而吃韩康的药，一两帖就能除病，自然也就相信了这"真不二价"。"韩康不二价"的故事也就传扬出去，韩康的生意也越来越好。

胡雪岩挂出"真不二价"的牌匾，也就是要向顾客做出承诺：胡庆余堂卖出的药绝没有半点掺假。他心里十分清楚，压价销售，实际上只是权宜之计，绝不可能持久。因为药材的价格是明摆着的，做生意总不能为了挤垮对方而让自己一直亏本经营，这样下去，不等挤垮别人，自己先就垮掉了。而要想自己不因压价而亏本，唯一的办法就是以次充好，以劣代优，就必然导致药品质量同步下降。"顾客心里一杆秤"，药是治病的，卖出的药药效不好甚至根本不能治病，药号名声跟着也就垮了，最后吃亏的还是自己。因此，他告诉顾客，胡庆余堂卖的就是韩康的"货真价实"，这才是做生意的长远之计。

国学经典文库

果不出胡雪岩所料，那两家为了不亏本，便以次充好，以劣代优，结果耽搁了病人的治疗，渐渐失去了顾客对他们的信任，其生意也自然更加惨淡。

谨慎行事灭逆臣

五代时期，后蜀国国君孟昶于公元934年即位。他在危机四伏，烽烟迭起的混乱年代里做了30多年的"偏安之王"，实属不易。

孟昶即位时才16岁，将相大臣都是老臣旧将。这些人自恃资历深厚，并不把这个年幼的皇帝放在眼里。他们骄恣放肆，为所欲为，公然逾越国家制定的法律，建造豪华房舍，规模巨大，靡费钱财，引起了人们的不满。其中以李仁罕、李肇、张业、赵廷隐最为过分。

孟昶刚继帝位，大将李仁罕便提出要主管六军的要求，他的言辞充满了威胁。他不但派人到枢密院提出明确的要求，还到学士院让人按照他的要求起草命令，根本就不通过孟昶，这不仅是目无幼主，实际是犯上作乱。

这一咄咄逼人的举动深深地刺激了孟昶，他知道这样下去的后果是什么。他当然不愿意就此受到别人的摆布，可是他怕张扬出去会引起叛乱，无法控制局面。

于是，他隐忍不发，请李仁罕吃饭，表面上接受了他的条件，任命李仁罕为中书令，主管六军。然后，等李仁罕进宫朝见时，孟昶命令武士将他捉住，当场处死。

李仁罕一死，曾假称有病不跪的侍中李肇才知道新君的厉害。他吓得魂不附体，当再次见孟昶时，他扔掉拐杖便跪了下去。孟昶因为他过去对自己十分倨慢，勒令他退官隐居，李肇便由此徙居邓州（今四川省邛崃市）。

李仁罕的外甥张业在李仁罕被杀时，正执掌禁军。禁军的军队虽然不多，但直接掌管皇帝宫廷的守卫，如果他以替舅报仇为名而造反，那后果将不堪设想。所以，孟昶怕他反叛，当时不敢动手处置他，而是千方百计加以笼络。他甚至把这个武夫任用为宰相，又兼判度支。

张业在家里私设监狱，关押欠债的人。他滥施酷刑，制定了一种"盗税法"，规定税官吞没赋税的，照吞没的数目10倍罚款。税官受了罚，无处筹钱，自然如数从百姓身上勒索。这种苛刻的税法使得百姓难以承受，都怨声载道。身为一国之君的孟昶闻知后，当即废除此法。

到了后蜀广政十一年（公元948年），孟昶觉得自己已经积聚了一定的势力，认为诛杀奸臣的时机已到，就与禁军将领官思廉密谋，用诛灭李仁罕的办法，把张业在都堂上捉住处死。

卫圣都指挥使兼中书令赵廷隐见势不妙，急忙以老为由还乡。至此，故将旧臣基本上被除尽，剩下的也都不敢藐视这位新主，孟昶这才真正掌握了蜀国的大权。

杀一儆百，乾隆铲除奸佞

清朝初期，许多大臣和官僚都是靠着祖上的功勋和对百姓的刻薄而发迹崛起的，这些官员习于官场旧俗，胸中毫无主见，遇事不计其是非曲直，拿着朝廷优厚的

俸禄，在其位不谋其政，对国计民生的利弊一无所知，但却是实施苛政的老手。乾隆当政后，想努力改变这一状况，他希望以仁德治理天下，建立新政，找到一条振兴大清的出路。要推行"宽仁"，势必会遭到这些官员的极力阻挠和坚决反对，他也知道除暴灭恶为治政之大手段，实行新政，实现以宽代严的转变，也不是轻而易举之事。为此，乾隆采取了"杀一儆百"的措施，很快地使清朝官场出现了前所未有的生机和活力。

乾隆即位后，户部尚书史贻直极言河南垦荒之弊，揭露"小民鬻儿女以应捐粮"的社会现实。乾隆闻知下谕，对雍正苛严政治的积极执行者田文镜予以谴责，说："河南地方，自田文镜为巡抚、总督以来，苛刻搜求，以严厉相尚，而属员又复承其意旨，剥削成风，豫民重受其困。"王士俊继任河东总督兼河南巡抚后，不以田文镜为前车之鉴，反而督促州县开垦更加严厉，为此，乾隆撤销了王士俊的官职。王士俊在雍正时期颇负骨鲠之名，当他看到乾隆一上台，废除陈规，不遵遗轨，极为慨叹，于是便进言指斥时政，指责新帝乾隆的新政违反了雍正的老政策。指责群臣以翻驳前案为名，影射新君，把乾隆当作去翻父皇所定之案的不孝之子，实属狂妄和谬误之举。更为严重的是，王士俊由此彻底否定了以宽代严、革除弊政的指导方针，这不仅涉及对新皇帝的评价问题，而且关系到新政能否继续施行，若不加以制止，便会混淆视听，扰乱人心，新政就会有夭折的危险。

乾隆看过王士俊的密折后十分愤怒，马上在奏折上严批申伤，将原折发于总理事务王大臣和九卿传阅，又在养心殿召见他们，严厉驳斥王士俊的欺君悖理之行为。乾隆还详细论证了康熙、雍正和乾隆三朝方针的一致性，强调王士俊所指责的"违反祖制"是"巧诈之习，牢不可破，外饰耿直，以便己私，敢将悖理之言，妄行陈奏"。乾隆的观点得到拥护新政的大臣们的赞同。随后，即令将王士俊革职拿京。原拟斩决，后来又因宽容之策，免他死罪，驱逐回籍为民了。

在雍、乾政治交替时，甘肃巡抚许容也是以对百姓刻薄而闻名的封疆大吏。当乾隆下令赈恤灾民，树立自己仁君形象的时候，许容却按雍正时的旧规，克扣灾粮。乾隆对此甚为不满，下谕说："政莫先于爱民，甘肃用兵以来，百姓急公踊跃，今值歉收，当加恩赈恤。汝治事实心，而理财过刻。国家救济贫民，非较量锱铢时也。"但是，许容仍迟迟不予照办。

乾隆对许容甚为不满，只好将其解任，并为此降谕，从灾民的困苦出发，予以严厉谴责。紧接着，大学士查郎阿秉承乾隆旨意，疏劾许容匿灾殃民，结党营私。乾隆下令将许容押解来京，交刑部治罪，部拟杖徒，后来也被缓免了。此后，许容虽也复出为官，但经历这次打击，名声已经扫地，郁郁而死。

在清除严苛的官僚时，除王士俊、许容外，因"严刻"被处置的官员还有很多。广东布政使萨哈谅奏办理征税情形，乾隆下谕痛陈征税扰民之弊，要让百姓实沾恩泽。除此谕外，乾隆还分别给四川总督黄廷桂、广东巡抚杨文斌、福建布政使张廷枚等下谕，要他们减轻百姓负担，不要做那些急功近利，苛刻百姓的事。他说，对那些"以苛为察，以刻为明，以轻为德，以重为威，此则拂人性、逆人情者"，要严以查办，不能姑息养奸，扰害良民。

山东文登知县王维干杖毙二命，乾隆听说后，让巡抚岳严审定拟具奏，斥责说：

"残忍刻薄,如疯如狂,肆无忌惮,且创设不经见之非刑,草菅民命。似此酷劣之员,身为巡抚,何以不行查参? 著伊明白回奏。以次奉旨严审,不得回护前非,丝毫容隐,自干严谴。"

乾隆曾反复强调过"安良必先除暴,容恶适足养奸,为此察吏之法。"在对官吏的训教中,乾隆反复阐明宽仁,让他们对新政不满或存有疑虑的大臣官僚们明白,不守新规、不行新政的人下场会和王士俊等人一样。铲除了一些奸佞,为乾隆施行新政进一步铺平了道路,使新政在短时间内收到很好的成效。也正是他对"奸"者毫不留情,对"恶"者惩除务尽,从而促进了臣民的向心力,凝聚力得以生成,使乾隆早期依然保持着太平盛世的局面。

姤卦第四十四　

【经文】

巽下乾上　姤①女壮,勿用取女②。

初六　系于金柅,贞吉。有攸往,见凶,羸豕孚蹢躅③。

九二　包④有鱼,无咎,不利宾。

九三　臀无肤,其行次且,厉,无大咎。

九四　包无鱼,起凶。

九五　以杞包瓜,含章,有陨自天⑤。

上九　姤其角⑥,吝,无咎。

【注释】

①姤卦:巽下乾上,象征柔刚相遇。

②取女:娶女。

③柅:铜制的车轮车闸。羸豕:瘦猪。孚:此为通浮的意思。蹢躅:此为踯躅的意思。

④包:通"疱",厨房。

⑤以杞包瓜:用杞柳的柳叶蔽护树下之瓜。含章:涵藏彰美。陨:降落。

⑥角:动物的角,指上方,角落。

【译文】

姤卦　象征通过,刚柔遇到。姤卦卦象是下单卦为巽,为风;上单卦为乾,为天。风生水起,万物萌生。姤卦为分离;姤卦为相遇。女子过分健壮必会有伤男子,不宜娶此种女子为妻。

初六　将小人紧紧缚在铜车闸上,定有吉祥。而急于让小人有所行动,则必然出现危险,如同把一头瘦猪捆绑起来,它仍会竭力挣脱。

九二　用草袋将厨房里的鱼(象征小人)包起来,不让他与宾客接触。可以

免灾。

九三　臀部无皮,趑趄不前,坐立不安,但有险无灾。

九四　厨房无鱼,比喻不能包容小人,而且缺乏包容容让之心,会使人心背离,凶。

九五　用杞柳荫护树下之瓜,象征心有彰美之德,定有喜庆。

上九　不与小人正面抵触,虽看似不够刚正,但却没有灾祸。

【解读】

本卦阐述了防范邪恶的原则。对于邪恶势力的防范,宜早不宜迟;当它发生之初,就应采取积极有效的办法,及时阻止其发展;对于尚处于卑微状态的邪恶势力的处置,固然应遵循中正的原则,但不能有丝毫的同情与怜悯;那些因为性格刚硬容易得罪别人而处境不佳的人,也不能因为自己的孤独而与小人结伴;无论何时何地,都应谨慎择友,以免引狼入室、养奸成患;对邪恶小人,既要有万无一失的防范措施,又要坚持中正处置的原则,相信善有善报,恶有恶报,这种自然法则是不可抗拒的;对于邪恶小人,采取远远躲避的态度,虽然是一种消极的防范,但不与小人同流合污的做法,亦不失为一种洁身自好的君子作风。

【经典实例】

左右李唐江山的武则天

《姤卦》主要指的是阳刚遇到中正的阴柔,阴柔的发展,达到最高境界时甚至可以左右社稷的发展与安危。中国的历史上曾出现过这样一位前无古人后无来者女皇帝武则天。虽然,她的政声不算坏,但作为与“众”不同的“异类”而君临天下,毕竟称得上是典型的人物。

武则天,名曌,原籍并州(今山西)文水人,因才貌出众,十四岁被召入宫,成了唐太宗的才人。太宗死后,被迫人感业寺为尼,后来高宗又把她召回宫中,她入宫后谦虚谨慎,“卑辞屈体以事后”,深得王皇后的欢心,不久晋升为宸妃。

武则天虽为弱女,但性格刚强。当年太宗有匹烈马叫狮子骢,性情暴烈,没人敢骑它,也没人能制服它。武则天说:“我能制服它,但须有三件东西。”太宗说:“要哪三件东西?”武则天说:“我要一条铁鞭,一把铁锤,一支匕首。马不听话,我就用铁鞭抽它;再不听话,我就用铁锤锤它,还不听话,我就用匕首刺死它。”武则天执政后,就是用这种驯马精神控制群臣,维护自己的统治。

当了宸妃并不能满足武则天的欲望,她更高的目标是当皇后。在封建社会,废立皇后事关国家大局,必须得到朝臣的支持。褚遂良和长孙无忌坚决反对立武则天为后,但李勣、许敬宗、李义府等人却很支持。永徽六年(655年)十一月,武则天被册封为皇后。

显庆五年(660年),武则天开始参与朝政,她的眼睛又紧紧盯住了皇位。首先,她利用佛教制造登基的舆论。当时和尚法明等编了一部《大云经疏》,宣扬武则天是弥勒佛的化身,应当称帝。为此,她下令全国各州都要建立大云寺,藏一部《大云经》,由高僧向群众宣讲,利用宗教迷信为她夺取皇位制造舆论。其后,武则

天又令酷吏付游艺纠合数百人"劝进"。后来，文武百官、和尚、道士等六万余人也跟着上书，表示拥护改唐为周。天授元年(690年)，武则天改国号周，号"圣神皇帝"，她是我国历史上唯一的女皇帝。

武则天执政以后，继续推行唐初的基本国策：坚持中央集权，维护国家统一；压抑部分士族，扶助新兴庶族；反对民族压迫，保卫边防安全。

武则天广泛罗致人才，发展了科举制度。隋和唐初举人答卷，没有糊名制度，评卷时容易营私舞弊。武则天改革科举中试卷管理办法，采糊名制度，使评卷人不能了解答卷者的姓名，以利于人才的选拔。她创立"自荐"和"试官"制度，在各阶层中广泛招揽人才，结果使"天下明经、进士，及下村教童蒙博士，皆被搜物，不曾试练，并与美职"。在乾封以前史部选人每年不越数千，垂拱以后，每岁常至五万。这样做的目的是要以新官僚代替被罢黜的老官僚，尤其要以官位收买天下人心，寻找自己的支持者。但是，不可否认，武则天确实发现、任用了一批贤能俊杰之士。如文臣之中富有才干的狄仁杰、姚崇、魏元忠、杜景俭等；武将中有善于统军御敌足智多谋的娄师德、裴行俭、王孝杰、唐休景等；还有能急言直谏的李昭德、徐有功等。

作为封建女皇，武则天在执政时期，也有很多弊政。她用人较滥，主要是重用武氏家族，如武承嗣、武三思、武懿宗、武攸绪、武攸宁、武攸暨等。这些人不学无术，贪赃枉法，欺压百姓，却长期担任宰相、尚书、总管等要职，影响极坏。武则天的面首也是她依靠的力量之一，如薛怀义，自得到武则天宠爱以后，立刻飞黄腾达。他曾四次担任行军大总管，掌握数十万武装，多次战败，却被武则天重用达十年之久。

神龙元年正月，执政将近半个世纪的武则天患重病，她身边的嬖臣张易之、张昌宗兄弟乘机图谋皇位。由张柬之联络武将李多祚等人率兵入宫斩杀张易之兄弟，发动政变，迫使武则天退位，中宗李显复位，存在十五年的武周政权至此结束。李显再次登基，立即复唐国号，改元神龙，百官旗帜、服色文字皆如永淳以前故事。十二月，82岁的武则天死去，从而结束了唯一女皇统治中国的历史。

武则天称帝，也许是历史的一个"偶然"。在传统的男权社会里，这里的确是一种"牝鸡司晨"的阴阳失调现象。当然，以现代的眼光看来，武则天的作为并不逊于大部分的"男皇帝"。但她的作为，仍然是一段打破"规矩"的历史插曲。

宋朝开国名将曹彬

《姤卦》阐释防范邪恶的法则。当决断时刻，分崩离析，人心涣散，也正是邪恶猖獗的时期。刚毅应当与中正结合，才能相得益彰，如果与邪恶相遇，就难免中其圈套，被其伤害，因而必须提高警觉，严密戒备，于邪恶发生之初，就应当严厉地将其制止。应当采取围堵的手段，以防止邪恶的影响扩大。即或在孤立无援的困境中，也不可企图利用邪恶的力量。这样刚毅孤高的态度，虽然偏狭，但却是不被邪恶感染最安全的措施。

不过，天地间没有绝对的善恶，依时机与运用，恶行也有善用的一面，端视动机如何。因而，也应当包容，这样才能接近群众，获得广大支持，巩固基础。何况，阴

阳消长,为大自然常则,难以违背,只要刚毅中正,坚定信念,伸张正义,以包容邪恶,即可防范邪恶的扩散,在时间的演变中,就可使邪恶自然而然的消匿于无形。

曹彬是宋朝的开国名将,历来被誉之为仁将、贤将。

当宋太祖赵匡胤向曹彬下达了攻打南唐后主李煜的命令时,曾告诫曹彬不要多杀,对李煜一家,更要善加保护。曹彬当时什么话也不说,只问副将是谁。

赵匡胤马上明白了他的意思,立刻召见潘美、曹翰等人,任他们为副将,同时又当着他们的面,把平日用的一把宝剑交给曹彬,告诉他说,你拿着这把剑,"如朕亲临",凡是副将以下不听命令的,你就军法从事,先斩后奏,全权做主。赵匡胤说这些话的时候,用眼角看着潘美和曹翰,吓得潘、曹二人汗流浃背,连声称诺:"末将听命!"

接着,曹彬向赵匡胤请求,调用将军田钦祚来担任另一路的前敌指挥官。他的这一请求弄得潘美、曹翰莫名其妙,因为这个田钦祚既狡猾,又贪污,爱争功,又不肯负责任。同时又最喜欢打小报告给赵匡胤,常常忌功而倾轧同事。曹彬所以请他来参加战役,用意是准备平定江南之后,送点功劳给他,免得他在后方捣乱,又增加赵匡胤的怀疑顾虑,因此对前方有所牵制。

在通常的情况下,小人避之唯恐不及,更不会主动请求起用了!但小人是客观的社会存在,有如蚊蝇臭虫一样,你永远无法避开他们。此处不用,他们会跑到彼处滋生事端。只要想在人世间做事,还没有见哪个人避开过小人干扰的。

曹彬这一招很高明,既杜绝了他在前线激战时,田钦祚整天跟在赵匡胤身边唠唠叨叨地说他的坏话,又可在前方一旦有什么纷争、事故时,也好有个证人,免得有人故意造谣生事、诽谤中伤。曹彬虽然是一个非常仁善的大将,但为了战事的顺利,也为了自身的安全,不得不常常动用权谋,来应付世态人情的险恶。

他在兵围南京,李煜也准备投降的紧要关头,突然生病,卧床不起。副将潘美、曹翰前去探望,问他生的是什么病,曹彬说是心病。于是大家纷纷主张找医生,还要找名医。曹彬说,不必找医生,我的病医生治不好,只有你们各位能医好。大家问用什么办法。曹彬说,只有一个办法,就是打进南京的时候,不许随便杀一个人,也不许任何人奸淫掳掠,能不能做到?这时一班将领们只好说,你命令下来就好了嘛!曹彬说,不行,要先发誓。于是大家就发誓。发过誓后,立刻下攻击令,打进了南京城,城里的老百姓还不知道呢!

用小人必须首先自己是君子,否则就要狼狈为奸,沆瀣一气了。《姤卦》本就是讲给这种君子听的。

亲佞贪色,陈后主丧命灭国

姤与夬是姊妹篇。夬是三月卦,五阳剥一阴,阳盛阴衰;姤是五月卦,"是月也,日长至,阴阳争,死生分"(《礼记·月令》),将其运用到社会发展上,提出了以阳遇阴,以阳抑阴,清除和抑制小人和女色的道理。历史上奸佞小人和女色误国之事屡见不鲜,帝纣"好酒淫乐,嬖于妇人。爱妲己,妲己之言是从"(《尚书·殷本纪》),结果商灭!周幽王为博取他那褒姒美人的开颜一笑,竟然以烽火调动千军万马,戏弄了各路

诸侯,博得了褒美人的红颜冰释。然而待到西戎起兵再举狼烟之时,被戏弄的却不再是诸侯们反而是周幽王自己了。陈朝后主陈叔宝就因为亲佞贪色,最终走上了一条不归路。

五代　韩熙载夜宴图(局部)

　　陈叔宝早年做皇太子时就是一个偏爱"长夜之饮"的酒色之徒,后来亲政后"复扇淫侈之风",把陈朝推向了亡国的深渊。他生活腐化,宠幸妃子张丽华,在当皇帝之前就出了名。据说贵妃张丽华长得十分迷人,头发长有七尺,发黑如漆,其光可鉴,神采飞扬且又聪明能干。她总是临窗梳妆打扮,人们遥遥望见便似觉神仙下凡。陈叔宝对她可是言听计从,虽然有个沈氏做皇后,但是那不过形同虚设,张丽华享受的是皇后所不能及的待遇。

　　陈叔宝身边除有一大群美人外,还有一班奸佞的大臣,陈叔宝对他们更是信任有加,放手将朝政交予他们处理。这些奸臣知道陈叔宝是一个奢靡贪色的荒唐君王,对其更是投其所好,拼命搜刮老百姓的钱财,供皇帝挥霍浪费,皇帝在疏于朝政的时候,他们好滥用手中的权力。朝廷中一些正直的大臣只要露出一点不满情绪,或者有点小小的过失,这些奸臣们就唆使陈叔宝把这些人罢官免职。而这个荒唐皇帝不辨是非,任由朝政混乱。

　　被皇帝重用的奸臣中,施文庆、沈客卿最为得宠。他们的所有本领莫过于对上溜须拍马,厚颜薄唇;对下苛剥百姓,贪求无厌,欲壑难填。他们的所作所为,完全是为了"自取身荣,不存国计",把国家安危存亡抛到了九霄云外。而一些忠良谏言的臣子,如傅绛、章华等人却遭到杀身之祸。

　　陈后主"亲小人而远贤臣",让奸佞当朝,忠良蒙冤,而自己则整天沉溺在荒淫无度的腐朽生活之中。此外,他还大兴土木,造起了三座豪华的楼阁,让他的宠妃们居住。陈后主和宠妃经常在宫里举行酒宴,宴会的时候,还让宫廷里一些腐朽的文人一起参加。大家通宵达旦地喝酒赋诗,为此还挑选了一千多个宫女,为他们歌舞。

　　皇帝如此沉迷于享乐,无暇过问朝政,甚至有时大臣们很难见上皇帝一面,即便有宦官传上来折子,也是由张贵妃代为处理,结果造成了贿赂公行,赏罚无常,纲纪紊乱的腐败局面。

　　物极必反,天下不会永远都是皇帝一个人的,当陈后主和他的臣子们在悠闲享乐的时候,长江以北的形势已发生了很大的变化。"后庭花"唱开了皇帝臣子们的心扉,也唱开了国家的大门。

公元581年，杨坚正式废掉北周静帝，自己即位称帝——隋文帝。隋文帝上台以后，实行了一系列改革，经济得到了很大的恢复和发展，加上他本人生活俭朴，使隋国逐步出现繁荣景象，国力也随之雄厚起来。于是，他就开始对外扩张并树立了统一整个华夏大地的雄心。他在消灭了后梁政权后，把下一个目标定在了陈朝。而且陈叔宝荒淫无度、不理国事的消息，早已经是路人尽知，他认为这正是个好机会。

公元588年，隋文帝派兵攻打陈朝，陈朝的兵居然连抵抗的勇气都没有，隋朝的几路大军顺利地开到江边。江边陈军守将告急的警报接连不断地送到建康。然而这样紧急的军情，陈后主连拆都没有拆，就往床下一丢，继续他的淫乱生活。后来终于在大臣们的建议下商议战事，陈后主居然说："东南是个福地，从前北齐来攻过三次，北周也来了两次，都失败了。这次隋兵来，还不是一样来送死，没有什么可怕的。"

他的臣子们更是随声附和："陛下说得对，我们有长江天堑，隋兵又没长翅膀，难道能飞过来！这一定是守江的官员想贪功，故意造出这个假情报来。"结果朝政大事就这样当作了玩笑，随后又叫歌女奏乐，通宵玩乐。

然而，倒行逆施的人，天也不会助他，长江天堑更不会助他。公元589年，隋朝将军贺若弼的人马从广陵渡江，攻克京口。与此同时，将军韩擒虎已渡江到采石，接着又攻下姑苏，与贺若弼迅速形成两股力量，建康成了被夹击的饺子。面对如此险恶形势，陈叔宝才发出抵抗的命令。可惜一切都已经太晚了，亡国已经成为不可逆转的事实。隋军打进皇宫后，陈后主慌不择路地跳进了井里，隋军遍寻不见陈后主。后来，捉住了几个太监，才知道陈后主逃到后殿投井了。隋军兵士找到后殿，果然有一口井，就高声呼喊。兵士们威吓着叫喊说："再不回答，我们要扔石头了。"说着，真的拿起一块大石头放在井口，装出要扔的样子。井里的陈后主吓得尖叫起来。兵士把绳索丢到井里，才把陈后主和两个宠妃拉了上来，陈后主做了隋军的俘虏。

陈朝作为南朝的最后一个国家被灭亡了，中国自从公元316年西晋灭亡起，经过270多年的分裂局面，重新获得了统一。杨坚并没有杀掉这荒唐的皇帝，陈后主于公元604年病死于洛阳。

作为一国之主，有傅綝、章华等忠贞之臣的辅佐，又有长江天堑作为屏障，陈后主本可以奋发图强，远播国威。然而他偏信佞臣，贪图女色，最终屈为囚徒，冤死异地他乡，这一惨痛的教训警示人们：只有避开小人，远离女色，才能有所作为。

萃卦第四十五 ䷬

【经文】

坤下兑上　萃①亨，②王假有庙③，利见大人，亨利贞④；用大牲吉，利有攸往⑤。

初六　有孚不终，乃乱乃萃⑥；若号一握为笑⑦；勿恤，往无咎⑧。

六二　引吉⑨，无咎；孚乃利用禴⑩。

六三　萃如嗟如⑪，无攸利；往无咎，小吝。

九四　大吉，无咎。

九五　萃有位⑫，无咎，匪孚，元永贞⑬，悔亡。
上六　赍咨涕洟⑭，无咎。

【注释】

①萃：卦名。通行本第四十五卦，帛书本第四十三卦。《彖》《象》《序》《杂》诸传均训"萃"为"聚"，这是正确的。卦象是上《兑》泽，下《坤》地，泽潦停聚于地上，故卦名之"萃"是停聚、汇聚之义。而爻辞中的三个"萃"字则是聚敛、聚财义。孟秋泽潦汇聚，又为聚蓄之时，正与《萃》卦相合。

②亨：注家多以此"亨"为衍字，各本无此字，帛书本亦无，独王肃、王弼本有此字。按：疑此非衍字，疑本作"享"。"享，王假有庙"，谓为享祀祖先，王至于宗庙。《彖传》"王假有庙，致孝享也"正释此"享"字(参高亨说)。

③王假有庙："假"，至。"有"读为"于"，帛书即作"于"。卦辞主语为"王"，六爻爻辞之主语可能均是"王"。

④利见大人，亨利贞：言将遇贵人相助，亨通而占问有利。此盖祭祖问蓍而得之吉占。

⑤用大牲吉，利有攸往："大牲"，指用牛作祭祀的牺牲(《说文》："牛，大牲也")。《易》无"用俘"一词，可见有人读"孚"为"俘"，并认为以俘为人牲的说法是有问题的。

⑥有孚不终，乃乱乃萃："不终"即"无终"，谓结局不好。两个"乃"字释为因、因为。"乱"，悖乱。"萃"，聚敛财物。初六阴爻居刚位，处位不正，故云"乃乱乃萃"。聚财当以正道，即《象传》所谓"聚以正"。聚以正道则无咎，九五是也；聚不以正，则"乱"则"嗟"，初、三是也。

⑦若号一握为笑："号"，号啕。"一握"，顷刻之间。《折中》引王宗传说："一握之顷，变号啕而为笑乐矣。""一握"为四寸长，本谓度量之短，引申谓时间之短，又谓器量之短，如《史记·郦生陆贾传》集解引应劭："握龊，急促之貌。""若号一握为笑"即《同人》九五"先号咷而后笑"。"号"喻惕惧知戒，善补过也；"笑"喻"不终"将转为"有终"。

⑧勿恤，往无咎："恤"，忧愁、忧虑。此言若能惕号知戒，则无须再忧愁，前往无害。

⑨引吉："引"，长、长远、长久，其大方能久远，故"引吉"谓大吉。《老子》所谓"大曰逝，逝曰远"（二十五章）、《系辞》所谓"可久则贤人之德，可大则贤人之业"。

⑩孚乃利用禴："孚"谓有孚，卦兆显示。"禴"，春季之薄祭。

⑪萃如嗟如：六三与初六一样，皆阴处阳位，居位不正。聚敛不以正道，故"乃乱""嗟如"。

⑫萃有位：此"有位"之"有"与"有庙"之"有"不同。"有庙"之"有"用为"于"，故帛书亦作"于"；此"有位"之"有"如字，故帛书同样作"有"。"有"，保有。"萃有位"，指通过聚蓄以保有其位，此即《系辞》所谓"何以守位曰人，何以聚人曰财"。九五居中得正，聚蓄以正道，故云"无咎"。

⑬匪孚，元永贞："匪"同"非"，无。"孚"，卦兆、迹象。"元"，善、利。"元永贞"犹"利永贞""永贞吉"，此言问著没有得到占问长久之事吉利的卦兆。

⑭赍咨涕洟："赍咨"，悲叹之辞。"涕洟"，眼泪鼻涕并流。

【译文】

萃卦：人才荟萃，万事亨通；君王宗庙祭祀，伟大人物普济万民，不仅亨通，而且对有德君子十分有利；因为用大牲口作为祭品，所以吉祥，并且有利于事业的发展。

初六：志同道合之心不能贯彻始终，就会扰乱正常的聚集；倘若及时求得对方的谅解，仍可握手言欢；不要因此忧虑，大胆前往相聚不会有错。

六二：由援引而会聚必然吉祥，没有灾殃；只要心诚，薄祭也能得到神的赐恩。

六三：相聚在一起，一味地叹息，并无益处；振奋前进无灾难但有小小的憾惜。

九四　位不当，却有福禄，也可以说是吉。

九五　会聚而获得拥戴，没有灾祸，但是还不能获取众人信任，就要用德性去感化了，才能使民众臣服。

上六　居上而孤处不安，其情必然戚戚。此时就要反思其行了，这样才能身不安而义自正。

【解读】

本卦阐述了人类群体集合的原则。人类只有聚合起来，才有力量，才能轰轰烈烈地干一番事业。聚集的目的应正当，聚集的人都应一心一意，始终如一；聚集在一起的人们，应该互相信任，竭诚地对待同道，尤其身居高位的人应尊重自己的追随者；人们相聚在一起时，应互相激励，不宜互相挑剔抱怨；前来聚集的愿望真诚与否，须经实践检验；处于领袖地位的人，应该注重以自己的德行感化和号召民众，将民众紧紧团结在自己的周围；在群体中，不可孤高自傲，脱离民众；发现自己的缺点，便应及时反省纠正，将自己的力量，汇聚到集体的事业中去。

【经典实例】

王安石误交伪君子

凡人可识，不可全交。交朋友必须认清对方的本质。"萃"之所以萃，是以中正为前提的。野兽只知道吃肉，当你有肉给它吃的时候，你是朋友，而到关键时候，你得到的不是帮助，而是无情的袭击。北宋政治家王安石误交伪君子的教训，可为一戒。

王安石在变法的过程中，视吕惠卿为自己最得力的助手和最知心的朋友，一再向神宗皇帝推荐，并予以重用，朝中之事，无论巨细，全都与吕惠卿商量之后才实施，所有变法的具体内容，都是根据王安石的想法，由吕惠卿事先写成文及实施细则，交付朝廷颁发推行。

当时，变法所遇到的阻力极大，尽管有神宗的支持，但能否成功仍是未知数。在这种情况下，王安石认为，变法的成败关系到两人的身家性命，并一厢情愿地把吕惠卿当成了自己推行变法的主要助手，是可以同甘苦共患难的"同志"。然而，吕惠卿千方百计讨好王安石，并且积极地投身于变法，却有自己的小九九，他不过是想通过变法来为自己捞取个人的好处罢了。对于这一点，当时一些有眼光、有远见的大臣早已洞若观火。司马光曾当面对宋神宗说："吕惠卿可算不了什么人才，将来使王安石遭到天下人反对的，一定都是吕惠卿干的！"又说："王安石的确是一名贤相，但他不应该信任吕惠卿。吕惠卿是一个地道的奸邪之辈，他给王安石出谋划策，王安石出面去执行，这样一来，天下之人将王安石和他都看成奸邪了。"

后来，司马光被吕惠卿排挤出朝廷，离京前，一连数次给王安石写信，提醒他说："吕惠卿之类的诌谀小人，现在都依附于你，想借变法为名，作为自己向上爬的资本，在你当政之时，他们对你自然百依百顺。一旦你失势，他们必然又会以出卖你而作为新的进身之阶。"

吕惠卿的伪君子手段果然是大见其效，王安石对这些话半点也听不进去，他已完全把吕惠卿当成了同舟共济、志同道合的变法同伴，甚至在吕惠卿暗中搞鬼被迫辞去宰相职务时，王安石仍然觉得吕惠卿对自己如同儿子对父亲一般的忠顺，真正能够坚持变法不动摇的，莫过于吕惠卿，便大力推荐吕惠卿担任副宰相职务。

王安石一失势，吕惠卿的小人嘴脸马上露了出来，不仅立刻背叛了王安石，而且为了取王安石的宰相之位而代之，担心王安石还会重新还朝执政，便立即对王安石进行打击陷害，先是将王安石的两个弟弟贬至偏远的外郡，然后便将攻击的矛头直接指向了王安石。

吕惠卿真是一个伪君子，当年王安石视他为左膀右臂时，对他无话不谈，一次在讨论一件政事时，因还没有最后拿定主意，便写信嘱咐吕惠卿："这件事先不要让皇上知道。"就在当年他们关系非常好之时，吕惠卿便有预谋地将这封信留了下来。此时，便以此为把柄，将信交给了皇帝，告王安石一个欺君之罪，他要借皇上的刀，为自己除掉心腹大患。在封建时代，欺君可是一个天大的罪名，轻则贬官削职，重则坐牢杀头。吕惠卿就是希望彻底断送王安石。虽然说最后因宋神宗对王安石还

顾念旧情，而没有追究他的"欺君"之罪，但毕竟已被吕惠卿的"软刀子"刺得伤痕累累。

为人处世中，特别是权力场中，不乏这样的人，当你得势时，他恭维你、追随你，仿佛愿意为你赴汤蹈火；但同时也在暗中窥伺你、算计你，搜寻和积累着你的失言、失行，作为有朝一日打击你、陷害你并取而代之的秘密武器。公开的、明显的对手，你可以防备他，像这种以心腹、密友的面目出现的伪君子，实在令人防不胜防。因此，领悟萃卦之意，懂得如何去识人交人，是很有必要的。

东汉开国大将马援

《萃卦》阐释群体的结合法则。相遇而志同道合，相聚结合成群体，力量集中，就能为共同福祉积极作为，安和乐利，开创光明。结合应以诚信为本，才能互助合作，精诚团结。身为领袖，应当刚毅中正，至善坚贞，以德服人，才能使人心悦诚服，孤高必然失去群众，应当警惕与反省。

东汉伏波将军马援是辅佐汉光武帝刘秀开国的大将。他少有大志，诸兄都以为他是个奇才。因世道混乱，他弃文经商，竟然一举致富。年过30岁时，他到陇西、江汉等地游历了一段时间后，有机会接触到各地的吏风民情，认识到腐朽黑暗的王莽政权注定要灭亡，回到边地后，就对大家说："大丈夫立身处世，穷且益坚，老当益壮。发财致富，贵在济世救人，否则，只不过是个守财奴罢了！"于是尽散家财给兄弟故旧，自己则穿着羊裘皮裤，毅然南行，去寻找施展抱负的机会。

王莽末年，各地义军蜂起。凉州豪强隗嚣起兵反莽，马援也慕名投到他的名下。隗嚣非常器重马援，任命他为绥德将军，与他共商如何对付已经称帝的刘秀。隗嚣想先联合公孙述，就派马援前往蜀地观察情况。公孙述以前是马援的故交，当时已在成都称帝。马援一到成都，没想到公孙述俨然以帝王自居，戒备森严，繁琐的礼仪之后三叩九拜，过后一句话也没说就把他安顿到宾馆住下。马援对周围的人说："现在天下胜负未分，公孙述不是礼贤下士，共图大事，反而刻意摆出架子，与土梗木偶有什么差别？这样的人怎么能够留得住人才？"说完就离开了。

他回到凉州后，隗嚣又派马援送书信于洛阳，光武帝刘秀在宣德殿接见了他。光武帝一边喜笑颜开地出来迎接，一边对马援说：

"您来往于二个帝王之间。现在我见到您，真让我感到惭愧。"

马援施礼拜谢，说："现在的世道，不仅是君主选择臣子，臣子也在选择君主。我与公孙述原是同乡，从小就交情很好。我先前至蜀地，公孙述做了很多防备后才来见我。现在我大老远地拜见您，您怎知我不是刺客，一点也不做防范？"

刘秀又笑，说："你不是刺客，是说客。"

马援说："天下正值乱世，欺世盗名自立为王者太多了，现在我看见陛下恢廓大度，真是汉高祖的嫡系子孙，有当年高祖的风范，陛下才是真正的帝王啊！"

马援在洛阳期间，刘秀与他开怀畅谈有数十次，两人非常投机，都感到相见恨晚。

回到凉州，隗嚣问他关于洛阳的情况。马援说："我到了他的朝廷，刘秀引见数

十次,每次宴饮谈话,都是自傍晚到天亮。他才智睿明,勇敢有谋略,不是一般人所能比得上的。而且开诚布公,无所隐藏,豁达大度,风范差不多和汉高祖一样。经学博览,政事文辞,前世无比。"

隗嚣说:"你认为与汉高祖比哪个更高明?"

马援想了想说:"不如汉高祖。高祖与人相处,无可无不可;光武帝对治理官吏的事特别喜欢,一举一动都讲究要合节度,又不喜欢饮酒。"

隗嚣听了马援的介绍,虽然心存疑虑,但迫于形势,不得不派长子去洛阳做人质,表面上表示归附刘秀,马援也借机把家属带到了洛阳。

马援走后,野心不死的隗嚣不顾马援的规劝,公开打起了反汉的大旗。马援知道隗器对他颇为不满,也知道对这种"自挟奸心,盗憎主人"的浑人再劝也没用,便上书光武帝,表示自己久存仰慕之情,愿意臣服东汉。

刘秀也十分赏识马援,自从上次相聚,就已有心引为己用。看了马援的上书,立即召见,共议征讨隗嚣大计。光武帝按照马援制定的作战部署,一举歼灭了西凉的这股最大的反对势力。

因为马援对西凉的民情地理非常熟悉,就任命他为陇西太守。马援镇守西域期间,安抚团结少数民族,兴修水利,使那里从前习惯于抢掠流浪的游牧部落不再流徙,安居乐业,使西北部的经济得到发展,疆域逐步稳定。

王莽篡汉图

马援治理西域的方法是努力开启恩信,宽以待下,放手使用官吏,给以实职,自己仅总领大局而已。宾客故人,日满其门。下属禀报事务,马援总是说:"这是守丞和廷尉的职责,怎么值得找我呢。你们可怜一下我这老头子,让我有个喘息的机会。如果大姓侵犯小民,羌人不顺从作乱,这才是太守该管的事哩。"邻近的县里曾发生过一次羌人报仇的事件,官吏百姓惊惶失措,说羌人造反了,百姓奔入城郭,县

令赶到郡里找马援,请求关闭城门,发兵镇压。马援当时正与宾客饮酒,大笑说:"羌人怎敢再侵犯我。告诉县令回守官舍,如果实在怕得不行,可以爬到床下去。"后来局势逐渐安定,大家都很佩服他。

后来马援以62岁高龄领兵南征,病死于军中,实现了他"男儿当战死疆场,以马革裹尸还葬耳"的豪迈誓言。

马援与汉光武帝的从惺惺相惜的初逢,到后来为国效命的行为,为《萃卦》所阐发的精神做了最好的注脚。

"商务通"上演"三国演义"

1998年12月第一台"商务通"面世,1999年1月开始试销,在定位准确、广告轰炸的攻势下,"商务通"在市场一炮走红,仅一年的时间,"商务通"市场占有率达到60%以上,实现销售额7亿多元,并坐上国内掌上电脑的龙头位置。当时,大市场环境是:掌上电脑刚刚起步,"名人"上市只有一个月,销售也只有1万台。就在这个时候,"商务通"出其不意地杀出来,闪电式地向市场铺开。董事长张征宇披挂上阵,左有范坤芳,右有孙陶然,一个负责全国市场渠道开通,一个负责广告宣传策划。然而,这种"并肩战斗"的局面只维持了几个月,就开始出现"裂痕"。

1999年3月初,范坤芳根据销售形式大好的喜人趋势向董事会提出,我们应该把董事会决定的全年销售12万台的计划提高到30万台,董事会勉强通过了。到了4月,范坤芳发现"商务通"的竞争对手还没有反应过来,应加力加速前进,又提出50万台的计划,这时,张征宇坚决不同意,还有其他人也和张征宇持同一态度。随后范坤芳又提出要公司立即招兵买马的建议,也被张征宇否定。后来的事实证明,范坤芳的"扩张"政策是对的,张征宇也私下跟别人说,当时听范总的话,也许那一年"商务通"的销售量不是64万台,而是80多万台。

该扩张的1999年,张征宇不同意扩张,不该扩张的2001年,张征宇又提出年销售200万台的计划。这时范坤芳坚决反对,他反对的理由是,虽然"商务通"销售数字从1999年的64万台直升到2000年的102万台,几乎增长了50%,然而,其竞争对手名人,销售量也在增长。

2000年,两家公司的市场占有率分别为32.4%和17%,处于整体市场的前2位。但值得注意的是,恒基伟业因为与名人进行价格战的拖累,利润变薄,虽然销售量增加了,总利润并没有增加。最后的事实也不出范坤芳所料,2001年的市场数据表明,恒基伟业通过降价手段将"商务通"由礼品转为个人消费的努力终于以整个市场萎缩为代价收场。

张、范两人在管理上的分歧,使身为副总裁的范坤芳难以在"恒基"施展才干。范坤芳认为,恒基伟业不是朋友型企业,也不是家族式企业,而是一个"不规范"的企业。另外,作为一个副总的范坤芳在恒基伟业的个人持股只有3%左右,这与总裁张征宇的持股量相比,差别太大。如此下去,对企业和他范坤芳个人都不会有一个好前景。

2001年11月,范坤芳离开了恒基,回到平治东方(他在1995年投资成立的公

司)任董事长兼总裁,进行"二次创业"。生产的产品都是与"商务通"有关的产品。

在范坤芳还未辞职就淡出恒基伟业的孙陶然,与张征宇的矛盾,主要表现在市场与技术上。在市场上,张、孙的进退表现各有特点,当张进时,产品的优点会很突出,当孙进时,产品的销量、市场形象就好得多。他们两人的矛盾在"商务通"转型上的分歧是以技术为导向还是以市场为导向的矛盾。两种不同的经营观念,使他们不可能继续在一起"并肩战斗"。2001 年 6 月,孙陶然请个"长假"离开恒基伟业,在自己事业处于高峰时悄然引退。3 个月后,他的乾坤时尚电子产品有限公司成立,生产电子辞典。

2002 年秋天,恒基伟业刚刚将新产品"记易宝"推向市场才 7 天,范坤芳就把自己的公司——"平治东方"推向前台,他在北京召开的盛大商务智能电话新产品发布会上,范坤芳"口出狂言",要"在三年内打造下一个'商务通'。"不到半年的时间里,平治东方将经过近三年研发成功的商务智能电话,做到了国内商务电话品牌第一,高居行业的主流阵营。范坤芳并不讳言,推销商务电话时,他利用了商务通的老渠道。相互之间的一场市场争夺战,已经是箭在弦上。

在范坤芳出奇兵打出商务电话之时,孙陶然又跳出来在电子辞典市场切进一刀,其产品乾坤电子辞典与张征宇的"记易宝"几乎是同一产品,只是功能有所差别而已。乾坤电子辞典投放市场,仅在三个月内销量就达到 15 万台,市场排位第五。这位曾经用 2 亿元的广告炸出一块 PDA 市场使"商务通"成为 PDA 霸主的孙陶然,果然出手不凡,尽显老辣。

这一次重出江湖,孙陶然完全改变了先前在恒基伟业打造"商务通"的战术。在几乎两年的时间里,孙陶然没有做任何广告,公关、推广、促销等这些被认为是他和他的团队最擅长的事情,只是一门心思进行技术创新。

在战略上,孙陶然主要从品牌和渠道上发起攻势。2003 年 2 月中旬到 4 月底,他用 75 天的时间打了一个"惊蛰攻略"战役。他把这个战役叫作大战前的热身阶段,其战役的特别之处就是不打全国性的广告,把投广告的资金集中到 7 个重点市场进行投入,形成局部战略优势,同时把做广告的钱节省下来,折合到产品中去,原价 380 元一台的产品,节约广告款后只卖 330 元。让消费者花更少的钱,用上全新的换代产品,以此形成强大的"口碑"效应,达到竞争对手无法跟进的性能价格比。

这场战役的主力军有 1/3 是从"商务通"过来的营销精英。这批人经过初期拓荒的艰难,也领略了辉煌时期的风光以及市场低迷时的迷茫和反思,与孙陶然在市场、产品和经营思路上颇为一致。因此,孙陶然在销售产品时,创造了电子辞典市场的奇迹——"款到发货,绝不赊账",这在电子辞典市场可谓第一家。在被渠道拖款难题搞得焦头烂额的厂商来看,能还清货款已是不易,"款到发货"简直不可思议。

2003 年 4 月 4 日下午,在北京四环一个普通办公室,孙陶然向记者坦言,乾坤杀入电子辞典市场前三强是今年最为保守的预期!显然,这次孙陶然重出江湖剑指词典市场,意在翻版第二个"商务通"神话是毫无疑问的。

团结对人生与事业虽然很重要,但不要盲目地急于寻求团结他人或他人团结,先要问清楚自己的目的何在? 是否正当? 而且与他的团结还要选择恰当的时机。

若因孤立，而乱方寸，急于寻求某种依托，反而会影响判断的正确性，做出不恰当的选择。

达到团结的根本基础是诚信和中正。不论是集体的团结，还是团结他人，以诚信相待、信守无欺是人们应普遍遵守的准则，虚伪和欺诈只能产生罪恶。

团结还要讲求一定的原则，这应包括两个方面：（一）对方是否真诚可靠；（二）对方是否能成大业。

作为公司的领袖，更应懂得诚信中正，为部下做表率，以德服众，这样才能达到目的并巩固团结。如果我们的领导能以诚信、中正、公平等良好的品德和至善的行为为部下做出榜样，便不可能领导不了自己的集体。

竹林七贤传佳话

孔子曾经说过："有益的朋友有三种，有害的朋友也有三种。和正直的人交朋友、和诚恳的人交朋友、和见多识广的人交朋友，就得益了；和谄媚的人交朋友、奸佞的人交朋友、和不学无术的人交朋友，就有害了。"朋友之间的友谊是人生的一种需要，思想上互相欣赏，品行上互相磨砺，学识上互相帮助，事业上互相支持，生活上互相关心……谁能不需要呢？

《萃卦》中说道：真正的友谊的基础是诚信和中正。不论是集体的凝聚力，还是团结他人，以诚信相待、信守无欺是人们应普遍遵守的准则，虚伪和欺诈只能产生罪恶。"竹林七贤"的故事为我们很好地阐释了这些道理。

三国时北魏文学家嵇康，他是一个很讲究气节的人，不但能写一手好文章，而且还爱好音乐，能弹琴、善吹笛，尤其爱竹，因为竹子既具有梅花笑迎风霜雪雨的坚强品格，更以文静、高雅、虚心进取、高风亮节、乐于奉献的美德给人留下完美的形象。他在家宅旁种了一片竹林，在竹林深处盖了一间竹屋，竹屋前放了一张竹桌，桌边放了一把竹椅，竹桌上放着文房四宝和竹笛，悠闲独处，读书写诗，弹琴吹笛。

嵇康喜爱交友，但很是讲究，常以竹量人，不三不四、不学无术、没有德性气节的人，不与交往。由于他有了名声，来拜访的人很多，他常常躲起来，不予会见。

一次，他正在竹林中写文章，忽听到有人进了竹林，便拿纸提笔，想写几句拒客诗，刚写好一句，脚步声近了，于是便扔下笔匆匆钻进密林深处躲了起来。来人名叫阮籍，也是个有名气的诗人，他走近竹屋一看无人，以为嵇康不在家，很觉扫兴。转身走时，猛见桌上诗笺上有行字，仔细一看，写的是"竹林深处有篱笆"，墨迹还没有干。阮籍望着墨迹，思索着诗意，明白这是句拒客诗。阮籍嘿嘿一笑，提笔在那句诗的下面写句"篱笆难挡笛声转"。写罢，便拿起桌上的竹笛使劲吹起来。

这一吹不要紧，来找嵇康的人循声而来，一会儿就来了五个人，他们是山涛、向秀、阮咸、王戎、刘伶。那些人只见阮籍吹笛，不见嵇康，便向阮籍询问嵇康的去处。阮籍向桌上的诗笺努了努嘴，一语不发，微笑着只管吹他的"高山流水"。大家一见诗笺，明白了，于是一人一句在原诗下联对起句来。

嵇康躲在暗处，原想来人见不到他就会回转的，谁知来人不但不走，反而越来

越多,万般无奈,只好出来相会了。

阮籍一见嵇康,哈哈大笑起来:"来来来,以文会友。诗笺上你起了头句,看来是叫来人做联诗的,我们都联了一句,你看看我们这些人值不值得一交? 是拒是会看你大笔一挥了。"嵇康拿起诗笺来看,只见上面写着:"竹林深处有篱笆,篱笆难挡笛声转。笛声换来知音笑,笑语畅怀凝笔端。笔笔述志走诗笺,笔笔录下珠玑言。箴语共话咏篁句……"

嵇康一看联诗每句起头之字都是竹字头,心想:来者都是喜爱竹子之人,值得一交,于是便提笔在下边添了句:"篁篁有节聚七贤。"从此以后,这七个人成了好朋友,史称"竹林七贤"。他们经常在竹林里聚会,无话不说,无所不谈,相互间结下了深厚的友谊。

友谊的前提是善于择人。君子与谄媚、奸佞、虚浮的人交往,就如同良木与山火相近,其结果可想而知。而与正直、诚信、多知的人相亲近,却能提高自己。嵇康以"竹"会友,向人们传达了志行高洁的交友标准,因此获得了为千古传诵的友谊佳话。

如今,友谊在人们的生活中越来越显示其不可替代的作用,但不要盲目地急于寻求与他人建立良好的关系,先要问清楚自己交友的目的何在? 是否正当? 而且与他人交往时还要选择恰当的时机。若因孤立而乱方寸,急于寻求某种依托,草草构成的友谊反而会对你的生活产生负面影响,对你的人生和事业都会毫无帮助。不管是什么时候,我们都应懂得用诚信、中正的心态去维系友谊,为他人做表率,以德服众,这样才能达到目的并增进友谊。

升卦第四十六

【经文】

巽下坤上　升①元亨,用见大人,勿恤,南征吉②。

初六　允升③,大吉。

九二　孚乃利用禴,无咎④。

九三　升虚邑⑤。

六四　王用亨于岐山⑥，吉无咎。

六五　贞吉，升阶⑦。

上六　冥升，利于不息之贞⑧。

【注释】

①升：卦名。通行本为第四十六卦，帛书本为第四十卦。此与《萃》卦为卦爻翻覆的关系，故次列于《萃》卦下。帛书本卦名作"登"，《归藏》作"称"，升、登、称皆为蒸部字。

《升》卦上《坤》地，下《巽》木，象树木进长而上升，故卦名《升》；若反之，上《巽》木，下《坤》地，则象树木升长而可为人所观，故卦名为《观》。

②用见大人，勿恤，南征吉："用"犹可、利，本或作"利见大人"，帛书即作"利见大人"。经文"利涉大川"亦作"用涉大川"（如《谦》卦），与此同。"恤"，忧虑。"南征"，南行。"南征吉"即所谓"利西南""西南得朋"之类。《易》凡言"南"者，皆利、皆吉，因南为温暖向日之方。程、朱释"南征"为"前进"，亦通。

③允升：经文"允"字两见，皆为"信"义。《晋》卦六三"众允，悔亡"，此"允"为信赖之义。"允升"之"允"是心存诚信之义。"允升大吉"犹《无妄》初九"无妄往吉"。《象传》"柔以时升"即谓诚信守时不妄升进，当指此爻而言。

④孚乃利用禴，无咎：已见《萃》卦六二。

⑤升虚邑：《说文》"虚，大丘也"。升进至城邑高丘之上，盖为一邑之主之象，故当为吉占。九三居下卦之极，故云升虚邑。《乾》卦九三戒之以"终日乾乾"，《坤》卦六三戒之以"含章"，《渐》卦九三有"夫征不复"之"凶"，而本卦九三象传言"无所疑也"，盖上有应援之故；而《乾》《坤》《渐》之三爻正无应援。

⑥王用亨于岐山："用"犹"可""宜"。"亨"同"享"，享祭。"岐山"在镐京西，故亦称为"西山"（《随》卦上六"王用亨于西山"）。山主安泰，宜于祭山，是此爻主平安，故下说"吉无咎"。

⑦升阶：谓以次而升、步步升进。

⑧冥升，利于不息之贞："冥"，昏昧，引申有沉迷之义。"冥升"，谓沉迷于升进（参《豫》卦上六"冥豫，成有渝，无咎"注）。"不息"，注家均训为"不止"，龃龉难通。按："贞"为占问，经文有"利永贞""利居贞"等，皆是占问安居、安行、回返等吉凶与否。"息"是返回、返归之义（《广雅·释言》"息，返也"，《广雅·释诂》"息，归也"）。"不"当作"来"，形近而误（《荀子·大略》"从诸侯不"，杨倞注："不当为来"）。"来息"犹《蹇》卦九三之"来返"。上六沉迷于升进，然"升而不已必困"（《序卦传》），故占问退而返回则有利，观《杂卦》"升，不来也"，可知此"不息"为"来息"即"来返"。又"不"为发语辞，无义（《尔雅·释丘》注"不，发声"。《诗·王》"帝命不时"，郑笺："不时，时也"）。"不息"即"息"，谓返也。又"不息"义犹"永"（陈梦雷《周易浅述》释《坤》卦用六"利永贞"云"永，谓健而不息"）。上六升进不已，若能穷上返下，则"利永贞"，即占问长久之事则有利。《坤》卦上六"龙战"，或穷上返下，变而得通，则为用六"利永贞"，与此同）。

【译文】

升卦　前进会非常亨通，能得到慧眼的赏识，不必忧虑；向上攀登，一定吉祥。

初六：宜于上升，必然吉祥。

九二：只要心诚，简单的祭祀也能获得神的恩赐，无灾也无难。

九三：勇往直前，如入无人之境。

六四：君王到岐山祭祀神灵，吉祥无灾难。

六五：坚持正道，才会吉祥，并能拾级而上，顺利前进。

上六：不知不觉已经升进到了极顶，此时仍应保持不断进取的精神状态。

【解读】

本卦阐述了升进的原则，与《晋卦》《渐卦》类同，而小有差别，本卦的特点是柔进。在升进中，如果自身力量较弱，就应追随志同道合者中的长而有力者，以他们的成功经验作为自己的借鉴；升进固然靠实力，但心地的纯正、待人的诚信更重要。当然，也不可拘泥于用柔，依赖于他人。审时度势，当时机来临时，务必紧紧抓住，当进则进，勇往直前；越是升进到了高位，越要注意诚信待人的作用，在升进途中，诚信能化险为夷；身居至尊者，同样应该守诚守信，才能获得贤士民众的真诚辅助，不断开拓基业；升进也有极限，到了无可再进的极限，更须注意运用柔顺之道，与刚健的同人继续保持同心同德，以取得其支助，保持自己既有的地位。

【经典实例】

梁启超教育子女之道

人的一生应当是上升的一生，但真正的"上升"应该是才与德并重的。近代大学者梁启超教育子女成才之道，可谓深得升卦之义。

梁启超教育子女做学问，不要只注意专精，还要注意广博。梁思成在国外求学之时，他在信中说："思成所学太专门了，我愿意你趁毕业后一两年，分出点光阴多学些常识，尤其是人文科学中之某部门，多用点工夫。我怕你因所学太专门之故，把生活也弄成近于单调，太单调的生活容易厌倦，厌倦即为苦恼，乃至堕落之根源。"

他教导子女只有多学知识，才能丰富生活内容，永久保持不厌倦的精神。同时，梁启超还注意子女的道德培养，教育子女生活要艰苦朴素。同年5月5日，他在给思顺夫妻的信中说："生当乱世，要吃得苦才能站得住（其实何止乱世为然）。一个人在物质上的享用，只好能维持着生活便够了。至于快乐与否，全不是物质上可以支配。能在困苦中求出快活，才真是会打算盘哩。"给思忠的信中说："一个人苦在舒服的环境中也就会消磨志气。你看你爹爹困苦的日子也过过多少，舒服日子也经过多少，老是那样子，到底意志消磨了没有？……我自己常常感觉我要拿自己做青年人的人格模范。最少也不愧做你们姐妹弟兄的模范。我又很相信我的孩子们，个个都会受到我这种遗传和教训，不会因为环境的困苦或舒服而堕落的，你若有这种自信力便'随遇而安'地做。"

梁启超的爱国主义思想也贯穿在对子女的教育中。他的九个子女先后有七人曾到国外求学或工作。他们在国外读书数年，学贯中西，成为各自行业的专家。以他们各自的学问专长，完全可以在国外找一份很好的工作，但他们没有一个留在国外，都是在学成后回来报效祖国。梁启超的子女，可以说人人成才：长女思顺(1893~1966)爱好诗词和音乐，编有《艺蘅馆日记》《艺蘅馆词选》，曾多次再版，新中国成立后任中央文史馆馆员；长子思成(1901~1972)著名建筑学家，在建筑理论、建筑教育思想、城市规划诸方面都有不少超前的新观点，是我国古建筑研究的先驱者、我国建筑教育的奠基人之一；次子思永(1904~1954)著名考古学家，是我国第一个受过西洋近代考古学正式训练的学者，中国近代考古学和考古教育开拓者之一；次女思庄(1908~1986)著名图书馆学家，一生致力于西文编目工作；四子思达从事经济学研究，参与编写《中国近代经济史》，主编《旧中国机制面粉工业统计资料》一书。五子思礼是著名火箭控制系统专家，是我国航天事业的开拓者之一、中国导弹控制系统的带头人，为我国航天事业做出了重要贡献。几十年来，他们在不同的岗位上，都做出很大成绩，共同为祖国的各项事业而献身。

梁启超的子女们的成功都不是偶然的，因为在其父的指导下，他们全都沿着一条正确的"上升"之道，来安排自己的人生。因此，无论是在学业上还是做人上，他们都达到了"升"卦所指示的高度。

最后一个月

公司要裁员，名单公布，有内勤部办公室的小灿和小燕。规定一个月之后离岗。那天，大伙儿看她俩都小心翼翼，更不敢和她们多说一句话。因为，她俩的眼圈都红红的。这事摊到谁身上都难以接受。

第二天上班，这是小灿和小燕在单位的最后一个月。小灿的情绪仍很激动，谁跟她说话，她都"铳铳"的，像灌了一肚子的火药，逮着谁就向谁开火。裁员名单是老总定的，跟其他人没关系，甚至跟内勤部都没关系。小灿也知道，可心里憋气得很，又不敢找老总去发泄，只好找杯子、文件夹、抽屉撒气。"砰砰""咚咚"，大伙儿的心被她提上来又摔下去，空气都快凝固了。人之将走，其行也哀，谁忍心去责备她呢？

小灿仍旧不能出气，又去找主任诉冤，找同事哭诉。"凭什么把我裁掉？我干得好好的……"眼珠一转，滚下泪来。旁边的人心里酸酸的，恨不得一时冲动让自己替下小灿。自然，办公室订盒饭、传送文件、收发信件，原来属小灿做的，现在都无人过问。

不久听说，小灿找了一些人到老总那儿说情，好像都是重量级的人物，小灿着实高兴了好几天。不久又听说，这次是"一刀切"，谁也通融不了。小灿再次受到打击，气愤愤的，异样的目光在每个人脸上刮来刮去，仿佛有谁在背后捣她的鬼，她要把那人用眼钩子勾出来。许多人开始怕她，都躲着她。

小灿原来很讨人喜欢，但后来，她人未走，大家却有点讨厌她了。

小燕也很讨人喜欢。同事们早已习惯了这样对她："小燕，把这个打一下，

快点儿！""小燕，快把这个传出去！"小燕总是连声答应，手指像她的舌头一样灵巧。

裁员名单公布后，小燕哭了一晚上，第二天上班也无精打采，可打开电脑，拉开键盘，她就和以往一样地干开了。小燕见大伙不好意思再吩咐她做什么，便特地跟大家打招呼，主动揽活。她说：是福跑不了，是祸躲不了，反正这样了，不如干好最后一个月，以后想干恐怕都没机会了。小燕心里渐渐平静了，仍然勤劳地打字复印，随叫随到，坚守在她的岗位上。

一个月满，小灿如期下岗，而小燕却被从裁员名单中删除，留了下来。主任当众传达了老总的话：

"小燕的岗位，谁也无可替代；小燕这样的员工，公司永远不会嫌多！"

"君子以顺德，积小以高大。"每一个最平凡的小人物，只要以敬业精神点燃执着追求的火把，都能使自己的人生闪耀出美丽的灵光。无论出身如何，工作至上、敬业的员工，终有凤凰飞上枝头的一日。敬业的员工一向是老板的最爱，不但赢得同事们的尊重，同时也对自己的职业生涯有个交代。过于功利、现实的结果会让人忽略了工作本身的神圣，不尊重公司和工作，其实也就是不尊重自己。

"喜之郎"的水晶之恋

在国内诸多品牌(其中不乏一些外资品牌)的夹击中，一步一个脚印，从一个年销售额不到 6000 万元的地方品牌，发展壮大成为年销售 15 个亿，市场占有率达到 80% 以上的全国性品牌，成为行业的绝对第一品牌。

在 1996 年至 1999 年"喜之郎"高速成长的 4 年里，对广告表现中始终统一的价值观的坚持，为"喜之郎"品牌价值的积累和跳跃式提升，起到了重要的作用。

"喜之郎"的广告一开始就放弃了产品具体功能的诉求，而是把着眼点落在了她给人们带来的情感享受上。这种情感享受的不断积累，便形成了"喜之郎"广告中特有的价值观——亲情无价。

作为一种大众食品，"喜之郎"广告中价值观的体现，迎合了更大层面的消费者的反响，而不是把自己仅仅局限在儿童食品的框框里，在广告的表达上做到了引出孩子和家长情感上的共鸣，这也是"喜之郎"广告为什么受欢迎的一个原因。

用价值观整合影视广告的表现形式，用价值观来整合不同广告片的表现形式，使得"喜之郎"每年不断翻新的电视广告万变不离其宗。针对不同的人群：儿童、情侣、家长、老人，虽然牵涉到的具体产品不同，表现内容也各自相异，但由于价值观的坚持和不断重复，使得"喜之郎"的广告具有很强的聚合能力，这种聚合的结果，逐步使品牌形象在消费者心目中丰满起来，并占据了牢固的位置。

单独制作一条温馨感人的广告片并不难，而将这种打动人心的元素提炼上升为品牌的价值观，并在多年的广告操作中坚持下去，就不是件容易的事了。用价值观塑造第一品牌，有价值观的品牌才有生命力，这成为"喜之郎"品牌推广成功的心得所在。

1999 年广州出版的《新周刊》某期关于广告的专刊中，"水晶之恋"的电视广告

作为"反面教材"，赫然榜上有名，原因是该广告片中有些场面"抄袭"了电影《泰坦尼克号》，故被称为"最东施效颦的广告"。这些论点背后的心态姑且不论，关键是他们只看到了"喜之郎"品牌推广这座巨大冰山的一角。"水晶之恋"借助《泰坦尼克号》电影在全国的推广，利用很少的投入，迅速成长为继"喜之郎"之后的第二大果冻品牌，对于这个市场的巨大成功，"喜之郎"心照不宣。

1998年元月，"喜之郎"公司为了扩大目标消费群，摆脱单一"儿童食品"的形象，争取更具市场潜力的青少年（女性为主），决定推出以"水晶之恋"为名的心形果冻产品。摆在"喜之郎"面前的就是如何在当年的情人节时将品牌打出去，并有较好的销售成绩。时间紧、任务重、资金少，一切的因素都说明，不能再采用常规的广告操作手段。"水晶之恋"的推广怎样去打开突破口呢？

这时，公司的内部通讯传来北京公司的消息：北京中影公司将在第一季度引进风靡欧美的爱情大片《泰坦尼克号》，同时第一次在国内尝试跟电影广告招商。这则消息如同春风雨露，创意策划人员不约而同地相视而笑：有了！

一样的产品概念，一样的目标受众，一样的市场区域，《泰坦尼克号》简直就是为了"水晶之恋"而来到中国，借国际大片雷霆万钧之势，"水晶之恋"这个新品牌的推广有了一个良好的借势基础。于是，一个大胆而又富有创意的媒体计划产生了，这是一次典型媒介主导下的创意跟进。

可以说，《泰坦尼克号》电影广告的推广为"水晶之恋"的入市奠定了良好的基础，而其后纷至沓来的创意性的媒体操作，使得"水晶之恋"的品牌的影响力逐步扩大，加上市场推广的努力，"水晶之恋"只用了一年半的时间，成为继"喜之郎"之后的果冻产品的第二品牌。

1999年11月，中央电视台音乐频道采访了广东的一位女歌手，并称之为"水晶歌后"，这位歌手就是"水晶之恋"广告歌的演唱者。在"水晶之恋"电视广告获得成功之后，创作人员与广东著名音乐人通力合作，将30秒的广告歌曲改编为3分钟的流行歌曲，并制作了一条同名的MTV，媒体创意的巧妙之处在于将产品广告的推广转变为了流行歌曲的推广，由于歌曲和歌手的成功，"水晶之恋"更加深入人心。

"水晶之恋"广告歌在凤凰卫视播放的操作中，媒体创意的表现就更为大胆。通过和凤凰卫视的协商，将凤凰卫视新购入的一套日本偶像爱情电视剧的剧名，更改为《水晶之恋》，同时将歌曲《水晶之恋》作为电视剧的主题曲，完全摆脱了以往电视、广告跟片插播的传统形式，创意性的媒体操作取得了前所未有的成功。

升：即进展。团结合作共同集起众多的力量之后，就可以积极发展，壮大事业，不断前进，迅速上升，大有作为。卦以升进指导企业中应如何发展上升，如何把握。当然，推动发展业必须要有一定措施和策略，而且这些策略还应遵循一定的准则，那就是得到上升，必有其方，看各人的实力和策略而定。所以，你在事业、人生发展上进时，必须追随志同道合的有力人物或是有价值的人。以诚信中正为好的策略和措施，应重才，用才，适可而止。这是升卦的指南。

贝尔特拉摩公司的成功秘诀

贝尔特拉摩公司是美国的一家颇有名气的公司,实力十分雄厚。贝尔特拉摩公司就是通过许多小事得到了顾客的终生信任,从而为自己拉来许多回头顾客。如在美国加州的门罗公园旁边的一家贝尔特拉摩公司的酒店,就能很好地说明这一点。

有一天,一位消费者来到该酒店打算买一箱酒,以备办公室开晚宴用。在柜台边,消费者递给售货员一张美国运通公司信用卡。运通公司的办事机构正忙于别的工作,一时只有令人心烦的忙音,售货员在电话上花费了三四分钟的时间,才获得公司对信用卡的证实。售货员把信用卡还给消费者,随手从柜台的糖果盒取出一枚5美分一条的薄荷口香糖放入食品袋中,并说:"实在抱歉,耽误了您的宝贵时间。要知道,我们非常看重您的惠顾。希望您不久再次光临。噢,祝晚会成功!"

很明显,美国运通公司电话占线并不是售货员的过错,但售货员主动把这个责任承担起来,他也不评判美国运通公司到底如何,更不发脾气,而是自己主动向因占线而久等的消费者道歉。事后,这位消费者深有感触地说道:"他赢得了我们终生的信任!我们今后会毫不犹豫地继续走向那个'售货员赠5分钱糖果的商店'去购买东西。"

像这样的小事在这个店里时常发生。就这样,对这家商店产生好感的顾客越来越多,这家商店的销售额也因此不断上升。像这样的分店在贝尔特拉摩公司随处可见。这一提供优质服务的做法并不需要技术推动,但却能让公司在市场营销中获得持久的优势。

黑豆与白豆

宋朝的赵康靖先生,曾经用瓶子和黑豆白豆来练习心地功夫。他若是起了一个善的念头,就把一颗白豆投入瓶子里面;若是起了一个恶的念头,就把一颗黑豆投入瓶子里面。

开始练习的时候,投入瓶子的黑豆很多,后来就渐渐地减少了;久而久之,连善恶这两种的念头都忘了,而进入了"不思善、不思恶",心无杂念的境界,最后连瓶子和豆子也丢弃不用了。

羽毛和铁谁重

上课的时候,程颢问弟子:"羽毛和铁相比,哪个重呢?"弟子们说:"铁比羽毛重。"

程颢又问:"如果是一船羽毛和一寸铁相比呢?"弟子们说:"当然是羽毛重了。"

程颢说:"对呀,羽毛装多了也会把船压沉;稻糠装多了也会把车轴压断。聪明

人从来不认为小的好事不值得做就不去做,因为小的好事做多了也能成为大善事啊;聪明人从来不认为小的坏事没有什么妨害就去做,因为小的坏事积累起来就能成为罪过啊。"

"铁比羽毛重",可是,当羽毛增加到一定的数量时,量变引起了质变,"铁比羽毛重"的结论就被改变了。

郑均感动哥哥

后汉汉郎郑均,为人以孝廉好义著称。他的哥哥做县官的时候,接受了许多别人赠送的礼物、钱财。郑均多次劝他的哥哥不要收受贿赂,要做个清官,他的哥哥却不听劝告。

郑均没有办法,只好出去干活给别人帮工。一年过后,到了年底,郑均拿着自己的劳动所得回来,把钱和东西都给了哥哥,再一次劝他为官要清廉。他说:"东西用完了,钱花光了,我们可以再去挣,还能重新得到,但是如果做官犯了法,贪赃受贿,就要终身被罢黜了,希望哥哥能够认真地想一想啊!"

他的哥哥听了以后,对他的所作所为非常感动,就改掉了贪财的毛病而成了一个非常廉洁的官吏。

人的修养有一个积少成多的过程,人应当"勿以善小而不为,勿以恶小而为之","积善之家,必有余庆"。如果不能防微杜渐,小恶可积成大恶;小节有问题,将导致大节出差错。所以君子要时刻"敬以直内,义以方外,敬义立而德不孤"(《文言传》),一辈子都不懈地身体力行,才能屏绝恶而不断接近善,人格才会日臻完善,人生才会日臻完美。

杨震"夜畏四知,严拒私谒金"

东汉名臣杨震,少时勤奋好学,拜名儒太常桓郁为师,攻读《尚书》,明经博览,无不穷究,成为闻名天下的大学者。当时的经学儒士们对杨震推崇备至,称他为"关西孔子"。

杨震客居异乡二十多年,靠教书得来的微薄收入奉养老母。州郡闻其名,屡召不出,直到50岁时,在朋友们的劝说下,才应聘到州里任职。大将军邓骘久闻杨震贤能之名,举为秀才,先后担任过荆州刺史、东莱太守、涿郡太守等职务,为官以廉能著称。

之后,杨震被调到朝廷任太仆,转任太常。他因举荐杨伦等一批贤能之士为博士官扭转了选举不实的局面,因而受到朝野的赞扬。永宁元年(120年),他晋升为三公之一的司徒。

杨震入仕之前家境窘迫,长期过着自食其力的清贫生活。他除了教授学生之外,还借种别人的一块土地,亲自耕耘,维持生计。当时的人都很敬重他,但他从不接受别人的馈赠,他从荆州调到山东任东莱(今山东莱州)太守,路经昌邑县(今山东金乡西北)时,昌邑县令王密特来参见。

王密是杨震在荆州时举荐的秀才,他为了报答杨震的知遇之恩,当天晚上趁夜深人稀,怀揣十斤黄金呈献杨震。

杨震批评他说:"作为老相识,我比较了解你,你怎么会不了解我呢?"

王密以为他假意推辞,便说:"夜里不会有人知道这件事,请大人放心收下吧。"

"天知,神知,我知,你知,怎能说没有人知道呢?快给我收起来!"杨震严肃地训斥了他。王密很惭愧,收起金子拜辞而回。

从此,杨震"夜畏四知,严拒私谒"的品德一直被后世传为美谈。

有句老话说:"若要人不知,除非己莫为。"既然做出来了,怎么能够让人不知道呢?杨震的崇高品质,不仅显示了一个正直为官者的情操,也给世人一种启示:做人是要坚持一种东西的,而仁德节操既是一种良心底线,更需要我们从生活中的小事上

东汉　朱雀羽人飞龙彩绘陶灯

不断地将它升华,这不是一种自咏自唱的高调,更不能把它作为一种"秀"来给自己的分量加上不实在的砝码。

孟宗从小事约束自己

三国时的吴国孟宗为官清廉,他做光禄卿,负责宫廷膳食,自己一点也不沾染。一次,因强饮了别人的敬酒,哇哇吐了起来,吐出的竟是一摊麦饭。大家深为惊奇,想不到孟宗成天与珍馐佳肴、葡萄美酒打交道,自己吃的却是普通的麦饭!吴国君主知道了也赞叹说:"至德清纯如此!"

孟宗的清廉自守,是与母亲的长期教育分不开的。早先,孟宗做军吏,母亲随他一起住在军营里。军吏职务低,住房简陋,夜雨屋漏,彻夜难眠。孟宗感觉很对不起母亲,让母亲跟自己一起受苦,难过得哭起来。

孟母却说,应当以此勉励自己上进,怎么可以哭呢!后来,孟宗升了管渔的官,亲自结网打鱼,晒成鱼干孝敬母亲,却被如数退了回来。母亲责备他不该利用职务之便牟取私利,应当避嫌才是。为了坚定儿子为官清廉的决心,孟母从此不再吃鱼。

后来孟宗又被调去管理粮谷,他上表拒绝说,从前我做雷池监司马,害得母亲三年不吃鱼。如果我去管理粮谷,恐怕母亲会三年不食米粮,我至死不敢接受这份差事!

懂得约束自己的人,才能在物欲横流的复杂变幻的社会里游刃有余。做人,不要因为是小事就在内心中树立一种无所谓的态度,有时候,小事情把握不好,就会带来大的损失的,相反,如果能在小事上做得好,只会给自己更增添一份魅力。

库吏日盗一钱

宋朝崇阳县令张秉崖亲眼看到库吏从仓库里走出来,顺手把一枚铜币装进了衣袋里。后来细心观察,竟然天天如此,于是便把库吏抓了起来。库吏不服,说:"一文钱何足挂齿?"

张秉崖气愤地说:"钱虽少,天天贪就成了巨贪,年年贪就是罪大恶极。"最后,张秉崖在库吏的供词上挥笔写道:"一日一钱,千日千钱;绳锯木断,水滴石穿;不杀贪吏,百姓难安。"最后,把那名库吏判了死刑。

这个库吏采取坐守自盗的手段是十分狡猾的。当然,他再狡猾也没有能够逃避惩罚。"勿以善小而不为,勿以恶小而为之"的古代名言,应成为我们的座右铭。

范晓杰因小失大

清代康熙年间,北京城里延寿寺街廉记书铺的店堂里,一个书生模样的青年站在离账台不远的书架边看书。这时账台前一位少年购买一本《吕氏春秋》正在付书款,有一枚铜钱掉地滚到这个青年的脚边,青年斜睨眼睛扫了一下周围,就挪动右脚,把铜钱踏在脚底。不一会儿,那少年付完钱离开店堂,这个青年就俯下身去拾起脚底下的这枚铜钱。

凑巧,这个青年踏钱、取钱的一幕,被店堂里边坐在凳上的一位老翁看见了。他见此情景,盯着这个青年看了很久,然后站起身来走到青年面前,同青年攀谈,知道他叫范晓杰,还了解了他的家庭情况。

原来,范晓杰的父亲在国子监任助教,他跟随父亲到了北京,在国子监读书已经多年了。今天偶尔走过延寿寺街,见廉记书铺的书价比别的书店低廉,所以进来看看。老翁冷冷地一笑就告辞离开了。

后来,范晓杰以监生的身份进入誊录馆工作。不久,他到吏部应考合格,被选派到江苏常熟县去任县尉官职。范晓杰高兴极了,便水陆兼程南下上任。到了南京的第二天,他先去常熟县的上级衙门江宁府投帖报到,请求谒见上司。

当时,江苏巡抚大人汤斌就在江宁府衙,他收了范晓杰的名帖,没有接见。范晓杰只得回驿馆住下。过一天去,又得不到接见。这样一连10天。第11天,范晓杰耐着性子又去谒见,威严的府衙护卫官向他传达巡抚大人的命令:"范晓杰不必去常熟县上任了,你的名字已经写进被弹劾的奏章,革职了。"

"大人,弹劾我,我犯了什么罪?"范晓杰莫名其妙,便迫不及待地问。

"贪钱。"护卫官从容地回答。

"啊?"范晓杰大吃一惊,自忖:我还没有到任,怎么会有贪污的赃证?一定是巡抚大人弄错了。急忙请求当面向巡抚大人陈述,澄清事实。

护卫官进去票报后,又出来传达巡抚大人的话:"范晓杰,你不记得延寿寺街上书铺中的事了吗?你当秀才的时候尚且爱一枚铜钱如命,今天侥幸当上了地方官,以后能不绞尽脑汁贪污而成为一名戴乌纱帽的强盗吗?请你马上解下官印离开这

里,不要使百姓受苦了。"

范晓杰这才想起以前在廉记书铺里遇到的老翁,原来就是正在私巡察访的巡抚大人汤斌。当官还没上任就被弹劾,也算是一件出人意料的事。这个故事可以给那些贪图小利、行为不检的人做个劝诫吧。

因此,做人要厚道,不可贪图小利,否则只会使自己深陷绝境。

品德对每一个人来讲都极为重要,它是由种种原则和价值观组成,给人的生命赋予了方向、意义和内涵。品德构成人的良知,使人明白事理,而非只根据法律或行为守则去判断是非。正直、诚实、勇敢、公正、慷慨等品德,在我们面临重要抉择之时便成了首要。

品德不是用来装点门面的工具,一个人无论多么才华横溢,只要品德上有缺陷,终究成不了大器。才能不足恃,唯有道德的力量战无不胜。对任何领域而言,道德是获胜的首要因素,光有能力无法形成力量,将高尚的道德品质运用到实际行动中才能显出成效。

所以,做事不能过于倚重技巧,否则才华就会被蒙蔽,失去品德的后盾,最终成功会难以为继。求助于外力所得到的成功或者解决问题的方法往往经不起考验,做事必须在本质上修炼自己高尚的品德。

人的修养有一个积少成多的过程,人应当"勿以善小而不为,勿以恶小而为之"。如果不能防微杜渐,小恶可积成大恶;小节有问题,将导致大节出差错。所以君子要时刻"敬以直内,义以方外,敬义立而德不孤"(《文言传》),一辈子都不懈地身体力行,才能屏绝恶而不断接近善,人格才会日臻完善,人生才会日臻完美。

修身不拘年龄,随时可以开始,要诀是知所自省推己及人。从推己及人的观点而言,须先取得小我的胜利,才有大我的胜利。你如果习惯于从生活小事修养自己的品德,将来就更有能力塑造应付大事的毅力。

品德是一个人真正自我的反映,品德的培养是由内而外的修炼,一旦形成良性循环,会把我们提升到一个更高的境界。

霍英东从机场苦力到香港富豪

两千多年前,老子就曾说过:要几个人合围才能抱住的大树,是从细小的嫩芽成长起来的;九层的高台,是一筐筐泥土筑起来的;千里的行程,是由一步步走出来的。

每一个成功的经历,都应该是人们成就事业的借鉴,尤其是那些从平凡中跨向卓越的成功人士,更应该是我们效法的榜样。他们曾经是不名一文的"小人物",当初生活在社会的底层,没有任何背景,没有一点权势,没有分文财产,他们靠的是自己坚忍不拔的毅力,两手空空,却拼搏不已,终于开创出了灿烂的人生。他们的经验成为人们追求卓越、走向成功的宝贵基石。霍英东的成功之路,尽管充满艰辛和曲折,但一路走来,无不闪烁着催人奋发的光辉,更值得现在的人们去探寻。

霍英东,祖籍广东省番禺市,1922年出生于中国香港,童年是在舢板上度过的。他7岁那年,父亲在一场风灾里被巨浪吞噬。本来家中生活就已非常困难,父

亲的早丧使这个家如雪上加霜。霍母为维持生计,以经营驳艇业养家糊口。虽然收入极为微薄,但霍母仍节衣缩食,想法把3名子女送去读书。霍英东是位聪明勤奋的孩子,他不负母望,12岁那年以优异成绩考入中国香港著名学府——皇仁书院。

他读中三那年,卢沟桥事变发生,中国军民奋起抗战。因战乱关系,霍母的驳艇业大受影响,霍英东也被迫辍学。此后,霍英东开始了艰难曲折的创业历程。他曾当过加煤工人,整天卖苦力。日军占领中国香港时,他又在机场卖苦力。一次工伤事故中,他被轧断了一根手指。工头同情他,后安排他做修车学徒。后来,霍英东还做过船上铆钉工人及试糖工人,为了做好这些工作,他长年累月早出晚归,起早贪黑,光着脚丫去干活。

抗日战争的后期,霍母与几个友人合资开了一间杂货店,霍英东便协助母亲打理店务。霍英东从小就胸怀大志,决心创立自己的事业。为此,他十分注意观察社会,寻找时机。

在抗战结束后的一天,他留意到中国香港宪报上刊登了一则消息,大意是说将有战后剩余物资拍卖。具有冒险精神的霍英东决定参加拍卖活动,收购这些剩余物资做转卖经营。眼光卓识的霍英东此举十分成功,从中盈利不少。

50年代初,正当霍英东自立门户创业不久,朝鲜战争爆发了。当时一些西方国家出自政治目的,对中国大陆实行禁运。他立刻意识到船运业有利可图。他抓住这个机会,在朋友们的资助下,开始单独经营驳运业务。霍英东出于正义感和凭着冒险精神,果断地将二次大战的剩余物资及药物运到大陆,既支援了中国的抗美援朝及经济建设工作,又从中赚到一些钱,使其霍兴业堂有限公司的业务得到迅速发展。

朝鲜战争一结束,中国香港的经济逐步得到恢复和发展。霍英东看到香港的特殊地位和作用,他敏锐地看到了中国香港建筑业的潜在机遇。于是,他又投身到房地产市场。

1954年,他筹建了立信建筑公司,收购和拆除旧楼,同时兴建楼宇。他利用宣传册以及广告推销楼宇,开创售楼花的先河(即楼宇在建筑阶段已开始售卖,收取投资者的订金)。这种带有极大风险的投资活动,使霍英东的财富以几何级数增加。公司创办只几年时间,便打破了中国香港房地产的纪录,拥有中国香港70%的建筑生意。

60年代初期,他又成为"淘沙"大王。"淘沙"这个行当是中国香港工商界许多人都不敢干的事,干这行用工多,获利少,赚钱难,风险大。而霍英东却另有高见,他不图一时之暴利,而是看好"淘沙"行业的长远利益。1961年他从泰国购进了一艘长288英尺、载重2890吨的大挖泥船,开始了"淘沙"业。他稳妥获利,以少积多,不久,就获得了香港海沙供应的专卖权,成为中国香港淘沙业的头号大亨。

中国实行改革开放之初,霍英东率先走进中国大陆。80年代初,他联同广东省旅游局投资2亿港元,兴建中山温泉宾馆,另外又投资兴建珠海宾馆与广州白天鹅宾馆。

到80年代后期,他开始开发番禺南沙以东的21平方公里土地,工程包括兴建

港口、高尔夫球场、旅游区等,投资额超过100亿港元。1993年,霍英东基金会联同中国香港粤海集团、陈瑞球(长江制衣厂)与两家中方机构,共斥资2.3亿美元兴建番禺大桥,各占20%股权。

现在,霍英东家族拥有的企业包括:有荣及霍兴业堂多家公司、澳门旅游娱乐公司(占股40%)、董氏信托(占股30%)、信德船务(占股40%)、东方海外实业(董氏信托控股75%)、信德集团等80多家公司,其中信德集团和东方海外实业是上市公司。

霍英东成功了,由一个名不见经传的机场苦力跻身于中国香港巨富的行列,他唯一的依靠就是自己敏锐的商业头脑和自强不息的拼搏精神,他一步一步走来,虽然步步艰辛,但能从小做大,次第而升,最终用自己的能力和智慧改变了自己,也向人们证实了自身的价值。

困卦第四十七

【经文】

坎下兑上　困[①]亨,贞,大人吉,无咎;有言不信[②]。

初六　臀困于株木,入于幽谷,三岁不觌[③]。

九二　困于酒食,朱绂方来,利用享祀[④],征凶,无咎[⑤]。

六三　困于石,据于蒺藜[⑥];入于其宫,不见其妻,凶。

九四　来徐徐,困于金车,吝,有终[⑦]。

九五　劓刖[⑧],困于赤绂,乃徐有说,利用祭祀[⑨]。

上六　困于葛藟,于臲卼[⑩],曰动悔有悔,征吉[⑪]。

【注释】

①困:卦名。通行本为第四十七卦,帛书本为第四十五卦。《困》卦上下卦颠倒则为《节》卦,象水在泽上,流行漫衍,当适度节制之,故卦名《节》。而《困》卦上《兑》泽,下《坎》水,水在泽下,失流通之性,困之象也,故名为《困》。叶适《习学记言序目》云:"坎之水以流行通达为用,当泽上之时,坎为所包,而流行通达之用失矣。"

②亨,贞,大人吉,无咎;有言不信:"亨"谓虽处困而终得亨通,《系辞》"《困》穷而通"即指此。"贞,大人吉"为始困终亨的条件,即有德、有志之大人占得此卦方能有终亨之吉利,若无德、无志之小人筮得此卦则不能亨吉,《系辞》所谓"《困》,德之辨也"就是这个意思。"言"通"愆",咎害。"信"同"伸"(朱骏声《六十四卦经解》云:"信又读如屈伸之伸,开解,解除")。

③臀困于株木,入于幽谷,三岁不觌:"株木",木桩(《说文》:"株,木根也",段

注云：“今俗语云桩”），“臀困于株木”，言受困而臀坐于木桩之上。“幽谷”，深谷。“觌”，见，指见到出谷之大路。帛书“觌”下有“凶”字。《丰》卦上六“三岁不觌”下通行本、帛本皆有“凶”字，当据补。《敦煌遗书·斯六二○·桥道门户篇第二十六》说：“梦见迷路，所求不成。”

④困于酒食，朱绂方来，利用享祀：“困”，匮乏。“困于酒食”，言饮食匮乏、接济不上。“朱绂”，贵族祭祀之服装，喻禄位，下“赤绂”同。“方”，将。“利用享祀”，利于祭祀以谢神灵。《易》凡言祭祀之事者，大抵为祈求平安、祈求保佑、谢神等，然亦含有行贿贵人之意，与“利见大人”很接近。

⑤征凶，无咎：“征”谓妄行进取。“无咎”，谓止而待时则无咎害。

⑥困于石，据于蒺藜：“石”指坚刚之地，喻险境（参《豫》卦六二“介于石”）。“据”，依凭。“蒺藜”，有荆棘之植物。“据于蒺藜”，言处于是非之地、不祥之地。古之牢狱、墓冢四周树之以蒺藜，故古多以蒺藜、荆薪取譬不祥。

⑦来徐徐，困于金车，吝，有终：“来”，谓自上而下、由进而退。“徐徐”或本作“荼荼”，心神不定的样子。“困于金车”，言所乘车子出了故障；九四为阳爻，故云“金车”，遇困而退，不能济困，故言“吝”；车子出了问题，后退不得，只能振作前进，终能出困，故言“有终”。下卦三爻说困而不宜妄进，上卦三爻说宜进济困，故四言“有终”、五言“有说（脱）”、六言“征吉”。

⑧劓刖：朱骏声《六十四卦经解》：“劓刖，一作臲卼，一作倪仉，一作槷黜，不安貌。九五人君不当有劓刖之象。”按：“劓刖”与上六之“臲卼”宜同，均为心中不安宁的样子。若云“劓刖”，则下不当复言“有说”。

⑨困于赤绂，乃徐有说，利用祭祀：“赤绂”与九二“朱绂”同。“困于赤绂”，言做官出了麻烦，如得罪了当权之类。“说”同“脱”，言麻烦不久会过去。“利用祭祀”，宜祭祀以祈神灵护佑；亦含有行贿贵人之意。《集解》引陆绩曰：“二言朱绂，此言赤绂；二言享祀，此言祭祀，传互言耳，无他义也”。

⑩困于葛藟，于臲卼：“葛藟”，藤蔓。“困于葛藟”，言为麻烦之事所纠缠、为小人所困扰。古以石喻阳性，以葛藟喻阴性，因葛藟依附于石。如《楚辞·山鬼》：“石累累兮葛蔓蔓”（“石”喻公子，“葛”为山鬼自喻），汉乐府《孔雀东南飞》：“君当作磐石，妾当作蒲苇”等。六三之“困于石”为困之大者，上六即将出困，“则困于葛藟”为困之小者。“于”，发声辞，无义；又或以为衍字。“臲卼”与九五之“臲卼”同。

⑪曰动悔有悔征吉：“曰”，发语辞，又或疑为衍字。“动”谓行动进取。上“悔”为后悔之悔，下“悔”为咎悔之悔。“征”与“动”同，谓前行进取以最终济困。此言若后悔于进取则有咎害，前行进取必最终获吉。又按：“动悔有悔”帛书作“悔夷有悔”，亦通。“夷”通“迟”（《诗·四牡》“倭迟”，《韩诗》作“倭夷”。《淮南子·原道训》“冯夷”，高诱注：“夷或作迟”）。此“悔迟有悔”即《豫》卦六三“悔迟有悔”。言困于葛藟，臲卼不安，省悟迟缓则有咎害，及早行动则获吉祥。

【译文】

困卦：身处困境，仍然豁达开朗，执于正道，这样的有德君子一定吉祥无灾难；此时说话，别人不会相信。

初六：困坐在树桩上，深入幽谷，三年不见天日。

国学经典文库

陕西秦始皇陵出土的彩绘乘舆（铜车马）

九二：因为酒菜过于丰盛而坐立不安，却又添上了华贵的蔽膝朱绂，这样的待遇只配用于祭祀神灵，平时享受难免招致凶险，马上改过可保无咎。

六三：迷困于乱石之间，攀撑于蒺藜丛中，好不容易脱身回家，已经不见了妻子，多么凶险。

九四：姗姗来迟，因为途中被坚固的金车所困，虽然遇到了一些麻烦，最后终于脱身。

九五：削鼻砍脚，为权贵所陷害，但是，慢慢地总可以得到援助，摆脱困境，只要具有像祭祀神灵时那样坚定的信念。

上六：被关押在用葛藟、木桩围住的监狱里，开始对自己的过失有所悔悟；能及时反省，便会有吉祥降临。

【解读】

本卦通过"困于株木""困于酒食""困于石""困于金车""困于朱绂""困于葛藟"等一系列形象的比喻，阐释了应付困境的原则。由于力量微弱而处于深深的困境时，必须隐忍待机，切忌浮躁，不可得意忘形；因为侥幸妄进而陷入困境时，务必要有应付最坏局面的思想准备；当自身也处于困境而又必须援救处境更坏的同道时，务必量力而行，不可操之太急，以免雪上加霜；处于至尊之位时，最大的困扰是来自身边的奸佞，对来自位高权重者的困扰，尤须谨慎排除，同样不可操之太急；处于极端困境中时，应该冷静反省被困的原因，然后付诸行动，以求突破。

【经典实例】

审时度势，谨慎进言

面对不公平现象、不合理状况等"困"境，真正的智者应审时度势，研究策略，以寻找最佳时机。然而掌握这种智慧，除了要有忍辱负重的精神之外，还必须从前人的经历中吸取经验和教训，从而总结出行之有效的良谋善策。知识可以改变命运，智谋则可以改造环境，只有做到了这一步才能更好地谋求发展，实现抱负。无

论身处怎样的环境，遭遇怎样的局面，智谋与策略永远是至关重要的。

明朝大臣刘宗周在为官过程中，刚正不阿，直言不讳，弹劾贪官，维护忠良，可就是由于他是一位不懂官场世故、不善用谋略进谏的人，于是屡屡碰壁，当道者在他屡次拜官后，又屡次将他革职。

刘宗周入仕时，明朝已十分腐朽衰败，党争乱政，官场败坏，朝中官员朋比为私，搞得朝廷上乌烟瘴气。刘宗周疾恶如仇，对此难以忍受，力图挽救时局，巩固明朝统治。

1612 年，御史徐兆魁等人力排东林党人。刘宗周上疏声援东林党人，认为其中多为忠良之人。徐则上疏诬陷他颠倒是非，要求诛杀他。刘宗周出于义愤，请假回乡。1621 年，才被召回朝中，担任礼部主事。刚人朝，就上疏弹劾弄权误国的宦官魏忠贤。皇帝不辨是非，听不进直言，竟要重裁刘宗周。幸有志同者大力营救，才改为廷杖六十，罚俸半年。第二年，刘宗周因病回籍。1624 年，朝廷任命刘宗周为通政司通政，他因为左光斗、杨涟等正直大臣受到无理迫害，决定抗疏不就。因此，又一次遭到魏忠贤一伙的攻击陷害，以刘宗周不入朝犯"蔑视朝廷"罪，将他革职为民。

1628 年，刘宗周再度被起用，担任顺天府尹。由于他为民请命，廉洁无私，当时人称"刘顺天"。他虽然因为直谏，历尽坎坷，但依然不改初衷，上任不久就又一次上疏皇帝。更大胆的是这次竟然将矛头指向皇帝本人，指责崇祯帝的许多做法是错误的。这次犯颜直谏的结果是他被迫辞去顺天府尹。

南明弘光政权建立后，招刘宗周入朝官复原职，在前往南京的路上，他就几次劾奏佞臣马士英等人。这些人于是捏造了许多关于刘宗周的政治谣言，但这样仍不能使他住口。马士英咬牙切齿地骂道："宗周奸贼，必驰斩其头。"刘泽清甚至派人对刘宗周行刺。

当时朝中就是否重用阮大铖引起了争论。刘宗周再一次直言劝谏，认为阮党奸邪害正，还说"大铖进退，关系江左兴衰"。然而，弘光帝驳回了刘宗周的奏章，起用了阮大铖。刘宗周见国事已不可逆转，就辞归故里。这次，从他正式任职到离职，仅有 24 天。

上疏进谏如果遇到的是唐太宗这样的明君，不仅不会受到处分、罢黜，反而还会受到鼓励、赞扬。即使遇不上唐太宗这样的明君，如果把握好了进谏的分寸、语气、方式等，也不失为升官晋级的捷径，但如果像刘宗周这样过于耿直，就在官场上没有立锥之地了。他的屡次被起用，而紧接着被罢职正说明了这一点。

如果仅仅凭着一腔忠诚，不论事情成败，不考虑时机及可行性，硬要鸡蛋碰石头，徒逞一时的意气，不仅于事无补，同时也是极不明智的。当然，刘宗周性格刚直，对黑暗的社会现实看不惯，胸中藏有太多的难抑不平之气，敢于指责上司，指责皇帝，抨击权臣，这种精神、气节是值得肯定与赞扬的，只是，如果他在进谏时能够讲究一些方式方法和场合，估计结果会好得多。

和苍蝇抢饭吃

我国著名画家韩美林在"文革"中被认为是"三家村的黑弟子"而被关入监牢。

近五年的监狱生活按他的话说是经历了五年的"炼狱"。这种煎熬不是常人所能想象的。

一个炎热的夏日,韩美林双手被铐从合肥押回淮南,路经水家湖转车,这是一个肮脏和混乱的小站,押送他的人饿得下车就找饭馆,他虚弱的身体跟着跑得筋疲力尽,好歹在一个包子铺前停了下来,他们将手铐解下一只,把韩美林锁在一个自行车架上,其实他已经两天没有吃饭,哪里跑得动呢?口袋里只有两分钱,不够买半个包子,押他的人为了与韩美林划清界限,当然也不会给他买。他手被铐在车架上蹲在地上,以便等他们两人吃完后上路。这时,韩美林旁边一个农村妇女端着几个包子喂孩子,贪嘴的苍蝇围着他们嗡嗡叫,挑食的孩子只吃馅不吃皮,五个包子皮都滚落在地上,尽管这时行人围了一大圈,像是观看动物园新来的动物一样看韩美林,还有一些打人都红了眼的陌生行人,不时地给他几脚。他满脑子是难以忍受的饥饿,这时"自然需要"绝对超过了"社会需要",韩美林已顾不上什么羞耻,抓起爬满了苍蝇的五个包子皮,连土带沙狼吞虎咽地塞到了饥肠辘辘的肚子里……这就是炼狱。

支撑着韩美林生活的是对美的追求,对美的探索。在牢中,他用一截筷子头在自己的大腿上作画,裤子画破了,他就拆下别的衣物补一补;没有布了,难友就从自己的衣裤上撕下破布送给他,累计共有400多块补丁。……炼狱练就了他的铮铮铁骨,练就了他奇妙而独特的美术世界。1980年,他在美国纽约世界贸易中心举办了个人画展,并到美国21个城市巡回展出时,在美国民间掀起了"韩美林热"。美国曼哈顿区宣布该年10月1日为"韩美林日";圣地亚哥市市长亲手向他赠送了一把"金钥匙";人们热情地称他是"中国的毕加索"。在困境中的韩美林与日后事业辉煌的韩美林,这是一个多么巨大的反差。

宠辱不惊

安徒生的童话是世界上拥有读者最多的读物。但谁又知道,安徒生在一生中经受了多少屈辱?!14岁时,鞋匠的儿子安徒生拿着一个包袱,到哥本哈根去实现他想当演员的梦。但没人接受他,他被看作是一个神经不大正常的小叫花子。他铁了心,不实现自己的理想,绝不回故乡去。为了演戏,先找生路。他到家具作坊当徒弟,受尽凌辱;他去学唱歌,嗓子坏了,被赶了出来;最后去学舞蹈,他高高的个子,却被安排演侏儒。

安徒生又开始尝试写剧本,但他下功夫写的剧本却没有成功。人们嘲笑他,说他是个牛皮大王。那话说出时,唾沫星子溅到了他的脸上……

这一切深深地刺痛了安徒生。晚上独坐在湖边,他想到了自杀。但安徒生最终还是挺过来了。历经千辛万苦,安徒生终于成了丹麦小有名气的诗人和艺术家,但事情并未就此结束。随着他知名度不断提高,嫉妒他的人也在增多。一个有名望的人写诗讽刺他:

骑着一匹又瘦又瘸的毛驴,

安徒生拼命驰骋。
变酸的幻想的酒，
他的诗就在其中发酵、产生……

这种状况持续了相当一段时间。

安徒生没有被这些侮辱压倒，他更加努力地创作，几乎每年写一本书。他的童话越写越精彩，各种荣誉源源而来，人们终于承认了他。他外貌的种种缺陷，曾是尖刻的讽刺家挖苦的对象，这时他们则说："他是一个身材高高、体态匀称的人，紧张的精神生活的印记使他的脸变得好看了。"

厨师父亲

一个女儿对父亲抱怨她的生活，抱怨事事都那么艰难。她不知该如何应付生活，想要自暴自弃了。她已厌倦抗争和奋斗，好像一个问题刚解决，新的问题就又出现了。

她的父亲是位厨师，他把她带进厨房。他先往三只锅里倒入一些水，然后把它们放在旺火上烧。不久锅里的水烧开了。他往一只锅里放些胡萝卜，第二只锅里放入鸡蛋，最后一只锅里放入碾成粉状的咖啡豆。他将它们浸入开水中煮，一句话也没说。

女儿咂咂嘴，不耐烦地等待着，纳闷父亲在做什么。大约20分钟后，他把火闭了，把胡萝卜捞出来放入一个碗内，把鸡蛋捞出来放入另一个碗内，然后又把咖啡舀到一个杯子里。做完这些后，他才转过身问女儿："亲爱的，你看见什么了？"

"胡萝卜、鸡蛋、咖啡，"她回答。

他让她靠近些，并让她用手摸摸胡萝卜。她摸了摸，注意到它们变软了。

父亲又让女儿拿一只鸡蛋并打破它。将壳剥掉后，她看到了是只煮熟的鸡蛋。

最后，父亲让她啜饮咖啡。品尝到香浓的咖啡，女儿笑了。她怯声问道："父亲，这意味着什么？"

父亲解释说，这三样东西面临同样的逆境——煮沸的开水，但其反应各不相同。

胡萝卜入锅之前是强壮的，结实的，毫不示弱；但进入开水后，它变软了，变弱了。

鸡蛋原来是易碎的。它薄薄的外壳保护着它呈液体的内脏。但是经开水一煮，它的内脏变硬了。

而粉状咖啡豆则很独特，进入沸水后，它们倒改变了水。

困境可以磨砺人的意志，通过出困求通的奋斗，体现君子的伟大人格；摆脱困境的最好办法，是实实在在的行动，不是口辩。因为，在困境时，即便说得再好，也不会有人相信；如果一味相信言说能解决问题，脱出困境，则必将走入死胡同。困境是道之穷，是客观现实对主观人生的重压和挑战。要使这种重压和挑战由"困"变成"亨"，必须审时度势。该硬的时候硬，该软的时候则软。

国学经典文库

大将军韩信

　　韩信是汉初军事家,淮阴(今江苏淮阴)人。他小的时候,家里很穷,父母双亡。小韩信四处游荡,有时连饭也吃不上,常常饿肚子。在他家附近有个洗衣工,人称"漂母",她见韩信可怜,就常常用自己洗衣得来的钱给韩信买吃的。漂母还让韩信每天都到她家去吃饭。小韩信就这样长大了。当小韩信懂事的时候,一次到河边帮漂母洗衣服时,他对漂母说:"我要每天帮您洗衣服赚钱,报答您的恩情。"漂母听了很是生气,她斥责韩信说:"我给你饭吃不是为了让你帮我洗衣服,好男儿志在四方,我希望你将来有大出息。现在你有这样的打算,真是太让人伤心了!"韩信知道错了,于是漂母就让村里有学问的人教他识字。小韩信很是机灵,一学就会。待他稍大的时候,就向人家借书读,同时还练就了一身好武艺。尽管这样,韩信长到二十岁后,仍然没有找到适合自己的活儿干,整天背着一把剑在大街上游来荡去,街坊邻居也都看不起他。韩信自己却不泄气,他知道自己有一定的才华,认为终会有人赏识他。

　　有一天,韩信走在街上,一个卖肉的屠夫本来就看不起他,这次就想借机戏弄他一番。他把身子一横,拦住韩信,当着众人的面说:"你们看哪,这就是韩信,一个有名的胆小鬼!哈哈哈!别看你长得又高又大,又佩着剑,你如果不怕死,就用剑杀了我;如果怕死的话,就从我的裤裆底下钻过去!"周围的人也笑了,都在看韩信的笑话。在当时,男子都特别讲气节,像这样的事对韩信来说,就是奇耻大辱。血气方刚的韩信早已动了气,他握紧了手中的剑。但他知道此时自己一定要挺过去,自己还有大志没有实现呢,和这样的市井小人计较是没有用的。他仰天叹了口气,下定了决心,双眼盯着屠夫看了一会儿,毅然弯下身子,钻了过去。人群跟着起哄,韩信站起身来,拍了拍身上的沙土,头也不回地走了,眼里却充满了泪水。他发誓要有一番大作为,让乡邻改变对他的看法。

　　秦末农民起义军领袖项羽的叔父项梁起义反秦时,韩信带着宝剑投奔了项梁,当了一名普通的小兵。项梁死后,韩信又跟着项羽做了小官。韩信很有才华,他多次向项羽献计,但由于项羽不喜欢读书人,也就没有采纳。韩信失望了,他明白项羽只不过是一介武夫,不会有大的前途,一气之下就投奔了另一支起义军的首领刘邦。刘邦虽然爱才,却也只是让韩信管理军粮。在这期间,韩信和萧何接触最多。他常和萧何谈论一些自己的想法。萧何慧眼识才,认为韩信谋略过人,将来必能成就大事。他想向刘邦推荐韩信,却一直没有机会。在刘邦这里呆久了,韩信觉得自己的才华无法施展,就在一天晚上骑马逃走,准备另行

彩绘兽首凤彩漆勺

打算。萧何得知了消息,急得不得了,连忙骑马追赶,追了两天两夜才追上韩信。萧何苦苦挽留韩信,并保证向刘邦举荐他,韩信这才又回来了。

刘邦接受了萧何的建议，决定拜韩信为大将军。仪式举行得很隆重，韩信历尽艰辛，终于得以重用。韩信担任大将军后，施展自己的才华为刘邦献计献策，为刘邦打败项羽，一统天下立下了汗马功劳。后来，他荣归故里，乡里人都对他刮目相看。

韩信还让当年那个羞辱自己的屠夫当了官，以德报怨，一时传为美谈。韩信在艰难困苦中，正是由于他能够坚定自己的志向，努力拼搏，才有后来那样的功业和地位。

谭嗣同从容就义

谭嗣同是清末著名文人，"百日维新"的坚强斗士。在维新运动失败后，谭嗣同为了实现自己的志向，毫不畏惧地献出了自己年轻的生命。

19世纪末，中国社会危机四伏，困难重重。为了救亡图存，谭嗣同和康有为、梁启超等志同道合的人一同撰写文章，创办报刊，介绍西方的知识以开民智，求自强，宣传变法革新、救亡图存的思想，为维新变法做好了理论准备工作。1898年，光绪帝顶着慈禧太后的压力，颁布了明定国是诏书，维新变法开始了。光绪帝下旨各省推荐派往国外担任外交职务的人才。在侍读学士徐致靖的帮助下，谭嗣同和康有为、黄遵宪、张元济、梁启超等五人得以破格提拔，参与新政。不久，光绪帝又任命谭嗣同、杨锐、林旭、刘光第为四品军机章京上行走（"章京"为清代军机处属员的满洲名称。"行走"也是清朝的特有称呼。凡进入皇宫、皇帝书房、军机处、总理衙门等处，叫"行走"。官衔上再加"参与新政"四个字，则职位近似宰相），共同商讨变法事宜。

慈禧太后一直反对变法。光绪帝为了推行新法，将阻碍变法的怀塔布等六个尚书革了职。慈禧太后知道后，更是震惊，便与直隶总督荣禄密谋，准备利用天津阅兵的机会，废黜光绪帝，推翻一切新政。光绪帝得知消息，寝食难安。他听从了康有为的建议，在7月16日赐给袁世凯侍郎的官衔，下旨由袁世凯负责练兵事宜。接着，又连下两道密诏，让康有为离京外逃，谭嗣同等"速法筹救"。谭嗣同接到密旨，大惊失色，便于1898年9月18日深夜秘密造访袁世凯。

见到袁世凯，谭嗣同便问："将军认为当今皇上是怎样的一个人？"袁世凯回答说："皇上乃圣明之君。"

谭嗣同说道："蒙皇上圣恩，将军得以荣升侍郎，现在皇上有难，唯有将军才能相救。"

袁世凯老奸巨猾，他知道现在大权还是掌握在慈禧太后手中。他表面上称"维新"，实际上是为了谋求官职，对于光绪帝的死活，他是不想管的。但表面上，他又得做做样子，以免引起谭嗣同的怀疑。于是，他假装真诚地说："不知皇上怎么了？"

谭嗣同便说："直隶总督荣禄最近向太后献计，准备利用天津阅兵之机废黜皇上。现在能救皇上的，只有将军您一个人了。如果将军不愿意救，就可以到颐和园向太后告发我，杀了我，将军马上就可得到富贵。"

谭嗣同慷慨激昂，已把生死置之度外。袁世凯在得知了谭嗣同与康有为等人

密商的计划后,决定向慈禧太后告密。但为了应付谭嗣同,就说了一些矢志救君的话,让谭嗣同放心地离去。

9月20日,光绪帝召见了袁世凯,对他慰勉了一番。当天下午,袁世凯赶去天津向荣禄告密,得以让荣禄有时间向慈禧太后告发。第二天清晨,慈禧太后带兵来到故宫,将光绪帝幽禁于中南海瀛台,然后假借光绪帝的名义发布诏书吁请西太后再次"临朝听政",终止变法活动,下令追捕维新志士。历时一百零三天的革新和变法就这样失败了。

政变发生时,康有为遵照光绪帝的旨意离京外逃。谭嗣同得知清政府正查抄康有为住过的南海会馆,便从浏阳会馆赶去梁启超避难的日本会馆,告知梁启超火速逃往日本,以图将来的事业。他含泪说道:"不有行者,无以图将来;不有死者,无以酬圣主。今南海之生死未卜,程婴杵臼,吾与足下分任之。"说完,就与梁启超分别了。

谭嗣同营救皇上心切,便决定联合自己的好友"大刀"王五采取行动,但最终失败了。王五劝谭嗣同赶快逃走,自己可以保护着他,但被谭嗣同谢绝了。谭嗣同把随身宝剑赠予王五,让他好生保重。日本使馆的几位日本朋友竭力劝说谭嗣同到日本暂避一时,谭嗣同笑着说:"各国变法,没有不流血而能够成功的。今天的中国还没有人为变法流过血,所以,国家不能强盛起来。现在就从我谭嗣同开始吧!"日本朋友听了,很是佩服。

9月25日,谭嗣同在浏阳会馆被捕。谭嗣同被捕入狱后,神态从容。他在狱中写的一首诗已名扬天下:

望门投宿思张俭,忍死须臾待杜根。

我自横刀向天笑,去留肝胆两昆仑。

在狱中,他又写了两篇《绝命书》,是留给康有为、梁启超的最后文章。对于康有为,他说道:"天若未绝中国,先生必不死。呜呼! 其无使死者徒死而生者徒生也。嗣同为其易,先生为其难。魂当为厉,以助杀贼。裂襟啮血,言尽于斯。"他给梁启超写道:"强邻分割,即在目前,嗣同不恨先众人而死,而恨后嗣同而死者之虚生也。啮血书此,告我中国臣民,同兴义愤,剪除国贼,保全我皇上。嗣同生不能报国,死而为厉鬼,为海内义师之助。"他期望通过自己的热血,唤起民族的觉醒。

1898年9月28日下午4时,谭嗣同与杨锐、林旭、刘光第、康广仁、杨深秀等六人被押赴北京菜市口刑场斩首。

临刑前,谭嗣同神色自若,很是坦然。他高声对监斩的军机大臣刚毅喊道:"我有一句话要对你说!"但刚毅并没有理睬他。谭嗣同看着刽子手手中明晃晃的大刀,甩了甩辫子,满怀激愤地喊道:"有心杀贼,无力回天,死得其所,快哉快哉!"然后,从容就义。就这样,为了实现自己始终不渝的志向,谭嗣同献出了自己年仅三十三岁的生命。他的牺牲精神深深影响了后一代人,激起了一批又一批人自愿投身于救亡图存的革命运动中去。

王峻涛的层层突破

"到网上开店去!"

"到网上购物去!"

当今天这些原本时尚的口号以不再时尚的方式从人们的嘴角流出时,中国的电子商务已开始回归平静和理性。而王峻涛,这位"中国电子商务第一人"正栖身于6688,平静地在网上卖着他的产品,管理着他的公司——尽管这已是他在电子商务领域里的第四份工作了。

5年前,是他首推电子商务概念并由此披上"中国电子商务教父"的袈裟;他主政的8848也成了"中国电子商务领头羊"。可5年来,他不但先后被迫离开了他一手打造的8848,My8848,ig05.com,连8848最后也抛弃了B2C,网络的霜冻和资本的无情让他一度处于舆论的"低谷"。"老榕(王峻涛的网名)什么事也做不成!"许多人这样"开涮"他。

5年后的今天,当走过"童年期"的中国电子商务非典期间一路走红时,人们蓦然回首,才发现仍苦撑在电子商务里面的王峻涛已开始用6668的"大把进账"证明着他的固守和成功,更证明着中国电子商务的黎明已徐徐来临……

8848抢了电子商务的先机,也赶上了网络泡沫浪潮,很多投资纷纷看上了8848。不到一年时间,建立时注册资本120万人民币的8848,其融资价值飙升到5亿美金左右,融资额达到接近6000万美金,股东也从建立时候的2个,变成了接近60个。1999年底,当时国内诞生了370多家从事B2C的网络公司,到2000年,变成了700家。王峻涛也由此一夜成名,业界把他(代表B2C)、童家威(代表B2B)、王志东(代表中国门户网站)列为中国互联网领域的三大"新经济英雄"。

2001年8月正值网络泡沫破灭,新经济疲软之时,B2C遭到了前所未有的重创。什么"8848要倒了,B2C不行了,王峻涛逃跑了"之类的声音铺天盖地。王峻涛选择了沉默。当时正赶上世界杯外围赛,他关了手机,躲在家里默默地看球,可此时此刻,他哪能全心看球?"有些资本只把企业当成圈钱、做概念的砝码,根本不在乎企业的经营,有时候为了'止损'能够做出匪夷所思的事情来。我什么都做不好,我只能做B2C。"王峻涛在痛苦而深刻地反思着。

2001年10月18日,王峻涛重出江湖,和连续13年居北京百货业前列的上市公司——西单商场共同发起组建西单电子商务有限公司(ig05),并担任CEO。王峻涛向ig05.com投了几十万现金,和他以前往8848中投资一样,是个意思。

这一次,王峻涛学会了如何保护自己,在和西单的协议中,有很多保护王峻涛的条款,这些条款的原则是如果董事会无故炒了他,要给予相应的补偿,还有就是给了他完整的CEO的全权。王峻涛说:"和投机资本玩了好几年,我有些累了。我现在想找个相对稳定点的基础,在一两年内,先把事情做成。"他还对记者说,他要把西单电子商务打造成中国最棒的B2C企业。

可雄心勃勃的王峻涛很快又遭遇了"西单商场"的"抛弃"——8个月后,赢利之梦破灭,王峻涛再次离职,从CEO变成了"高级顾问"。

2002年9月4日,由王峻涛创办的名为WWW.6688.com的电子商务站正式启动,由此开启了其人生的又一次创业历程。新公司起名为北京珠峰伟业软件科技发展有限公司,从事网上商店平台、网上商城(6688.com)、为高端客户提供电子商务平台技术等服务。核心业务基本上延续了8848的业务,人员也主要由8848

创业期间的管理、技术和市场骨干组成。

　　还是过去的理念和团队，但此时国内整个电子商务的基础环境已比前些年好多了。8848 开始创业的上网人口才 200 万左右，现在是那时的 20 多倍。那时，只有 3% 到 4% 的人尝试在网上买东西，现在已经有 30% 左右了，就是 1200 万人。而且这个数字每年还以 50% 的速度增长。但能为他们提供电子商务服务的企业其实很少，服务内容也很单调。这构成了巨大的市场需求，也让有多年经验积累的王峻涛和他的团队有了更大的机会。

　　更重要的是，此时的王峻涛已非昔日的王峻涛了。昔日知本不敌资本，而今他要理性地掌控资本。王峻涛说："其实资本从来就是创业者的朋友，没有风险资本就没有现代 IT 产业、没有高科技产业。但吸纳的必须是规范运作的风险投资。""事实上 6688 从一开始就有风险投资商进来，而且还是 8848 第一批风险投资商里面的人。甚至 8848 第一任 CFO 现在就担任新公司的财务总顾问。"在目前新公司的整个股本中，他个人占了将近 2/3 的比例，风险投资仅占 1/3 多一点。看来在与风险投资商的合作方面他的警惕性还很高。

　　而新公司也很快给了王峻涛一个满意的回报。6688 从 2002 年 9 月初开始试营业，就实现了当月赢利。10 月正式运营后，开始了高速成长。到今年 4 月下旬到 5 月上半月，6688. com 的日均销售收入大约是上月同期的 4 倍。其中在线结算的金额是上月同期的 5 倍。今年 7 月一天的收入就等于 1 月份的收入。"我们的运营模式，很适合滚雪球一样的推广方式和持续快速地增长。"王峻涛给 6688 定了一个长远的目标：做中国电子商务里面最重要的一支力量。5 年曲折，王峻涛终于开始了他在 B2C 路上稳健而理性的步伐。

　　人生事业处于困境，能以贞自守便能自享其道，反而吉祥，卦中以人生困境之时所应付的原则。困境是大多数人一生中都会遇过的，表面上困境给人带来的是痛苦，但这种痛苦恰是人生所必需的。不经过痛苦不受过艰难锻炼的人，就难成大器，所以，你应该明智隐忍，坚守中正，不要妄自菲薄，应在困境中锻炼自己，经得风霜，必是贵树，用正当的手段来脱离困境。

　　身陷困境，即应明智而隐忍。明智使人沉静，使人对周围环境有正确的估价和把握。隐忍需要冷静、镇定和沉着，不会轻浮急躁，更不会为眼前暂时的困境弄昏了头，这才是解脱困境的上策。

　　愈身在困境之中，便愈应坚守中正，这不仅是为人处世的一条基本准则，更是解脱度过困境的最佳决策之一。"中正"即意味坚守正义，也意味着适度和平衡。在困境中坚守中正，要求人们乐天知命，安分，看似保守，结果却是吉祥。

包玉刚跻身世界船王

　　人的一生不可能只有成功而没有挫折。而一个人能不能把困境看作是对自己的挑战而重新振作起来，是能否最后成功的关键性一步。可以说，如果你拥有了智谋、策略以及坚韧的性格，那么你几乎就拥有了成功。

　　有句古话说"人生不如意之事十有八九"，企业也是一样，在企业发展的进程中，难免碰到各种各样的逆境，而领导者智谋、策略和坚韧的毅力，正是战胜困境的法宝。

世界上没有免费的午餐，任何成功都要以艰辛的付出为代价。在困难面前，或是向前，或是后退，都是一个难以做出的抉择。事实上，人的能力最容易在困境中展露出来，世界船王的横空出世就是这方面的最好例证。

1918 年 10 月 13 日，包玉刚生于宁波市近郊的一个农村——钟包村。在他诞生之前，其父亲包兆龙已有一子一女。在包玉刚以后，他还有一个弟弟三个妹妹。从 16 岁起，包玉刚就开始了他的社会实践生涯。

1934 年，包玉刚也和许许多多的宁波年轻人那样，小学毕业就到上海"学徒"。在上海，他工作吃苦耐劳。后来由于一个亲戚的帮助，他有幸进入了一家洋行工作。在这个工作岗位上，他不懂就问，勤劳刻苦，赢得了同事们的尊重和老板的赏识。还由于他上进与谦虚的作风，以及在洋行工作当中积累了大量的工作经验，他被举荐进入当时国民党的官办银行。之后，包玉刚成了官办银行的要员，并且得到了前后两任市长的器重与提拔。

1949 年上海即将解放时，基于更大的理想，包玉刚向行长提出辞呈。当军政人员大都随国民政府去中国台湾时，包玉刚却选择了中立区中国香港。一天早晨，包玉刚携妻子女儿乘机离开上海前往中国香港！包玉刚英语不太熟练，粤语则一窍不通。一想到一个月以前自己还是上海大名鼎鼎的银行要员，而到了中国香港连谋个银行差事都困难，他就非常沮丧。他接连面试了好几个银行都被拒之门外。中国香港人的排外与歧视使得这个以前颇为成功的人士的信心大受打击。

然而，事业的受挫，家庭的重担，都没有挤垮他。坚强的包玉刚始终挺直他的腰杆，坚决不向任何困难低头。其实，所有的困难已经在他递交辞呈的时候就已经注定了。这是包玉刚自己的选择，他也不想去怨天尤人！后来回忆起当时的情况，他不无感慨地对身边的人说："世界上没有免费的午餐，任何的成功都要以艰辛的付出为代价。在困难面前，或是向前，或是后退，都是个难以做出的抉择。一旦选择，也就无从后悔！但是，真正重要的只有一点——相信自己，依靠自己！"

1951 年，朝鲜战争爆发，中国人民志愿军出兵朝鲜，联合国对中国实行贸易禁运。这对在中国香港经营内地生意的英商来说，不啻是晴天霹雳；对与内地有千丝万缕联系的华商来说，又是天赐的发财良机。包玉刚公司中的 4 人，由于都是银行家出身，作风保守。他们从欧洲购买了许多化工原料、铸铁锭、轮胎等一般性的战略物资，通过第三国或中立区澳门再卖给别的商人。显然，包玉刚等人不求暴利，但求平安。

但是由于他们在数量方面有保证，赢利也比较可观。而且，在朝鲜战争期间，由于业务的扩大，包氏家族的成员不断加入公司。朝鲜战争之后，世界的局势有了新的变化。当时所有的世界大国都处在了二战后的休养阶段，连美国也不得不加以调整与休养，这样，由于有待于经济迅速恢复，至少 20 年不再会有世界性的战争。世界经济将会有大的发展与繁荣，船的作用愈来愈重要，船东若赚不到钱，只能怪自己无能。

有海的地方，都可以走船。但是，整个 50 年代，放眼亚洲，最大的大陆国——

中国始终处于一种封闭的状态,就连上海这个远东最大的进出口贸易港都封港。中国香港的地位因此显得格外突出,世界来远东的货物都将云集中国香港。只要有船,就不愁没生意做。

在这种国际形势之下,包玉刚竭力说服父亲同意自己的想法。当包兆龙正为是否买船犹豫不决时,包玉刚从中国香港船舶经纪公司获悉,英国威廉逊公司有一艘燃煤旧货轮,要价22万英镑。但包氏父子把家中稍值一点钱的东西都已经全部变卖,亲戚朋友中稍有一点财力的也都出了钱集资,只筹集了20万英镑。包玉刚在走投无路之际,试图直接说服威廉逊公司给他们以一定的优惠。

包玉刚带着这种侥幸心理急忙飞赴伦敦。事情出乎意料的顺利,包玉刚果然以20万英镑的价格,谈妥并买下这艘二手船。最后,威廉逊公司按照协议,将船维修油漆一遍。包氏为"新船"定名"金安"号。

1955年8月初,包玉刚拥有了自己的第一艘轮船。从此以后,中国香港航运界又冒出一家新户。在同行眼里,包玉刚既没做过船长大副,也没在船务公司做过职员。他懂得旗语灯语吗?懂得航速、航线、耗煤、运价之间的微妙关系吗?因此,同行们并没感到他的威胁。

然而,包玉刚比别人更了解自己。他更清楚自己对于航运业一无所知的现实状况。他索性把船以低于市面运费的固定价格,长期包租给精明的日本人。几年之后,同行们才发觉,原来真正懂得船业的是包玉刚。他们再也不敢小觑包玉刚了。此时,包玉刚把他的船队打理得有条不紊。又过了若干年,同行对包氏更是刮目相看,他那长期租船的笨办法,却使他的船队急剧膨胀,其势力直逼老船王董浩云。

1956年,也就是"金安"号出租半年之后,发生了一件对全球航运业产生巨大影响的事件:埃及总统纳塞尔占领苏伊士运河,非友好国家的船只不得通过运河。几乎所有的资本主义国家都被列入非友好国家,而世界商船的80%都为这些国家所拥有。悬挂英国米字旗的中国香港船只也在其列。

而这对包玉刚来说,不是灾难,而是福音。因为欧亚航线的船只大都须绕道非洲好望角,船只紧缺,运费暴涨。正在这时,日本山下公司的租船期届满。山下公司出数倍于原价的租金,为"金安"号续了约。当包玉刚拿到这笔保证金之后,他马上加上自筹资金购入一艘二手船,又与一家货运公司签下租约,拿到钱再想方设法去买船。短短的几年时间,包玉刚已经拥有了10艘二手船。

此时的包玉刚感到时机已经成熟了,于是他立即组建了环球航行公司,正式宣告他开创了长期租船的经营方式。在他的租赁业当中,精明能干的包玉刚采用出租船和船员等多种经营方式把环航公司打理得红红火火。

在以后的日子里,包玉刚带领庞大的队伍,尽心尽力地经营着环航公司这个誉满全球的大产业,走过重重困境,迈向辉煌的峰巅。包氏的好友曾经和他开玩笑道:"都说你是个旱鸭子,现在你的旗下有这么多的船只,你无论在什么地方落水,你的船都会及时地赶到救起你。"

"创业艰难百战多",成功源于千锤百炼。每一个成功者,都是从艰难中磨炼出来的。遭遇困境,从不抱怨,百折不挠地继续努力,这就是成功的不二法则。

井卦第四十八 ䷯

【经文】

巽下坎上　井①改邑不改井②,无丧无得③,往来井井④。汔至亦未繘井⑤,羸其瓶,凶⑥。

初六　井泥不食,旧井无禽⑦。

九二　井谷射鲋,瓮敝漏⑧。

九三　井渫不食⑨,为我心恻⑩。可用汲,王明,并受其福⑪。

六四　井甃⑫,无咎。

九五　井洌,寒泉食⑬。

上六　井收勿幕⑭,有孚元吉。

【注释】

①井:卦名。通行本为第四十八卦,帛书本为第二十四卦。此与《困》卦为卦爻翻覆的关系,故次列于《困》卦后。

《井》卦下《巽》木,上《坎》水,有木桶由井中向上汲水之象,故卦名为《井》。汲桶称为瓶、又称为瓮,或为木制,或为陶制。又按《说文》:"井,象构韩形","韩,井桥也",段玉裁以为即汲水之桔槔。《集解》引郑氏云:"巽木,桔槔也",亦通。疑《井》卦之巽木兼汲桶、汲绳及桔槔(亦称辘轳)而言(巽为木,又为绳)。

②改邑不改井:"改",更易迁徙。"邑",城镇村邑。此言城邑可移徙而井则不可移易。王弼注说:"井以不变为德者也"。或训"改"为改建、改变,不确。

③无丧无得:"丧"谓减少,"得"谓增加。此言人们无论是取用它或不取用它,它都不会有减少或增加的变化。此与黄老道家对"道"的表述很接近。王弼注此句云:"德有常也"。程传云:"汲之而不竭,存之(按:指存而不用)而不盈,无丧无得也"。

④往来井井:"往"谓人们徙去,"来"谓人们迁来。"井井",水井依然是水井。王弼注此句云:"不渝变也"。

⑤汔至亦未繘井:"汔至"蒙后省"井"字,即意为"汔至井亦未繘井"。"汔",几,几乎、将要。"至"即"至井",汲绳提至井口。"亦",犹,尚(徐仁甫《广释词》)。"亦未"即"犹未"。"繘",辘轳上的汲绳。荀爽曰:"繘者,所以出水"。从"繘"之字多有"出"义,《说文》:"鬹,满有所出也"。《广雅》:"鬹,出也",《汉书·司马相如传》注引晋灼曰:"繘,水涌出声也"。"汔至(井)亦未繘井",言汲绳将提至井口

而犹未出井口。王弼注云："已来而未出井也"。或训"汔"为干涸，"繘"读为"矞"，穿。

⑥羸其瓶，凶："羸"，或训"覆"（王弼、孔颖达），或训"败"（程传），谓倾覆坠毁。《比》卦之"盈（倾）缶，终来有它"与此"羸其瓶，凶"相近。《方言·卷五》："缶，其小者谓之瓶"。此源于古人日用器物之崇拜。《左传·襄公十七年》："卫孙蒯田于曹隧，饮马于重丘，毁其瓶（指重丘人放置于井边的汲水瓶），重丘人闭门而诟之"。《淮南子·说林训》："毋曰不幸，甄（疑当作"瓶"）终不坠井"（此疑即出于《井》卦之"羸其瓶，凶"）。《后汉书·周磐传》注引《汝南先贤传》亦有视井上桔槔朽坏为不吉的记载。《太平御览》引《杂五行书》说：把汲瓶悬于井中，可以驱除邪祟。桂馥《札朴》卷四"小儿汲瓶"条说："俗以金银或桃核造为汲瓶，悬小儿腕间，何所依据"？然后引《急就篇》颜注："瓮，汲瓶。今人以杂宝为镊之属，带于婴儿颈下，此古之旧事"，并说："是即汲瓶之所由来也。其以桃核，盖祓除之遗"。

⑦井泥不食，旧井无禽："泥"谓淤泥堵塞。"不食"，不能食用、无法食用。"禽"古"擒"字，训为获（《集解》引崔憬说）。言井已陈旧，不能再使人从中获益。关于"旧井无禽"尚有两种说法：一谓"禽"为"川禽"，鱼虾之类。二谓"井"同"阱"，"禽"谓禽兽。

⑧井谷射鲋，瓮敝漏："谷"，干涸无水（《诗·桑柔》毛传："谷，穷也"。《老子注》："谷者，空虚不有"，《释文》："谷者，中央无者也"）。"射"或作"邪"（《释文》："射，荀作邪"，《音训》引作"邪"），读为"余"（《诗·北风》《释文》："邪音余"。《楚辞·七谏》王注引《诗·嵩高》"射"作"徐"，亦可证"射"音近"余"）。"鲋"，小鱼、鲫鱼，即泥鳅之类。"瓮"，汲瓶。"敝漏"，残破漏水。此句帛书作"唯敝句"。"瓮"字缺残上下部即讹为"唯"。"漏""句"同为侯部字。或释"井谷射鲋"为井底射鱼。或读"敝句"为"敝笱"，捕鱼器。

⑨井渫不食："渫"，污秽（《汉书·王褒传》集注引张晏："渫，污也"）。"不食"与初六之"不食"义同，谓无法食用。旧释"渫"为"治污"，则"不食"便被解释为与初六的"不食"相反的意思，即"不被食用""不许食用"，有误。闻一多说："此言井水污渫……旧说训渫为不停污……大谬"。

⑩为我心恻："为"，使（王注）。

⑪可用汲，王明，并受其福："可用"，可以。"汲"，取用。"并"，且，连词。此为九三祭祀祈求的内容，即祈求王能垂赐圣明，使井水早些可以取用，并使九三获得福庆。《象》云："求王明，受福也"亦可证此为祈求语。我们再看《困》卦九五《小象》说："利用祭祀，受福也"，可知祭祀的对象为天地神灵、先公先王，同时亦包含行贿权贵、贵人之意。或训"并"为"普""共"。

⑫井甃："甃"是指修治井壁。六爻仅此一爻言治井，而治井包括掏污、浚深、修井壁等，此举一以赅之，象云"井甃无咎，修井也"就是这个意思。

⑬井洌，寒泉食："洌"，井水清澈。"寒泉"，言井泉出于深壤，新鲜凉洁，非旧井停污之水可比。"食"，可以食用。

⑭井收勿幕："收"，谓将放下去的汲绳收上来（虞注："收谓以辘轳收繘也"）。"幕"，旧皆训"盖"，谓盖上井口，如王弼注："幕犹覆也。不擅有，不私利"。按：疑此句是针对"汔至亦未繘井"而说，是戒人切勿半途而废，宜效井之恒德。"幕"同

"莫","勿""莫"皆有勉义,故"勿幕""勿莫"盖犹"密勿",谓恒久勉力。又或训"收"为"汲"、为"成"。

【译文】

井卦 象征汲取之理。井卦的卦象是下单卦为巽,为木;上单卦为坎,坎为水。两卦结合木汲取水源而新生。林邑可以迁变,但水井依旧。以汲水之理,汲水引而上之可养人,反之为凶。这说明凡事都有定分,用人亦得相宜。如井太深,绳不及即未能尽其用;深入其下,瓶触于井边而毁,亦功败垂成,徒劳而无功。

初六 水井浚治不及,泥滓聚积,井水不能食用,没有飞鸟再来栖息。

九二 涓涓细流,只堪滋润小鱼了,就像漏了的瓦瓮一样。这说明用人者无掖贤才之实,虽有君子,也遇而不见。

九三 枯井已经淘净却不能饮用,未免感到痛惜,怜才者见之亦心伤。贤士也应有待求沽之意,如王明之受福。

六四 修井要修井壁,才不会有灾难。贤士也当进修,以待时机。

九五 井水清冽,能以食用,如贤能有德的人可普济众生。

上六 井已修复,无须再盖井口。

【解读】

《井卦》讲人们对井的整治,使井水变清的过程。井,出现在原始社会末期。奴隶社会实行井田制,井的作用:是用于农业灌溉;便于土地的分封和管辖。此卦是古代井田制度下关于井的一些情况。昏庸的邑主,弃旧井而不顾,让人民遭殃;开明的邑主,则积极修治井壁,使人民用上洁净清凉的泉水。

【经典实例】

五粮液的可持续发展之路

古人用井的同时,懂得去护去养,这就顺应了事物不可"只取不予"的规律。其实人们无论做什么事业,都应当注意,不可让赖以为"命"的东西变成了无源之水。比如作为一个企业,应时刻关注自己的"水井"里是否还有泉涌,并保持汲取"井水"的渠道畅通。"五粮液"以不断的创新为"涌泉",所以他们一直能喝到甘甜清新的"井水"。

五粮液集团已取得十分辉煌的成绩,但公司决策层认识到,可持续发展是21世纪企业发展的根基。因此,必须把未来的路整治得通畅,而未来的着眼点正在今天。他们成功地研制出白酒厂废水、废渣处理新工艺、新技术,为白酒厂废水、废渣综合利用树立了一个标杆工程。在酒综合开发利用方面,引进管束干燥机和燃稻壳锅炉,对饲料厂进行技术改造,解决长期困扰五粮液的固体废弃物造成的环境污染问题。干燥后的酒糟燃烧生产蒸汽,进行热能利用,节约能源。以酒糟烧煤后产出的稻壳灰为原料,建设4000吨/年沉淀白炭黑工程。目前,酒糟干燥、燃烧稻壳锅炉工程已于1999年7月初试车成功。在此基础上,正在延伸扩大该工程,这样全年可节约煤炭8万吨,减少运输量13万吨。2000年,用稻壳灰为原料生产4000

吨/年沉淀白炭黑工程也已正式投产。

集团公司酒厂每日排放一定量高浓度废水,COD 含量高达几万甚至十几万。这样大量的废水排放,势必影响江河流域,给环境造成污染,也给酒厂带来大量的罚款和名誉损失。集团现有两个废水站,满负荷运转也只能处理 20% 左右的废水,而且是消耗性的。经过大量试验,科研人员摸索出一条可行的利用废水提取乳酸和乳酸钙的途径,既解决了大量的废水污染,又得到了产品,产生一定的经济效益。集团公司投资 2000 多万元兴建乳酸工程,投产后生产乳酸 1500 吨,乳酸钙 300吨,产生较好的经济效益,同时可免除几百万的废水罚款,重要的是解决了废水对环境的污染。环保创新使五粮液集团公司进入可持续发展道路的新起点。

公司全面实施了以"320""RS"等工程为首的一系列配套的相关工程,全方位地实施可持续发展战略。一大批自行研究的科技成果相继投入生产,使集团公司走上了现代化企业的道路。企业仍持续不断地采用先进的生物技术、自动化技术、节约降耗技术、分析检测技术、治污与环保等技术不断开发新品牌,为五粮液企业永保领先插上腾飞的翅膀。

五粮液集团的做法,可以说深得"井"卦之道,抓住了企业长期发展之本,而没有像某些公司那样,只喝"水"不护"井",杀鸡取卵,自掘坟墓。

"隐士"王通

《井卦》阐释用贤的道理。处在穷困中,就必须起用贤能,方足以振弊起衰。贤能被遗弃在民间,是莫大的人才浪费,但是却往往人事管道阻塞,以致不能任用。而贤能的人,也应当诚心诚意,不断进修,充实力量,以服务民众为己志;否则,也会因不合时宜而被淘汰。

唐太宗李世民之得天下,创盛世,主要是靠房玄龄、李靖、魏征等人。关于唐代君臣的英雄业绩,史书多有记载。但是史书偏偏没有记载真正奠定我国封建史上这一辉煌时代的一个幕后人——文中子。唐初安邦定国的文臣武将,几乎都是他的学生。这段史实,在文中子的弟子们仿照《论语》体例所写的《文中子》中,真真实实地披露了出来。

文中子的真实姓名叫王通,出身于书香世家。父亲叫王隆,是隋文帝的国子博士,因文帝虽赏识其才,却不用其谋,便归隐铜川。

隋开皇九年(589 年),王隆听到隋文帝消灭了陈国,统一了天下的消息,叹息道:"合乎王道的治国大略还没有头绪,天下怎么就统一了呢?"

当时只有 10 岁的王通正在父亲身边,看到父亲的迷茫,也面显忧色,说:"我听说古人开创一个新时代,必有长久之策,所以大禹、商汤的江山能保持数百年。后来建立新的国家,国策多行苟且之计,所以自魏晋以来数百年帝王像走马灯一样换来换去。最高决策人治国无道,人民大众一盘散沙,天下怎么能长治久安呢? 父亲如此哀叹,是不是忧虑国家的路线方针混乱,天下百姓将因横征暴敛而流离失所,不久就要天下大乱呢?"

王隆听了儿子的这番话,惊诧不已,问:"这样高深的理论,你是怎么知道的?"

从此以后，王隆开始将祖传的"元经"传授儿子。王通整整将这门学问钻研了18年。后又拜几位专治经学的老师研究《易经》和《诗》《礼》，王通极其用功，整整六年没有脱衣安眠，好好睡过一觉。

隋仁寿三年，王通24岁，已然满腹经纶，他抱着拯济苍生的雄心壮志西游长安，见到了隋文帝。王通纵论治国方略，"恢恢乎动天下于指掌"。文帝大悦，说："得生几晚矣，天以生赐朕也！"他有心重用王通，让公卿们讨论此事，王公大臣觉得一个年纪轻轻的无名之辈，凭一席话就平步青云，很不愉快，又值杨广兄弟正为争夺太子之位，剑拔弩张，眼看萧墙之乱就要爆发，王通知道他的治国良策不会为当权者所用，便拂袖回乡。

王通归家后，决心从此再不涉世，于是开馆讲学。其间，隋文帝、隋炀帝虽数次征召，皆不就。数年之间，慕名前来北面受教的就有千余人，其中就有房玄龄、魏征、李靖这批开创盛唐的将相之才。

王通选择的这种方式，是典型的只有中国才有的隐士处世方式。走隐士路线的人并不是不关心国家大事，只是采取不直接介入的办法，始终从旁帮助别人，或朋友，或学生，只求别人成功，自己却始终不站出来。他们非常希望天下太平，老百姓能过上好日子，宁可成全别人，自己却终生不出来做官。等到天下太平了，别人成功了，他自己却消失得无影无踪。文中子生前自比孔子，他的这批弟子也觉得他是仲尼再世。实际上就成业来说，也许他比孔子还要幸运，因为孔子培养了三千弟子，没有一个在事业上成功的，而他培养的一批年轻人，却开创了大唐盛世与影响了中华民族一千多年的思想文化。

王通自己就像"一口井"，自己不断有源头活水来，而且留意发掘人才，蔚为国用，以造福全民。

刘伯温一心为民

刘基（1311～1375年），字伯温，浙江青田人，是明朝初年的大政治家。他协助朱元璋一统天下。大明朝建立后，协助朱元璋制定典章制度，官至御史中丞。

刘伯温虽然官居高位，但却经常关心百姓疾苦。他待人很好，不摆官架子，也经常穿便装进行私访，体察民情。

一次，他微服私访来到江南一带，便想回到故乡青田去看一看。走到一个名叫陈山埠的地方。这时已经是中午了，他肚子饿了，想随便找点吃的充饥。山下有户人家正在吃午饭，一家人手里都拿着几块黄色的饼，吃得津津有味。其中两个孩子还在争抢碗里仅剩的那一块。刘伯温向老人要了一小块儿饼。他咬了一口，觉得又涩又苦，难以下咽。他问老人："老人家，这是什么做成的饼啊？"老人回答说："这是米糠掺了玉米做成的。这个年头能吃上这个，已经不错了。有时候，俺们什么也吃不到。"刘伯温听了，心中一痛。他深深叹了一口气，不忍心吃那块饼，把饼给了两眼正贪婪地望着它的那个孩子。

刘伯温来到锦水这个地方，他看到许多农民都在高山上开垦田地，汗流浃背地干着活。农民告诉他说，这一带已经没有平原可以让他们种田了，他们只好上山开

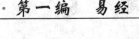

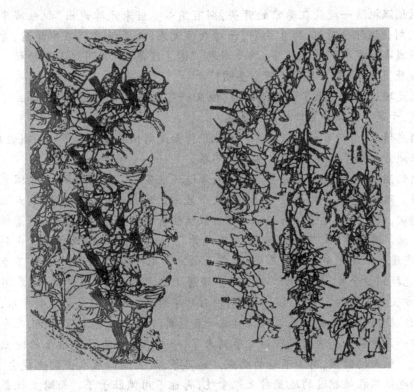

冷兵器与火器并用的明军(右为明军、左为后金的军队)

垦梯田。看到这种情形,令刘伯温大为感叹:这里的百姓过得太苦了。

　　来到当年南宋洪妃的故乡,刘伯温看见一群衣衫破烂的姑娘在采摘苦菜,数量不多的苦菜被零散地扔进篮子里。刘伯温问其中的一位姑娘:"你们摘苦菜做什么用? 做菜吗?"姑娘答道:"苦菜可以当饭吃啊! 一天能吃上三顿苦菜就不错了,还有不少人正在饿肚子呢!"

　　刘伯温看到百姓生活如此凄苦,不禁愁从心头起。该怎样才能帮助他们呢? 一边走一边想,他费力爬上了水南岭。刚找到个干净的地方,就见几个衙役押着一个面容愁苦的农民走过去。他感到好奇,就问旁边的一个人说:"这个人犯了什么罪?"那人叹了口气说:"这里连年干旱,几乎没有什么收成。而县太爷又要老百姓交税,谁要交不上,就得被抓去做上几个月的牢。"刘伯温听了,就再也坐不住了。大明王朝虽然统一了天下,可是天下百姓由于连年战乱、灾荒,日子却过得这么苦,帮助他们已是刻不容缓的一件大事。于是,他马上跑到当地的村子里,找了户人家暂且安身,准备写奏章,向皇上报告实情。他整整写了一夜。天亮了,公鸡开始了第一声鸣叫,东方出现了一丝曙光。刘伯温舒展了一下筋骨,想到刚想好的主意,微微松了一口气。

　　一切打点停当,他火速赶回京城。回到京城后,刘伯温五更时分便提早上朝了。大殿里静悄悄地,他把奏章展开,放在皇上的御案中央。不一会儿的工夫,朱元璋来到殿上,早朝开始了。他低头发现了案上的奏章,好奇地读了起来:"青田,青田,迭石成田;山无粮,水无粮,税粮减半再减半。"

刘伯温把这一段放在奏章的开头,别有用心。当朱元璋说出"税粮减半再减半"时,刘伯温抓住时机,跨步向前,面对众位大臣,大声说道:"万岁降旨,青田地方税粮减半再减半!"他又跪下,拱手谢恩:"谢主隆恩,愿大明江山像松柏一样长青。"众臣见状,也高声齐呼:"万岁圣明!"

朱元璋这才知道上了刘伯温的当,他又好气又好笑。但天子"金口玉言",岂能儿戏,于是下令减掉青田地区的税粮。

消息传来,青田百姓欢欣鼓舞。当他们得知是刘伯温为他们争取的减税后,一同朝京城方向拜了三拜,对刘伯温感激不尽。

刘伯温一心为民,帮助穷苦老百姓的事迹还很多呢。明朝初年,刘伯温奉旨回乡省亲。路过武义(今浙江金华南部)这个地方的时候,看到田地荒芜,百姓没有能力耕田,饱受饥饿之苦。而当地的富户依然住着富丽堂皇的大房子,过着锦衣玉食的生活。真可谓"朱门酒肉臭,路有冻死骨"! 他感到既气愤又伤心。走到黄金塔时,发现有一块光秃秃的大石头,就在上面写了几行字:"上至竹门坑,下至夏门埂,谁能找到黄金处,能买浙江半个省。"还署上自己的大名"国师刘基"。不长的时间,方圆几十里的人都知道了国师刘伯温题字的事。有一财主见了题字后,贪财心切,自以为是,花钱招募民工从竹门坑一直到夏门埂,把田野挖了个遍,几个月过去了却一无所获。而这时耕种的时节到来了,一些农民就在已翻过土的地里撒上些种子。秋天的时候,有了不错的收成。第二年,财主照旧雇人去翻地找金子,而农民们也依然在被挖过的地里种上粮食吃,再也不用饿肚子了。而财主耗费了大量钱财,连一点金子的影子也没见到。

几年后,刘伯温又路过武义时,发现这里的百姓过着衣食不愁的日子,心里格外高兴。这一次他又在石头上写了一首诗:"黄金不负淘金人,一寸土地一寸金。贪心财主贪不足,枉费心思笑死人。"这一下,财主知道上当了,有苦说不出,病倒了。而老百姓都一齐来向刘伯温道谢。武义的百姓经过自己的辛勤劳动,日子一天天地好起来。

刘伯温一生勤于政事,贴近百姓生活,爱民养民,一心为老百姓办实事,因而民间关于他的事迹的传说很多,且流传久远,为明朝以后的官员树立了榜样,对后世产生了很大的影响。

欧莱雅的成功内幕

现在美国的女孩子在头发上真是煞费苦心,花的钱也越来越多。她们头发的颜色几乎与她们所穿的衣服一样频繁地变来变去,在这方面一家化妆品公司早有觉察。在过去的1年中法国的欧莱雅已悄悄进军美国大都市,以3.7亿美元的价格分别买下Soft Sheen 和 Carson Prod Ucts。挑选出20%的旗舰店作为为少数人服务的"美发特护"点。价格约为售价的1.4倍。著名影星娜塔莎·金丝基用的就是韵媚霜5.6号浅棕红色高效护发染发霜,它有16种色泽,只需30分钟秀发就可焕然一新。欧莱雅的护发染发霜新 Soft Sheen/Carson Products 部门总裁特里·加纳说,她之所以钟情于法国公司是因为"欧莱雅专一、有策略、付出终有所得"。

国学经典文库

管理这家世界最大、增长最快的化妆品公司的是 54 岁的威尔士人林德西·欧文·琼斯。

1980 年欧莱雅的护发产品的竞争对手伊卡璐控制了美国 61% 的护发产品市场。当时法国的欧莱雅还不是它的对手,可它却决定抢占这个美国巨人的老巢。20 年后,欧莱雅在美国已拥有 49% 的市场份额。占有美国 13 亿美元的护发产品市场,此时的伊卡璐已跌至 40%。随着市场的压缩,伊卡璐的母公司 Bristoll-myers Squibb 的护发产品仅获得区区 24 亿美元的收益(据说德国汉高公司将收购它)。

伊卡璐并不是唯一被欧莱雅击垮的公司,Revlon 也面临着生存危机,去年日本资生堂的销售量也有所下降,雅诗兰黛也不是欧莱雅的对手。还有联合利华和宝洁也甘拜下风。当问及欧莱雅为什么能取得如此辉煌的成就时,欧文·琼斯说:"我们仅比对手更酷爱这个行业。"他的话听来也许有些傲慢,但也是事实。在过去 15 年中欧莱雅的销售额平均每年增长 12%,纯利润每年增长 15%,超过 8 亿美元,成为增长达两位数的热门科技公司。连欧洲高级商务学校 INSEAD 的市场学教授詹·克劳德·拉里奇也承认:"欧莱雅总是领导时代新潮,它永远不会过时"。

欧莱雅在股市也成为热门股,它的股价在过去 10 年中已从 8 美元涨到 76 美元。欧莱雅的大股东利莲·贝特考特已跻身世界最富有的女人之列。她的公司也正步入"最令人美慕的公司之列"。它在 INSEAD 全球最佳公司排行榜中名列第四,并跻身《财经时代》50 强。

10 年前欧文·琼斯通过廉价出售和并购欧洲的几个品种开发几种护发、护肤、化妆品和香水。为了使欧莱雅不断推陈出新,欧文·琼斯扩大了公司的研发队伍,现在研发人员已达到 2300 人。研发预算达到销售的 3.1%,几乎是其他公司的两倍。

是什么使得欧莱雅卓然超群呢?

快速反应能力也是欧莱雅成功的关键。几个月前一家德国洗发水公司要在法国推出一种护发喷雾,拉宾立即与同事们召开会议,同意对方使用他们的品牌,要在对方推出前拿下这种喷雾,工厂经理承诺一拿到配方在 1 个月内就可生产 50 万件。但实验室说这种测试至少要 1 个月的时间。

于是公司决定一边测试一边生产,如果测试失败就毁掉产品,反之就可以上市。这就是所谓出了名的"赌未来"。11 月 3 日欧莱雅果酸护发喷雾提前摆在店堂,比德国对手早了 1 周。

欧文·琼斯说:"如果等消费者告诉你那么一切都晚了。"对于市场,欧莱雅更是密切关注,1996 年公司发现美宝莲生产出价值 20 美分的睫毛油,而欧莱雅在欧洲的工厂生产同一产品要花 46 美分。欧莱雅于是立即重整欧洲市场,使它的成本下降到销售的 19%,而它的欧洲护发对手 Belersdorf 和 Hella 的成本分别为 27% 和 25%。

在这一系列发展中,来自利物浦的欧文·琼斯逐渐脱颖而出。他生于一个中产阶级之家,母亲是一名教师,父亲为工程师。这位牛津毕业的年轻人逐渐对赛车和欧莱雅产生了兴趣,于是他决定加盟欧莱雅。欧文·琼斯在意大利和美国业绩非凡,于 1988 年被贝特考特任命为 CEO。

一个年轻的外国人如何管理一家法国大公司？看来这并不是问题。在一次难得的会见中利莲·贝特考特说："重要的是眼界、天赋和勇气。而这些，欧文·琼斯都有。"

人们常这样描述欧文·琼斯：一个傲慢的人，一个热血男人，一个有激光眼的畸形怪物，一个有欧洲詹姆斯·邦德时代的风雅却又老练风趣的美国化的人。

"我没有时间听故事，我要的是事实及解决问题的办法。"欧文·琼斯说，"欧莱雅对于我来说就如一个可爱的故事，它是我生命的一大部分。"

现在对于欧文·琼斯来说最大的问题是如何保持欧莱雅的辉煌。几年前欧文·琼斯曾看过一幅约翰·F·肯尼迪的照片，是年轻时代的肯尼迪在二战中指挥一艘小鱼雷艇。欧文·琼斯说："当时他很年轻，只是个上尉，那时谁也不会想到他后来会成为总统。我要发明更多的鱼雷艇以为我将来成为总统增加动力。"

自从欧文·琼斯上任以来使用欧莱雅产品的人已从 200 万上升到 5000 万，在这一过程中，他已使欧莱雅创建者的女儿利莲·贝特考特成为世界最富有的女人之一。

人才储备是最大的储备。只要有了人才，即使一无所有，也可从无到有创出一番伟业，这早已为古今历史所证明。贤人在任何时代都不可缺。所以，使用原料要讲优良，使用人才更要讲究，当你利用人才发展时就注意：合于时宜不断更新自己。及时用贤，贤者要得其正，即使是英才也要不断充实自己，用才要中正诚信，勿蔽贤嫉才。

即使是贤者和英才，也应不断地充实自己，锻炼自己，以待机发挥，暂时不被提拔，也是自我提高的良好契机。自己有良好的基础，一旦条件合适，机会来临，便可脱颖而出，大展宏图。机遇固然重要，自身的良好素质是把握机会的基础。机遇只垂青那些懂得怎样追求的人。

欲成大业的领导人物，勿蔽才、屈才，更勿嫉才，这样才能使事业兴旺发达。领导贤才，充分发挥他们的才智去为企业服务，这才是最大的善行。

LTV 公司的故事

时代是不断前进的。一个有经营头脑的人是会随着时代的变化而改变自己的经营策略。LTV 公司的由来就说明了这一点。

LTV 公司是美国吉姆斯·林恩 1961 年创办的。仅仅 7 年工夫，LTV 由原来一家不知名的公司迅速崛起，成为全美最大的 15 家公司之一。

1946 年，吉姆斯·林恩勉强凑足 3000 美元。成立了一家小公司——林恩电气行。那时，林恩最主要的财产只有一辆小卡车、一间租来的办公室。

二战后，美国的建筑业十分繁荣。办公大楼和工业方面的建筑更是方兴未艾。于是，林恩急忙参与其中，抢到了几桩生意，积累了一些资金。到了 50 年代初期，林恩电气行的年营业额已超过 100 万美元。但是，由于他是私人经营，需交许多所得税，使得林恩真正装进自己腰包的没有几个子儿。

经过再三考虑，林恩决定将自己的电气行改造成大众公司，如此，不但可以减

轻税赋的负担,而且有更多的合理避税机会,更重要的是,股份公司是符合时代的发展,更容易扩张,也更能使利润最大化。

没过多久,林恩电气工程股份有限公司成立,并获准发行 80 万股普通股票,其中林恩拥有 50% 的股权,其余的 40 万股以每股 2.5 元价格上市。他成了"负翁"。

林恩在几个朋友的帮助下,只用了几个月的时间就把上市的股票全都推销完了。除去各种费用,林恩公司实收资本为 75 万美元。

吉姆斯·林恩认为,利用股市挣更多的钱是符合时代的趋势的,是能为自己挣更多的钱的。于是,他决定利用股市捞到更多资金,创立一个庞大的公司王国。首先,他用现金购买了另一家电气工程公司,从而使林恩公司扩充了一倍。而公司的股票售价在证券市场上立即扶摇直上。

如此一来,使得林恩在购买其他公司时,处于更加有利的地位,可以不必马上用现金兑现了。公司股票在证券市场上日渐建立起信誉,价值日益看涨。因此,也可以把它当作现金使用,而不必动用现金。

没过多久,林恩又买下一家电子公司,并改名为林恩电子公司,如此股票价值更高,紧接着他又用相同的方式,收买了阿提克电子公司和迪姆柯电子公司。此时,他的新崛起的公司,营业额已达 1500 万美元。他从"负翁"变成了富翁。

休斯·福特股份有限公司是美国重要的飞机和导弹制造厂,但是,它也成了林恩的收购目标。林恩采用双管齐下的方法,一方面从证券市场公开收购,另一方面和现有股东私下成交,迅速取得近 40% 的股权,成为休斯·福特公司最大的股东。

LTV 公司的产生和壮大都是因为它的总裁善于洞察时势,更新自己的经营观念,实行新的挣钱方式。

唐太宗修身治国

水是生命之源,井是提供源泉的地方,这就是井与水的关系。井卦以此来说明个人需要不断地培养道德修养和不断开发知识潜能,只有不断地自我完善,才能有望成就一番事业。在中国历史上,唐太宗李世民是一位有名的明君,更是一位能够正己修身、以自身为表率的君主。

在贞观初年,李世民刚刚登上帝位,就下令放走皇宫园圃中的鹰犬,指令各地州县不得进献珍禽异物,停止修建宫殿楼阁,甚至不让后宫妃子们多添新衣,他自己的龙袍也是 3 年不换新的。言行都比较谨慎,注意克己节欲,不以玩乐分心。上朝时,大臣们讨论军国大事,或请示皇上决断问题,一般都先听后说,多听少说。较难办理的事情,总在调查了解后,三思而后行。他爱护百姓,不夺农时,而违反法律的人也少,有一年全国竟然仅有二十几个违法的人。

贞观元年(公元 626 年)五月,有位外地大臣上书唐太宗,请求清除朝内的奸臣,唐太宗反复思考,也不明所指。最后,在这个人进京述职时,就当面问他:"你说让我清除奸臣是好事,但奸臣是谁呢?"

这位大臣说:"臣下远在外地,不能确定谁是奸臣。但我肯定朝中有奸人。陛下不妨故意说错一件事,而且装作固执己见,可以试验大臣的态度。那些能够敢于进谏、不屈不挠的,就是忠直之臣;如果巧言迎合的,就是谄媚奸臣。"

太宗听了,虽然明白他的意思是用一些驭臣之术,但还是摇了摇头,笑了笑,对他说:"你的主意不错,但我不能这么做。因为君主是源,臣下是流。如同江河。江河的源头若浑浊了,就不能要求下游流水清澈。君主自己诡诈,怎么能责备大臣忠直呢?我是以至诚来治理天下的,有时看到前代有些帝王用权谋诡诈来驾驭臣子,实在觉得是一种可耻的行径。"

这位上书的官员也无话可说,只好尴尬惭愧地退下了。

然而,这位大臣的话时刻困扰着唐太宗,是朝中真的有奸臣,还是上书者想由此表明自己的忠直呢?太宗便拿这个问题问耿直的大臣魏征。魏征分析说:"我认为这种空泛的议论没有什么价值,其用意也不必深究。我倒觉得,陛下所提出的君源臣流的思想,是难能可贵的,更是值得庆幸的大事。君主您能严以律己,则天下必定能够治理得很好。从前楚王请詹何做谋士,问他治理天下的要领,而詹何却只讲了君主正身修己的方法。楚王又问:'那国家究竟如何治理呢?'詹何回答说:'我没有听说过君主自身修养好了而国家却败乱的。'古代圣明的君主都能修正自身,远离享乐之欲,天下自然安乐。陛下所说,正同古代圣明君主的主张是一致的。"

唐太宗听了以后,高兴地说:"要安定天下,君主必须先修正自身,没有身正而影歪、上理而下乱的。我常想损害修身的因素,不在外界,而在自身的贪欲。比如美味、声色等,贪欲越多,损害越大。既妨害治理国政,又侵扰百姓利益。如果再有违背礼义德行,万民就会解体,怨声载道,叛离之乱必然发作。"魏征称赞说:"陛下为社稷深谋,常能正己修身,真是天下老百姓的幸运。"

李世民的想法得到了魏征的赞许,心里更觉踏实。第二天上朝时,唐太宗又兴致勃勃地向群臣讲了一通君源臣流的道理。

"自古君王治理天下,唯有对自己修身、对臣民修德这两件事最为要紧,其他虚浮的事情都不必关心。尧舜用仁德治理天下,臣下就跟着仁德;桀纣用暴虐统治天下,臣下也暴虐。臣下的举动都是依照君主的喜好行事,比如南朝的梁武帝父子二人都崇尚浮华,信奉佛教和道教。梁武帝末年,武帝本人荒废国事,到寺庙里宣讲佛经,文武官员都头戴僧帽,脚穿高履,整天陪同僧尼拜佛,谈论苦海空门,不把军国大事放在心上。直到侯景领兵攻入京城,多数官员都不会骑马,狼狈步行逃亡,死伤遍及路旁,武帝都被侯景囚禁而死。武帝之子孝文帝逃到江陵,被人包围,还向百官宣讲老子的道义,突然城被攻破,君臣都做了俘虏。这些教训实在不能忘却,我们应以此为鉴戒。我现在所喜好的,只有尧舜的仁德之道和周公的理政之教。古人说,君主犹如盛水的容器,臣民犹如水。水的形状或方或圆,都在于容器的形状,而不在于水本身。这些治国安民的正道,是我们一定要坚持的啊。"

文武百官频频点头表示敬服,并山呼"万岁,万岁,万万岁"。

由于唐太宗真正地按他所说的去做了,因而出现了"贞观之治",这是封建历史上少有的太平盛世时期。

孔子把君子的最重要的标准定为"修己",但并不局限于此,而是"修己"之后要"齐家,治国,平天下"。修身养性并不仅仅是个人的事,而是有"博施于民"和"济众"的目的。自古以来,人们恪遵儒家思想,以加强自身的修养作为为人处世的前提条件,认真严肃地履行自身的职责,用他们的德行和智慧推动着时代的车轮向前运转,谱写出了中华民族光辉灿烂的历史篇章。

革卦第四十九 ䷰

【经文】

离下兑上　革①己日乃孚②。元亨,利贞,悔亡。

初九　巩用黄牛之革③。

六二　己日乃革之,征吉④,无咎。

九三　征凶,贞厉,革言三就,有孚⑤。

九四　悔亡有孚,改命⑥,吉。

九五　大人虎变,未占有孚⑦。

上六　君子豹变,小人革面⑧,征凶,居贞吉⑨。

【注释】

①革:卦名。通行本为第四十九卦,帛书本为第四十七卦。《革》卦上《兑》泽,下《离》火,欲知卦象之义,当先知"革"字之义。

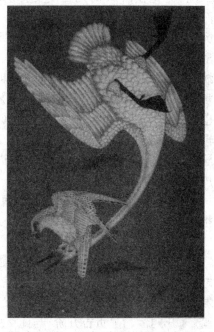

"革"谓除去兽皮之毛,因此又有皮革之义(初九之"革"即是此义)、革除之义、陈旧衰老之义(《方言十》:"革,老也。")、去旧之义(《杂卦》:"革,去故也。")、更新、更革、更变之义(兽去旧毛而生新毛、皮经革治而使新。六二、九四即取改变之义)。

《睽》卦上《离》火,下《兑》泽,火性炎上,泽水下流,二者乖离,故无革变之事。而《革》卦上《兑》泽,下《离》火,二者相遇,便会有变化发生。值得注意的是,《革》之《兑》泽为静定之水,而《既济》之《坎》水为流动之水。《革》卦之所以强调改变、革命,是因为事物已发展到失去活力而如同一潭死水,必须奋起改变它(《正义》:"革是改变之名。")。泽、火两种力量,守旧战胜革新,则事物维持老死状态;革新战胜守旧,方有新生之到来。《革》卦之水静,故更强调人为之奋起;《既济》之水动,故更强调必然之转化。《革》卦强调去旧开新,《既济》强调保成防乱。《革》卦强调促进事物之向好的方向转化,《既济》则希望防止事物向不好的方向转化,此与《否》和《泰》的关系相近。

②己日乃孚:即"己日革之乃孚"的省文,是说局面发生好转,到了己日乃有应验。为什么要说"己日"? 古人以干支记日,有刚日、柔日之说。奇为刚,如甲、丙、

戊、庚、壬;偶为柔,如乙、丁、己、辛、癸。己日正为柔日,盖视为吉日;犹今人以双日为吉日(或以为当作"巳日",巳于地支中亦为柔日)。

③巩用黄牛之革:"巩",以皮绳约束(《说文》:"巩,以韦束也"。"韦",皮革、皮绳)。当革之初,时机尚不成熟,要约束自敛。不言吉凶者,能则无咎,不能则有咎。

④己日乃革之,征吉:"革",指局面发生了好转。"之",语辞。"征"往前进取。这里的"己日"即指六二所在的时位,非是指六二以上的其他时位。六二柔爻居柔位,正与柔日"己"相合。既然"革"是去故更新,因此所谓"革之"当然是指向好的方向转化。

⑤征凶,贞厉,革言三就,有孚:《周易》一卦分为上、下卦,将事物发展分为两大阶段,下卦三爻代表始、中、小终,上卦三爻代表始、中、大终。《乾》卦九二说"见龙在田",而九三便要"终日乾乾";本卦六二说"己日乃革之,征吉",而九三便说"征凶"。第一阶段之末,须稍事调整,以防其过。但接着说"贞厉",则可知九三确有革过之嫌。"革言三就",改革多次才能获有成就。然依帛书本"革"作"勒"(帛书初九、六二、上六之"革"均作"勒",则卦名及九三所缺之"革"当亦作"勒"。又《诗·斯干》"如鸟斯革",《释文》:"革"《韩诗》作"勒"),羁络束缚(《释名·释车》:"勒,络也。"《楚辞·招魂》注:"络,缚也。")。"言"与《师》卦六五"利执言"之"言"同,语辞,犹"焉"(赵汝梅《周易辑闻》亦曰:"革言犹《诗》之驾言")。"三就",三重、三匝,喻牢固反复。九三居下卦之极,阳爻处刚位,急于躁进,又有"征凶贞厉"之占,故卦兆示其当以皮绳反复约缚之。

⑥改命:"改",改变,向好的方面转化。"命"在《周易》里多指命运、天命(亦有指"命令"的),即客观事物发展规律、趋势。

⑦大人虎变,未占有孚:"大人",指问著者。因九五居尊位,故称"大人"。"虎"为兽中尊贵者。"虎变",谓变得尊贵,比喻升迁(《太玄·遇》注:"龙虎者,兽之贵者"。《风俗通·祀典》:"虎者阳物,百兽之长也"。《说文》:"虎,山兽之君")。"虎变"犹《乾》卦九五之"飞龙在天"。"未占有孚",谓不必占问,已有应验。《升》卦六五"贞吉升阶"与此爻接近。

⑧君子豹变,小人革面:"豹变"犹"虎变"。区别是豹小于虎,九五之间著者("大人")盖本为官,占得此卦而官禄愈显;上六之问著者("君子")盖本无官,占得此爻则将得高官。《文选》刘孝标《辨命论》:"视彭韩之豹变,谓鸷猛致人爵",即以"豹变"喻升迁。"革"通"勒",刻画。"勒面",黥其面,喻黜落、罢官。本卦上六之"君子豹变,小人革面"与《剥》卦上九"君子得舆,小人剥庐"句法、句义相同。又解"面"与"免"音同相假(《说文》:"愐,勉也。"《释名》:"缅,勉也。")。"免",除去(《礼记·曲礼》:"免,去也。")。"小人革面",言小人被革除掉。

⑨征凶,居贞吉:"征凶"即《乾》卦上九"亢龙有悔"之义;"居贞吉"则《乾》卦用九"见群龙无首吉"之义。

【译文】

革卦:变革在"己日"发动,才能获得民众的拥护,并且非常顺利,朝着有利于

正义的方向发展,使人悔恨的事情不会再发生。("己日",在十天干中己越过中央,是盛极而衰必须变革的时刻,故"己日"寓有变革之日的含义。)

初九:如同用黄牛皮制成的革绳牢牢地绑住手脚那样,控制住刚烈急躁。

六二:在己日进行变革,前进必然吉利,不会有灾祸。

九三:急躁冒进会有凶险,即使行为正当亦难免危险;关于变革的言辞务须深思熟虑、再三讨论,意见一致后才能付诸行动。

九四:悔恨消除,然而仍需得到民众的信任、支持,才能吉祥。

九五:领袖人物发动变革,像斑斓猛虎一般势不可挡,即使未占问前途如何,民众仍然相信变革能够成功。

上六:君子进行变革,就像有斑纹豹子一样敏捷,庶民也应旧貌换新颜;继续前进有凶险,安静无为才合乎正道而吉祥。

【解读】

本卦阐释了变革的原则。任何政治,都有一个盛极而衰的过程,当败象显露时,即须采取变革的行动,以适应时势民心的需要。变革是一件牵动全局的大事。在条件尚未成熟的时候,应慎审时势、积蓄力量,巩固自己,不可轻举妄动;一旦条件成熟,就应抓住时机,果断行动;变革即使势在必行,也应首先取得民众的信任和支持;能否取得变革的成功,不仅变革者要具有不畏怯、不妄动的性格,而且变革者要赢得广大民众的信赖。只有在变革之前自己先进行变革,才可能变革周围的人和环境;变革绝非修饰,变革必须彻底;当变革成功之后,上下洗心革面,休养生息,保持安定团结,开始新的生活。

【经典实例】

商鞅变法

旧事物限制了自身的发展,就要采取变革来适应新的客观形势,以使自身能够不断地向前发展。历史上著名的商鞅变法,革旧除新而使秦国强大的事例,充分地证明了这一点。

战国时期维持 257 年,初期列强大约保持均势,一直到 117 年之后,即秦孝公即位时,秦国才开始打破均势,有了独强的姿态。而秦孝公成就霸业,则与商鞅密切相关。

孝公任命商鞅为左庶长,并决定变法。接下来商鞅出台了他酝酿改革的新政策。

新法规定:民众五家为保,十保相连,彼此连坐,一家犯罪,连保的各家同受其罪。不告密的要受腰斩,告密者与战场杀敌斩首者功劳一样,掩护犯罪者与投降敌军者处罚一样。

一家有两个壮丁而不分家,加倍课税。有军功的人,各依功受赏。民间私斗,各依情节轻重受刑。努力从事本业,不论耕种、纺织,能超额生产的人,可以免除徭役。从事小利的工商匠人,及因急惰而贫穷者,全部充当公家的奴仆。王室宗亲如果没有军功,不得列入簿籍、享受特权。列明地位之尊卑,及爵位、俸禄之等级,循

国学经典文库

序分配田产,仆妾、衣服也依等级各有定制。对国家有贡献的人可以获得褒扬,没有贡献的人,即使富有也无法荣耀。

法令订好之后,尚未公布。商鞅担心老百姓不按新法做。为取信于民,就在国都咸阳的南门外,立起一根三丈高的木柱子,命官吏看守,并且下令:谁将此木搬到北门,赏黄金10镒(古20两为一镒,一说24两为一镒)。当时围观的人很多,但大家一是不明白此举的意图,二是不相信有这等好事,所以没人敢动。

商鞅闻报,心想:百姓没有肯搬立木的,可能是嫌赏钱太少吧!于是他又下令,把赏钱增加到50镒。重赏之下必有勇夫,没出两天,就有一个壮汉,把那木柱扛到了北门。

商鞅立刻召见了搬木柱的人,对他说:"你能听从我的命令,是个好百姓。"立刻赏他50镒黄金。

这个消息不胫而走,举国轰动,大家都说商鞅有令必行,有赏必信。

第二天,商鞅即公布变法令,虽然新法遭到一些贵族特权阶层的反对,但新法在秦国终于得到顺利实行。

变法令颁布刚一年,太子就触犯了法律。商鞅说:"新法不能顺利施行,就在于上层人带头违纪。"但当时规定太子是国君的继承人,不能施以刑罚,于是商鞅就把他的老师公子虔处刑,将另一个老师公孙贾刺字,以示惩戒。

第二天起,秦国上下都开始恪遵新法,十年之后,法令发挥效用,人民安乐,路不拾遗,治安良好,家给户足。人民勇于作战,不敢私斗,各地都繁荣而安定。国力的增强为以后秦统一中国打下了坚实的基础。

商鞅的变法,以长远的历史眼光来看,确实是适应了客观规律的发展。但变革所遭受的阻力,也从反面证明了必须抓住时机强力推进的必要性。变革是必要的,而采取得当的策略和手段,更是必要的。否则,就有可能难以施行,甚至起到相反的作用,导致混乱。

改革家刘晏

《革卦》阐释变革的原则。当腐败迹象已经显露,就必须采取变革的非常行动,但一切制度机制可以变革,根本原则却不会改变。变革的原则,首先应巩固自己,并且等待时机成熟,当势在必行,然后发动,顺天应民,始可得到群众的信任与支持。变革并非修饰,而应彻底革新,以身作则,推广及于大众。变革成功之后,让民休养生息,以适应新的生活。

改革家刘晏主持唐政府财政工作前后的20年间,他极其机智地改革经济管理工作,工作有声有色。

广德二年(764年),刘晏开始办江、淮漕运时,唐政府全年财政收入不过400万缗。到大历末(大历,766年至779年),就增加到1200多万缗。增加的部分,十分之七来自江淮盐利。他贯彻"以爱民为先"和重视生产的理财方针,采取各种积极措施,稳定民生。广德二年,唐政府所统辖地区有户293万,到大历末年,增加到380万户,前后增加了90万户。所增加的户口,都是在刘晏管辖经济的地区内。这

都得益于刘晏卓有成效的工作。

刘晏的工作方法和取得的成就,必然受到惯于对人民"竭泽而渔"的昏愦官僚的抵制、反对和仇恨。

为了使自己的主张能顺利推行,他不得不在一些小的方面向他们妥协。但在坚持理财方针这样的原则问题上,却毫不退让。权贵们视刘晏所管辖之事为鱼肉人民的美差,又为了干预和控制刘晏的工作,因此总想把子弟亲友安排到他们的部门里。刘晏对此类事情的处置很讲究方法,"虽权贵干请,欲假职士者,晏厚以禀入奉之,然未尝使亲事"。即给这些人以丰厚的薪俸,而不让他们处理事情。这样既可以部分地满足权贵们的要求,将压力大大减少,又可使财经工作牢牢掌握在可靠而有才干的人手里。显示了刘晏将原则性与灵活性相结合的处理人事关系的原则。即使这样,他与权贵们之间的矛盾无法彻底消除,最有代表性的就是与宰相元载的冲突。

元载为人狡诈,但深得肃宗倚重。当宰相后,他更加肆无忌惮地贪赃枉法,巧取豪夺,专权骄横。唐代宗也无法忍受下去了,派刘晏审问他。元载被处死。元载的党羽之一、吏部侍郎杨炎也被贬为道州司马。从此,他和刘晏生有怨习,伺机为元载复仇。德宗继位后,重用杨炎,杨炎趁机陷害刘晏,将刘晏秘密杀害。刘晏的死讯传出,人们议论纷纷,"天下以为冤"。有的节度使上表,公开讥斥朝廷:"诛晏大暴,不加验证,先诛后诏,天下骇惋。"

刘晏像

刘晏前后处理经济问题达20年,但他勤俭节约,廉洁朴素,他的反对者们,以为他表面装得寒酸,家中必有广蓄,竭力主张抄他的家,但抄查的结果,"惟杂书两乘,米麦数斛"。事实证明,刘晏是封建朝廷中,少有的清廉正直之士。

刘晏含冤而死,但他培养的一大批经济管理人才继续在唐政府中担任经济领导工作。他的经济改革使原本已经显出疲相的唐王朝收益良多,继续维持了100多年。

改革总会得罪既得利益者和当权派,所以"革卦"告诉改革者要慎重,要等待时机,争取人民的支持。即使这样,仍不免遇困,乃至受害。但这就看改革的价值取向了,是选择事业,还是生命了。事业可以继续流传下去,造福民众,而生命迟早要结束的。

三星的"地区专家"制度

随着三星集团实力的不断增强,许多发达国家均不再把它视为普通的发展中国家的企业,而将它看作强劲的竞争对手。许多竞争对手来到"家门口"与三星展开"面对面"的搏杀。三星人深刻体会到全球化竞争的残酷,危机意识油然而生。

李健熙为了使三星集团适应新时代的发展,提出了一系列改革措施,树立了集团的总体目标:确立在尖端产业里的优势,培养自主的技术力量,扩大海外事业,实

现经营的国际化和先进化，并在半导体事业上跨入世界十大企业行列。

在经营原则方面，三星改变了过去奉行了50多年的准则，把"事业报国、人才第一、合理追求"换成"世界第一、重视技术、尊重人才"。

为了"世界第一"，三星推出了"地区专家"制度。集团每年派出400名年轻的男性职工，让他们到国外去生活一年，所有开销都由集团负担。职工在国外可以做任何自己想干的事情，三星集团不加干涉。回国之后，这些员工会花上两三年时间专门研究自己所到的国家，然后再回到这些国家工作。

一开始，这个制度受到许多人的质疑，认为花费那么多的钱是一种浪费行为。但当第一个被派遣者回来汇报总结时，反对意见马上消失了。一个本来连一句中国话都不懂的员工，居然能用流利的中国话滔滔不绝地讲了整整两个小时，大谈有关在中国如何开拓市场的战略，令所有在场的人大吃一惊。还有一个人被派往德国回来后没多久，居然有一位德国参议员打电话来找他，让周围的人惊讶得合不拢嘴。不久，"地区专家"制度便成了三星人关注的热门话题。

此外，三星为了开拓国外市场，采取合资方式与当地有实力的企业合作。通过合作，三星的经营管理能力和信誉得到了国际工商界的承认。

为了充分挖掘员工的潜力，三星集团于1992年7月15日成立了一个"时代探索"小组，由3名科技人员、3名代理级职员和4名普通职员组成。他们可称得上是三星集团的精英，是以20比1的比例挑选出来的。这10个人的共同特点是：不安于现状，不安于沉闷局面，总是憧憬着新生事物，具有强烈的挑战意识，总希望打破现状实现未来的美好理想。

集团允许该小组成员不受任何组织关系约束，可以自由活动。他们的业务是猎取情报，提出新主意。他们可以根据自己的设想做任何调查活动，可以向集团申请经费。如果他们提出好建议，三星集团会马上采纳并在全公司加以实行。如果一年下来没有什么成果，也不追究任何责任。

这一措施在三星内部引起了极大的反响，可以说是跨时代的事情。因为三星过去一直是等级森严、注重本职的工作方式，职员们都是严肃认真，循规蹈矩的。这种"时代探索"小组的工作方式打破了传统的束缚，为整个集团创造出一种宽松的气氛，从而激发每个员工的主观能动性。

不同的时代有不同的需要。进入20世纪90年代后，消费者越来越挑剔，他们不仅需要质优价廉的商品，还要求厂家提供热情周到的服务，真正享受"顾客就是上帝"的感觉。三星集团把握住了这种时代脉搏，建立了一套完善的服务体系。

除此之外，新任会长李健熙还进行了其他方面的改革，包括：实行早勤早退制度，提高职工的工作效率；进行企业重组，克服大集团的弊病，形成若干小集团；将所有三星领域对妇女开放，男女就业，晋升机会均等；在国际化过程中重视"当地化"，创造更多的利润等一系列措施。

三星的改革不仅是一个企业集团的经营创新行为，它将对整个韩国经济带来巨大的冲击。对此，李健熙充满信心，他的目标是：三星一定要成为世界超一流企业！

国学经典文库

决策失误

20世纪80年代初,罗伯特·哈斯出任莱维斯公司的首席执行官。当时的莱维斯,旧有的管理制度已经不能适应高速度扩张的需要,开始滋生"臃肿病",权力得不到有效的集中,公司随时有分崩离析的危险。哈佛大学MBA毕业的罗伯特·哈斯临危受命,成为家族中第五代继承人。

哈斯不光拥有令人羡慕的学历,而且具有在著名的麦肯锡公司做管理顾问的经历。他接手公司后立即大刀阔斧地对公司进行改革。先是关闭了十几家工厂,放弃了前途黯淡的子公司,然后全力扩展海外业务,把公司的重心集中到莱维斯的核心产品——牛仔服上。为了提高生产效率,哈斯改良了旧的服装生产线,引入了先进的管理方法,把缝纫工人送到外厂培训,将过去的工作"计件制"改为一种团队协作精神。1985年哈斯出资让一部分股东放弃了股权,使公司股权相对集中。这些行之有效的措施立刻遏止了滑坡的业绩,使莱维斯公司的管理链运行正常,销售额稳步上升。公司股票由2.53美元暴涨到265美元,让人匪夷所思地翻了100倍。辉煌的成就使哈斯被业界人士视为管理天才。

熟悉哈斯的人都知道,他同时也是个理想主义者。哈斯坚持认为一个由社会责任感驱动的商业公司的业绩,可以超过那些单纯追逐利润的公司。为了实现这种管理观念,哈斯做了很多大胆的实验。他一反美国传统的一人把关、自上而下的商业管理模式,而让工人参与决策过程。他认为商业机构应该带头解决环保、劳工、人权、男女平等和福利问题,并力图使莱维斯成为美国服装业最有社会责任感的企业。

由于只注重追求社会效益,哈斯把大部分的精力转移到一些社会公益活动中,如在公司自助餐馆门口发放防治艾滋病的小册子,接受媒体关于"价值成就企业"的采访,做有关青少年道德方面的演讲等。哈斯的这些做法实质上是把一个纯粹的生产企业变成了一个非营利性的组织。

1993年,公司业绩自1988年以来首次下滑,哈斯选出200名莱维斯最优秀的员工组成研究小组,开始设计新的"顾客服务供应链"。革新派和保守派在一些非原则性问题上争议不休,无端耗费了许多宝贵时间,最后哈斯只得将原计划15个月的新产品生产周期压缩为3个月,由此导致了生产成本成倍地增加。到1995年,这项耗资8.5亿美元的庞大计划最终流产。之后,莱维斯的许多改革方案均因哈斯要求"集思广益",而在全民公决似的讨论中一一搁浅。

哈斯的经营理念使公司的决策偏离了市场,而且极大地降低了决策效率。莱维斯牛仔服装从款式、色泽、做工上大大落伍于时代,就连一些思想非常守旧的老人也不愿买莱维斯生产的老掉牙的牛仔服。

从1997年开始,莱维斯不得不关闭了北美和欧洲的29座工厂,削减了1.6万名员工。1998年的销售额比上年减少了13%,莱维斯公司的市值从140亿美元降到80亿美元。

本卦阐释了变革的原则。任何组织,都有一个盛极而衰的过程,当败象显露或

面对压力时，即须采取变革的行动，以适应时势的需要。变革是一件牵动全局的大事。应慎审时度势，积聚力量，抓住时机，果断行动；能否取得变革的成功，不仅变革者要具有不畏怯、不妄动的性格，而且变革者要赢得广大民众的信赖。变革绝非修饰，必须彻底。

萧规曹随

西汉前七十年间以清净无为的黄老之术治国，轻徭薄赋予民休息，是国力迅速恢复，达到文景之治盛世的重要原因。而其中的"萧规曹随"，就是黄老之术最明显的体现。

"萧规曹随"中的"曹"指曹参，他是刘邦的老乡，也是西汉最重要的开国元勋之一。刘邦称帝后，封他为齐相国。当时齐有七十余城，是最大也最重要的封国。治下在今天山东沿海的一大片地方，有很重要的经济意义。

曹参上任后，就如何治理齐国广泛征求社会各界的意见，结果，一时百家齐鸣各具特色，很难统一方式。后来，他听说胶西地区有一位盖老先生，精研黄老之术，就前往请教，得盖老先生面授机宜。据说最关键的话只有一句：治国之道，贵在清静无为不扰民，则民自定。

曹参立刻开窍。此后，以黄老之术治理齐国九年，国泰民安。

宰相萧何去世，曹参知道后马上让人收拾行李，说："我要当宰相了。"几天后，朝廷的使者到，召他进京出任宰相。

曹参的宰相当得很潇洒：他处理政事时，全部按照萧何的成规办理；任免官吏时，只挑那些年龄大的、忠厚老实的、不善言谈的人，辞藻华丽、长篇大论、追求名声者一概罢免不用。他自己则每天大碗喝酒，大块吃肉，白天晚上都是酒气熏天。

这把他的同僚部下们都搞糊涂了。于是，忍不住想探问个究竟。谁知，一见到宰相，宰相就会极其热情地拉着喝酒；来者刚一说话，马上又被灌酒，直到最后，一醉方休。而且，这种情况居然成了每日的常态。不如此，人们反倒不习惯了。于是，只要整个宰相府安然快乐，整个国家也就安静祥和。

宰相府旁边有个花园，是相府属吏们平时休息的地方。到后来，这帮家伙们也学着宰相在这里整日聚会狂饮，喝高兴了就手舞足蹈。终于，有老成一点儿的官吏实在看不下去了，于是，有一天请曹参去逛这个花园，意思是当场抓住这帮家伙整治一下。不料，宰相见此情形甚乐，叫嚷着端起酒杯立即与这帮家伙打成片。

当时的汉惠帝刘盈看到宰相这副样子，也很疑惑，于是就让在自己身边做侍从的曹参的儿子，悄悄回家问问他父亲，究竟打的什么主意，还想不想治理这个国家了？结果，儿子的话刚刚出口，曹参便大怒，把儿子摁在地上一顿痛打，据史书记载：在屁股上足足抽了两百鞭子。打完后，对他说："滚回去当好你的侍从，天下大事岂是你该过问的？"

这样一来，皇帝自觉很没面子。一天上朝后，刘盈就责备曹参说："是我让你儿子劝你的，你怎么把他打得那么惨？"

曹参慌忙道歉，然后问惠帝刘盈："陛下觉得自己与高祖比谁更英明？"

国学经典文库

刘盈回答说:"我怎么敢和高祖比?"

曹参又问:"在您看来,我和萧何谁更贤明?"

刘盈回答道:"先生好像要差一点儿。"

曹参说:"对呀。高祖与萧何已经定下了很好的治国方略和政策法令,您无为而治,我们守住职责不乱来,这不就可以了吗?"

刘盈听后放心了,说:"好。"

于是国富民强。

变革的目的是让人民、让国家得到好处,这就要实事求是,根据实际情况而定。如果现实情况不允许,变革不能得到很多利益,反而起到了不好的作用,那就不合适了。

王安石厉行变革

改革,古人称之"布新猷,除旧政",或者叫作"变法乱常"。用现在的话说,就是除旧布新,打破常规。它意味着对原有的权力配置、利益关系、社会秩序乃至人们的生活习惯、思维方式、价值观念进行新的调整。必然引起新的矛盾,因而,在改革过程中,及时化解新出现的矛盾,保持社会稳定,就是保证改革顺利进行,这也是古人所说的要善于以"小变"求"不变"。古往今来,无数历史事实证明,只有不断地革除旧政,才能更好地促进社会的健康发展。

我国封建社会的历史,经历了 2300 多年。其中,宋王朝约占七分之一。尽管自给自足的自然经济在整个宋王朝始终占统治地位。但是,在经济方面自唐代以来商品经济已有了较大程度的发展;在政治方面处于我国封建社会大变革的时代。这一切成果的取得都与当时的改革派厉行变革是分不开的。

北宋建国之初,一直奉行"不抑兼并"的土地制度。到宋仁宗时,全国已逐渐形成了"富者有弥望之田,贫者无立锥之地"的局面。再加上繁重的苛捐杂税,人民不得翻身。当时的北宋王朝很多的大臣都想改变这一局面,但始终是没有多大成效,及至王安石的变法横空出世,北宋的面貌才为之一新。

王安石出身于中下层官宦之家,自幼聪明好学,他博览群书,诸子百家、诗词歌赋无不精通,甚至还阅读下层社会的市井文学。王安石始终怀着学以致用的目的,深切而透彻地了解古代典籍。阅历和学识的增长使得他的思想日益成熟。因为经常跟随做地方官的父亲辗转各地,见多识广,早年的迁徙生活使他较为广泛地接触到社会的贫困和人民的苦难,对广大挣扎在贫困线上的劳动人民寄予深切的同情。他从小立下大志,即以天下为己任,很小的时候,他曾写诗言志:

> 此时年少自负恃,
> 意气与日争光辉。
> 秉闲弄笔戏春色,
> 脱略不省旁人讥。

由此可见，少年时代的王安石就有着不同凡响的志趣。

宋仁宗庆历二年（公元 1042 年），王安石高中进士，任淮南判官。

庆历七年（公元 1047 年），王安石调任鄞县（今属浙江）知县。他到任后便大量访问多方面人士，对鄞县的自然状况做了一番深刻的调查。经过调查得知这个县跨江负海，有着丰富的水利资源。由于前期统治者废掉营田吏，致使水土流失，连年荒旱，农业歉收。当他了解到这一情况之后便抓住了这一地区兴利除弊的关键，广修堤堰和川渠以确保丰收。他还发动乡民们疏通渠道。这些水利设施起到了蓄水排灌的作用，对农业生产大大有利。

每当青黄不接的季节，穷人的口粮接不上的时候，他就让人打开官仓，把粮食借给农民，待到秋收以后，要他们加上官定的利息偿还。这样做，农民可以免除大地主豪强的重利盘剥，日子比较好过一些，因此很受百姓爱戴。同时也使政府从中得到一笔稳定的经济收入，搞活了政府经济。这是王安石立志改革的第一次尝试，因成功而受到朝廷的器重，也赢得了老百姓的尊敬与爱戴。初次改革的成功不仅坚定了他继续前进的信心，还为他将来从事政治改革积累了一定的经验。

王安石在任鄞县知县期间，曾多次上书上级官吏建议兴利除弊。皇祐三年（公元 1051 年），他勇敢地向当时的宋仁宗递上了一封长达万言的《言事书》。《言事书》对北宋王朝以来内忧外患、积贫积弱的局面及形成的原因做了较为精辟的分析，王安石主张重新建立宋王朝的"法度"，对现实政治进行大胆而深刻的改革。当时范仲淹"新政"失败之后，仁宗对改革持怀疑态度，他心里根本无意改革，于是王安石的上书石沉大海。

治平四年（公元 1067 年），宋英宗死，宋神宗即位。神宗立志改变现实，有所作为。他需要一个得力的政治助手。由于神宗早就听说王安石的杰出才能，他就下令把正在江宁做官的王安石调到京城来面谈，面谈非常投机，宋神宗便决定重用王安石。

熙宁二年（公元 1069 年），宋神宗将王安石提升为副宰相，主持朝政。王安石在内忧外患、矛盾重重的状态下，提出了"天变不足畏、祖法不足法、人言不足恤"的口号，但守旧派却以"祖宗之法不可变"为由极力反对王安石的变法，并认为王安石的思想观点是大逆不道、不能容忍的。但是由于有宋神宗的大力支持，王安石还是开始大刀阔斧地进行了改革。

王安石变法的内容主要有：一、青苗法。这就是他在鄞县试用过的借粮济民的办法，现在拿来推广到全国实行。二、农田水利法。政府鼓励地方兴修水利，开垦荒地。三、免役法。官府的各种差役，百姓自己可以不服役，改为由官府雇人服役。各家各户按贫富等级，缴纳免役钱，原来不服役的官僚、地主也要交钱。这样既增加了官府收入，也减轻了农民的劳役负担。四、方田均税法。为了防止大地主兼并土地，隐瞒田产人口，由政府丈量土地，核实土地数量，按土地多少、肥沃程度收税。五、保甲法。政府把农民按住户组织起来，每十家是一保，五十家为一大保，十大保为一都保。家里有两个以上成年男子的，抽一个当保丁，农闲练兵，战时编入军队打仗。

王安石的变法很快取得了成效，宋王朝的经济收入大大增加，政府和军队裁撤

了大批冗员,效率大大增加,农田水利设施建设蒸蒸日上。社会生产力有了巨大发展,垦田面积大幅度增加,全国高达七亿亩,单位面积产量普遍提高,多种矿产品产量为汉代、唐中叶的数倍至数十倍,城镇商品经济取得了空前发展。这一时期被人们俗称为"王安石变法时期"。

王安石的改革促进了宋王朝社会生产力的发展。北宋王朝的农业、手工业、商业等发展水平,大大超过了唐朝,成为秦汉以后,中国经济发展的又一个高峰期,这说明王安石改革所确立的多种经济制度,是适应社会生产力发展要求的。

革卦中包含着"只有变革,才能产生新的气象"的道理,如果说北宋王朝的社会生产,在整个封建时代居于两个马鞍形的最高峰,那么就应当说,王安石变法时期的社会生产,则居于这个最高峰的最高点。尽管变法在司马光等守旧势力的复辟活动中以失败而告终,但它所产生的巨大作用和深远的历史影响,则是永远不会磨灭的。

"述往事,思来者。"人类即将迈入又一个新的千年,中国共产党人正率领全民族进行着一场前无古人的改革大业。当然,今天的改革所面临的政治、社会、文化环境,与历史上的改革有着根本的不同。但是,我们高兴地看到,今天的改革继承我国传统文化的精髓,从丰腴的历史沃土中汲取充足的营养,继承前人高尚的改革情操,立足于对社会现实及发展规律的深刻洞察和准确把握上,反映最广大人民群众的根本要求,创造了并继续创造着璀璨夺目的中国改革文化。举世瞩目的辉煌成就也充分地说明了这是历史上任何一项改革都无法比拟的。

鼎卦第五十

【经文】

巽下离上　鼎[1]元吉,亨[2]。

初六　鼎颠趾,利出否[3],得妾以其子[4],无咎。

九二　鼎有实,我仇有疾,不我能即[5],吉。

九三　鼎耳革,其行塞,雉膏不食[6];方雨亏悔[7],终吉。

九四　鼎折足,覆公𫗧,其形渥[8],凶。

六五　鼎黄耳,金铉[9],利贞。

上九　鼎玉铉[10],大吉,无不利。

【注释】

①鼎:卦名。通行本为第五十卦,帛书本为第五十六卦。此与《革》卦为卦爻翻覆的关系,故次列于《革》卦后。《杂卦》说:"《革》,去故。《鼎》,取新"。事实上,《革》卦与《鼎》卦的爻辞都包含有去故取新的意思。

《鼎》卦下《巽》木,上《离》火。木燃于下,火炎于上,有燃器烹饪之象;鼎为炊器之大者,故卦名为《鼎》。又《巽》为风,鼓动风箱以助柴火之势,亦是燃鼎烹饪之象。

②元吉,亨:程、朱以为"吉"字衍,当本作"元亨"。按:疑经文不误,《象传》有误,说见《象》注。

③鼎颠趾,利出否:初六与九四居下上卦之初位,因此"颠趾""出否"与"折足"

"覆铢"有内在联系。"颠趾",谓鼎足颠倒。"出否",谓倾倒出陈旧秽恶之物（"否",恶,不善）。此说"去故",下句"得妾以其子"说"取新"。此外尚有其他几种说法,如以为"否"当作"妻",或认为"否"当读为"妇"（二说均训"出"为"休""去"）；或训"出"为出行,"否"释为疑问词。

④得妾以其子："以",予,给（《广雅·释诂》："以,予。"）。"以其子",谓给他生儿子（也有释"以"为"与",连词,犹"及"）。"得妾"是新娶,"予其子"是新生；皆含取新、更新之义。

⑤鼎有实,我仇有疾,不我能即："有实",谓鼎中装有食物。倾去陈滓,以实新物,亦有取新之义。"仇",仇人、对立面。"不我能即"即"不能即我"。"即",接近。不能即我,谓不能来谋算我。有人释"仇"为匹偶,"疾"读为"嫉","即"同"则",读为贼。

⑥鼎耳革,其行塞,雉膏不食："鼎耳",鼎器上端两边的把手。"革",谓因陈旧而脱落。"行",谓鼎之移动。鼎中食物烹熟,移至案前食用,故谓"行"。"塞",阻滞,艰难。耳上有环,插杠以行之,今耳落,故"行塞"。"雉膏"即鼎中烹熟的雉肉。"不食"犹《井》卦"井渫不食"之"不食",谓不能食用。鼎肉未能移至案前,故不能食用。此三句为有悔之象。

⑦方雨亏悔："方",即将。"亏",消、去（《广雅·释诂》："亏,去。"）。"亏悔"即悔去、悔亡。《易》例以"雨"为阴阳和合之象,皆为吉占,如《睽》上九"往遇雨则吉"之类。

⑧鼎折足,覆公铢,其形渥：鼎以立为用,足折则不能立,是凶象。"覆"犹打翻。"公"即九四本爻。九四为大臣之位,故谓"公"。"铢",即九二之鼎实、九三之"雉膏",谓雉肉羹。打翻羹汤,亦是凶象。"其"指代"公"（或谓指"鼎"）。"形",体、身。"渥",沾污（《说文》："渥,沾也。"《广雅·释诂》："渥,浊也。"）。满身汤污,更是凶象。或释"形渥"为"刑渥"（训为重刑）或"刑屋"（帛书作"刑屋",谓刑于屋下）。按:此"其形"当与九三之"其行"对看,故知释为"刑渥"或"刑屋"似不确。

⑨鼎黄耳,金铉："黄""金"互文,"黄"谓其色,"金"谓其质（指铜）。"铉",耳上之环,所以插杠者。此"耳"及"铉"为旧革而新更之耳、铉。"黄"与"金"喻吉、坚、贵。

⑩鼎玉铉："玉铉",鼎环之嵌玉者,较"金铉"为更贵。二者皆大吉之象。

辽宁出土的西周方鼎

【译文】

鼎卦:革故鼎新,十分吉祥、亨通。

初六:鼎颠倒其足,能消除掉鼎中秽物因而有利；讨妾是为了生育儿子,并无过失。

九二:鼎中装满实物,心中充满仇恨,不为恶所诱惑,吉祥。

九三:鼎没有了耳,移动起来就有困难,即使鼎内有美味的鸡肉,也难以享受；阴雨总有天晴,最终会吉祥。

九四：鼎足折断，打翻了王公的美食，溅得一身淋漓，凶险。

六五：黄色的鼎耳，坚固的耳环，革新能够顺利进行。

上九：鼎的耳环是玉料所镂，革新大吉，无所不利。

【解读】

本卦通过鼎的足（趾）、实（腹）、耳、铉等形象譬喻，阐述了养贤用贤的道理。认为巩固新政权，莫过于养贤亦即储备人才；养贤用贤，则意味着对陈旧腐败的消除；选拔人才，必须量才施用，做到知人善任；倘若任人唯亲，用人不当，必然招致祸患；贤能之士一时未被重用，亦不必灰心丧气，只要坚守正道，总有施展抱负的机会；明君贤士，相辅相成，才能相得益彰；贤能致仕，宜如温玉一般，刚柔相济，才会无往而不利。

【经典实例】

广纳贤才，革故鼎新

巩固新政权，莫过于养贤，也就是储备人才。养贤用贤，则意味着对陈旧腐败的消除，选拔人才，必须量才，做到知人善任。倘若任人唯亲，用人不当，必然招致祸患。明君贤士，相辅相成，才能相得益彰。贤能致仕，宜如温玉一般，刚柔相济，才会无往而不利。

清朝定鼎北京后，在短短的十七八年里，基本上在全国范围稳固了清朝的统治，其中的一个重要原因是因为吸收了大批明朝官员加入清统治者的队伍中。

为拉拢明朝旧官，多尔衮和顺治帝在任用汉人方面采用了"邪正兼收"的方式，不管是东林党还是宦党，只要能为我所用，就过往不咎。

顺治十年（1653年），顺治帝说："国家用人，着眼于叫他立功，而不是叫他再犯错误……冯铨，原阉党骨干，本来没有什么明显的错误，且博通典故，熟悉政事，因此特地召用，以使他自新。"任命他做了弘文馆的大学士，第三年加了"议和师"衔。冯铨受此礼遇，干得也更加卖力，为清初统治者出了不少主意。顺治十六年，以太保、中和殿大学士衔退休养老。

顺治十年，顺治帝叫洪承畴经略江南时，明确指示"抚、镇以下听其节制，兵马钱粮听其调拨"，"吏、兵二部不得掣肘"，没因洪承畴是个汉族降将，就与满族将领有区别。因此，洪承畴随军南下，攻城劝降，含辛受骂，在所不辞。洪承畴派人迎母于闽，母至，见承畴而大怒，操杖击之，说，"迎我来，将使我为旗下老婢吗？我打死你，为天下除一害！"承畴仍不为母言所动，继续为清廷效力。最后干到双眼几乎失明，也毫无怨言。

多尔衮和顺治皇帝采取广用汉臣的手段，解决了清廷所需大部分官员的来源问题，靠不咎既往的策略稳住了这些人的心，从而使满族统治者在较短时间里逐渐在全国站稳了脚跟，使社会局面很快出现了一派全新景象。这不能不说是"鼎"卦在清朝统治者手中的具体运用所起到的良好效果。

阐释养贤

《鼎卦》阐释养贤的道理。变革必须储备人才,起用贤能,方能除旧布新。拔擢人才,必须知人善用,小人成事不足,败事有余,不足以担当重任,必须排除,任用不当,必然招致灾祸。贤下,必然相得益彰,唯有刚柔相济,才能无往不利。

战国时期,齐威王注重治国,善抓典型。一天,齐威王召见即墨大夫和阿邑大夫。他先对即墨大夫说:"自从你去即墨上任以来,毁谤你的话天天报来。我派人到即墨视察,看到田野开辟,人民富足,官吏清闲无事,国家的东部很安定。可见你从不贿赂我身边的人来为你说好话。先生确实是个好官啊!"于是,当场封赏给即墨大夫万家赋税。

接着,齐威王又对阿邑大夫说:"自从你主管阿邑以来,赞扬你的话天天报来。我派人到阿邑调查,却见田野荒芜,人们受穷挨饿。上次赵国攻打甄邑,你不敢去救援;卫国攻打薛陵,你全然不知。可见你就知道用大量的金钱贿赂我身边的人,求他们为你说好话!"于是,齐威王惩治了阿邑大夫和身边弄虚作假的人。

由此,齐国大治,从此成为最富强的国家。

齐威王即位之初,国内也曾是一片混乱的景象,权臣互相攻杀,贿赂公行,是非不辨,好坏不分。这样的局面整整持续了九年。

后来,齐威王经过调查,终于发现了问题的症结所在。他不以左右的好恶、权臣的说项为依据,他深知左右亲近之臣有可能为善于逢迎、投其所好的小人所收买。受人恩惠,为人鼓舌,历朝历代,不乏其人。假如齐威王也是一个高高在上的官僚,每天只是听听汇报,看看材料,怎么能发现真正的人才,怎么能了解真实的情况!那么辛勤工作、默默奉献的即墨大夫不但得不到公正的评价,反而有可能受到迫害;而阿谀逢迎、贪污送贿的阿邑大夫则可能得以重用或提拔。这样的后果只能使好人寒心,坏人得意,最终好人也只有变成坏人才能生存。

好在齐威王不为左右亲信所迷惑,而是深入调查研究,了解情况;他派去的人微服私访,看人民生活,也看吏治建设,更看社会安定团结的程度,这样的看人用人,怎能不真实全面?齐威王发现问题后,有胆有识,不姑息,不迁就,不照顾,不搞下不为例,而是对勤政廉洁、工作突出的即墨大夫进行重奖;对善于阿谀、行贿受贿的阿邑大夫予以重罚,同时又对那些收受了好处就闭着眼睛说瞎话,昧着良心唱赞歌的人予以惩治,因此才会出现大治的局面。

治理国家第一条是必须制定正确的国策,但再好的政策也是要人去执行的。在政治未上轨道的时候,再好的政策也会被坏人利用,尤其是那些缺德少才的官吏,就像阿邑大夫那样;真有业绩的官员,反而可能受到谗言的陷害,因而名声不佳,像即墨大夫那样。

齐威王

《鼎卦》阐述了一条历史的规律:倚贤国兴,用佞国覆。

"华为"的高薪

每年高校分配,都是学士、硕士、博士最焦头烂额的时候,但深圳华为集团狮子大开口,数以千计地狂招走投无路的天之骄子,而且年年如此。华为有员工8000多人,平均年龄27岁,85%具有大学本科以上学历,40%是高级研发人员。

华为在招收人才方面并非乘人之危,低价揽才,而是许以高待遇,一名刚毕业的硕士可以拿到年薪10万元。另外,华为坚持"知识资本化",员工可以分得自己的股份。在华为的股本结构中:30%的优秀员工集体控股,40%的骨干员工有比例地持股,10%~20%的低级员工和新员工适当参股,而且员工持有的股份根据其"才能、责任、贡献、工作态度和风险承诺"做出动态调整。

华为集团的老总任正非说:"华为唯一可以依存的是人,认真负责和管理有效的员工是华为最大的财富,员工在企业成长圈中处于重要的主动位置。"为此,任正非坚持人力资本的增值一定要大于财务资本的增值。这是经济学上一个最基本的原理:如果一个员工创造100元的价值,给他10元报酬,公司净得90元;假如一个员工创造了10000价值,不应按同比例支付人力资本1000元,而是3000元。这样会激励员工去创造10000元,而企业也得到更多,7000元当然大于90元。如果企业领导人认为企业应得9000元,那么最终的结果可能是90元。

奖金的威力

当全美短帮皮靴成为一种流行时尚的时候,每个从事皮靴业的商家几乎都趋之若鹜地抢着制造短皮靴供应各个百货商店,他们认为赶着大潮流走要省力得多。

罗宾当时经营着一家小规模皮鞋工场,只有十几个雇工。

他深知自己的工场规模小,要挣到大笔的钱确非易事。自己薄弱的资本、微小的规模,根本不足以和强大的同行相抗衡。而如何在市场竞争中获得主动权,争取有利地位呢?

罗宾有两条路可以选择:

一是在皮鞋的用料上着眼。就是尽量提高鞋料成本,使自己工场的皮鞋在质量上胜人一筹。然而,这条道路在白热化的市场竞争中行走起来是很困难的,因为自己的产品本来就比别人少得多,成本自然就比别人高了,如果再提高成本,那么获利有减无增。显然,这条道路是行不通的。

二是着手皮鞋款式改革,以新领先。罗宾认为这个方法不失妥当,只要自己能够翻出新花样、新款式,不断变换、不断创新,招招占人之先,就可以打开一条出路,如果自己创造设计的新款式为顾客所钟爱,那么利润就会接踵而至。

经过一番深思熟虑,罗宾决定走第二条道路。

他立即召开了一个皮鞋款式改革会议,要求工场的十几个工人各竭其能地设计新款式鞋样。

为了激发工人的创新积极性，罗宾规定了一个奖励办法：凡是所设计的新款鞋样被工场采用的设计者，可立即获得 1000 美元的奖金；所设计的鞋样通过改良可以被采用，设计者可获 500 美元奖金；即使设计的鞋样不能被采用，只要其设计别出心裁，均可获 100 美元奖金。

同时，他即席设立了一个设计委员会，由五名熟练的造鞋工人任委员，每个委员每月额外支取 100 美元。

这样一来，这家袖珍皮鞋工场里，马上掀起了一阵皮鞋款式设计热潮，不到一个月，设计委员会就收到 40 多种设计草样，采用了其中三种款式较别致的鞋样。立即召集全体大会，给这三名设计者颁发了奖金。

罗宾的皮鞋工场就根据这 3 个新款式来试行生产了。

第一次出品是每种新款式各制皮鞋 1000 双，然后将其送往各大城市推销。

顾客见到这些款式新颖的皮鞋，立即掀起了一种购买热潮。

两星期后，罗宾的皮鞋工场收到 2700 多份数量庞大的订单，这使得罗宾终日忙于出入各大百货公司经理室大门，跟他们签订合约。

因为订货的公司多了，罗宾的皮鞋工场逐渐扩大起来，3 年之后，他已经拥有 18 间规模庞大的皮鞋工场了。

不久危机又出现了，当皮鞋工场一多起来，做皮鞋的技工便显得供不应求了。最令罗宾头疼的情形是别的皮鞋工场尽可能地把工资提高，挽留自己的工人，即便罗宾出重资，也难以把其他工场的工人拉出来。缺乏工人对罗宾来说是一道致命的难关。因为他接到了不少订单，如无法给买主及时供货，而这将意味着他得赔偿巨额的违约金。

罗宾忧心忡忡。他又召集 18 家皮鞋工场的工人开了一次会议。

罗宾把没有工人可雇用的难题诉诸大家，要求大家各尽其力地寻找解决途径，并且重新宣布了以前那个动脑筋有奖的办法。

会场一片沉默，与会者都陷入思考之中，搜肠刮肚地想办法。

过了一会儿，有一个小工举起右手请求发言，罗宾嘉许之后，他站起来怯生生地说：

"罗宾先生，我以为雇请不到工人无关紧要，我们可用机器来制造皮鞋。"

罗宾还来不及表示意见，就有人嘲笑那个小工：

"孩子，用什么机器来造鞋呀？你是不是可以造一种这样的机器呢？"

那小工窘得满面通红，惴惴不安地坐了下去。

罗宾却走到他身边，请他站起来，然后挽着他的手走到主席台上，朗声说道：

"诸位，这孩子没有说错，虽然他还没有造出一种造皮鞋的机器，但他这个办法却很重要，大有用处，只要我们围绕这个概念想办法，问题定会迎刃而解。现在，我宣告这个孩子可获得 500 美元的奖金。"

经过四个多月的研究和实验，罗宾的皮鞋工场的大量工作就已被机器取而代之了。

让工人成为中产者

　　1913 年，福特公司的会计算了一笔账，每培训一名工人公司要花 100 美元，但是，每 9.63 名训练有素的熟练工中只有一个人肯在公司长期工作，跳槽率高达 88%。公司每年为此要多付出好几百万美元。

　　这不仅是一个令福特头痛的问题，也是令许多资本家头痛的问题。怎样解决这个问题？库森斯是与亨利·福特共同创业的元老，持有福特公司 23% 的股份，他提议把工人的工资提高一倍，从日均 2.5 美元提高到 5 美元。库森斯不仅考虑到效率，也考虑到人道。亨利·福特不同意，经过库森斯的反复劝说，才同意以"利润分享"名义加薪，以便在公司处于衰退期时减去这部分钱。这是一个很不容易做出的决定，只有亨利·福特这样的浪漫资本家才敢于这样做。因为亨利·福特无意中做了一个"尊重人的价值"的决定，在"人、产品和利润"三者的关系中把人放在了重要地位。

　　动机就这么简单，效果却出乎预料的神奇。工人加薪后，每人的收入达到了其他公司中层经理的水平，他们只要花两个半月的工资就可以买一辆 T 型车。日薪 5 美元正是千百万劳动者梦寐以求的中产阶级生活标准。

　　整个美国都轰动了！亨利·福特的决定受到千百万普通劳动者的拥护，也招来一大群企业主的咒骂。全国的资本家们都意识到，福特汽车公司的加薪举措将起示范作用，所有公司的工人都将提出加薪要求，这必将损害有产者的利益。他们骂亨利·福特是"疯子""社会主义者"。《华尔街日报》谴责亨利·福特"即使不是犯罪，也是犯了经济上的重大错误"，还说这种错误很快"就会回过头困扰他和他所代表的产业和组织化的社会"。这家报纸宣称，福特天真地希望改善社会，"把精神原则注入不属于他们的地方"，这是一种极为可恶的罪行，是"工业社会有史以来最愚蠢的尝试"。

　　亨利·福特则回答说："我认为我们的汽车不应该赚这么惊人的利润，合理的利润完全正确，但不能太高。我主张最好用合理的小额利润销售大量汽车，因为这可以让更多人买得起，享受使用汽车的乐趣，还因为这样可以让更多人就业，得到不错的工资。这是我一生的两个目标。"

　　亨利·福特说到做到，从 1908 年到 1916 年，福特汽车的价格下降了 58%，而当时福特公司的订单数量超过了生产能力，是可以提高价格的。亨利·福特的做法激怒了一位股东，他甚至到法院起诉亨利·福特，以便阻止亨利·福特的"疯狂行为"。

　　福特公司的工人则彻底变了样，他们有钱了，觉得自己的价值提升了，能像中产者那样开着福特牌汽车上下班，周末开着汽车到郊外旅游，他们以做福特公司的工人为荣，把公司的徽章别在领带上，他们的劳动积极性大大提高，旷工率从日均 10% 降到了 0.5%。

　　亨利·福特始料不及的是福特汽车公司的加薪拉动了整个汽车行业的平均工资，进而拉动了整个美国社会的平均工资，社会购买力大幅增加，进而极大地促进了

国学经典文库

汽车的销售量。汽车不再是少数富人的奢侈品,成为大众的代步工具。汽车的普及扩大了人们的生活半径,加快了人们的生活节奏,扩大了人们的视野,推动整个美国经济快速前进。

本卦借烹物化生为熟,比喻事物调剂成新之理,其中侧重体现"经济天下""自新新人""革故鼎新"的意义。同时本卦六爻的正反面喻象集中揭示了本卦的中心思想:鼎器功用之所以能成,事物新制之所以成立,必须依赖贤能。起用贤能,方能除旧布新。而升擢人才,必须知人善任,给他内在的动力。

比尔·盖茨的正向螺旋法则

盖茨有着非凡的智力,这一点是无可争议的。他是一个纯粹的唯智力论者。在他看来,最出色的编程员就是那些出奇聪明的人,微软公司的主要财产就是他本人及其雇员的集体智慧。"如果挖走我的 20 名核心成员,微软将一无是处。"他如实说。

盖茨的人才招募政策就是毫无保留、一门心思地在最聪明者中发现各种人才。雇用比工作所需更少的人——n-1 是盖茨的用人信条,他告诫其招聘人员,即使长期空缺职位,给其他人员造成困难,也不要找一个勉强合适的员工,应将位置留给最合适的人才。

这一点体现了比尔·盖茨管理哲学的主题:正向螺旋法则。即:当一个青年人到一个公司时,很快另外一个青年人也会去,因为有才华的人喜欢一起工作。这种工作环境容易营造一种兴奋。潜在的伙伴和用户也会倍加注意这家公司,这样一来,这种正向螺旋就周而复始,也就容易产生下一个成功。反之亦然,如果微软失去了最好的程序员,其他人也会打算离开,这样微软就不得不像招募新人一样为挽留人才而付出更多精力。

"聪明才智就是不加道歉地去寻求和捕获"。

除了在大学校园中寻找年轻有潜质的人才,盖茨还一直盯着从竞争对手公司中招揽有经验的人才,他认为这种方式是"直接受益"。1995 年,微软就成立了内部的"招募人才快速反应小组",其成员从早晨 6 点到晚上 8 点都在给全国各地的潜在人才打电话,即使每年收到的个人简历已高达 12 万份,盖茨依然认为还有许多优秀人才没有注意到微软。

如果招聘人员发现有 5 个或 6 个对象愿意就一件事进行交谈,微软公司就会派人火速飞往那些人所在的城市,与他们进行一系列面谈。这种方式效率很高,公司仅用一名人员就能寻找到大量有前途的候选人。

每当回顾上一年的重大事件时,盖茨总会提及的成就就是帮助他的管理人员雇用"聪明人"。他希望公司员工不要忘记,微软在过去和将来的成就都与成功地雇用和挽留聪明人士密不可分。

在任何大型企业中,创意和纪律、整体团队和个人空间之间,永远存在着冲突和矛盾,这将影响着企业的成败。

如何才能成功地将成百上千名优秀人才组成的大型软件开发团队有机地结合

国学经典文库

在一起,有效率地相互沟通,并发挥创意? 盖茨的做法给其他人提供了借鉴:给雇员高度自由,同时确保他们获得更多的利益。靠创意为生的程序设计人员,无不喜欢自由自在的工作环境。对这一点,盖茨自己最了解。因此,微软费尽心思塑造开放的组织文化,让这些痛恨组织内部政治斗争、各种官僚规定的专业人员能够自由发挥创意。

例如,微软对员工的着装从来没有硬性规定。微软最近一次为防止着装无政府主义泛滥所做的尝试是 1988 年进行的,当时盖茨希望他的员工不要光着脚在办公室走动。

这些"赤脚战士"忠心耿耿地投入工作,因为他们拥有股份,并且购买股份时还可享受 15% 的优惠。他们收入的主要来源并非薪水,股票升值是主要的收益补偿,其价值可以使其一举成为百万富翁。

微软故意把薪水压得比同类企业的竞争对手还要低,公司的高级主管与公司每位雇员一样,依靠微软公司上市股票价格上扬来获得经济上的补偿。这是盖茨做出的明智决定,"雇员拥有股票是维系集体团结的一个办法"。

盖茨始终偏爱仅有十几人甚至人数更少的团队组织。他说:"与其组合一百名普通专业人员,还不如从十名优秀专业人员获得相同生产力。不管今后微软的规模如何扩大,它都将以一种小型团队的组织形式出现。"对小团队的优势盖茨深信不疑。这种思维模式由来已久。1980 年代初期,微软公司推出的 MS—DOS、WORD、EXCEL 等产品大获成功时,负责产品开发的人员仅五六位。然而到了 1993 年,微软开发视窗 NT 时,其开发团队人数最多时曾达到 450 名工程师,为该产品写出的程序高达 450 万条。至于 1995 年推出的视窗 95,其开发团队规模也不亚于前者,总共写出了 1100 万条程序指令。此后,微软公司又成立了一个大约 300 人的团队,负责开发互联网浏览器 EXPLORE 的核心程序;另外还有好几百人则参与开发此一产品的附加功能,如电子邮件等。

与早年总人数只有十几名员工、每个项目只动用三四个工程师的时代相比较,上述规模算是相当大了,但与许多公司经常动用上千甚至更多的人去开发一些大型项目的规模相比较,三四百人又能算得了什么呢?

事实上,对每一个开发项目,微软均订有所能动用人员数目的上限。从这一点来看,微软公司其实是许多小公司或开发中心的集合。而每一个小公司或开发中心的规模,不会超过三四百人。这些小公司或开发中心本身又是许多功能性开发团队的集合。

养贤用才,是为发展事业,它不仅是变革的需要,也是指事业长期保持发展势头的需要。只知用贤而不知养贤,人才的储备就会枯竭,难以适应事业的长期性发展。因此,养贤用才除旧布新,不断淘汰旧的人才,培养新的人才。人才自身也必须不断更新自己的知识和修养,才能适应事业发展的需要。

用贤以中庸。所谓"中庸",即适度平衡。除了对各人的才能、长短有深切了解之外,对其才能的运用也要适度加以节制。有力如虎者,嗜于攻杀,深沉多智者,不可使其一味沉于计谋而不用勇。如此等等,这样才容易控制全局,以利于事业的全面发展。

罗斯福启用智囊团

"滚滚长江东逝水，浪花淘尽英雄。"

从三皇五帝到唐宗宋祖，从苏秦到诸葛亮，从恺撒大帝到丘吉尔……他们留给世人的除了其文治武功的恢弘伟业之外，更为灿烂夺目的是其独具一格的用人思想。抚今追昔，大凡有所建树的英雄人物，无不在用人方面留下了让后人久久玩味的佳话，而这些人之所以名垂青史，也正在于他们能够"让天下英雄为我所用"，最终得以"运筹帷幄之中，决胜千里之外"。

早在两千多年前，我国先哲在《周易》鼎卦里就阐释养贤的道理。养贤用才，不仅是变革的需要，也是事业长期保持发展势头的需要。只知用贤而不知养贤，人才的储备就会枯竭，难以适应事业的长期性发展。因此，养贤用才，除旧布新，不断地培养新的人才是每一个执政者和领导者的要务。时至今日，养贤用才已经不再局限于对于人才的笼络与统治，而是更多地渗入了科学管理的思想观念。无论对于个人、企业，抑或是政府，今天的用人，既是人力资源管理的重要内容，又是成就事业的关键所在，愈来愈多的人已经认识到，得人才者得天下，失人才者失天下。在人才的得失之间，恰恰反映的就是用人者的韬略、技巧，乃至人格魅力。罗斯福之所以能在美国政坛上叱咤风云，在很大程度上靠的就是用人之术。

罗斯福在晋升和施政过程中，组建和使用了一个强有力的智囊团，这也开创了美国历史上用人的先河。智囊团中的人职位比部长低，但在影响和制定政策方面作用却更大，他们是对新政府起了重大作用的高参，后来不少的美国政要就是最早一批的智囊团成员。

早在 1928 年罗斯福竞选纽约州州长时，他已拥有了包括民主党州委员会的新秘书法利、年轻秘书塔利和来自布朗克斯的弗林三个得力助手，后来又组建了以年轻的律师罗森曼和来自哥伦比亚大学的莫利教授为核心的竞选班子。

有许多专门的领域需要有人提出建议，罗斯福的班子显然应付不了全国竞选广泛而复杂的事务。罗森曼和莫利先后建议罗斯福召集一个专家顾问班子，起草各专门领域的备忘录。罗斯福接受了这一意见，于是莫利从哥伦比亚大学的同仁中开始招聘。

各种各样有思想、有抱负的人才纷沓而至，包括农业方面的特格韦尔，关税方面的马杰斯，商业专家伯利等人，这个学究顾问班子被豪讥笑为"智囊团"，后来就这么叫开了。

在 1932 年的总统竞选中，这些人给罗斯福以很大帮助，他们自己则由于意识到能在危难之际辅佐一位领袖而感到兴高采烈。他们通常在傍晚乘车到奥尔巴尼吃饭，然后围在炉火旁侃侃而谈，罗斯福对于新的创见非常乐于接受，像水泵一样吸取顾问们的最好意见，然后化为自己的观点。作为一个政治家，他比学究们看得更远，他从顾问们给出的选择方案中通过思考，找出实际和能够实施的部分。

1932 年 4 月 7 日，罗斯福发表全国广播讲话，这个智囊团所有成员共同起草的讲话在当时消沉的气氛中振聋发聩。罗斯福指责胡佛政府，说政府只救济大银行、

大企业。他嘲笑那些"肤浅的思想家"，说他们不懂得怎样帮助农民，罗斯福说："在这个不幸的时代，我们要制定出一些计划来，把希望重新寄托在那些压在金字塔底层，被人遗忘了的人们身上。"这次关于"被遗忘的人"的讲话，呼吁把复兴金融公司的资金供给面临破产的小商人、农民和房主。讲话在竞选活动中的关键时刻发表，大大吸引了处在"金字塔最底层"的人们，罗斯福成了受苦者众望所归的人物。可以说，就是这次讲话，把罗斯福推上了总统的宝座。

获得民主党总统候选人提名之后，罗斯福的智囊团又加入了一批新面孔，其中最主要的是：退役将军约翰逊，他有农业问题专家的称号，其他还有华莱士、里奇伯格以及卜活尔参议员和赫尔众议员，竞选工作虽然错综复杂，但罗斯福的两个班子——豪和法利的政治班子和莫利领头的智囊团——合作得很好。罗斯福充分体现了他的知人善任，他能让别人的才智充分发挥，罗斯福让自己的助手们去组织竞选，自己则在各地旅行。

罗斯福当选总统后，智囊团名义上解散，但智囊团的主要成员仍在继续为罗斯福服务。哥伦比亚法学院才思敏捷的伯利教授，在新政初期未接受政府职务，然而在财政、经济分析与国际关系等问题上却不时提出宝贵的咨询意见。特格韦尔是一位英俊的经济学教授，与罗斯福一样，强烈地主张保护资源，他在罗斯福政府的农业部工作了几年，还在几个委员会里担任过职务，他常以经济哲理家和排难解忧的行家身份而被其他部门召请。约翰逊将军是得到法学学位的西点军校毕业生，他早期为罗斯福撰写发言稿，并帮助起草农业与企业方面的立法，还负责过全国复兴总署，他精力充沛，办事雷厉风行，罗斯福挑选他作为全国复兴运动的旗手。在他的奔走宣传下，全国复兴运动搞得轰轰烈烈，鼓舞人心。公法学教授莫利仍给罗斯福送来一份份报告、建议书和法案草案。后来莫利被任命为国务卿特别助理。

罗斯福的新政带有浓厚的务实作风，这些思想大部分来自他那乐于兼收并蓄三教九流人才的智囊团。这些人能在一般的事务中发挥他们的合理思维与分析才能，并在特定的领域里施展他们的专门知识。自认为是新政派的学者，通常是倾向于改革的。他们深信借助于计划，应用社会科学的知识，可以造就一个"良好的社会"。为此目的，他们带来了各种不同的思想影响，诸如第一次世界大战期间的国家计划经验，20世纪初期的都市改革目标，以及19世纪平民党的农业和财政改革的主张等。他们共同信仰：合理的思想是解决一切难题最重要的钥匙。除了少数例外，这些智囊团成员都对几届罗斯福政府的政绩做出了重要的贡献。是罗斯福在任期间做出了非凡的业绩，成为美国历史上最有名的总统之一。

"知人善任"，善任的前提是知人，如果你不能知道人才的特点，那就更谈不上很好地使用了。罗斯福的智囊团容纳了各路英豪，虽然他们有缺点和短处，但罗斯福充分地发挥他们的长处，尽可能地避免了他们的缺点，并能将不同类型的人才做合理的配置，使其最大限度地产生整体效应，这就是罗斯福的高明领导方法。

罗斯福时代的历史大幕已经落下。看看这段罗斯福选贤任能的历史，不难窥测出一些有关"人才"的道理：用贤以中庸。所谓"中庸"，即适度平衡。除了对各人的才能、长短有深切了解之外，让他们在最合适的位置发挥最大的作用。这样才容易控制全局，以利于事业的全面发展。人才自身也必须不断更新自己的知识和

修养,才能适应事业发展的需要。如今,不论是身居领导地位的领袖人物,还是在业的英才,都应懂得这些道理,这也是人们大展宏图必须具备的素质。

从实践中知人,从细节知人,从人才的心理变化知人等等。鉴知人才的手段和途径数不胜数,而一旦知晓了人才的特点,就可以扬长避短,人尽其才。当然,知人的关键是力求全面,这样任用时才能做到随心所欲,事业也就会无往而不胜。

震卦第五十一

【经文】

震下震上　震①亨②。震来虩虩,笑言哑哑③。震惊百里,不丧匕鬯④。

初九　震来虩虩,后笑言哑哑,吉⑤。

六二　震来厉,亿丧贝。跻于九陵,勿逐,七日得⑥。

六三　震苏苏,震行无眚⑦。

九四　震遂泥⑧。

六五　震往来厉,亿无丧有事⑨。

上六　震索索,视矍矍,征凶⑩。震不于其躬,于其邻,无咎⑪。婚媾有言⑫。

【注释】

①震:卦名。通行本为第五十一卦,帛书本为第二十五卦。《震》卦下震上震,震为雷,二者相重,雷之巨者,即所谓霹雳。帛书作“辰”,与“震”音同,“震”本为“辰”之孳乳字。

②亨:震,动也,变动也(《吕览·知士》注:“动,变也”)。迅雷风烈必变,知自惕惧警戒,发扬踔厉,所以能因震变而亨通。

③震来虩虩,笑言哑哑:“虩虩”,帛书作“愬愬”,即《履》卦“履虎尾,愬愬终吉”的“愬愬”(《释文》:“荀作愬愬”)。“愬愬”与“苏苏”“索索”音同义近,皆恐惧的形况字。若细加区别,则“愬愬”(“虩虩”)谓恐惧而戒备,“苏苏”谓恐惧不安,“索索”谓恐惧畏缩。“笑言”又作“笑语”(《释文》)。“哑哑”,笑语的形况词。初惧而虩虩,后镇定而哑哑;惧而警戒自厉,后能转危为泰、笑言哑哑。

④震惊百里,不丧匕鬯:“丧”,失落。“匕”,匙,羹匙,犹今之汤勺。“鬯”,酒樽(《家语·哀公问》注:“鬯,樽也”)。“不丧匕鬯”,谓以匙舀酒于樽中,斟饮自如。霹雳之下,能不失匙樽,镇定自若,故亨而吉。按:旧注以此“匕鬯”专属于裸祭之事,似不必。另,《华阳国志》:“曹公从容谓先主曰:天下英雄,唯使君与操,本初之徒,不足数也。先主方食,失匕箸。会雷大震,先主曰:圣人言迅雷风烈必变,良有以也。一震之威,乃可致此”,或即出典于此卦。

⑤震来虩虩,后笑言哑哑,吉:此与卦辞词句相近。初九之“吉”与卦辞之“亨”互足文义。“虩虩”之前蒙下文之“后”字而省略“先”字,言先虩虩而后哑哑。

（《六十四卦经解》："又一本无后字"）。《易》之"先号咷而后笑"等即此文例。阳爻居刚得正，《震》卦唯此一爻，亦唯此一爻最佳，故有"吉"字。此爻为《震》卦主爻，故与卦辞相合。通常卦辞与主爻爻意相合，且词句亦相近，《易》有此例。故高亨疑卦辞"震来虩虩"二句为衍文，不可从。帛书有此二句，《象》文亦有。

⑥震来厉，亿丧贝，跻于九陵，勿逐，七日得："厉"，危险（程传训为"猛"。按：《易》中之"厉"字皆为占辞，用为"危险"之义）。"亿"通"臆"，臆度、估计。"贝"，财物。"跻"，升，登。"九陵"，九重之陵，即高陵，高处（又疑"九陵"即"丘陵"。《山海经·西山经》郭璞注："鸠或作丘"）。"跻于九陵"，有匆忙避之之义。"逐"，追寻、追索、寻找。"七日得"，言雷震过后自然失而复得。《易》每卦六爻，一个往复经七个爻位。经七个爻位而更换一卦，故"七日得"谓《震》后而复得（详见《复》卦注）。又按：此爻爻辞次序疑本作"震来厉，跻于九陵，亿丧贝，勿逐，七日得"。其证有二：其一，《象传》"震来厉，乘刚也"即"震来厉，跻于九陵，乘刚也"的省文（"跻于九陵"即"乘"初"九"之刚）；其二，"丧贝，勿逐"紧相承接，犹"丧马，勿逐"（《睽》初九）、"丧其茀，勿逐"（《既济》六二）。

⑦震苏苏，震行无眚："苏苏"（帛书作"疏疏"），惶惧不安的样子。"震行"，震惧而行、战战兢兢行进（按：前已言"苏苏"，则"震行"或可释为雷霆震动时行进。又疑"震行"之"震"为衍字，"震苏苏，行无眚"与上六"震索索，征凶"相对为文）。"眚"，灾。六三阴柔，故临震"苏苏"；时处刚位，故能"行"而"无眚"。

⑧震遂泥："遂"或作"队"，古"坠"字，坠人。"泥"，泥泞，读与《需》卦"需于泥，致寇至"之"泥"同。九四本为阳爻，然居于柔位，故惧震而坠陷泥泞中。三、四、五互体为"坎"，此入于坎陷，不吉之象。

⑨震往来厉，亿无丧有事："往来"，霹雳连续不断（或谓人之往来）。此"亿"与六二"亿丧贝"之"亿"同。"有"犹"于"。"无丧于事"即于事无损（又"丧"或可训为"败"，言无败于事。五居中位，有"积中不败"之象）。

⑩震索索，视矍矍，征凶："索索"与"蹜蹜"音通，畏缩不前的样子。"矍矍"，四下惊顾。"征凶"，有所行往则凶（"征"或作"往"）。上六阴爻居柔位，才弱不能自振，故占曰"征凶"。

⑪震不于其躬，于其邻，无咎："其躬"，其身，指上六。上六才弱，未敢行进，故雷震未击其身而击其邻，得免于咎害；又雷击其邻，上六知戒，亦得免咎（帛书"无咎"前衍"往"字。既说"征凶"，则此不得复言"往无咎"）。

⑫婚媾有言："言"读如"愆"，愆咎、麻烦。今民俗有婚娶忌雷鸣之说，盖为古俗。又"婚媾"喻阴阳和合。"婚媾有言"，言上六虽无咎，然尚不得通也。

【译文】

震卦　象征剧烈而快速的震颤。又意为惊恐震悚。上下单卦都为震，指大地震动，阴阳交合。雷霆轰响，人人惊恐，只有恬而安之，才能尽于欢笑中。即使雷声惊闻百里，虔诚祭祀神灵的人，匙中的美酒不会洒落。

初九　雷霆急响，万物俱惶，内省后复而笑谈，可得福。记取震慑的教训，足以为之。随后又谈笑风生，必获吉祥。

六二　雷霆来临，损失大量家财。应该赶快逃往九重高山避难，而不要去追寻

财物,七天之内财物自会失而复得。

六三　雷霆震动,恐惧而知反省,改过从善,不会有灾难。

九四　雷霆震动,惊慌失措的人会落入泥沼中,不能自拔。

六五　雷霆震动,上行下往,都有危险;恪守中庸之道,才不会发生事故。

上六　雷霆震动,心情沮丧,心神不定,干任何事,都不会成功;但仅震及近邻,能戒以动摇其心志,则无灾祸。不过近邻受难,难免遭到抱怨。

【解读】

《震卦》中所说的雷,是一种自然现象,但它也比喻人世间的震动、震荡,或各种不测之事。震雷是可怕的自然现象,不同的人会有不同的心理反应。对震惊百里的巨雷,祭神者仍镇定自若,表现其对神明的极度虔诚;有的人心惊肉跳,惊惶失措;有的则嬉笑自如,无所畏惧。

【经典实例】

遇事从容镇定的谢安

《震卦》阐释震惊的应对法则。在行进过程中,难免不发生意外的重大事故,以致震惊。唯有吸取教训,凡戒事慎恐惧,才能有法则可循,发挥刚毅的力量,镇定从容应对,不至惊慌失措;即或遭受灾难,也可发生迟滞作用,使损害减少到最低限度,并能迅速复原。平时戒慎恐惧,经常反省检讨,即可防患于未然;经常保持高度警觉,在灾难未到来之前,就可使其消灭于无形。

南北朝时期,前秦王符坚统一了北方的大部分地区。经过几年的治理,前秦日益富强,志满意得的符坚,准备南下攻伐东晋,以求一统天下。

符坚颁诏,动员全国的力量讨伐东晋。诏告天下:"秦国臣民一律听候调遣,民间百姓十男当中抽一为兵,富家子弟兄 20 岁以下,武艺超群,身具雄才者,均为羽林郎,随军护驾出征。各州马匹,一概征调为军马。"诏命即下,各州郡牧守即照旨行事。不到一个月,前秦就调集了百万大军。中秋八月,前秦王符坚即命征南大将军符融同后将军张蚝、冠军将军慕容垂率领步、骑兵 25 万为前锋,龙骧将军姚苌率益、梁二州军兵由蜀沿江而下,符坚发 60 万戌卒,择日从长安出发。百万大军排成一千余里的长线,杀气腾腾地奔向东晋。

消息传到建康,舆论哗然。朝廷震惊。大军压境,怎么办? 御前会议上,群臣议论纷纷。有人主张,大敌当前要奋起抵抗;有人认为,敌强我弱,应以议和为主;还有人更直截了当地说,只有投降一条路。群臣舌辩不已。最后,丞相谢安力排众议,坚决主张抗秦。晋孝武帝同意了他的主张,并委其全权处理军务大事。

丞相谢安使龙骧将军胡彬率领五千水军,令他火速增援寿阳外,其余全国 8 万军队,全交付给谢石、谢玄,命他们即日启程,北上抗敌。

以 8 万之众抵御秦军百万之师,朝野上下,多数人认为这无异于蚍蜉撼树,因此京城建康里的气氛极度紧张。许多王公贵族唯恐秦军打到建康,因此他们暗中转运家产,准备逃离京城。连孝武帝也惶惶不可终日,整日里烧香拜佛,祈祷神灵保佑帝位平安。

只有谢安,尽管黑云压城,他却临危不惧,每天仍带领幕僚属吏游山玩水,一路上谢

安仍是潇洒自如,谈笑风生,他还故意把车帘子挑得高高的,好让行人看到他的神情举止。

这一天,谢安在家中请来一班歌伎乐工吹拉弹唱。歌伎用琵琶弹奏了一支《十面埋伏》,一曲终了,丞相予以高度赞扬,又接过琴来,亲手弹了一曲。在这优雅、祥和的氛围之中,随侍官吏们慢慢被丞相的镇定所感染,暂时忘却紧张的气氛,聚神于这委婉动人的音乐鉴赏之中。几天来一直紧张的心情开始松弛下来,开始有了欢声笑语。

恰好,前方传来了首战告捷的快报,说是北府兵已经收复了洛涧。众人大喜,争相向丞相道贺。其中一位长史说:"历史上汉丞相诸葛亮,一张琴退走了宣帝(司马懿)15 万大军,今天丞相一曲未了,打败了符坚数万之众。看来晋军必胜了。"

谢安弹琴的趣闻和洛涧奏捷的消息,很快传遍了京师,于是,那种混乱的局面烟消云散,街上又恢复了昔日的宁静气氛,迎来送往,熙熙攘攘,铺面也照常开门营业了。淝水一战,晋军战胜了秦军,谢安功劳最大。他的人格魅力,坚定了人心。他在战前最危急的时刻是这样的镇静,在他得知胜利消息后,再也抑制不住自己的激动,飞跑着回家通知家人:"小儿郎打了胜仗了!"

中国人自古以来就推崇"泰山崩于前而面色不改"的从容镇定。这样的人才内心才有力量,才可以倚重。谢安确实有这样的气度。但是"震卦"还告诫人们,最好还要对事物的发展变化、来龙去脉了然于胸,这样才会真正的镇定。

生存至上

坪内寿夫是一个"生存至上主义"的企业家。他之所以执着地坚持"生存至上主义",正是因为他亲眼见过太多倒闭的公司以及倒闭后的悲惨现状,而且,他领导的来岛集团也曾经历过随时都可能倒闭的危机。

来岛集团按照一家外国客户的订单制造了 4 艘 13 万吨的同型新油轮。能够同时制造出 13 万吨级大型油轮可谓是爱媛县造船界的空前壮举。对于当时拥有 15 万吨制造能力的来岛而言,这也是创业以来的最大工程。平均一艘船造价约 75 亿日元,四艘总计为 300 亿日元。可是由于石油危机的爆发,这家外国客户取消了四艘油轮的订货合同,并因适合《公司列生法》而宣告破产。在这种情况下,来岛船坞除去收到的 5%预定金之外已经根本没有可能收回四艘船的售价。造船业属于订购产业,除了购主之外不可能有其他买主。当时也曾有人出价以每艘 20 亿日元购买,如果以这种价格成交,对于以低价营销为宗旨的来岛公司将蒙受巨大的损失,不仅会造成公司本身亏损太大,恐怕连经营的基础都会发生动摇。望着海面上四艘不良存货,坪内担心,长此下去公司势必会被拖垮。

实际上,对一个当时全年营业额不满 1000 亿日元的公司来说,保有 300 亿日元的不良存货,实在是该企业的致命伤。它随时都有破产"死亡"的可能。可是,坪内为挽救企业首先采取的措施是全体员工停止加薪 10%,他向工人解释说:"继续这样下去,公司势必倒闭。在万不得已的情况下,我希望得到各位的谅解,不但

不能按常规加各位的薪水,反而要减薪。"这种情况如果发生在别的公司,员工们一定会怨声载道。而来岛的员工却深明大义,他们深知公司陷入困境,没有任何一个人发出怨言。另外,坪内请求银行的协助。而平日以诚恳态度与坪内往来的银行,也慷慨地表示:"没有问题,我们信任你。"坪内获得了银行的贷款缓解了资金的危机。来岛船坞的经营主管们为寻找这艘船的买主四处奔波。过了两年,第一艘油轮出航,几个月以后,第二艘油轮又被客户开出来岛海峡,后来,4艘巨型油轮终于全部售出。前后一共用了7年时间。每艘船的价格大约40亿元,四艘船合计损失近170亿元。在第一艘船卖出去以后,部分员工的扣减薪金已经开始按年利6%支付,等四艘船全部卖出以后,员工减薪的部分已经全部补齐,并且领到了利息。对于坪内寿夫来说,这170亿日元的损失是一个重大的打击,他把这170亿作为昂贵的学费,从来岛集团这次最大的危机中,坪内寿夫坚定地确立了生存至上的意识,并把来岛集团引上了"生存至上主义"的道路。这也是他不断扩大企业规模,成功地接收并重建一家又一家濒临破产的企业,使自己成为日本第一造船业者,使来岛集团成为世界造船业第一的根本原因,因为他确信只有不断扩大来岛集团的规模,才能使公司得以生存而彻底摆脱破产倒闭的厄运。

楼忠福的决断

东阳三建刚进驻宁波不久,已经顺利完成了一些工程,可就在这时,一股逆流威胁到东阳三建在宁波的生死存亡。

当时,《宁波日报》报道了一则消息,市住宅开发公司技术处副处长吴银澜向10多个建筑单位的有关人员索贿现金及实物,终于东窗事发,被抓了起来。据其交代的受贿款项中,也有三建公司的一笔。

三建公司宁波施工队的一名副队长,曾经根据吴银澜的"启发",送去了2000元人民币。尽管楼忠福对此做了严肃处理,撤了那个副队长的职,但是东阳三建的声誉还是受到了损害。在宁波,有些人不是针对具体问题做具体分析,而是对整个企业以一盆脏水泼之,甚至要十分愚蠢地仅仅因为这2000元钱就让整个东阳三建退出当地市场。

三建在宁波地区声誉刚刚建立起来,怎么能因这件事就放弃宁波市场,楼忠福十分焦虑。他看上去不动声色,但他的脑海中无时无刻不在考虑这个问题。直到他牢牢把握整件事情的中心问题后,他开始行动了。

当时,楼忠福已得知清退文件即将下达,而三建公司和宁波房地产开发公司460万元的工程项目意向已定,合同未签。他知道在这个关键的时刻,对"三建"来说最重要的是要尽快地接下工程,而且越大越好,越大越有利。拿不到新工程,不用别人清退,自己就得打道回府;拿到新工程,就要履行合同,就可以继续在宁波施工。

楼忠福当机立断请宁波房地产开发公司的同志来东阳。他的诚恳态度打动了这家公司的经理,楼忠福领着这位经理参观了三建的建筑精品,也不回避宁波事件,承认公司在管理上还有某种欠缺。

楼忠福的诚恳与三建的实力终于打动了对方,宁波房地产开发公司的代表,在离开东阳之前,与楼忠福签订了这份合同。楼忠福长嘘了一口气。很可能对方回宁波时,清退的文件随之就会下达,但他已经抢了先,他可以凭借这份合同继续在宁波干下去。

那一次发文,有 18 个外地施工单位被列入从宁波建筑市场清退的名单,但是三建却没有被赶出宁波,楼忠福以自己的智慧,使他的队伍绝处逢生。

雀巢危机

当一个规模巨大的企业集团在将其经营范围向多种产品拓展时,宣传机构对它的某种产品进行恶意宣传以及公众对此产生的消极反应并不值得大惊小怪,对此可不必在乎,随着时间的推移,它会逐渐在人们心目中淡化,但雀巢公司有一次却犯了一个判断上的错误。大众传媒的反向宣传,抗议者的口头抗议使雀巢公司的企业形象在普通公众的心目中越来越差,雀巢公司最终成为整个社会抗议的对象。

雀巢公司受到影响的不仅仅是特定的产品,其他的产品、公司其他的部门,甚至只要带有雀巢标志的物品都统统受到了抵制。

雀巢公司是一家总部设在瑞士的巨型跨国公司,1982 年销售额达 136 亿美元,产品行销五大洲。作为一家饮誉全球的公司,它的三大类产品是乳制品、速溶饮料和多种厨房用品。

由于二战以后,婴儿食品销售剧增,所以雀巢公司向市场投放了一种糖质炼乳,是一种专门为 6 个月以下婴儿准备的母乳替代品。由于 1957 年发达国家共出生婴儿 440 万,所以这一年雀巢大发其财。

20 世纪 70 年代,由于美欧经济的衰退,导致其人口出生率的下降,雀巢公司把开发和销售全力以赴转向第三世界国家——人口正急剧增长的重点地区。

其实,在全世界婴儿食品的市场中,雀巢公司一直是首屈一指的行业领头人——占有着 40%—50% 的市场。纵观当时全球的婴儿食品行业,大约有 15 亿美元的销售额,其中有 6 亿美元来自不发达地区。因而,拥有 40% 市场的不发达国家成为一个重要的潜在市场。

20 世纪 70 年代,西方一些实力雄厚的婴儿食品商纷纷向不发达国家出售产品,但由于生活条件的限制,以及使用者不懂说明和不正确使用产品,导致婴儿死亡率上升。于是人们开始怀疑婴儿食品制造商,并就婴儿食品以及由于不正确使用造成婴儿死亡之间的关系进行讨论。

日复一日,人们都亲眼看见母亲们不适当地给婴儿喂奶,这对孩子们来说是有害无益,对母亲喂奶的错误宣传无异于犯罪。这是一医生对婴儿食品行业的控告,随后控告呼声越来越高。

不发达国家卫生条件差、文化水平低,消费者不能享有充分的保健待遇,导致不正确使用产品,如水质污染、容器不干净。粉状婴儿食品与不干净的水相混合,再装入未经消毒并带有橡胶奶嘴的奶瓶中,加上母亲为了增加婴儿饮用次数,多加

水来稀释食品等导致婴儿营养不良和发病率增加。如一位牙买加妇女，用奶瓶喂养双胞胎。照理说，一瓶婴儿食品只够4个月的婴儿吃4天，可是这位母亲却一个劲地加水稀释，要让两个婴儿吃14天。由于细菌污染、营养不良等原因，婴儿死亡率大大增加。1973年，智利用奶瓶喂养的3个月以下的婴儿死亡数是用母乳哺育的3倍之多。

同时，雀巢公司在第三世界开设的众多工作，存在着严重的质量控制问题。1977年4月，哥伦比亚总医院早产病房里婴儿死亡率突然上升，追根溯源，发现原因在于雀巢工厂灭菌不严，但是原因查明之前，已有25个婴儿死亡。同样是1977年，澳大利亚卫生部报告由于给婴儿喂了雀巢奶制品，134名婴儿得了严重疾病。政府官员估计，有2000万磅受到污染的婴儿牛奶制品出口到了东南亚各国。

在市场营销方面，人们也认为雀巢进行了误导。因为雀巢除了对消费者促销外，还直接针对内科医生和其他医务人员；除通过电台、杂志、广告牌等多种媒体促销外，还免费发送样品、奶匙、奶嘴、奶瓶等。公司通过奶护士来促销产品，这些"奶护士"实际上是变相的推销员，通过他们的职业和活动增加消费者的依赖感。

1974年，一个叫"向贫穷开战"的英国慈善组织出版了一本8页的小册子——《杀害婴儿的凶手》。在这本小册子里，两家跨国公司——瑞士的雀巢和英国的乌民普特公司被指责为在非洲进行愚蠢的市场营销活动。

不久，一个设在德国的"第三世界工作小组"又发行了德文版《杀害婴儿的凶手》，内容仅做了几处改动。那本德文版的小册子指责整个婴儿食品开发行业的同时，一些德国活动家举出雀巢公司，说它有不道德行为，并把那本小册子重新取名为《雀巢残害童婴》。

然而面对社会指责，雀巢公司并未"悬崖勒马"，反而自以为稳操胜券地向法庭提起诉讼，控告这些活动家破坏了雀巢公司的声誉。由此而进行的法庭诉讼持续了两年之久，引起了全世界对这本小册子的关注。一家赫赫有名的跨国公司与一家社会性的慈善机构对簿公堂，这在瑞士可以说是空前绝后的，因此成了各传播媒介争相报道的大新闻。

经过复杂的法律程序后，雀巢公司胜诉，但法庭建议公司对自己的市场营销活动应有所检点。事后，雀巢的一名高级官员承认：我们赢了这场官司，但我们的公共关系却遭到了一场灾难。

不久以后，调查中心和婴儿食品行动联盟这两个强烈反对雀巢的组织形成了。70年代，为减少婴儿食品公司的促销广告活动，各种机构相继成立：世界卫生会议以及世界卫生组织等。这些组织的活动，迫使雀巢公司及其他厂商对其供销活动做出改变。其中有：产品信息必须承认母乳是最好的婴儿食品；促销和广告活动须征求专业医护人员意见；护士制服只有专业护士人员才能穿。但是，这些自我约束并未减轻广大社会公众对于婴儿食品生产厂家的批评和责难，尤其是占有世界婴儿食品销售市场50%的雀巢公司。

由于"违规"事件不断出现，导致了1979年7月美国的联合抵制活动。这一活动马上扩展到其他几个国家，这一活动在美国和加拿大持续到1982年2月26日，其他国家的持续活动还进行了两年多。在这些活动中的要求有：停止使用所有的

"奶护士";停止散发各种免费样品;停止向卫生保健行业推销婴儿食品;停止消费者进行婴儿食品的广告和推销。

联合抵制活动立即得到美国各地 450 个以上的地方和区域组织者的支持。在抵制最强烈的波士顿、芝加哥、巴尔的摩等地,成千上万的人签名抗议,呼吁从超级市场的货架上撤走雀巢公司的产品。这次联合抵制运动还波及大学校园,大学生们打着"砸烂雀巢"的标语,从牛奶、巧克力到茶叶、咖啡和化妆品统统成了他们抵制的对象。

这些抵制活动的影响巨大,不仅直接造成了雀巢公司利润和业务损失,还间接使公众反对公司的观点更加明朗和具体化,并且还引起政府部门的反应。如新几内亚政府 1979 年秋宣布一项严厉的法律生效,旨在抵制人造婴儿食品,以后,就连奶瓶、奶嘴也只有经医生开了处方才准购买。别的国家也开始制定法律来减少母乳替代品的销售和广告。世界卫生组织于 1981 年 5 月制定了一项运用于婴儿食品行业的严格广告规定:不允许婴儿食品和其他断奶食品做广告或采取推销形式。

面对各国政府、组织接踵而来的告发、诉讼、抵制,雀巢公司再也不敢忽视公众的谴责了。为了挽回所有的损失,雀巢决定在逆境中努力通过危机公关来尽力挽回影响。首先,雀巢把公共关系部上升到公司职能办公机构,并请世界上最大的公关公司希尔·诺尔顿公司帮忙;其次,把 30 多万袋资料邮寄给美国传教士;最后,向公共关系专家丹尼尔丁·埃德曼咨询。1981 年实行了新闻界"开放门户、坦诚相待"的政策,并成立了有医学家、传教士、市民领袖及国际政策专家等 10 人组成的专门小组,对世界卫生组织的规定情况进行公开监督。

1982 年 5 月,成立了一个雀巢婴儿食品审核委员会。该委员会与世界卫生组织、国际雀巢联合抵制委员会和联合国儿童委员会的代表共同合作,解决了实际中的四个冲突性问题,即:①送给医务人员和卫生保健人员的宣传材料、标签礼品和对医院提供免费式补助供应;②在待售的产品上标明使用婴儿食品喂养婴儿对社会和健康的影响;③婴儿食品标签上必须说明使用不干净的水稀释的有害性及母乳喂养的优点;④禁止向卫生保健人员赠送礼品。

通过一系列活动及几年的时间,才使公众的敌对态度开始有所好转。雀巢受到一次深刻的教育,公司营养协调中心主任小拉斐尔·培根说,公司必须敏感地、认真地倾听消费者和一般公众在议论些什么。

本卦的中心思想,在于阐释震惊的应对之道。在发展进步的过程中,难免发生意外的重大事故,以致震惊。唯有吸取教训,凡事戒慎恐惧,才能有法则可循,发挥刚毅的力量,镇定而从容地对付,不致惊慌失措。即或遭受灾难,也可将损失减至最小。平时谨慎,经常反省检讨,保持高度警觉,即可防患于未然。

周幽王兵败身亡

西周时期,由于周厉王的残酷统治,民怨四起,各地暴动不断,政权非常不稳定。到周幽王当政时,情况更是糟糕。在统治期间,他对百姓加重剥削,再加上地震与旱灾,人民流离失所,痛苦不堪。而周幽王又骄奢淫逸,根本不把人民的死活放在心上。他重用太师尹氏,让他掌管朝廷大权,致使政治日趋混乱,国势日趋衰

败,人心离散。

当时有一个名叫家父的大臣,对这种情况感到非常忧虑,希望周幽王能够看到政治上的危机,维持好这个天下。于是他写下了一首诗,一方面揭露太师尹氏的罪恶,一方面表达老百姓的忧虑。诗中写道:

"巍峨的终南山啊,层峦叠嶂岩石磊磊;太师尹氏威名显赫,人民的眼睛都盯着你看;心里忧愁得像火在煎啊,但也不敢把你来笑谈;眼看着王业已衰,国运将断,为何你却看不见!"

周幽王的儿子宜臼被废,他不仅对自己的前途,也对国家的前途深感忧虑,他也写诗道:"每当我看到屋边的桑树和梓树,我都要毕恭毕敬。我最尊敬的父亲,我最依恋的母亲。任何人都是父母的骨肉,任何人都是父母所生。我的好日子要到哪里去寻找呢?"

可是,周幽王根本听不进家父等人的劝阻,一味寻欢作乐,致使国力衰竭。后来申侯联合犬戎等国共同进攻西周王朝,周幽王兵败身亡,西周也到此结束了。

手下的大臣和儿子都能感到恐惧,唯独幽王不恐惧,这种"大无畏"精神的代价是相当惨重的。

安邦以静制动

安氏公司和吉远公司是中国香港两家著名的房地产开发公司。两家本为一体,吉远公司的老板陆吉远精通房地产业,在银行的支持下,从安氏公司中独立出来,并抢走了安氏公司的一些项目。因此,两家公司的关系一直很紧张。

安氏公司视吉远公司为"叛逆",一直想以雄厚的实力和丰富的经验挤垮吉远公司。可是吉远公司的老板陆吉远在房地产业中混了多年,经营有方,而且还有银行的支持,所以它非但没有被挤垮,反而一天天壮大起来。安氏公司虽然暂时失利,但公司老板安邦并没有灰心。他苦心经营着公司内外事务,等待时机东山再起。

中国实行改革开放后,安邦凭着他敏锐的商业意识,觉得这是发展安氏公司的大好时机。于是,他赴大陆考察,不久就揽下了几个大项目。就在安氏公司想在大陆大展宏图时,情况发生了变化。

就在安邦准备到大陆签合同的前一天,电视新闻中播出了一则消息:"建筑业新霸主陆吉远,为求迅速发展,将于近期展开攻势,收购其'老家'安氏公司。陆先生称,他正调集足够资金,准备从明天起大规模收购安氏公司股票。社会上零散的安氏股票很多,如果收购顺利,不愁做不了'安氏'的最大股东。金融界认为,陆先生此举定会引起股市的波动。"

安邦听完这条新闻报道后,大吃一惊,心想:吉远公司这几年发展迅速,又有银行的支持,如果他这次收购成功的话,自己大半生的辛劳岂不是白费了吗?不行,不能让他得手。他想收购,我就来个反收购!

但是,当安邦把吉远公司的全部资料找来,从头到尾仔仔细细地看完一遍后,心中顿起疑窦。资料表明,吉远公司尚不具备收购安氏公司的实力。安氏公司如果组织反收购,吉远公司不仅不会成功,而且还会积压不少资金。陆吉远不可能干这样的蠢事,银行也不会同意做傻事。再说,即使他真想收购安氏公司股票,又怎么可能把消息透露给兴风作浪的新闻机构呢?其中必定有诈。安邦想到这里,已经猜到了八九分:陆吉远"醉翁之意不在酒",他是想借此破坏我在大陆的投资计划。

想到这里,安邦冷笑几声,找来助手,交代了对策,然后就到大陆签订合同去了。新闻播出后,第二天股市一开盘,吉远公司果然开始大量收购安氏公司股票,"安氏"股票价格直线上升。持股市民争相抛售,吉远公司的收购工作非常顺利。下午,安氏公司开始出来回收股票,但只收购了一会儿就停止了。第三天早上,"安氏"股票价格进一步攀升,吉远公司照旧大规模收购,有多少吃多少。安氏公司却没有在股市上露面。新闻媒体纷纷报道:"吉远公司攻势凌厉,安氏公司无招架之力,不敢应战。'安氏'可望易姓。"

又一天过去了,安氏公司的股票持续大幅度上升,吉远公司开始力不从心,宣布停止收购。当天晚报刊出一条消息:"'安氏'老板安邦在大陆签订大宗工程合同,'安氏'安然无恙"。到了第4天,"安氏"股票价格大幅度下跌,安氏公司开始低价回收本公司股票。吉远公司收购安氏公司的阴谋不攻自破了。

原来,当陆吉远第一天开始大规模收购"安氏"股票时,安邦的助手在股市秘密抛售了部分股票,下午又故作姿态回收少量股票后就撤出了,造成"无力反收购"的假象,刺激股价持续上升。陆吉远本来就无心收购安氏公司的股票,只不过想激怒安邦来进行反收购,借此破坏对手去大陆签约的计划。谁知安邦并没有上钩,陆吉远自讨没趣,又没钱继续高价收购,只好急忙停止收购。

吉远公司高价购进股票,股价下跌使它赔了一大笔钱,而安邦利用陆吉远收购"安氏"股票的时间,去大陆谈成了几笔大生意。回港后,又趁着股价下跌,大规模低价收购了自己公司的股票,又赚了一大笔。

安邦在这场收购战中,采取了以静制动的战术,凭自己雄厚的实力,置陆吉远的进攻于不顾,在大陆谈成了大生意。等吉远公司精疲力尽撤退后,安氏公司乘机大举反攻,不但自己未损一根毫毛,而且获利不少,同时还重创了吉远公司,可谓

"一箭三雕"。如果安邦轻信陆吉远的谣言，进行反收购，那么他非但失去了进军大陆的大好机会，而且还会损失一大笔宝贵的资金。

从安邦的做法可能看出：冷静分析眼前形势，避敌于锐不可当之时，以静制动，然后乘其懈怠，坐收其利，一举将之击破，必能不战而屈敌之兵。

临危不惧、泰然处之，这是一种冷静和理智，这里的关键不是事态而是心态，不是事境而是心境，不是事理而是心理，这是一个人的气度和能耐，这种气度和能耐使人在大的变动中沉着应对，处事不惊。

钟会面君不出汗

三国时，魏国太傅钟繇有两个儿子，大的名叫钟毓，小的名叫钟会。哥儿俩从小就很要好，形影不离，但兄弟二人性格差异很大，哥哥憨厚，弟弟调皮。

一次，午饭后钟繇躺在床上休息，钟会便怂恿哥哥和他一起去偷父亲的酒喝，钟毓犹豫了一下，但经不住钟会的磨缠便去了。钟繇听到哥儿俩的话，就悄悄跟在后面，想看看他们干什么。

只见钟毓倒了点酒，面向父亲的方向拜了拜，然后喝下去，钟会却淘气地做个鬼脸端杯就喝。这时，钟繇站出来问钟毓："喝酒之前，为何要拜我？"钟毓回答："偷酒喝心中不安，不敢不拜。"再问钟会，为何不拜，钟会回答："偷酒已属不敬，不敢再拜。"

钟繇听后心中暗喜，非但没有责备他们偷酒喝，还鼓励他们好好读书。

魏文帝听说钟繇的两个儿子很聪明，就让钟繇带他们到皇宫来。第二天，钟繇带领兄弟俩进宫面君。一路上，千叮咛，万嘱咐，告诫二人不要在皇帝面前出差错。

进了皇宫，哥儿俩见大殿气宇轩昂，皇帝威严地端坐殿上，文武百官两旁肃立，小兄弟俩不敢出声，钟会倒还没什么，钟毓却紧张得直冒冷汗。

魏文帝问："钟毓，你为什么汗流满面？"

钟毓回答："因为我见到陛下后战战兢兢，所以汗流满面。"

魏文帝笑了，又转过身问钟会："钟会呀，你怎么一点汗都没有呢？"

钟会回答："因为我见到陛下后战战栗栗，所以不敢出汗。"

兄弟二人的巧妙回答，使得魏文帝和满朝文武听后纷纷称奇，兄弟二人长大后都成了人才。

古人说：处事不惊，必凌驾于事情之上；达观权变，当安守于糊涂之中。不糊涂不能平息事端，只能生事、滋事、扰事、闹事；不糊涂不能力挽狂澜，只能被卷入漩涡之中，抛于险浪之巅。

临危不惧、泰然处之，这是一种伟大的心态，更是一种自信而又成熟的心理，它还是一种冷静和理智的完美结合，它使一个人能在人世尘浮的突变中沉着应对，处事不惊。

俗话说："车到山前必有路，船到桥头自然直。"人遇到艰难险阻或意想不到的新问题，总是会想出解决应付的办法，找到继续前进的途径。有时顺其自然则是从容镇静的风度、静观发展的耐性和细谋高招的韬略。

宋代文学家苏东坡具有"万象皆空幻，达人须达观"的旷达胸怀，以他心直口

快的个性，能屡遭坎坷而保持快乐，是与他身体力行"无故加之而不怒，猝然临之而不惊"的生存哲学分不开的，没有"一蓑烟雨任平生"的放达，又怎能有"也无风雨也无情"的境界？

人生是一段艰辛的跋涉。人生纷纭复杂，坎坷曲折，绝不只是绿叶簇拥的红花，更多的是荆棘杂草中远征的苦涩；也不只是对春华秋实的满足，更多的是经受酷暑寒冬的洗礼。人生在积演了大量的风风雨雨、坎坎坷坷之后，只有从容地迎接命运的挑战，诸多人生难题才能圆满解答。从容是人生的一种坦然，是对生命的一种珍惜。

刘邦安然走出鸿门宴

遇险不惊，镇定沉着，乃化险为夷之良策。倘使惊慌失色，处置不当，就会坏了大事。警惕而不经变故，会让人在巨变发生的时候，能够从容应对，最终安然无恙。刘邦在鸿门宴脱险的事例，可作为此解。

刘邦率先入关破咸阳，退驻灞上。后项羽率军西来屯军新丰鸿门，扬言要同刘邦交战。公元前206年，刘邦率大军进入咸阳后，项羽麾兵40万，进驻鸿门(今陕西临潼东北)。

秦末，"天下苦秦久矣"，公元前209年陈胜、吴广起义，刘邦、项羽也起兵江东。项梁拥立老楚怀王之孙为"楚怀王"，召集诸将结成反秦联盟，命主力军刘、项分南北两部，合力西击秦军，并约定"先入关中者王之"。项羽在北边打仗，很快地，北边的战局平定下来，于是项羽带着自己的军队浩浩荡荡地也往关中地区开过来了，开到函谷关的时候，刘邦的军队把函谷关守起来了，项羽以勇猛著称，马上下命令英布攻打函谷关。刘邦的军队是打不过项羽的，项羽把函谷关打开后，他的军队开到了鸿门，这个情况对于刘邦来说就不利了。这时刘邦自己的队伍内部中的左司马曹无伤出卖刘邦，跑去报告项羽，说刘邦野心很大，要在关中称王。项羽一听，勃然大怒，马上下命令说，明天早上让所有的将士饱餐一顿，翦灭刘邦。

当时项羽兵力40万，号称100万，刘邦的兵力10万，号称20万，刘邦如果和项羽打一仗的话，那叫"以卵击石"，根本就不是对手，可以说此刻的刘邦是危在旦夕。项羽的叔叔项伯与张良有生死之交，连夜给张良通风报信，劝他速速逃命，免得与刘邦同归于尽。张良便将此事报告了刘邦。刘邦大惊失色，恳请项伯从中斡旋。他恭敬地尊项伯为兄长，献上一杯美酒为他祝寿，并决定把女儿许配给项伯的儿子。

刘邦此举，受益匪浅。项伯慨然答应在项羽那里为刘邦解释、疏通，并出计要刘邦第二天一早亲自去拜会项羽，说明原委，以消除误会。接着，他又连夜返回鸿门，劝说侄儿项羽，替刘邦开脱。项羽怒气

西汉　博山盖樽

消了大半。

第二天一早,刘邦带着张良、樊哙,在百名骑兵的护卫下,就从壩上到了鸿门去拜见项羽。一见项羽,刘邦就说:"将军啊,当年臣和将军一起在怀王手下当差,接受怀王的命令出击,将军战河北,臣战城南,臣也没有想到,怎么一不小心,我就先来了,实在不好意思,不过也好,我不是很荣幸地又见到将军了吗?"项羽见刘邦言语诚恳,不但怒火全消,且觉得自己委实对不住刘邦,说:"这都是你的左司马曹无伤挑唆的。否则,我怎会如此!"遂命人摆下酒宴,款待刘邦。

随后就留刘邦一同饮酒。项羽、项伯面东而坐,范增面南而坐。刘邦面北而坐,张良面向西侧陪侍。席间,范增多次给项王使眼色,三次举起身上所佩饰的玉玦,示意项王当机立断,杀死刘邦,可是项王默然不应。

范增起身,出去叫来项庄,对他说:"君王为人心软,不忍下手,你进去敬酒祝寿,祝寿完毕,请求用剑起舞,趁机在刘邦坐着时用剑杀死他。若不这样,将来我们所有人都要被他俘获。"项庄于是就进去敬酒祝寿。祝寿完毕,他说:"君王和刘邦饮酒,军中没有什么可以助兴,请允许我舞剑助兴。"项羽说:"好吧!"项庄拔剑起舞,于是项伯也拔剑起舞,用自己的身体掩护刘邦,让项庄没有机会杀掉刘邦。

情况紧急,张良离席,来到军门,见到了樊哙。樊哙问:"事态如何?"张良说:"非常紧急。现在项庄拔剑起舞,用意一直是放在刘邦身上。"樊哙说:"看来真的很紧迫,请让我进去,我要跟刘邦同生死。"说完,樊哙立刻带着宝剑,拿着盾牌闯入军门。卫士想拦住他,樊哙就干脆撞倒卫士,进入军门。他分开帷帐,瞪大眼睛注视项羽,头发向上直立,眼眶都要瞪裂了。

项羽一惊,按剑问道:"来者何人?"

张良回答:"刘邦的参乘樊哙。"

项羽称赞说:"好一个壮士!赶快赐酒!"侍者斟给他一大杯酒,樊哙拜谢后,立饮而尽。项羽又说:"赐他一个蹄筋。"侍者给了樊哙一个生蹄髈,樊哙把盾放在地上,然后把蹄髈放在盾上,用剑切了就吃。

项羽更加赞叹,问他还能不能喝酒。

樊哙起身说:"臣连死都不怕,还怕一杯酒吗?秦王有虎狼之心,杀人唯恐不能杀尽,处罚人唯恐不能重,天下的人都背叛了他。怀王和诸侯约定说:'首先攻破秦军,打入咸阳的人,应该被封为关中王。'现在刘邦首先攻破秦而打入咸阳,对于秦室的财富一点儿边都不敢接近,封藏了宫室,退出军队驻扎到壩上,专门等待大王。刘邦之所以派人把守函谷关,是为了防备其他盗贼,防止意外事件的发生。刘邦这样劳苦功高,却没有得到封侯的奖赏,而你听信了小人的谗言,想诛杀有功的人。这样做是亡秦的继续,我相信,大王是不会采取这种做法的。"

项羽无话可答,只是说:"请坐。"樊哙于是随张良就座。坐了一会儿,刘邦起来去厕所,叫着樊哙一起出帐。

刘邦打算不辞而别,对樊哙说:"我准备回去,但没有向项王告别,怎么办呢?"

樊哙说:"现在的情况人家好比是刀和案板,我们是要被宰割的鱼肉,还告什么辞呢?"张良这时也出来了,他问刘邦带来了什么礼物,刘邦说:"我带了一对玉璧,

准备献给项羽,一对玉斗,准备送给亚父(范增),刚才他们生气,没敢拿出来,你就代我献给他们吧。"

张良说:"遵命。"

在这时,项羽驻军鸿门,刘邦驻军霸上,相距40里。刘邦就没有坐车,骑马逃离,樊哙和夏侯婴、靳强、纪信等四人手持武器跟着徒步奔跑,抄小道行进。刘邦对张良说:"从这条道路到达我们军中,不过20里。你估计我到了军中以后,再回军帐中告辞。"估计刘邦已经回到军中,于是张良入账辞谢,他说:"刘邦喝多了,不能亲自告辞。委派臣下献上白璧一双,玉斗一双,献给大王。"

项羽问:"刘邦现在哪里?"

张良答:"刘邦听说大王有意责怪他,只好独自回去,已经到达军中了。"项羽听后,接过了玉璧,把它放在座位上。范增接过玉斗,把它摔到地上,还拔剑击破了它,说:"唉!项伯这帮无知的小子,不能和他们共同图谋大事。夺取项王天下的人,一定是刘邦。我们这些人都逃不掉。"

刘邦从鸿门脱身以后,回到军中第一件事情就是把曹无伤杀了。刘邦之所以能够从鸿门宴上安然脱险,虽然得力于项伯、张良等人的相助,但关键还在于他自身的镇定。这种从容不仅消除了项羽的疑忌,也为自己的随机应变提供了必需的保证。

刘邦到南郑后,积极准备反攻。先夺取关中三秦之地作为根据地,然后出兵东向,进攻项羽。后来,项羽被迫与刘邦约定:"中分天下,割鸿沟以西为汉,以东为楚。"定约后,项羽东归。刘邦在张良、陈平的提议下,决定趁此时机消灭项羽,于是用大将韩信、彭越围困项羽于垓下(今安徽灵璧南)。项羽兵败突围,至乌江(今安徽和县东北)自刎。刘邦也因此成就了自己的霸业。

处变不惊是当代人应当具有的基本能力之一。在当今社会中,我们每个人每天都要面对比过去成倍增长的信息,如何迅速地分析这些信息,是人们把握时代脉搏、跟上时代潮流的关键。它需要我们具有良好的应变能力。另一方面,随着社会竞争的加剧,人们所面临的变化和压力与日俱增,努力提高自己的应变能力,对事业的发展是大有帮助的。

艮卦第五十二　☶

【经文】

艮下艮上　艮①艮其背②,不获其身③;行其庭,不见其人④,无咎。

初六　艮其趾,无咎,利永贞⑤。

六二　艮其腓,不拯其随,其心不快⑥。

九三　艮其限,列其夤,厉薰心⑦。

六四　艮其身,无咎⑧。

六五　艮其辅,言有序⑨,悔亡。

上九　敦艮⑩,吉。

【注释】

①艮:卦名。通行本为第五十二卦,帛书本为第九卦。此与《震》卦为卦爻翻

覆的关系,故次列于《震》卦后。单卦的《艮》(☶)象《坤》(☷)土上方隆起,故其象为山。山为险阻,两《艮》相重,谓重重险阻。此卦卦名与卦辞首字相重,故原文省卦名"艮"字,今补。

②艮其背:"艮"疑假借为"谨"。艮、谨同为见母文部字,古为同音字。如《周礼·地官·遗人》注:"故书艰厄作㲋厄……杜子春云:㲋厄当作艰厄",《释文》:"㲋音艰,又音谨"。又《老子·德经》"深根固柢",帛书甲本"根"作"㯟"。帛本"艮"作"根",《归藏》作"狠",皆"谨"字之假。卦爻辞之诸"艮"字用法相同。盖卦象为重重险阻,故卦爻辞戒人处艮之时当谨其言行。"艮其背",谓谨慎其背后。此言防人于背后暗算之也。又,卦爻辞之"艮"字旧皆训"止"。高亨等以为"艮"之字形为反"见",释为顾、注视、照顾等。按:此二解亦讲得通。

③不获其身:"获",得。不得其身,谓谨慎背后,使人不得伤害其身。又《广雅·释诂》"获,辱也",谓谨防背后,使身不受辱。高亨读"获"为"护",可参考。

④行其庭,不见其人:"行其庭"的主语是初六,即问著者。"其人",指问著者,即初六。"不见其人",谓他人不得见其踪影。不得见其踪影,自然不能伤害于他,所以说"无咎"。

⑤艮其趾,无咎,利永贞:"利永贞",谓长久坚持则占问有利。初六阴爻,本为柔静者,故能谨其足趾之行而无咎害;但处于刚位,恐其躁动,故又戒之以"利永贞"。

⑥艮其腓,不拯其随,其心不快:"腓",腿肚子,指小腿。"拯",收敛(《广雅·释诂》:"拯,收也。")。"随",指初六。初六之"趾"随六二之"腓"而动,故初六为随(王弼注"随谓趾也"是正确的,"拯其随"与《咸》卦九三的"执其随"相同)。六

二以阴居柔,又处中位,是能谨慎者;但初爻居刚位,常有躁动之意,六二阴柔,无力收止之,故"其心不快",盖恐其一旦影响自身也。

⑦艮其限,列其夤,厉薰心:"限",在此指腰部。腰为上、下身之界限,故训为腰。"列"同"裂"。"夤"即"膗",脊背肉。"厉",危险。"薰",薰灼、烧灼。"厉薰心",言其心忧危有如烧灼。九三处艮体,故能谨慎其腰胯的行动;但另一方面,阳爻居刚位,处下卦之极,互四、五为《震》,震为动,故又躁动而撕裂其脊肉。此正是危厉灼心之象。九三心之薰灼在于自身之躁动,六二心之不快在于恐初六之躁动殃及自身。

⑧艮其身,无咎:"身",上身。六四已入《艮》之上体,在腰胯之上,故指上身。六四以阴居柔,故能谨慎上身的行动而无咎害。

⑨艮其辅,言有序:"辅",口颊、口。此谓谨其口而不妄语,出言则必有条理,《坤·文言》所谓"括囊,无咎无誉,盖言谨也"。《集解》本"序"作"孚"。

⑩敦艮:"敦",质厚、质朴(《老子·十五章》"敦兮其若朴",注:"敦,质厚也")。时位至上九,即将出《艮》,至极则变,故质厚之谨,谓谨之返朴,无心于谨而事无不周。此老子所谓"愚人之心"(《老子·二十章》)、庄子所谓"致道者忘心"(《庄子·让王》)。《临》卦上六之"敦临"("临",治),亦谓治极返朴,无心于治而事无不治,与此"敦艮"辞例相同(《复》卦六五"敦复"亦谓"还复于朴")。

【译文】

艮卦:人的背部静止,整个身体也便难以移动;内心安静,即便进入有人的庭院也视若无睹。稳且静,人就不会有过失。

初六:首先要控制住脚趾上的动作,脚趾稳定则不失足,其益在于有始有终。

六二:腿停止不动,却不能阻止其上位者的冒进而只得勉强相随,因而心中不会愉快。

九三:抑制腰部的活动,两肋的肌肉便像被分裂开来一样,不能活动,其难受犹如烟火薰心肺。

六四:能够自我控制其身体,便不会有过失。

六五:说话谨慎,条理清晰,后悔之事便不会发生。

南宋佚名作《鸡冠乳犬图》

上九:以谨慎敦厚为归宿,吉祥。

【解读】

本卦通过"艮其趾""艮其腓""艮其限""艮其身""艮其辅"的一系列譬喻,系统地阐释了适可而止的原则。有动便有止,该动则动,当止则止。什么事情应该做,什么事情不应该做,从一开始就要把握好它的尺度;在实际生活中,往往由于缺少主动权,明知应止却不能止,而且违心地跟着别人继续冒进,以致"不得开心

国学经典文库

颜";止并不是绝对的,它受到时间和空间的规定,一般来说,只是暂时的,而动才是永恒的;如果将止绝对化、孤立化,动、止便会失当。因此,何时该止,止于何处,要做到心中有数,如此才能自我约束,止于恰到好处。所谓"止",不仅包括人的行为,还包括人的言语;如果说话不加节制,同样会招祸。总之,当止则止是一种自我约束,贵在自觉,功在坚持。

【经典实例】

内心宁静才可专注

《艮卦》所讲的范围是比较广的,但其所揭示的基本道理则是对事物时势当止则止的认识,从而使人的内心达到一种清静无扰、专注行事的境界。而这对于人生的"行"或"止"的状态影响而言,是很重要的。

一天,当时还叫玛利亚的居里夫人正坐在桌前看书,房间的东窗下,有另外两个女孩,一个是玛利亚的姐姐,一个是来做客的表姐,她们正亲热地谈话。

她们正谈着,表姐突然发觉在这儿谈话不妥当,忙说:"玛利亚在看书,别打扰她,咱们到别的房间去谈吧。"说完,站起身要走。

玛利亚的姐姐坐着不动,伸手将表姐拉回座位坐下,满不在乎地对她说:"没关系! 玛利亚看书专心,不怕干扰。"

"真的?"表姐感到惊异,但很快又摇摇头说:"没有的事! 看书总需要安静的环境,嘈杂吵闹怎么看得下去呢?"

玛利亚的姐姐说:"玛利亚看书的确专心致志。不信,你试试!"

表姐一听,产生了好奇心,当真要试一试。她稍微想了一下,有了主意,就对玛利亚的姐姐说:

"来,我们跳舞!"玛利亚的姐姐心领神会,与表姐跳起舞来。她俩故意踏得地板"通通"响,还偷眼观察玛利亚。

玛利亚一点反应也没有,照样在看书。

跳舞的办法不见效,表姐的脑子一转,有一个新点子。只见她将手伸到玛利亚姐姐的腋下,搔起痒痒来了。

顿时,玛利亚的姐姐被搔得"格格格"地笑了起来。

表姐仍不松手,继续搔。

玛利亚的姐姐挣脱身,逃进房间里。

表姐追进来,一把抱住了玛利亚的姐姐,两人滚在一起,"格格格"地大笑着。

玛利亚仍在看书。

房间里闹成这样,玛利亚并不是没有感觉到,但是,她不去理会——你闹你的,我看我的书。

表姐不甘心,又想出了第三个花样:悄悄搬来一些椅子,在玛利亚的身后搭起了椅子罗汉。表姐暗想:如果玛利亚不是真正用心读书的话,那么,现在房间里突然安静下来,玛利亚必然要回头察看是怎么回事。只要她扭头往后看,身体稍微那么一挪动,就会碰倒椅子。

可是,等候了好久,玛利亚没有回头。

表姐彻底地信服了。

可见,止与行相统一的操作之道,是以"艮其背"的凝神专注心态为前提的。"艮其背"即静止如背,这不是平常意义上的静止,而是一种静止至极的状态,它是一种能量的积蓄,一种心态的调整,一种意志的锤炼。从这种意义上说,这种止恰恰是为了进。当你在爬山时面对着峻岭险峰时,你除了专心致志、全神贯注于攀登的每一步外,还会想到什么呢? 那时,你的心之所归,在于每一块能用于置脚的岩石的牢靠和稳固,你的止在于保证你向前的每一步都不踩空。如果移心别物、稍有杂念,或动作不慎,危险也将随之而来。

人生犹如爬山。青年毛泽东在求学时,为了培养自己的专注精神,特地选择了车水马龙的长沙城门口热闹处读书,在"人闹吾独静"的氛围中领悟自我,追求真理,培养自己对成就事业的执着精神。在纷杂喧闹的社会中,一个人要做好某件事,做成某件事,没有爬山那样专心致志的心态,没有持久不变的追求,没有专一执着的精神,是不可能实现的。

何世亮受骗而死

何鸿燊的家族是中国澳门的望族,祖辈富甲一方,在东南亚一代威望极高。父亲何世光既是怡和泽行买办,又是立法局非官方议员及华商协会主席,其他几位伯叔也都是买办出身,都是生意场上能征善战的行家。

何氏家族在生意场上不知打败了多少竞争对手,对生意场埋伏的危机、陷阱、生意场上的尔虞我诈,都有着较为清醒的认识。可是他们不懂股票,却玩起了股票生意,结果一着不慎,弄得倾家荡产、家毁人亡,惨不忍睹。

事情的经过是这样的。一天,何鸿燊的叔父何世亮像往常一样去怡和泽行上班,当他走到办公室时,见办公室门前地上有一封未封口的信件,他好奇地随手拾起来,并随手翻看了信件,信件的内容是一个购买股票的信息。

何世亮看了后惊喜万分,头脑一热,就急忙找来众兄弟们进行商议。众兄弟们也不考虑信息的可信程度,也都跟着何世亮头脑发热而做出了一个重大决策,即决定大量贷款并倾其全部家产购入怡和大班所持有的股票。

其实,这是怡和大班的一个诡计,他们编织了这样一个充满诱惑的圈套让何世亮往里钻,而何世亮及其兄弟们就这样心甘情愿地自动钻了进去。可想而知,当何家兄弟大举买进股票时,正是怡和大班疯狂抛出股票套现的时候。当何家兄弟大量购入了股票后,该股票价格一跌再跌,就像高台跳水一样,一头栽了下去。

最后的结果是何世亮因债台高筑,饮弹自杀;长兄何世荣得了神经病,服了大量安眠药长辞人世;何鸿燊的父亲何世光则抛家弃子亡命他乡,一个显赫的何家就此一落千丈。

何世亮不能专心做好自己最拿手的生意,看到别的生意能赚钱也不想一想自己擅长不擅长就敢大胆地去做,由于对每一个问题都没有去做充分的思考,失败也就难免了。别忘了,我们都是靠脑子赚钱的,要想一想有的生意该不该做,不宜做

的一定要止住狂热的念头。

当你在爬山时面对着峻岭险峰，除了专心致志、全神贯注于攀登的每一步外，还会想到什么呢？那时，你的心之所归在于每一块能用于置脚的岩石的牢靠和稳固，你的止在于保证你向前的每一步都不踩空。如果移心别物、稍有杂念，或动作不慎，危险也将随之而来。所以做事要首先一门心思把自己正在擅长做的事做大，不可心猿意马分心分力，否则会招致危险。

祖孙捕野鸡

《伊索寓言》讲述了这样一则故事：

有一次，孙子和祖父进林子里去捕野鸡。祖父教孙子用一种捕猎机，它像一只箱子，用木棍支起，木棍上系着的绳子一直接到他们隐蔽的灌木丛中。野鸡受撒下的玉米粒的诱惑，一路啄食，就会进入箱子，只要一拉绳子就大功告成了。

支好箱子藏起不久，就有一群野鸡飞来，共有九只。大概是饿久了的缘故，不一会儿就有六只野鸡走进了箱子。孙子正要拉绳子，可转念一想，那三只也会进去的，再等等吧。等了一会儿，那三只非但没进去，反而走出来三只。

孙子后悔了，对自己说，哪怕再有一只走进去就拉绳子。接着，又有两只走了出来。如果这时拉绳，还能套住一只，但孙子对失去的好运不甘心，心想着还会有些野鸡要回去的，所以迟迟没有拉绳。

结果，连最后那一只也走出来。孙子一只野鸡也没有捕到。

托尔斯泰说："欲望越小，人生就越幸福。"这句话蕴含着深邃的人生哲理。它是相对欲望越大，人越贪婪，人生越易致祸而言的。古往今来，在难填的欲壑中被葬送的贪婪者，多得不可计数。

为了说明这个道理，托尔斯泰还讲过这样一个故事：

有一个仆人想得到一块土地，地主对他说：清早你从这里往外跑，跑一段就插个旗杆，只要你在太阳落山前赶回来，插上旗杆的地都归你。那人就不要命地跑，太阳偏西了还不知足。太阳落山前他是跑回来了，但已精疲力竭，摔倒在地上就再没起来。于是有人挖了个坑就地埋了他。牧师在给这个人做祈祷的时候说："一个人究竟要多少土地呢？就这么大吧。"

贪婪是欲望无止境的一种表现，它让人永不知足。永不知足是一种病态，其病因多是对权力、地位、金钱之类的贪婪而引发的。这种病态如果继续发展下去，就是贪得无厌，其结局是自我爆炸，自我毁灭。累死的仆人和捕鸟的孙子，都是因为贪婪，想得到更多的东西，最后却把现在所拥有的也失掉了。

有时，得而复失，失而复得，幻想破灭，空喜一场，这都是快乐的过渡和转化。我们每一个人所拥有的财物，无论是房子、车子、金子……无论是有形的，还是无形的，没有一样是属于你自己的。那些东西不过是暂时寄托于你，有的让你暂时使用，有的让你暂时保管罢了，到了最后，物归何主，都未可知。所以智者把这些财富统统视为身外之物。

一个人要想贪占天下所有的东西，灾难就要来了。做人必须要想透，人生一定

要顿悟。物欲是没有止境的,一不小心会断送人的性命;轻一些的,会让你一生得不到快乐。

物欲为己,此生不宁;物欲为后,子孙不旺。古人早已告诫过我们"以德遗后者昌,以财遗后者亡"。一个人要顺其自然地、平淡地看待物质的享受,得之无喜色,失之无悔色。什么都想得到的人,结果可能什么都得不到,甚至连自己已经拥有的也会失去。一个平淡地对待生活的人,可能会意外地得到惊喜。

人生短暂几十年,赤条条来又赤条条去,何必物欲太强贪占身外之物?"身外物,不奢恋"是思悟后的清醒,它不但是超越世俗的大智大勇,也是放眼未来的豁达襟怀。谁能做到这一点,谁就会遇事想得开,放得下,活得轻松,过得自在。

居乱而心不乱

女孩玛利亚,坐在桌前看书。

房间的东窗下,有另外两个女孩——一个是玛利亚的姐姐,一个是来做客的表姐,她们正亲热地谈话。

她们正谈着,表姐突然发觉在这儿谈话不妥当,忙说:"玛利亚在看书,别打扰她,咱们到别的房间去谈吧。"说完,站起身要走。

玛利亚的姐姐坐着不动,伸手将表姐拉回座位坐下,满不在乎地对她说:"没关系!玛利亚看书专心,不怕干扰。"

"真的?"表姐感到惊异,但很快又摇摇头说:"没有的事!看书总需要安静的环境,嘈杂吵闹怎么看得下去呢?"

玛利亚的姐姐申辩说:"玛利亚看书的确专心致志。不信,你试试!"

表姐一听,产生了好奇心,当真要试一试。她稍微想了一下,有了主意,就对玛利亚的姐姐说:

"来,我们跳舞!"玛利亚的姐姐心领神会,与表姐跳起舞来。她俩故意踏得地板"通通"响,还偷眼观察玛利亚。

玛利亚一点反应也没有,照样在看书。

跳舞的办法不见效,表姐的脑子一转,有一个新点子。只见她将手伸到玛利亚姐姐的腋下,搔起痒痒来了。

顿时,玛利亚的姐姐被搔得"格格格"地笑了起来。

表姐仍不松手,继续搔。

玛利亚的姐姐挣脱身,逃进房间里。

表姐追进来,一把抱住了玛利亚的姐姐,两人滚在一起,"格格格"地大笑着。

玛利亚仍在看书。

房间里闹成这样,玛利亚并不是没有感觉到,但是,她不去理会——你闹你的,我看我的书。

表姐不甘心,又想出了第三个花样:悄悄搬来一些椅子,在玛利亚的身后搭起了椅子罗汉。表姐暗想:如果玛利亚不是真正用心读书的话,那么,现在房间里突然安静下来,玛利亚必然要回头察看是怎么回事。只要她扭头往后看,身体稍微那

么一挪动，就会碰倒椅子。

可是，等候了好久，玛利亚没有回头。

表姐彻底地信服了。

这位专心读书的玛利亚，长大后，就是发现镭的著名科学家居里夫人。

本卦以山为象，说的是止的道理。反映的是这一相对静止时期人们的处世态度、行事方法。

背是人体中最能体现止的部位。背部不仅是静止的，并且由于其特定的空间位置，使它不能得见人身的其他部位。"不获其身"就是指出了背的这一特殊的静止状态。这种状态犹如一个人经过庭院时，没有看见任何人一样。这就是卦辞说的"行其庭，不见其人"。这里的"不见其人"，一是的确庭院内无别人；二是庭院内有人，但由于人的注意力像背一样静止在某一部位上，因而连别人的存在也不能注意到。

止与行相统一的操作之道，是以"艮其背"的凝神专注心态为前提的。"艮其背"即静止如背，这不是平常意义上的静止，而是一种静止至极的状态，它是一种能量的积蓄，一种心态的调整，一种意志的锤炼。从这种意义上说，这种止恰恰是为了进。当你在爬山时面对着峻岭险峰时，你除了专心致志、全神贯注于攀登的每一步外，还会想到什么呢？那时，你的心之所归，在于每一块能用于置脚的岩石的牢靠和稳固，你的止在于保证你向前的每一步都不踩空。如果移心别物、稍有杂念，或动作不慎，危险也将随之而来。

人生犹如爬山。青年毛泽东在求学时，为了培养自己的专注精神，特地选择了车水马龙的长沙城门口热闹处读书，在"人闹吾独静"的氛围中领悟自我，追求真理，培养自己对成就事业的执着精神。在纷杂喧闹的社会中，一个人要做好某件事，做成某件事，没有爬山那样专心致志的心态，没有持久不变的追求，没有专一执着的精神，是不可能实现的。

"万世师表"孔子

孔子名丘，字仲尼，鲁国人，是春秋时期的大思想家、大教育家，儒家学派的创始人。

孔子三岁丧父，十七岁时母亲也去世了，年轻的孔子独自一人开始了人生旅程。孔子小的时候，母亲便给他一些礼乐之器玩，使孔子从小便接受礼乐文化的熏陶。孔子对礼乐很感兴趣，十几岁时，已成为知书达理的人。母亲去世时，孔子把母亲与父亲叔梁纥合葬在防山。当鲁国掌握政权的贵族季氏举行飨礼设宴招待士人的时候，孔子兴冲冲地去了，但却被季氏的家臣阳虎拦住了。他对孔子说："季氏宴请士人，不敢请先生您来。"孔子转身回来了，他知道自己所处的社会地位低下，但却并不灰心，他努力学习礼乐文化，使自己充实起来。

孔子生性聪慧，学习也很勤奋，善于钻研。他跟音乐家师襄学习弹琴，一支曲子已经弹得很熟练了后，师襄让他学习新的曲子。孔子认为自己揣摩得还不够，又连续弹奏了几遍。最后，孔子终于悟出了曲子的深意。

国学经典文库

孔子塑像

时间飞逝，如白驹过隙，转眼间，孔子已三十岁了。三十岁的孔子饱读诗书，他看到由于学校被官府垄断，平民的孩子没法接受教育时，便决心授众讲学。由于孔子好学，学识渊博，在当时已小有名气，所以有不少人愿意跟孔子学习。鲁国的上卿孟僖子死后，他的儿子仲孙何忌和南宫敬叔便奉父亲之命拜孔子为师。孔子愉快地答应了。

孔子深深地感到，学海无涯，自己应当外出学习、交流。他决心已定，便带着弟子南宫敬叔去拜访大思想家老子，老子告诉了他许多至理名言，让他受益匪浅。

离开了老子，孔子觉得自己研读诗书这么多年，或许应该是到了为国效力的时候了。他带领弟子来到齐国，找到齐国的大夫高昭子，希望能由他引荐见到齐景公。

孔子第二次拜见齐景公时，景公询问孔子为政之道。孔子回答道："君君、臣臣、父父、子子。"景公听了，说道："是啊，如果我国君不像君，臣不像臣，父亲没有尽到父亲的责任，儿子没有儿子的样子，即使有小米，寡人能平安地吃上吗？"

又一天，景公又问孔子为政的原则。孔子回答说："为政之道，重在节财。"听了孔子的话，景公很高兴，想把尼谿之地封给孔子，就问丞相晏婴的意见。晏婴表示反对，他认为孔子重礼，若孔子想通过这些繁文缛节来改革齐国的礼俗并不是好的方法。景公一向都听晏婴的，便打消了这个念头。此后，他只是很客气地招待孔子，不再询问有关礼的事情了。一天，景公对孔子说："寡人不能像鲁君对待季孙氏那样待你为上卿。"此后，景公就以介于鲁君对待季孙氏和孟孙氏之间的待遇来对待孔子。这一天，孔子得到了消息，他听说齐国的大夫要加害自己。孔子很不安，将此事禀告景公。景公却说："寡人老了，不能用你了。"

孔子何等聪明，他知道景公已无意留他。他一回来就告诉弟子们："收拾好行李，我们马上回国。"弟子问明了情况，也同意回去。这时，曾子说："夫子，米已淘好，咱们吃了午饭再走吧。""不！"孔子坚持要马上走，他说："提着淘好的米，马上离开！"

回到鲁国，孔子依然一心教学。弟子们很钦佩他的博学。孔子说："我也不是一生下来就知道学问的，而是喜欢古代文化，勤奋苦学才有今天的成绩。"是的，孔子的一生一刻也没有停止对学问的追求。他常教导弟子"三人行，必有我师焉"，自己也经常虚心向别人学习。

孔子知道虽然自己一心要为政，但一直没有很好的机会，这是由天时决定的。自己不能怨天尤人，应孜孜不倦地学习，然后再寻找机会。

孔子也确实这么做了。昭公死后，他的弟弟公子宋即位，即鲁定公。由于鲁国自大夫以下都不依礼行事，偏离正道，所以孔子不愿出来做官，而是在家里认真修订《诗》《书》《礼》《乐》，他门下的弟子也越来越多。定公八年（前502年），季氏的家臣阳虎叛乱后，季氏觉得应有一位有力的助手来辅助自己，他选中了孔子，并向定公推荐。鲁定公便任命孔子为中都宰。定公看到孔子治理中都邑很有效，便提拔孔子为司空，后来又由司空升为大司寇。孔子任大司寇以来，依旧以礼的原则来为人处事，并制定各项礼仪制度来约束人们的行为。时间一长，成效很好。孔子一心想要辅助定公将鲁国治理好，恢复鲁君的权威，但是却遭到了三桓（春秋时期掌握鲁国政权的三家贵族，即孟孙氏、叔孙氏、季孙氏）的反对，他们设下计策来让定公疏远孔子。孔子见定公懈怠朝政，并且轻慢自己，便离开了鲁国。

自此，孔子周游列国，先后游历了卫、宋、曹、郑、陈、蔡、楚等七个国家。许多国家虽然很欣赏孔子的主张，但是都没有重用他。十四年后，他又回到了鲁国。此时，鲁哀公在位，但他也不重用孔子。于是，孔子打消了出仕的念头，全身心地投入到文献整理、教书育人的工作中去了。晚年，孔子的弟子达数千人，其中最著名的有七十二人。鲁哀公十六年（前479年）四月，七十三岁的孔子与世长辞。

孔子一生为恢复周礼、践行周礼而孜孜以求之，孔子的一生是伟大的一生，是奋斗的一生，孔子对于中国文化的传承功不可没。

在后世，孔子被称为"至圣""万世师表"，足以体现他人格的伟大和德性的崇高。而孔子因时而行，因时而选择出仕或是教学的做法足以体现了他高明的智慧。对此，孟子说："孔子，圣之时者也。"虽然他的思想和主张在当时不被采纳，但他的思想却在后世绽放出耀人的光芒，直到今天，我们仍身受其益。我们应像景仰光明一样景仰孔子，景仰他的伟大思想。

异乡陷阱上的美丽鲜花

华是一个非常成功的青年企业家。在他居住的城市已成为一颗经济新星：从1992年到1996年，他由经营副食、批发白糖、经营石油到开发房地产，只用了4年时间，就完成了资本原始积累，完成了核心能力确立，完成了由个体户到公司再到企业集团的三级跳。到1997年，他已经拥有了3000多万元的资产，而流动资金竟高达千万。

他在家乡的发展达到了事业的顶峰，年营业额上亿，他的企业成为市委书记联系的点、政府重点保护的唯一一家扩张型民营企业。每一家银行都争着给他贷款，项目源源不断……正逢家乡地改市，需要在武汉设一个政府的办事处，一位老乡在武汉市政府领导下就牵线搭桥，带他到现在这个地方考察，因为两边的领导都是大学同学，设办事处，办企业一路绿灯，100亩土地200万元，在酒桌上就当场拍板成交。

华也正想到一个更大的市场去发展，有政府的大力支持，华也毫不犹豫地在协议上签了字。没有做市场调查，没有做项目论证，华说，这是他一生中唯一一次当场决定的重大事件。签字了，他都还没有想过，这块地用来做什么，只是2万元买1

亩土地的诱惑让他感到兴奋、激动，这么低的价在他的老家的山区小市都不可能买到。他曾经做过调查，就是这100亩土地，他已经赚了至少300万（也许：这300万的利润就正是陷阱上的那一丛美丽的鲜花）。

于是，华开始将资金转移过来，一边建房，一边和家乡的朋友商量，并收取他们的预付款。他相信他能够占领武汉市场（实际上，受惯性驱使，华的思维还没有转移。他的工程在武汉但消费人群并不在武汉。如果华一开始就真的把目标锁定武汉市场，其结果肯定会是另一种模样）。

这是一个重大的战略决策。华的公司虽然组建成了集团，还吸收了许多股东，但是，发展速度太快，华根本就来不及做巩固、调整、稳定的工作。没有一个科学的决策机构，经营管理仍然是白手打天下的个人英雄式的老板决策。华相信大势，相信人气，相信一鼓作气，所以公司的人、财、物便统统往武汉集中，建设的速度也越来越快。华的作风是雷厉风行，一发千钧，加上资金充足，当地政府支持，只用了一年多的时间，一半的园区就开发了出来。

问题是，朋友、股东们的反应并不积极，因为山区小市的富人并不多，能够升迁到省城做官的干部更少，而且这也与他们的生活习惯相悖——华虽然及时打住了建设规模，但他在家乡的经营却因此受到影响，不可避免地枯萎、缩小，华不得不大刀阔斧地调整企业方向，撤销了副食，卖掉加油站，房产也只剩下了销售，战略转移是企业的重大决策，这应该是华制止失误的又一道关口，但是华的公司没有这一机制，以他的作风，他也不可能中途停顿下来了。

然而4000万的资金就此沉淀、固化，别墅没卖出一座，公寓也只卖出了最开始的几套。

房子卖不出去是因为家乡人不买，本地人也不买。原因是多方面的，最重要的一条是所有的房屋都没有土地使用证——异地化发展成了华最致命的错误。便宜的土地成了一个善良、美丽的陷阱。

华的全部资产都几乎转移了过来，虽然他的资产经评估已经达到了1亿多元，可是，不流动的资产，就等于没有资产。房屋卖不动，华就会破产。这是华和他的股东们始料不及的，事情走向了一个和当初预料完全相反的方向。华痛心疾首，犹如被困笼中的雄狮。

异地发展原本是企业的正常经营行为，因为产品对地理、环境、气候、消费能力等的选择，有的公司甚至一开始就是在本土之外打开局面。只是异地发展要么是对本地成功经营的克隆，要么是能在异地占尽天时、地利、人和。但是它有一个前提：渠成才能水到。

虽然有许多异地发展成功的先例，但是大多数的中小企业都乐于在本土发展。这是因为近山识鸟音，近水知鱼性。企业是一个综合体，是一个系统工程，它需要人力、政策、资金、市场、技术、信息、管理……

直至党政领导、职能部门、同学、同事、朋友、亲戚等等关系的全方位支撑。某些似乎无足轻重的外部环境与关系，恰恰是中国现实社会的一张网，是一个企业的资源，是企业的无形资产，无价之宝。

你现在的事情，就应当止则止，不失其时谨慎本分，自然安乐，要有主见，勿盲

从他人,不听忠言吃亏在眼前,当止不止,反受其咎,烦躁不安,举棋不定,于事无补,自我约束,量力而行,奉己自制,进退合时宜,静待时机。做人敦厚,办事稳妥。

当止则止,不失其时,所谓当止,应包括:(一)前进的力量不足,后力难以为续;(二)有强大的对手阻碍;(三)内部条件发生变化,不适宜前进;(四)已经取得相当的成绩,能力的运用也近于极限等。这需要深刻的观察力和冷静地判断,要求决策者能精确地估计形势和预测未来的不利结果。而最恰当的停止是在未行动之前。若行动已经开始,发现不利再去想办法停止,只会使自己陷于被动,这不是高明的决策。

适可而止,便是自我约束,量力而行。稳扎稳打,创造条件;发展时,克服贪进求快之心,一步一个脚印地前进;成功时约束懈怠之心,再接再厉;处于困境时,约束急躁之心,冷静机智,寻找时机。这些都是经营决策所需具备的素质。

范仲淹急流勇退

北宋中期,以范仲淹为代表的人物针对时弊而进行了一次改革尝试。宋仁宗为了摆脱困境,将倡导改革的范仲淹、欧阳修、王素等人调整进高层领导集团,范仲淹出任参知政事,富弼为枢密使。

九月,范仲淹呈仁宗一篇《上十事疏》:"一曰明黜陟";"二曰抑侥幸";"三曰精贡举";"四曰择长官";"五曰均公田";"六曰厚农桑";"七曰修武备";"八曰减徭役";"九曰覃恩信";"十曰重命令"。所列十条经仁宗审阅后,绝大多数先后以诏书的形式颁布推行,这十项主张是"庆历新政"的主要内容。

但是,改革的几项主要内容触犯了官僚大地主阶层的政治经济利益,守旧势力不断从中进行破坏。宰相章得相唆使台谏官等,对范仲淹等人发难。怀有个人野心的夏辣手段更为卑鄙,让其女奴模仿石介的笔迹,伪造了所谓石介为富弼撰写的废立草诏。

仁宗并不信以为真,范仲淹闻讯后却慎不自安,深感改革之难,便采取了急流勇退的对策。

庆历四年六月,他以秋访为名,辞去朝职,出任陕西、河东宣抚使。后来,杜衍、富弼、陈执中均被排挤出朝,改革失败。

一朝天子一朝臣,这是封建社会常出现的现象。新旧朝代交替之际,新老皇帝易位之时,对一些人来说是晋升的时机,对另一些人则是仕途的终结。进退自如是一件极好的事。军事上的进退自如意味着主动;仕途上的进退自如表现着洒脱;行路中的进退自如象征着自由。

会下棋的人都懂得"丢卒保车"。为什么?因为卒只能进,不能退,只有车才有进退自如的主动权。急流勇退有时能免遭杀身之祸,知进退之理对为官者确实重要。

《老子》第九章说:"功遂身退天之道。"物盛则衰,许多人都信奉这一点,所以在自己还没有衰退之前退下来,岂不是更好,免得被人赶下来,遭到迫害。《后汉书·李固传》记载李固"功遂身退,全名养寿,无有怵迫之忧。"北宋大臣石守信等人

虽是在宋太祖赵匡胤"杯酒释兵权"的启示之下而交出兵权,但也不失为一种急流勇退的举动。范蠡在辅助越王勾践灭吴中立有很大的功劳,可是在灭吴的庆祝封赏大会上单单不见他。在助成君主的业绩后,范蠡急流勇退,乘一叶扁舟,"太湖烟波何处寻",当他的隐士去了。

急流勇退也许不是人人所追求的,但客观事实常常告诉人们,一厢情愿是不行的,不要一味地追求进取,在有些情况下,急流勇退也许是上策。

曾国藩韬晦不凡

进退的学问在《孙子兵法》中有述:"不以进为进,不以退为退,进中可退,退中可进。"兵法亦可以用于处世为人,曾国藩对此别有体悟。他说:审时度势,知进知退,应是造就人生进取的要件。如何造就,那就是靠一双慧眼、一种信念和一腔知识和学问。他的这种进退之术,可以说是炉火纯青,特别在人生的关键时候,能够淋漓尽致地发挥出来,做到以藏代露、以退为进。此等智慧,决定了曾国藩为"中兴之臣"。

曾国藩认为大凡人在初创崛起之时,不可无勇,不可以求平、求稳,而在成功得势的时候才可以求淡、求平、求退。这也是人生进退的一种成功学问。

在曾国藩兄弟满门封侯,大功告成之日,本该是静思谦退,保泰持盈的时候,偏偏有些人在势盛之时,头脑发热,让欲望的火焰障住了双眼,总想再越雷池一步。当时风行一时的"劝进"浪潮,着实给曾国藩出了一道难题。

有一则笔记是曾国藩的一位朱幕府所记南京城攻破后湘军秘闻:当曾国藩攻破南京城,宣布太平天国覆亡,进入残破不堪的南京城后,全城余烬未熄,颓垣败瓦,满目荒凉,惨不忍睹。一天晚上,约11点钟,曾国藩亲审李秀成后,进入卧室小憩,湘军的高级将领约有30余人忽然云集大厅,请见大帅。中军向曾国藩报告,曾国藩即问九帅有没有来(九帅即其弟曾国荃),中军回答未见九帅,曾国藩即令立即召见曾国荃。曾国荃是攻破南京的主将,这天刚好生病,可是主帅召唤,也只好抱病来见。曾国藩听到曾国荃已到,才整装步入大厅,众将肃立,曾国藩态度很严肃,令大家就座,也不问众将来意,众将见主帅表情如此,也不敢出声。如此相对片刻,曾国藩乃命随员去拿纸笔,随员进以簿书纸,曾国藩命换最好的大红纸,就案挥笔写了一副对联,掷笔起身,一语不发,从容退入后室。众将莫知所措,屏息良久,曾国荃乃趋至书案前,见曾国藩写了14个大字,分两行上下联:

> 倚天照海花无数;
>
> 流水高山心自知!

曾国荃读此联时,起初好像很激动,接着有点凄然,最后则是惘然。众将围在曾国荃之后,观读联语,有点头的,有摇头的,有叹气的,有热泪盈眶的,各式各样表情不一,然后曾国荃用黯然的声调对大家宣布说:"大家不要再讲什么了,这件事今后万万不可再提,有任何枝节,我曾九一人担当好了。"

这一段笔记显示了南京城破后湘军确有拥立曾国藩为帝的一幕,可是这种非常之举是成则为王、败则诛杀九族的危险举动。所以谁也不敢明言说出口。曾国藩明知众将来意,也不说破,只用十四字联语作答,相互之间都不点破。

国学经典文库

其实，早在安庆战役后，曾国藩部将即有劝进之说，而胡林翼、左宗棠都属于劝进派。劝进最有力的是王闿运、郭嵩焘、李元度。当安庆攻克后，湘军将领欲以盛筵相贺，但曾国藩不许，只准各贺一联，于是李元度第一个撰成，其联为：

王侯无种；

帝王有真。

曾国藩见后立即将其撕毁，并斥责了李元度。在《曾国藩日记》中也有多处诫勉李元度慎审的记载，虽不明记，但大体也是这件事。曾国藩死后，李元度曾哭之，并赋诗一首，其中有"雷霆与雨露，一例是春风"句，潜台词仍是这件事。

一次，曾国藩寿诞，胡林翼送曾国藩一联，联说：

用霹雳手段；

显菩萨心肠！

曾国藩最初对胡联大为赞赏，但胡告别时，又遗一小条在桌几上，赫然有："东南半壁无主，我公其有意乎？"曾国藩见之，惶恐无言，将纸条悄悄地撕个粉碎。

左宗棠也曾做一联，联说：

神所凭依，将在德矣；

鼎之轻重，似可问焉！

左宗棠写好这一联后，便派专差送给胡林翼，并请代转曾国藩，胡林翼读到"似可问焉"四个字后，心中明白，加封转给了曾国藩。曾阅后，乃将下联的"似"字用笔改为"未"字，又原封退还胡。胡见到曾的修改，乃在笺末大批八个字："一似一未，我何词费！"曾国藩改了左宗棠下联的一个字，其含意就完全变了，成了"鼎之轻重，未可问焉"！所以胡林翼有"我何词费"的叹气。一问一答，一取一拒。

曾国藩的门生彭玉麟，在他署理安徽巡抚、力克安庆后，曾遣人往迎曾国藩，在曾国藩所乘的坐船还未登岸之时，彭玉麟便遣一名心腹差弁，将一封口严密的信送上船来，于是曾国藩便拿着信来到了后舱。但展开信后，见信上并无上下称谓，只有彭玉麟亲笔所写的十二个字：

东南半壁无主；

老师岂有意乎？

这时后舱里只有曾国藩的亲信倪人皕，他也看到了这"大逆不道"的12个字，同时见曾国藩面色立变，并急不择言地说：

"不成话，不成话！雪琴（彭玉麟的字）他还如此试我。可恶可恶！"

接着，曾国藩便将信纸搓成一团，咽到了肚里。

当曾国藩劝石达开降清时，石达开也曾提醒他，说他是举足轻重的韩信，何不率众独立？曾国藩默然不应。

曾国藩熟读儒家经典，是晚清有名的理学家，在关键时刻，是进是退？何去何从？他还是看得非常清楚的。他坚拒纵横家王闿运劝其称帝的事，尤能反映曾国藩的品格特征和处世风格。

王闿运是湖南湘潭人，二十几岁开始研究经学，对《春秋公羊传》尤有深入研究，但他通经在于致用，他的致用是将经与术结合起来。术是权术，治理国

家的一种方法、手段,所谓纵横之术。王闿运想用纵横之术来辅助识时务之人成帝王之业。

王闿运的这种抱负因太平军起义的爆发而更趋强烈了。起义军入湘后,曾国藩奉清政府之命帮办湖南团练,组织湘军与起义军为敌,王闿运曾多次上书言事,得到了曾的重视。后虽因身系独子,未能从军,但从此与湘军将帅保持了密切的关系。在太平天国存在期间,他曾三度至曾国藩驻地探视,并参与谋划。

咸丰五年(公元 1855 年)王闿运劝曾国藩自立不成。咸丰十年(公元 1860年)再入曾府,仍喋喋而谈,其意也是"彼可取而代之"的意思,但曾国藩却正襟危坐,以食指蘸杯中茶汁,在几上点点划划。不多时,曾起立更衣,王闿运便站起窃视几上,只见上面依稀有个"妄"字。

一晃又是几年过去了,此时的曾国藩正准备北上"剿捻"。一见王闿运到来,极为高兴,但因有了前两次"劝进",曾国藩自然有所警惕。但王闿运这次却好像换了一个人似的,只是与曾国藩讨论学问。但到后来,曾国藩还是听出了王闿运的弦外之音。原来还是让他做曹操!但曾国藩这次倒也平静,故作不知。王闿运自知他的帝王之术再无实现的机会,颇为沮丧,只得悻悻而归。

三次纵横计不就,王闿运对曾国藩的看法大为改变。说曾国藩再次出山已"变节为巽顺",虽功成名就,但"避事"不敢担当。直到晚年,王闿运已经历了清亡、袁世凯复辟败亡等重大的历史事变,才对曾国藩当初不自立为帝的看法有了改变。自惭形秽,并书一联曰:"花鸟总知春浩荡,江山为助意纵横。"书毕,对身边的人说:"吾不敢著墨文正联上,以重污文正。另书此,纪文正之大,且以志吾过。"

王闿运对曾国藩的霸才悔过,对曾国藩恪守名分的行为赞叹不已,这说明曾国藩的头脑始终是清醒的,为人之道的确是精深的。

识时务者为俊杰。曾国藩功成身退,德泽后世,如果当初听了属下之意,背叛朝廷,另立为王,带来的或许是国家的战乱和百姓的涂炭。他深知,一个人无论有多大的实力,他总是受周围环境及诸多因素的制约,为所欲为,最后吃亏的只是他自己。

人生在世,时空在变,世态也在变,因此人们一定都经历过或经历着各种各样的境遇,而每一种境遇的抉择,往往都不同程度地影响着以后的命运。"当行则行,当止则止"依然是今天人们的行为准则。

渐卦第五十三 ䷴

【经文】

艮下巽上 渐①女归吉②,利贞。

初六 鸿渐于干③,小子厉,有言,无咎④。

六二 鸿渐于磐,饮食衎衎⑤,吉。

九三 鸿渐于陆,夫征不复,妇孕不育,凶,利御寇⑥。

六四 鸿渐于木,或得其桷,无咎⑦。

九五 鸿渐于陵,妇三岁不孕,终莫之胜,吉⑧。

上九 鸿渐于陆,其羽可用为仪⑨,吉。

【注释】

①渐:卦名。通行本为第五十三卦,帛书本为第六十卦。"渐"是逐渐进入的意思(王弼注:"渐者,渐进之卦"。《书·禹贡》注:"渐,入也")。六爻爻辞的"渐"都是以鸿雁渐入某种处所来象征人的逐渐进入某种环境,并以此占断吉凶休咎。上九的进至陂池则是经过渐进而得到的最终也是最佳归宿。卦辞的"女归吉"也是经过渐进而最终得到的归宿。

《渐》卦上《巽》木,下《艮》山,象林木在山上;而林木之生长亦有一渐进过程。林木在山,正是经过渐进过程而得到的最终归宿。

②女归吉:"归",嫁。妇人谓嫁为"归",言以嫁人为终极归宿。古代婚娶有六礼,是有一个渐进过程,与卦名"渐"相合;又"渐"有"进"义,言筮得《渐》卦,占得卦辞,婚嫁可以进行。《渐》卦上为阴卦,下为阳卦,象阴阳交通;六二阴爻与九五阳爻正应,亦象阴阳交通。女子占得本卦卦辞谓出嫁吉,若男子占得,亦为娶女吉。

③鸿渐于干:"鸿",水鸟,即雁。"干",水边。此为爻象,后半部为爻占。六爻均如此。

④小子厉,有言,无咎:此为爻占。"小子",男女孩的通称(朱骏声《六十四卦经解》:"小子者,女未笄、男未冠之称")。"言"同"愆",愆过,麻烦。本为阴爻,位居最下,涉世未深之小子占得此爻,又上无应援,所以"厉";然进得其所(鸿为水鸟,正宜在水边),故虽有愆而无咎害。

⑤鸿渐于磐,饮食衎衎:"磐",朱熹训为"大石",并以"磐"喻"安"。王引之读为"泮",引《汉书》注训为"小涯堆"。按:鸿为水鸟,六爻之中,鸿之所"渐"亦当皆与水相关。所以"磐"在此可训为"水边石岸",其势略高于"干"。"衎衎",旧多训为"和乐貌",然《释文》引马注训为"饶衍",朱骏声亦训为"宽饶衍溢之貌"。按:马、朱说是,其盖读"衎衎"为"衍衍",或马氏所见本即作"衍衍"。"衎衎""衍"古通,"饮食衎衎"帛书即作"酒食衍衍",当以帛书为是。《需》卦"需于酒食"、《困》卦"困于酒食",例以酒食为言(此"酒食衍衍"与"困于酒食"相反,而略同于"需于酒食")。鸿进于水边石岸,既得其进食之所,又得其退身之安,故为"酒食衍衍"之吉占,喻人小康之足或食禄之丰。

⑥鸿渐于陆,夫征不复,妇孕不育,凶,利御寇:"陆",高平之地,指小土山、小丘。此为石岸上之小丘,其势高于"磐"。其势虽渐高,乐进忘忧,不知其距水鸟所宜之处愈远,故有"夫征不复,妇孕不育"之凶占。"不育",谓未产下婴儿,指流产。男子占得此爻,仕途或生意皆为不利;女子占得此爻,则有被弃之忧。"利御寇",谓谨慎防范侵侮则有利。盖亡羊而补牢于后,形势或可有转机。按:《集解》本作

"利用御寇",涉《象传》衍"用"字(《蒙》卦"不利为寇,利御寇","不利"与"利"对言)。帛书本作"利所寇","所"与"御"音同,皆为鱼部字,故"所"音假为"御"(《诗·下武》"来许",《后汉书》引作"来御";《诗·伐木》"许许",《说文》引作"所所"。可证"御""所"古音近相通)。

⑦鸿渐于木,或得其桷,无咎:"木"指"陆"上之"木",谓丘林、山林。其势又略高于九三之"陆"。"桷",横平之枝似方椽者。按:鸿进愈高则去所宜之处愈远,其象则愈险;然此却谓得横枝而栖,似有乖悖;且乘九三之刚,亦不得谓得其栖处。"或得其桷,无咎",帛书作"或直其寇,𣪠,无咎"。通行本"得"为"直"之音假(皆为职部字),"桷"为"寇"之音假(皆为屋部字),并脱一"𣪠"字。"直"同"值",遇到、遭遇。"𣪠",击(《说文》:"𣪠,悬物𣪠击也")。四乘刚,故"或直其寇";四与三、五互体为《离》,《说卦》"离为甲胄,为戈兵",故四有遇寇之说;四承比九五,故曰击之无咎。此"𣪠寇"即《蒙》卦上九之"为寇"("为",攻取)。四承三而说,三爻说"利御寇",四爻说利击寇,此相互为文正与《蒙》卦"为寇"与"御寇"相互为文例同。六四进非所宜之处,又或遇寇,是不吉之象;但借乘刚之势,得九五之力,击之则可转为无咎。

⑧鸿渐于陵,妇三岁不孕,终莫之胜,吉:"陵"为高丘、大丘,其势又高于"木",距鸿之所宜处更远。"妇三岁不孕"是为凶象,喻长久不能得志。"终莫之胜",言九五居中得正,最终未被险恶的环境所摧残挫败,始终不屈服、不放弃,故能转而为吉。下而应二,退返水边,故终"吉"。

⑨鸿渐于陆,其羽可用为仪:《渐》卦六爻均协韵,而此爻失韵("仪"在歌部,"陆"在觉部);并且与九三重复。王引之等以为"陆"当作"阿"。按:此虽协韵("阿"亦为歌部字),但于理不合。六爻所进愈高,其象愈险,而此云"其羽可用为仪",则显为吉象。《晋》卦、《升》卦等,凡爻至上,升进不已,皆为凶象;反之,穷上返下,则可转吉。因此,"陆"字当从高亨之说为"陂"字之讹("陂"亦为歌部字)。"陂"义为池。上九不昏乱于升进(《象》所说"不可乱也"即其义),穷上返下,渐于陂池,得其所哉。"其羽可用为仪"是占辞,言其美羽可为仪饰,此即《革》卦上六《小象》"其文蔚也"的意思,喻人将走好运,如升迁之类,故继而占断曰"吉"。朱骏声说:"此鸿羽为贤人之喻"。《诗·新台》"鱼网之设,鸿则离之",亦是鸿当以近水为宜之证。

【译文】

渐卦 象征事物一步步地渐进。渐卦的卦象是下单卦为艮,艮为山,为止;上单卦为巽,为顺遂而进。物不可终止,故循次以进。女子出嫁婚姻大事都要循礼渐进,如地相邻,爵相等,族相若,年相均,媒妁以通,各得其正,以渐而吉。

初六 鸿雁飞落到水边,但仍逡巡不前。象征小孩子不可急于行动,虽不致有危,但应自循其本分。

六二 鸿雁飞落在巨石上,落脚平稳,正在欢悦地饮食。吉。

九三 鸿雁飞落到中原平旷之地,失落于雁群,犹如丈夫打仗不回还,妻子还有孕在身,其情不固,所以凶。而刚强只适用于抵御外敌。

六四 鸿雁飞落在房屋的椽木上可以暂安,但鸿雁不可木栖,故应变而不失其正。

九五　鸿雁飞落到高陵上，居高而不遽然飞下，预示与妻子三年不相交而未怀孕，今朝聚首，夙愿以偿。

上九　鸿雁在天空中自由飞翔，落下的羽毛鲜艳光彩，可用作饰仪，十分吉祥。

【解读】

本卦通过鸿雁在成长过程中"渐于干""渐于磐""渐于陆""渐于木""渐于陵""渐于逵"的一系列譬喻，阐述了事物发展过程中的渐进规律。循序渐进是事物发展的一个普遍规律；力量薄弱不要紧，只要循序渐进，可以避免失误；循序渐进应该建立在自力更生的基础之上，但是并不排斥正当的外力援助；当力量尚嫌不足时，应尽快寻找一个比较平安的环境，渐渐壮大自己，再徐图进取；所处环境不安稳时，要善于应变，运用柔顺的方法争取强者的援助；渐进的道路也有曲折，也有种种阻碍，应该认识到这种复杂性；尽管道路曲折，前途却是光明的；渐进的长处是基础坚固，实力充沛，君不见循序渐进的鸿雁，年年都作万里行。

【经典实例】

成功是一步一步得来的

循序渐进是事物发展的一个普遍规律。力量薄弱不要紧，只要循序而进，就可以避免失误。循序渐进应该建立在自力更生的基础之上，但是并不排斥正当的外力援助。当力量尚嫌不足时，应尽快寻找一个比较平安的环境，渐渐壮大自己，再徐图进取；所处环境不安稳时，要善于应变，运用柔顺的方法争取强者的援助。渐进的道路也有曲折，也有种种阻碍，应该认识到这种复杂性。尽管道路曲折，前途却是光明的。

事物慢慢地在发展，事业也逐渐地步向成功，一代天骄成吉思汗就是从草原一步步进入中原，得到天下的。

1162年，在蒙古斡难河畔的帖里温孛勒塔黑地方，有个男婴呱呱落地。他右手握着血块，"眼神如火，容颜生光"。按当时的蒙古谚语，这是吉祥的象征。那天，婴儿的父亲——蒙古乞颜部的酋长也速该，带领部众袭击塔塔儿人，取得了胜利，抓到了两个战俘。其中有个战俘名叫铁木真，为了纪念这次胜利，也速该把刚刚生下的儿子取名为铁木真。

铁木真9岁那年，他的父亲带着他到弘吉剌部首领特薛禅家订婚。在回家的路上，也速该被塔塔儿人认出并用毒酒害死。乞颜氏族失去首领，势力中衰，铁木真的家族一时陷入困境。他母亲带着几个孩子，以及少数忠实的部众，"拾着果子，掘着草根"，艰难度日。

青少年时代的铁木真，历尽艰辛。有一次，为了躲避泰赤乌部的侵扰，逃进了山林。后来忍不住饥饿，下山寻找食物，不幸被俘。他被套上木枷，到处示众。铁木真利用泰赤乌人举行宴会疏于防备的机会打倒看守人，几经周折，逃回家中。在磨难中，铁木真得到锻炼，养成了机敏慎重、坚韧不拔、百折不挠的性格。

在克烈部的支持与协助下，铁木真打败了蔑儿乞部，俘获了大量的蔑儿乞部人

国学经典文库

做奴隶。从此,铁木真登上了草原的政治舞台。

经过这次战争,铁木真的力量迅速壮大,一些在过去困难时刻离开的铁木真家族,也纷纷向铁木真靠拢。在王罕的支持下,铁木真陆续战胜了主儿乞部、蔑儿乞部、乃蛮部、泰赤乌部等。1201 年,铁木真与王罕联合打败了札木合,并将塔塔儿部消灭。这样,西起鄂嫩河上游,东至兴安岭,蒙古高原的东部地区,都归并到铁木真的号令之下了。

随后克烈部和乃蛮部遭铁木真大军拦截,许多人坠崖而死,太阳罕也在乱军中死去。铁木真取得了完全的胜利,蒙古草原成为铁木真的一统天下。

1206 年,蒙古的贵族、功臣们,在鄂嫩河边举行大聚会,一致推举铁木真为全蒙古的大汗,并上尊号为"成吉思汗"。"成吉思汗"是蒙古语"强大"的意思。这一年,铁木真 45 岁,大蒙汗国宣告成立。

成吉思汗建立蒙古国以后,在军事、行政、法律、文化等各方面,都开创了一套新的制度。

1211 年初,西夏纳女称臣,1214 年 6 月,成吉思汗围攻金中都,1215 年 5 月,中都终于被攻破。1218 年,成吉思汗利用西辽内乱的机会,灭了西辽。

1226 年,成吉思汗以西征时西夏不肯出兵为借口,再次出征西夏,并占领了西夏都城的外围。西夏王到了山穷水尽的地步,不得不投降。由于天气酷热,年老体衰的成吉思汗染上了斑疹伤寒,病情一天天加重,他自知不久于人世,对幼子拖雷和诸大将交代了联宋灭金的方略。后来窝阔台灭金,基本上遵循了他的遗嘱。

从铁木真一步步地构建自己的权力范围,到后来大元一统天下,这中间的过程是缓慢而曲折的。其实任何强大的事物莫不如此。企图忽略过程一蹴而就,不仅违反了基本规律,也难以有任何结果。

汉文帝"文景之治"

《渐卦》阐释由停顿的状态迈步向前时,应采取渐进的原则。前进才能建功,前进当然要刚毅,但也要把握中庸原则。不可以勉强,不可以冒进,应当稳当,依据状况,把握时机,脚踏实地,一步步地循序向前迈进,动静顺乎自然,才能安全,行动不会穷困。如果刚强过度,不停地冒进,就有脱离群众的危险。当然,在渐进中,会有阻碍,但邪不胜正,必须以正当的方式突破。超脱于世俗之外,不为名利所累,则可进退由心,可以说是进的极致。

独轮车(模型)

汉文帝刘恒,是汉高祖刘邦的儿子,在位 23 年。他在位期间,不求建功立业,

而是针对汉初民生凋敝的局面,采取"无为而治,与民休息"的国策,使秦末颠沛流离的百姓终于有了休养生息的机会。天下如有旱灾或虫害,他就倍加施恩于臣民,如免去诸侯进贡,开放山木川泽,允许民众渔猎。在对待皇室财政开支方面,他带头缩减自己的衣服、车驾、犬马,裁减官僚机构的官吏,开放粮仓赈济平民,自其登基以迄驾崩,他未曾扩建过宫室苑囿,未曾增加过犬马车驾,凡于民不利的,他就下令予以撤销。

一次,宫中计划修建露台,文帝叫来工匠进行预算,需要花费百金。文帝听后说:"百金等于十户中等人家的产业,我奉守先帝的宫室,经常担心有辱先帝的声名,何必要修这露台呢?"便废止了修台的计划。

他日常穿的衣服也是质地较差的布料。为了节省衣料,就是他最宠爱的慎夫人,也不许她长裙拖地;宫中的帏帐不准许有花纹锦绣。他在修葺皇陵时,用的一律是瓦器,禁止用金、银、铜、锡等贵重金属作为装饰,而且不修高大的坟墓,为的是节约费用,不烦扰民众。

凡此种种,都出自一个目的,即"以示敦朴,为天下先",也就是在全国带头倡导导艰苦朴素的风气。

汉文帝的清心寡欲,不尚奢华,不仅表现在生前,还表现在他对自己死后的丧事处理上。他很不放心自己的丧事,唯恐人们铺张浪费,劳民伤财,因此立下遗诏:"我听说天下万物诞生后,没有一个不死的。死是天地间的常理,生命的自然结局,怎么可以过分哀痛呢?方今之时,人们都喜欢活着,厌恶死去,人一死就要厚葬,弄得损财破产,长时间服孝,以致伤身害体,对这种做法我很不赞成。况且我又无德,对百姓没有什么贡献。现在谢世,却使百姓长期服丧痛哭,寒来暑往,旷日持久,让别人家的父子为我哀痛,老少为我伤心,不能正常饮食,停止祭祀鬼神,这等于加重了我的罪孽,如何对得起天下!我有幸得以守护宗庙,微末之身列于天下君王之上,已有20余年。仰赖天地神灵的福佑,国内安宁,没有战争。我虽不敏,却常恐行为有失,辱没了先帝的遗德。想到岁月悠长,唯恐难以善终。而今有幸得尽天年,能侍奉于高庙之中,以我之不明,有这样的结局,还有什么可悲哀的呢!你们要命令天下臣民,自出丧之日起,服孝三天即皆可除孝服。不要禁止人家娶妇嫁女、祭祀、饮酒、食肉等;参加丧礼的也不要光着脚;孝服的带子不要超过三寸,不要在车驾、兵器上缠孝布;不要命令男女民众来宫中啼哭。应来宫中举哀的,早晚各举十五声,礼毕即可。非早晚举哀之时,不得擅自哭泣。要布告天下,使臣民明白我的心意。我下葬的霸陵,山川要一仍其旧,不要妄加改变。我死后,把宫中夫人以下的宫女全都放归其家。"

汉文帝没有像他的孙子汉武帝那样立下不世之武功,但是他的所作所为,符合"渐封"精神,奉行中道,循序渐进,一点一滴,赢得了民众,赢得了历史,为西汉中期的强盛局面奠定坚实的基础,在历史上留下了"文景之治"的美名。

精通经史的朱升

元朝末年,休宁县有个读书人,姓朱名升,字允升。他从小就喜欢学习,读了好

多的书,博古通今,被人们称为"枫林先生"。

　　元顺帝至正元年(公元1341年),朱升中了举人,担任池州(今贵池)学正。朱

升向来以清白自居,从不愿意和贪官污吏在一起共事,于是他就辞掉了官职,在歙县石门隐居。

　　公元1357年,朱元璋率领红巾军夺取了徽州。经大将邓愈的举荐,朱元璋亲自来到石门,微服私访朱升,向朱升求教治国平天下的大计。朱升见朱元璋态度诚恳,就帮助他剖析了天下的大势,并且提出了仅有九个字的计谋:"高筑墙,广积粮,缓称王"。

　　朱元璋听了朱升的分析和建议之后,连连说好。于是,他打消了马上称王的计划,避开了元朝军队的锋芒,保存了义军的实力。这一决断,为他后来能够打败强敌陈友谅,除掉元军的残余势力,奠定了坚实的基础。

　　朱元璋称帝之后,在洪武元年,也就是公元1368年,把朱升提为翰林学士。但是,朱升却没有贪恋官禄,几次三番以"祭扫祖茔"为由提出辞呈,要求告老还乡。明太祖朱元璋虽然再三挽留,但是最终还是同意了他的请求。朱升回到故乡之后,安享天伦之乐,同时还著书立说,除了对《五经》做了详尽的旁注,另著有《枫林集》十卷。

　　精通经史的朱升提出的"高筑墙,广积粮,缓称王"策略,是符合"渐"卦的易理的,朱元璋采纳这一建议,终成扫平天下的大业。

劳斯莱斯东进中国

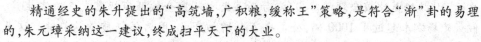

　　劳斯莱斯在内地市场保有量已达到120辆左右,不过科林凯利这位公司亚太区总裁认为,这个数字还是很少的,劳斯莱斯——幻影(Phantom)每年生产1000辆,东进到中国市场的数量计划为每年50辆。

　　对于中国市场每年50辆的销量,这位英国老头显得非常自信,"劳斯莱斯倾情中国是因为中国经济增长速度很快,民营企业发展迅速,民营企业家有很强的这类消费需求。中国现在有钱人很多,很多人都买得起劳斯莱斯。"科林

凯利的眼里闪着亮光。

由于劳斯莱斯多年来被英国皇室定为御用专车，更为富贾名流所追捧，成为贵族的象征。劳斯莱斯汽车中国香港地区及中国总经理黄忠建说，毫无疑问，劳斯莱斯是财富、成功和身份的最好象征。

其实，目前在中国内地，豪华汽车市场并不仅仅只属于劳斯莱斯，著名汽车品牌如宾利、美洲豹和法拉利等品牌也在虎视眈眈，而黄忠建预测这一细分市场每年的销量不会超过 100 台，如此再看锁定的 50 台目标，可见劳斯莱斯的雄心。

黄忠建在对记者谈到中国布局时说，现在我们来到北京，一方面是向客户表明我们来了，另外公司也会逐渐建立和完善维修中心，展开服务；随后还会更多地活动，主要注重文化的发展。当然，从长远一点来说，这要看我们中国业务的发展以及销售情况。如果发展较好的活，我们就会在中国市场上投入更多资金。

谈到对中国投资软环境的看法时，科林凯利说，我们可以同合作伙伴联手做想做的事情。我们希望能尽可能地接近消费者。不同的市场有不同的规则，合作伙伴会帮助我们了解这些规则，并遵守这些规则的。

为了保持品牌的含金量，从成立那天起，劳斯莱斯公司一直坚持手工生产，只追求质量而不追求数量。自 1904 年到今天，将近百年的时间里，总共只生产了 11.5 万辆劳斯莱斯。在生产过程中，劳斯莱斯追求极品质量到了不计成本的地步，严格挑选高档皮革和上等胡桃木来制作汽车内饰，选剩下的皮革都被时装制造业用于制造高档提包，每一辆劳斯莱斯车木饰的纹理都自成一格，每辆劳斯莱斯的桃木纹理都会有记录归档，日后若有损伤而车主要求修补时，即可按照原状恢复，而且还存有完全相同的备用材料。虽然这些备用材料 99.9% 不会用到，但却再次证明了劳斯莱斯造车的严谨，绝不在任何细节上马虎。

劳斯莱斯的高档服务也超出了人们的想象。据说，曾有一辆劳斯莱斯轿车在法国出了故障，公司居然派出直升机前去修理。然而就像中国的老话一样，成也萧何，败也萧何，劳斯莱斯享受过豪华品牌带来的丰厚利润，但也因"高处不胜寒"而导致巨额亏损。

科林凯利表示，即使处于低谷中，我们也不会加大每年的生产计划。他透露，每年生产 1000 辆车，这是根据市场需求和以前的销售数据定的。以往的销售数据显示，1000 辆是比较合理的。当然，劳斯莱斯也不完全按照市场需求来决定生产，假如市场需求超过了 1000 辆，公司也不会增加产量，因为保证质量是关键。这是品牌的精髓，如果我们卖了这个品牌，却改变其实质，就会使消费者转向购买其他品牌的汽车。我们发展的重点是长期策略。如果完全照市场需求而定的话，劳斯莱斯就会是一辆很大众化的车了。

劳斯莱斯依靠塑造高档、豪华的贵族品牌取得了成功，但在 1991 年和 1992 年英美的经济遇到困难，加上政府征收奢侈税，使劳斯莱斯汽车的销量锐减，公司亏损 1.1 亿英镑。此后，公司一直在困境中挣扎。1998 年 3 月，劳斯莱斯的母公司英国维克斯集团宣布，决定以 7 亿美元的价格，将劳斯莱斯汽车公司和宾利汽车公司出售给德国大众公司。

1998 年 7 月 28 日，宝马公司花 4000 万英镑购买了劳斯莱斯的商标和标志。此

后宝马与大众经过多次磋商后，双方最终选择了一个折中的方案：从1998年起，大众拥有5年的劳斯莱斯商标使用权，期限到2003年。2003年以后，劳斯莱斯自动归宝马所有。

消息传来，德国人的喜悦之情溢于言表，各大媒体均在显要位置报道了这一消息。英国人的反应更多的则是惋惜和无奈，一家报纸甚至用"擦干你们的眼泪"做标题。英国的一家劳斯莱斯车迷俱乐部还表示，要出更高的价钱来阻止德国人收购劳斯莱斯。的确，劳斯莱斯汽车象征着昔日大英帝国的辉煌，象征着英国上流社会的风华，它是大不列颠的骄傲。

2003年1月1日起，德国宝马汽车公司才从德国大众汽车公司接手对劳斯莱斯这一著名汽车品牌的控制权，于1月3日推出新款劳斯莱斯。

对于这次收购，科林凯利指出宝马收购的是劳斯莱斯品牌，而不是对原劳斯莱斯公司内部的并购，不会干预其运行的。公司有自己的董事会，很多事情都是由董事会决定。不过，公司也会与宝马公司进行交流和沟通，但宝马公司不会对劳斯莱斯进行控制。

据说凤凰活到500年的时候就自焚了，而在火中又获得新生。对于劳斯莱斯这家将近百年的公司来说，似乎也到了涅槃重生的时候了。

科林凯利坦言，前几年劳斯莱斯在品牌形象和销售方面有所下滑。所以转手宝马对劳斯莱斯来说是一次重生的机会。过去劳斯莱斯还从事投融资业务和劳斯莱斯手表的生产，现在我们要全力打造汽车品牌，这才是真正的劳斯莱斯品牌。

渐进应中正踏实。既要有周密的计划，又要把握恰当的时机，一步一步地向前迈进，才能稳妥而有实效。好高骛远，只能是空中楼阁，难以实现。因此，计划的踏实可行就建立在对时局的全面把握和精确。

渐进是稳妥而踏实地前进。即使自己有较为充分的力量，也要审时度势，而不可贪功冒进，刚猛过度，招致失败。在商业竞争中，这个原则极为重要。如若不顾全局，冒进深入，就可能陷入重围，亏本覆灭。

渐进还要突破障碍。世界上的所有事情都会有障碍。突破一个障碍，你的事业就前进了一步。"渐"正包含有一步步克服困难而前进的含义。能如此则自然有成功的希望和机会。

康熙大帝一步一步平息叛乱

康熙十三年(1674年)四月初，河北总兵蔡禄准备叛乱响应吴三桂。蔡禄和襄阳总兵官杨来嘉原都是郑成功的部将，郑成功去世后他们率部降清，被从优提拔，授以总兵官。当获知吴三桂在云南起兵，蔡禄内心萌生反意，并与起兵反清的杨来嘉书信往来，购买骡马，制造鸟枪，并命令士卒以捕鱼为名，身披铠甲，进行军事演习，密谋叛乱。

当时，侍卫关保前来出差，无意中侦知其情，当即火速报告康熙。河北是京畿重地，一旦举事必将危及京城。康熙不慌不忙，沉着考虑后，当即派遣内大臣阿密达领护军速赴蔡禄驻防地怀庆。在蔡禄还没有将士卒鼓动起来之

际，阿密达就已率部迅速包围了他的衙署。蔡禄的部下企图负隅顽抗，阿密达指挥若定，率部冲进衙署，将蔡禄父子同谋一并擒获，四月二十四日，押解北京。这样，一场叛乱被扑灭了。

康熙十四年（1675年）三月，蒙古察哈尔部布尔尼趁机兴兵叛乱。布尔尼是蒙古林丹汗的孙子，清太宗时将林丹汗征服。林丹汗死后，清廷封其子阿布奈为和硕亲王，并将清朝公主嫁给他为妻。康熙八年（1669年）九月，因阿布奈失外藩朝贺之礼，免除了他的亲王爵位，并把他带入京师，爵位由他的儿子布尔尼承袭。布尔尼虽是清朝公主所生，但对清廷的做法深怀不满，不思感恩，反而图谋报复。

吴三桂叛乱之后，清廷无暇北顾，而且京城八旗兵大部分南调平叛。于是，布尔尼积极准备，图谋叛

清　《大禹治水图》玉山

乱，想趁机劫回其父阿布奈。三月二十五日，布尔尼与奈曼王扎木山一同叛乱，挥师直逼张家口。

察哈尔叛乱对京师安全构成严重威胁。消息传来，康熙一时十分忧虑，因为京师的军队几乎全部南下，已经无兵可派了。仔细思考后，他马上任命信郡王鄂札为抚远大将军，图海为副将军率师征讨布尔尼。京师无兵，图海就把八旗家奴组织起来。由于图海领兵有方，这支从来没有打过仗的家奴部队显示了很强的战斗力。

四月二十二日，图海与布尔尼在达禄决战。布尔尼在山谷间布置伏兵，列阵以待。鄂札与图海率家奴兵分两头进击，冒着布尔尼的炮火奋勇向前，冲乱了布尔尼的阵脚。布尔尼的属下都统晋津阵前倒戈，反攻布尔尼。布尔尼大败而逃。与此同时，科尔沁和硕额驸沙津也率兵来援。不久，沙津率兵将布尔尼及其弟罗不藏全都追杀。不到一个月，就将这次叛乱彻底平定。

这些叛乱的平定使京都形势进一步稳定下来，也稳定了人心，这样康熙才能腾出手来全力对付吴三桂。当叛乱发生在身边的时候，很多人都惊慌失措，但康熙一直保持冷静，靠强大的定力稳定了朝政，改变了被动局面，为最终平定三藩之叛奠定了重要基础。

康熙平定叛乱是有计划分步骤地进行，这样逐渐进行而不失正道，又起到治理国家的作用。他成功的诀窍体现在一个“度”上，没有操之过急或过缓，掌握了求稳渐进的奥妙，稳扎稳打，一步接一步地有序地进行。

在生活中，你可能会遇到很多的事情需要解决，有的还比较麻烦，这时一方面要保持冷静清醒的心态，还要分轻重主次，先解决哪个后解决哪个，心里要有通盘的考虑。

孔诚论渐进与持恒

孔琳和几个同学为了搞好学业，早一些成就功名，避开繁杂的闹市，躲到深山

里去学习。孔琳的父亲孔诚找到山里劝孩子们回家去,可是他们说什么也不肯。

于是孔诚便说:"发奋苦读这很好,但是,学习必须循序渐进。看到山上滴下来的水吗? 那水最柔,却能把石头穿透。见过山中的蝎虫吗? 很小也很弱,但它能把坚硬的木头蛀穿。滴水不是凿石的凿子,蝎虫不是钻木的钻子,然而却能够以它们微弱的力量穿透坚硬的东西,难道不是逐渐的积累和持之以恒的结果吗?"听了这番话,孩子们愉快地返回家中。

孔诚有个邻居叫徐亮,他一心想干一番事业,可干一行厌一行,多少年来一事无成。一天,徐亮对孔诚说:"你看,我是不是应该像苏秦那样头悬梁、锥刺股,等到把基础打好了再去干事业啊?"

孔诚说:"道理并不在这里。如果因为年成有丰有欠而荒废掉农事,就不是一个好农夫;如果因为利润有多有少而抛弃自己的财货,就不是一个好商人;如果因为做事既能获福也能致祸而改变自己的主张,就不是一个贤达之士。意志坚定,事业有成,这才是你所应该遵循的啊。"

急于求成是违背事物发展客观规律的,因为它容易把问题简单化,很难把事情办好。在学习上、做事上一定要有滴水穿石循序渐进的精神,虽然效果一时并不明显,但从不停顿,从不间断,持之以恒,最终必定能够达到目的。

红太阳集团防微杜渐

1999 年 3 月 26 日下午,以生产彼阳牦牛骨髓壮骨粉闻名的哈尔滨红太阳实业集团,接待了三位从外地来此采访的某报记者,集团办公室负责人刘宏伟接待了记者。双方交换名片后,其中一名记者道明来意:红太阳集团在全国名气很大,产品也比较受消费者欢迎,请介绍一下企业的情况和狠抓质量的措施。之后,按下了录音机的录音键,并拿出笔和本记录。与此同时,另一记者拍了照片。

记者的开场白并未让刘宏伟多想什么,便认真地将企业的基本情况、发展历程、产品开发研制过程及企业的管理等情况如实做了介绍。但是,介绍中刘发现,记者对此不感兴趣。就在这时,一记者突然提到要到壮骨粉的生产地看看。刘宏伟当即明确告知,这是企业秘密,不能去。接着记者又要求看生产线并欲拍照,刘宏伟又做了上述解释。

记者在表示遗憾的同时又突然指问:"你们的产品是否有足够的牦牛做原料,是真的牦牛吗?"接着又问:"你们壮骨粉的成分里除牦牛外,还有杏仁、燕麦,还有其他什么原料? 你们比较先进的生产工艺是什么样的?"这些提问令刘宏伟回答起来十分为难,因为这是企业绝不外泄的"商业秘密"。接着记者又要求看企业营业执照、生产许可证、卫生许可证、检测报告、企业标准等一系列材料。

一连串的问题使刘宏伟出言开始谨慎。在回答原料问题时,刘宏伟明确告诉记者,原料取自人工饲养的牦牛而不是野生牦牛。谈话期间因企业管理档案的人员不在,故记者要查看的检测报告等没有出示。但为了给记者提供更充分的材料,刘宏伟将部分消费者对产品质量的反馈信件复印给记者。又将一位较典型的消费者查访录像片为记者播放,并提供了两位消费者的联系

方式，以期为记者深入采访提供方便。

但是，记者对这些依然冷漠，这令刘宏伟十分不解。刘宏伟认为介绍了这么多，可三位记者对质量问题仍不感兴趣，执意要去看厂地，到底有何意？至此，刘宏伟开始产生怀疑，更加提高了警觉。他接着反问记者："你们来了解质量，质量就是企业所承诺的效果，被消费者印证了、实现了，这就叫质量。介绍了这么多好效果的实例还不行，为啥偏偏要去查看和拍照生产过程？"

30日，一件令集团和社会十分痛心的事情发生了：三名职工在街头殴打了记者。一时间，舆论哗然。黑龙江省和哈尔滨市有关部门及省、市领导对此十分重视，打人者被拘传至公安部门，记者被及时送到医院治疗。红太阳集团闻知此事后迅即召开董事会议。在南方出差的总裁立即飞回哈尔滨，一方面派人看望记者，妥善安排治疗；另一方面做出决定：将参与打人的员工从集团除名，以此事为反面教材对全体员工进行素质教育。同时，集团高层领导向报社负责人诚恳致歉，取得了谅解。

至此，事情似乎有了比较完满的结果。然而，事情并非这么简单。事件平息数天之后，哈尔滨市的一家地方媒体，以"红太阳集团棒击访假记者"为题（以下简称《红》文）用整版篇幅披露了已经平息了的这个事件。由此红太阳集团及其产品蒙上了不白之冤：因为《红》文说红太阳集团棒击记者，可想而知，该集团是个什么样子，又明确写道是访假记者，可见，彼阳牦牛骨髓壮骨粉不是什么好产品。

自4月6日《红》文见报后，全国各地的记者纷纷赶赴哈尔滨调查已平息的所谓打假真相。由于《红》文把棒击打假记者的定论放到了红太阳集团公司头上，并把个别员工动粗与产品原料来源、质量混为一谈，在没有技术监督部门确认的情况下，视企业产品为假货，在消费者中造成了不可挽回的影响，企业有口说不清。一些不明真相的消费者和经销商，闻讯后纷纷退货，销售情况不断恶化。尤其令人痛心的是：与港商谈妥的合资开发项目，应于4月12日到位的第一笔巨额资金也因看到报道而提出暂停合作。

为尽快摆脱厄运，重塑形象，红太阳集团向各地记者介绍业绩，介绍《红》文的不实之处，同时针对各方共同关心的集团产品原料（牦牛鲜骨骨髓）生产场地在哪里的问题，向记者们出具了青海省畜牧厅提供的"背景材料"。最后，红太阳集团还发出呼吁：恳请舆论公正引导消费者，不要先入为主，肆意炒作，企业和产品承受不了这种"笔伐"。

不久《中华工商时报》刊出了《彼阳牦牛骨髓壮骨粉何罪之有》的文章，并被多家报纸转载，对企业澄清事实，消除公众疑虑，重塑红太阳集团的形象起了一定的作用。

在这件事发生之初，红太阳实业集团办公室负责人刘宏伟出于细心敏感，察觉出了记者的不良意图，及时采取了防微杜渐的措施。最后红太阳集团处理这件事也表现得不错，避免了一场危机。

一件小的事情如果得不到合理的解决，就可能会引发一场大的灾难，既可以毁掉一个人，也可以毁掉一个企业。对待小事，尤其是祸患前的萌芽或征兆的小事，不可掉以轻心，要慎之又慎，要早发现，早解决。

女护士抠细节防漏洞

在一所大医院的手术室里，一位年轻护士第一次担任责任护士，而且做一位赫赫有名的外科专家的助手。复杂艰苦的手术从清晨进行到黄昏，眼看患者的伤口即将缝合，女护士突然严肃地盯着外科专家说："我们用的12块纱布，您只取出了11块。"

"我已经都取出来了，"专家断言道，"手术已经一整天，立刻开始缝合伤口。"

"不，不行！"女护士高声抗议，"我记得清清楚楚，手术中我们用了12块纱布。"

外科专家不理睬她，命令道："听我的，准备缝合！"

女护士毫不示弱，她几乎是大声叫起来："您是医生，您不能这样做！"

直到这时，外科专家冷漠的脸上才浮起一阵欣慰的笑容。他举起左手心里握着的第十二块纱布向所有的人宣布："她是我合格的助手！我们的职业与生命攸关，稍有不慎就会酿成大祸。所以，我们在工作中必须关注细节，做一个细心人，做一个有良心的人。"

在生活和工作中，许多看上去是芝麻大的小事，往往会被人们所忽视。殊不知小问题容易出现大纰漏，一个不起眼的小细节有可能会葬送一个大项目。

1981年春，日本核电株式会社敦贺核电站发生了事故，成为轰动一时的新闻。事故导致该公司被迫停业整顿6个月，损失惨重，更严重的是它阻碍了核电的开发利用，产生了极大的负面影响，使全体成员陷入无路可退的困境。

这一事件的起因是敦贺核电站现场作业出现了失误。当时，操作人员将核能发电所产生的带有放射性的废液从储藏容器中转移到其他的容器里。被污染的导管需要清洗，操作人员将装入清洗液的容器阀门打开进行了清洗。按照规定，洗涤时间为5分钟，可是操作人员疏忽大意，打开阀门后就放置在那里不管了。结果清洗液和带有放射性物质的废液混合在一起溢流到地板上，于是一场事故发生了。

近年来出现的矿山爆炸事故、航空飞行事故、火灾、汽车厂家对已经售出车辆的召回、金融机构里发生的诸多腐败现象等等，既给企业带来了经济损失又使其丧失了社会诚信。调查这些事件的起因不难发现，这些事故往往是由一些平时算不了什么的小事引起的。大家都认为微不足道，日常工作看上去好像是每天都在重复同样的事，于是逐渐变得漫不经心，这样总有一天会酿出事端。

《老子》第六十三章上说："天下大事，必作于细。"细节就像人体的细胞一样举足轻重，在某些情况下细节确实可以决定成败。在细节上下功夫，可以防患于未然；相反，忽略了哪怕是一个小小的漏洞，就可能会造成巨大的损失和灾难。

无论是学业的进修还是事业的追求、功德的圆满，都应该按循序渐进的规律，一步一个脚印，一步一个台阶，踏踏实实地逐步进行，不可急于求成。

做事就怕一开始就在心中膨胀出一个很大的贪欲，这会使人变得浮躁，而不会脚踏实地。做人不能缺乏实干精神，任何怠惰都可能导致事业上的失败。世上没

有天生的成功者，要想开创一番大事业，就必须亲力亲为，从最基本的做起，经受最艰苦环境的考验。只有这样，你才能经垒土之末成千尺高台。

当有人生病时，恨不得找个灵丹妙药，一口吞下去便药到病除；当有人在生意场上一笔得手时，恨不得点石成金，马上成为百万富翁。世上总想"一步登天""一口吃成个胖子""毕其功于一役"的人实在不少。他们忘记了循序渐进这个浅显的道理。

总有一些人，眼高手低，好高骛远。自认为能力很强，不能干那种琐碎的小事，这种想法会阻碍一个人的前进。大事是由众多的小事积累而成的，忽略了小事就难成大事。从小事开始，逐渐增长才干，赢得认可、赢得干大事的机会，日后才能干大事，而那些一心想做大事的人如果不改变"简单小事不值得去做"的浮躁心态，是永远干不成大事的。那种大事干不了、小事又不愿干的心理要不得。

其实，做事和我们人的成长一样，都是从小到大，一步步开始的。没有人能够一步登天的。凡事需要一点一滴地做起，如果缺少了这份积累和耕耘，一切都只能是空想。当你认真对待每一件事，你会发现自己的人生之路越来越广，成功的机遇也会接踵而来。

此外还要"防微杜渐"。一个人习惯于从生活小事修养自己的品德，将来就更有能力塑造应付大事的毅力。那种认为小事可以被忽略或无关紧要的想法，正是一个人做事不能善始善终的根源，因为许多被认为无关紧要的小事可以直接导致工作中的漏洞百出。

有很多人总是愿意去关注那些大的事情、大的问题，而不愿去关心那些细小的问题，认为它们太"小"，完全没有必要在这上面耗费太多的精力和时间。等出了事故再后悔已经晚了，因此，对小细节我们应引起足够的重视。从某种意义上讲，细节是对一个人综合素质最真实的考察，也是区别于他人的特点。很多时候，正是细节显出奇特效果。

归妹卦第五十四　䷵

【经文】

兑下震上　归妹①征凶，无攸利②。

初九　归妹以娣，跛能履，征吉③。

九二　眇能视，利幽人之贞④。

六三　归妹以须，反归以娣⑤。

九四　归妹愆期，迟归有时⑥。

六五　帝乙归妹，其君之袂不如其娣之袂良；月几望，吉⑦。

上六　女承筐无实，士刲羊无血。无攸利⑧。

【注释】

①归妹：卦名。通行本为第五十四卦，帛书本为第二十九卦。此与《渐》卦为卦爻翻覆及卦爻反对的关系，故次列于《渐》卦后。卦象上《震》雷，下《兑》泽，象雷

迫近于泽，为季秋九月之卦，万物敛缩之时；万物由动归于静，由作归于息，故卦辞言"征凶，无攸利"，谓筮得此卦，当静而待时。

②征凶，无攸利："征"在《易》中有三义：一为征伐，二为出行，三为"行"，即行事、做事。此处用为行事、做事，至于行嫁、行娶之事亦在其中。筮得《归妹》卦，占得卦辞，则不宜行嫁娶等诸事，应静而待时；上六"无实""无血"之凶象及"无攸利"正与卦辞相照。《太玄·内》(准《归妹》卦)说"阴去其内而在乎外，阳去其外而在乎内，万物之既(尽，凋尽)"，此有助于对卦辞"征凶，无攸利"的理解(所谓阴外阳内犹《象》之"柔乘刚")。

③归妹以娣，跛能履，征吉："归"，嫁。"妹"，少女。"娣"，女弟，犹今语之妹妹。"以娣"，以少女的妹子陪嫁作为侧室或曰妾。"跛"同"蹇"，一足瘸而难行。"能"，善，善于(《荀子·劝学》注："能，善也。")。"履"，行。"征"，前往做事，前往行嫁娶之事。"归妹以娣"，喻行事合于常规。"跛"，喻时之艰。动合于理，虽遇时艰，仍善处之，行事亦吉。足跛，喻处时不利。以身为媵，象因其时而自屈抑。因时顺处，不但能行，而且行可获吉。

④眇能视，利幽人之贞："眇"，一目盲而难视。"能"，善。"视"，观察。"幽人"，女子占之，谓待字深闺、女行端正者；男子占得，则谓待贾椟中、抱道守正的君子(朱熹说"幽人，亦抱道守正而不偶者也"，朱骏声说"幽人，男未仕、女未嫁之名")。九二处下卦《兑》泽之中位，象深居幽处者；虽目眇难视之时，却善于相时待机。所"视"者，上视应爻六五而待售；应爻六五，其在女子则为女之佳配，其在男子，则为臣之贤君。于《易》，处下卦《兑》之中位，多有"幽人"之象，如《履》卦下《兑》九二"履道坦坦，幽人贞吉"。又如《中孚》卦下《兑》九二"鸣鹤在阴"，亦为幽人之象。又如《睽》卦下《兑》九二"遇主于巷，无咎"，亦幽人深巷遇得贵人之象。又《损》卦下《兑》九二"利贞，征凶"，亦幽人占问有利而躁进则凶之象。总之，下卦《兑》泽中位，皆有虽逢时难而能守静待机、自处得宜之象(又朱骏声说"利幽人之贞"或本无"之"字。盖涉《象传》而衍)。

⑤归妹以须，反归以娣："须"同"媭"，姊姊(朱骏声说："或曰楚人谓姊为须，屈原之姊曰女媭")。"以须"，嫁女而以姊姊陪嫁(或训"须"为待，则"以须"与"以娣"辞例不合。或训"须"为妾，则"以须"与"以娣"重复)。"反归"即来归、遣归(古代女子被休而遣归母家称为"来归")。古时女子出嫁，例以侄娣为媵(陪嫁)，今以姊姊为媵，是为"未当"(《小象》语)，故被遣归而仍以娣为媵。三与二、四互体为《离》，《离》为中女，为少女之姊，所以说"以须"。此爻为行为有失而被休弃、被黜免之象(六三《小象》说"未当也"，项安世《周易玩辞》说"三者女之自失也，四者

女之自重者也"就是这个意思)。以姊姊的身份为媵,是自己行为有失;"反归",是说因失而获咎。

⑥归妹愆期,迟归有时:"愆",延误,拖延。"时"通"待"(《谷梁传·隐公七年》范注引作"待")。谓等待三、四易位反正(还为《泰》卦),则四之阴可与初之阳正配。今此《归妹》卦,九四失应无匹,故"有待"。《归妹》为季秋之卦,不宜嫁娶;而《泰》为孟春之卦,正为嫁娶之时。故"有待"谓待来年春季而行嫁。《诗·氓》之女亦有"愆期"之志("匪我愆期,子无良媒"),但惜其未迟归至来年之春,而于秋时行嫁("将子无怒,秋以为期"),故中道被弃。

⑦帝乙归妹,其君之袂不如其娣之袂良;月几望,吉:"帝乙归妹"亦见于《泰》卦六五("帝乙归妹,以祉元吉",《小象》:"以祉元吉,中以行愿也")。"帝乙",纣父,据说曾嫁女于周文王。六五为尊位,疑"帝乙归妹"在此泛指贵族嫁女。"君"指所"归"(嫁)之"妹"(少女),训为"后",谓正妻、正室。"袂",衣袖,在此指衣饰、服饰,即《诗·硕人》"衣锦褧衣"之类。"良",善,美好,华丽。"几",将近。"望",十五。"月几望",将及月中,月亮将近圆满时(《小畜》《中孚》皆有"月几望",或作"月既望",如荀本,帛本)。嫁为正室的新娘衣饰素朴,正是《坤》卦六五《小象》所谓的"文在中也"。"月几望吉",是筮得的送亲吉日。就其内蕴说,"其君之袂不如其娣之袂良",即所谓富而不骄;"月几望吉",即所谓满而不盈。《吕氏春秋·察微》引《孝经》所谓"满而不盈溢,所以长守富也"。月将满而未满,喻时之宜;"吉"者,趋时取福之谓。

⑧女承筐无实,士刲羊无血。无攸利:"承",捧、奉。"刲",刺、割。旧多以婚礼庙祭之仪释之,谓女奉筐筐奠菜而筐中无物,男刺羊血祭而羊牲无血,喻庙祭不成、约婚不终。按:筐无实、羊无血,皆为不祥之兆,又比喻婚姻一场空。"实"喻阳,"血"喻阴(《坤》卦"其血玄黄",九家注:"血以喻阴")。项安世《周易玩辞》说:"女无阳以为实,士无阴以为血,此象死而失偶及生而相弃者"。无实、无血为凶象,与卦辞"征凶"相照;"无攸利"则是复举卦辞。总之,此爻为阴阳相离、男女相失之象。"承",奉,侍奉。"女承筐"犹女侍奉男,"无实"("实"为阳),女失男之象。"士刲羊"犹男御女,"无血"("血"为阴),男失女之象。

【译文】

归妹卦:少女嫁长男,有悖常理因而凶险,发展下去无益处。

初九:少女出嫁做偏房,就像跛足者勉力行走,仍能获得吉祥。

九二:双目一瞎一明,仍能看清东西;幽居之人,利于守正。

六三:少女冒充其姊出嫁做正室,事发后仍以妹妹的身份从姊陪嫁做妾。

九四:超过了一般年龄还不出嫁;迟迟不嫁,是为了等待更好的机遇。

六五:帝乙将女儿出嫁,大女儿的衣着不如从嫁的妹妹的衣着那样华丽,这是因为她脸如满月,长得十分丰满姣好,穿上什么样的衣服都会吉祥如意。

上六:新娘子托着盛放礼品的篮子拜见公婆,篮内却没有什么干果,新郎举行割羊仪式,羊却流不出血;一切都是那样的不顺利。

国学经典文库

北京出土的明代刺绣百子女夹衣

【解读】

本卦阐释了婚嫁的原则。认为男女婚嫁是天经地义的正事，因此不可违逆常规过度强求，而应当顺乎自然，遵守正常的秩序。女子嫁入夫家，应随遇而安，不计名义和地位，恪守妇道，男子娶妻，不应求全责备，须知有得便有失，有失必有得，在形貌与妇德不可兼得的情况下，宁取德而勿取色；待嫁女子，须有自知之明，才德不足者不要勉强，更不可过分奢求，做出非分之事，自招其辱；才德兼具者，不必急于求成，应该谨慎选择佳配；女子的高贵与低贱，在于她的内在气质和外在容颜，不在于她有无华丽的服饰；婚姻成败的关键，在于男女之间是否相爱，倘若男女双方均无诚意，即使举行婚礼，也不会有美好的结局。

【经典实例】

董卓因色丧命

俗话说，万恶淫为首。不能修养内心而为色所惑，是许多人致祸的根源。可见戒除欲望，是修身避祸所必需的。而乱性胡为，欲海难填，许多祸事便由此引发，东汉末年权臣董卓因色丧命，足以令人深省。

公元189年，在镇压黄巾起义中卓有"战功"的董卓，率兵进入了洛阳，废掉汉少帝，立献帝，独揽朝中大权，从此，为所欲为。

司徒王允表面上效忠董卓，暗地里却时刻想除掉他。他收府中歌伎貂蝉为养女，一面诈董卓，一面诈吕布，布下了一个天衣无缝的美人计。

王允借机布局故意让吕布与貂蝉单独相会，正在二人难舍难分之际，董卓突然从外面进来，见到他们情意绵绵的样子，气得大喝一声直奔过来。吕布见势不妙，扔下貂蝉向外逃走。

董卓站在府门望着逃去的吕布，气得怒目横对。这时董卓的谋士李儒来到门

国学经典文库

前,看到董卓怒气冲冲的样子就问发生了什么事,董卓一言不发回身进府来到书房。李儒随后跟了进来,站立一旁,这时董卓才对李儒说明发怒的原因,扬言非杀了吕布不可。

第二天,王允将吕布请到府中,若无其事地与吕布闲谈,吕布满脸愁容,心情沮丧,王允假装不知,问吕布因何事而闷闷不乐,吕布就将昨天在太师府中发生的一幕,详细地告诉了王允。

王允听后,故意气愤地说:"想不到董卓已经荒淫霸道到如此地步,连自己儿子的妻子都要强娶,这不但使我无脸见人,还是将军的侮辱啊!"

吕布愤恨地说:"我真想杀了他,可又怕别人议论,终究我们有父子之名分啊!"王允说:"将军说得有道理,看来我们只好任人欺辱了。"王允的话听起来是在赞同吕布,实际上是火上浇油。王允的话音刚落,吕布就拍案而起,咬牙说道:"我一定杀了他,报夺妻之仇!"王允见吕布决心已下,又烧了一把火,说:"将军如果杀了董卓不但报了仇,重要的是为国家除去一害,可以名留千古啊!"吕布伏地而拜,表示愿意听从王允调遣。

等待数日,行动的机会终于来了。皇帝大病初愈,准备临朝召见文武官员,众臣奉命进朝拜见。

董卓由太师府乘车去未央宫,随身侍卫前呼后拥,董卓的马车行至中途,王允的心腹李肃向众人发出了行动的暗号,紧接着飞步上前拔出佩剑,向董卓刺去,却不料坚实的甲衣挡住了利剑,董卓大叫吕布护驾,吕布大声说道:"圣上有旨,诛杀贼臣董卓!"话音未落,吕布的长戟已刺进董卓的咽喉,李肃上前一刀割下董卓的头。

董卓被诛,虽然根本原因是他专权暴虐,尽失人心,但最直接的原因却是他贪色纵欲,并无视道德伦常所致。在很多时候,男女之间的关系是超越其本身,而与政治、人伦、生活等诸多因素密切相关。因此,保持端正,循礼而行,是非常有必要的。

秋胡自取其祸

《归妹卦》阐释婚姻的道理。婚姻是人伦的开始,也是人伦的结束,为人生天经地义的大事,必须慎重,不可违背原则,应当顺其自然,不可过度积极强求。家庭以主妇为主体,柔顺、中庸、坚贞的妇德,为端正家庭的基石,即或以卑贱的妾的身份出嫁,遇人不淑,坚守妇德,仍然有利。轻佻只宜嫁人为妾。贤淑宁可迟婚,也要选择正当的对象。高贵的妇德,重于外表的虚荣,缺乏妇德,婚姻不会美满。这一卦,也可看作为部属的道理,进退的原则。

春秋年间,河南东隅有一小国——陈国。陈哀公在位时,有个名叫秋胡的鲁国人来陈国游说求仕。鲁国当时是华夏文化的中心,秋胡出身不高贵,学问也没多少,又想出人头地,在鲁国自然轮不上他,于是离妻别母,来陈国求取功名。临行时,老母千叮咛万嘱咐:"我儿一旦求得功名,就立即给家里捎个信儿,把我和你妻子也接去与你合家团圆,一起过几天好日子。"新婚只有五天的妻子热泪涟涟地说:

国学经典文库

"你尽管放心去吧，家里老母我会小心侍奉的。夫君一人在外，要自己多加珍重，不要忘记家中还有慈母贤妻。"

第二天，老母与发妻一直把他送到村外，三人依依不舍而别。

秋胡在一位熟人的举荐下，被陈哀公召见了。秋胡为人甚是机灵，他用在鲁国道听途说得来的"学问"向哀公信口奢谈天下大势，哀公还真把他当成个人才，就拜他为上大夫。一日之间，秋胡小人得志，梦想的富贵荣华就到手了，他好不快活。

当时的陈国，朝中君臣好色宣淫，桑间亩垄，吟咏幽会私奔的情歌到处可闻。秋胡生活在这样一种环境中，偎红倚翠，眠花宿柳，早就把母亲和妻子临别的叮咛给抛到了九霄云外，十年的时间过去了，他也没给家里捎个信儿。

后来，陈国因继位一事发生内讧，太子被杀，权臣和太子党都跑到楚国求援。楚灵王乘机发兵灭了陈国，权臣和太子党都做了刀下鬼，秋胡见势不妙，急忙跑回老家去了。

他晓行夜宿，衣履不整，好不容易走到家乡南郊的桑林，忽见一位美貌少妇正在采桑。旬月之间，他像一条丧家犬般地赶路，还从未看见过一个好女子，这时如遇天仙，顿生淫念，他快步上前，深深一揖，假装向那少妇问路："我是陈国大夫，出使鲁国路经此地。敢问娘子，去鲁国的路该怎么走？"

少妇指示路径，也不在意，默默地只顾采摘桑叶。

秋胡从怀中摸出一双玉珥，想以此打动少妇的芳心："娘子如不嫌弃，请收下这点薄礼，以表敝人的谢忱。"

少妇见他神态轻薄，又无故送此重礼，马上警觉起来，飘然走向林木深处。秋胡见她飘若惊鸿，越加骨酥魂散，还以为她是引他到隐秘之处成其好事，立即跟了过去，拉住她的衣襟恳求道："我广有钱财，奴仆成群，娘子如此美貌，如肯依了我，日后锦衣玉食，还用受此劳苦吗？"

秋胡戏妻图

少妇愤然甩开他的手,怒斥道:"你身为贵官,萍水相逢,就如此无耻,与禽兽何异? 如再纠缠,我就喊人了!"

秋胡被骂得羞愧难当,垂头丧气地向家中走去。

回到家中,老母见是日夜思念的儿子回来了,揉着昏花的泪眼说:"你一走十年,音讯全无,若不是你妻子整日采桑织布,辛勤持家,我怕咱们母子永无相见之日了!"

秋胡急不可待地问:"妻子她在哪里? 怎么不见?"

老母说:"到桑林去采桑了。你妻子天天以泪洗面,盼你回来。邻里没有不夸她贤惠孝敬的。"

就在这时,只听门外有个妇人柔声说道:"娘,我回来了! 你是在和谁说话呀?"随着声音,一位少妇背着箩筐走了进来。秋胡抬头一看,与那少妇的目光正好相遇。四目相对,二人一下子都愣在了那里。

秋胡的妻子突然像被雷击一样,掩面冲出家门,狂奔而去。老母摇晃着傻了似的秋胡,连连催问发生了什么事。秋胡像一个梦游患者一样,断断续续讲出了刚才的那一幕,老母听了,当即气得昏死过去。

秋胡的妻子见丈夫如此行径,悲愤交加,当天就投河自尽了。

秋胡寡廉鲜耻,自取其祸,亲手毁了自己好端端的幸福之家,从此成了一个孤苦无依、痴痴呆呆的废人。

《归妹卦》讲,君子要修自己的私德,要注重内在的品质。秋胡放任自己,见色起意,落得如此下场,纯属咎由自取。

多尔衮的贪

皇太极死时,博尔济吉氏年仅30岁就成了寡妇。多尔衮由于谋取大位的心理,与她来往非常密切,经常出入禁宫。和嫂侄同居,体贴关怀备至,一如夫妻父子。

当孝庄文太后到北京皇宫时,看到多尔衮无视皇上,独揽大权,结党营私,排斥异己的种种迹象,便清醒地意识到朝廷这种险恶的形势时刻在威胁着幼子福临的皇位。孝庄文太后在不得已的情况下,便依照当时满族"父死则妻其后母,兄死则妻其嫂"的习俗,下嫁给多尔衮。

巧于心计的孝庄文太后企图以此举来笼络与控制小叔子,从而巩固自己及其儿子福临的地位和权力。她没白费心机,在一定程度上起到了延缓或阻止多尔衮夺取其侄皇位的作用,使多尔衮篡位的野心一直未能得逞。

但是聪明的孝庄文太后为了稳住与抚慰多尔衮那颗贪婪的心,还是让其儿子顺治帝封多尔衮为皇叔摄政王。可是,多尔衮对孝庄文太后母子这一恩赐并不买账。他一面在暗地里制作龙冠、龙袍,以备伺机谋篡夺位;另一面指使苏克萨哈、穆济伦等近侍策划"加封皇叔父摄政王为皇父摄政王,凡进呈本章旨意,俱书皇父摄政王"的尊号与殊荣。对此,不只是当朝文武诸臣大惑不解,就连友邦也深感费解,引起一些议论与猜测,乃至朝鲜国王说:"实际上就是两个皇帝了。"

多尔衮的私生活放荡不羁,荒唐至极。他年仅12岁就结婚了,39岁离世,在他短暂的27年婚龄里,娶6妻4妾。其中不仅娶其兄媳为妻,还逼死自己的侄儿豪格,而后把他的妻子据为己有,并夺其旗下的官兵、人丁、家产。他几乎每年都要在八旗中遴选淑女,并吃着碗里的还望着锅里的,向往着已亡明朝的三宫六院,72偏妃,佳丽数千。曾公然对侍臣说,本王府也应该像明朝的后宫那样美女众多。

肆意贪占本土的女色远远不能满足他的欲望,还把欲火烧到异国他乡,居然打起国际美女的主意,向朝鲜下征婚敕书,要同朝鲜结秦晋之好。因多尔衮曾率八旗劲旅讨伐过朝鲜,其国王惧怕,只得顺从他,便派使臣护送公主。当多尔衮得知朝鲜公主一行已启程,正往北京进发时,他欲火炽烈,按捺不住,终于以打猎为名率众出山海关,实际是要早日完婚。可巧,走到连山遇上朝鲜送亲的大队人马,就急不可待,连结婚的仪式也没举行,当天,在途中搭起帐篷便同公主成婚。一觉醒来,大清早逢人便讲:朝鲜公主不漂亮,陪嫁的侍女也丑陋不堪,抱怨朝鲜对他无诚意。朝鲜国王听说多尔衮不满意,无奈,只得派人在全国挑选民间美女,一时间,闹得到处鸡飞狗跳,家家户户无宁日。

由于多尔衮利欲熏心,贪得无厌,依仗他的权势恣意横行,天人共怒。正所谓利深祸速,他去世不足半月,顺治帝就一反常态地向多尔衮大肆施以夺权之举。

据《鞑靼战纪》所载:顺治帝发现自己的叔叔活着的时候怀着邪恶的企图,时行暧昧的罪恶性活动,他十分恼怒。命令毁掉华丽的陵墓,掘出尸体,用棍子打,又用鞭子抽,最后砍掉脑袋,暴尸示众,雄丽的陵墓化为尘土。在多尔衮死后,命运给了他以最严厉的惩罚。

同时,多尔衮生前大批党羽和亲信,或被处以极刑,或被降级革职。

纵观全卦,古人似乎也对以妹陪嫁这一婚姻习俗持批判态度,这种婚姻对陪嫁的少女来说,如雷在水泽上能震动一时,但不能长久,提醒人们看到《归妹》中所说的弊端,对这种关系到个人、家庭幸福的大事,持慎重的态度。社会发展到现代,人们对婚姻的态度更加理性,男女之间一夫一妻的婚姻关系也以法律形式予以规范和保护。但我们也不能不看到封建残余思想还不时泛滥,一些男子依仗金钱、权力"包二奶""养金丝鸟"。而一些女子为金钱所惑,谋求不受法律保护的不正当关系的情况也时有发生,由此也引发了许多犯罪事件。实际上由男女关系也可引申到生活的其他方面:做任何事都应循理而行,适可而止,才是免祸祈福之道。

吕尚与马氏"覆水难收"

姜太公名尚,是商朝末年的吕地人,所以人们又称他为吕尚。他足智多谋,辅佐周文王、武王灭掉商朝,建立大周,立下了汗马功劳。

姜太公曾在商朝当过官,因为不满纣王的残暴统治,弃官而走,隐居在陕西渭水河边的一个比较偏僻的地方。为了取得周部族的首领姬昌(也就是周文王)的重用,他经常在小河边用不挂鱼饵的直钩钓鱼。他的妻子马氏嫌他穷,没有出息,不愿意和他共同生活,提出要和他离婚。姜太公一再劝她别这样做,并说有朝一日他一定会得到富贵。但是马氏却不相信他的话、认为他在说大话、空话。姜太公无

可奈何,只好让她离去。

后来,姜太公终于得到周文王的信任和重用,还帮助周武王联合各路诸侯推翻商朝,建立了西周王朝。马氏见他有了地位,富有无比,就后悔当初离开了他,于是便请求与姜太公恢复夫妻关系。姜太公已经看透了马氏的为人,就不想再接受她,于是就把一壶水倒在地上,叫马氏把水收起来。马氏赶紧趴在地上去取水,但是只不过收起一些泥浆。姜太公见状,说道:"你已经离我而去,就不能再合在一块了。这好比倒在地上的水,难以再收回来了!"

"覆水难收",不仅离婚与结婚是这样,而且做其他很多事也是这样。所以,谋事之初,一定要慎之又慎,否则直到最后,才能认识到当初决断的失误,但是那时已经是追悔莫及了。

荣事达·美泰克"婚姻"破裂

2003 年 7 月 8 日,合肥荣事达宣布引进新的外资合作伙伴:一个名为 Elcoo BrandtS. A 的法国公司。Elco BrandtS. A 将收购荣事达旗下的中美合资公司荣事达·美泰克 75.5% 股份,其中 49.5% 来自美泰克,1% 来自港资,另外 25% 来自荣事达集团。

这与一年前所不同的是:先前陈荣珍掌权之时,对于美泰克所转让之 49.5% 的股权有着热切的期望,并希望能优先收购。如今不但没优先收购,反而大量减持。

Elco BrandtS. A 用 2000 万美元即可控股荣事达七成以上股份,成为控股大股东,这也算是桩较为划算的买卖。价格之低也许是"引狼入室"的陈荣珍七年前未曾想到的。"荣事达与美泰克之间完全是一场没有灵魂(品牌)的婚姻"。而就在去年,当美泰克在美国纳斯达克市场向外界正式披露将要转让其在荣事达美泰克中拥有的 50.5% 的股权时,家电专家、青岛帕勒咨询有限公司资深董事罗清启把这场失败的"婚姻"归结为"这个合资公司缺少经营技术,缺少一个坚硬的品牌也不是完全靠资金实力或者是一个无比强大的中外管理团队就能解决的,因为中国市场低成本品牌形成期已经过去。"因此,"这段姻缘即使重续,或者各自再重新培养自己的品牌也不是完全靠资金实力或者是一个无比强大的中外管理团队就能解决的,因为中国市场低成本品牌形成期已经过去。"

1995 年,陈荣珍在与日本三洋合资大尝甜头后,又将目光瞄准了美国的第三大家电厂商美泰克。恰好此时,美泰克又积极地寻求中国市场的突破点,双方在中国香港中介公司的撮合下一拍即合。鼎盛时的荣事达洗衣机年销量达到 200 万台,列国内第一。

好梦不长。2000 年,荣事达洗衣机跌到全国第三名;2001 年,全年洗衣机销量 80 万台左右,列第四五位左右,4 条生产线 120 万台的产能,而市场销量不足 10 万,中美合资公司亏损 1.8 亿元。面对种种颓势,资本方美泰克决心亲自操刀,从 2000 初开始,就派出董勤龄、王伟东等出任合资公司销售副总裁、市场副总裁等职。

2001 年 7 月,资本方再度施压,派出劳伦斯接替陈荣珍出任总裁,陈荣珍退居

幕后。

据介绍，腿脚不便的具有英国、澳大利亚双重国籍的劳伦斯有着40年企业管理经验。在此之前，劳伦斯只是在北京搞市场调查和促销活动，然而一当上任就放言要以"打内战"为主——完成内部管理的新构架。

处在总裁之位的劳伦斯这样打算："我的目的是把世界上最好的管理模式、经验参照中国本土的经验让两者合二为一，成为适合中国情况特色的合资公司。这是我们的一个工作方向。"不仅如此，据媒体披露，当时的荣事达领导层霎时出现了"多国部队"的局面，大量引进"海龟派"以及外籍经理人，而原陈荣珍旗下的老臣子一度被排斥在外。陈荣珍本人也退居副职，负责政府公关和对外联络。这无疑是与先前劳伦斯的位置做了一个置换。

然而，在劳伦斯入主仅仅半年，还来不及施展拳脚的时候，2002年1月24日，荣事达美泰克公司第九次董事会决定劳伦斯不再担任中美合资公司总裁职务，原美方派出李广元、王伟东等副总裁们均退出管理层。美泰克宣布从荣事达撤资，短暂的"婚姻"宣告破裂。

让劳伦斯寂寞的是，虽然他成了形式上荣事达的总裁，却是相当孤立。荣事达公司员工披露，陈荣珍的强人形象早已压过了所有人，公司的决策无不为陈荣珍所左右。甚至连劳伦斯的离任，都是陈荣珍上书美泰克，强行抵制的结果。

后来又曝出这样一个消息：荣事达出现大量坏账。据报道，2002年2月，合资公司在南方市场应收账款约1.2亿元，华东为5000万元，北方市场为7000万元，加上其他地区，全国总计3亿元左右。荣事达原某高层指出，3亿元应收款很大部分是中方为吸引美方入股，显示其产品在中国市场上很受欢迎，在价格和款项上对代理商做出很大让步，造成应收款居高不下。从另一个角度来解释，无疑美泰克落入了一个资本的陷阱。

综上所述，由于美泰克自身经营不善以及荣事达的资本陷阱加之陈荣珍对美方意志的抵抗，终于导致美泰克决心撤资。

荣事达的点滴都渗透着陈荣珍的心血，所以这也从另一个角度解释了为什么劳伦斯会退出；荣事达是陈荣珍一手创办的，机构是陈荣珍的机构，队伍是陈荣珍的队伍，劳伦斯要想对荣事达"伤筋动骨"自然是自葬前途。

然而，同劳伦斯的下台一样，陈荣珍在半年后被废黜。只是这一次，仿佛一次唐突的暴雨之前并没有一点风满楼的迹象。

小天鹅集团副总裁徐源曾感叹："中国家电企业第一代领导人的激励没有得到制度上的保证，他们为了自己的退路有两种选择，一是通过其他方式找钱，再就是为新接班人的产生制造障碍，这都为企业领导人的更替埋下变数。所以要改变中国家电企业领导人产生方式的前提，是解决好家电企业产权的多元化问题。"创业者到了企业的规模化后，企业的管理和运作，已经不再是简简单单的"点子""投机"和"英雄"，需要的是企业治理结构的合理化和企业制度的规范化，"强人经济"已经解决不了问题。但强人的光芒又会在一定时期长期存在的，如果能将这种局面根本扭转，势必会付出长久的努力。从这个角度来说，也便是这场荣事达内乱的意义所在。

合作最重在品德。即使已成的婚姻名位不当,但只要坚实纯正,依然可以吉祥美满。

所配非匹,遇人不淑,仍然是今天的人们常常会遇到的问题。合作双方之中不论哪一方有德行或能力上的问题,合作便不容易美满。解决这种问题的最好办法,是一方或双方坚守纯正,努力为对方着想,以热情和真挚感化对方,便有希望使事业美满,而轻易地分道扬镳绝非上策。

有名无实的合作只会死亡。所谓有名无实,亦即缺乏品德,只有虚假的外壳而没有真正的内容,这样的合作应当抛弃掉。

敬业爱家,撒切尔夫人的铁腕与柔情

家是心灵的栖息地,家是避风的港湾,家是事业成功的能量基地。一个真正意义上的家包含了物质与精神的两个方面,只有这样的家才让我们感到温暖与舒适,才让我们牵肠挂肚。家不仅代表空间,而且代表时间,是世代相传的故事以及现实生活的全部。家里的阳光和空气也早已化为自己的体温,混和了自己的气息,即使远走天涯,仍然留在体内,激起永久的渴望和怀念。

家庭往往以女主人为核心,女人是柔中带刚的天使,即使是女强人,她绝不会放弃一些传统女人身上最珍贵的东西,也只有这样,她才能赢得家庭和事业的双丰收,从而拥有真正的幸福。

英国首相撒切尔夫人高雅大方,魅力非凡。世人大多只知道她是一位伟大的政治家,却不知她还是一位贤妻良母,她对家庭的付出并不比事业少。

撒切尔夫人是英国著名的牛津大学的高才生,而她的丈夫丹尼斯只受过中等教育,比她大 11 岁,而且离过婚,自身条件要比她差得远。可这些并未影响她对婚姻的选择,1952 年 12 月 13 日,她 25 岁时与丹尼斯结为伉俪。

撒切尔夫人和丹尼斯结婚以来,几十年如一日,他们恩爱如初,从未发生过争执,彼此尊重对方、支持对方。撒切尔夫人在接受记者采访时说:"他忙他的事,我忙我的事。他的事对他很重要,我的事对我也很重要,我们从不干涉对方的事业。"丹尼斯担任一家大公司董事长,他给自己的妻子很高的评价:"在我看来,夫人品质高尚,始终如一。她美丽、乐观、善解人意,更有思想。"撒切尔夫人在谈到他们夫妇的关系时则说:"在婚姻和家庭中我们的地位是平等的,没有说哪个强或哪个弱。丹尼斯对我的帮助非常大,我经常请教于他,听取他的意见,他是一个见多识广、很有主见的人。"

撒切尔夫人对自己有明确的定位,在社会上她是一位出色的政治家,但在家里她是丹尼斯的妻子、孩子们的母亲。她在政治活动之外从来没有停止过履行一个家庭主妇的职责。生活中的她是一个充满柔情的贤妻良母,是一个女人味十足的妻子、母亲。

撒切尔夫人生有一对双胞胎儿女,她非常喜欢孩子,她的事业并没有影响她对孩子的教育。1963 年她获得律师证书,1969 年成为国会议员,1970 年被任命为教育大臣,1975 年当选为保守党首脑。当有记者问她随地位高升对家

庭生活有何影响时,她说:"影响家庭生活的并非地位问题,而是家中多了两个孩子。他们从牙牙学语到入学读书都要我悉心照顾。孩子们长大了有了他们自己的朋友、自己的生活,作为母亲的我,也因他们而结识了不少年轻的朋友,他们带给我无穷的欢乐,我也从他们身上学到了很多的东西。"撒切尔夫人虽政务缠身,但家务却料理得井井有条。她在世界上有"铁娘子"之称,工作时决定国家大事,可回到家中却为丈夫和两个孩子操持家务,烹调佳肴,关心两个孩子的学习,每天早晨为两个孩子做好早餐,才去上班。

法国《观点》杂志曾报道了撒切尔夫人在1987年英国大选前一天的作息时间表,其中有这样的描述:

······

20点30分,紧张工作了一天的首相回到家中,因为没有雇用厨师和侍者,她要自己动手做晚饭。她从冰箱里拿出冻肉,打开一瓶豌豆胡萝卜罐头。不一会儿就做出两三个美味可口的菜肴,夫妇俩一起享用。首相的饭量非常小,因为她很注意自己的身材。在丈夫看电视时,她在另一个房间里放上一张自己喜欢的唱片,在长沙发上一靠便又工作起来。当闹钟敲响12下时,她才上床休息。这天夜里,她睡觉前看的书是《一些原材料对人类未来的影响》。

到1988年1月3日,这位伟大的女性首相在任时间已满8年零8个月,成为20世纪英国任期最长的首相。当天她在唐宁街10号官邸发表讲话说,英国政府将继续进行大规模的财政改革,控制通货膨胀,保证经济稳定增长。她的讲话赢得热烈的掌声,获得了全国民众的称赞。

这就是撒切尔夫人,一个外圆内方、柔中带刚的女性典范。她创造了事业的辉煌,也成就了一个温馨和谐的家庭。

温馨的家庭有如水的音乐,跳动着罗曼蒂克的音符。家中的一切总能让人魂牵梦绕:一盏灯可能幻出万般柔情;一张合影可能记载着如烟的生活;一幅字画可能是让爱永恒的誓言;一句话可能是家人前行的明灯。

潮平浪阔,风正帆悬,家庭像一艘船,载着人们一生的渴望。呵护家庭不是小事,它不只是成就你自己,更多的是它能承载全家人驶入成功的彼岸。

丰卦第五十五

【经文】

离下震上　丰①亨,王假之,勿忧,宜日中②。

初九　遇其配主,虽旬无咎,往有尚③。

六二　丰其蔀,日中见斗,往得疑疾④,有孚发若,吉⑤。

九三　丰其沛,日中见沫,折其右肱,无咎⑥。

九四　丰其蔀,日中见斗,遇其夷主,吉⑦。

六五　来章,有庆誉,吉⑧。

上六　丰其屋,蔀其家,窥其户,阒其无人,三岁不觌,凶⑨。

【注释】

①丰:卦名。通行本为第五十五卦,帛书本为第三十一卦。《丰》卦上《震》下

《离》。震为动。离即罗,罗网、法网、刑网、狱网。《丰》卦象人行为有失而动入狱网之中。爻中"丰蔀""丰沛"等均人在牢狱之象,而"王假之""遇主""来章"等则为遇赦之象。爻中之"丰"字是遮盖之义,亦是取义于蔽于牢中不见天日。

此卦可与《噬嗑》相比较。《噬嗑》卦与此相反,上《离》下《震》,象贪欲动于下而刑网威于上,故卦辞说"利用狱",《大象》说"明罚敕法";《丰》卦上《震》下《离》,象人行为有失而动入狱网,故《大象》说"折狱致刑"。《噬嗑》外卦为《离》,离又有明义,言先王法律明审,故"利用狱";《丰》卦内卦为《离》,言己得逢明主而遇赦,故卦辞言"王假之,勿忧,宜日中"。离取罗网、日明二象,即我们所说的"双取象"(参《噬嗑》注)。《噬嗑》虽言"用狱",而六爻之中,五爻皆得"无咎",仅上爻言"凶";《丰》卦虽说"折狱",而六爻之中,五爻皆得"吉"或"无咎",仅上爻言"凶"。此亦可见二卦之相类。《杂卦》"《丰》,多故也",近之。

②亨,王假之,勿忧,宜日中:"王",泛指大人、贵人。"假",至、来到。"王假之",言将有贵人降临。"宜"犹利。"日中",日在中天,正午时分。

③遇其配主,虽旬无咎,往有尚:"配",帛书作"肥",厚、仁厚(《国策·秦策》"肥仁义",注:"肥,犹厚也")。"虽",帛书作"唯",语辞。"旬",十日之内(按:或本作"均"。当以作"旬"为是,卜辞"贞旬"一语习见,为殷周卜筮问旬日内休咎之证)。"尚",嘉尚、好处。此"遇其肥主"即卦辞的"王假之",所谓"利见大人"之义。此言旬日之内将有贵人相助。

④丰其蔀,日中见斗,往得疑疾:"丰",旧皆训大训盛。按:"丰"当读为"蓬"。丰、蓬皆为东部字,声纽皆属并组,古同音。《国语·周语上》"逢福",《说苑·辨物》作"丰福",是其证。"蓬"作名词为帘薄,如《方言·五》:"薄,宋魏陈楚江淮之间谓之曲……南楚谓之蓬薄",清钱绎《方言笺疏》云:"薄之制书传虽未明言,大约如簧第之簧,故《史记·范雎传》索隐云:簧,谓苇荻之薄也,盖编苇为之,故字从草,亦如席之可舒可卷。"古汉语名动相因,"蓬"作动词谓以帘遮盖,《史记·老庄申韩传》索隐:"蓬者,盖也。"上六"蓬其屋,蔀其家",句法、句义相同,"蓬""蔀"皆名词作动词,谓以帘席遮蔽。扬雄《太玄·大》准《丰》卦,云:"阴虚在内,阳蓬(蔽)其外,物与盘盖……包无方,冥……资裹无方也",亦可见《丰》卦"丰"之为义。"蔀",草帘(朱骏声《六十四卦经解》:"蔀与薄同,帘也,草为之")。"蓬其蔀",身在牢狱之象(《坎》卦上六"系用徽纆,真于丛棘",为丛薄所蔽,是牢狱之象,与《丰》卦"蓬其薄"盖

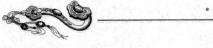

同），亦象其处境不利。"斗"，北斗星。"日中见斗"，是说中午梦见北斗，此是梦占。古人以梦见星辰多为不吉，如吃官司等，《敦煌遗书·伯三一〇五·天部第一》："梦见北斗，有忧"，《伯三九〇八·天文章第一》："梦见星者，主官事"，《伯二八二九》："梦见星，忧官事"。"疑疾"，忧疑不定而患病。

⑤有孚发若，吉："有孚"，卦兆显示出某种迹象（《周易》之"孚"或本作"勇"，"勇"谓植物开花，同样是表示事物呈现出某种迹象）。"发"，除去。"若"，语辞。此言卦兆显示一切都会过去，即将转为吉利。

⑥丰其沛，日中见沫，折其右肱，无咎："沛"或本作"韦"，通"苇"；帛书作"蘋"，与"苇"义同（《诗·七月》毛传："葭为苇"。《淮南子·览冥训》注："蘋，状如葴，葴如葭也"）。"蓬其苇（蘋），谓以苇席遮蔽。清钱绎《方言笺疏卷五》云："《史记·绛侯世家》索隐引许慎《淮南子注》云：曲，韦薄也。《诗·豳风·七月篇》传云：豫畜萑苇，可以为曲。薄之制……盖编苇为之，故字从草，亦如席之可舒可卷"。《丰》卦上卦为《震》，《说卦传》"震为萑苇"盖本此卦。王弼注"沛"为"幡幔"，盖王所见本作"韦"而读为"帏"（《一切经音义三》引《仓颉》"帏，嫌也"，《文选·七发》张注："帏，帐也。"）。然"丰韦"与"丰蘋""见沫"与"见斗"意义相含，故知不当读为"帏"而训为帐幔。"沫"，小星（《六十四卦经解》："沫，斗杓后小星也。星之小者如鱼沫，故名"。"沫"与"沛"协月部韵，帛书作"沫"，亦从"末"声。旧多作"沫"，物部字，失韵）。"肱"或本作"股"，亦通。"折其右肱（股），无咎"义犹《噬嗑》初九"屦校灭趾，无咎"。三爻即将出狱网（《罗》）。故云"无咎"。又"折其右肱"可能也是梦占。

⑦丰其蔀，日中见斗，遇其夷主，吉："丰其蔀，日中见斗"与六二"丰其蔀，日中见斗"爻辞同。"遇其夷主"与初九"遇其配（肥）主"亦相同。"夷主"即"肥主"。夷、寅、肥音近相通（《左传·哀公十年》"薛伯夷"，《公羊传》作"薛伯寅"。《艮》卦九三"列其夤"，帛书作"列其肥"）。初九、九四之"肥主"盖皆指六五。

⑧来章，有庆誉，吉："章"，明，光明。"来章"，谓光明降临。卦辞"王假之，宜日中"当主要是指此爻。"有庆"，有福庆。"誉"字疑涉《蹇》卦"来誉"一词而抄衍。"庆"与"章"协阳部韵，并且六五《小象》"六五之吉，有庆也"亦无"誉"字。

⑨丰其屋，蔀其家，窥其户，阒其无人，三岁不觌，凶："丰"读为"蓬"。蓬、蔀皆为席帘，在此均作动词，谓以帘席遮蔽。"家"，屋宅、居室，与"屋"换文同义。"窥"，视。"阒"，空寂。"觌"，见。"无人"，是不闻人声；"不觌"，是不见人迹。居室遮蔽，牢狱之象；帘户无人，主大凶。《敦煌遗书·伯三九〇八·庄园田宅章第九》："梦见宅空者，主大凶"。

【译文】

丰卦：盛大意味着亨通；君王值此盛极之时，不应该整天担忧盛极而衰，而应该积极设法使盛大的事业如日中天一般继续保持下去。

初九：只要能够遇见与自己相般配的主人，即使延迟一些时间也无妨，前往会受到赏识器重。

六二：太阳被巨大的帘子遮住，以致中午也能看见北斗星；追随昏君，将会受其怀疑猜忌。但是，待之以诚信，启发其良知，仍可吉祥。

九三：太阳被巨大的幔幕遮蔽，以至中午时也能看见天上的那些小星星；处在暗无天日的时期，即便有济世之心，也只得像折断了右臂一样无所作为，以避免灾祸。

九四：太阳被巨大的帘子遮蔽，以致中午也能看见北斗星；志同道合者，吉祥。

六五：招揽贤能人士，会得到喜庆和美誉，因而吉祥。

上六：房屋高大，窗户都用帘子遮蔽着，从门缝中往里窥视，静悄悄地没有人影。一连三年，不见有人出入，必有凶险。

【解读】

本卦阐释了盛衰无常、因而如何持盈保泰的道理。卦名为"丰"即盛大的意思，但是本卦各爻却均处在暗无天日的氛围中，由此警示人们应该怎样持盈保泰，扶大厦于将倾。盛大的东西既包含着喜也隐伏着忧，因为盛极而难以再盛。对盛大的追求，既要有积极的态度，又要有切合实际的目标；为了维护久盛不衰的局面，应该深入到盛大的内部，以光明驱除昏暗；处在昏暗时期，贤者应注意保存实力，等待明时的到来；居于高位的贤才，则应该主动联合下层的志士仁人，同舟共济，冲破黑暗迎接光明；居于领袖地位的人，如果自身少智短见，则应该不耻下问，招揽贤士，同样可以使得事业盛大起来；倘若自高自大，目中无人，长期不与贤能之士结交往来，即便事业既成，也将毁于一旦；盛衰无常，人们务必乾乾夕惕。

【经典实例】

富而不奢才是智者

丰大和财富是成功的标志，是耕耘的回报。巨富之后，人们常常面临这样的选择：是穷奢极欲，尽情享受属于自己的财富，还是仍然保持本色？

洛克菲勒是人所熟知的全世界第一个拥有十亿美元以上的富翁，他的家庭生活不用说远高于普通人家，甚至胜过一般的王室家族。尽管其家如此富有，但洛克菲勒对儿女的零用钱这样的小事也始终管得很紧。

他规定零用钱因年龄而异：七八岁时每周三十美分，十一二岁每周一美元，十二岁以上涨到二美元，每周发放一次。还给每人发一小账本，要他们记清每笔支出的用途，领钱时交他审查。钱账清楚，用途正当的，下周递增五美分，反之则递减。同时允许做家务活可以得报酬，补贴各自的零用。例如，逮一百只苍蝇十美分，逮一只耗子五美分，背柴、垛柴、拔草各若干。孩子们便都抢着干。后来当副总统的二儿子纳尔逊和后来兴办新兴工业的三儿子劳伦斯还主动要求合伙承包替全家人擦鞋的活儿，皮鞋每双五美分，长筒靴十美分。

第一次世界大战期间，全家老小各自吃配给的份额，烤蛋糕时要儿女们交出等量的食糖。此时男孩们合办"胜利"菜园，种出瓜菜卖给家里和附近的食品杂货店。

纳尔逊和劳伦斯还合伙养兔子卖给医学研究所。

儿女们外出上大学时，规定的零用钱与一般同学不相上下，如有额外用途必须

另外申请，以致喜欢吃喝玩乐、交女朋友的四儿子温斯格普有一次欠了账还不出，只得向大姐巴博借钱救急。

小儿子"胖娃娃"戴维（后来当大通国民银行总裁）读大学时也一样恪遵家教。有一次放假回纽约，同行的一个同学眼见他记账，这个饮料多少钱，那道菜多少钱，还很不理解。

洛克菲勒对唯一的女儿虽喜爱有加，但在培养其俭朴生活方面也毫不放松。出于宗教信仰，他自己不抽烟，也不许儿女抽烟，规定二十岁以前不抽烟的儿女可得二千五百美元奖金。他发现巴博抽烟，劝她戒掉，否则就不给她奖金式津贴。

洛克菲勒所以这样做，是因为他知道，"今天的许多孩子有一种倾向，走最容易走的路，走阻力最小的路"，他要儿女在这方面得到磨炼。

洛克菲勒家族百年来繁衍至今，世世平安，代代兴盛，几乎没有什么人对他们心存嫉恨，也没有什么人对他们口出恶言，这与他们世代俭朴、为人低调的家风不无关系。

许多人把握时机，成功经营，成为富豪。他们中的很多人仍然保持节俭本色，甚至慷慨捐赠，回报社会，为新时期的富豪树立了楷模。相比这下，为富不仁，为所欲为的行为，则必会如本卦中所讲，被人民所唾弃。

秦穆公年歉德丰

《丰卦》阐释盛衰无常的道理，虽然卦名是盛大的"丰"，但全卦却暗无天日，谆谆告诫盛极必衰，必须警惕。贤明的领袖，应当积极求发展，创造财富，使天下分享丰衣足食的生活；然而也应当了解盛大容易迷失，必须居安思危，以诚信启发全民意志，坚持刚正的态度，精诚团结，任用贤能，积极作为，才能够持盈保泰，享受丰盛的成果，不致因盛大产生流弊，导致毁灭。否则，得意忘形，自我陶醉，必然使自己闭塞，终于孤立，完全陷于黑暗了。

公元前647年，晋国遇到大旱灾，国库空虚，民间绝食。晋惠公夷吾前年曾在秦穆公的帮助下登上了王位，他虽然当时许诺以河西之地作为酬谢，过后又要赖背约，问心有愧，但想到自己的姐姐是秦穆公的夫人，只有求助于秦国，还兴许有些指望，于是派使者庆郑去秦国求援。从晋国逃亡到秦的丕豹因与晋有杀父之仇，劝穆公说："晋侯无道，天降其灾，如能乘机讨伐，正是灭晋的天赐良机。"

穆公召集群臣计议，百里奚说："晋君夷吾得罪了你，晋国的百姓有什么罪？"

公孙枝说："灾年和丰年，谁都会遇到，我们哪能不伸手援救。"

穆公听从百里奚和公孙枝的话，说道："对不起我的是晋国的国君，忍受饥寒的是晋国的百姓。我不忍心因国君不讲信义，让老百姓承担灾祸。"于是运输数万斛粮食给晋国，船载车运，这次国际性的救灾活动，历史上称之为"泛舟之役"。

第二年，事情发生了戏剧性的变化：秦国遇到了饥荒，晋国却是个大丰收年。秦穆公理所当然要到晋国去请求援助。晋国国君和群臣商议，想不到大夫虢射竟然说出这样的话来："去年上天给了秦国灭晋的大好机会，秦国不去利用，反而借给我们粮食，也未免太愚蠢了！今年上天又给了我们这样的机会，为什么不乘秦国闹饥荒率兵讨伐呢!"想不到晋惠公竟然采纳了他的意见。

公元前645年，晋惠公亲率大军进攻秦国。穆公以丕豹为将，亲自前去迎击。九月与晋惠公夷吾在韩原(今陕西韩城西南)展开了激战。混战中晋君离开了自己的大部队与秦军交手，战车陷在了泥泞中。

秦穆公率领将士飞马追击他，没有捉住夷吾，反为晋军包围。晋军追击受了伤的穆公，眼看穆公命在顷刻，穆公仰天长叹:"我今日反为晋国俘虏，天道何在?"就在这万分危急之际，忽见一彪人马从西呼啸而至，约有300余人，一个个蓬头袒臂，步履如飞，手执大刀，腰悬弓箭，见到晋兵就一阵乱砍乱杀，立刻便把穆公救出重围，晋惠公反而被活捉。这些仿佛自天而降的"神兵"到底是什么人呢?

春秋　莲鹤方壶

原来数年前，秦穆公有一次曾在岐山打猎，夜里丢失了几匹骏马，责令官吏四处搜寻，在岐山脚下碰上300多个乡野人正在烧烤，聚食马肉，穆公丢失的好马，原来是被他们杀掉吃了。官吏抓住他们，正打算依盗马之罪处决，事情报告到穆公那里，穆公说:"有道德的人不因畜牲伤害人。我听说吃骏马肉必须喝酒，否则会伤人。"穆公不但赦免了这些乡下人，而且送去数十坛美酒。

300名乡野之人深为感动，一致叩头谢恩说:"盗马不杀，还怕我们为马肉所伤，赐以美酒。穆公的大恩，如何报答呢!"这次三百人听说秦晋交战，特意赶来助战。也是事有凑巧，正碰上秦穆公受困，因此舍命救出。

秦穆公问知此事原委后，慨叹道:"野人尚有报德的义气，晋惠公算什么人呢?"于是穆公俘获晋君，凯旋而归，传令秦国:"我将以晋君祭祀上帝。"

周天子听到这一消息后，说:"晋君是我周王室的同姓，不能见死不救。"因此派遣使者替夷吾求情;夷吾的姐姐穆公夫人听到这一消息后，披麻戴孝赤脚来见穆公，道:"我听古人说:仁者虽怨不忘亲，虽怒不弃礼。如果晋君死在秦国，我也是罪人啊!"

秦穆公无奈地说:"我本以为活捉晋侯是大功一件，没想到天子为他求情，夫人为他分忧。我不能以一己私愤让天下人侧目。我这就以国君之礼安排他回国就是了!"

于是穆公与晋君再次订立盟约，答应送他回国，把他送到上等宾馆，并以礼遇诸侯的规格宴请了他。

9年后，晋惠公去世，穆公又护送重耳回国，立为晋君，这就是后来称霸的晋文公。

后来秦穆公改变东进的策略，采纳由余的计策进攻戎王，兼并了12个小国，开

拓千里疆土,成为西戎一带的霸主。天子派召公赏赐金鼓向穆公致贺。可以说,400年后秦始皇统一中国的基础,是由秦穆公奠定的。

《丰卦》向人们揭示:年有歉收,并不可怕,可怕的是德行上的亏欠。秦穆公年歉德丰,故有民众归服,舍身相助,所以秦国虽偏处西陲,也终于成为让中原各国为之恐惧的强国。

财富良心

人到中年后,富兰克林对社会公益事业越来越有兴趣,这种兴趣远远超过对生意的兴趣。他的高尚之处在于他利用公权谋得了私利,反过来又用智慧和私有财富为公众谋利。1749年,他被任命为地方治安官,后来担任市议员、殖民地议会议员等社会公职。美国独立战争胜利后,他担任宾夕法尼亚州州长,任职期内没有领取过一文工资。在独立战争期间,美国政府任命他为驻法国的特命全权大使,他成功地说服了法国国王路易十六与美国结成战略联盟。法国海军在大西洋阻止了英国派往美国的增援部队,大大缩短了美国的独立进程。

富兰克林在美国政治生活中还有一个重大贡献。独立战争胜利后,13个州的代表齐聚费城,讨论国会议员的数额和权力分配问题。人口较多的州主张按人口比例选举议员,人口较少的州生怕在未来的政治生活中吃亏,坚决反对按人口比例选派议员。这场争论旷日持久,无法达成协议。此时的富兰克林已年过80,他经过多日思考,终于提出一个大家都能接受的妥协方案——每个州按行政区划选派2名代表组成参议院,再按人口比例选举若干代表组成众议院,任何议案必须在参、众两院全都获得多数代表的赞同,才能成为法律。这个妥协方案被全体代表接受,形成了参、众两院制的国会。

一个人在经济、社会、科学和政治四大领域中的任何一个领域有所建树就足以留名青史,富兰克林在四大领域里都有所建树,决定美国命运的四份历史文件上——《独立宣言》《美国与法国盟约》《美英和平条约》和《美国宪法》——全都签有他的名字。以至于许多人认为真正的美国国父与其说是华盛顿不如说是富兰克林,至少二人应当共享国父的荣誉。

富兰克林的《自传》鼓舞了十几代美国人的创业精神,许多著名企业家都把富兰克林的《自传》作为案头必读书。《自传》讲述了一个穷孩子变成大富翁,再从大富翁走上社会公益事业和政治舞台的故事。他是一个土生土长的美国人,也是最杰出的美国人之一。

时至今日,他的思想精髓依然富有生机,他的《自传》被译成多国文字,开启了许多读者的心扉。

我们从《丰》卦六爻中可以看到,《丰》卦告诉我们的不是通过什么措施、办法达到丰大,而是说在"丰"这样的局面下,如何持久地去保持丰大。这就须如太阳一样"明以动",即以自己的光明照耀世界万物,并顺面应着宇宙的规律而不停地运动。

人类社会的发展毕竟不同于宇宙世界。在历史的长河中,人的生命是有限的。

对于个人来说,要想使自己理想中的事业达到丰大,必须摆脱"丰其屋,蔀其家"的狭隘观念,跳出一家一室的局限,才能在推进社会的进步中追求更广大更有价值的东西。否则,即使是富有四海的秦始皇,修建了"覆压三百余里""五步一楼,十步一阁,廊腰缦回,檐牙高啄"的阿房宫,到头来也不过"楚人一炬,可怜焦土"。"丰"不是一种表面的暂时的辉煌,而存在于人类社会发展中人们对人生永恒价值的不懈追求之中。

宏碁:三十年河东,四十年河西

几年前,宏碁电脑是西方人眼中的又一个东方传奇。"台湾 PC 业最成功的故事是由宏碁电脑公司的创始人施振荣写下的"。"宏碁已经成为一个来自中国台湾的杰出品牌"。以生产总量衡量,宏碁一度以台风般的力量冲击到了世界第七的位置,在全球建立了几十个组装厂。25 年中,宏碁电脑创造了中国台湾 1/4 的资讯业产值。在《亚洲商业周刊》发表的亚洲企业评价报告中,宏碁电脑曾获"最受推崇的亚洲籍高科技公司",超越了日本知名企业索尼、东芝与松下。"宏碁创立了一种新的分散经营的模式,它不同于多数亚洲企业家族经营的方式。"

尽管如此,这个传奇还是被击碎了:截至 2000 年 12 月底,宏碁的年亏损额达到了 1360 万美元。宏碁的股票自 2000 年 3 月 10 日创全年最高以后,便一路下滑,到 2000 年年底已下跌了 87%,而同期中国台湾主要股票综合指数只降低了 43%。同时,在欧美市场上十分成功的宏碁在国内也遭到了意外:据调查,宏碁在国内电脑的市场份额低于 3%,而联想则占到 35%。此前,宏碁也曾经历过低谷,但这次的问题来得异常严重。

宏碁以美国和欧洲作为主战场,美国计算机市场的不景气使宏碁的组织问题日益暴露并迅速恶化。"宏碁想做的事情太多了"。它不仅为其他电脑公司代工,也生产自己品牌的计算机产品。尽管当初这是宏碁成功的一大"法宝",但今天的市场已经同十几年前不同了。业内分析师指出"宏碁的客户也是它的竞争对手,这就造成了利益上冲突"。宏碁的代工业务急剧减少,"我们同新客户讨论很久也不能让他们签约"。今年,代工业务亏损严重,重出江湖的施振荣不得不下决心卖掉 70% 的代工业务。这个问题还导致了宏碁自身品牌形象的运作——使宏碁去年在南北美和欧洲丢掉了 6000 万美元。

宏碁的海外市场还饱受库存过量和价格难以控制之苦:自有品牌电脑销售业绩上升的代价是牺牲利润;海外的销售成本难以计算,良好的销售情况可能根本带不来收益。宏碁电脑在全球销售的型号过多,直接导致库存膨胀,宣传和市场费用居高不下,难以节约成本。由于过分追求营业额的增长,宏碁集团内部相互抢占资源的情况相当严重。

分散经营的模式也出现了问题。由于宏碁是变化快速的信息应用产业,不是以纯制造为主,不适合制造工厂中央集权式的管理方式。施振荣不希望公司以过度集权的方式管理,认为分散经营可以激发各高级主管的创造力,但这却造成了另外一种混乱:公司内部出现了许多独立的"碉堡",每个最高层的管理人员各自为

王,导致了内部竞争。他承认,过度的分散经营给宏碁带来的副作用已经超过了其带来的益处,分散型公司的高层管理人员比组织严密的公司更需要一套清晰的"游戏规则"。

宏碁人才的引进也存在诸多不当之处。对于引进的外来人才期望值太高,授权太多:未能公平对待引进人才和老员工,造成宏碁老员工的很多负面情绪,使本已状态不佳的宏碁电脑士气低落,人心浮动;外来人员对于宏碁企业文化的"不适应症"未得到足够重视,很多人最后只好离开。公司扩大的同时也使内部文化官僚起来。由于崇尚人性本善、鼓励员工学习的价值观,宏碁是个很舒服、做错事也不会有很大的压力的工作环境。表现与实际赏罚没有紧密挂钩,有老化的危险。

施振荣再度出山的雄伟计划是重振宏碁雄风,他计划:将公司一分为二,设计、制造及服务体系单独成立新公司。观察家对此举的态度是"谨慎而乐观"。

有分析家认为,改组虽然能够降低管理费用,但并不能从根本上解决问题,根本问题是全球性的 PC 业增长速度放慢。施将国内和欧洲作为业务发展的新战场,可令人担忧的是宏碁品牌在国内的知名度不高,其销售业绩也难以令人满意。

人生的成功和事业的繁荣都应有一定的限度,要适可而止。因为任何达于极端或过分的事物都会走向自己的反面。所谓"盛名之下,其实难副"。追求过分隆盛的声名和功业,最后都只能带来危害。

事业盛大则易生猜忌,导致内部涣散。自古至今此理相通。在创业之初,同志之间的相互团结合作是容易的。但在事业成功之后,却往往因利害冲突而内部分化,随之而来的,多是相互的倾轧,组织的分裂,事业的损失。

事业越是成功,越要保持清醒的头脑,而不要被胜利冲昏了头脑,以致迷失方向,坐以待毙。过分的成功和顺利未必是好事,随之而来的可能是失败和灭亡。

事业成功更应选贤用才。因为取得成功固然不易,保持成功更加困难,旧事业的成功是新事业的开始。人才在这时与创业有着同样重要的意义。因此,事业繁荣之,更应选贤用能,充实领导力量,积极有所作为,才不致因丰大而生流弊,导致失败。

元太宗"晚节"不保

"窝阔台将继承我的汗位,因为他的旨意坚定卓越,他的识见颖敏优越。凭借他灵验的劝告和良好的见解,军队和人民的管辖以及帝国边界的保卫将得以实现。因此,我指定他为我的继承人,把帝国的钥匙放在他的英勇才智的手中。"成吉思汗的英明得到了一半的诠释,窝阔台果然是诸子中最明智者。他具有与父亲一样的判别能力和稳重,但却没有继承其父亲的统治能力和政治远见。他待人非常宽厚和慷慨,他利用他的绝对权威,按自己的方式饮酒取乐。他活得倒是人生之自在!晚年政务的荒废似乎从来没有让他放在心上。

窝阔台是成吉思汗的正妻孛儿帖生的第三个儿子,很小就开始骑马射箭,在马背上度过了少年时光。他在跟随父亲四处征战中,逐渐成长为一位骁勇善战的虎将。

嘉泰三年(公元1203年)，成吉思汗率军同克烈部王罕大战于合兰真沙陀之地(今东乌珠穆沁旗北境)。年仅18岁的窝阔台随军征战，奋力搏杀。在成吉思汗消灭乃蛮部之后，北攻篾儿乞部，篾儿乞部首领脱黑脱阿战死，成吉思汗将其子忽秃的妻子朵列格涅送给窝阔台做妻室。后来朵列格涅为他生下了定宗贵由，成为昭慈皇后。

嘉定十二年(公元1219年)，成吉思汗准备挥师西征，决定安排后嗣。他召见诸子及胞弟，有意选择忠厚宽仁、举事稳健的窝阔台为汗位继承人。成吉思汗认识到自己需要一位政治家以巩固和发展所创立的帝国，完成未竟之业。窝阔台足智多谋，治国才能较幼子拖雷全面。从帝国的前途出发，成吉思汗克制了自己对幼子的宠爱之情，量才用人，打破蒙古的旧传统，擢升窝阔台为继承人。

窝阔台被确立为继承人之后，随同父亲踏上了讨伐花剌子模国的征程，历经7年的征战，嘉定十八年(公元1225年)春，窝阔台随父亲回到蒙古故土，结束了历史性远征。第二年，成吉思汗指责西夏国主违约，再次亲征西夏。次年六月，西夏国主遣使求降。成吉思汗随即将兵锋转向了金国。七月，他率军攻下京兆(西安)。年迈多病的成吉思汗终因积劳过度，在六盘山的营帐里离开了人世。

绍定二年(公元1229年)秋，窝阔台秉承父亲的旨意，继承了汗位，是为元太宗。

大元一统图

元太宗即位之初，按成吉思汗的规划，励精图治，开始发动了灭金战争。元太

宗与拖雷率军穿过大漠南进。绍定三年(公元 1230 年)冬抵达阿哲儿拜占,一路凯旋,最后,绰儿马军遂又攻掠了波斯西北部许多地方。于绍定五年(公元 1232 年)三月,围攻汴京,在与宋军的联手夹击下,金国遂亡,金哀宗自缢而死。端平二年(公元 1235 年),元太宗召诸王大会,决定征讨钦察、斡罗思等未服诸国,征讨大军逼临亦的勒河下游的钦察部(今亦的勒河下游)。至嘉熙元年(公元 1237 年)春,尽歼钦察军,其首领也被擒杀。次年初,窝阔台兵分四路,一直攻到太和岭(高加索山)。尔后蒙古军再分兵二路,一路直指孛烈儿(波兰),一路攻入马札儿(今匈牙利)。此时窝阔台的蒙古帝国横跨欧亚大陆,成为世界史上最大的帝国。

在驱动铁骑震撼欧亚的同时,元太宗窝阔台还非常重视对中原地区的治理。太宗执政以后,命人严守成吉思汗所制定的法令,对于王位空缺的两年时间里的犯罪者一律降恩赦免,以后的犯罪者仍依法惩处。当时礼仪典章都很简率,元太宗重用耶律楚材等人进一步健全了蒙古的法律制度和政治制度。元太宗采纳耶律楚材的建议,在中原地区维持原来的农业、手工业生产,征收地税、商税以及酒醋盐铁等税。元太宗还在汉人地主中设置了万户、千户。加上由耶律楚材主持黄河以北汉民的赋调,这就使得蒙古在灭金战事中有了黄河以北地区的兵力和财力的支持。同样也是在耶律楚材的劝谏下,元太宗已开始注意保存人口。绍定五年(公元 1232 年),元太宗征河南时,同意制旗数百面,发给降民,让他们持旗为凭,回归乡里。他还保留了中原的郡县制度。在括户的基础上,元太宗让耶律楚材主持制定了中原赋役制度,轻徭薄赋。这种较轻的赋税定额,对已遭到严重破坏的中原地区的休养生息是有利的。

这些措施使得国内政局稳定,社会经济、文化事业都有了长足的发展,统一的多民族国家得到了进一步的巩固,成为当时世界上当之无愧的最强大的国家。

盛极必衰。虽然元太宗文治武功,但依然没有超脱这一自然规律的束缚,灭金之后,他指派朝中的大将率师征伐,自己则不再受亲征之苦。他嗜酒如命,亲近美色,耽于射猎。到晚年更是溺于酒色,每饮必彻夜不休。耶律楚材多次劝谏,有一次拿着酒具上的铁盖对他说:"这块铁已被腐蚀成锈斑,人的内脏总不如铁坚硬吧,陛下如此嗜酒,岂有不伤身之理!"元太宗听此言顿悟,对近臣说:"你们爱君忧国之心,应该如同耶律楚材一样。"于是以金帛赏赐耶律楚材,诏告近臣自己饮酒三盏就加以劝止。但时间一长,元太宗的酒瘾又犯了,复又饮酒无度,朝政几乎荒废。元朝统治的全盛局面逐渐中止,并且逐步进入了它的衰落时期。当然,这个由盛而衰的过程,有着深刻的历史原因。但是,作为一国之君的元太宗也有着不可推卸的责任,他纵酒贪色,荒于理政,是造成这种局面的重要原因之一。

公元 1241 年农历十一月,元太宗再次出猎,骑射 5 日之后还至呼兰山,在行帐中同众多的侍女畅饮美酒,豪饮至深夜才散。左右在第二天进入帐内,发现元太宗已中风,不能言语,不久便死于行殿之中,时年 56 岁。后追谥为"英文皇帝",庙号"太宗"。

元太宗晚年的"变节",打乱了昔日他自己修订的全盘计划。如果不是继任者忽必烈有扭转乾坤的雄才,或许元朝的历史会因为元太宗晚年的严重过失而划上并不圆满的句号。

居安思危,防微杜渐,这是千百年来人们在血与火的历练中总结出来的经验教

训,这对于现代处在安逸生活中的人们依然是警世良言,违拗不得。

旅卦第五十六

【经文】

艮下离上　旅①小亨,旅贞吉②。

初六　旅琐琐,斯其所取灾③。

六二　旅即次,怀其资,得童仆,贞④。

九三　旅焚其次,丧其童仆,贞厉⑤。

九四　旅于处,得其资斧,我心不快⑥。

六五　射雉,一矢亡,终以誉命⑦。

上九　鸟焚其巢;旅人先笑后号咷;丧牛于易,凶⑧。

【注释】

①旅:卦名。通行本为第五十六卦,帛书本为第五十二卦。此与《丰》卦为卦爻翻覆关系,故次列于《丰》卦下。

《旅》卦上《离》下《艮》,其取象是多重的。离为雉鸟,艮为山;鸟依山林,象行人止于旅邸。又"离,丽也;艮,止也",为行人依止于旅邸之象。又离为火,艮为旅人止处,又为鸟之所巢,象"旅焚其次""鸟焚其巢",故《序卦》说"旅而无所容"。旅居在外而失其亲,爻辞又说"丧其童仆",故《杂卦》说"亲寡,旅",《太玄·装》(准《旅》卦,司马光集注说"装,治行也")说"装无偶"。卦名、卦辞、爻辞之"旅"皆犹上九之"旅人"。或释"旅"为"商旅",实则在外行役、求官、问学、为宦、经商等皆为旅之属。

②小亨,旅贞吉:"小亨",小有通顺、小事通顺。"旅贞吉"即"旅人贞吉"(与"幽人贞吉"辞例相同),谓旅人问卦还算吉利(又解:"旅贞吉"与"居贞吉"相对。"居贞吉"谓占问家居吉利,"旅贞吉"谓占问行旅吉利)。"旅贞吉"是就"柔中"之六二、六五两爻而说。

③旅琐琐,斯其所取灾:"琐琐"读为"惢惢",多疑(高亨云:"琐或借为惢,《说文》:惢,心疑也,从三心,读若《易》旅琐琐。可证琐惢古通用。许慎读惢为《易》之琐,或即本于汉人故训欤?旅惢惢,言旅人之多疑也")。东汉应劭《风俗通·怪神》"世间多有狗作变怪"条云:"谨按:《易》曰其亡斯自取灾。若叔坚者,心固于金石,妖至而不惧",此正是引《易》旅人多疑而自取其灾以证世人多疑而自取其祟。"斯",此,指代旅人之多疑。"斯其所取灾",谓此其所以自取灾祸("斯其所取灾"及"琐琐"尚有其他解释,证之以《风俗通》所引,则知其皆非)。初六之灾失之多疑,上九之凶失之寡虑,唯六二、六五得其中。

④旅即次,怀其资,得童仆,贞:"即",就、就居(《左传·僖公二十四年》注:"即是依就之意也")。"次",旅邸、客舍。"怀",怀藏。"怀其资"或本作"怀其资斧"。"资斧",钱财。又按:疑本作"怀其斧资","资"与"次"为韵。后涉下文讹为"资斧",传者以"斧"与"次"失韵,故又夺去"斧"字。"斧资"当即"布货"("斧"音同"布")。"资",货也),谓钱币。"贞"下高亨以为脱"吉"字,可从。卦辞"旅贞吉"即

指此爻而说。

⑤旅焚其次，丧其童仆，贞厉：二以柔居中，得处旅之道，故能即次得仆；三与之相反，故焚次失仆。九三以阳居刚，躁而不能静；互四、五为《兑》，乐而忘其忧。故有焚次失仆之厉。仆为旅途之伴，亦为之助。丧伴失助，故贞厉。此即《太玄·装》"装无俩，祸且至也"（"俩"同"俪"）。

⑥旅于处，得其资斧，我心不快："于"，往求、寻取（《诗·桃夭》传："于，往也"，《尔雅·释言》："于，求也"）。"处"，住处。与"次"同。"资斧"为"斧资"之倒语，高亨释为货币、钱币（"资"，货；"斧"，钱币之似斧形者）。旅人虽获资财而未得居处，故其心不快；身携资财而往寻住处，有为路人打劫之忧，故其心不快。《太玄·装》："次二，内怀其乘（按："乘"，《汉书·王莽传》集注云："积也"，此谓积蓄）。测曰：怀忧无快也"。当指此爻而说。六二得正位而有居处（阴爻居柔位），故怀其资斧而贞吉；九四失正位而无居处（阳爻居柔位），故得其资斧而不快。九四《小象》"旅于处，未得位也，得其资斧，心未快也"，得之。

⑦射雉，一矢亡，终以誉命："射雉"，谓射获雉鸟。《说卦》"离为雉"即就本卦此爻而说。"亡"即《中孚》"马匹亡"之"亡"，失去、丧失（或释"一矢亡"为一箭而毙雉，似非）。"射雉，一矢亡"，谓射发二箭，一箭中而一箭射失。射获雉为大得，一矢亡谓小失。"誉"，称誉，谓名；"命"，爵命，谓禄。射获雉鸟为吉兆，如《列异传》载："陈仓人得异物以献之，道遇二童子，云：此名媚，在地下食死人脑。媚乃言云：彼二童子名陈宝，得雄者王，得雌者伯。乃逐童子，化为雉。秦穆公大猎，果获其雌，为立祠，祭"。又《三国志·魏书·管辂传》："有雄雉飞来，登直内铃柱头，直大以不安，令辂作卦，辂曰：到五月必迁。时三月也，至期，直果为勃海太守"。是获雉为封伯升迁之兆。《噬嗑》及《解》皆说得矢为吉，则此言"亡矢"是为不吉。之所以"终以誉命"，因得大而失小。

⑧鸟焚其巢；旅人先笑后号咷，丧牛于易，凶："鸟焚其巢"喻"旅焚其次"。离为火、为雉（离及罗字本象以网捕鸟，故又有"鸟"义），艮为山，山林为鸟巢所在，故卦之上爻有"鸟焚其巢"之象。卦象以鸟止山林象人止旅次，此又以鸟之巢穴焚喻人之旅次焚，其象互见。"先笑"，谓六五以柔居中而得誉命；"后号咷"，谓上九以刚居亢极而焚巢。"牛"谓六五。六五阴爻，故此"牛"为"牝牛"，喻柔顺之性。由阴柔六五上进而变为阳刚上九，故为"丧牛"，喻柔顺之性丧失。"易"即"疆场"之"场"，谓边际。上九居卦终，所以说"场"。此可与《大壮》卦相参读。《大壮》（），由阳刚九四变为阴柔六五，故六五说"丧羊于易，无悔"。羊即羝羊，谓大壮之时丧失公羊刚强之性，故得无悔。朱骏声也说"《大壮》丧羊失其狠，《旅》丧牛失其顺"。

【译文】

旅卦：旅行之事，小有亨通；出门在外，只有心地纯正，才会吉祥。

初六：在旅途开始时便猥琐吝啬，这是招来灾祸的原因。

六二：旅途中最舒适的是投宿在旅店中，最心安的是怀有充足的费用，最可靠的是有忠实的童仆。

九三：投宿的旅店失火，跟随的童仆丧失，旅人即使心地纯正，也充满着危险。

九四：旅途中虽然有栖身之处，并且得到了生活所必需的钱财和斧头等工具，但是我的心情并不愉快。

六五：射猎时，一支箭被负伤而去的山鸡带走，但他终于博得了善射的美名。

上九：鸟的巢穴被火烧掉；旅行中的人先是欢颜喜悦，后来却号啕痛哭；农夫在田畔丢失了牛，十分凶险。

【解读】

本卦阐释了在不安定状态下如何求安定的原则。人一旦处在不安定的环境中，万不可斤斤计较于眼前小利，而应顾大局、识大体，委曲求全。在这种情况下，安定的住所、囊中丰裕固然重要，但忠诚可靠、患难与共的追随者，更使人心安。处身在不安定之境，不可过于刚直任性，而应以谦和的态度待人，取得别人的帮助，努力在危机四伏的生存环境中求得发展；要顺应环境，创造尽可能好的生活条件，但不可以因为一时的满足而改变自己的志向。柔和中正是应具的品格，可以因此而吃小亏占大便宜，乃至名利双收。倨傲自负则是最忌的态度，往往因此失去已经拥有的名誉和利益。

【经典实例】

玄奘的取经之途

人在旅途之中，不可能像在家里那样顺当、舒心地生活。由于受到客观物质条件的限制及周围环境的生疏，在旅之人必须小心谨慎，尽可能顺应旅途中的生活环境，以防不测，求得平安。同时应自强不息，战胜旅途中的重重困难，这样终能取得为人瞩目的成果。

大家都知道中国唐代的玄奘，他就是这样一个在旅途中谨慎小心并自强不息而做出大成就的人。

玄奘出身于一个官吏家庭，全家都是虔诚的佛教徒。唐朝初年，他去四川研究佛经，发现汉文佛经译得不完全、不准确，越研究感到疑问越多，便学习了梵文，决心到佛教发源地——天竺去求取真经。

贞观三年(629年)八月，玄奘从长安出发，混在返回西域的客商里，出了玉门关后，便孤身西行。

可是，他刚到达凉州(今甘肃武威县)，便被都督李大亮看管了起来，硬逼着他沿原路返回。后来，在一位好心的和尚的帮助下，才连夜逃出了凉州。

当快到玉门关时，他骑的马也累死了，官府捉拿他的差役又追上来了。玄奘吓得躲在客店里，正在不知如何是好的时候，瓜州州官李昌拿着追捕他的文书走进来了。这位州官大人不仅不把他抓起来、押回去，还特意叮嘱他说："师父快走吧，不然天黑就出不了关了。"玄奘真是又惊又喜，当即告别了州官，离开了客店，出了玉门关，玄奘形单影只地在沙漠中前进。

一天中午，他来到第一座烽火台附近，正在马旁喝水，突然，"嗖——嗖"地接连飞来了两箭，玄奘彬彬有礼地对烽火台上的官兵说："我是长安来的和尚，要去西天取经，请你们不要放箭！"烽火台上的官兵听到了以后，放了他过去。

玄奘过了五座烽火台后，便进入了荒无人烟的莫贺延碛沙漠，这就是号称八百里流沙的大戈壁滩。

经过半个多月的苦难历程，玄奘才走出了浩瀚的沙海，来到了高昌国（在今新疆境内）。

他从天山南路穿过新疆，又从葱岭北隅翻过终年积雪的凌山（今天山穆索尔岭），再经大清池（今苏联境内侵塞克湖），到达西突厥叶护可汗王廷所在地的素叶城（即碎叶，就是现在苏联的托克马克），渡过乌浒水（今中亚阿姆河），又折向东南，重新登上帕米尔高原，通过西突厥南端的要塞铁门关天险（在今阿富汗巴达克山），过了叶火罗（今阿富汗北部），整整走了一年，于公元628年夏末，终于到达了天竺的西北部。

玄奘经过千难万险，终于来到了摩揭陀国（今印度比哈尔邦南部）的整个天竺佛教最高学府——那烂陀寺。

当时，那烂陀寺已经有七百多年的悠久历史了。寺内常有僧众一万多人。寺的住持戒贤是位年过百岁的佛学权威，早已不讲学了。但是，这位佛学权威却被唐僧的人品和他西天求取真经的精神所感动，特意收玄奘为弟子，特地为他重开讲坛，用了15个月的时间，亲自给他讲解了最高深、最难懂的佛经《瑜珈论》。

在这里，玄奘小心谨慎，对人坦诚，他用了五年的时间，精研了佛学理论。在寺里，除戒贤精通全部经论外，在一万多个和尚里，能通晓20部的仅有1000人，能通晓30部的仅有500人，能精通50部的仅有10人，而玄奘就是10人中的一人，成了博学多才的佛学大师！

玄奘的西游取经之旅，在当时是一种无比惊人的壮举，这不但需要坚强的决心和毅力，更需要有优良的品格和风度去应付所遇到的人和事。玄奘的成功，不仅表现出他非凡的能力和智慧，也从侧面反映出旅卦所揭示的道理的正确性。

包公断案

包公掌管开封府以后，公务繁忙，时常得不到休息。这一日，他难得清闲，便决定去拜访当朝宰相王大人。他出得府来，悠闲地散着步，不多会儿便来到王大人府上。

此时，王大人正躺在椅子上闭目养神。今天清晨，他起得很早，到花园里打了一会儿拳后，便回到书房看书。看了一会儿，稍觉有点累，就躺在椅子上小憩了一会儿。这时，贴身丫鬟秋菊端上洗脸水服侍他洗完脸后，又端上今天的早餐——两个熟鸡蛋和一碗粥。

王大人正在喝着粥，管家来报："老爷，开封府包大人前来拜访。"王大人平时对包公印象很好，而且他还向皇帝大力推荐过他。他一听包公来了，忙说："快快有请！"话音刚落，一个念头在脑中一闪，他想："人人都说包公是包青天，断案如神，今天我倒要考考他，看看是否名副其实。"当下他有了办法。他指着盘子里的鸡蛋说："秋菊，这两个鸡蛋你吃了吧！"秋菊面生难色，站着一动不动，不知老爷什么意思。王大人故意把脸一沉，大声说："让你吃你就吃，不用管那么多。"秋菊忙答声

"是",就把两个鸡蛋吃了下去。王大人满意地点点头,哈哈大笑,整了整衣服,转身朝客厅走去。

包拯画像

他一进客厅,发现包公正在品着茶呢。他拱手说道:"包大人,不知你光临寒舍,有失远迎,失敬失敬!"包拯忙还礼:"王大人,包拯清早打扰实在冒昧,请多包涵!"宾主寒暄了一阵儿,各自落座。

王大人一脸认真地说:"包大人,您今天来得巧啊,我这里正有点事情要向您请教。""大人请讲!"包拯答道。"包大人,你说奇怪不?就在刚才,我在书房吃饭,走开一阵儿,两个熟鸡蛋不知让谁给吃了。我正头疼呢,可巧您就来了,您看能帮我找出小偷来吗?"

包公何等聪明,他知道是在考自己。他稍加思考,便说:"大人,我有办法了,您马上把府上家眷和家丁、丫鬟召集到客厅里来,不出一盏茶的工夫,我就会把案子断个水落石出!"

不一会儿的工夫,全府上下男女老少陆陆续续聚集到大厅里来了。王大人把小偷的事儿简单说了一遍。包公便命人拿来几个碗,碗中盛满了清水。他让每个人都要用清水漱一下口,然后吐到另一个碗中。府中家眷有的表示不满,但怯于王大人在场不好发作,只得照做。

轮到秋菊了,她喝了口水,然后又吐在碗里,一些熟鸡蛋的残渣立时悬浮在水中。包公见状,哈哈大笑,说:"小偷捉到了,就是姑娘你!"秋菊见被说中,脸涨得通红,但又无法辩解,只得低着头站在那里。人群中发出声声惊叹。有人说包公断案如神,也有人说秋菊不该如此做,唯有王大人在一旁微笑不语。待众人将要散去时,包公突然喊了一声:"慢着,案子还没审完呢!"大家用疑惑的眼光看着包公,不知他又要出什么花样。

包公转向王大人说:"大人,秋菊姑娘虽然吃了鸡蛋,但是,她是出于无奈。如果我没猜错的话,大人才是真正的'小偷',把自己的早饭'偷吃'了。"

王大人一听,不禁哈哈大笑,拍一拍包公的肩膀,欣慰地说:"我总算没有看错你。是我让秋菊把鸡蛋吃了,以此来试探包大人的才智。好了,大家都散去吧。"秋菊这才露出笑容,和大家说笑着走开了。

王大人询问包公断案的理由,包公答道:"要是一般人偷吃了鸡蛋,都会马上漱口,以掩饰痕迹。秋菊虽为一个丫鬟,但在您府上也不愁吃喝,犯不着偷东西吃。即使是她嘴馋,也不必跑到您的书房里来偷吃。而且,一般来说,小偷被抓住后,都会为自己辩解,否认事实。但是,秋菊却不为自己辩解。我据此判断,这事必是大人您从中做了手脚。我若不及时说个清楚,让人误以为真是秋菊姑娘所为,岂不是坏了她的名节?弄不好她要寻短见呢。此种玩笑大

人以后可不能乱开呀!"

包公严密的分析和推理,说得王大人频频点头,非常服气。这个"偷鸡蛋"的案子就这样了结了。

富翁的错

一个富翁在急流中翻了船,掉到溪水中。

一个年轻人奋不顾身地荡舟去救,但是由于山洪下泻而渐涨的湍流,使他的船进行非常缓慢。

"快呀!"眼看水就要漫过来,富翁惊慌得大喊,"快点,如果你救了我,我送你一千块!"

船仍然移动缓慢。

"用力划啊! 如果你快点划到,我给你两千块!"

青年奋力地划着,但是既要向前,又要抗拒水流的阻力,船速仍然难以加快!

"水在涨,你用力呀!"富翁嘶声喊着,"我给你五千块!"说时洪流已经快淹到他站立的地方。

青年的船缓缓靠近,但仍然很慢。

"我给你一万块,拼命用力呀!"富翁的脚已经淹在水中了。

但是船速反倒愈慢了。

"我你给五万……"富翁的话还没说完,已经被一个大浪打下岩石,转眼卷入洪流,失去了踪影。

青年颓丧地回到岸上,蒙头痛哭:

"我当初只想到救他一命,但是他却说要送我钱,而且一次又一次地增加。我心想,只要划慢一点点,就可能多几万块的收入,哪里知道,就因为慢了这么一下,使他被水冲走,是我害死了他啊"青年捶着头,"但是当我心里只有义,没有想到利的时候,他为什么要说给我钱呢?"

雷　区

小丽最近在办公室处于四面楚歌的困境。往日对她放任自流的上司吴突然对她说"你不许这样""不要那样",对丽的态度由春暖花开突然变成数九寒天,让小丽"很受伤"。

小丽是在一次酒会上认识上司吴的,两人真是"一见钟情",然后一拍即合——小丽第二天就向原公司老板打了辞职报告,第三天就来到上司吴所在的广告公司上班,并且立即成为广告公司的骨干人物。

但是好景不长,危机发生。

小丽所在的办公室的职员集体向上司吴递交了辞呈,原因是他们无法忍受领导对某人的偏爱,更无法忍受小丽的"不拘小节",其中小丽的"奇装异服"(小丽身材丰满且爱穿紧身、吊带装)被列入几大罪状之一。而更严重的是,上司吴的太太

听到风言风语后居然找到了公司门上,小丽的处境可想而知。

小丽的悲剧在于她触到了办公室的"雷区",比方说:

(1)穿着过于性感。衣着和外表也是一种交流的形式。如果一位职业女性脚穿高跟鞋,身着短衫和迷你裙并化浓妆,那么她表示的是性挑逗而不是职业上的交流。所以要想在工作中取得成绩,女性的穿着应该符合她的身份。不要穿的过于招摇。

(2)与老板关系过密。老板永远是老板,是你的上级,千万别因为老板赏识你而得寸进尺,忽略了你们之间的距离。老板一般时候也许可以维护你,但当发生情况的时候,你一定只是他手中的一个棋子而已。

(3)大声说话。打电话是件小事,但却关系到你的形象。小丽经常在办公室中大声打电话,而且眉飞色舞。在一句话末尾突然提高音调,给人的感觉好像是要提出什么问题以表现出自己对此事的不相信。办公室里打电话一定要顾及同事的感受,不可太张扬。

本卦讲的旅途之事。在旅之人必须小心谨慎,若在途中清点自己的钱财而发生"琐琐"之声,很容易引来灾祸。人生好比一次旅行,我们在人生旅途中也是一样,无论是工作还是人际交往,都要时时注意,收敛自己的性格。太招摇、太张扬不仅不会得到别人的肯定,有时还可能影响别人而引起别人的反感,最终酿成悲剧。

司马光自强不息著史著

司马光是北宋时期著名的政治家和历史学家,在他任宰相期间,曾经主持编写了《资治通鉴》。

司马光不会见风使舵,始终坚持自己的政治主张,所以难免屡屡遭受打击。宋神宗时,王安石主持变法,由于司马光持不同的意见,所以被贬。在被贬期间,司马光仍然是忠心不改,眼见到自己的主张不能得到实行,他决心编一部总结兴亡教训,可供统治者借鉴参考的历史书,这就是非常著名的《资治通鉴》。为了完成这部书,他每天刻苦勤奋:天还没有亮,他就起床,一直笔耕到深夜,有时甚至一夜都不睡。为了确保著作的真实严谨,他查阅千余种资

司马光画像

料。一部《资治通鉴》初稿六百卷,经过他细心的挑选和删定,最后就是我们今天能见到的八十卷本。这样一部伟大的巨著,通篇都用楷体抄写得工整清楚,可见司马光苦心孤诣的程度。

司马光这种严肃的治学态度,赢得了人们广泛的赞扬。他的朋友邵雍(北宋著名的哲学家)称赞他说:"确实是一个'脚踏实地'的人啊!"

 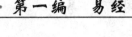
　　司马光的政治立场是保守的,这在激进的改革派当权之时,是注定要遭受打击的。但是,司马光在贬居他乡的逆境中,脚踏实地,刻苦钻研,终于完成了《资治通鉴》的编著,得到了皇帝的肯定。后来,终于回到朝中任职。他不仅在逆境中通过个人的努力改变了命运,而且还在"羁旅之时"为后世留下了不朽的杰作。这已然表明,"天行健,君子以自强不息"是永恒的人生真理。

沧海横流,显出英雄手段

　　陕西世瑞医药科技公司是一家较有实力的医药保健品销售企业,2000年上马Z项目,经过长期筹备调研,公司形成以下认识:项目目标市场容量巨大,且无全国性强势品牌;产品疗效确切,又是民族老药,便于宣传和市场操作;产品价位极具竞争力;同时,公司在行业经销商中具有一定的感召力,有望迅速建立分销网络。2001年3月份,公司制作了全套营销策划案,并于同期展开招商工作。企业先后召开了全国营销会议,参加了全国性的药品招商会议。销售政策是底价包税,公司按照经销商前期现款提货量铺相同数量的底货。市场保护金地级市场缴纳2万元,省级市场缴纳5万元,前期一次缴清,用以保护经销商的区域独家经销权和规范经营。经过一番努力,合作经销商累计覆盖21个省,可谓形势一片大好。

　　2001年8月,公司来了两位年轻人,要求代理山东市场,前期要求现金提货250件。遇到这样的大客户,工作人员十分高兴。但对方声称由于资金所限,5万元的市场保护金只能交3万元。公司有关人员经过简单的审查,结合行业惯例,同意了对方的要求。双方当即签署协议,现金交割,一切进行得非常顺利。公司也按照销售政策的承诺,为对方铺底货250件。总共500件货一起发往山东市场。接下来,公司所有人都在期待市场热销的捷报。

　　可时隔不久,接到河北急电:发现区域识别代码清晰的窜货。经查,3层识别码共同指向一个结果:正是他们发往山东的货号。这个结果让他们大吃一惊。于是立即联系山东经销商。结果是所有电话均无法接通。其所留身份证经查也是伪造。他们最担心的事发生了:这是一次有预谋、有组织、数量巨大的恶性窜货。无疑,企业此刻面临着一场巨大危机。

　　企业一方面派人前往山东和河北蹲点守候,一方面寻求紧急应对方案。由于窜货数量巨大,且对方经过精心准备,使这家公司的处理工作困难重重。在目前市场经济发展尚不完善的情况下,依靠我国现行相关法律难以对窜货分子形成有力打击。作为正规企业,我们又必须在法律许可的范围内处理这次事件。经过反复分析和论证,当一种又一种思路被否定之后,他们能采取的方案只剩下用现金赎货了。

　　当然,他们也完全可以因为眼前利益而置之不理,即不履行对被窜货经销商所做的区域市场保护的承诺。但是,这样做的后果不难设想:那不仅意味着被窜货经销商的市场混乱,利益受损,更主要的是肯定会导致更大范围的窜货,会对运作中的其他市场造成冲击,最终结果就是整个市场的全面崩溃和企业声誉的一败涂地。而这正是企业最不愿看到的结局。

就在此时，河北传来消息，窜货的经销商终于找到了。企业做了大量的工作，经过反复接洽，对方除要求退还其市场保护金和进货款之外，还提出5万元的额外补偿。尽管既不合情又不合理，但均在这家公司预料之中。经过权衡，企业最终同意了对方的要求。公司总经理李哲学亲携几十万元现金远赴河北的客场交接了。事后李总说，事件发生当时那种极度担忧的心情和誓达目的的决心让他想起了一句古语："风萧萧兮易水寒，壮士一去兮不复返"。那些有风的日子也永远留在他的记忆深处，使他永生难忘。

被窜货经销商得到了销售政策规定的赔偿后，感动地对李总说：实在没想到，你们有这么大的魄力与决心，你这个朋友我交定了。一次重大的经营危机就这样得以化解，也直到此时，企业一直紧张的神经才松弛下来。

运作初期企业过于急于求成，制定的开放型销售政策为日后的窜货埋下了伏笔。这就要求企业在制定销售政策时应充分考虑经营风险，力求将铺货量控制在监管能力之内，避免政策性的窜货利润空间，使不良经销商无利可图。

其次，企业应该正确处理市场拓展的速度与效率、质量与数量的关系。只有加强对经销商资质的严格审查，确保经销商的质量，确保市场资源掌握在优秀的经销商手中，市场拓展才有真正的高速度与高效率，因为20%的经销商完成了80%的销量。也只有防患于未然，才能保证企业经营理念和销售政策的顺利贯彻与实施，市场才能在平稳中运行和发展。

再次，企业应做好市场调研，加强对市场运作流程的监控，掌握每一位经销商的销货能力与进货频率的规律，避免恶意囤货现象的发生。

最后，产品区域识别码应力求做到保密性强，不易被毁损和涂改，不易被非专职人员识别等，以利于对窜货行为有效打击。

对此，他们的认识原则是：多管齐下，严防死守，前后夹击，杜绝窜货。

《旅卦》是用安定的方针来指导人生和事业中的混乱情绪。就像你心想的事应当如何应付。若是你在人生或事业中出现无序和混乱，那你应当宽恕小过，踏实做人，不要计较眼前。以柔顺中正为本，知人善用，不中不正必受其咎，刚猛傲慢，财资尽失，下属心离。寻援须得其人，美中亦有不足。倚贤用方，历尽艰难，吐气扬眉就在今天。但骄傲者必败，高傲自大、暴躁妄动，必定惹祸。

为求得稳定与和谐，必须从大处着眼，以大局为中心，而不在小节上斤斤计较。即决策方针是求大同，存小异，斤斤计较是苛察，看似严格，实际却对团结极为不利。水清无大鱼，人重察则无徒。

愈处于动荡不安、秩序混乱之中，愈应以柔顺中正为本。秩序会随时潜伏着危机，任何一个小的决策失误，都会加剧形势的恶化。就个人而言，小心周密地应付一切决策，本着柔顺中正的原则行事，可以增加行动的准确性，提高行动效率，增加安全系数，达到扭转局面的目的。

国学经典文库

被淹死的富翁

一个富翁在急流中翻了船，爬到溪间的石头上大喊救命。一个年轻人奋不顾

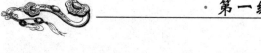

身地荡舟去救，但是由于山洪下泻而渐涨的湍流使他的船进行非常缓慢。

"快呀！"眼看水就要漫过来，富翁惊慌得大喊，"快点，如果你救了我，我送你一千块！"

船仍然移动缓慢。

"用力划啊！如果你划到，我给你两千块！"

青年奋力地划着，但是既要向前又要抗拒水流的阻力，船速仍然难以加快！

"水在涨，你用力呀！"富翁嘶声喊着，"我给你五千块！"

这说时洪流已经快淹到他站立的地方，青年的船缓缓靠近，但仍然嫌慢。

"我给你一万块，拼命用力呀！"富翁的脚已经淹在水里了。

但是船速反倒愈慢了。

"我你给五万……"富翁的话还没说完，已经被一个大浪打下岩石，转眼卷入洪流，失去了踪影。

青年颓丧地回到岸上，蒙头痛哭："我当初只想到救他一命，但是他却说要送我钱，而且一次又一次地增加。我心想，只要划慢一点点，就可能多几万块的收入，哪里知道，就因为慢了这么一下，使他被水冲走，是我害死了他啊！"青年捶着头，"但是当我心里只有义，没有想到利的时候，他为什么要说给我钱呢？"

青年说得对，当一个人心中只有义时，请不要张扬你有钱，你将出多少钱，虽然重赏之下必有勇夫，但并非所有的勇夫义士都看重钱，青年冒着生命危险来救富翁时，他没有想到自己能得到钱，你为什么要用钱去诱惑他呢？结果误了自己的性命。

钱财是人人都渴望的，不知忌讳，过分招摇，只能惹起小人的觊觎之心，对自己不利。所以，聪明的人总是小心谨慎，收敛自己，以防其害。这是人生避祸的根本所在。

杨文光经商隐而不露

聚兴仁商号是四川重庆杨文光与人合伙集银一万两开办的商行，主要经营棉纱、匹头、杂货、土特产品等，经营大权由杨文光掌管。

杨文光在经营聚兴祥时，积累了不少经商经验，开办聚兴仁后他则大刀阔斧地扩展业务，开拓利源。例如在商货上他采取了深购远销，长途贩运的方针，同时他还做起票号生意，使商业与银钱业结合起来，加速了资本发展。

隐而不露是杨文光与众不同的经商手段。杨文光在急需用款，调整周转金时，常常使用的手段是不露声色，即便迫在眉睫，也装出一副不需用款的姿态，让人摸不清底细，内急外静，静待放款者上钩。

当票号找到他这般实富户放款时，他则故作镇静，推说不需要钱，直到放款者托人劝说，他才以"帮忙"的口词，表示十分被迫的勉强接受放款，且告诉对方他这是给人家面子，"帮个忙"，还特别嘱咐对方不要告诉别人，免得给他找麻烦。他则迫不及待地用这笔款周转资金，就这样在短短几年间，他扩大了十几个分号，既得了实利，又让外界摸不准他的底牌。

在现实生活中,有些人做生意咋咋呼呼,在争取银行贷款时赤膊开练,十八般武艺轮番上阵,反而令人怀疑他的还贷能力。银行也要做生意,钱放在那儿总要贷出去,杨文光的策略,值得参考。

班主任不能为人师表

有一位个子小的同学最怕排队,尤其是在全校学生集中到学校的操场上听老师讲话的时候。每当这个时候,他总是毫无例外地排在最前面。

有一回,这位同学迟迟没有站到前面去,而其他的同学因为他没有先站到前面去也没有排队,东一个西一个地站着。

这时校长发话了:"你们初二(3)班的同学怎么搞的,还没有站好?"

班主任听到校长点了他们班的名,感到面子受损,便走到这位同学旁边揪着他的耳朵说:"你身材短了还不愿意站到前面去,害得全班人都没法排队!"

班主任没有说这位同学个子矮,而是说"你身材短",这样的老师不懂得尊重别人的尊严又如何去为人师表呢?而这位同学自尊心受到极大的侮辱,对这件事一直耿耿于怀。

泰戈尔说过:"你尊重人家,人家尊重你,这是人与人之间的公平交易。"幸灾乐祸地取笑别人就会深深地刺伤别人的自尊心,并且让别人勃然翻脸,这样对自己也没有什么好处。

汉武帝改过自新

有这样一个耐人寻味的寓言故事:

一个大热的天气,两朵鲜艳的玫瑰花要去旅行。走着走着,来到一条小河边,他们都感到口渴得受不了,想借点水喝。小河说:"想喝水可以,但必须留下一个花瓣。"于是玫瑰甲便以一个花瓣作为代价,喝足了水继续赶路,而玫瑰乙却舍不得自己的花瓣,强忍着继续赶路,又走了一段,前面又出现一条小河,同前面一样,这条小河也要求留下一个花瓣做代价,于是玫瑰甲又摘下一个花瓣喝足水继续赶路,而玫瑰乙照样还是拒绝付出又坚持着继续往前走,就这样,他们按各自的方式进行着相同的旅程。待到旅途结束时,玫瑰甲依然水灵灵的,但却只剩下几个花瓣,根本算不上什么花了,而玫瑰乙虽然一个花瓣也没有少,但却因为没有喝上一滴水而枯萎了。一个保留了生命却丧失了自我,而另一个保留了自我却丧失了生命。

这则寓言蕴涵着旅卦所阐释人在旅途中的取舍原则。在不安定的状态中,一切都不是很正常,必须守正。必须认真反省,审慎策划,然后行动。并且不计较一时的得失,才能转危为安,否则就难逃失败的命运了。

汉武帝做了半个多世纪的皇帝,把汉朝推向鼎盛的时期,在文治武功的道路上都有一定的建树,如果他不是在晚年犯些错误,或许他还真可以称得上是个完美的皇帝。但是,现实里绝对没有如果,所幸的是,他后来懂得了作为一个英明的君王的取舍之道,再一次走上了正轨,但是历史不会遗忘他的过失,人们所承受的苦难

也不会被遗忘。

汉武帝晚年繁刑重敛,信惑神怪,巡游无度,使百姓疲敝,尤其是中外交往开始频繁后,各种珍奇宝贝更是让武帝大开了眼界,这同时也刺激了武帝的消费欲,他开始广设苑囿宫殿,陈设布置也是日渐奢华,其他贵族官吏也竞相攀比,奢靡之风日盛。或者是他想用这种方式对那些外国人显示大汉的富庶,所以经常给那些外国使者、商人等赏赐,那些人回去后,又带来了更多的人,结果使国家因此而支出无度。

汉武帝画像

汉武帝喜欢巡游,仅仅公元前 110 年的那一次,就行程 18000 里,沿途"所过赏赐用帛百余万匹,钱金以巨万计"。可见其奢华程度!

在这样极尽奢华的情况下,农民怎能不贫困?民不聊生,那么他们就会起来反抗,于是,全国各地相继出现农民起义,虽然这些起义最终都被镇压,未能从根本上撼动汉王朝的统治,但这足以让他听见警觉的钟声。后来,他开始转变以前的政策,将注意力用于农业生产和经济的恢复。

汉武帝受方士们的诱惑,很喜欢祀神求仙。并试图寻找可以长生不老的药,甚至封一个骗子——据说有长生不老药的人——五利将军、天士将军、地士将军、大通将军、天道将军,赏黄金万两,将女儿嫁给他,这个人就是栾大,直到事情败露,才将这人拦腰斩了。但这个巨大的骗局并没有让汉武帝醒悟,他依然幻想着有一天能够找到那海上的神仙,能够让自己长生不老。

武帝晚年的时候,变得疑神疑鬼,有一次因为做了个噩梦便着人下去调查,认为是有人在诅咒他,结果出现了"巫蛊之祸"。先后杀死了几万人,其中包括亲生女儿、丞相、皇后的侄子等,后来有人污蔑太子诅咒武帝,结果太子被迫假传圣旨斩了这个负责调查的人,发兵攻占长安的要害部门,结果皇太子兵败自杀。直到第二年的时候,武帝才查明太子原来是冤枉的。后来丞相刘屈氂和将军李广利也被指控诅咒皇帝,结果刘屈氂被杀,将军李广利则投降了匈奴,所率部队七万余人几乎全军覆没。这次惨败让汉武帝彻底清醒了,他亲自调查了巫蛊事件,结果查明大多数都是办案负责人江充的诬陷之罪,他后悔不及。

一连串的挫折使汉武帝反思自己一生的所作所为,他开始检讨自己的过错,公元前 89 年,汉武帝最后一次出巡到山东海边,希冀在海岛上会巧遇神仙,以求长生。鸾车凤辇,冠盖如云。他在东海边流连徘徊十余日,唯见浊浪排空,海鸟悲鸣,只好怀着破灭的心情启驾返程。他边走边回首往事,心中有无限感慨。走到钜定(今山东广饶县北)时,看到农民正忙着春耕,他便拿起耒耜,亲自到田里参加劳动;他到泰山明堂里祭祀时,对着天地神灵和大臣们悔

恨地说："朕即位以来,所为狂悖,徒使天下愁苦,追悔莫及。从今以后,事有伤害百姓,悉当罢废,不得再行!"稍后,他又向全国臣民下"罪己诏",公开检讨自己的失误。宣布:"当今务在禁苛暴,止擅赋,力本农。"任命田千秋为丞相,封为"福民侯"。任命赵过为搜粟都尉,推广"代田法"和先进的农用工具,开启了"昭宣中兴"的西汉盛世。

回到长安,朝臣动议为他祝寿,奏章中有"玩听音乐,娱养天年"之类的话,武帝二次下"罪己诏",深刻检讨自己的过失,不再贪图安逸,也不希冀长生之术了。

自此以后,汉武帝一反过去穷兵黩武、大建宫室的政策,宣布"当今务在禁苛暴,止擅赋,力本农",与民休息;他本人戒绝从前的种种嗜好,清心静养。经过两年的努力,社会又趋于安定了。开启了后来的"昭宣中兴,媲美文景"的西汉盛世。

不过这个时候,汉武帝已经垂垂老矣。公元前87年,武帝一病不起,于是在病床前立了太子刘弗陵,为了怕太子的亲母专权,还赐死了其母钩弋夫人。封霍光为大司马、大将军,辅佐皇太子。次日,武帝病逝。

人生有如白驹过隙,转瞬即逝。如果沉浸在欲望不能实现的躁动中,即使是倾出毕生的精力,也难以有所作为。汉武帝之所以是一位大有作为的帝王,除了他为中华民族开疆拓土的伟大功业外,也在于他知过能改,迷途知返,凭此一点,便胜过历史上的绝大多数帝王。

旅卦充满了人文关怀的精神,谆谆教导人们走好生命之路。人生不是一帆风顺的,面对逆境,不当屈服,只有经过饥寒交迫的人,才会愈加发奋努力,成就事业。

巽卦第五十七

【经文】

巽下巽上　巽①小亨,利有攸往,利见大人②。

初六　进退,利武人之贞③。

九二　巽在床下,用史巫纷若,吉,无咎④。

九三　频巽,吝⑤。

六四　悔亡,田获三品⑥。

九五　贞吉,悔亡,无不利。无初有终,先庚三日,后庚三日,吉⑦。

上九　巽在床下,丧其资斧,贞凶⑧。

【注释】

①巽:卦名。通行本及帛书本均为第五十七卦。"巽"之本字象二人伏踞之形,其义为伏顺,《杂卦》"巽,伏也"即其本义。其于《巽》卦,初、四二阴均伏于阳下,爻辞的三个"巽"字均为"伏"义,即"伏于床下"之义。床上为阳,床下为阴,《诗·斯干》"载寝之床""载寝之地"即是此义。后"巽"字形变而有算术之义,掔

乳为"选"为"算"，皆音近同源之字。帛书即作"算"，与"巽"同。或释本卦爻辞之"巽"（"算"）为占算、揲蓍，似非其朔。

②小亨，利有攸往，利见大人：巽主于卑伏内敛，但随时境之变仍可适时而往，见大人而得其助；但处巽之时，未可大为以大通，仅可小为以得小有亨通。

③进退，利武人之贞："进退"为偏义词，重点在"退"，谓欲进而退之使收敛。《说卦》《序卦》训"巽"为"入"，"入"即卑伏、内敛、退守之义。经文"退"字三见（《观》卦六三"进退"、《大壮》卦上六"不能退"及本卦之"进退"），《观》《大壮》之"退"帛书同，而本卦之"退"帛书作"内"；尽管"退"之古文本有"廼""迺"二形，与"内"相近，但帛书作"内"可能正反映帛书对本卦"进退"的理解，即释"进退"为收敛其进的意思（《礼记·月令》注："内谓收敛入之也"）。"武人"，刚武之人，勇于进者。处于巽初，勇进则有失；而初爻爻辞为收敛其进，故刚武勇进者占之可免勇进之咎，所以说有利。子路为刚愎勇进之人，故《论语》子曰"由也进，故退之"即其义。

④巽在床下，用史巫纷若，吉，无咎："史巫"即帛书《要》"吾与史巫同涂而殊归"之"史巫"，主卜筮吉凶、被除事神之事。"纷"，旧训"盛"，高亨读为"衅"，训为被除不祥。按："纷"，帛书作"忿"，疑本作"分"，辨明判断之义（《礼记·曲礼》注："分、辨，皆别也"，《吕氏春秋·察传》注："分，明也"，《说文》："判，分也。"）。"若"，犹"之"，"分之"，即《系辞》"辨吉凶""明吉凶"。盖夜有所梦或日有所遇，使人惊恐而伏于床下，问吉凶于史巫，史巫断之曰吉而无害。

⑤频巽，吝："频"读为"颦"，忧惧（参《复》卦）。"吝"即"用史巫分之，吝"的省文。初六在最下，故收敛其进而有利，九二居柔位，故敛伏而无咎，九三以阳居刚，忧惧敛伏而有吝，时不同也。

⑥悔亡，田获三品："三"喻多。"品"，种类。因猎获得多种野兽，自是吉兆。《易》凡言猎兽射禽，均是吉兆。虽在巽时，仍当因时制宜。六四顺时而小有所为，卦辞"小亨，利有攸往"当指此爻。

⑦无初有终，先庚三日，后庚三日，吉："日"与"利"协质部韵，或以"无初有终"属上，或以"无不利"连下，句读皆误。先庚三日为丁日，后庚三日为癸

国学经典文库

日。言自丁至癸七日内,占问吉利(参《蛊》卦卦辞注)。又解:《革》卦之"己日"为柔日,犹今语之双日,则本卦盖亦谓丁日及癸日之两柔日占问吉利(《蛊》卦"先甲三日"为辛日,"后甲三日"为丁日,亦是柔日。盖《易》尚柔日,以柔日为吉日)。

⑧巽在床下,丧其资斧,贞凶:"下"与"斧"协鱼部韵。"贞凶"亦是"史巫"所占。上九居卦之终,已过巽时,而仍敛伏,无所作为,故占得丧失资财之凶兆。六爻仅三、上咨凶,皆过于疑惧怯懦,失处巽之道,《象传》于此二爻并言"穷",即嫌其过于窘蹙也。

【译文】

巽卦:顺从他人,能小有亨通,有利于所要做的事情,但顺从的对象应是有德有才的领袖人物。

初六:在进退两难的时候,应当效法勇武之人,坚决果断,才会有利。

九二:匍匐在君主的卧榻旁,就像史官、巫士跪在神台前一样的恭顺谦卑,吉祥无灾。

九三:过多地表示谦卑顺从,会招致祸患。

六四:悔恨消失了,外出打猎获得很多野兽。

九五:因刚健中正而吉祥,悔意消失,事无不利,开始时不顺利,但终究会顺利。法令实施之前要晓谕群众,法令实施之后要检查执行情况,才能使群众心服口服,取得吉祥的效果。

清代景德镇窑制粉青釉鸡形熏

上九:匍匐在床下,任凭强盗将旅费与用品都抢走,其心地虽正也难免凶险。

【解读】

本卦是讲柔顺之道的,但同时也强调了刚正做人的必要性。柔顺是处世行事的一种方法,有利于利用时机和形势,使事情得到顺利推进和发展;而刚正则是做人必须坚守的一种品格。谄媚下流手段也许会一时得利,但终究会让人不屑,唯有秉刚持正,才能真正坚实地立足于世。

国学经典文库

【经典实例】

郑庄公退敌之术

面对强大的敌人，必须找到一种最容易得手的作战策略，就像巽卦所说的，像"风"一样乘"虚"而入，入刚正克敌。东周时期的采葛之战，郑庄公的取胜就充分证明了这种智慧的正确性。

东周初年，郑庄公因为权大势大，引起了周桓王的不满。公元前707年秋，周桓王召集陈、蔡、卫三诸侯国，出兵伐郑。

王师入境时，郑国的军人已经做好了一切准备。庄公遂令三军出师迎战。两军相向而进，很快便在郑国的采葛(今河南长葛北)相遇。两军布阵完毕，桓公到阵前观察敌情，正要下达冲阵号令时，见郑国中军阵内两杆大旗不停地摆动。随着大旗的挥舞，郑军两翼方阵，顿时擂鼓呐喊冲将过来。曼伯率领方阵，战车在前，步卒在后，队伍整齐，人马雄健，伴着震耳欲聋的鼓声，向陈军冲去。陈国军队本无斗志，一见郑军凶猛地冲来，立即四散奔逃。虢公林父统帅的蔡、卫两国军队，受到祭仲足所领方阵的冲击，也纷纷向后退却。

桓王见两翼溃败，着急万分，正想指挥中军出阵抵挡，哪知郑军中军和两翼部队一齐向他猛冲过来。王师中军在郑军三路夹击下，难以支持，很快就乱了阵脚。郑将祝聃冲入敌阵，见桓王立于车上督战，随即弯弓搭箭，只听"嗖"的一声，正中桓王的肩膀。幸而桓王还有点临危不惧的气概，他忍着疼痛，毫不惊慌，亲自殿后指挥应战，才使中军稳住阵脚，徐徐向后撤退。祝聃求功心切，见桓王中箭向后撤退，便要率领战车向前追去。

郑庄公连忙制止说："正人君子从来都很知足。我们与王师作战，本来是为了自救，现在桓王既已引军败退，怎敢过分相逼？能保住社稷安然无损，也就足够了。"遂下令收兵。

采葛之战，是一次典型的从弱处下手，以亦刚亦柔之道巧妙胜敌的战例，其战术原则，与巽卦所揭示的道理有相通之处。

守成良辅赵普

《巽卦》阐释谦逊的道理。在不安定中，必须谦逊，才能得众，得到助力，始能转危为安。何况顺从也是做人应有的态度，唯有谦逊，才能进入他人心中，进入万物之中，而被接纳。谦逊是顺从，但也非盲从，必须择善而从。

北宋立国前后的赵普沉厚多智，善断大事，不仅是开国元勋，也是守成良辅。他自幼学习吏治，虽读书不多，自称"以半部《论语》治天下"，但他既智且忠，对宋朝的基本国策有重要建树，其政治思想对后世也有较大影响。

在拥立赵匡胤上台的陈桥兵变中，赵普起了重要作用；在宋王朝初建过程中，他更是主要的谋划者。

宋太祖待中央和地方政权重新组合就绪，便于乾德二年(964年)正月，同

赵普画像

时罢去先朝旧臣范质、王博、魏仁浦三相，而以赵普为门下侍郎、平章事（相当于宰相）、集贤院大学士，独居相位。

赵普自居相位以来，竭诚国事，可谓呕心沥血，宋太祖视之如左右手，事无大小，多征询赵普之意，然后裁决。为此，史书赞他"能以天下事为己任"。

宋太祖时常微行察访，突如其来地走到功臣家中。因此，赵普退朝之后，依然衣冠齐整，正襟危坐，不敢松懈时日。

一日夜晚，天降大雪，赵普心想宋太祖必不能外出。待到暮色深沉，突然传来叩门声音，赵普匆忙出迎，却见宋太祖站立在风雪中。赵普惶恐迎拜，太祖说："已约晋王前来议事。"果然，晋王赵光义随后来到，赵普重设宴席，生火取暖，喝酒吃肉。赵普妻子林氏把盏斟酒，太祖沿用往时礼节，称呼林氏为嫂，君臣边饮边叙，十分欢洽。但是，作为一个深沉练达的政治家、谋略家，并不为眼前的过眼云烟所迷惑，更不为一时受宠而忘乎所以。他事事多思多虑，做到有备而无患。

闲谈之间，宋太祖忽然问起略取太原、消灭北汉之事。赵普无愧于良辅，致能对答如流："太原地当西、北二面要冲，既克之后，则需我军独御两个方向的契丹之众。如此分兵把守，不如姑且保存北汉，俟我削平诸国，此地犹如弹丸黑子，何处可逃？"这就是赵普"先南后北"的重要襄赞决策，宋太祖听罢，说道："我意也是如此，特意试卿而已。"这个"试"字，包含着君臣之间多么微妙的关系！

赵普并非总是谦谦君子。他对于自认应该坚持的意见，每每表现得异常刚毅、果决。

一次，赵普荐举某人为官，宋太祖不许；明日复奏，仍不许，次日又奏，宋太祖大怒，撕碎他的奏章，掷之于地，赵普脸不变色，默默地跪在地上，把残碎片一一拾起，然后退朝回家。后日，他补缀好旧单，复奏如初。宋太祖感悟前失，终于任用所举之人。

又一次，有几个臣僚应当升迁。宋太祖一向厌恶这些人，不予批准。赵普却再三请命。宋太祖很生气，说："朕偏不准此辈升迁，看你有何办法？"赵普义正词严地质问："刑以惩恶，赏以酬功，古今通道也，且刑赏天下之刑赏，非陛下之刑赏，岂得以喜怒专之。"宋太祖怒不可遏，起身走入后宫。赵普紧跟不舍，来到寝宫门前，恭立等候，久久不肯离去。宋太祖无奈，只得谕允其请。

《巽卦》讲，谦逊并非优柔寡断，更非自卑畏惧，也绝不是虚伪。而是应当正当，应当进取，事前叮咛周详，事后检讨得失，唯恐有所偏差的慎重态度；又必须恰如其分，不可过当。赵普就是这么做的。

以迂为直

公司从智利进口了一批当地产的松木，这种松木的外形与我国的东北松相似，其规格也十分适合做建房材料，但耐压、耐磨性较差。根据所掌握的资料以及市场预测，该公司在销售之前写了这样一则广告："最近我公司所购进的一批智利松，实际上属辐射松类。这种木材质地松脆，不大耐腐，如果用作建房梁材，其承受压力是不合要求的，使用之后容易发生事故，但是，这种木材加工后表面光滑，纹理美观，而且价格较低，最适于制作家具板材或包装用材。请各位用户在购买后，不要扩大使用范围，并协助我们做好宣传工作。"广告贴出后，人们普遍认为，该公司这样做是对用户认真负责的态度，值得信赖。所以，不仅没有因为广告指出了木材的缺点而影响销路，反而使这批木材由原来估计的滞销变为畅销。

当然，该公司以迂为直取得成功，根本在于顺应了商品销售的规律，实事求是地指出木材的不足之处，表现了对用户高度信任和高度负责的精神，因而不仅没有影响销售，反而更赢得公众的信赖。

巽是风。风之所以能"入"，就是因为它沿顺一定的孔道隙缝，遵循一定的客观规律。行军作战不仅是斗武的过程，更是斗智的体现，尤其是在敌强我弱的情况下，斗智就显得更加重要了。面对强敌，如果强打硬拼，虽然可以表现出勇猛无畏，但在力量悬殊的情况下，定会损失惨重，甚至有全军覆没的危险，不如实事求是，面对现实，寻找敌人力量较弱的"孔道"和"隙缝"，再集中力量予以猛击，定会以弱制强、以少胜多，取得战争的胜利。

苏味道"模棱持两端"

唐朝初年有一个读书人叫苏味道，他的文采有一点儿小名气，人们把他与当时的另一位文士李峤并称"苏李"。这个苏味道，据说小的时候特别聪明，二十岁时就考上了进士，做官做到了吏部侍郎；武则天执政的时候，还担任过宰相。可是这个人办事缺乏决断，往往这样也行，那样也好，从来不肯表示明确的态度。他认为，只有这样才能不得罪人，不犯错误。即使错了，也可以不担责任，这样就可以永保个人的名誉和地位。《新唐书·苏味道传》曾记录了他的一句话，这句话典型地道出了苏味道圆滑的处世哲学。他说："处理事情不要明白地说出自己的意见，否则出了错就会后悔不及，能够'摸棱持两端'为最好。"

"稜"通棱，就是"棱"角。一根方柱有四个棱，用手抚摸任何一条棱，可以同时摸到两个面，而并不肯定摸到哪一个面，所以叫作"持两端"。苏味道的这种"摸棱持两端"的态度，自己以为很聪明，其实就是在当时的社会里也不被人们所欣赏，而常常遭到人们的讥笑。人们叫他"苏摸棱"，也叫"摸棱手"或"摸棱子"。但他后来仍不免出了错误，被人告发，贬官到四川，最后就死在那里。

苏味道遇事不表明自己的态度，而顺从他人，这与"巽"卦的顺从他人有相似之处。但是，《易经》讲究"刚柔并济"，顺从他人却不能丧失原则。像苏味道这样，

就是丧失了原则，并没有按照"巽"卦的易理行事，自然下场不好。

善于吸纳，蒙牛变"猛牛"

2002 年蒙牛老总牛根生搞了一个全国领先的液态奶智能化生产储存车间。2003 年 9 月，伊利老总郑俊怀将从股市上增发来的 8.25 亿元全部投入，要建中国最大的的液态奶生产、储存基地，这一叫板竞争正在升级。

郑俊怀与牛根生在回民食品厂的时候是最佳拍档。1994 年，伊利率先在呼和浩特金川开发区投下雪糕和冰激凌生产线，牛根生是该项目的负责人，此后并担任了集团副总裁兼冷饮事业部总经理，在牛根生领导下冷饮事业部销售业绩年年攀升，"伊利是靠冰激凌起家"的声誉也被外界公认，随着伊利"蛋糕"的不断做大，郑牛之间的权力之争明显升级。

1999 年 7 月，时任伊利集团副总裁兼冷饮事业部总经理的牛根生，一气之下带着从伊利分得的一笔资金，及冷饮事业部 9 名核心人员，开始另起炉灶，不久，由 10 人共同注册 1000 万元的一个叫"蒙牛"的乳品公司就这样在伊利的身边悄然诞生。面对"一无奶源、二无工厂、三无市场"的蒙牛，郑俊怀一定没有想到这个民营的小公司会在短短的 4 年后成为自己强劲的对手。

"先建市场后建工厂"的品牌理念让蒙牛迅速崛起，在没有工厂的前提下，他们的广告就已遍及国内市场，当时靠委托生产来解决工厂问题。1999 年 7 月，在距呼和浩特 36 公里的国家级贫困县和林一片不毛之地上以最低的成本兴建了第一条冰激凌生产线，1999 年当年销售额达到 4000 万元，2002 年增长到 21 亿元，在全国乳品行业中的排名由第 116 位上升至第 4 位。2003 年上半年销售额已达 21.7 亿元。摩根士丹利、英联投资、鼎晖投资于 2002 年共同向蒙牛投资 2600 万美元，2003 年这 3 家公司又同时增资 3500 万美元，据悉，蒙牛计划 2004 年 9 月在中国香港上市。外资与蒙牛的结合此时让郑俊怀如坐针毡，因为蒙牛拿到这笔钱后，已开始了它下一步更大的发展战略，除了建好和林基地四期工程之外，还要在呼和浩特再建一个基地。

伊利的员工总用一句话评价蒙牛，说它是在伊利的基础上建起来的，这句话一点也不为过。目前，在蒙牛的中层以上管理者及生产一线的主要核心骨干几乎都是伊利过去的，现在每年至少还有很大比例的伊利员工投奔蒙牛。如果说创业初始，牛根生试图挖伊利的人才，那么如今蒙牛引进人才靠的是制度。蒙牛的薪酬在呼和浩特是最高的，中层管理者年薪 10 万，管理层的普通员工月薪最低也有 1600 元左右，公司还可以担保给员工分房。与蒙牛的政策相比，伊利还是显得捉襟见肘。据伊利的一名保安介绍，他在伊利只能拿到 600 元，而在蒙牛至少可以拿到 800 元，伊利冷饮事业部的员工工资平均是 800 元，工作时间是 12 小时，劳动强度极大，而在蒙牛同一岗位上的工资是 1000～1200 元左右。一位只有 22 岁伊利冷饮事业部的员工告诉记者，与他一同被招进一个车间的员工有 80 人，现在不过 1 年的时间，只剩下不足 10 人。从伊利的上层了解到，现在伊利为了节省成本，生产一线用的几乎全是临时

工。每年生产旺季来临时，总是大批招聘。高强度低收入的生产使员工的流动性很大，这无疑是蒙牛引进人才的好机会。蒙牛在用人上始终有一个原则，只要是伊利过来的技术骨干就一定重用，一位在伊利每月只拿1500元左右的普通的科长，到蒙牛已是拿年薪10万的中层领导。在伊利一个普通的技术工人，到蒙牛可能就会是生产线上的班长。正是蒙牛这种任人唯贤的用人之道，使其在创业的关键时期用伊利的人才挺过了难关。如今蒙牛对伊利过来的员工依然敞开大门。而伊利却是另外一种做法，只要是蒙牛过来的员工一律不要。两种截然不同的态度在外人看来倒有势不两立的味道。为了应付对手的竞争，伊利也请了咨询公司对他们的绩效进行了重新设计，现在，伊利的中层也都实行了年薪制，对业绩突出的员工，也开始实行重奖。

同城竞争除了人才争夺之外，产品品牌与奶源的竞争更为激烈，蒙牛的最初产品几乎是伊利的复制品，伊利冷饮、液态奶事业部的核心技术骨干几乎都聚到牛根生的旗下，两个企业都印制了关于企业文化的小册子，有些内容是完全相同的，蒙牛的党委办公室主任赵湘文说，蒙牛继承了伊利一切优秀的文化。赵湘文原本就是伊利的保卫科长。

在蒙牛的和林基地门前也竖着一块牌子："百年蒙牛"。在这块牌子的下方有这么一段话："如果你有智慧，请献出你的智慧，如果你缺少智慧，请你流汗，如果你既缺少智慧又不愿意流汗，那么请你让开岗位。"这句原本来自东芝的优秀理念如今成了蒙牛打造百年企业的座右铭。据悉，蒙牛中层以上的管理人员都到海尔学习过，副总以上的高层全部出国考察过。

蒙牛早就提出"经营人心"的治企之道，牛根生在公司里有一条规定，凡是称谓管理者必须直呼其名，不准带职位，若发现一次罚款25元。有些刚进公司的年轻人碍于面子不好直呼牛根生的名字，在这种情况下，牛根生就起了一个叫"Neuson"的英文名字，好让年轻人叫。在蒙牛，员工有什么意见可以直接发邮件到董事长的信箱，也可以通过工会、党群办向董事长反映。众所周知，国有企业的工会与党委办就是董事长的"鼻孔"，谈不上为职工反映真正的问题，在蒙牛就大不一样，无论什么渠道反映的问题，牛根生要求必须有落实，不能落实的必须有解释。

作为伊利的分蘖者，蒙牛在许多方面看起来都非常像伊利，就拿人员来说，伊利的400名中高层先后离开伊利，投奔到蒙牛旗下。

牛根生将蒙牛产品的宣传开始就与伊利联系在一起。1999年4月1日，呼和浩特的人一觉醒来，突然发现几乎所有的大街都戴上了"红帽子"，道路两旁冒出一溜溜的红色灯箱广告，上写"蒙牛乳业，向伊利学习，创内蒙古乳业第二品牌。"在冰激凌的包装上，他们也打出了"为民族工业争气，向伊利学习"的字样。看起来，这是谦虚，实际上是利用伊利的知名度，无形中将蒙牛的品牌打了出去。牛根生宣称，一个品牌并不单单是一种产品的问题，而是一个地域的问题，内蒙古就是一个大品牌。所以，他们的广告牌上还频频使用："为内蒙古喝彩""千里草原腾起伊利、兴发、蒙牛乳业"等用语。尽管蒙牛和伊利两家企业时刻在关心着对方的增长曲线，但不争的事实是，相互促进使得两家企业在健康有序的环境里迅速发展。

直到今天，牛根生的一句口头禅仍然是："比起伊利，蒙牛不过是个孩子。"

　　过分的优柔寡断并非谦逊。有优柔寡断是心存疑惑，缺乏主见，拿不定主意而在行动上表现出来的拖泥带水，犹豫不决。而谦逊则是在心有主见、对事物有成熟看法并能采取正确决策的前提下，在行动上所表现出来的一种优良的、易为他人所接受的一种态度。这是取得事业成功所必须具备的优秀品质之一。优柔寡断是一种无能的表现。在事业的紧要关头，或在激烈的政治、经济竞争中，它往往给事业带来巨大危害。

　　谦逊不是自卑。自卑是因信心不足、力量不够而在行动上表现出来的懦弱和恐惧。谦逊则是在充满信心、有能力达到目标的前提下所表现出的克制、自谦、不骄傲的正确态度，在许多情况下，自卑是人的一种心理障碍，一种假象，它往往掩盖人的真才实学，给人生和事业造成损害。因此我们应分清谦逊和自卑的区别，克服自卑，增强信心。充满信心的谦逊体现出一个人的气度，他不仅相信自己，还能容纳别人，并为别人所容纳。

<h2 style="text-align:center">杨修恃才傲物招杀身之祸</h2>

　　三国时期，曹操手下有位才子，名叫杨修。他不仅才华出众，而且反应机敏、聪颖过人。最初，曹操非常看重他。不过，杨修一向恃才傲物，锋芒太露，不但使曹操渐渐生出反感，而且最终引来杀身之祸。

　　杨修善于揣摩曹操的心思。有一次，曹操命人新修了一座花园，修好后他带人来参观。曹操觉得很满意，只是临走时在花园门上写了一个"活"字。等曹操走后，杨修对修园人说："主公嫌花园的门太宽阔了，请你把它改窄点。"

　　修园人不解其意，杨修便说："你没看见主公刚才在门上写的'活'字吗？门与'活'合在一起，正是一个'阔'字。这就是告诉你们，花园的门太宽了，必须改小。"众人听了，都说有道理。于是，修园人按照杨修所说的去办。过了几天，曹操再次来参观时，发现花园门改小了，连连称好。

　　又有一次，有人送曹操一盒酥饼。曹操在饼盒上写了"一合酥"三个字，便放在桌子上。恰巧杨修进来看见了，便把大家叫来，想分吃酥饼。

　　可是，这盒酥饼是送给曹操的，谁敢轻易品尝？看到人们迟疑不动，杨修就说："主公在盒子上面写了'一合酥'三字，分开来念就是'一人一口酥'。所以你们尽管放心吃好了，出了事由我来承担。"

　　大家觉得他说得对，便纷纷上前将酥饼一抢而光。曹操知道此事后，虽然没说什么，但心里却对杨修的自作主张有些反感。

　　后来曹操率军攻打刘备，在定军山大败。曹操感到进退两难，但却不愿轻易撤兵。一天晚上，大将夏侯渊走进帐来，向曹操询问当晚夜巡的口令。曹操正在吃饭，手中拿着一块鸡肉，就随口说了"鸡肋"二字。

　　夏侯渊出账后，就把这个口令告诉了夜巡的将士。杨修听到后，便吩咐手下人赶快收拾行囊，准备撤退。有士兵把此事报告了夏侯渊，他有些迷惑，赶忙问杨修。

　　杨修说："鸡肋，鸡肋，食之无味，弃之可惜！主公是不想在此恋战了，他虽然没有直接说出来，但心里已经准备要班师回朝了。"

　　夏侯渊早有耳闻,对他的话深信不疑。回到帐中后,也命令手下人收拾物品为撤军做准备,并派人通知了其他将士。

　　这一消息,有人很快报告给曹操。曹操一听,不禁勃然大怒,他早就对杨修的恃才之举有厌恶之心,立刻命人以蛊惑军心为由推出斩首。

顺势而为,刘裕平步青云

　　选准一个有前途的人,然后死心塌地地跟着他打天下,这是一种大智慧,只有这样他才能得到上级的信任,而一旦有了信任,机会也就不远了。

　　刘裕深谙《巽卦》之"道法",他善于把握机会,顺势而为。卑微的身份并没有消磨他的凌云壮志,在其崛起的过程中,他归顺于孙无终和刘牢之,忠心事主,开始了他"金戈铁马,气吞万里如虎"的王者生涯。中国历史也因为他而进入一个崭新的时期——南北朝时期。

　　东晋时期,还没有科举制度,当官的主要途径是推荐,而且实权大都掌握在豪门大族手中,像刘裕这样没有背景、家世贫寒的平民想要做大官几乎是不可能的,但这并没有使刘裕放弃对成就伟业的追求,在当时的环境下他选择了投军这条路。

　　由于有王谧(东晋开国功臣王导的孙子,时任晋王朝侍中)的荐书,刘裕投奔了北府军,很快得到分派安置,成了北府军将军孙无终麾下的一名司马(军事辅佐官之一)。这是一个很好的平台,刘裕有了一个小官之后,充分显示了他的领袖能力,各种事情都做得很好,逐渐得到了老将孙无终的赏识,最后成了他的贴身幕僚。

　　然而,孙无终没有什么政治眼光,也没有野心,永远只能是一个将领,刘裕认识到跟着孙无终不会有太大的出息,自己还得选一个有出息的人跟着,唯有如此,才能水涨船高。

　　幸运的是动荡的时代又给了刘裕重新选择的机会。

　　公元398年,司马元显反叛,朝廷派北府军统帅王恭出兵征讨,王恭率北府兵对敌阵形成半包围态势。其手下的将领有辅国将军刘牢之,5000人;东莞太守高雅之(刘牢之女婿),2000人;镇北参军何澹之,1000余人;冠军将军孙无终,近1000人。北府军大将军刘牢之起了异心,要除掉北府军的统帅王恭,取代王恭掌握北府军大权。在这场权力角逐中,刘裕充分显示了他的判断力。

　　由于势均力敌,司马元显与王恭的军队都不敢首先发难,双方只有沉默地等待。

　　在长时间的对峙中,军心也渐渐烦躁不安起来。这样的环境,正是流言蜚语的温床,在士兵们的口中,流传起了一句令人惊恐的谣言:"刘牢之被司马元显策反了! 司马元显许诺,事成之后即以王刺史(即王恭)的官位授予刘牢之。"

　　听到这个消息的人,不论是大将还是兵卒,无不担惊受怕。一旦刘牢之反叛,形势必将发生重大逆转。而大家的前途和命运,也将坠入不可知的黑暗深渊。孙无终军中也有这样的传闻。他不禁忧心忡忡,并下令军中严禁散布此

类谣言，并追查谣言的起源。然而，调查徒劳无功，短短几天之内，谣言就像瘟疫般笼罩了全军。

孙无终暗暗考虑，如果是刘辅国的确有了变心的可能，他对事态也无能为力，唯一可以做的，是加强戒备，深沟高垒，广布耳目，以防不测。

九月二十日清晨，负责侦察的骑兵突然来报："何澹之全军拔营，向京口方向返回！"

何澹之是王恭的心腹，又一向和刘牢之不和，此次仓促从前线撤走，想必是发生了意外事件。不久，何澹之的信使飞骑赶到孙无终营中传达口信："刘牢之与司马元显往来的使者已抓住，刘牢之反叛的证据确凿。此等背负朝廷的小人，实在令人发指！如若孙将军仍忠于王刺史，请务必与末将站在同一阵线，共讨奸贼刘牢之！"

孙无终大惊失色，他没想到自己最担心的事情终于发生了。沉默片刻之后，立即召见刘裕商谈，如何回复何澹之。听完孙无终的转述，刘裕眯起虎目，反问："大人打算如何回复？"

孙无终思考了几分钟，回答："不论是从道义还是从实力强弱来看，老夫都认为只有舍弃刘牢之，追随王刺史到底才是正途。你说呢？"

刘裕缓缓地说："如今的时代，是正邪不分、无善无恶的乱世。凭着旧有的忠义仁爱，不但不能解救众生，消除祸乱，反而会危及自身的存亡。现在，全国陷入大混战中，王刺史想要以自己的方式匡扶世道，挽救国家，刘辅国的倒戈又接踵而至。由此看来，要想在乱世中立稳脚跟，进而拯救万民，一定要顺应时代潮流。"

孙无终不由得满头雾水。

刘裕接着说："治乱世如治洪水。如果想正面与之抗衡，就像是鲧的堵塞治水法，劳而无功，反而会导致更大的灾难；只有采用大禹的疏导法，顺应天意和人心，不与时势硬碰硬的相对抗，而将各条大大小小的支流都顺其自然汇集往同一个方向流，最终才能达到平定乱世的结果。"

孙无终想不到刘裕有这等见识，但还是如云里雾里一般，说："那么，现在究竟追随何人，才能算是顺应时代潮流呢？"

"时代潮流，就是各种势力的强弱消长。当前刘辅国和王刺史这两方胜负未分，我们也不应该立刻插足这场纠纷。而要等待大势已定，再选择胜利的一方加入。"

孙无终明白了，刘裕的意思是坐山观虎斗，然后做出抉择。他想了想觉得也有道理，于是对何澹之的信使做出允诺，托辞："辅国叛意未彰，末将不愿同室操戈，为敌人所笑。"采取了保持中立的态度。

第二天，侦骑再度来报："王刺史急召刘辅国回镇，两人在城下饮酒欢宴，尽释前嫌。王刺史主动提出与刘辅国结为金兰兄弟，约定事成之后即以北府官职相授。并派帐下都督颜延率领精兵锐甲前往竹里，听候辅国调遣。"

"这么说来，原来的谣传全是虚惊一场喽？"孙无终不由松了一口气。

然而，刘裕却发了一句长叹，说："王刺史真是仁人君子。不过，他的死期也不远了。"

"这怎么可能啊!"孙无终大惑不解,"司马元显给刘牢之开出的条件,也不过是王刺史的官位罢了;而如今王刺史不但表示愿将官位拱手让出,而且还大力笼络刘牢之,与他义结金兰。难道刘牢之情愿背负叛逆和背信弃义的双重罪名,也要毁掉王刺史吗?"

"如果刘辅国是仅用地位和笼络就能收买的人,他也不配称为北府第一名将了。"刘裕感慨地说,"他肯定有自己的野心,王刺史不但不早做准备,反而授人以利器,这才是真正的自寻死路啊!"

孙无终将信将疑,几天后,果然不出刘裕所料,刘牢之反目,将王恭杀了,自己执北府军政大权。在这件事情上,刘裕看出了刘牢之的野心,觉得他是一个很有前途的人,于是鼓动孙无终追随他。孙无终听取了他的意见。自此,刘裕就到了刘牢之的手下。

《中国人性报告》里有一句话总结了中国人普遍存在的一个特点,即真孝假忠。这是为人处世的一大忌,实际上忠诚胜于能力。许多聪明绝顶、精明能干的人为什么没好下场?就是在于他们缺乏忠诚的心态,忠诚不单单是要一直跟随对方,关键还要在心里认定对方,能为他解决问题,甚至替他卖命。

刘裕选择了强者刘牢之,并从心里认定了他。靠着自己的忠心,他在刘牢之手下平步青云,从幕僚变成将领,最后成了一员名将。这就是后来人们熟知的南北朝时期的开启者、宋国的开国之君——宋武帝。

兑卦第五十八 ䷹

【经文】

兑下兑上　兑①亨,利贞。

初九　和兑②,吉。

九二　孚兑,吉,悔亡③。

六三　来兑,凶④。

九四　商兑,未宁,介疾有喜⑤。

九五　孚于剥,有厉⑥。

上六　引兑⑦。

【注释】

①兑:卦名。通行本为第五十八卦,帛书本为第四十一卦。此与《巽》卦为卦爻翻覆的关系,故次列于《巽》卦后。从卦画上看,此卦可与《巽》对参。《巽》卦象阴柔内伏于阳刚下,而《兑》卦则象阴柔外见于阳刚上;所以《杂卦》说《兑》见(现)而《巽》伏";可以这样理解:《巽》卦是说忧惧伏于内,《兑》卦是喜悦见于外。"兑"字本象人口上出气貌,故有"悦""现"等义。《巽》卦讲忧惧内伏之时的处巽之道,《兑》卦是讲豫悦外现之时的处兑之道,因此,理解《兑》卦,就应与《巽》卦、《豫》卦联系起来考察。

②和兑:"和",适度。"兑"即"悦"。"和兑"即《庄子·德充符》"使之和豫通而不失于兑"。"失于兑"谓当悦不悦、不当悦而悦,豫悦失时失度;"和兑"则是当

悦而悦、不当悦则不悦,豫悦得时得度。《巽》之初当伏而伏,故利;《兑》之初当悦而悦,故吉。

③孚兑,吉,悔亡:"孚",卦兆显示。"兑"即"和兑",因为九二居中,不言"和"而自和。《巽》二"得中"(《小象》语)故伏而无咎,《兑》二得中故悦而悔亡,其理一也。

④来兑,凶:"来"是勉强张大之义(《尔雅·释诂》注:"来,强事也。"《广雅·释诂》:"来,伸也",伸即张大。)爻已至下卦之极,本当收敛其悦,而犹勉强张大其豫悦,故凶。爻已至三,不当悦反强大其悦,故凶;《巽》卦爻已至三,不当伏而仍忧惧敛伏,故咎;其理一也。《兑》卦六三"来兑凶"与《豫》卦六三"盱豫悔"思致相同("盱"谓大。"来兑""盱豫"皆有自大自得之义)。又或"来"为"不"之讹,"不"即丕、大。

⑤商兑未宁,介疾有喜:"商"即商度控制。"商兑"犹"和兑",裁制之使中度。"未宁",未敢安逸懈怠。"介"同"介于石"之"介",处于、身处。"有喜",痊愈。《巽》四悔亡,《兑》四有喜,其理一也。《兑》之九四商度有喜,《豫》之九四由(犹)豫有得,思致相同。

⑥孚于剥,有厉:"剥"谓侵削。观《小象》,疑"有厉"下夺"无咎"二字,与《履》卦九五脱"无咎"例同(参《履》卦九五注)。《巽》之九五虽无初而有终,《豫》之六五虽有疾而恒不死,与此卦九五虽有厉而无咎相同。

⑦引兑:此下无吉或凶之占辞,则"引"字可有二解:一训长训大,犹《萃》卦"引吉"之"引"。时已至上,犹张大豫悦,则不言凶而凶已伏于其中。则此上六"引兑"犹《豫》卦上六之"冥豫"。《巽》至上,不当伏而仍伏,故贞凶;《兑》至上,不当悦而反张大其悦,故亦当有凶。此"引兑"犹下卦之极的"来兑"("来"训伸,伸与引同义,《系辞》"引而申之"是也),"来兑"既凶,"引兑"亦当凶也。又,"引"可训为"敛"(《素问·五常政大论》注"引,敛也",《礼记·玉藻》注"引,却也"),爻至上而敛收其悦,则占辞即当为吉或无咎。前一种可能性较大。

【译文】

兑卦:愉悦,通畅;执于正道而使人愉悦,才会有利。

初九:和谐相处,使人喜悦,吉利。

九二:以诚信赢得别人的喜悦,吉利,即使有悔事也会消除。

六三:故意讨人欢心,必然凶险。

九四:与人相悦时,务须保持警惕;一旦发现不可相悦,便迅即分离,也是值得庆幸的事情。

九五:对阴邪小人的巧言令色信以为真,必有危险。

上六:引诱别人愉悦。

【解读】

本卦通过"和兑""孚兑""来兑""商兑""引兑"等概念,系统阐述了愉悦的原则。认为使人愉悦自己也会得到愉悦,这样,人际关系便会保持和谐。但是,使人愉悦不等于奉承讨好他人,不能为了保持人际的和谐而去同流合污;使人愉悦应该

国学经典文库

出自真诚,由此产生的愉悦才算是真正的愉悦;如果怀着不正当的用心去讨取别人的欢心,一定有害无益;与人相悦也须保持一定的警惕性,当发现和悦的对象不可靠时,应该断然分道扬镳;处在领袖地位的人,更须提高警惕,防备巧言令色的奸恶之徒包围腐化自己;这些奸恶之徒的巧言令色已经达到了不留痕迹的地步,能使人在不知不觉中受到蛊惑,对其产生亲昵之感;正人君子务必意志坚定,谨防堕入这种令人"愉悦"的陷阱。

【经典实例】

千万不要专听好话

虽然听到好话,人的心里会"兑",但有点野外生活经验的人都知道,越是鲜艳的蘑菇越是有毒,玫瑰花虽然艳丽绝伦,却是浑身带刺。因此,仔细辨别那些"好话"的本质,是非常有必要的,否则,就有可能在"舒适"中掉进陷阱。春秋时期宋康王偏听好话而致失国的教训,至今给人以警示。

齐国派大军进攻宋国。消息传到了狂妄自大的宋康王那里,他不大相信,便派人去侦察齐军到了什么地方。

不久,派去的人回来说:"齐军已经越过了边境,全国上下,人心浮动。"

左右近臣都对宋康王说:"这完全是俗话所说的'肉自己生出蛆虫'啊!凭着宋国的强大和齐军的虚弱,怎么能这样呢?"

于是宋康王大怒,把派去侦察的人杀掉了。接着又派人去察看。第二个人的回报仍然和前一个人一样,宋康王又大怒,马上又把他给杀了。这样一连杀了三个人,之后又派第四个人接着侦察。

当时,齐军已经要逼近宋国的国都,国人确实已经感到恐慌了。这个侦察兵在路上正好碰到了他的哥哥。

他哥哥见他匆匆往前去,便问:"国家已经十分危险了,你这是要到哪里去呢?"

弟弟回答道:"我是去替宋王侦察齐军的动向。没想到齐军已经离国都这么近了,国人已经这么恐慌。我现在担心的是,先前有三个侦察齐军动静的人,都是因为回报齐军已经逼近而被屈杀了。如今我回报真情是死,不回报真情也是死。这该怎么办呢?"

哥哥想了想,说:"如果回报真情,你就会比国破后被杀和逃亡的人先遭受灾难。我看不如说点好听的吧!"

于是侦察兵回报宋康王说:"根本没有看到齐军的影子,国人们也十分安定。"

宋康王听了十分高兴,左右近臣都说:"看来那三个人没有误杀。"于是宋康王重赏了这个侦察兵。

齐军一路长驱直入,攻破了宋国的国都。宋康王这才醒悟过来,急忙登上车,飞快地逃命去了。

可见,好话虽然好听,但不符合事实的好话对国家危害非常之大。

现代社会也是这样,别人向你说的好话,你要仔细辨别。如果是真心的赞誉,我们要表示感谢;对于那些另有图谋的好话,我们要保持警惕;尤其是你如果身为

国学经典文库

领导的话,就更须小心,不要被别有用心之人"拍"晕。一旦这样,就不再是"兑"卦所说的和悦景象了,而是被人"忽悠"进了陷阱。

情　书

一位名叫梅凯的同学患了严重的感冒,被送进医院治疗。他的同学们常到医院去看他。长着一头金发的梅凯病情不轻,原本结实而又活泼的他,此时变得面黄肌瘦,体重减了很多,看起来仍是一副病容。他皮肤苍白,两眼无神,没有活力。他的一位同学这样描述:"当你去看他的时候,你会感到他对你的健康非常嫉妒,这使我在他的床边与他交谈时,感到很不自在。"

同学们轮流去看他。

有一天,他的同学见到病房紧闭,门上挂着一个牌子:谢绝访客。

他们吃了一惊——是什么原因呢?他的病并没有生命危险啊。

是梅凯请求医生挂上那个牌子的。亲友的探访不但没有使他振奋,相反的,却使他感到更加沉闷,他不想跟同学们打交道。

之后,梅凯把他不想与人打交道的情形告诉了同学们。他对每一个人和每一件事都有一种轻蔑之情,他觉得他们每一个人都不值一顾或荒谬可笑,他只想独个儿与他愁惨的思绪共处。

他的心中没有欢乐。由于身体的疾病而郁郁寡欢,他同时感到他正在排斥生活,弃绝世人。

那些日子对于梅凯而言,可说是毫无乐趣可言。他的恼怒大得使他难以忍受。

但他很幸运。一位日班护士了解他的心境,有一天,她对他说,院里有一位年轻的女病人,遭受了情感的打击,内心非常苦恼,如果他能写几封情书给她,一定会使她的精神振奋起来。

梅凯给她写了一封信,然后又写了一封。他自称他曾于某日对她有过惊鸿一瞥,自那以后,就常常想到她。他在这里表示,待他俩病好之后,也许可以一同到公园里去散散步。

梅凯在写这封信的当中感到了乐趣,他的健康也跟着开始好转。他写了许多信,精神抖擞地在病房里走来走去。不久,他就可以出院了。

出院的消息使他感到有些不安,因为他还没见过那位少女。他从书写那些表示倾慕之情的信中获得了很大的乐趣,他只要一想到她,脸上就现出一道爱的光彩,但他一直没有见到她——一次也没有。

梅凯问那位护士,他是否可以到她的病房中去看她。

那位护士表示可以,并告诉他,她的病房号码是四一四。

但那里并没有这样的一个病房。

也没有这样一位少女。

卢军的困惑

卢军常被同事批评不合群、孤僻,以前他根本不在意,但自从他调升为科长后,

人家再这样说，他就很难不介意了。

卢军真的不合群吗？他只是下了班就想回家好好休息，而不愿意和同事相约着一起去吃饭、唱 KTV、逛街。只因为他们每次问他，他都说不去，久而久之，竟落下了孤僻之名。

最近卢军升科长，大家说要为他庆祝。那天晚上，大家又是吃晚餐、又是去唱KTV，每个人平均分摊1000多元，卢军更是在大家起哄请客的情形下，被迫出 KTV 的小费和小吃的钱，一下子就花掉他 5000 多块钱。卢军一向节俭，家中经济负担也大，现在为了别人的欢乐，却得花这么多钱，表面上虽没有说任何话，但他心里仍是心疼得要命。

从那次以后，卢军暗下决心，还是不参加任何下班后的同事活动。结果，什么样的话都出来了。例如说全公司就是卢军他们这一科"福利"最差啦！科长因为自己的不合群，害得这个科在公司的人缘也最坏，让大家办起事业很不顺。卢军陆续听到这些批评，变得越来越糊涂，越来越不理解。糊涂之余，心中十分不平，在上班时间里，他认真地把事做好，下班时，人已经很累了，哪有心情、力气和同事搞关系？如果他卢军连工作都做不好，就算再会请客，难道同事就会认为他是个好主管吗？做一个主管，下班时是不是真的能下班？这点，卢军现在是愈来愈怀疑了。

《兑卦》的六爻说的是获得喜悦的各种原因，实际是揭示了人与人的交往之道。办公室里的沟通，是一个保持平衡、打破平衡，然后再保持平衡的过程。严谨的工作态度自是无可厚非，但这种刻板的面孔不宜带到下班以后。有人说，没有交际能力的人，就像陆地上的船，永远到不了人生的大海。想一想的确有一定道理。

百家争鸣

汉武帝时，才子董仲舒在《天人三策》中提出了三项建议：一是将诸子百家的学说当作邪说，一律禁止，独尊孔子及其儒家经典，以通过文化上的统治，达到政治上的统一，这就是所谓的"罢黜百家，独尊儒术"；二是设立传授儒家经典的最高学府；三是网罗天下人才，使他们忠心耿耿地为朝廷服务。

董仲舒"罢黜百家，独尊儒术"的主张，非常合乎武帝一统天下的心思，他亲政之后，就设置了专门传授儒家学说的五经博士，博士们向五十名弟子讲授《诗》《书》《礼》《易》和《春秋》五部经典，称为"五经"。这些弟子每年考试一次，学通一经就可以做官，成绩好的可以当大官。后来，博士弟子的人数不断增加，最多时达到三千多人。

董仲舒画像

到汉宣帝刘询当政的时候,儒家思想已经成为正统思想,但是由于儒生对于五经有不同的见解,所以皇帝决定进行一次大讨论。在公元前51年,由萧望之主持,在皇家的藏书楼讲经处石渠阁,进行了一次大规模的讨论。在讨论的过程中,儒生们把和自己观点一样的人引为同党,互相纠结起来;而对观点不一样的人则进行攻击。

统一思想与言论,在特定的历史条件下,有它积极的作用。但是,如果用长远的眼光来看,只允许用"一种声音"讲话,并不利于事物的发展。真正的和谐,是各种"不同的意见"之间的和谐;大家的看法都相同,则不是和谐,而是"同"。持有不同的意见,却能和悦地与他人相处,才能形成生动活泼的局面;没有原则地与他人相同,表面上平静,实际上是"死气沉沉"。

光武帝不信谣言安抚冯异

冯异是刘秀手下的一员猛将,自从他归顺刘秀以后,就屡立战功。

东汉建立后,建武二年(公元26年),冯异被派往关中地区,平定武装集团,并防御四川武装集团公孙述的侵犯。

这时有人上奏,说冯异在关中独断专行,斩杀长安令,位高权重,百姓归心,有"咸阳王"之称。刘秀便打算利用这个奏章消除冯异的疑虑,他便命人将此奏章带给冯异,并要他一个人观看。

冯异像

冯异看到这个奏章,大惊失色,赶忙上书解释说:"臣下本为一介书生,因遇到天下混乱,才充数于行伍之中。蒙陛下恩宠获大将之位、通侯之爵,受任出征,以立微功。所有功劳的取得,都是陛下深谋远虑的结果,愚臣毫无功劳可言。我按照诏敕攻战,每战辄胜;若按私意决断,都不能成功。"

"当年兵革始起,天下扰攘,豪杰竞逐,迷惑千数,臣尚能托身圣明,不敢过差。更何况如今天下平定,尊卑有序,臣怎敢心生叵测呢?如今见到您让我看的奏章,深感战栗恐惧。又一想,明主知臣愚钝,所以敢上章自陈。"

刘秀见到冯异的奏章,马上回了一封敕书,态度十分明确,他说:

"将军和我的关系,义为君臣,恩犹父子。我对你何曾有嫌疑?你为何如此担忧?"

后来,刘秀又利用冯异回京朝见的机会,指着他对公卿大臣说:"这是我起兵时的主簿,曾为我披荆斩棘,浴血奋战,平定关中,他是我的忠臣良将。"接着,又赏给冯异许多珍宝、衣服和钱帛。

过了几天,刘秀仍命令他带着妻子,回到关中,镇守原地。

刘秀的这些举措,打消了冯异的疑虑。他安心回到关中,放开手脚,锐意进取,建功立业。

骊姬笑脸背后的利刃

春秋时期,晋献公受惑于骊姬,出于爱妻及子,便想立骊姬的儿子奚齐为太子,他把此意对骊姬说了。她心里很高兴,又想到晋献公已立申生为太子,而且太子与另外两个兄弟重耳、夷吾又那样友爱,今一旦无故变更,恐群臣不服,不仅自己的儿子当不成太子,还说不定会遭到不测之祸。于是骊姬表面上做得光明磊落,暗地里却日夜想着如何陷害申生等兄弟,夺取太子之位。

不久,骊姬便对晋献公说:"申生在曲沃几年了,我也挺惦念他的,还是把他请回来吧。"晋献公是个没有主见的人,还以为骊姬是真心,便派人往曲沃叫太子立即回来。申生是个知书达理的孝子,他回来拜见过父亲,又入宫参见骊姬。骊姬设宴摆酒招待,言谈甚欢。

第二天,申生入宫叩谢,骊姬又留他吃了饭。没想到,当晚她便跑到献公面前哭哭啼啼编起谎话来。骊姬无中生有地描述了申生对她的调戏情形,晋献公一听怒气不打一处来。第二天,骊姬又召申生入宫,带他去花园看花。她打扮得格外漂亮,全身香喷喷的,把香糖沾满头发,一路上引来许多蜜蜂、蝴蝶,在她头上飞绕。骊姬叫申生过来帮她驱散这些狂蜂浪蝶。申生从命,在她后面挥舞衣袖。

此情此景,晋献公在楼上看得清清楚楚。他怒不可遏,立即叫人绑起申生推出斩首,吓得申生满头冷汗,莫名其妙。骊姬又跪在晋献公面前说:"你明白真相就行,切不可处决他,因为他是我叫回来见面的,若杀了他,群臣定会说我下的毒手。何况这是家事,家丑不可外扬,传出去多不好听。请您饶他这一回吧!"

晋献公无可奈何,下令:"赶这畜牲回曲沃去!"还派人跟踪侦察他的所作所为。没过多久,晋献公出城打猎去了。骊姬派人对申生说:"我做了一个梦,梦见你妈妈齐姜向我哭诉,说她正在地府里挨冻受饿,十分凄凉,你做儿子的应该去祭祀她一番。"

申生是位孝子,自然听话。他前去拜祭,并且照例把胙肉和礼酒送给他的父亲晋献公,以尽人子之礼。过了六天,晋献公才回来。骊姬在酒肉里早加上了毒药,送给晋献公,告诉他:"我曾梦见齐姜在地府受苦,现在申生把胙肉、礼酒送来了,给你尝尝!"

晋献公拿起酒要喝,骊姬却说:"酒肉是外来的,不可大意,试一试才可!"晋献公顺手把酒泼在地上,地上顿时冒起一股白烟。骊姬又割了一块肉给狗吃,狗吃了连叫都没有叫出一声,就四脚朝天死了。

晋献公即刻升殿,告诉群臣,大数申生罪状,并派大批军队,威风凛凛地杀奔曲沃。申生闻讯,不听群臣劝谏,既不拥兵抗拒,又不逃往外国,吊颈而死。接着,骊姬又故伎重施,嫁祸于重耳、夷吾,逼他们逃往他方。就这样骊姬通过背后下刀子的计策,将亲生儿子奚齐推上了晋国太子的宝座。

在这个故事中,骊姬的诡计自然称得上是阴毒,但受害者申生的吃亏原因也在

于过于老实。笑脸背后下刀子的确能让老实人吃大亏，所以要有防人之心。

吕惠卿软刀子捅人

　　王安石在变法过程中视吕惠卿为自己最得力的助手和最知心的朋友，一再向神宗皇帝推荐并予以重用，朝中之事无论巨细，全都与吕惠卿商量之后才实施，所有变法的具体内容都是根据王安石的想法，由吕惠卿事先写成条文及实施细则再交付朝廷颁发推行。

　　当时，变法所遇到的阻力极大，尽管有神宗的支持，但能否成功仍是未知数。在这种情况下，王安石认为变法的成败关系到两人的身家性命，并一厢情愿地把吕惠卿当成了自己推行变法的主要助手，是可以同甘苦共患难的同伴。

　　然而吕惠卿千方百计讨好王安石并且积极地投身于变法，却有自己的小算盘，他不过是想通过变法来为自己捞取个人的好处罢了。对于这一点，当时一些有眼光、有远见的大臣早已洞若观火。

　　司马光曾当面对宋神宗说："吕惠卿可算不了什么人才，将来使王安石遭到天下人反对的，一定都是吕惠卿干的！"又说："王安石的确是一名贤相，但他不应该信任吕惠卿。吕惠卿是一个地道的奸邪之辈，他给王安石出谋划策，王安石出面去执行，这样一来，天下之人将王安石和他都看成奸邪了。"

　　后来，司马光被吕惠卿排挤出朝廷，临离京前一连数次给王安石写信，提醒说："吕惠卿之类的谄谀小人，现在都依附于你，想借变法之名作为自己向上爬的资本，在你当政之时，他们对你自然百依百顺。一旦你失势，他们必然又会以出卖你而作为新的晋身之阶。"

　　王安石对这些话半点也听不进去，他已完全把吕惠卿当成了同舟共济、志同道合的变法同伴，甚至在吕惠卿暗中捣鬼被迫辞去宰相职务时，王安石仍然觉得吕惠卿对自己如同儿子对父亲一般地忠顺，真正能够坚持变法不动摇的莫过于吕惠卿，便大力推荐吕惠卿担任副宰相职务。

　　王安石一失势，吕惠卿被厚脸掩盖下的"黑心"马上浮上台面，不仅立刻背叛了王安石，而且为了取王安石的宰相之位而代之，担心王安石还会重新还朝执政，便立即对王安石进行打击陷害。先是将王安石的两个弟弟贬至偏远的外郡，然后将攻击的矛头直指王安石。

　　吕惠卿的心肠可谓狠得出奇，当年王安石视他为左膀右臂时，对他无话不谈。一次在讨论一件政事时，因还没有最后拿定主意，便写信嘱咐吕惠卿："这件事先不要让皇上知道。"就在当年"同舟"之时，吕惠卿便有预谋地将这封信留了下来。此时便以此为把柄将信交给了皇帝，告王安石一个欺君之罪，他要借皇上的刀为自己除掉心腹大患。

　　在封建时代，欺君可是一个天大的罪名，轻则贬官削职，重则坐牢杀头，吕惠卿就是希望彻底断送王安石。虽然说最后因宋神宗对王安石还顾念旧情而没有追究他的"欺君"之罪，但毕竟已被吕惠卿的"软刀子"刺得伤痕累累。王安石因为缺乏应有的防备之心而遭了暗算。

国学经典文库

　　人际交往中,特别是权力场中,不乏这样的人,当你得势时,他恭维你、追随你,仿佛愿意为你赴汤蹈火;但同时也在暗中窥伺你、算计你,搜寻和积累着你的失言、失行,作为有朝一日打击你、陷害你并取而代之的秘密武器。公开的、明显的对手,你可以防备他,像这种以心腹、密友的面目出现的对手,实在令人防不胜防。

　　害人之心不可有,防人之心不可无。在这个世界上,我们常常容易受到伤害,常有人利用我们的善良,常有人讨好我们又出卖我们。所以,要当心取悦你的人会给你带来凶险。在现实生活中特别是一些身居一定位置的人就会出现这种情况,这就希望你明辨了。其实普通人也一样,和你说得最好的不一定就是真心为你好。这就是当时只图享受而浑然不觉危险已逼近的结果。

　　如果你和某人只是普通朋友,虽然也一起吃过饭,但还谈不上交情;如果你和某人曾是好友,但有一段时间未联络,感情似乎已经淡了……如果这样的人突然对你热情起来,那么你应该有所警觉,因为这种行为表示他可能对你有所图。之所以用"可能"这两个字,是为了对这样的行为保持一份客观,避免以小人之心度君子之腹,误解对方的好意。

　　碰到突然升高热度的友情,只有冷静待之,保持距离,才不会被烫到。要分析这种"友情"是否含有"企图"并不难,首先是看看自己目前的状况,是否握有资源,例如有权有势? 如果是,那么这个人有可能对你有企图,想通过你得到一些好处;如果你无权也无势,但是有钱,那么这个人也有可能会向你借钱,甚至骗钱;如果你无权无势又无钱,没什么好让别人求的,那么这突然升高热度的友情基本上没有危险——但也有可能是想利用你这个人来帮他做些事,例如有些人被骗去当劳力;或是重点在你的亲戚、朋友、家人,而你只是他过河的踏脚石。

　　对于作践自己来取悦你的人,最好的方式就是置之不理;对于置之不理而产生的狗急跳墙现象,最好的态度就是一笑而过。自尊、自重、自爱和自强使你高贵!

涣卦第五十九

【经文】

坎下巽上　涣[1]亨,王假有庙,利涉大川,利贞[2],

初六　用拯马壮,吉[3]。

九二　涣奔其机,悔亡[4]。

六三　涣其躬,无悔[5]。

六四　涣其群,元吉,涣有丘,匪夷所思[6]。

九五　涣汗其大号,涣王居,无咎[7]。

上九　涣其血,去逖出,无咎[8]。

【注释】

①涣:卦名。通行本为第五十九卦,帛书本为第六十二卦。"涣"本盛大之义,在本卦中当指水势盛大,卦象、卦爻辞均与水有关;盖本作"奂",后增水旁为"涣"(《归藏》、帛书《系传》作"奂",通行本经文及《系辞》、帛书本经文以及《易之义》

《缪和》均作"涣")。卦象为上《巽》下《坎》,巽为风、为木,坎为水。其卦或象飓风洪水,或象洪水拔折树木及木舟漂于水上。

②亨,王假有庙,利涉大川,利贞:"假",至。"有",于。《易》中"王假有庙"两见,即《萃》卦和本卦。《萃》卦(☰)上《兑》泽,下《坤》地,象孟秋雨水频仍、泽潦汇聚,所以卦辞说"亨,王假有庙,利贞,用大牲吉,利有攸往",与本卦卦辞相近。王至寝庙祭祀,以祷平安、除水患,并卜筮涉川济险是否有利,结果得到吉占。

③用拯马壮,吉:"拯"读为"乘"(参见《明夷》注)。盖大水初来,乘壮健之马速退则吉。《明夷》六二"夷于左股,用拯马壮吉"与此同。帛书"吉"下有"悔亡"二字,阮元校勘记亦云:"古本有悔亡二字"。所谓古本,盖指虞翻注本,王弼本无。

④涣奔其机,悔亡:"奔"谓奔逃。"机"同"機",谓得其时、及时。此言水势盛大,奔逃及时而悔事消亡。疑"悔亡"为初六之占辞,九二无占辞。帛书本"机"作"阶",盖以"机"为"下基"之义。

⑤涣其躬,无悔:"躬"谓自身。"无悔"帛书作"无咎"。此言大水将淹及自身而终无患害。本卦唯六三有应,而应交上九为《巽》体,巽为木。盖六三有上九木舟为应援,故得济险无咎。

⑥涣其群,元吉,涣有丘,匪夷所思:"群",指朋辈、四邻、他人。此谓大水将淹及邻人,幸而得救,故谓大吉。"丘"指高地。"匪夷所思"即很难想象,不可能。

⑦涣汗其大号,涣王居,无咎:"汗",大,水势浩大,义与"涣"同。"涣汗"犹"浩瀚"。"大号",盖指飓风呼号(《秋声赋》:"其为声也,呼号愤发。")。九五为《巽》体,巽为风。"其",连词。"涣汗"说水势之盛,"大号"说飓风之烈(或训"大号"为人们大声呼号)。"王居"是呼应六四的"丘"。王居处于高地,故得无咎。

⑧涣其血,去逖出,无咎:"血"谓忧患(同"恤",忧也)。"逖"同"惕"(或本即作"惕",帛书作"湯")。"出"疑当作"之",形近而讹(参见《小畜》六四"血去,惕出,无咎"注)。"去"与九五之"居"协鱼部韵,或以"出"与"去""居"协韵则非;"出"为物部字,韵部远隔;当本作"之",不入韵。此言大水之忧患已过,但须时时惕戒,方可长保无咎。

【译文】

涣卦：人心涣散时，也有亨通，因为君王到宗庙去祈祷，即使民众看到君王希望上下团结的诚意，又获得了祖宗神灵的保佑；利于去冒涉大川那样的险，但必须坚守正道。

初六：骑上健壮的马去追亡，就能失而复得，吉祥。

广东出土的东汉陶船

九二：涣散之际，倘能争得一个安全场所，悔恨也就消除了。

六三：清除私欲，如同清洗掉身上的污垢一样，不会有什么后悔。

六四：解散私党，这是非常好的事情；解散私党便能促成如同山丘那样为常人所难以想象的大团结。

九五：君王发出的命令要像人出汗那样不可收回；君王积聚的财富，要及时散发给人民，这样做不会有什么祸患。

上九：由于人心涣散而发生流血事件时，只要远远地避开，就不会有什么危难。

【解读】

本卦通过"用拯马壮""涣奔其机""涣其躬""涣其群""涣汗其大号""涣王居""涣其血，去逖出"等一系列分析，阐述了挽救涣散的原则。认为涣散初起时就应该用大力挽救；当涣散不可避免地来临时，应以保持社会的安定为首务；挽救涣散的局面，不仅要去掉自私自利之心，还要解散那些因私利而结成的党派，乃至于不惜牺牲自己所拥有的财富，尽可能多地为民众造福；当涣散引起的伤害即将降临时，应避免不必要的牺牲。

【经典实例】

千古名将穰苴

《涣卦》阐释挽救涣散的原则。在丰盛安逸的环境，人心容易涣散，以致离心离德，重私利而忘公益，使风气败坏，破坏团结，必须及时拯救。因而，当显露涣散的迹象时，就应当以强有力的对策，及时挽救。

司马穰苴作为一名大将，一辈子只打过一仗，而且是不战而胜的一仗！

齐景公在位时，齐国渐渐衰弱，受到了晋、燕两国的围攻，形势十分危急。齐景公正为边境军情危在旦夕而日夜焦虑，这时，宰相晏婴为景公举荐了穰苴，道："他可使齐国转危为安，文能服众，武能威敌。大王不妨起用此人。"

景公大喜过望，当即拜穰苴为大将，命令他火速率军抗击晋国和燕国的入侵之敌。

穰苴受命拜谢之后，对景公说："我出身卑微，如今大王从一介草民提拔我为将军，位于众大夫之上。可我人微言轻，将士未必肯服从我的命令。望大王派一位你所宠幸，又一向为民众尊重的人，来担任监军，军令才会被执行。"齐景公觉得他言之有理，于是就让他的宠臣庄贾出任监军。

穰苴与庄贾同时谢恩退朝。出了朝门之外，庄贾问出军之期，穰苴说："军情紧急，明日中午就出发。届时我在军营门口专候大人。切勿过午不至。"庄贾唯唯而别。

第二天，穰苴提前赶到军营，命令军吏立木为表，充漏计时，只等庄贾一到，便勒军出发。同时派人前去催促庄贾。

可是，庄贾年少骄横，依仗国君的宠幸，一点也不把穰苴放在眼里，他以为既有将军统兵，自己身为监军，大可不必匆忙。眼见午时已过，始终不见庄贾的踪影。

穰苴下令砍倒木表，放掉水漏，立即登坛誓众，点兵遣将，严明军纪，部署行军事宜。一直忙到日薄西山，方才部署停当，这时才远远望见庄贾醉醺醺地驱车向军营赶来。

穰苴端然危坐，冷然问道："午时已过，为何现在方到？"

庄贾满不在乎地回答道："今日远行，亲朋好友都来为我饯行，多饮了几杯，故此晚到了一会儿。"

穰苴凛然说道："现在边境危急，是大将报国忘家之时。大军出征在即，你却纵酒来迟，上对不起国君，下对不起百姓。你如此行事，安能让舍生忘死的士兵信服！"

庄贾嬉皮笑脸地辩解道："我也没误行军之期啊，将军何必过责？"

穰苴不再理会他，毫不犹豫地转头问军中的执法官："依照军法，误期后至者该当何罪？"

军法官回答："当斩。"

庄贾听得一个"斩"字，这时酒才醒了一半，心知不妙，赶紧打发人快马加鞭驰报景公求救。没等报信人返回军中，庄贾早已人头落地了。三军将士见这位穰苴

连国王的宠臣都敢军法论处,无不股栗。

过了不一会儿,景公的使者手持符节,直驰军中,带来了赦免庄贾的君命。穰苴对使者说:"将在外,君命有所不受。"说完,又问军法官:"在军中策马奔驰者,该当何罪?"

回答又是:"当斩。"

景公的特使这时才看见庄贾的人头已然挂在了辕门的旗杆上,又听说自己犯了"军中驰马"的死罪,顿时吓得瘫在了地上。后来听到穰苴宣布:国君的特使,不能擅自处斩。于是下令杀了使者的一个仆人,砍掉马车上的一根竖杆,以代死罪。使者早已吓得魂不附体了。

穰苴这才叫使者回复景公,即刻下令出征。

在行军途中,穰苴与士兵同甘共苦,同吃同住,事事安排得十分周详。他对部下问寒问暖,请医送药,甚至把分配给主将的资粮都拿出来与大家分享。三天后检阅三军,齐军士气无比高昂,连体弱有病的士兵都纷纷请求参战。

晋军见穰苴统率的齐军阵容严整,斗志昂扬,知道难以取胜,赶紧回师罢兵;燕军也撤过黄河,还师北去。齐国之围遂不战而解,穰苴乘胜挥师纵横,将失陷的国土全部收复。

穰苴凯旋,齐景公率领文武亲自到郊外迎接他,并犒劳三军,主持庆典。接着宣布任命穰苴为掌管全国军队的大司马。

从此,齐国文有晏婴,武有穰苴,国威大振。

"涣卦"的精神表明,做大事者应顺应民情,抑制私利,革除弊端,为公众造福,才能促成大团结,这样才可以重新获得安定。穰苴做到了这一点,虽然一生只打过一战,也不愧为千古名将! 大丈夫也!

自古英雄伤离别

伴着《五星红旗》悠扬的歌声,两个熟悉的速滑运动员身影出现在北京首都体育馆的大屏幕上,镜头在回放两人参加比赛时的精彩画面,一个个激动人心的时刻再一次冲击着在场的中国短道速滑运动员们。

安玉龙和冯凯站在颁奖台上,跟随画面回味着自己十几年的运动生涯。在全国短道速滑冠军赛的最后一天,国家体育总局冬季运动管理中心特意为他们举行了退役仪式。

歌声回荡之际,他们的队友、奥运会冠军杨扬早已泪流满面,那份不舍与牵挂全然写在脸上。"我衷心祝福他们在未来的教练工作中能把自己的运动生命延续下去。也希望能和他俩保持联系,我们永远是好朋友。"

安玉龙和冯凯是中国短道速滑队正式成立后的第一批队员,分别于 1996 和 1995 年进入国家队。1998 年,年仅 20 岁的安玉龙首次参加冬奥会便夺得 500 米银牌和接力铜牌;与他同岁的冯凯曾经在奥运资格赛和世锦赛上两次打破世界纪录;由二人加盟的中国男队两次摘得世界锦标赛 5000 米接力的冠军。如今,他们正式退役,回吉林省当教练,继续为钟爱的速滑运动出力。

冬运中心副主任蓝立评价他们是中国短道速滑运动的优秀代表,他们的杰出

贡献也为其他现役队员起到了模范作用。

仪式上，中心主任肖天向安玉龙和冯凯颁发了纪念杯，上面刻有两人的名字、加入国家队的时间以及主要成绩。蓝立将装裱好的二人参加比赛时的照片和国家队的新队服赠送给他们。

当把鲜花送到亲密战友的手中并和他们紧紧拥抱时，国家队的老大哥李佳军忍了很久的泪水夺眶而出。他说："安子和老冯虽不是我的亲兄弟，但我们却有着兄弟般的深厚感情，八年来我们曾共同承担压力，也曾一起分享胜利的喜悦，所以我今天的心情很沉重。只想祝愿他们今后能够培养出和他们自己一样优秀的运动员。"

收到无数祝福的安玉龙和冯凯声音有些哽咽，他们口中念念不忘的是国家和教练的教育培养、队友和冰迷的支持鼓励。安玉龙特别提道："中国男子项目还没有得到奥运会金牌，希望我们培养出的队员能实现这个目标。"

仪式结束后，从前的队友、教练将二人团团围住，有的要求合影留念，有的拉住他们的手寒暄，有的拍拍肩膀送上祝福，很多小队员更是好奇地争看着纪念杯。过两天，他们就将启程离开北京的国家队驻地了。

自古英雄伤离别，但愿再次重逢时，安玉龙和冯凯能以优秀教练员的身份在短道速滑界再创辉煌。

在这个世界上，什么东西可以伴你一生呢？谁不是孤独地生、孤独地走呢？但在这条孤独的路上，有过爱、有过笑、有过泪、有过感动、有过这么一份多姿多彩地激情，已可以在人生的路上增添无比的欢乐。

无论是多么亲近的人，终究还是要面对或长或短的离别。曾经读过汪国真的这么一首诗："送你的时候正是深秋/我的心似这秋树/无奈地飘洒一地/你的身影是帆/我的目光是河流/几回回想挽留你/但终不能够/因为这世间/难得的是友情/宝贵的是自由。"是啊！宝贵的是自由，每个人都有各自的理想和追求，只要能保鲜那份曾经挚真挚诚的情谊，也就够了。

关于离别的话题古今中外已经够多的了，周易在这里只想说两点：1. 离别是必然的，请坦然面对。2. 恋人之间宜小别，朋友之间宜大别。关于第2点，可以用《红与黑》上的一段话来，阐释《涣》卦之谋的深意：

"在虚荣心即使没有变成热情，至少也是变成每时每刻都有的感情的文明社会里，年轻的朋友，如果你想被爱上，就请你每天早上对你头天晚上还是你崇拜的情妇的女人表明：你即将离开她。"

项梁项羽兴兵灭秦

公元209年，当项梁、项羽部队进驻薛城不久，突然传来陈胜在陈县被秦将章邯打败，为车夫汪贾所杀的消息。项梁听说后，便召集部属商议应变之策。部将、谋士极力怂恿项梁自立为楚王，项梁一时拿不定主意。

这时，一位老人范增求见。项梁当即接见了范增，对他说："现在陈王已经去世，新王还没有确立。我们正在议论这件事，还没有拿定主意。你想必有高见，请

谈谈你的看法吧。"

范增说："依我看，陈胜失败是必然的。请您想想，陈胜本来不是出身名门，声望不高，又无大才。虽首先起义抗秦，但据地称王，不立楚国后裔为王，终不得人心。您从江东起兵，渡江击秦，楚地将士之所以争相趋附，无非是因为上柱国家世为将，相信上柱国必定会拥立楚国王室的后裔，因而踊跃投靠，竭诚效力，以图恢复楚国。上柱国如能顺应民心，培植楚国后裔，楚地百姓自然会闻风而至，聚集于您，天下便一举可定了。"

项梁高兴地采纳了范增的建议，派人四处寻找楚国王室的后裔。后来寻找到一个名叫熊心的牧童，原是90年前客死于秦的楚怀王的孙子。于是项梁立即派部属将牧童迎到薛城，奉为楚怀王，定盱眙为国都，项梁则自称武信君。

之后，楚项部队迅速扩大到数十万。公元前208年，项梁死。公元前207年，项羽在巨鹿以破釜沉舟的决心与胆气，击溃秦军主力章邯40万，与刘邦等人共同推翻了秦王朝的暴虐统治。

皇太极唯才是用

皇太极继位后，否定了前辈对汉族官员的排斥政策，开始重用汉族官员，首先，皇太极积极纳谏，凡汉族官员的建议都采取重视的态度。

汉族人胡贡时进言："现在八旗旗主权重，这就像十羊九牧，大权旁落，很难长治久安。"

皇太极听了之后，认为胡贡时说得很有道理，决心结束"旗主林立"的局面，重用汉官，汲取汉官的统治经验，建立一套完整的封建制度。

汉官宁完进谏："要学习明朝的典章制度，按照后金的具体情况，订立大典。每天都要众官到可汗面前朝拜，随后议事，逐渐成为全国的制度，为以后攻入关内、统一天下做准备。"

皇太极根据汉官建议，建立起了典章制度，中央的权力得到了加强。

其次皇太极不但用高官厚禄来招揽明朝的文臣武将，而且还不断把汉族官员加入中央行政机构中，委以重职，授予实权。

公元1631年7月，皇太极设立了吏、户、兵、刑、工等部，除各部主客由满族官员担任外，下属的承政等重要官职，都由一定数量的汉官担任。

公元1636年，皇太极又将以前的文馆改为内国史院、内秘书院、内宏文院。每院设大学士一人，下设学士、举人等官。

汉官范文程就担任过内秘书院大学士，负责代替君主撰写文书，收纳各衙门的奏疏。范文程深得皇太极的宠信，机密大事都交他处理，一切重大决策都少不了他。

此外皇太极还任命汉族官员统领军队，正式建立了汉军旗。到公元1642年，汉军八旗建制完成，委任汉官祖泽润、刘云源等担任八旗的长官。

皇太极又采取了科举考试，招纳明朝投降的文武将官等措施，不断扩大汉族官员的队伍。他命令满、汉、蒙古族官员若发现有特长之人，被推举者无论是什么人，

一律委以重任。他对明朝的降臣，只要有真才实学，也都提拔，用人不疑，疑人不用，加以重用。

结果，汉、满两族对立的涣散局面解除了，他们成为一体，巩固了皇太极的统治。

汉景帝一统天下

任何一个组织或团体，人心若不齐，可致离心离德，重私利而忘公益，使风气败坏，最终走向腐朽没落。因而，当显露涣散的迹象时，应顺应民情，以强有力的对策，及时消灭派系，抑制私利，革除弊端，才能不断地精进。国家一旦陷入分裂的局面，则政令不通、军备废弛、民生凋敝，唯有及时采取行动，保证国家安定，才有可能创造出国泰民安的景象。汉景帝刘启谙熟涣卦中所阐释的挽救涣散原则，所以才大有作为。

刘启生于公元前189年，在10岁的时候被立为太子。公元前157年，32岁的刘启即位。他接手的是一个国泰民安的王朝，但因为文帝当政期间对于藩王的政策是安抚有余，施威不足，导致了同姓诸王的势力发展很快，他们拥有军队，自置官职，政治力量和经济力量不断增长。早在济北、淮南二王相继谋反时，贾谊就曾指出藩王势力是汉朝的一大弊病，当时晁错也提出相同的见解，主张削藩，但此建议没有被采用，还是用安抚政策暂时解决了问题。经过了多年的发展，藩王的势力已经对汉室构成了威胁，所以，景帝一上台，便采纳了晁错的建议。

晁错认为藩王势力强大而又最危险的是吴王刘濞。刘濞是刘邦之侄，当初刘邦封他为吴王时就担心他会反叛，所以，告诫后人要注意他的动向。刘濞到封地以后，就不断地发展自己的势力，企图有朝一日夺取帝位。

景帝为太子时，是典型的王公贵族形象，纨绔子弟的做派，一次，因为误会打死了吴王刘濞的儿子，刘濞因此怀恨在心，更加强了势力培植。到景帝即位，刘濞已经准备了40年，成为威胁最大的诸侯王。所以，晁错主张先削吴王的封地，景帝也听从晁错的意见，决定先削夺吴的两个郡。

吴王刘濞见朝廷有所行动，立即联合其他藩王叛乱。他以"诛晁错、清君侧、安社稷"为旗帜，联合各地诸侯王起兵。公元前154年正月，削吴诏书一到，刘濞便在广陵（今扬州）起兵，接着胶东、胶西、济南、淄川四国起兵，包围齐都临淄；赵则与吴兵汇合西进。声势之浩大可谓前所未有，史称"吴楚七国之乱"。久居太平的景帝从没见过这架势，当时也慌了手脚。一些奸臣趁机也想除掉晁错。其中曾任吴相、与晁错有隙的袁盎与窦婴说动景帝杀晁错以息叛乱，说是这样就可以兵不血刃地将叛乱平息。景帝虽然知道晁错是朝廷得力的栋梁大臣，但也想不出更好的办法，于是就一面调兵遣将，一面诛杀晁错，并派袁盎等去宣谕吴王息兵。

西汉 长信宫灯

　　景帝初时还以为叛乱可以就此平息,可是,他根本就是小看了吴王刘濞的野心,吴王刘濞嘲讽地说:"我已经是东方的皇帝了。还有谁配给我下诏?"此时,景帝才知道自己错杀了晁错,这是一件令亲者痛而仇者快的蠢事。吴王根本只是给自己找个借口,他的目的本来就不只是杀晁错。于是景帝派郦寄率领一支队伍击赵,派栾布率领一支队伍入齐,派太尉周亚夫率36位将军讨伐吴楚叛军,又召窦婴拜为大将军,屯兵荥阳,统率全军。各位将领都显示出了杰出的才能,不到三个月就平了叛乱。其中赵王、楚王自杀,吴王逃奔东越,后被东越人杀死。胶东、胶西、济南、淄川四王全部伏诛。

　　七国之乱平定,地方割据势力受到了沉重的打击,在很大程度上解决了汉高祖分封同姓诸侯王所引起的政治矛盾。景帝乘势"抑损诸侯,减黜其国",把叛王封地做了一番调整,收回了藩镇的行政权和官吏任免权,使王国的独立地位被取消,权力也大大削弱。从此,诸侯王只能享用王国的租税,而不能过问行政,成为只有爵位而无实权的贵族。后来汉景帝颁行"推恩令",彻底为结束汉初以来诸侯"涣散"割据的状态创造了必要的条件。这一平叛不仅使藩镇对于朝廷的威胁得以消除,也提升了景帝的威信,只不过晁错的死却是景帝一生的憾事。

　　汉景帝的平叛,实质上就是一次挽救涣散局面,使之重归统一的行动。要"聚合"就必须消除导致涣散的力量,在强力打击这种阻力的同时,也必须以自身的精诚正道来形成一种向心力,使之向"中央"归附,从而达到聚合的目的。此后,汉景帝承袭文帝的治国方略,继续发扬着"无为而治"的思想,保持政治的清明和政局的稳定,减租减赋,轻刑安边,使西汉进入了一个辉煌的历史时期,于是就有了世人所熟知的"文景之治"。

节卦第六十　☵

【经文】

　　兑下坎上　节①亨,苦节,不可贞②。

　　初九　不出户庭,无咎③。
　　九二　不出门庭,凶④。
　　六三　不节若,则嗟若,无咎⑤。
　　六四　安节⑥,亨。

九五　甘节,吉,往有尚⑦。

上六　苦节,贞凶,悔亡⑧。

【注释】

①节:卦名。通行本为第六十卦,帛书本为第二十一卦。《节》卦与《涣》卦是卦爻翻覆的关系,故次列于《涣》卦后。《节》卦上《坎》水,下《兑》泽,象水溢泽上,当修缮堤防以节制之使不泛滥。因此,卦爻辞之"节"字是节制、限制、约束之义。

就节制的对象而言,爻辞中之诸"节"字有三种可能:其一指自我节制。其二指节制民众。其三兼指节制民众和自我节制。参照《临》卦,则"节"字似兼指节制民众("制数度")和自我节制("议德行")。我们的译文虽取"自我节制"之义,实则并不排除后两种可能。

②亨,苦节,不可贞:筮得《节》卦,懂得自我节制,自然亨通。反之,以自我节制为苦,不乐于自我节制,则占问不利。"不可"犹不宜、不利。还有一种可能,"节"是指节制百姓。"苦"是指过分、过度。过分节制百姓则失于苛暴,结果自然不利。《临》卦以"甘临"(临治百姓)与"咸临"(咸,苦也)对举和本卦以"甘节"与"苦节"对举其例相同,"苦节"即郑子产所谓"防川"也(《左传·襄公三十一年》)。《易》有取爻辞为卦辞之例,此即其一。

③不出户庭,无咎:"户庭"与下文"门庭"换文同义,都是指"家""家门";帛书"户庭"作"户牖"以与"门庭"区别,似不必。高亨说"不出户庭无咎""不出门庭凶",犹卜书之"不利出门""不利在家",得之。然就《节》卦而言,"不出户庭""不出门庭"似指自我约束而言。初在最下,前有《坎》险,时止则止,约束于家,故得无咎。

④不出门庭,凶:阳已升二,居于中位,互三、四为《震》,值宜动之时,时行则行,当有为于世;今反固执于节,自缚手脚无所行动,故凶。此初九、九二之爻辞,颇似卜辞之正反对贞。

⑤不节若,则嗟若,无咎:"若"犹"之",语辞。"无咎"承嗟之而说,即不节之,乃嗟之,嗟之无咎;此犹《离》卦六五"出涕沱若,戚嗟若,吉"及《临》卦六三"甘临,无攸利,既忧之,无咎"。九二持中,行而不偏,故宜动;六三不中不正,又乘阳刚,宜节不宜动。其不知约束而导致咎害而嗟叹;嗟叹则知悔,又互四、五为《艮》,过而知止,是终能节制而无咎者。此"节"亦有节己、节人之两种可能。

⑥安节:安于自我节制。六四阴爻居柔位得正,互三、五为《艮》,是能安节自止者。若就节人而言,则安节为节制百姓使其安居乐业。

⑦甘节,吉,往有尚:"甘",美、乐。"甘节"以自我节制为美为乐。"尚"犹"赏"。"往有尚",前往会得到好处。三无咎、四亨、五吉,正是"知之者不如好之者,好之者不如乐之者"。老子"甘其食,美其服,安其居,乐其俗"亦此甘节、安节之义。又"甘"亦可释为"和",谓节制适宜中度。若就节人而言,则"甘节"谓节制百姓宽缓适度。

⑧苦节,贞凶,悔亡:"苦节",苦于自我节制、不安于自我节制,与九五乐于自我节制("甘节")相对。又"苦"亦可训为过分,谓自我节制太过,与九五节制适中("甘节")相对。若就节人而言,则"苦节"谓节制百姓疾切过分(参《临》卦"甘临"

"咸临"注)。苦于节制则占问凶险,然爻至极则变,凶而知改,则悔事消除。

【译文】

节卦　象征节制、节俭。节卦的卦象下单卦为兑,为译为水;上单卦为坎,为止。两单卦结合为泽之所容有准,不泄不漏。节应有度,应顺乎天理之正,如强人所难,过度节俭,则不足以济天下,且穷而未正。

初九　逢初九虽阳刚中正,但逢节卦,仍应慎之于内院,不宜外出,则无灾。

九二　阳刚中正,时至事起,但审慎藏于内室,不愿外出门庭,会坐失良机,凶。

六三　过于奢靡,不知节俭,再想节制已柔失其位无法控制。这是咎由自取,又怎么能再怨天尤人呢?

六四　安于节俭,适当其宜亨通。

九五　以节俭为乐事,合乎理,顺乎情,为天下悦服。亨通。

上六　过分的节制行为是不可取的,因事物有其节俭之本,过之则损。物不顺则穷,故凶。

【解读】

《节卦》卦辞认为"'节':亨",认为有节制、守节度便能亨通。"'节':亨",首先是当节即节,不当节则不节。如节卦初九爻"不出户庭,无咎",表明初九当节时有所节,因而无咎。而九二爻却说"不出门庭,凶"。这里的"门庭""户庭"是比喻,指在一定的范围,只是条件或时机有所不同。不脱离限定的范围,条件或时机不同,会导致相反的结果。

其次是审时度势,"节以制度",在一定的条件下,人们应安于节制。就是六四爻爻辞所指的"安节,亨"。

再次"中正以通",甘心受节制。这就是九五爻爻辞说的"甘节,吉。往有尚",九五爻因处尊位,其节不是一家一户之节,也不是一人一己之节,而是守天下之"节",守国家之"节"。这种"节"可以表现为节约的原则,所谓"节约",也是一种节制。

与世界上任何事物都有两重性一样,"节"也有两个方面,"节"如果失去"度",也会走向反面,成为"苦节"。节卦卦辞认为"苦节,不可贞","苦节",即过分节制,"不可贞"就是说肯定不行,不用占卜了。节卦上六爻辞说得明白:"苦节,贞凶。"

【经典实例】

清官海瑞千古留名

自我节制、俭朴是一种美德。真正品质高尚的人不仅能严格自律,而且还以能达到这种境界而感到内心干净顺畅。著名的清官海瑞,就是这方面的典范。

明万历十五年(1587 年)十月十四日,南京吏部右侍郎、署吏部尚书海瑞病逝。他的死讯传出后,南京的老百姓奔走相告,纷纷为他戴孝,失声痛哭,市民罢市哀悼他。当他的灵柩沿水路返乡时,南京百姓穿孝衣、戴孝帽夹江而送,沿途奠祭他的人绵延几百里。老百姓之所以这样爱戴、敬仰海瑞,不仅因为他事事处处为百姓设想,为民谋利,刚直不阿,不畏权贵,而且他嫉恶如仇,律己极严。在官吏贪污成风,

国学经典文库

统治阶级奢靡无度的明朝后期，海瑞始终廉洁自律，这是极为难得的。

海瑞担任淳安知县后，平日他仍穿着布袍，吃的是糙米饭、菜汤，烧的薪材让仆从樵采，除薪俸外没有任何其他收入。有一次海瑞买了二斤肉为他母亲祝寿，总督胡宗宪听说后，把海瑞家也吃肉了当成件新鲜事而转告他人。当时知县赴京师朝觐，按常规可以从里甲、杂项中摊派几百两乃至上千两银子，以便上下打点，所以京官把朝觐年看成是收租的年头。海瑞在淳安任上两次赴京，却只用了四十八两银子做路费，其他陋规一律裁革。

海瑞墓

穆宗隆庆三年(1569年)，海瑞升右佥都御史，被派任应天巡抚，总督应天(今南京)、苏州、常州、松江等十府粮储。他到任后(巡抚治所在苏州)，立即颁布清除积弊、倡导廉政的宪约三十五条，不久又增加九条。海瑞以身作则，禁止对自己迎送，不许为他装修官舍住宅，饮食费用每天不超过三钱，拒收别人送的礼物，就连多年老朋友送的也婉言谢绝。由于海瑞推行廉政措施雷厉风行，一些贪官污吏吓得自动解印离职，权豪势家也不得不有所收敛，有的甚至跑到外省避风头。有一个权势之家为显示自己的威风和富有，把大门漆成红色。当他听说海瑞第二天要来时，连夜把门改漆成黑色。

海瑞在应天巡抚任上斥退贪官，打击豪强受到权贵们的中伤报复。海瑞只当了七个月巡抚，便被迫罢官回琼州老家。海瑞从32岁任南平教谕起，到这次被迫离职，当了17年官。这17年，他只靠俸禄买了一所住宅，家里只有十亩土地，"其清节为近古所罕有"。

海瑞在海南闲居十几年。他在老家过着穷书生的日子，家中只有四五个书橱，见不到当时官僚大地主家都有的玩物。穿的多是旧衣服，吃的是粗茶淡饭，除非有客人，极少饮酒，做荤菜。后由友人赞助，才买了几亩墓地。平日只是读书，并关心后学，从事写作。

万历十三年(1585年),经多人荐举,神宗皇帝起用海瑞为陪都南京都察院右都御史,不久又改任南京吏部右侍郎。这一年,海瑞已73岁。万历十五年十月,海瑞于南京病逝。他病重期间,兵部送的薪柴银多了七钱,他立即叫人退回。当时他身边只有仆从数人,弥留期间,根本不谈身后之私事。海瑞死后,都御史王用汲检视其遗物,发现他只有俸银十几两,葛布一端,旧衣服数件而已,丧事是王用汲御史为他操办的。

人们都叹服海瑞为国为民呕心沥血,刚直不阿,敢于犯颜直谏,为民请命,始终和不法的豪门权贵、贪官污吏做斗争。同时也非常钦佩他为官清廉,甘于过淡泊的生活,赞誉他既不怕死,又不爱钱。海瑞的这种严格自律精神和甘节如饴的风范,不仅造福了黎民,也为自己赢得百姓的真诚爱戴,留下了千秋美名。这种精神是值得人们去继承和传扬的。

荣海的无奈之举

硕士毕业后的荣海到西安交通大学计算机系做了8年的教师。因此哪怕是在创办海星公司之后,荣海还是喜欢他的手下称呼他荣老师。喜欢老师这个称呼并非是怀念大学里教书的教授生活,而是因为觉得"荣总这个称呼很商业味,里面包含了太多的关系——经济的关系、上下级的关系等等,太复杂"。荣海认为,人和人关系比较简单一些好。

做过8年教师的荣海,曾经一度崇尚以自己的实际行动感化手下。"相当长一段时间,我崇尚人格魅力,希望我的宽容能够感化手下。海星很多人都是冲着荣老师来的,对此我很自豪。"

但荣海后来要建立起制度进行管理。"过去能够感化手下,是因为你能面对面见到他,面对面给他讲道理,所以你的那些东西能够打动他,但若企业太大了,就只能靠制度。"

但真正使荣海觉得不能只有老师的循循善诱,而必须建立起制度,必须集权,必须"一个人说了算"的,还是1990年年底公司经历的那次巨变。

1990年,西安的冬天特别冷,冷得让荣海终生难忘。年底,当一直在深圳忙着跑生意的荣海风风火火赶回西安的时候,等待他的却是公司3个副手趁他不在的时候早已酝酿成熟的瓜分公司计划。就因为荣海在创建公司时曾经说过"海星是大家的,大家都有份",他现在就要为这句话付出代价——"公平分割,各得一份"。尽管当初创立海星时,3个副手没有投资1分钱,所有的投资是荣海投的3万元,但荣海还是很君子地恪守了自己当初的诺言。

就这样海星几年来积累的100万自有资金被瓜分一空,剩下的只是海星这块牌子和一些旧机器,公司核心层4个人走了3个,大部分客户也被带走了,普通员工20人走了一半。

当时先走的两个公司核心层成员埋怨后走的一个人说:"如果你和我们一起走,客户就会被全部带走,荣海肯定也完了。"钱已经分给他们了,还这样地"斩尽杀绝",不能不令荣海愤怒。

这件事给荣海的教训是："做事情一开始就先要把话讲清楚,不能靠哥们义气;决策要集中,重大事情不能以少数和多数来决定,公司只能有一种声音;留下来的人,可以给很高的工资,但全都与产权无关。"

这三点荣海坚持了很多年,直到后来他认为他已经建立起健全的制度和游戏规则,再也不会出现1990年的状况以后,才在决策和股份上有所松动。

当一个人德才不能兼备时,"我就看制度是否能制约他,我是否能逐渐感化他,如果能,我还用他。如果他德性太差,我的制度也没办法制约他,他的负面影响太大,即使他暂时能给我带来很多利润,也不能用,因为他会带坏一个队伍。对于海星现在来讲,一笔生意赚不赚钱,并不重要;相反,风气正不正太重要了。队伍垮了,今天赚的钱,明天也会赔完"。

远大:做强不做大

1997年,因购买飞机,不太为外界所知的长沙远大,一下子成为妇孺皆知的民营企业。这一年,远大的销售额破天荒地达到20亿元。

2000年5月,远大飞机失事,数人伤亡。也许是巧合,远大销售额,此后连续两年徘徊在10亿元左右。即使一向对媒体十分谨慎的老总张跃也不得不承认,销售下滑的原因除了电力部门免掉增值税,给空调用户打折等因素外,飞机失事也是造成销售业绩下滑的主要原因。

业绩下滑对远大来说还没有造成致命,但影响不可小视。2002年4月成为远大独立董事的高盛(中国)董事总经理胡祖六针对远大的股本回报(综合指标ROE),由过去最高的40%至50%,一下跌到去年的12%,也不无忧虑。胡祖六建议远大在"专业化管理、人才吸引、规模扩大、财务指标"四个方面要有所建树。张跃说:"不进则退,我每天必须完成一两件富有挑战性的工作,才感到是一种成功。""我提出远大永远不进500强,远大不会太大,这个行业也不会做得很大,但也不是目前这个规模。我们也做了100亿元的规划,可能50亿元的时候是一个比较恰当的规模,差不多2005年能够实现,那时一年有四五个亿的利润,有三四个亿的税收,就OK了。"做强不一定太大,张跃早已通过去年10月麦肯锡开出的"药方",进行了紧锣密鼓的运作。

前不久,对于远大迁址北京,各界众说纷纭,8月31日,在钓鱼台国宾馆举行的远大环保论坛上,张跃首次公开表示,2002年10月远大要将研发、销售、服务三个部门迁到北京,他今后也将在北京办公,长沙将保留远大的生产基地。

对此,张跃特别解释说:"奥运是一个更大的机会,北京是个值得关注的城市,因为奥运,北京这个名字就会越来越受到世界关注。我们在北京市场占有率很高,研发中心搬到北京去主要是吸引人才,营销中心是引入全球化。我们现在要让国际上认识我们,与国际组织近距离交流。"

和迁址并行的,远大的家用中央空调(BCT)一期工程两年前已在长沙进行。远大的国际化运作在默默行走,而促使张跃必须国际化运作的王牌,则是直燃型家用空调。

国内中央空调市场,"外国军团"早就捷足先登。开利在上海,特灵在深圳和江苏太仓,约克在广东佛山和江苏无锡都设有生产企业。但是家用中央空调市场表现平平,而国内几十家空调厂商也看中了家用空调的巨大潜力,都纷纷投入到开发家庭式中央空调的潮流中。

张跃料事在先。早在两年半前,远大就投入巨资开发家庭式直燃机空调,目前已生产出首批产品。由于经济环境的制约,国内家用中央空调市场的高潮还没有到来,但国际市场尤其是发达国家的市场需求却与日俱增。

"这些产品主要是对国外来开发,生产方面采用的是欧洲标准,欧洲和美国潜在用户有5000万户。"张跃说,"我们在明年就有利润回报,如果明年达到5万台,我们会靠近海港建第二条生产线,也许会在北京建,第三条生产线会建在欧洲或者是美国。"

"我总是把我的企业当作初创,按照企业的生命周期来说,我们属于幼年期,创业到现在才14年。我只做燃气空调,永远不会做其他的,永远不会。"

尽管与约克、特灵、开利这些国际空调业的巨无霸相比,远大的规模还是"婴儿期",但他们正因为是一门心思坚持直燃机的道路,远大方才到达技术上傲视群雄的领先地位,1998年后张跃更加坚定走专业化的信念。"到目前为止,研发人员有200人,投入每年有数千万元",张跃不乏调侃地说:远大在品质和技术上投入是奢侈的。

"在这个行业,我们可以高出对手30%到40%的价格出售,出口19个国家没有一个是我们的对手,约克、特灵、开利它们的电空调做得不错,总的空调市场他们巨大,但燃气空调不是我们的对手。"说到这里,藐视一切的神态,又写在了张跃脸上。

节制要适时而知机,当处于"泰""大壮""丰"等事业发达时期时,适度节制容易膨胀的欲望和雄心,知泰知否,量力而行,这便是适时而知机。

节制要知权变而不能固执。在情况有利、条件许可的情况下,应迅速决策并付诸实施,而不能犹豫不决,那样就会丧失良机,而且招来祸害。

恰如其分地节制是处理好问题的实际需要,不是人为地强加,也不是为节制而节制。因此,节制宜顺其自然,依据我们所面临问题的实际发展情况,随机应变,做出决策。该节制则节制,不该节制则不节制,如此为上策。任何人为的节制目标都只能达到相反的效果。

过分的节制只能适得其反。过分地节制使人变得固执、吝啬,换一个角度是贪婪和无能,有时会因此而招来祸害。

成吉思汗斩蛇悟道成大业

成吉思汗取得了伟大的成就,与他善于制怒有关;而他之所以善于制怒,则与他的一段传奇经历有关。

有一次,成吉思汗带人去打猎。他们一大早便出发,可到了中午仍没有收获,只好返回帐篷。成吉思汗不甘心,便独自一人走回山上。

烈日当空之下,他沿着羊肠小径向山上走去,不久,他来到了一个山谷,见有细

水从上面一滴一滴地流下来。成吉思汗非常高兴,就取出水袋,耐着性子去接一滴一滴流下来的水。

当水接到七八分满时,他高兴地把水袋拿到嘴边,想把水喝下去。就在这时,一股疾风猛然把水袋从他手里打了下来,将水弄洒了。成吉思汗又急又怒,抬头一看,原来是自己的爱鹰捣的鬼。他非常生气,却又无可奈何,只好拿起水袋重新接。

成吉思汗追杀敌人

当水再次接到七八分满时,又有一股疾风把水袋弄翻了,原来又是他的鹰。成吉思汗非常愤怒,于是,他一声不响地拾起水袋,再从头接着一滴滴的水。当水接到七八分满时,他悄悄取出尖刀,拿在手中,然后把水袋慢慢地移近嘴边。老鹰再次向他飞来,成吉思汗迅速拿出尖刀,把鹰杀死了。

由于他的注意力过分集中,在杀老鹰时,疏忽了手中的水袋,水袋掉进了山谷里。成吉思汗无法再接水喝了。不过他想到既然有水从山上滴下来,那么上面也许有蓄水的地方,很可能是湖泊或山泉。于是他忍住口渴的煎熬,拼尽气力向上爬。终于攀上了山顶,发现果然有一个蓄水的池塘。

成吉思汗兴奋极了。立即弯下身子想要喝个饱。忽然,他看见池边有一条大毒蛇的尸体,这时才恍然大悟:"原来飞鹰救了我一命,正因它刚才屡屡打翻我水袋里的水,才使我没有喝下被毒蛇污染了的水。"

成吉思汗明白自己做错了。他带着自责的心情、忍着口渴返回了帐篷。他对自己说:"从今以后,我绝不在生气的时候做决定!"这使成吉思汗避免了很多错事,给他的雄图霸业带来了莫大的帮助。

唐玄宗贪恋美色而遭凶灾

唐玄宗四年，原蜀州司马杨玄琰的女儿杨太真被封为贵妃，玄宗非常宠爱她。为了取悦于杨贵妃，玄宗专门派人从南方运来新鲜的荔枝，耗费了不知多少人力、物力。曾有诗言："长安回望绣成堆，山顶千门次第开。一骑红尘妃子笑，无人知是荔枝来。"

玄宗沉溺于杨贵妃的美色，不理朝政。"开元盛世"日渐衰落，一代盛唐走向终日。天宝十四年，安禄山反叛，最后攻陷了长安。

自古有因贪恋女色误国的。西汉的枚乘，写了一首《七发》说："皓齿蛾眉，是砍伐性命的斧子。"又说："越国美女在前侍候，齐国女子在后逢迎，往来游宴，在曲房幽隐处任性放纵，这就是把毒药当成甜食吃，是在和猛兽的爪牙游戏。"枚乘把女色比喻成毒药和猛兽是有道理的，因为自古由于贪恋女色而遭杀身灭国的例子太多了，举不胜举。

夏朝的君主桀宠爱喜妹，听其肆意胡来，以致人心叛离，国家灭亡而自己身死。周幽王宠幸褒姒，废除了申后以及太子宜臼，招引犬戎来攻打，被犬戎杀死于骊山脚下。晋国之所以发生内乱，缘起于晋献公宠幸骊姬。吴国的灭亡，缘起于吴王宠幸西施。汉成帝沉溺在赵飞燕的美色中不能自拔，以致披香殿里传出"祸水"的讥讽。这些亡国败家的事情，常常是因为迷恋女色所引起的。

常言道："心静自然凉。"节制内心的欲望关键在于"心静"两字，越是雄怀大志的人，越应该"心静"。有时候，物欲上的贪婪与生活上的需求完全相背离。实际生活中的需求是有限的，而物欲上的贪婪则是无限度的。有些愚蠢的人，完全脱离生活上的需求，陷入物欲上的极度贪婪之中，结果只能是走上自绝于社会的道路上去。

处事要有节度，行为要有节制。节制乃人之美德，放纵乃人之大恶。有时候，物欲上的贪婪与生活上的需求完全相背离。实际生活中的需求是有限的，而物欲上的贪婪则是无限度的。有些愚蠢的人，完全脱离生活上的需求，陷入物欲上的极度贪婪之中，结果只能是走上自绝于社会的道路上去。

这个世界让自己心动的东西实在太多，假如自己把握不好，成天胡思乱想，那么就会带来不幸。做人还是有节制点好，欲望太多，导致费尽心机去谋取，不但自己内心痛苦，而且容易招来不测之祸。对物质的生活自己尽量要看淡一些，有条件就生活得好一些，没有条件就将就一些。如果自己没有条件偏要"创造条件"，这就是不幸的主要根源。对于自己的欲望，要冷静地、理智地加以节制。

人的一生有太多的欲望，是源于这个世界太丰富多彩，让人们可以得到的东西太多，而如果对欲望把持不好也会带来许多不幸。古今中外，有多少英雄豪杰色欲熏心反遭失败；又有多少现代官员经不起物质财富的诱惑而贪污受贿，最终落个官失人去的下场。诸如此类，不胜枚举。

人生有节制，生活就有幸福；人生若放纵，生活就有灾难。节制是对自己的负责，放纵是对自己的背弃。放纵自己的言行就有不必要的麻烦；放纵自己的胃口就

有身体不适的疾病。放纵并不意味着自己在享受人生，而是自己对人生认识上的一种无知，更是对美好人生的一种践踏。没有节制的人生只会是烦恼和痛苦缠绕的人生，人生最大的悲哀莫过于自己放纵自己，自己残害自己。

躬行节俭，道光力戒奢侈

　　《节卦》的卦象是兑(泽)下坎(水)上，为泽上有水之表象，象征以堤防来节制。水在泽中，一旦满了就溢出来，而堤防本身就是用来节制水的盈虚的。君子应当效法节卦的义理，制定典章制度和必要的礼仪法度来约束自己的行动。

　　"节"的道理应用范围很广，人的喜怒哀乐、衣食住行、欲望所求，动植物的生殖繁衍，国家经济的运行、财政的收支……都离不开节制。面对经济事业的发展壮大，要循序渐进，不可过分追求高指标。要保持节制，有计划地扩大。对人对己不可要求过高，当行则行，应止则止，顺其自然。工作沉闷易出错误，生活放荡常惹祸端。相交朋友，不可超越界限，事事适可而止。符合规律的节制有利于事物的发展，反之，则有凶有咎，受到惩罚。晚清的道光皇帝在这方面身体力行，可以说是这方面的典范。

　　嘉庆二十五年(公元 1820 年)夏秋之交，年老多病的嘉庆皇帝，在热河避暑山庄离开了人世。大臣们即遵旨拥立旻宁即皇帝位。八月二十七日旻宁在太和殿登基，颁诏天下，改年号为道光。和他的父亲——嘉庆皇帝一样，道光也是个勤政图治的皇帝。登基后，雄心勃勃的道光，也曾效仿其先辈，勤于朝政，意图振兴祖业。

　　道光登基君临天下，很想有一番作为，以归复"康乾盛世"旧观。为了实施他的思想主张，道光即位后颁发了其著名的"声色货利论"，着力阐明声色货利为害之大，关系到大清王朝的生死存亡，要求为官从政者不为声色货利所诱，严格"俭束身心，屏除声色"，力崇节俭，一切"概从朴实，勿尚虚文"。终道光之世，一直把倡节俭、杜奢靡放在十分重要的地位，对大小文官武吏要求更是严格，谆谆告诫他们要懂得"一丝一粟皆出于民脂民膏"，千万不可为声色所迷惑。他倡行节俭的谕旨和措施，尽管在

清道光帝像

整个统治时期中收效甚微，但他自己确乎是躬亲实践，身体力行。

　　饮食上，道光每天多时准令做 4 样菜，有时则只要 1 碗豆腐烧猪肝，闹得管御膳房的官员们也没有油水可捞，实在无法虚报冒领。道光如此节省，朝廷文武官员

初时将信将疑。一次是皇后生日，道光谕令备宴官员，只准宰猪两只，用打卤面招待群臣，其余概行裁减，搞得赴宴文武百官哭笑不得。

服饰上的节俭，在历代君王中也属罕见。道光不但不求华美，而且少穿新衣，特别是不显眼的衣物，更是多穿一日是一日，道光长年多穿旧裤，日久膝盖处先行磨破，就令内务府差人补上一块圆形补丁。朝廷官员历经多次亲身所验，已深知皇帝节俭是实。

在内廷后宫及外出一应所需用品方面，亦概行节省俭朴，力戒奢靡浮华。御用毛笔历来都是特制紫毫笔，即刚锐的紫色兔毛，为世所罕见，道光觉得紫毫笔既然珍贵难得，即命此后不再征用，御用笔改换为普通臣民常用的纯羊毛或羊毛与一般兔毛相间合制而成的毛笔。

道光躬行节俭，力戒奢靡，在一定程度上影响了统治阶级上层的一部分人，多少遏制了奢侈腐化之风的恶性发展，沿袭了满清王朝苟延残喘的命运，但终究难以实现其令大清臣民"返本还淳"的愿望。况且时势业已大变，传统的节俭观无法起弊振衰，"守其常而不知其变"，他只能在自恨、自愧与自责中，忍辱接受英国的城下之盟，签订了近代史上第一个不平等条约——《中英南京条约》。他执政以来，厉行节约，事必躬亲，但却了无成就，面对先祖的昭彰业绩，他也只能留下无奈的声声叹息，大清王朝也不可避免地在衰败的道路上越走越远。

道光三十年(公元1850年)正月十四日，节俭一生的道光，外耻未雪，内忧未除，饱含一腔恨和愁，悄然长逝。道光虽然走了，但其"节俭"的品质依然在历史的星河中闪烁，及至今日还让人们念念不忘。

节俭是一个人的重要品质，很难想象，一个从小大手大脚随便浪费的人能创造一番事业，建设好家庭，能为社会做点什么。中国有句古训：成由勤俭败由奢。成功由勤劳节俭开始，失败因奢侈浪费所致，即使到了很富裕、很有钱的时候，这个朴素的真理也不会过时。

随着经济的发展，社会的繁荣，高质量的生活水准成为人们的普遍追求，节俭也逐渐地淡出了人们的生活准则。为了满足物质的需求，很多人不择手段以达到目的，于是人性的天平倾斜了，金钱、美色等诸多物欲成为权力的砝码，不惜慷国家之慨而中饱私囊，岂知欲壑难填，最终逾越马其诺防线，成为遭人唾弃的罪人。许多传媒一个劲地宣传吃好、穿好、用好，形形色色的广告刺激人们盲目消费，非合理消费的心理——从众、追时髦、攀比、喜新厌旧等等也随之产生，这是一种很不好的现象，更何况我们还是生长在一个发展中国家呢？

老子主张，知足就可以免于屈辱，知止就不会招致危险。欲望是无边无际的，人的欲望一旦无法节制，就会像滚雪球一般，越滚越大也越滚越快，然后一路奔向无底深渊。

享受生活固然没错，但应该建立在自己力所能及的范围之内，只有知道生活中的止境，才能过上真正平安幸福的日子。

中孚卦第六十一　☲

【经文】

兑下巽上　中孚①豚鱼吉②，利涉大川，利贞。

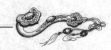

初九　虞吉,有它,不燕③。
九二　鸣鹤在阴,其子和之;我有好爵,吾
与尔靡之④。
六三　得敌,或鼓或罢,或泣或歌⑤。
六四　月几望,马匹亡,无咎⑥。
九五　有孚挛如,无咎⑦。
上九　翰音登于天,贞凶⑧。

【注释】

①中孚:卦名。通行本与帛书本均为第六
十一卦。此与《节》卦下卦都是《兑》,所以次列
于《节》下。此卦上《巽》木,下《兑》泽,象木舟
行于泽水之上(《彖传》所谓"乘木舟虚也")。
卦辞言祭祀水神、济涉大川,正与此象合。

所追题之卦名"中孚",与卦象、卦辞无合
理的联系。九五居中位,爻辞言"有孚",故追
题者增字而以"中孚"为卦名,《易》卦题名有此
一例,如《大有》九二"大车以载",此为富有之
象,故取九二之"大"字而增"有"字(详见《噬嗑》卦注);《彖传》"中孚……刚得
中",正指九五而言。又按:本卦卦名、卦象、卦辞与六爻爻辞似无内在联系,故以下
注释爻辞时不与之生硬牵附而曲为解说。

②豚鱼吉:或以为鱼之似豚者为"豚鱼",即所谓江豚(吴澄《易纂言》),可从。
江豚属鲸类,古人盖奉为水神,舟行者或从事渔业者行前祭之,以求顺当平安,所以
下面说"利涉大川"。卦辞正与卦象相合。又或释为以豚与鱼薄祭神灵;或释"豚
鱼"为小鱼、遁鱼等。此皆非确诂。又高亨以为卦名"中孚"当重,此说亦非。凡卦
名当重者(如《同人》)皆爻辞中有之,而本卦爻辞并无"中孚"二字。

③虞吉,有它,不燕:此"虞"即《屯》卦"即鹿无虞"之"虞",虑度。"它",意外
之患。"燕",安宁。"它"为歌部字,"燕"为歌部阳声元部字,歌、元协韵。下文
"和""靡""罢""歌"皆歌部字,与"它""燕"协韵,帛书"燕"作"宁","靡"作"赢",
均失韵。或释"虞"为安、为虞祭、为虞官,似皆不确。

④鸣鹤在阴,其子和之;我有好爵,吾与尔靡之:"阴"同"荫"。在荫之鸣鹤,
"幽人"之谓(《易》卦二爻多有"幽人贞吉"之象)。"子",就初九而言,则为子女;
就六三而言,则谓女子(父子关系即犹夫妇、君臣之关系,《汉书·杜钦传》注:"子
者,父之阴也。"。九二互三、四为震,阳之长者,六三为《兑》体,阴之少者),即匹
偶;就九五而言,则为男子,友朋之类。"爵",樽爵、酒杯。"好爵"谓美酒(帛书《二
三子问》"好爵者,言旨酒也");然《易》言酒食皆兼指爵禄,则或训旨酒,或训爵禄,
实则兼而有之,《缪和》即释为爵禄。"吾"字高亨疑为衍字,帛书《二三子问》引此
文亦无"吾"字(《缪和》引此文有"吾"字)。"靡",共、共享。"鸣鹤在阴",君子得
助之谓;"我有好爵",小康之象;"与尔靡之",不独富之谓。

⑤得敌,或鼓或罢,或泣或歌:"敌",就与阳爻上九正应的角度说,可训为匹

偶,就与阴爻六四的关系说,可训为敌人、敌方俘虏。总之,"得敌"是指有所获。"罢"同"疲",疲惫。"或泣或歌"即"或歌或泣",为与"罢"及上文之"和""靡"协韵(歌部韵)而颠倒句式。鼓歌,即"鼓缶而歌"(见《离》卦九三)。虽有所获,然一方面鼓而歌之,一方面又疲而泣之,此谓喜忧兼有、得失参半。从爻位上说,六三有应,所以有得;但同时又不中不正,互四、五成《艮》;当止而待时,却动有所得;虽有所得,不得其时;有得而鼓歌之,失时而疲泣之;刘备之得卧龙、凤雏者似此。

⑥月几望,马匹亡,无咎:"几",将近(又或作"既",帛书亦作"既")。"月几望"指将近阴历十五。月盈而亏,乾亢有悔,丢失马匹,破财消灾,故得无咎。又失去乘马则不能行,安止之而免灾。《小畜》上九"月几望,君子征凶"即是此义。又月望而亏,亏而复望,马之失得若此,故无有咎害,《睽》卦初九"悔亡,丧马勿逐自复"即此之谓。

⑦有孚挛如,无咎:"挛"同"娈",好。"如",语辞。《小畜》九五"有孚挛如"同此。《大有》六五"厥孚交如"即"厥孚姣如",与此同(《史记·晋世家》索隐"交犹好也",训与"姣"同)。《广雅·释诂》一:"娈、姣,好也"。帛书《二三子问》:"卦曰绞如委如。孔子曰:绞,日也",则《二三子问》读"交"如"皎日"之"皎"(《庄子·渔父》释文:"交,字书作皎")。

⑧翰音登于天,贞凶:"翰音",旧训鸡或泛言鸟属。按:"翰音"疑承九二之"鹤鸣"而言。如《小过》初爻"飞鸟以凶",而上爻则言"飞鸟离之";又如《乾》二言"见龙",而上则言"亢龙"等。"翰"犹《诗》"翰飞戾天"之"翰",高。"翰音"犹高鸣。"翰音登于天"正刘禹锡"晴空一鹤排云上"之谓。九二幽人居中,潜鸣于荫;上九居亢极而高鸣于天,正相对言。所谓"贞凶",即《小过》"飞鸟遗之音,不宜上,宜下"之谓。

【译文】

中孚卦:心中诚信可感鬼神,即使食有毒的河豚鱼也会吉祥无事,涉大川时也会风平浪静,因为纯正总会使人受益。孚,本义"孵",孵卵不能延期,寓"信"义。

初九:初交朋友,不轻信则吉;一旦深交就不应再有疑虑,以免自己不得安宁。

元赵孟頫作《秋郊饮马图》

九二：鸣叫的鹤儿在树荫下，它的对偶应声和鸣；我有一杯美酒，愿与你一起畅饮。

六三：战胜了敌寇，有的人击鼓庆贺，有的人倒地休息，有的人悲泣，有的人高歌。

六四：月儿即将圆满，良马失去原配，没有任何失误。

九五：彼此诚信，成为携手并肩的朋友，没有任何失误。

上九：像雄鸡司晨那样，身在地上而声音高亢入于天际，即使诚信也难免凶险。

【解读】

本卦阐释了诚信的原则。认为诚信有助于沟通意志，缩短人与人之间的距离，有利于事业的开展；但是，诚信不等于轻信，人与人交往之初，应当慎重观察，深入了解；一经相信，就应该始终坚信不可再有疑虑；诚信之交，能相互感应，有福共享；诚信的对象应有所选择，告别平庸无能的旧伴，而结交比自己更精明强干的君子，这不是势利而是对事业的忠诚；领袖人物更应该懂得诚信的功能，只有诚信才能感召天下贤士；不能因为自己有诚信而对自己的能力过于自信，更不能因此而孤高自赏，脱离群众，走向和谐与团结的反面。

【经典实例】

坚定信念终能成功

《中孚卦》讲的是人的诚信。人无信不立。倘若一个人丧失了这种品质，则无异于自毁立世之根本。春秋时期的漆商虞孚，企图蒙骗他人，结果落得自己一败涂地。

虞孚与计然和范蠡同时代，他不甘于过贫苦的生活，看到朋友们经商致富，他也跃跃欲试。他首先找到计然，向他请教致富的方法，计然对虞孚说："现在漆的销路很好，你为什么不种些漆树，采漆卖漆呢？"虞孚听了十分高兴，就向计然请教种漆树的技术，计然则有问必答，耐心指教。虞孚回去之后，起早贪黑辛勤劳作，经过一段时间的艰苦工作，终于开垦出了一个规模相当可观的漆树园。三年之后，漆树长成，可以割树得漆了，虞孚高兴得不得了，因为如果能割数百斛的漆，就可以赚很多的钱，他便将所割得的漆准备运到吴国去卖。正在此时，他的妻兄来看他，一看有这么多漆就对虞孚说："我常到吴国去经商，知道在吴国怎样销售漆，搞好了，可以获得数倍的利钱呐！"虞孚急于发财，便一再询问怎么办才能获得更多的利，他的妻兄说："漆在吴国是畅销货，我看到不少卖漆的人都煮漆树叶，用煮出来的漆叶膏和漆混在一起卖，这样可以获得加倍的利润，而吴国的人也发现不了。"虞孚听了，来了劲头，连夜取漆叶煮成漆叶膏装成几百瓮和漆一起运往吴国。当时由于吴越两国关系十分紧张，互不通商，漆在吴国确实是十分地紧俏。吴国的漆贩子们听说虞孚来卖漆，都兴奋不已，跑到郊外迎接他，而且还为他安排好了食宿。在住地吴国的漆贩子一看他的漆，果然是上品好漆，便讲好价钱，贴好封条，约定次日交钱取货。

等到漆贩子们一离开，虞孚便开启封条，连夜将漆煮的膏子和入上好的漆中，想以此来谋取高额利润。不想由于手忙脚乱之中，留下一些痕迹。次日漆贩子如

约而来,发现漆瓮上的封条有启动过的痕迹,便产生了怀疑,找了个借口,当时并没有成交,说是过几天再来。可虞孚在旅馆里一连等了好几天,也不见吴国的漆贩子再露面。时间一长,掺了漆叶膏子的漆都变了质。结果一两漆都没有卖成,连上好的漆也赔了进去。吴国的漆贩子们听说以后,都批评他说:"商人做买卖要诚实,商品质量是不能骗人的,今天你落到这个田地,谁又会可怜你呢?"虞孚没有钱回越国去,只好在吴国乞讨为生,还常常受到大家的讥笑,最后穷困潦倒而死。

人在世间,诚信尤为重要。欺诈之徒,时间长了,人们终究会认清他的本来面目,就会鄙视他、蔑视他、远离他。一个人要讲信用,国家的统治者也要对人民讲信用,没有信用就什么事情也办不成。古来成大事者,大多是重诚信,有法度的大智大仁之才。

行事信义为先

《中孚卦》阐释诚信的原则。诚信,为立身处世的基本,一切道德的根源,可以缩短距离,沟通意志,促进和谐与团结,发挥教化的功能,更可以积极进取,冒险犯难,但也非毫无原则。应以纯正为先决条件,凡事开始谨慎,事前慎重明辨,疑惑就不应信任,信任就不可怀疑,否则必然犹豫不定,不知所措。因而,诚信的对象,并非毫无选择,必须彼此的意志,能够沟通,互相能够引起共鸣,彼此诚信,才能发挥诚信的功用。更应知虚心为诚信的根本,自以为诚信,过度自信,反而孤高刚愎,脱离群众,造成失败。

曾参是孔子的一个弟子。有一次,曾参的妻子有事要去市场,被她的孩子知道了,也要跟妈妈一起去。曾参的妻子又不愿带儿子去,便骗她的儿子说:"你乖乖地在家吧!等我回来后将家里的那头猪杀给你吃。"孩子听了这话,便乖乖地留在家里。

过了一会儿,她从市场回来了,一推开门,便见她丈夫和儿子正在捕捉那头还没有养肥的猪,这可急坏了她,她把孩子推到一边,对她丈夫说:"我刚才的话不过是暂时骗孩子的,你怎么当真起来了!"

曾参却认真地说:"跟孩子开玩笑要看情况,不能随大人高兴便随口说;孩子以为大人的话都是真的,因此他才听父母的话;看了父母的举动,先是模仿,再运用到自己的现实生活中。现在你欺骗了他,实际上是教孩子下次学会欺骗你,你想,这种教育是好的吗?"

他的妻子听后哑口无言,终于让曾参把小猪杀了。

曾参的这种言出必行的精神历来为人称道。在现代,也有不少巨商富贾正是借此才发家致富的。

包玉刚从 1961 年起向日本订造船只,并长期同船厂保持生意关系,即使在航运业萧条或造船业处于淡季时,哪怕自己吃些亏也仍向日本订船。包玉刚的船队有 90% 的船只都是在日本建造的。当时日本正处于战后的高速增长期,实力还不像现在这样壮大,所以,日本船商对他一直存感激之心,视他为船厂"最高贵的主顾"。后来情况好转,世界上许多国家都向日本订造船只,船厂在不再接受订单的

情况下，却只对包玉刚的订单优先承接。包玉刚与船厂的这种"患难之交"的特殊的客户关系，使他在航运业获益颇多。包玉刚在经营中以诚实、重信誉取信于客户，这是他成就事业不可忽略的因素。包玉刚能在国际航运业激烈的竞争中安渡难关，与他取信于合作者的支持也大有关系。

"金碑银碑不如人的口碑"，所以，人们行事，应该信义为先。《中孚卦》阐述的正是这个道理。

胡文虎替父还债

旧中国在缅甸仰光的华侨商人胡文虎，被商界称为"世界万金油大王"，他一生就是恪守"信用就是金钱"的祖训，把信誉放在事业之首。

胡文虎的父亲胡子钦生前在仰光开中药店，去世时欠下中国香港药材行一大笔款。胡子钦死后，中国香港老板十分担心，以为欠账再也收不回来了。没想到，胡文虎办完丧事后，立即将店里所有现款全部兑换成港币，只身到中国香港去。

其父生前的好友都对此议论纷纷，以为他在父亲去世后无人管束，带着现款到中国香港尽情享受去了。哪知胡文虎一到中国香港，就主动替父还债。他的这一举动，立即使他赢得了中药业同仁的信任。当他还清债务后，马上就有中药材商人主动与之洽谈。于是他未付一分钱货款，就从中国香港带回一批药材。

回到仰光之后，他便立即拿钱派人去港付清货款。由于胡文虎做生意极讲信用，在中药业中信誉极高，所以，只要胡文虎药店开列的购货单一到，中国香港所有的药材行无不尽快发货交运。胡文虎就这样以诚信为基础，开始了他在东南亚中药事业的光辉前程。

信誉是无价之宝。经济的损失，将来可以赚回来；而信誉的损失，就难以弥补回来。信用能为产品带来市场，为企业带来顾客，为顾客带来信心。现代商业时代越来越讲究信用，以 QS 信誉招集顾客也成为许多企业共同使用的招数。

诚信是商人的第一品牌，是真正的经商之道。要想成为一个一流的商人，必须把诚信提在心头。经商的大忌就是轻诺寡言，乱开空头支票。答应别人的事情就要千方百计地去履行，如果做不到，就不要随便许诺。一诺千金就是这个道理。

南存辉的"含金量"

正泰集团董事长南存辉，是《福布斯》杂志认定的 2002 中国前 100 名富豪之一。作为一名企业家，在对诚信的态度上足以体现南存辉的魅力。

南存辉说："当年我修皮鞋的时候就是靠一针一线扎扎实实的技术在当地立足的。集资 5 万元办厂时，我把厂名取为'求精'，也是想通过精益求精的精神在市场上求得生存。多少年来正泰正是靠认真和诚信在社会上打造了一片天地。信用就是金钱！"

有一次，企业有一批货物出口希腊。在运输过程中，一只货箱出现了破损，重新装配时，偶然发现有一件产品不合格。南存辉得知后，毅然要求全部开箱检查。

由于开船的日期已经临近,如果不及时交付,将要付出巨额损失费。有人建议不要大动干戈,因为外商是老客户了,不会为了一只小产品不合格退货。这个建议被南存辉断然拒绝。结果,所有的货物被开箱检查,确认合格。为了不影响交货,这批货物由海运改为空运。仅此一项,企业的运费就多花了 80 万元。但通过这一件事,却树立了正泰集团的品牌。

在温州讲民营企业的诚信,仅凭法人代表签个名就可在银行贷到数千万元贷款。在所有的"金笔"中,南存辉的"含金量"最高。仅农行温州市分行给予他的授信额度就达两亿元。温州商界评议说,南存辉签名的含金量不仅体现出其本人的信用魅力,也由于正泰集团长期奉行"诚信经营"的企业文化使然。

诚信经营是企业获取市场竞争力、树立企业品牌的有效武器,也是富豪们增值财富的一种长期的根本的经营理念。诚信经营是国际市场经济发展的要求,也是企业家们始终坚持的一条最基本的信条。企业要想做大做活,就应该始终以诚信为本,将诚信摆在利润的前面,先生产诚信再注重利润,只有这样持续的发展才能成为现实,只有实现同诚信的零距离接触,企业才能得到长足的发展。因此,企业家应当把信用视为企业的"底线",要用信誉去占领市场,去赢得消费者。

人无信不立。讲信用,守信义,是立身处世之道,是一种高尚的品质和情操,它既体现了对人的尊敬,也表现了对己的尊重。我们反对那种"言过其实"的许诺,我们更反对"言而无信""背信弃义"的丑行。

孔子说:民无信不立。贾谊说:治天下,以信为之也。傅玄说:祸莫于无信。"小信成则大信立",治国也好,理家也好,经商也好,都需要讲信用。至诚之心不仅是与人相处之道,更是人的生存之道。具有魅力的人,应该是守信的人,诚实的人,靠得住的人。讲求诚信,请从自我做起,从现在做起,从小事做起。

安达信的崩溃

2002 年 10 月 11 日,美国得克萨斯州休斯敦地方法院将根据大陪审团的裁定做出判决。美国会计师事务所安达信面临被罚款 50 万美元和缓期 5 年的处罚。这个消息是 7 月 15 日公布的,一个半月后,8 月 31 日,刚从前一阵沸沸扬扬的丑闻风波逐渐平息下来的华尔街,传出一个并不太令人意外的消息,安达信美国公司宣布:"今天,安达信美国公司自愿放弃、同意撤销其在所有州内为上市公司提供服务的执照。"

这是一个迟早会来的消息,因为随着安达信为安然、世通等公司作假、并销毁证据、妨碍司法等事实的曝光,它在华尔街早已变得臭名昭著,美国联邦法院判定它有妨碍司法公正罪,其客户纷纷解除合同,员工各奔东西,海外公司早就被竞争对手收购。死亡已成为安达信的唯一出路。正如安达信公司一位人力资源主管加里·布兰特林格所说:"(安达信)就像一个患了晚期癌症的家人……我们在看着公司死掉。"

这家胆大包天的作假公司的垂死过程却令人大开眼界:从为安然作假东窗事发到被司法部门宣判"死刑",安达信为生存采取的种种合法和非法的伎俩,以及

展现的炉火纯青的"造假文化"不由得令人折服。

2001年末，安然事件震惊华尔街，这家市值高达800亿美元的能源巨子居然成了当时美国商业史上最大的造假者，一时间，华尔街充满了愤怒和恐慌。

12月12日，一则消息引起了华尔街投资者注意，为安然做财务审计的安达信公司首席执行官巴拉迪诺在国会的一次听证会上称，安然拒绝向调查组提供一个关键性的合作协议文本，而该协议很可能与安然破产有密切关系。但安然公司的代表立即予以否认，表示其高层已决定在24小时内向安达信提交有关资料。

安然事件牵出了安达信，并引出了另一个爆炸性新闻：安达信的员工已经毁坏了部分有关安然审计的重要资料。这些被毁资料包括电子文本、书信和文档文件。而负责对安然事件进行调查的美国证监会、司法部、国会一直致力于获得相关资料，并审查安达信在安然事件中所起到的作用。

此时的安达信一面与司法部门周旋，另一面开始全方位的"危机公关"，一方面决定出资近8亿美元赔偿安然股东，企图破财免灾，一方面，与竞争对手谈判收购事宜，以求留得青山在。这还不够，它又搬来华尔街德高望重的前辈，狐假虎威。

尽管使尽浑身解数四处周旋，但国会和司法部门这一关终究过不去，3月14日上午9时，是美国司法部给安达信限定的最后认罪期限。安达信的出路只有两条：一是主动承认罪行，二是接受联邦政府的指控。

但安达信决定铤而走险，以攻为守，它选择了第三条路。3月13日夜间，安达信公司的律师向司法部递交了一封信，拒绝承认妨碍了司法部门对安然破产案的调查，声称自己在安然公司破产案中销毁与安然有关的审计文件无罪，并指责司法部"严重滥用政府权力"。此后，双方进入了胶着状态，安达信又有了一线生存的希望。

4月16日有消息传出：美司法部将同安达信达成最后协议。安达信公开承认雇员曾非法销毁与安然有关的资料；司法部则承诺暂停对安达信有关阻碍司法公正指控。协议要求对安达信实施长达三年的延期诉讼，并要求安达信对有关内部文件销毁政策等做出修正，以避免类似事件的发生。但这个可能使安达信重生的传闻只持续了两天，4月18美国司法部宣布与安达信谈判失败，将继续准备起诉安达信。

在司法部门审理期间，美国得克萨斯州公共会计委员会于5月23日宣布，由于安达信在安然破产事件中的造假行为，它在得州的会计执照将被吊销，并对其处以至少100万美元的罚金。该委员会的调查结论认为：安达信未能遵守专业操守不是"疏忽或管理失误"所能解释的，而是组织结构和企业文化的问题，安达信缺乏独立性、正直和客观性。

对安达信来说，来自业内的这个结论实际上是先于司法部门而得到的"死刑判决书"，法院的判决甚至都不重要了。

按法律规定，安达信有足够的上诉期，但这前后，这家造假公司因自己的欺诈和贪婪蒙受了更大的耻辱。

7月初，比安然更大的丑闻惊曝：美国第二大长途电话服务商——世界通信公司制造了创纪录的33亿美元假账，并在此后引发了美国历史上最大的破产案，而

它的同伙又是安达信。

这个声名狼藉的造假公司终于走上了穷途末路，其审计的 2311 家上市公司已有 690 家改投其他会计师事务所，造成的损失达 43 亿美元，海外公司和合伙人纷纷易帜，投靠原来的竞争对手。最后时刻，安达信美国公司的员工由 2.8 万骤减至 3000 名员工。

它只能选择死亡，并被作为最贪婪、最狡诈和最胆大妄为的会计师事务所载入美国商业史。

人之诚信为本，需要慎重地对待。首先是要以动机纯正为先决条件，即它应是用于正当的目的，坚守正道。其次，诚信不要盲目，要有一定的原则。而诚信一旦建立，就应永不改变，这样的诚信才是真正经得起时间的考验的。

诚信切忌犹豫不定。在道德基础上建立的诚信一般是不会动摇的。而在利害基础上建立的诚信却是随时都会改变的。

诚信不要过度。不要以为有了诚信就有了一切。诚信虽然是人人应该遵守的处世原则，但并不意味着只要诚信便事事皆成。对诚信的过度自信只能招来羞辱。

诚字当头阔市场

一般来说，技术转让在饮料行业很是鲜见，因为饮料的独特制作方法是企业生存的法宝。美国可口可乐公司为了赢得更多的用户的支持和信任开了这个先河，成功地把自己的产品推向全世界。

第二次世界大战结束后，可口可乐公司特创了"现地主义"，即利用当地的人力、财力、物力开拓可口可乐的国际市场。这一方法开了饮料界的技术转让和出卖制造权的先河，既为总公司赚了钱，省了力，又拓宽了销路。而且还满足了当地对可口可乐的消费需求，又考虑到了他们的民族感情。可以说是一箭三雕。

第二次世界大战后，美国的国际地位大大提高，很多外国人迷信"美国造"，这种迷信为"可口可乐"提供了一个巨大的潜在市场。董事长魏拉夫经过深思熟虑后，决定在海外设立分公司。所有的职员都用当地人，由所在国自己出资建厂房、买设备。可口可乐美国总公司统一负责最重要的生产技术及销售方针、员工培训、广告宣传。但是，可口可乐的原液还要由美国总公司批发提供。

对这种作为，公司有人提出了疑问：如果当地所制饮料与正宗可口可乐不符，则美国可口可乐公司的企业形象会不会一落千丈呢？面对这个问题，魏拉夫自有主张，他以深远的眼光和独特的生意头脑做出了回答：技术和质量控制方法完全由可口可乐公司教给当地人，只要他们掌握了就不成问题。他还说："外国人不会永久地崇拜美国，不会永久地迷信美国货。他们的爱国心会逐渐增强，像饮料这样的消费品，若不能使用当地人的力量，在海外长期立足将非常困难。因此，'现地主义'是唯一可行的办法。"

为了保证饮料的质量和经营信誉，可口可乐公司又提出"保证金"的方案，即要设立可口可乐制造分公司的外国人，必须先付给总公司一定金额的保证金。这样，"可口芳香，妙趣横生，提神清爽"的"可口可乐"，在不同国度都有不同肤色的

人制造调配了。

　　美国可口可乐公司以诚字当头，以用户为上帝，把自己的技术和质量的控制方法教给当地人，使自己的产品走向全世界。

李嘉诚左右逢源

　　诚信能够感动一切。诚信之人，无论做什么事情，都能如愿以偿，无论遇到什么困难都能克服。平时的为人处世，要有诚信；在上层的政治生活中，更要以诚信为本。诚信不仅能使自己心安，也能感动他人。

　　"君子爱财，取之有道。"李嘉诚是一个典型的"儒商"，在叱咤商场的同时，坚持以诚为本，外圆内方。这不仅使他赢得了良好的声誉，更使他交下了无数朋友，为他带来了无数商机。正如他自己所说："有钱大家赚，利润大家分享，这样才有人愿意合作……财源滚滚来。"

　　曾经有一位相士见了李嘉诚，说李嘉诚相貌出色，以后非大富即大贵。这一点居然被他说中了。然而与其说李嘉诚后来的发达是因为相貌，不如说是由于他为人处世的诚信。

　　李嘉诚说："我现在就算再有多十倍的资金也不足以应付那么多的生意，而且很多是别人主动找自己的，这些都是为人守信的结果。对人要守信用，对朋友要有义气。今日而言，也许很多人未必相信，但我觉得，'义'字实在是终身用得着的。"

　　早年，在塑胶厂濒临倒闭的那些日子里，李嘉诚回到家里，强作欢颜，担心母亲为他的事寝食不安。知儿者，莫过其母。母亲从嘉诚憔悴的脸色、布满血丝的双眼，洞察出长江厂遇到了麻烦。母亲不懂经营，但懂得为人处事的常理。母亲是个虔诚的佛教徒，嘉诚走向社会，母亲总是牵肠挂肚，早晚到佛堂敬香跪拜，祈祷儿子平安。她还经常用佛家掌故，来喻示儿子。

　　母亲平静地说道：很早很早之前，潮州府城外有一座古寺。云寂和尚已是垂暮之年，他知道自己在世的日子不多了，就把他的两个弟子——大寂、小寂召到方丈室，交两袋谷种给他们，要他们去播种插秧，到谷熟的季节再来见他，看谁收的谷子多，多者就可继承衣钵，做庙里的住持。云寂和尚整日关在方丈室念经，到谷熟时，大寂挑了一担沉沉的谷子来见师父，而小寂却两手空空。云寂问小寂，小寂惭愧道，他没有管好田，种谷没发芽。云寂便把袈裟和瓦钵交给小寂，指定他为未来的住持。大寂不服。师父道，我给你俩人的谷种都是煮过的。

　　李嘉诚悟出母亲话中的玄机——诚信是做人处世之本，是战胜一切的不二法门。李嘉诚为自己所做的事，流下悔恨的眼泪。

　　翌日，李嘉诚回到厂里，工厂仍笼罩在愁云惨雾之中。李嘉诚召集员工开会，他坦诚地承认自己经营错误，不仅拖垮了工厂，损害了工厂的信誉，还连累了员工。他向这些天被他无端训斥的员工赔礼道歉，并表示，经营一有转机，辞退的员工都可回来上班，如果找到更好的去处，也不勉强。从今后，保证与员工同舟共济，绝不损及员工的利益而保全自己。

李嘉诚说了一番渡过难关、谋求发展的话,员工的不安情绪基本稳定,士气不再那么低落。

紧接着,李嘉诚一一拜访银行、原料商、客户,向他们认错道歉,祈求原谅,并保证在放宽的限期内一定偿还欠款,对该赔偿的罚款,一定如数付账。李嘉诚丝毫不隐瞒工厂面临的空前危机——随时都有倒闭的可能,恳切地向对方请教拯救危机的对策。

李嘉诚的诚恳态度,使他得到他们中的大多数人的谅解,他们都是业务伙伴,长江塑胶厂倒闭,对他们同样不利。银行放宽偿还贷款的期限,但在未偿还贷款前,不再发放新贷款。原料商同样放宽付货款的期限,对方提出,长江厂需要再进原料,必须先付70%的货款。

客户们态度不一,但大部分还是做了不同程度的让步。有一家客户,曾把长江厂的次品批发给零售商,使其信誉受损,经理怒气冲冲来长江厂交涉,恶语咒骂李嘉诚。李嘉诚亲自上门道歉,该经理很不好意思,承认他的过失莽撞。该经理说李嘉诚是可交往的生意朋友,希望能继续合作,他还为长江厂摆脱困境出谋划策。

李嘉诚的"负荆拜访",达到初步目的。他却不敢松一口气,银行、原料商和客户,只给了他十分有限的回旋余地,事态仍很严峻。

产品积压,库满为患。这之中,一部分是质量不合格;另一部分是延误交货期的退货,产品质量并无问题。李嘉诚抽调员工,对积压产品普查一次,将其归为两类:一类是有机会做正品推销出去的;一类是款式过时,或质量粗劣的。

李嘉诚如初做行街仔那样,马不停蹄到市区推销;正品卖出一部分。他不想为积压产品拖累太久,全都以极低廉的价格,卖给专营旧货次品的批发商,在制品的质检卡片上,一律盖上"次品"的标记。李嘉诚陆续收到货款,分头偿还了一部分债务。

在危机之中,原来的一些亲戚朋友,有的对李嘉诚敬而远之,生怕他开口借钱或带来麻烦。李嘉诚又一次体验到世态炎凉、人情冷暖。每个人都难免会有这样或那样的弱点,李嘉诚求发达,丝毫不含报复的成分,他后来发达成巨富,不计前嫌,仍与这些在危难中曾疏远他的亲友保持来往。

危难见人心,路遥知马力。李嘉诚能渡过难关正是靠那些真诚亲友,获得新订单,筹到购买原料、添置新机器的资金。被裁减的员工,又回来上班,李嘉诚还补发了他们离厂阶段的工薪。

李嘉诚又一次拜访银行、原料商和客户,寻求进一步谅解,商议共渡难关的对策。长江塑胶厂出现转机,产销渐入佳境。

1955年的一天,李嘉诚召集员工聚会。他首先向员工鞠了三躬,感谢大家的精诚合作。然后,用难以抑制的喜悦之情宣布:

"我们厂已基本还清各家的债款,昨天得到银行的通知,同意为我们提供贷款。这表明,长江塑胶厂已走出危机,将进入柳暗花明的佳境!"

话音刚落,员工顿时沸腾起来。散会前,每个员工都得到一个红包,由李嘉诚亲自分发。

夜深沉,海风裹挟着丝丝凉意。忙碌了一整天的李嘉诚,爬上附近的一座小山

岗,眺望着中区的万家灯火和海域中行走的巨轮,陷入沉思之中。

李嘉诚回首这段岁月时说:

"诚信就是生命,有时比自己的生命还重要!"

李嘉诚干出了一番伟大的事业,但单凭他在商场上的东拼西杀是远远不够的,就像单枪匹马无法打赢一场战争一样。他以诚为本,与人为善,广交朋友,左右逢源,赢得更多的机遇,使自己的事业从无到有,不断壮大,走向辉煌。

人最可宝贵的品格就是诚信,没有诚信的品格,热情就会变成逢迎,谦虚就会变成虚伪,而一旦从商就会欺诈而不讲信誉。反之,以诚待人则有义,以诚经商则信立,于是朋友如云,机遇迭至,成功自然不在话下。

小过卦第六十二

【经文】

艮下震上　小过①亨,利贞②。可小事,不可大事,飞鸟遗之音,
不宜上,宜下,大吉③。

初六　飞鸟以凶④。

六二　过其祖遇其妣;不及其君遇其臣,无咎⑤。

九三　弗过防之,从或戕之,凶⑥。

九四　无咎,弗过遇之,往厉必戒,勿用永贞⑦。

六五　密云下雨,自我西郊,公弋取彼在穴⑧。

上六　弗遇过之,飞鸟离之,凶,是谓灾眚⑨。

【注释】

①小过:卦名。通行本为第六十二卦,帛书本为第二十八卦。此与《中孚》卦为卦爻反对的关系,故次列于《中孚》后。

卦象为下《艮》山,上《震》雷,象雷在山上。雷在山下地上为《豫》,雷在天下山上为《小过》,雷在天之上为《大壮》。"小过"再进一步便是《大壮》,过于壮也。"小"与少、稍同义,表示物之微、事之渐。《小过》卦就是要人们防微杜渐,因此爻辞说防戒而弗过,卦辞说宜小事、宜退守,而不宜大事、不宜进往。

②亨,利贞:雷在天为过壮,然而雷在山时察知事之微渐,则可亨通而得利占。

③可小事,不可大事,飞鸟遗之音,不宜上,宜下,大吉:"可"犹"宜"。"小事"谓求自安,"大事"谓图进取。"遗",送给、带来。"飞鸟遗之音",或以为即所谓"鸟占",可从。"上"谓进取,犹"大事";"下"谓退守,犹"小事"。若能从筮占之为小事而求安、听鸟占之下而退守,则可获大吉,爻辞"遇臣"(六二)、"取彼在穴"(六五)即此;反之则凶,爻辞"飞鸟"(初六)、"过之"(上六)即是。

④飞鸟以凶:"飞鸟"即"鸟飞"。处《小过》之初,不知退下以求自安,反而上行进取以图大事,故有凶险。《太玄·羡》准《小过》,其初一云:"测曰:羡于初,后难正也"。

⑤过其祖遇其妣,不及其君遇其臣,无咎:此当读为两句,中间不断,"妣""臣"为脂真协韵。旧或读为"过其祖,遇其妣,不及其君,遇其臣"似非。"过",超过。"祖"疑借为"阻"(《书·舜典》"黎民阻饥",今文《尚书》作"祖饥"。《汉书·食货

志上》颜注"祖,古文言阻"),阻隔,指九三、九四两阳爻。"遇",遇逢,获得(《孟子·离娄上》注:"遇,得也")。"妣"疑借为"比"(《释名》:"妣,比也。"。《诗·丰年》"祖妣",《文选注》一作"祖比"。帛书《周易》"妣"即作"比"),比配,匹配,指与六二相应的六五,下文的"君"即此"比"。《丰》卦()初九的"遇其配主"即指相应的九四而言,则此"遇其比"及其君"即"遇其配主"的意思。"及"义犹"遇"(《诗·摽有梅》《释文》:"及,本作得。")。"臣"即臣仆(帛书作"仆")。"遇其臣"犹《旅》()六二之"得童仆"。就爻位而言,本卦及《旅》卦六二的臣仆均指初六。六二本欲超过两刚爻之阻隔而上行与六五之君遇合匹配,结果未上进以求与君主遇合,而是下退得到了臣仆。本欲上行及五,终却下而得初,正与卦辞"可小事""宜下"偶合,所以没有咎害。《太玄·羡》:"次二,羡于微,克复,可以为仪。"本欲上进干禄是"羡于微",随即下退求仆是"克复",因其无咎,故"可以为仪"。

⑥弗过防之,从或戕之,凶:"弗过",不要有所过越。"防",提防警惕。"从",进往(《小尔雅·广言》:"从,遂也";《广雅·释诂》:"遂,往也。")。"戕",伤害。若无所过越并时时提防则可无咎,若有所进往则会受到伤害而面临凶险。此爻与九四相近。

⑦无咎,弗过遇之,往厉必戒,勿用永贞:"弗过遇之"谓不要有所过越而希图遇逢获得什么("遇",得也),如此则无咎害。"往"犹九三之"从",进往。"戒"犹九三之"防",警戒提防。"用"犹"利",谓不利占问长久之事。

⑧密云不雨,自我西郊,公弋取彼在穴:密云聚集,自西向东吹则无雨,谚所谓"云往东,一切空"(见《小畜》注)。此谓向上求则无所得。"公"指六五,即占得此爻者,可译为"他""此人"。分言之则"弋""射"有别("弋"指箭之带绳者),统言之则"弋"即"射",帛书即作"射"。"取"犹"获"。"彼",指所射之禽兽。"穴",穴洞,当指六二而言(在上为巢,在下为穴)。此谓下求则有获。此爻略同六二。"密云不雨",即卦辞所谓的"不宜上";"取彼在穴",即卦辞所谓的"宜下"。

⑨弗遇过之,飞鸟离之,凶,是谓灾眚:"弗遇",无所遇逢、无所得。"过之",谓因为上六处卦之亢极而行为太过了。"离"同"罗",作动词,指投入罗网。祸自外来为灾、由己而生为眚。爻处上爻亢极之时,是自外来;行为太过,是由己而生。灾眚在此统指灾祸。"是谓灾眚",这是自取其祸。

【译文】

小过卦:象征小有过失、交错。小过卦的卦象是下单卦为艮,为山,为止;上单卦为震,为雷。山上之雷,可谓过雷,雷声大雨点小。此卦为小事利之卦象,可谓"雁过留声,其音不绝。"但大雁不宜高飞,只应向低飞,向下飞,如此才有利。

初六:飞鸟掠过头顶凶,实非飞鸟凶,而是遇之凶也,并大有妻子挟制丈夫,臣子挟制君王,蛮夷挟制中原之势。

六二:与祖父失之交臂,却和祖母相遇;高攀不到君王,只得与臣下交往,不可能得到原来的期望值,但并无灾眚。

九三:坦荡君子却遭小人算计,审慎戒之,可免于危;委曲求全则有被加害的危险。大凶。

九四:刚而兼柔,守正而不争,即不逞强,便没有危险。但如果过于仗义执言,秉持公道便会引火烧身。

六五:浓云密布不见雨,云气却从城邑的西部冉冉升起,这是阴阳不和之状。这时君王位居尊位,就不能亲自去寻找辅佐自己的人,正如亲自执箭将钻入穴中的鸟猎捕来。

上六:势盛极必过,骄亢极必有失,正如飞鸟飞得太高,目标太露,终会被射杀。这是天之降灾,不可避。凶。

【解读】

《小过》卦的中心思想在于阐释"过"与"敛"的道理。行动有时难免过度,过度与收敛的分际必须明辨。这种道理在生活中显得极为重要。无论是处理人际关系,还是去办理事情,都应有一个"度"。"过"与"敛"超越分寸,是不会有结果的,不但会使事情无法成功,有时甚至会因"过分"而惹出是非。因此,卦的意义是极有现实启示作用的。

【经典实例】

一心立功功难成

社会有冷酷的一面。那种不懂收敛,单凭一腔热情而随意"小过"的人常常是失败者。凡事若多些理性,多点心眼,不仅能成就事业,更可少惹些麻烦。这是社会固有的本质,不认清此理,当是一最大的隐患。下面的故事,对人就很有教益。

自从小石成为董事长的特别助理,各单位的主管都紧张了起来。因为稍稍反应慢一点,小石自己便冲了下来。

也许因为小石毕竟是留美的企管博士,虽然年纪不过三十出头,办事效率可了不得,进公司没多久,把每个单位全搞清楚了。当然搞清楚也就有了麻烦,很快,张经理、王副理,分别卷了铺盖。前一天小石才在他们的单位转了一圈,翻了翻本子,第二天居然就发出了免职通知。

从小石进来,原来已够精明的董事长,更是如虎添翼,事事能洞烛先机了。

小石跟董事长非亲非故,只不过一次面谈,就得到那么大的权力!董事长的

道理很简单：

"时代不同了！需要用现代方法与观念来管理,才能经得起考验,聘个外来的年轻人,没有旧的瓜葛,做事放得开手,也显得客观。"

几乎每次主管会议,董事长都要当着大家夸小石,说要由小石帮他,为公司做一次全面的整顿,改善公司的体制,冲得更高更远。

小石的评估计划终于出炉了,所有的主管都屏息以待,看看要怎样"变天"……

"在了解每个部门的作业之后,我觉得公司需要全面电脑化、透明化,把所有的资料全部输入电脑。要查哪批货、哪笔账乃至估价的细节,一按键就清清楚楚地出来,既增加了效率,减少了人情干扰,又可以防弊！"

小石把一份厚厚的计划书,交给了董事长："上面写得很详细,连电脑的容量、机型,都做了评估,花不了多少钱。您只要交给采购部门,找人估价就成了,到时候我会协助安装,并教大家使用……"

"好！好！好！我来看看！"董事长频频点头,又转过身,"华小姐,你也研究研究！"

一个月就能办妥的事,居然拖了近半年。难道董事长和华小姐要研究这么久吗？不过每次开会,他必定竖起大拇指,大声说：

"石博士这个计划真是太伟大了。我愈看愈佩服,一定要做！一定要做！"

大家都猜到小石很快会升到一级主管,果然董事长在会议上宣布了这个消息：

"石博士留美多年,我们公司应该积极借重他的长才,以开拓海外市场,所以我决定设立美国办事处,请石博士担任驻美代表。同时为了使他能无后顾之忧,公司要为他在美国买一栋房子,全家的机票、搬家和子女的教育费,全由公司负担。"

多么优厚的待遇啊！人人都露出羡慕的眼光。

只是公司的全面电脑化,由谁来负责呢？

"我正在研究！"每次有人问,董事长都这么说："一定要做！一定要做！"

许多人读了这个故事,都会说小石把事做过了头,董事长为了让公司不致因他而"脱节"所以把他外放。

虽然小石确实是个人才,但他做事的方法毕竟太"生猛"了,不但完全冲淡了人情,连原来的秩序也企图一下子全打破,让人无所适从。结果就难免四面楚歌,连董事长也不能再让他放任下去了。这就是因为违反了《小过卦》所揭示的规律,而产生的不良后果。

小不忍则乱大谋

《小过卦》阐释过与敛的道理。信心十足,必然会有行动；行动就难免过度；但过度与收敛的分际,必须明辨。在消极方面,对自己要求稍为过度,有益无害；然而,在积极方面,则不可过度,好高骛远,自不量力,甚至招致杀身之祸。因而,过与敛、刚与柔,应因应时机,适当节制,连通运用,即或是正义,也不可过度固执,以致处置过当,反而造成伤害。过度不足以成大事,将为自己招致灾祸。

战国时代,齐国攻打宋国,燕昭王派张魁带领燕兵去协助齐国,齐王反而杀死了张魁。燕昭王听到消息后,气愤非常,当即召来百官说："我要立即派兵去攻打齐

国，给张魁报仇。"

大臣凡繇听说后拜见燕王，劝谏说："从前我认为您是贤德的君主，我非常愿意当您的臣子。现在看来您并非圣德贤明，所以我想辞官不再为您的臣子。"

燕昭王忙问："这是做什么呢？"

凡繇答道："当初，我们与齐国作战，我们的先王被俘，您虽感到痛苦，但却卧薪尝胆侍奉齐国，只因为力量不足。如今张魁被杀死，您却要攻打齐国，这是把张魁看得比先王还重。"凡繇请燕王停止出兵。

燕王说："应该怎么办？"

凡繇回答说："请您穿上丧服离开宫室住到郊外，派遣使臣到齐国，以客人的身份去谢罪。说：'这都是我的罪过。大王您是贤德的君主，哪能全部杀死诸侯们的使臣呢？只有燕王的使臣独独被杀死，这是我国用人不慎重啊。希望能够让我改换使臣以表示请罪'。"

燕照王

燕王接受了凡繇的意见，又派了一个使臣到齐国去。

使臣到齐国时，正值齐王正在举行盛大宴会，参加宴会的近臣、官员、侍从很多，齐人让燕王派来的使臣进来禀告，使臣说："燕王非常害怕，特派我来请罪。"使臣说完了，齐王又让他大声重复一遍，以此来向近臣、官员、侍人夸耀。

过后，齐王就派地位卑微的使臣去告诉燕王，让他返回不用再受苦了，可以到宫中居住，表示已宽恕燕王。

由于燕王委曲求全，为攻打齐国，准备了充分的条件。

燕国地处偏僻，国内奇缺人才。不但外面人不知道这里的情况，连本国仅有的几个人才也流向别国，昭王为求贤人而坐卧不安。

大臣郭槐给燕昭王出了个聚揽人才的办法："就是重用尊敬像我这样才干不大，做事平庸的人，那么天下比我有才能的贤人就会接踵而来，投奔你的门下为大王所用。"

燕昭王照着郭槐的话办了。处处尊重郭槐，给他赐赏封官，处处都给予特殊优待。不到三年，天下的贤能之士就从四面八方投奔到燕国。这些贤士来到燕国之后，为燕昭王改革政事去除弊病。时间不长，燕国就变得兵强马壮，繁荣昌盛，燕王认为时机已到。于是准备出兵攻打齐国，在济水一带打败了强大的齐国。

人有时急火攻心，难免意气用事，小不忍则乱大谋，常常造成不可逆转的局面。所以，应该以中道为圭臬，警惕"小过"，这样才能有所作为。

范雎让相

战国时，燕国人蔡泽到处求官无果，于是来到了秦国。他见到了范雎，两个人纵论天下兴亡之变，说得合情合理，头头是道。他见到范雎对自己很佩服，就说：

"请允许我对您说一句不恭敬的话，您现在对秦国已经功劳很大，官位也很高了。得到了秦王的宠信，正是您退隐的好时机。如果这时退下来，可保证一生荣耀。不然的话，可能会有天大的灾祸啊！"

范雎让相

范雎向他询问原因，蔡泽列举了历史上很多沉痛的教训：商鞅为秦孝公制定刑法，提倡变革，使秦国无敌于天下，最后却被"车裂"而死；大将白起率兵攻楚伐赵，长平之战杀敌四十余万，巩固了秦的霸业，却被逼自杀；吴起为楚悼王立法，名噪天下，诸侯全听命于楚国，却被肢解丧命；文种为越王深谋远虑，使越国逐步强盛，报了夫差之仇，最终还是被越王杀掉。

蔡泽又说："这四个人都是因为建立了很大的功劳，得到了很高的官位后，不能及时告退，才遇到祸患的。也就是人们常说的，'成功之下，不可久处'。所以我诚心诚意地劝您，还是早交出相印，退隐山林为好。如果您再舍不得离开相位，后果怕是不堪设想啊！"

范雎听了之后，十分震动，就把蔡泽推荐给秦王。没有过几天，范雎又以自己生病为由，辞去相位，秦昭王就让蔡泽当了相。

按照"小事可过，大事不可过"的易理，可见范雎的做法是比较恰当的。行事谨慎，适可而止，才能善始善终。

雍正帝藏匾训臣整顿吏治

康熙和乾隆掌政时期，国家呈现出太平盛世的局面。康熙时期的繁荣得益于康熙治理天下有方，然而康熙晚期，国家却一直走下坡路。一方面是他晚年多病，不能勤政；另一方面是确立皇储的问题搅得朝中一片混乱。因此，在他统治晚年，

国学经典文库

朝中官员渐渐疏于政治,因循敷衍、懒散拖沓、贪污行贿把官场弄得乌烟瘴气,一直蔓延到雍正初年。

雍正登基后,决心全面整顿,改变朝廷大臣玩忽职守的态度和消极懒散的作风。他清楚这种作风已经有很长时间了,彻底废掉不是轻而易举的事情。但如果对他们仅仅宣传一些大道理,恐怕收不到较好的效果。

雍正想来想去,觉得不如来个杀鸡给猴看,说不定能产生大的影响,震住其他大臣。但是,到哪儿去找这只"鸡"呢?不久,雍正就找到了突破口。

一天,雍正让手下趁别人不注意时,把刑部大门上的匾额拿回来,藏在屏风后面。然后雍正耐心地等待,看看刑部有什么反应。

一天过去了,刑部没有什么异常。

两天过去了,刑部依然像什么事都没

粉彩象驮宝瓶瓷塑

有发生一样。

第七天,雍正再也沉不住气了。他命令召见刑部主管官员。一见面,他突然问:"你们主管衙门外的大匾额还在吗?"

官员不知雍正有何用意,毕恭毕敬地回答说:"在!"

可是当他们抬头看皇上时,只见雍正脸色阴沉,不知自己说错了什么,慌忙补充说:"应该在吧!"说罢,不敢言语。

雍正向近旁的侍从招招手,两个内侍便把刑部大门外的匾额从屏风后抬出来。刑部主管官员一看,吓得直哆嗦,一时不明白究竟怎么回事。

雍正指着放在大殿中央的匾,厉声说道:"这块匾额已经放在这里七天了,可你们却没有任何人发现!这么大的缺陷你们居然都没有注意到,不知你们平日会疏忽多少事务!堂堂一部之首尚且玩忽职守到如此地步,又怎么能以身作则,教导下面的人勤于公务呢?"

雍正大发脾气,刑部主管吓得双腿发软,连连叩头,俯首请罪。他在皇上面前立下誓言,决心痛改前非,整顿吏治,提高效率。

自从这件事传开后,朝廷六部拖拖拉拉的办事作风很快就有了改变。

黄鸿年陷入"尾大不掉"的困局

1992年的4月,一位44岁的印尼华裔商人来到了中国,在短短一年时间里,他大举收购了300家国有企业,并在海外上市"倒卖"。这个叫黄鸿年的商人哗地打开了"资本经营"的第一道闸门,一时间争议四起,效者如云。但是到1999年,黄鸿

年却被收购的众多公司所困扰,陷入具体的经营泥潭,造成了数亿元的亏损,他所在的中策公司也终于易名改行,重整江山了。

中策是中国香港的一家上市公司。中策集团在1992年4月到1993年6月间斥资4.52亿美元购入了196家国有企业,随后又收购了100多家,后虽因中国政府干预中止了部分合同,但中策仍在短短的时间内组建了庞大的企业帝国。

不可否认,黄鸿年在运作过程中利用了中国现行法规的某些漏洞。原中外合资法规中允许外资分期到位,中策利用此漏洞往往预付15%~20%的投入就控制了国有企业,将头批企业在海外上市后所获资金再投入滚动式收购。又中国法律规定外资合资方不得转让其合资股权,中策却转让了持有这些股权的海外控股公司股份。同时中策利用中国对合资企业的各种优惠(如税收上的"三免两减")、汇价双轨制等获利匪浅。

在海外倒卖中,黄鸿年也抓住了最有利的经济时机。经济界已经发现,中国与世界发达国家的经济周期是相反的。外国萧条时中国兴旺,中国紧缩整顿时外国经济复苏。1992~1994年初西方经济增长缓慢,美国10年期国债收益率从1991年初的9%一路降至1994年初的6%,国际资本相对过剩。而中国在此期间经济增长率年年高达10%以上,以中国题材为号召募集资本十分容易。中策正是利用这一特点,在中国经济刚开始复苏、但企业财务数据尚不理想之时低成本收购我国有企业,在1993年中下旬国际资本市场上"中国神话"达到顶峰时增资,获取了巨额利润,集中了大量资本。

但是,黄鸿年在收购后出现了一些很大的失误。中策在数百家收购企业中没有派驻一个人,总部仅有两三位财务人员全年巡回审计,收购初期,由于体制解放自然可激活生产力,出现反弹式的效益增长,然而随着大陆经济氛围的日趋市场化,体制优势日渐消失,原有的产业形态落后、设备老化、新产品开发不力、人才结构不合理等国企老问题一一凸现,黄鸿年收购有余,整合不足,进入迅速,退出犹豫,以致最后陷入具体的经营泥潭,尾大不掉,形同鸡肋。

1997年,东南亚爆发金融危机,黄鸿年也遭遇阻击损失惨重,他遂将大部分股份出让,逐渐淡出套现。1999年,中策的中国轮胎及其他在中国的合资公司共亏损2.32亿港元。2000年5月,黄鸿年宣布将中策转型至资讯科技和电子商贸相关业务,公司也易名。

自1992年"中策现象"出现后,资本经营一度是国内最热门的经营方式,同时,它也成为无数企业陷入困境的一大陷阱。黄鸿年想通过大量收购、扩张来形成巨大的资本经营规模,贪大求广、面面俱到,则不可避免地陷于"尾大不掉"、不堪重负、粗放性经营的窘境。

企业的发展应是由小到大逐步壮大起来的,对于经营者而言,刚开始胃口不要太大,不要想着一口吃成胖子。我们知道,飞往太空的宇宙飞船的助推火箭是分为一级一级的,通过一级一级的飞行,才能到达目的地。

如果没有大的规模,就难有大的效益,但选择大规模发展时务必慎之又慎重,切不可盲目贪大。规模大小,本质是获利多少,但规模大了,一旦变得失控,这种大规模反倒变成了"丧钟"。求规模要靠自己的实力和其他方面能否相匹配,在激烈

的竞争中，经营者千万不要过大地扩张，而要善于扎扎实实，埋头苦干，由小到大，这样才能成就一番大事业。

郗超客观公正对待政敌

《世说新语》记载，郗超与谢玄原来不和。符坚将要进攻晋国，已经占领了梁州和岐山，又虎视眈眈地注视淮阴。于是朝廷决定派遣谢玄领兵北伐符坚，社会上很有些不同的议论。

只有郗超说："这次北伐一定能成功。我过去曾和他在桓宣武府中共过事，被他使用的人都能人尽其才，即使是一些极普通的人，也能得到任用。由此看来，他一定能立大功。"

大功完成以后，当时人们都感叹郗超有先见之明，又尊重他不因为自己的爱憎隐瞒别人的优点。

即使是政敌，如果借机攻击与自己不和的人，也是不道德的。如果能够实事求是、客观公正地对待对方，这对于缓解双方矛盾和提高自己的声誉都是有益的，郗超是深明此理的。

修道者不知适可而止

有一位禁欲苦行的修道者，准备离开他所住的村庄，到无人居住的山中去隐居修行。他只带了一块布当作衣服，就孤身来到山中居住了。

后来他想到，当他洗衣服的时候需要另外一块布来替换，于是他就下山回到村庄中，向村民们乞讨一块布当作衣服。村民们都知道他是虔诚的修道者，于是毫不考虑地就给了他一块布。

这位修道者回到山中后发觉，在居住的茅屋里面有一只老鼠，常常会在他专心打坐的时候来咬他那件准备换洗的衣服。他早就发誓一生遵守不杀生的戒律，因此不愿意去伤害那只老鼠。但是他又没有办法赶走那只老鼠，所以他回到村庄中向村民要一只猫来饲养。

得到了一只猫之后，他又想道："猫吃什么呢？我并不想让猫去吃老鼠，但总不能跟我一样只吃一些水果与野菜吧！"于是他又向村民要了一只奶牛，这样，那只猫就可以靠牛奶维生了。

但是，在山中居住了一段时间以后，他发觉每天都要花很多的时间来照顾那只奶牛，于是他又回到村庄中找到了一个可怜的流浪汉，带着他来到山中居住，让他照顾奶牛。

流浪汉在山中居住了一段时间之后，他跟修道者抱怨说："我跟你不一样，我需要一个太太，我要正常的家庭生活。"修道者一想也有道理，他不能强迫别人一定要跟他一样过着禁欲苦行的生活……

这个故事就这样继续演变下去，你可能也猜到了，到了后来，也许是半年以后，整个村庄都搬到山上去了。

修道者的本意是找一个清静的地方去参悟修行，但他为了自己方便却一次又一次地向村民要这要那；他本是一个禁欲者，但他的欲望却超过了常人。这就是"过"。他本向往清静，但村庄搬上山自然是鸡犬相闻，又怎么能够静下心来呢？他为修行所做的种种努力也就这样被荒废掉了。

有些人总会有无止境的奢求，在他们得到部分满足的时候还不愿意收手，还希望拥有更多。忘记了适可而止，到最后只能是连自己原来得到的那一份也给丢掉了。

做事符合自己的能力，心中始终充满了希望，充满了欢乐；不切实际的欲望，会导致在追求理想的过程中遇到挫折、忧愁和痛苦。

做任何事情都要掌握个分寸，也就是所谓的"度"。事情做得过了度，往往便会走向反面，好事也就变成了坏事。有时，事物的发展往往不会以某个人的主观意志为转移，我们无法强求，无法回避，无法更改。所以，我们只能强迫自己认识它，了解它，承认它，适应它。也只有做到这一点，我们方能真正做到事半功倍。

在生活中我们可以经常看到：一个老是被人欺侮的软弱者，也会有发怒的一天，将那个比他厉害、比他强壮的人打得鼻青脸肿。一个患有严重"妻管严"的丈夫，在妻子的监视下不敢对自己的父母表示一点点孝心。可是忍耐到了极限以后，有一天，他也会站起来反抗，对妻子咆哮一通，结果把妻子吓得不知所措。

由此我们得出一个观点：凡事都不可做得太过分，否则就会招致不利于自己的结果。在与人交往中，凡事不要把人逼得太紧，而不留下一点回旋的余地，而应该尽量保持相对自由的空间，为日后的交往埋下伏笔。

所以，做事情要掌握分寸，把持尺度，杜绝不顾分寸盲目乱干的思想和行为。人生变故犹如流水，事盛则衰，物极必反，恰到好处则是不偏不倚的中和。

当然，我们也不要因噎废食害怕犯错而过于固守其常，而是要随时处顺，要看到小错误也是一种机遇。机会常常改装打扮以问题面目出现，对某一重要问题的解决本身就为成功提供了良机。"悲观者只看见机会后面的问题，乐观者却看见问题后面的机会。"错误和偶然本身虽然能够产生机会，但这种机会是隐藏着的，只有细心和独具慧眼的人才能从错误和偶然中发现机会，从而抓住机会。当你在事业追求中面对一个"可能"的时候，当你在人生旅途中遇有一个"机遇"到来时，要果敢地迎上去，抓住它，要充满信心，竭尽全力去做。因为行动是争取机遇、实现追求、通向成功的唯一途径。当你一次次"做过"以后，你定会感到：啊，我真幸运，我能拥有这样的成功，真是没想到。当你一次次"错过"以后，你不免叹道：唉，我真后悔，当初为什么不试一试呢？试一下该有多好！所以，有时我们还要做到"宁可做过，莫要错过"。这是生活与事业中的一种积极进取、果敢自信的态度。

孔子不失圣贤风范

过与敛的原则在具体运用时应随机应变，依据实际情况变通使用，而不可固执一边。即使你的事业是正义的，如果过度固执，处置不当，也会招致失败。而若你

受恶人的攻击,防备不能无原则地"超越",也不能不讲分寸地"超越"。任何事物都有它的客观规律,违背这些规律,事情就不会办好。孔子私下诋毁晏婴,而晏婴不计其过,使孔子心生内疚,随即登门道歉。这一"过而有度"的故事从某一个侧面诠释了"小过"卦的精髓。

孔子带着弟子周游列国,有一年,孔子去齐国,觐见齐景公以后,却没有拜访宰相晏婴。子贡便问他:"先生,咱们这次来齐国,为什么只见齐国国君而不见齐国的宰相?"

孔子回答说:"晏婴是个八面玲珑、处事圆滑的人。他连续被齐国齐灵公、庄公、景公三世国君重用为相,执掌朝政数十年,可以说是事奉三君都能官运亨通。因此,我不想见他。"

这话传到了晏婴那里,晏婴没有生气,而是心平气和地对他的下人说:"我以一心事三君,一心一意地忠实执行三世齐君的旨意,为齐国的安定、富强竭尽全力,所以我做相国一直很顺利。如果以三心事一君,那就不会是顺利的了。现在孔子认定我从政顺利的原因是八面玲珑,处事圆滑,让人难以接受。起先,我以为孔子的言论是珍贵的,现在我对他的言论的正确性感到怀疑。"

孔子听到晏婴对自己言论的评价,认识到自己说错了话,自我检讨说:"我私下议论晏婴时,并不确知他有什么过失,这是我的过错。我对晏婴是失言了,晏婴讥讽我是对的。对晏婴相国,我应视之为师。"于是,孔子先派弟子宰予前往齐国相府,代自己向晏婴谢罪。随后,又亲自登门拜访,向晏婴道歉。

事后,晏婴评论此事说:"圣贤之人也会有错,但贵在有错认错,有错必改。孔子就是这样的圣贤之人啊!"

孔子把从严要求自己,检查和改正自己的过错当作提高道德修养的重要手段。在《论语》中他也反复强调有了过错要不怕改正。

面对自己的缺点和错误,讳疾忌医只想掩饰和遮盖,就会使小过变成大过,在歧路上越走越远。

缺点和错误就像疾病一样,要是爱面子、好虚荣而不正视它,必然会蔓延扩展,以致酿成祸患。改小过而从大善是人生道路的一座桥,它使人从泥潭中得以自拔,并从此走上洒满阳光的大道。

既济卦第六十三 ䷾

【经文】

离下坎上　既济①亨,小利贞②。初吉终乱③。

初九　曳其轮,濡其尾,无咎④。

六二　妇丧其茀,勿逐,七日得⑤。

九三　高宗伐鬼方,三年克之⑥。小人勿用⑦。

六四　繻有衣袽,终日戒⑧。

九五　东邻杀牛,不如西邻之禴祭,实受其福⑨。

上六　濡其首,厉⑩。

【注释】

①既济:卦名。通行本为第六十三卦,帛书本为第二十三卦。上《坎》水,下《离》火,水下润,火上炎,阴阳相交之功大成。从卦爻看,六爻皆当位、皆有应(六十四卦仅此一卦),象征天地万物从无序最终实现有序。以火烧水煮水之功得成。

"既",兼尽、已二义;"济",成、定。一切已成,一切已定,便是卦名"既济"的含义。《杂卦》:"《既济》,定也",《太玄》与《既济》相对应的是《成》,都可与本卦相发挥。

②亨,小利贞:万事皆成,自然亨通。但成则必亏,无平不陂,无往不复,所以占问小事有利。小事,谓安守以保。或据《象传》将此读为"亨小,利贞"。然既已皆成,不当小亨。《贲》卦"亨,小利有攸往"(《象》:"分刚而柔下,故小利有攸往"。)唐石经作"小利贞",《遁》"亨,小利贞"(《象》:"小利贞,浸而长也"。),并为"小利""小利贞"之辞例。

③初吉终乱:既济之始,一切有序,故亨而吉。既济之终,向反面转化,有序变为无序,故乱而危厉,上六"儒其首厉"即是。

④曳其轮,濡其尾,无咎:"曳轮"犹《睽》之"曳舆";曳轮则车不能进。"濡",浸湿。"尾",狐尾(《未济》卦辞"小狐汔济濡其尾");濡尾则狐不能涉。既济之时,宜安守保成,故轮曳尾濡不得进涉而无咎。

⑤妇丧其茀,勿逐,七日得:"茀",障蔽车子的帷幔。"逐",追寻、索觅。妇人所乘之车为安车,四周有帷幔以障蔽,车无帷幔则妇人不得出行。刘向《列女传·贞顺传·齐孝孟姬》载:"公游于琅邪,华孟姬从。车奔,姬堕,车碎。孝公使驷马立车载姬以归,姬使侍御者舒帷以自障蔽,而使傅母应使者曰:妾闻妃后逾阈,必乘安车辎軿……今立车无軿,非所敢受命也",此即妇人乘车无帷不行之事。车无帷而不得行进,不能行进而得以无咎,故无须追索,七日后失帷必得,自可行也。"七日",谓爻经七位而变《未济》,自可进取求济。初、二《离》体,"离为日",日轮有车轮之象。"茀"字旧亦训为大巾(盖头者,也叫面巾、面衣,妇人出门必蒙之),或假发,或统称为首饰。

⑥高宗伐鬼方，三年克之："高宗"，殷王武丁。"鬼方"，西北国名，猃狁部落之一。盖鬼方为乱，高宗往伐之，历经多年，平定之功乃成。此似以高宗平乱以喻保既济之成而救既济之"终乱"；然三年乃克之，以见持盈定倾之不易。

⑦小人勿用：此爻不可施用于小人。九三阳爻居刚位，面临《坎》险，象刚强有为之君救成而复乱之险难，挽狂澜于既倒；然或柔弱、或逞强之小人则不宜施用此爻而取以为法则，如初弱，二、四柔，上逞强，皆所谓小人也，难堪其任。

⑧繻有衣袽，终日戒："繻"，王弼读为"濡"，《说文系传》亦引作"濡"（帛书作"襦"。盖初作"濡"，涉"袽"字而讹为"襦"，又讹为"繻"）。"衣袽"，衣絮（或谓絮衣，棉衣）。"有"同"于"。河水浸湿衣絮，犹谓水浸其身，已见"濡首"之兆，喻成已将乱。六四阴柔，无力拯救既成之复乱，只有终日戒惧以防其大乱而已；然其虽无救乱之才，亦胜于"濡首"逞强之上六。

⑨东邻杀牛，不如西邻之禴祭，实受其福："东邻杀牛"蒙后省"祭"字（帛书作"东邻杀牛以祭"）。东邻杀牛之祭，为太牢盛祭；西邻之禴祭，为菜果之薄祭。"实"犹"惟"，语辞。九三以阳刚之才，尽人事而力保既济；九五虽以阳刚居中得正，然已近亢极，乱不可免，唯有听天命而祈求上天赐福。

⑩濡其首，厉："首"，或谓狐首，或谓人首。然《未济》"饮酒濡首"乃指人首，则此"首"宜与彼同。"濡首"犹《大过》"过涉灭顶"之"灭顶"。上六阴居亢极，无拯乱之才而逞强恃威，乱已成而犹未悟，故有濡首灭顶之危。

【译文】

既济卦：成功，意味着事情无论巨细，一切亨通，有利于正义事业。开始时虽然吉祥，发展到后来难免又会陷入混乱。

初九：拉住车轮而减速慢行，沾湿尾巴小狐狸就不能快跑，这样不会发生灾祸。

六二：妇女丢失了首饰，不必急于寻找，七天之后即可复得。

九三：殷高宗讨伐鬼方国，三年后获得胜利，但是并不重用那些立有战功的武夫。

六四：渡河时，河水打湿了衣服，整天战战兢兢。

九五：东边的邻居杀牛进行祭祀，还不如西边的邻居心诚薄祭，更能得到神灵的福佑。

内蒙古出土的战国首饰鹰形金冠饰

上六：渡河时，水深浸顶，十分凶险。

【解读】

本卦阐述了在事业成功之后应该如何防微杜渐、保持久盛不衰的原则。成功，给人带来快乐，然而物极必反的自然法则又令人不安；创业不易，守成更难。因此，成功之后更要多思慎行，切忌恃胜躁动，得而复失。对于那些在动乱时代隐逸的贤

士,应该量才录用,发挥其治国的才能;对于那些能立战功却无治国才能的武夫,只能给予财物奖励,不可委任行政职务;切记水能载舟亦能覆舟的道理,时时戒惧,发现漏洞应该及时弥补,不可姑息养奸、任其发展;时时警惕因为安乐而滋生的骄奢之心,切莫掉以轻心,要始终保持乾乾夕惕的心态,诚敬待人,不可一味沉浸在成功的快乐中不知灭顶之灾将至。

【经典实例】

吴王亡国的历史教训

盛极必衰,为必然现象。唯有坚守正道,继续不断向前,始能减缓减少由盈而亏所造成的损害,应当思患而防止于未然,不可被表面的盛大迷惑,必须时刻提高警觉,戒慎恐惧,防微杜渐。否则就会造成不可挽救的严重后果。吴王夫差先灭掉越国,后又为越国所灭的故事就充分说明了既济卦所蕴含的这些道理。

周敬王二十六年(公元前494年),吴王夫差任命伍子胥为大将,伯嚭为副将,带领军队进攻越国。越国大败,越王勾践采纳大夫文种的建议,选了8名美女,20双白璧,千镒黄金,由文种连夜去找吴太宰伯嚭,欲跟吴王讲和。

伯嚭是个贪财好色的小人,善于奉承拍马,他见了美女、宝玉、黄金,欢喜异常,他一口答应,求和之事包在他身上。结果,夫差不仅未杀勾践,三年后又放他回归故国,使其得以积蓄力量,伺机复仇。

而夫差对勾践的野心毫无察觉。吴王夫差伐齐得胜,勾践也亲自赶来祝贺。夫差十分高兴,设宴招待勾践,当面宣布再给勾践一部分封地作为赏赐。伍子胥见这情景,又出来反对一通。夫差恼羞成怒,说:"你这老贼专权擅威,念你是先王有功之臣,不忍杀你,你可自谋出路去吧!"

伍子胥匆匆走了。这时伯嚭又进谗言说:"听说伍子胥将儿子托给齐国大臣鲍氏,有叛吴之心,大王可以查问。"吴王怒气未息,听伯嚭这么说,马上派人赐给伍子胥一把宝剑,让他自杀。伍子胥接过宝剑,长叹一声,对家人说:"我死后你们将我的眼珠放在东门上,我要看着越军开进来!"

果如伍子胥所料,公元前478年,越王勾践再次发兵攻打吴国。吴国连打了几个败仗。伯嚭抵挡不住,投降了越国。吴王夫差被逼得走投无路,这时候才后悔当初不听伍子胥的忠告,羞愧难言,自杀了。他临死之前吩咐说:"我死后,你们一定要用布把我的脸遮住,我实在没脸面去见伍子胥啊!"

夫差的亡国,可以说完全是咎由自取。他在暂时的"既济"之后,不但志得意满,不注重自身的休养与继续努力,连对死对头也掉以轻心,骄奢大意,结果,由"既济"陷入了深渊,以致追悔莫及。这种教训,不能不让人叹惋与警醒。

郭子仪四起四落

《既济卦》是阐释物极必反的法则。成功,确实是令人兴奋的时刻;然而,物极必反的法则,却难以违背;创业固然艰难,守成更加不易。当创业时期,朝气蓬勃,

人人奋发有为,可是,一旦成功,就会骄纵得意忘形,满足现状,以致暮气沉沉,不可能再有大的作为。终于,内忧外患,接踵而来,导致混乱,土崩瓦解。大自然的奥秘,就在于错综复杂,推演变化于无穷,始能生生不息。

在"安史之乱"时,安定唐朝江山的功臣中,郭子仪功居第一。由于他功劳太大,唐玄宗身后的几任皇帝把他罢免了又起用,事成后又罢免。举凡一生,四落四起,可郭子仪从来没有怨言。朝廷需要时,一接到命令,他不顾一切,马上出发;叛乱平定后,皇上疑忌罢免他,他也无怨无悔,马上回家。真正做到了"用之则行,舍之则藏"。

郭子仪一生所提拔的部下中,有60多人后来都官至将相。八子七婿皆显贵于当代。史书对郭子仪的评价是:"天下以其身为安危者殆三十年,功盖天下而主不疑,位极人臣而众不嫉,穷奢极欲而人不非。"中国历代的功臣,能做到这三点的,还有几人?

郭子仪是凭什么集富贵寿考于一身,功名利禄尽于一人,而没有像历史上常见的功高震主的大将那样,横遭不测呢?

看看郭子仪为人处事的几桩事迹,便可窥见一斑。

安史之乱爆发后,叛军一路攻向长安。唐玄宗仓猝人蜀。皇太子李亨在灵武即位,拜郭子仪为兵部尚书,统领全国各大军镇。郭与另一平叛大将李光弼原先同为朔方节度使手下的牙将时,两人脾性不合,平时互相不过话,有时实在避不开在一张桌子上吃饭,也要怒目相视,势同仇敌。等到郭子仪官拜大将军后,李光弼心想:郭一定不会放过我。于是他求见郭子仪说:"我死固然无所谓,但求你高抬贵手,饶了我的妻室儿女。"

郭子仪听他如此说,赶忙离座下堂,扶起李光弼,搂着他的肩膀,热泪盈眶地说:"如今国家遭此大难,皇上避乱在外。只有你才能担当起匡扶家国的重任,怎么能对从前的那些个人恩怨耿耿于怀呢!

李光弼见郭子仪如此坦诚大度,非常感动。不久,两人同时受命东征,同心合力打败了史思明。

中原转战两年后,郭子仪历尽千辛万苦,总算收复了京城长安。肃宗李亨亲自劳军灞上,感激地对他说:"国家再造,全靠爱卿之力啊!"他话虽这样说,尽管当时战乱还未平靖,怕郭、李功劳太大,难以驾驭,采取不立元帅的办法,而是派出太监鱼朝恩任监军,名之曰"观军容宣慰使"。

阉宦不懂行军打仗之事,但他却是代表朝廷和皇帝的,结果几次战斗下来,连连败退,不得已,只好任命郭子仪为诸道行营元帅。为此,鱼朝恩忌恨不已,一有机会就在李亨面前谗害郭子仪,于是又夺了郭的军权,召还京师。郭接到圣旨,不顾将士们的反对,瞒着部下,单骑回京闲居家中,一点怨尤的意思都没有。

第二年,安禄山死,史思明再度攻占河洛一带,吐番也逼近长安,朝中群臣计议,一致认为郭子仪有功于国,现在天下未平,不该让他在家赋闲。肃宗只好再次召回他,官拜诸道兵马都统,晋封汾阳王。这时肃宗已命在旦夕,在病榻上对郭子仪说:河东的事就全委托你了!

肃宗死后,代宗继位。代宗也怕元勋宿将功高难制,罢免了郭的全部兵权,叫

他去当修建肃宗皇陵的监工。郭子仪觉得来者不善,一面尽力做好皇陵建筑一事,一面把肃宗当时给他的诏书敕命千余篇(其中大多是军事绝密文件)统统交了上去。代宗这才明白了自己对郭的误会,且心生惭愧,于是第三次起用了他。

当时,叛将仆固怀恩勾结吐番、回纥进犯河西,代宗也学他祖父玄宗,避难到陕州。郭子仪临危受命,事起仓猝,从前的部属都已离散,身边只有数十骑。他一接到诏命,只好临时凑合部分队伍,一边南下,一边收集散兵游勇。后来碰到旧部张知节,才得以在洛南扩兵增员,逐渐军威大振,再次收复两京,迎接代宗回到长安。

代宗见到郭子仪后,惭愧地说:"只因没有及时重用爱卿,才到了这步田地。我这个皇帝也当得未免太可怜了,让有贤德的人看不起。"为表彰郭子仪的盖世功勋,把他的画像供在凌烟阁。这在当时,是谁都不敢奢望的最高荣誉。

晚年,郭子仪休闲在家,纵情声色来打发岁月。他退下来后,朝廷赐他一座汾阳王府。在破土动工的期间,他闲来无事,拄着手杖,爱到工地上转转看看,同时也顺便监督一下工程质量。一次,他对一个正在砌墙的泥工说,墙基要筑得坚固一些。

这个泥工对他说:"王爷您放心好了,我家祖宗三代在长安都是做泥水活的,不知盖过多少王府,可是只见房子换主人,还未见过哪栋房屋倒塌的。"郭子仪听了他这番话,从此再也不到工地上了。他为老泥工的这句话沉思了好久,最后才明白其中的道理。

这道理也就是"既济"要阐述的:一切最美满的事物,都潜伏着极大的危机。唯有坚守正直,防患于未然,高瞻远瞩,时刻提高警觉,戒慎恐惧,防微杜渐。但是这一切的努力,必然非常艰难,古往今来,又有几人能做到?

不是猛龙不过江

20世纪80年代末海信就开始了走出国门的第一步,即采取整机出口的"贸易先行"策略开拓海外市场。如果说"贸易先行"是海信走出去的第一步,那么从1996年开始,海信则为走出国门迈开了第二步。

随着出口贸易额的增大,雄心勃勃的海信决策层认为要真正占领海外目标市场,采取在当地建厂的方式更为有效。1996年,海信在南非约翰内斯堡成立南非海信有限公司,建立了海信第一个海外生产基地。1997年以来,海信已经在南非售出了30多万台电视机,并且出口到南非的周边国家莫桑比克、津巴布韦、博茨瓦纳、纳米比亚等地。目前,在南非电视机市场,海信已经占据了15%的市场份额,当年建立的电视机生产线已经满足不了旺盛的消费能力,海信只得在南非扩建一条年产能力达到20万台的高科技彩电生产线。

海外投资初战告捷坚定了海信走出去的信念,后来,他们又在巴西圣保罗市建立巴西海信有限公司。海信集团借助在拉美地区这一块跳板,让海信空调成功打入巴西等南美市场后,又开始出口到意大利、法国、德国等西欧发达国家。

从第一步到第二步,海信花了近10年的时间,为何花费了近10年时间方迈出到海外直接投资这一步?周厚健说:"跨国经营并不是不计成本地进入海外市场,

企业的国际化程度应该以效益为目标,否则摆出任何大肆进军海外的姿态都算不上理性的企业行为。"

他说,海信这些年坚持贸易先行的经营策略,实际上是为海外投资建厂奠定坚实的市场基础。

不是猛龙不过江,跨国经营最讲究企业实力和市场基础,在这个过程中,两步并作一步走难保不摔跟头,因为没有产品出口带来的经济效益与品牌效益,企业的海外投资就可能是一条风险难测的荆棘之路。

施乐公司步步为营

施乐公司的前身是位于纽约罗切斯特的生产和销售相纸的哈罗伊德公司。施乐的电子成像技术的发明人切斯特·卡尔森生于西雅图,1938年,卡尔森在他的实验室里发明电子成像技术。第二年,哈罗伊德买下 RECTIGIAPHCO 公司。1947年,哈罗伊德拿到卡尔森电子成相技术的部分专利权的许可证。1948年,哈罗伊德和 BAITELLE 宣布合作开发电子成像技术,"施乐"和"施乐影像"注册了商标。1959年,哈罗伊德公司开发出世界上第一台利用静电复印的办公复印机——914型复印机,这台复印机在当时曾被认为是最成功的产品之一。1961年,哈罗伊德公司正式更名为施乐公司。现总部设在康捏狄格州的斯坦福,是全球复印机行业的一家巨头公司,它不仅占有全美复印机销售量的较高市场份额,而且是复印行业最大的相关服务项目的提供者和纸张等配套产品的最大分销商。经过半个多世纪的努力,施乐进入世界500强,在美国《财富》杂志1999年全球500家企业排行榜上,施乐公司排名第182位,营业收入200.19亿美元,利润3.95亿美元,资产额300 24亿美元。

那么,在施乐的发展过程中有什么不同凡响的锦囊妙计呢?

1. 施乐产品开发与稳健营销同步发展

1953年,哈罗伊德在加拿大成立销售分公司,1956年,哈罗伊德公司和兰克公司成立合资企业兰克施乐公司。1959年。哈罗伊德公司更名为哈罗伊德施乐公司。1959年,公司推出第一台施乐914型号复印机,这种复印机操作简单,每分钟可复印6页优质复印件。同其他公司运用其他技术生产的同类产品相比,914型复印机赢得了用户的青睐。它后来获得了数倍于原投资额的利润回报,成为美国实业界历史上利润最丰厚的产品。公司从 BATIELLE 公司购买了电子成像技术的所有专利技术。1960年,公司在纽约的 WEBSTER 成立研究中心。1961年,哈罗伊德施乐公司更名为施乐公司,同年7月11日,公司在纽约证交所上市,当天成交7700股,以140美元收市。1962年,施乐公司收购 UNIVERSITY MICRO FILMS INC. 和富士胶卷公司成立合资公司,即富士施乐公司。1963年,施乐公司收购 MICRO-SYSTEMSINC. 就在这一年,又收购了 ELECTRRO-OPRTCAL SYSTEMS INC,813桌面复印机问世。1964年,施乐公司获得进入美国中部和南部的专利和营销权。1965年,施乐公司收购基本系统公司,并更名为施乐学习系统。同年收购美国教育出版公司,并更名为施乐教育出版社。兰克施乐公司在荷兰的

VENRAY 成立生产工厂,比914型号复印机速度高6倍的新机型施乐2400型复印机提前面世销售,公司年收入达39260万美元。1967年,公司收购兰克施乐公司的51.2%的股权,公司将总部搬迁至斯坦福。1970年,成立施乐电脑服务公司,并在PAIOALTO设立研究中心。1971年,收购UNIPUB INC,董事长威尔逊于11月去世,年底收购日本的TAKEMATSU AND IWATSUKI生产工厂,并在日本的LBINA成立生产和研究工厂。1974年,收购SYSTEMS INC.1974年,施乐公司的培训和管理开发国际中心在IEFS—BURG成立并在1993年更名为施乐文献大学。公司在安大略省成立施乐研究中心。20年间,收购了DACONICS CORP.和VERSATEC INC。公司停止生产和销售电脑主机。施乐公司在与美国联邦贸易委员会的反托拉斯案中与之达成协议,同意就现有的施乐静电复印技术专利颁发许可证。1978年,施乐公司和IBM公司就停止诉讼达成协议,同意在两家公司间交换专利技术许可证。1979年,成立施乐信贷公司。

　　施乐公司继续实施稳扎稳打、步步为营的营销战略和发展战略。1980年,在美国开设第一家零售商店。1983年,收购几家保险公司,这是施乐进入金融业实行多元化的一部分。1985年,施乐出售了6个出版公司和中国签订生产施乐复印机的合同;同年成立施乐金融服务公司人寿保险公司。1986年,施乐欧洲研究中心在英国的剑桥成立实验室;施乐公司成立研究人工智能的非盈利组织;兰克施乐公司第二次获得英国的质量奖。1987年,施乐公司与中国电脑系统工程公司在北京成立合资企业,电子打印中心;将兰克施乐南非公司出售,与杜邦公司成立合资企业DXIMA-GIG,与上海SMPIC公司以及交通银行成立施乐上海公司,生产复印机;兰克施乐公司赢得法国质量奖;兰克施乐公司在英马尔络成立新的国际总部。

　　90年代,施乐公司在企业发展战略中把质量文化作为公司发展的基点,实行全面质量满意保证工程。公司将其声音系统分部出售,并发起广告宣传活动。富士施乐公司接管兰克施乐公司在澳大利亚、马来西亚和新加坡的业务。施乐墨西哥公司赢得墨西哥国家质量奖和澳大利亚出色服务质量奖。富士施乐亚洲公司在新加坡成立,以服务于9个亚太国家。公司在纽约成立色彩研究实验室。施乐公司和富士施乐公司建立施乐国际合作关系,在世界范围内销售低耗打印机。1992年,施乐和戴尔电脑公司合作在美国中南部和加勒比海地区销售个人电脑。施乐和苹果电脑达成协议准许施乐公司为苹果牌打印机提供以苹果牌命名的部件。兰克施乐公司第一次获得欧洲质量奖。施乐公司获得世界环境中心国际环保金奖。1993年,兰克施乐研究中心即现在的施乐欧洲研究中心在法国成立。施乐公司宣布退出保险业和其他金融服务业。施乐的国际伙伴开始向两种苹果牌桌面激光打印机提供引擎,施乐公司追加发售700万股普通股。施乐公司和微软公司合作联合个人电脑和文件处理产品。施乐金融服务公司之下的商业财产和意外险保险公司重新分解为7个组织,施乐公司宣布公司重组,包括裁员10%。1994年,红色的"X"符号成为公司的标志,红色取代了蓝色为公司的象征。由于施乐产品的质量无可挑剔,公司在世界各地纷纷获奖,兰克施乐公司的挪威分公司获得挪威质量奖。阿根廷公司获得阿根廷国家质量奖,并获得32亿美元的合同以生产施乐电脑和电讯网络。公司还获得终身成就奖以表彰其在不断变化的市场和社会环境中仍

保持领先的地位。1995年,施乐公司付给兰克公司近10亿美元使其在兰克施乐公司占80%的股份。同年,国际管理协会授奖施乐公司以表彰其杰出的管理才能。施乐中国分公司成立,作为股权公司监督其在上海、苏州和武汉等地的生产和销售活动,并被国际绿色组织授予国际环保奖。1996年,施乐公司开始根据其退出金融业的计划并由于会计核算的原因退出其保险业的业务。公司董事局授权重购其10亿美元的普通股。施乐公司成立全资子公司DPLX以生产和销售由PARC开发的高分辨率平面显示器。施乐公司在北京成立第一个文件技术中心。

2. 专心致志生产和营销自己的核心产品

施乐公司上世纪90年代以来营业额稳步增长,1993年已达142亿美元,1995年达166亿美元,1997年达181亿美元,同年在《财富》杂志上排行第209位,成为行业内稳健经营的典范。然而这个创立于1906年的老牌公司经营绝非一帆风顺。特别是20世纪80年代初,日本佳能公司和理光公司的崛起更使行业内的竞争日趋白热化。日本佳能公司和理光公司也是世界级大企业,实力不容低估。日本人以便宜精巧的小型复印机一步一步地占领了当时的复印机业巨人——施乐公司的市场。1986年,施乐公司还拥有美国普通复印机市场的67%,而短短3年后,市场占有率就猛跌至42%!施乐的高层决策者决定采取多元化战略进入金融服务业,以缓解其复印机行业受到的巨大压力。虽然华尔街投资咨询机构持消极态度,认为施乐是在逃避其核心业务所面临的问题,然而施乐还是收购了3家分别从事投资银行、共同基金和保险业务的公司,发展其金融业。其后,金融业务曾一度占据了施乐公司利润的半壁江山。施乐公司没有忘记老本行,公司对日本复印机产品进行分解、剖析发现,日本的优势在于低廉的成本,而在某些机型上,施乐公司产品的制造成本比日本同型复印机高出30%~40%。为了削减产品制造成本,施乐大量引进日本的生产和管理经验,对许多产品价格进行大幅度削减。最重要的是,施乐大大提高了在研究发展上的投资,仅20世纪80年代初,施乐在这方面的投资就超过6亿美元,这是日本对手所无法比拟的。施乐依靠其雄厚实力,对"日本侵略者"迎头痛击,复印机业务的经营逐步回升,在20世纪80年代末期,施乐逐渐夺回了失去的市场份额。然而,"造物主是吝啬的,给予此就不给予彼",施乐的金融服务业却江河日下,毕竟,施乐经营金融业还是不太专业,甚至某些经营动作有点不伦不类。1991年5月,施乐的新总裁就任,开始重新评价多元化战略,重点放在退出金融服务业,而倾尽全力于复印机业,华尔街对此做出了积极反应,并给出许多建议。施乐以3.6亿美元出售了共同基金业务;用4.7亿美元注入保险公司以改善其资产负债状况和公司形象,以使其对潜在收购者更具吸引力;又同投资银行业务的高层管理人员商讨谋求管理层收购即MBO。通过一系列的退出战略,施乐成功地从金融服各业中脱身,此举施乐减少了大约26亿美元的债务。施乐的企业文化和企业形象战略使公司的业绩不断提升,并且守住了复印机的大部分阵地,为90年代以来的稳步发展奠定了坚实的基础。

对比公司20世纪80年代多元化经营和90年代退出金融业后专营复印机业的经营成果,我们就可发现施乐公司以退为进的收缩战略的正确与明智。在金融业的"退"是为了在复印机业的"进",都是为其长远的战略服务的。

商战是残酷的，企业都绞尽脑汁想办法扩张壮大，似乎对主动退缩的战略不屑一顾，"扩张都还来不及呢"怎么会主动放弃？诸如"宁愿丢利润，决不丢市场"等豪言壮语不绝于耳。其实，"退一步海阔天空"，既然某些业务难以经营，"食之无味，弃之可惜"，还不如坚决放弃，让其他内行人去经营，自己专心致志生产和营销自己的核心产品去。

盲目出击遭败绩

自20世纪50年代以来，日本的摩托车行业数易霸主。起初是东菱公司一枝独秀，尔后本田公司迅速扩张，到1964年终于将老霸主东菱公司赶出了摩托车市场。进入20世纪70年代后，本田公司在本土的市场占有率高达85%。

随着世界摩托车市场需求增长的明显减缓，本田公司开始向汽车市场挺进。为了能够迅速地在汽车市场站住脚，本田公司将最好的技术、最先进的设备和巨额的资金投入其中，由此换来的结果是本田公司的汽车收入到1975年便超过了摩托车的收入。

正当本田公司对摩托车无暇顾及的时候，位居世界摩托车领域第二把交椅的雅马哈公司则趁势扩张。而本田公司由于资金和精力的牵扯，在市场上被雅马哈公司逼得节节败退。本田公司的摩托车销售额从1970年到1979年始终没有增加，而雅马哈公司则成功地将本田公司与它的摩托车年销售额之比由3∶1降到1.4∶1。在1970年，雅马哈只有18种摩托车车型，而本田公司则多达35种。到了1981年，双方各拥有63种摩托车车型。

胜利让雅马哈的决策者们错误地估计了对手的实力，他们自不量力地向本田公司发起了挑战。雅马哈的决策者们不止一次在公开场合宣称，他们将以新的产量超过本田，身为摩托车专业厂商，他们绝不愿意永远屈居第二。

本田公司对此迅速做出反应：在雅马哈的新厂建成之前，本田公司采用大幅度降价策略，增加促销费用和销售点。最令人惊讶的是，50公升的摩托车价格竟然比一辆10变速的自行车还便宜。由于本田公司的汽车销售稳定上升，使得它完全有能力用汽车的盈利来弥补摩托车价格战的损失。另一方面，本田凭借它的技术和资金优势，迅速推出81款新车型，同时淘汰了32种旧车型。产品的更新换代，很快赢得了消费者的青睐。

相比之下，雅马哈公司因为在投资新厂上下了很大的赌注，资金入不敷出，只好依靠银行贷款。在价格战中雅马哈明显处于劣势，同时也无力推出新的车型。因此在消费者心目中，雅马哈的形象逐渐衰老，市场占有率从37%下降为23%，营业额也锐减50%以上。1983年雅马哈公司的库存量占日本摩托车行业总库存的一半，债务亦高达2200亿日元。

为了避免破产，1983年6月雅马哈公司就自己的出言不慎向本田公司道歉，从而结束了长达一年半的摩托车霸主争夺战。

"既济"是已获成功的意思，其卦下离下坎，是水火相交相济、互相为用之象。说明阴阳相济为用，旧的矛盾得到克服，事业发展处于平稳推进状态。这是一个难

得的历史机遇,因而要十分珍惜,并极力保持这一来之不易的时局。首先,在事业发展进入平稳推进阶段后,要防止急躁冒进,稳扎稳打,为下一步发展做好充足的准备。其次,在事业进入一帆风顺,大切告成的"既济"阶段后,主政者一定要居安思危,防患于未然。

魏绛劝晋悼公居安思危

根据《左传·襄公十一年》载,宋、齐、晋、卫等十二国联合进攻郑国,郑国朝野十分惊慌,马上派人向十二国中最大的晋国求和。晋国表示同意,愿意停止对郑国的进攻。其余十一国因为惧怕晋国,也就跟着停止了进攻。

郑国对晋国的救命之恩感激不尽,赠送给晋国非常多的兵车、乐器、乐师和美女。晋悼公看到之后十分高兴,于是把歌女的一半分赠给他的有功的大臣魏绛,并对他说:"多年以来,你为我出谋献策,事情办得非常顺利,立下了汗马功劳,现在让我们一起来享受一下生活吧!"

对于晋悼公分来的赠品,大臣魏绛一点儿也不要,而是劝晋悼公说:"现在您可以团结和统领这么多国家,这是您有能力,也是大臣们齐心协力的结果。我没有什么功劳,怎么能无功受禄呢?不过,我非常希望在您享受生活中欢乐的时候,能够想到国家以后的很多事情。听人说:'安居的时候,应当想到可能会发生的危险'。能够做到居安思危,才能在事情发生之前有准备。有了准备才能避免失败和灾难的到来。"

"既济"意味着成功,意味着安定生活的到来,但是,一个成功的结局,可能也是另一个失败的开始。所以,处在安定的环境中,应当想到可能发生的危险。如此居安思危,行事谨慎,才能长久地保住胜利的果实,而立于不败之地。

接班的太子们

方太集团少帅茅忠群回忆小时候在家看中国香港电视剧,里面豪门世家的气度让创业不久的父亲感叹:"以后咱们也建立一个茅氏家族!"多年之后,当茅忠群获得上海交通大学硕士学位,面临出国读博士还是回宁波家里继承父业的选择,记忆里那个充满亲情和梦想的时刻帮助他做出了决定。

现在,茅氏父子无疑离自己的目标更近了一步。茅忠群顺利地从副总经理过渡到总经理,并且,这位32岁的年轻人已经带领方太完成了一次漂亮的跳跃:从一家点火枪生产商变身为国内领先的厨具生产商。

一个家族交接班的浪潮正悄悄袭来。中国上一代创业者大多于80年代初中期、他们40岁上下的时候起步,现在,他们的年龄为60岁上下,开始规划交接班——与评论界一直来极力提倡的"现代企业制度"相悖,他们大多选择了自己的子女。

梁昭贤接替梁庆德,出任格兰仕总经理,鲁伟鼎接替鲁冠球,出任万向集团总裁;周海江接替周耀庭,出任红豆集团董事长……还有更多的父子正在交接班的既

国学经典文库

定路途上,韩召善之子韩国贺现在是盼盼集团的副总经理,黄如论之子黄涛现在是金源集团旗下最大的房地产公司的总经理,同力帆集团尹明善的儿子尹喜地一样,作为"太子",他们的职员们已经确信,过不了多久他们就将接过权杖。

虽然人们经常怀疑在父业子承的故事中,商业合理性和家庭伦理究竟谁是主导,但不可否认,商业史上不乏子承父业的经典案例——包括 IBM、宝洁、福特和沃尔玛……尤其是,那些被成功传到第二、三代的企业无论大小,都具有一种其他形式的企业所不具备的生命力。而在更强调家庭关系的欧洲、日本、韩国乃至中国香港、中国台湾等地,约半数以上的大型企业以家庭所有的形式存在。

舆论似乎也正在悄悄转向。由于众所周知的国内法律体系、信用体系和职业经理人体系的现状,子承父业被越来越多的批评家认为是成本最小从而也是最优的交接班方式。"对于人们所说的家族制啊,夫妻店啊什么的,我没什么可羞愧的。"曾经受到一位外姓经理人敲诈的尹明善说,"摒弃家族制,早着呢。"

学者钟朋荣认为,中国现在的企业普遍面临巨大的成长挑战和观念升级,而子承父业具备了最大的压力和承受能力,弥补了企业拥有者和职业经理人的交流障碍,能够保证企业的顺利发展。另一个中国特有的现象是,很多企业的产权还未得到明晰,"子承父业是一种激励机制,也是一种约束机制,它最大限度地确保老企业家把一个尽可能好的企业传给下一代,从而避免出现老企业家在离开企业前忙于年私的 59 岁现象"。

方太集团是子承父业在中国的一个漂亮版本。茅理翔承认,儿子的介入改变了公司的发展路径。正是由于当时他已经感受到了飞翔集团遭遇的瓶颈并且束手无策,才与有心出国读书的儿子长谈一宿,让他一定留下来。茅忠群回忆说:"当时父亲每次出国都从国外带回大量的小产品,看能不能仿制,但试了几百种,都不被市场接受。"

1995 年,在父亲的飞翔集团担任了一年的副总经理之后,26 岁的茅忠群确信飞翔赖以起家的点火枪市场已经饱和。经过市场调研,他把新的业务核心确定为厨具。但在当时,如此全方位的转型对于飞翔这样的乡镇企业几乎并不可能,于是有了茅忠群创建方太的故事。

起初茅理翔希望保持原来企业的名字"飞翔",但一向温和的茅忠群拒绝了父亲的建议,他认为这个名字"过于俗气"。而他提出的"方太"也遭到了父亲的反对——争执的结果不言而喻。设想一下,这样的冲突如果发生在茅理翔和某个职业经理人之间,结果又会是什么样呢?

但小心:并不是每个故事都会这样美满。家族控制的公司从来都有着两幅面孔——虽然成功的家族公司有着某种神秘的生命力,但根据美国西北大学凯洛格商学院教授约翰·伍德的统计,在美国,只有 20% 的企业能够顺利传到第二代,而能够传递三代的企业只有 13%。剩下的公司则在儿子、孙子们的手中关门大吉,或者被迫卖给竞争对手。

两全之策注定只有一个:培养一个最棒的家族接班人,然后,让他平稳地接过权杖。

现在,王志东和柳传志的每次见面都有了一个与企业无关的新话题:子女培

养。虽然王志东并不急于要求他那对只有一岁半的双胞胎成为他的事业继承人，但他还是表现出对柳传志的美慕："我认识的很多企业家的子女教育都失败了，但老柳的孩子成长得非常好。"柳传志的一对子女从国内重点大学毕业后，先后赴美国读书，现在其子已经在美国一家大公司里工作。

做到这一点并不容易。第一代创业者们碰到的难题是：自己最艰苦的创业时期，往往就是孩子成长最关键的时期——他们所受到的来自父亲的良好影响，可能比普通家庭里的孩子还要少。茅忠群回忆小时候只记得父亲早出晚归，对自己管教不多。"小时候我住在外婆家，上中学后也不太主动亲近父亲"。

中国自古就有"龙生龙，凤生凤"这样的俗谚，可以相信茅忠群是遗传了父亲的"企业家才能"吗？至少，正规划交接班的企业家们不敢把赌注全部押在自己的DNA上。

显然，柳传志并没有把子女当作自己的接班人来培养——这个任务更要繁难得多。看看人们津津乐道的李嘉诚的例子吧：他在李泽钜、李泽楷很小的时候就让兄弟俩旁听公司会议，培养他们的商业感觉。后来把两个儿子送出国读书，让他们打工赚取自己的零用钱。大学毕业后让他们在加拿大工作一段时间，然后带回自己身边，李泽钜任长江实业公司执行董事，李泽楷则加入和黄资金管理委员会，逐步发展。后来李泽楷独立创业，得到李嘉诚的大力支持，长子李泽钜则成为自己的接班人。

日本学者把家族豪门中这种方向性很强的培养称为"帝王式教育"。国内最大的私营地产商之一、金源集团的掌舵人黄如论是这一培养模式的先行者。儿子黄涛小的时候就经常被叫去参加公司会议，"不是决策者，也没有职务，没有资格发言"。在厦门大学学完企业管理课程后，1998 年，22 岁的黄涛正式进入父亲的公司。黄如论安排他从最基层干起，把施工、装修、销售的各个环节都熟悉后，提拔到其最大子公司总经理的位置。

这样的远见和从容，是绝大多数中国的第一代创业者们未能一开始就具备的。但现在，他们正着力补上这一课。

事业成功之后，行动和决策更应当审慎而勿轻举妄动。要懂得物极必反、盛极必衰的道理，思考一切可能潜伏的危险，预先采取措施以防于未然。最重要的是，切莫得意忘形，以为万事大吉。乐极生悲的人比比皆是。小心慎重，仔细周详，才能无祸。

成功之后，更应坚守中正，唯有坚守中正，才能防止志骄意得，斗志懈怠、贪图安逸等一系列可能出现的问题，从而保持清醒的头脑，慎重地谋划下一步的发展。如果因成功而放弃原则，放弃未成功时曾经拥有过的精神作风，便必然使事业走向衰败。

因成功而肆志放纵，则必致衰亡。肆志放纵有两种：一是将其强大的力量用于大规模的事业而不知止。另外是用于奢侈豪华，至于富家之子不知创业艰难而将产业挥霍一空，更是屡见不鲜。

成功之际更应戒慎恐惧，时刻警惕。一要防止组织内部的变化。成功之后组织内部出现分化几乎是事之必然。内部的分化势必削弱自己的力量，自相倾轧更

只使亲者痛、仇者快。

汉武帝打破传统重用金日磾

汉朝经过文景之治后，到汉武帝时，达到汉朝最巅峰的时期。

汉武盛世，人才辈出，有两个人格外注目，一个是大将军卫青，另一个是奴仆出身的托孤大臣金日磾。

金日磾字翁叔，原是匈奴休屠王太子。武帝元狩年间，休屠王和昆邪王密谋降汉，可休屠王在降汉前突然反悔，把事情泄露给匈奴首领。昆邪王一怒之下杀掉休屠王，押着休屠王的家眷投降汉朝。金日磾与其母、弟都投入官府为奴婢，他本人被送往黄门养马，当时才14岁。

作为休屠王的太子，金日磾度过了屈辱、痛苦的岁月，但他并没有一蹶不振，而是从养马中寻求解脱。由于他从小与马打交道，又尽心尽力，所养马匹都膘肥体壮，精神抖擞。

一天，汉武帝游宴苑囿，巡视马匹，随从的有大批官员和后宫妃嫔。马夫牵着所养马匹从殿下走过，这些人都偷偷地觑看皇帝和后妃风姿，只有金日磾目不斜视，一脸正气。再加上他容貌魁伟，所养马匹肥壮，武帝十分满意，就让担任侍中驸马都尉的官职。

金日磾由一个奴仆到皇帝的亲近侍臣，从来未有过过失，武帝对他甚是信爱，不断赏赐，出则骖乘，入侍左右。一些达官贵戚对他非常嫉恨，污蔑他只是一个胡狗，却被皇帝看成人。武帝知道以后，对金日磾更加器重。

金日磾对武帝忠诚，处事则周密谨慎。日磾的两个儿子，是武帝的弄儿，经常与武帝嬉戏。后来弄儿长大，在殿下与官人戏，正好被日磾看见，日磾厌恶他淫乱，当场将他杀死。武帝知道后大怒，日磾连连叩头，将事实经过奏报，武帝内心对日磾更是敬佩。

金日磾在武帝左右数十年，目不忤视，武帝赐给他宫女，他都不敢近身；武帝想把他的女儿纳入后宫，日磾也不同

汉武帝墓冢

意。这些都使武帝特别赏识他。金日磾的母亲阏氏病故，武帝将她的肖像置于甘泉宫，图上标明"休屠王阏氏"，以示尊重。此外，金日磾的"金"姓，也是武帝赐予的。

汉武帝重用金日磾，并非仅仅出于招徕少数民族的需要，而是赏识和器重金日磾的德操和才能，他知道金日磾持重可靠，能托付大事。

武帝末年，统治集团内部矛盾错综复杂，近臣莽何罗兄弟蓄意谋反，日磾察觉他行为反常，昼夜提防。一天，莽何罗手持利刃想谋刺汉武帝，幸亏被日磾及时发觉，武帝才幸免于难。

武帝临终前，仓促立8岁的刘弗陵为太子，命令霍光辅佐少主。霍光推让，推荐金日碑。日碑则认为自己是外族人，坚决不肯接受。武帝便任霍光为大司马大将军，金日碑为车骑将军，与上官桀、桑弘羊等人一起受遗诏辅佐太子。同时，武帝遗诏封日碑为侯，日碑却没有接受封号。

卜天璋做官先为民

卜天璋是元代洛阳(今属河南)人。他自幼聪颖，长大后以正直而自负，研读书史，懂得成败大体。至元年间，出任河南府府吏，当时黄河以北有饥民数万人，聚集在黄河边上准备向南迁徙，卜天璋顾虑发生变乱，劝总管张国宝听凭这些人渡河，张国宝接受了他的意见，才没有生出事端。

大德四年，卜天璋任工部主事。蔚州有一名刘帅，强横地夺取他人产业，官吏不敢处理，中书省调卜天璋前去断决。卜天璋很快使刘帅屈服，所夺回地又归于民。

皇庆初年，卜天璋任归德府知府，鼓励农耕，劝导学业；修复河流渠道，河水泛滥之患得以免除。当时盗贼聚集，占据要道，商旅不通，卜天璋捉住盗贼数百人，全部处以极刑示众，盗贼被平息。

不久卜天璋升任浙江廉访副使，到任数月，因为更改田制，改任饶州路总管，卜天璋到任后，任凭百姓自报田产，施政毫不扰民，百姓欢悦，境内清静肃然。

天历二年，蜀地发生叛乱事件，荆楚地区受到很大震动。朝廷又拜卜天璋为山南廉访使。人们都认为他已年老，一定不会上任。卜天璋说："国家正遇危难，我虽年已八十，常常害怕不能死得其所，岂敢逃避困难！"于是挺身赴任。

到任后，他整饬风化，严肃吏治，州郡之中肃然安定。当时物价飞涨，卜天璋下令不要压低物价，听任民众自由买卖，引来商人的车船汇集贩运米价很快就跌了下来。他还留下御史台的赃罚库缗钱，不再输送到御史台，用来赈助饥民，御史到达后，百姓都聚集在道路上称赞颂扬他。

卜天璋一生做官，不搞形式主义，而是注重实际，做事诚心诚意，这是一种最务实的作风，从而也赢得了老百姓的爱戴。在现实生活中，我们做事也应该务实，唯有务实，人生才有好运。

杨继宗为官清朴

杨继宗是明朝清官中的佼佼者。成化初年，朝廷采纳王翱的推荐，升任杨继宗为嘉兴知府。

杨继宗赴任时仅用一个仆人跟随，官署书斋也都清朴无华。他生性刚正廉洁、孤独冷峭，人们都不敢有所冒犯。

然而他却能经常召集乡间父老询问疾苦，帮助他们解除，又大力兴办社学，民间子弟年满八岁不往就学，则要处罚他们的父兄。杨继宗每遇到学官时都待以宾客之礼，府内教师儒生竞相劝学，一时文教大兴。

御史孔儒来嘉兴清理军籍,各里老人多被他鞭挞而死。杨继宗张榜告示说:"有被御史杖责致死的,来府衙报告名姓。"孔儒十分恼怒。杨继宗前去拜见他说:"为治之道有一定规矩,您只管剔除奸弊,劝诫惩办官吏。那样挨家挨户稽查考核,则是地方官府之事,不是你风宪官的管辖范围。"孔儒无法为难他,但心里却深为嫉恨。临行前,孔儒突然闯入府衙之中,打开杨继宗的箱箧察看,里面只有旧衣数件而已,惭愧而去。

有经过嘉兴的太监,杨继宗送给他们的只是菱角、芡实之类和历书。太监们索要钱财,杨继宗当即发出公牒去领取库中金银,并说:"钱都在,请给我立下印券。"太监吓得咋舌不敢接受。

杨继宗进京入觐,汪直想要见他,他却不肯。明宪宗问汪直:"朝觐官中谁廉洁?"汪直回答说:"天下不爱钱的,只有杨继宗一个人。"

九年任满,杨继宗被破格升迁为浙江按察使。他多次冒犯太监张庆,张庆的哥哥张敏在司礼监,经常在宪宗面前诋毁杨继宗。宪宗说道:"你说的不就是那个不要一个钱的杨继宗吗?"张敏惶恐不安,写信给张庆说:"好好对待杨继宗,皇上已经知道他这个人了。"

当官要清廉,对事要认真负责,这才是为官者最应该先做的事,做好了这些,老百姓的福祉才能实现,而为官者也能赢得世人的爱戴。

大凡成大事者都善于务实,他们做事都是先从眼前的事情做起,尽管眼前的事情很平凡,也要认真地把它做好,这才是认真负责的态度。而且,他们还都善于把握机会,在最能实现其价值、最能做得更好的事上把握机会,认真去做,最终获得好运。

虽然用心良苦的事可能没有好的结果,但人们能见到其中的势。事情有巨大效果,其中必有主事者的心血。不要认为别人一朝成功全凭运气,做大事固然要机会来促成,但要把手上的事情做得最好,多半还是得你付出心血。

与其表面上做文章,不如踏踏实实干实事。少搞形式主义,多做实事,这是立世的百胜法则。最没有理由自豪的人往往最自豪,他们把什么都说得神乎其神,实际上是想求得别人的喝彩,结果只会遭到有识者的轻视,徒令有修养的人捧腹大笑;这是一种虚荣心,总是令人讨厌。

有的人像乞丐讨饭一样的讨取功名,或像蚂蚁储食一样攒积荣誉。你纵有天大的才华,也应尽量避免那种显而易见的虚荣。心安理得地做自己的事,让别人说去吧。功劳尽可抛弃,万不可待价而沽。不要夸诞虚浮,违反常情,惹人耻笑。埋头做事的人虽然可能被笑做傻瓜,但他们最终会比耍巧智的人获取更多。

薛公的眼界与黥布的胸怀

西汉高祖十一年(公元前196年),中大夫贲赫上书告淮南王黥布谋反。高祖派人查验有据,召集诸侯问道:"黥布反了,怎么办?"众诸侯都回答说:"发兵将他小子坑了,还能怎么办!"

汝阴侯滕公私下问其士客薛公说:"皇上分地封他为王,赐爵让他尊贵,面南而

称万乘之主,他为什么谋反呢?"

薛公说:"他应该反!皇上前年杀彭越,去年诛韩信,黥布与此二人同功一体,自认为祸将及身,所以谋反。"胜公对高祖说:"我的士客故楚国令尹薛公,其人有筹策,可以问他。"高祖于是召见薛公,求问对策。

薛公为高祖分析形势,他说:"黥布谋反并不奇怪。黥布有三计,如果用上计,山东之地就不是汉朝的了,用中计,则胜负难测,用下计,陛下可以安枕而卧。"

高祖问:"上计怎么讲?"薛公说:"东取吴,西取楚,北取齐鲁,传檄燕、赵,然后固守,山东之地即非汉所有。"

高祖又问:"中计怎么讲?"薛公说:"东取吴,西取楚,并韩取魏,据敖仓之粟,塞成皋之险,则胜负难测。"

高祖又问:"下计呢?"薛公回答说:"东取荆,西取下蔡,以越为后方,自己守长沙,则陛下可以安枕而卧,汉朝无事。"

高祖说:"那黥布会用哪一计?"薛公说:"黥布以前是骊山的役徒,而今为万乘之君,他只会保身,不会为天下百姓考虑,所以会用下计。"

高祖说:"好!"于是封薛公千户,亲自领兵东击黥布。果然,黥布用薛公说的下计,东击荆,荆王刘贾死于富陵(今江苏洪泽区西北),劫其兵,渡淮水击楚,大败楚军,然后西进。与高祖兵在蕲(今河南淮阳县)相遇。汉兵击破黥布军,黥布渡淮水而逃,后与百余人逃至江南,被人杀死。

薛公虽然是把黥布看扁了,但他看得很准。黥布的确胸怀不大,鼠目寸光。手下又没有出色的谋士,成不了什么大事。

不想做将军的士兵

一位年轻人想考入一所著名的经济管理学院,在填写申请表时,主考出了一个这样的题目:"你是一位领袖人物吗?"

年轻人扪心自问,觉得自己的个性、能力还不适合于对别人发号施令,于是,他很诚实地回答:"我不是。"然后交回表格。

同去的同学都回答"是",理由是受到拿破仑一句名言的影响:"不想当将军的士兵,不是好士兵。"这位年轻人想,只有自己填上"我不是",看来是不可能被录取了。

可是,张榜之日,出乎他的意料,他第一个榜上有名!学院的复函写道:"我们审查过所有的申请表格之后发现有1200个领袖,我们当即决定首先录取你,因为我们这1200位领袖至少需要一个跟随者!"

一个人有远大理想,想成就大的事业,是一件好事。拿破仑有句名言:"不想当将军的士兵,不是好士兵。"但是,想当是一回事,如何当上又是另外一回事。从士兵到元帅,需要你一步步去努力,没有人一生下来就是元帅。元帅都是身经百战,从士兵做起,一级一级晋升上去的。同样,如果你在企业上班,你要想成为部门经理,就必须从职员做起,一点点地熟悉你所从事的事业,这是必不可少的一个步骤。

太多太多的"能人"一生沉沦下去,有的就是因为心中有太多的不平。以至于

没有时间或者没有心情去干眼前的"小事""琐碎事",使自己的才华没有展示出来。也有很多的"能人"在得到自己梦寐以求的职位或工作之后,很快就从新职位上摔了下来。为什么?就是因为他们一天到晚惦记着"机会如何来临",而没有想到机会如果来临应该怎么办,好比心里一天到晚想着当元帅,根本没有想到真正当上元帅怎么办,更谈不上实际去准备了。所以,尽量做好眼前的工作,这才是每一个梦想成功的人要做的第一件事。

在生活中,如果我们试着降低自己的物质目标以及事业野心,往往会带给你许多的新机会。只要你放弃追求高压力的成功形象,你便会发现慢步调的平凡生活,竟比在那永无终止的快速车道上追逐令人开朗及满足。

侍卫进言

吴国渐渐强大起来,吴王夫差想派兵攻打楚国,大臣们苦劝不听。有几天,夫差发现自己的侍卫官总是早晨到后花园里去,回来的时候,衣服全被露水打湿了。

夫差好奇地问:"你每天出去这么早干什么呀?"

侍卫官说:"后园的树上有只蝉在歌唱,却没有想到有一只螳螂正在它的身后举起了前爪。可是,螳螂也没想到有一只黄雀在后面正要啄食它呢。黄雀只顾着螳螂了,没有想到我在树下用弹弓瞄准了它。大王,你看,顾前不顾后有多危险啊。"

夫差说:"你的意思我明白了,瞻前顾后才能立于不败之地。告诉李将军,马上取消这次出兵楚国的计划。"

越是在事业即将成功的关键时刻,愈要防止目光短浅、功亏一篑而走向灭亡失败。能自觉这样做,就可能顺利地化否为泰,转危为安。

只顾眼前的利益不顾后果是十分有害的,有时甚至是危险的。情况千变万化,问题错综复杂,只顾及一点怎么能行呢?不论干什么事情,要想得到成功,就必须克服顾前不顾后的毛病。宁可把事情设想得困难一些,也不要过早地陷入盲目乐观。

隋炀帝魂断江都

六十四卦中,卦辞和爻辞多次提及"利涉大川",至"既济"就是渡过了大江大河,事物完成了一个发展阶段,随后进入下一个发展时期。大自然的奥秘,就在于这种变化的错综复杂,推演无穷,始能生生不息。极度完成,变化法则就失去弹性,反而僵化,丧失积极奋发向前的活力,趋向没落。所以,一切最美满的事物,愈潜伏着极大的危机。于是,创业后如何守业,就成了历代统治者都十分关切的问题。

《尚书》多处记载了周公对这方面的论述。"休兹知恤,鲜哉","厥基永孚于休","其终出于不祥",意思是说:处在美好环境中而知道忧虑的人太少了,我也不知道我们的事业是否能沿着这美好的道路发展下去,我们的事业能否长久。《易经》作者在《既济》卦中阐发了"守成艰难"的道理。隋炀帝杨广就是因为不明白这

一切,不但丢了父亲杨坚开创的隋朝基业,还丢了自己的性命。

杨广的父亲杨坚,北征突厥,南平陈国,结束了从东汉灭亡以来长达4个世纪的分裂局面,完成了中国的统一。在他当政的二十几年中,隋朝政治稳定,经济繁荣,文化发达,为他儿子的统治打下了坚实的基础。

隋炀帝杨广在位期间,横征暴敛、穷奢极欲、大兴土木、滥发战争、残暴荒淫,是中国历史上出了名的昏庸残暴之君。

隋炀帝的生活很是奢华,史书上说他每一天都在建造新的宫殿,虽然有些夸张,但和实际情况也差不了太多。隋炀帝在位13年,就建置了许多华丽的宫室,陕西有崇业宫,安

隋炀帝游江南

徽有都梁宫,江苏有临江宫,河北有临塑宫,山西太原有晋阳宫,山西汾阳有汾阳宫。皇城、宫室和亭园的修建,不仅滥用了数以百万计的人力,也浪费了无数的财力和物力。

修建宫室需要的许多木料,要到江南诸州去采集,所经过的地方,人民往返运送,千里不绝。同时官吏督工非常严厉苛刻,十分之四五的人因饥饿、瘴病而死亡。

隋大业元年(公元605年),隋炀帝下诏令王弘等人到江南造龙舟和各种船只。他自己乘坐的龙舟就高有45尺,宽50尺,长达200尺。上下还分为4层,有正殿、超堂,还有侍臣们的住处。里面用金银珠宝装饰得富丽堂皇。其他的人,如皇后、嫔妃、贵人们也各自有独立的船只。随行的船只就有几千艘,前后绵延达200里之远。两岸之上还有骑兵护送。路过的州县,500里以内的都要殷勤供应,最后吃不完的就地掩埋。沿途一些州县的官僚为了巴结皇帝,不顾百姓死活,狠命盘剥百姓,一些州县甚至强迫农民预交几年的租税,弄得许多百姓倾家荡产。

第二年,隋炀帝改由陆路回洛阳,一路上同样是前呼后拥,羽仪马车填街满路,连绵20余里。

大业七年(公元611年),隋炀帝第二次巡游江都。这次游幸,除沿途像蝗虫般蚕食百姓的粮食外,隋炀帝一行到了江都,还大摆酒席,宴请江淮以南的名士,炫耀其豪华。

大业十三年(公元617年),隋炀帝第三次出游江都。这时农民起义的烽火已燃遍黄河上下、长江南北,大隋王朝已是岌岌可危了。可是隋炀帝只顾个人享乐,根本不顾百姓死活。

隋炀帝的船队从宁陵开赴睢阳时,常常搁浅,拉纤的民夫用尽力气,一天也行不了几里路,他十分恼怒,下令将当时这一段河道的掘河民工5万人通通活埋在河岸两旁。

有一次,杨广从陆路去北方巡游,带了50万大军,特地征调了十几个郡的民工。开凿太行山,修起一条大道。又征调了100多万人,限期20天,修筑长城,以

保护他的安全。到了北方，没有行宫，他命令巧匠宇文恺建造了一座活动宫殿，称观风行殿，上面可容几百人，可随时装拆，下有轮子转动。

隋炀帝一人出行，全天下的人民都在为他准备行装、供奉食物。他的游幸，给人民带来了极其深重的灾难和负担，以致百姓只能剥树皮，挖草根，或者煮土而食，有的地方还出现了人吃人的现象。

另外，杨广为了显示隋朝的富足强盛，还邀请西域使者和商人来隋，所经郡县均要盛情款待。有一年，西域各国使者和商人都来到洛阳。从正月十五夜间开始，杨广命令在皇城端门外大街上表演盛大的百戏，其戏场大至周围5000步，奏乐人多至18000人，几十里外都能听到乐声，灯光通明如同白昼，直表演到月底结束。西域人到洛阳东市做贸易，杨广命令本市商人穿到最好用到最好，就连地摊上的卖菜人也得用龙须席铺地。西域人经过酒食店门前时，店主都得邀请他们入座吃饱喝足，不收分文，以显示隋朝的富足。就这样，隋文帝时期积累起来的巨量财富和民力被杨广肆意挥霍。而无止境的徭役和兵役，又迫使千千万万的农民背井离乡，流离失所。有的人甚至把自己的手脚砍掉，还起名叫"福手""福足"，来逃避朝廷的重负。

由于隋炀帝的荒淫、奢侈，再加上天灾，没多久，江都宫中的粮食就吃光了。隋炀帝宫中的卫士多是北方人，眼看就要饿死，更加想念家乡，纷纷逃归。虎贲郎将司马德戡等人利用卫士们思念家乡的怨恨情绪，发动了兵变，将隋炀帝用巾带勒死，一代暴君终于落了个身死国亡的下场。

隋炀帝施行暴政，大动干戈，游玩不息，穷奢极欲，荒淫无度，是堪与胡亥齐名的昏君。在短短的十数年间，就断送了自己的王朝。可谓善恶到头终有报，当致命的长巾勒在他脖颈的那一刻，他是否为自己的所做感到过一点后悔？他是否会对明天的阳光有些许留恋？他是否懊悔，愧对开疆拓土的父王？然而，往事已矣，只能是后人的殷鉴。

"夫人必自侮，然后人侮之，家必自毁，而后人毁之；国必自伐，而后人伐之。"（《孟子·离娄上》）孟子的话阐明了咎由自取的哲理，强调人的安危、家庭的祸福、国家的存亡，都是由自身的原因造成的。尤其是对那些处于安逸的环境中的人们更具有积极的启迪意义。

盛极必衰，为必然现象。好大喜功，骄纵无度，只能造成不可挽救的严重后果。只有坚守正直，继续不断向前，才能减缓减少由盈而亏所造成的损害，才能使我们的事业得到进一步的发展。

未济卦第六十四　☲☵

【经文】

坎下离上　未济①亨，小狐汔济，濡其尾，无攸利②。

初六　濡其尾，吝③。

九二　曳其轮，贞吉④。

六三　未济，征凶，利涉大川⑤。

九四　贞吉，悔亡。震用伐鬼方，三年有赏于大国⑥。

六五　贞吉,无悔,君子之光,有孚吉⑦。

上九　有孚于饮酒,无咎,濡其首,有孚失是⑧。

【注释】

①未济:卦名。通行本为第六十四卦,帛书本为第五十四卦。《未济》卦次列于《既济》卦后,因为它与《既济》卦既是上下卦颠倒的关系,又是卦爻反对及卦爻翻覆的关系,六十四卦中同时包含此三种关系者,除这两卦外,还有《否》和《泰》。

六三爻辞有"未济"二字,故取以为卦名,与卦象、卦爻辞相合。

上《离》火,下《坎》水,火上炎、水下润,象阴阳未交;六爻皆不当位,象万物无序。就其现状而言,有物未成、事未定之乖睽;就其终局之转化而言,则有向《既济》发展之余地及可能性。

②亨,小狐汔济,濡其尾,无攸利:《既济》之"亨"是就初局的现实性而言;《未济》之"亨"是就终局的可能性和必然性而言;《既济》在于保持亨,《未济》在于争取亨,陈梦雷《周易浅述》说:"未济有既济之理,故亨",又说"象(经文)未济之亨,就天运之自然言之;夫子(《彖》文)又专指六五一爻,言人事有致亨之道也"。"汔",几乎、将要。"汔济",将要渡过河岸、渡河将要成功。"濡其尾",是说在渡河将成之际而浸湿其尾不再继续前进;即所谓半途而废,功亏一篑。《太玄·将》准《未济》卦,即是就卦辞之"汔"及卦辞全体而言。《井》卦卦辞"汔至亦未繘井,羸其瓶,凶"与本卦卦辞"汔济,濡其尾,无攸利"文义相近。

或训"汔"为涸、为勇貌(读为"仡")、直行貌(读为"趌")等,似皆不确。帛书《二三子问》引《未济》卦辞说"涉川几济,濡其尾,无攸利。孔子曰:此言始易而终难也",与今本大致相同,读"汔"为"几"(几乎、将要),《韩诗外传》引文相同。"济"与"尾"为脂、微协韵。帛书"济"作"涉",失韵("涉"为叶部字),当为"济"字之讹,亦或涉他本而误。《史记·春申君传》作"《易》曰:狐涉水,濡其尾。此言始之易终之难也",此与《二三子问》相近("水"与"川"形近,"水""尾"微部协韵,则《二三子问》之"川"盖本当作"水")。

③濡其尾,吝:《既济》之初在于守成,故湿尾不进而无咎;《未济》之初在于求济,故湿尾不进而有吝。时不同也。

④曳其轮,贞吉:求济之时,戒在急于求成。九二阳刚,当有所戒;居柔处中,能有所戒。故曳住车轮,占问得吉。初阴柔,戒在畏缩,故进之;二阳刚,戒在冒进,故退之。此《论语》所谓"求也退,故进之;由也兼人,故退之"。

⑤未济,征凶,利涉大川:"征凶"与"利涉大川"相矛盾,所以或疑"利"上脱"不"字(朱熹《本义》),或疑"征"当作"贞"(朱骏声《六十四卦经解》)。按:"征

凶"当作"贞凶",《象传》同。《困》上六"征吉",帛书作"贞吉"。九二、九四之"贞吉"与此"贞凶"相对而言(《小畜》"妇贞厉"与"夫子征凶"相对,"征凶"似亦当作"贞凶")。六三处不当位,又居上下体之间,未出《坎》而又互四、五为《坎》,若济渡未成而止则占问凶险,继续前进涉渡则有利。

⑥震用伐鬼方,三年有赏于大国:"震",旧皆如字作训(震动)。然从《易》之辞例看,"震"当为人名,与"公用射隼""康侯用锡马蕃庶""王用出征"等辞例相同;同时,此与《既济》九三"高宗伐鬼方"所记之事亦相近。因此,朱骏声说"震,挚伯名",高亨说"震疑为人名,盖周臣也"。盖伐鬼方时,震为周之将帅,商灭后盖受封为"公""侯"。"大国"指商。征伐之事非阳刚不能胜任,故《既济》《未济》于九三、九四言"伐";然《既济》之"伐"在于平定已然成功之乱,而《未济》之《伐》在于攻克阻碍成功之乱。

⑦贞吉,无悔,君子之光,有孚吉:帛书"贞吉无悔"涉九四爻辞而讹为"贞吉悔亡",由此我们怀疑通行本、帛书本中"无悔"与"悔亡"互讹的情况也许还很多。"悔亡"是过去完成时态或现在完成时态,表示不好的事情已经过去、已经结束;"无悔"是将来完成时态,表示将不会有悔恨之事。"光"本指日光气,古人常以之占卜吉凶;引申之则指一国一人之气运。"君子之光有孚吉",谓卦兆显示君子的气运吉利无比(参《乾》卦、《观》卦注)。

⑧有孚于饮酒,无咎,濡其首,有孚失是:《易》凡言得酒食者,或谓小康之象,或谓得爵得禄,或谓功成之喜,总之是遇逢喜庆之象;反之,则谓人处困顿之中。"有孚于饮酒无咎",是说卦兆显示获得成功、得到爵禄,没有咎害。"濡",沾湿、沾污。酒污其首,喻得意而忘形。《未济》之终则济,济而忘形则必复乱,《庄子·人间世》:"以礼饮酒者,常始于治而卒乎乱。"。乱则本无咎而有咎。"是",有正、常、道、则等义。酒污其首,失清醒保济之常道。《庄子·列御寇》"告之以危而观其节,醉之以酒而观其则"即此之谓。按:失正、失常、失道、失则等为《易传》习语,而无一见诸经文,故疑"有孚失是"之"有孚"为衍文。"失是"为"濡其首"之逸传,解释"濡其首"的,误人正文。"濡其首"是有厉之象,不言有厉而有厉自明;"酒""首"幽部协韵,"是"为支部字,失韵。又按:李境池读"是"为"题",释为"首",朱骏声云"下有孚即上文有孚字重出,失是即上文无咎字讹而重出",可以参考。

【译文】

未济卦:象征事物仍在运作,尚未成。未济卦的卦象下单卦为坎,为水;上单卦为离,为火。火在水之上,形成水火未济的卦象。小狐狸渡浅河快要到岸的时候,打湿了尾巴,功亏一篑。

初六:小狐狸过河,都快到了,尾巴却湿了,结果无利而终。

九二:用力将车轮往后拉,让车慢慢往前走,这是因为他有自知之明,深知凡事不可冒然而进。故吉。

六三:还没有过河,也有风险,贸然前进,势必凶危。但凡事总要找到出路,克服重重艰难,故可以干大事,宜于涉越大江,大河。

九四:持正固本,吉卦。雷霆之师讨伐鬼方,三年征战,大胜而归。按功行赏封侯、封地,但战事未息,尚需再接再厉。

国学经典文库

　　六五：有君子之德，故没有悔恨。君子的荣光不仅表现在持正固本上，而且表现在能与普天大众共渡难关上。故其光辉可鉴。

　　上九：举酒庆贺，没有灾祸。但酗酒或贪于酒色，就偏离了正道。

【解读】

　　《未济卦》讲的是事物的变化发展是不会终结的这一深刻的辩证法则。事物的发展，有一个艰难曲折的过程，需要不断努力 只有真诚努力，辛勤工作，积极促进事物向前发展，才能善始善终，由未济转化为既济，获得良好结果。

　　从卦序来看，作《易》者将未济卦安排在六十四卦的最后一卦，包含有揭示《易》道真谛的深意 正如《周易集解》引崔憬语所指出的："夫《易》之为道，穷则变，变则通，而以'未济'终者，亦物不可穷也。""未济"即未穷也，未穷则有"生生之义" 这样，《周易》虽只有六十四卦，但最后一卦的"生生之义"使它不仅没有在终点停下来，反而以终点为起点又展开新一轮的矛盾运动过程。

　　把握"未济，物不可穷也"，事物的变化发展永不会终结这一辩证法则，对我们从事"认识世界、改造世界"的实践创造活动具有现实的指导意义。

【经典实例】

盲目冒进遭败绩

　　企业在走向成功的过程中，必须经过扩张才可以从"未济"达到"既济"，然而，如果行动过当，过于"贪吃"的话，势必会造成"消化不良"。双龙药业因盲目投资而遭败绩的例子，就从一个侧面说明了这一点。

　　双龙药业公司上市的第二年即 1998 年，便兼并南方某制药总厂，兼并北京某制药工业研究所和北京制药机械设备厂，并将有关兼并款项先期支付给对方。

　　此后，公司对外投资便一发不可收拾。截至 2003 年年底，长期投资合计112180.26 万元，公司已在全国 10 个省市组建了 20 家控股公司、6 家参股公司，由一个地域型企业迅速发展为全国性现代医药企业集团。

　　经过高速扩张之后，尽管双龙药业主营业务收入从上市前 1996 年的 2.08 亿元猛增到了 2003 年的 42.49 亿元，增长了 20.43 倍，但 2003 年净利润仅 6463.06万元，只比 1996 年税后利润 5066.26 万元增加了 27.57%。8 年来，公司效益的增长幅度仅为主营业务收入增长幅度的 1.35%。

　　A 药厂是双龙药业最早收购的企业和在华东的战略要点。资料显示，双龙药业历年投入的资金超过 1.2 亿元，2003 年 11 月，"A 药厂把过期药手工剥出更换出厂日期重新出售"被媒体曝光。对此，双龙药业曾两次发布公告，称"A 药厂"市场份额较小，不会影响公司总体业绩。事实上，"A 药厂"产品在 2002 年的销售仅为300 多万元，即便是"A 药厂"全年停产，也不会对年销售高达 40 多亿元的双龙业绩造成影响。但双龙药业年报却显示，2003 年的亏损高达 3521.59 万元。

　　就是这样一家公司，双龙药业近几年却屡屡向其追加投资，2003 年公司还为昆山双龙贷款 8000 万元进行担保。并且，就在 2003 年 8 月 9 日，双龙药业还将原昆山双龙总经理严永明聘为上市公司副总经理。

另外,公司配股募集资金组建全国性大输液集团项目在 2002 年就有 10 个,实际使用资金共 14119.62 万元。就这样,经过几年的收购兼并,双龙药业已经成为我国大输液产业的龙头老大。

但是,大输液产品的残酷市场竞争却让双龙药业始料未及。在 4000 多家企业共同竞争的大输液市场,由于成本问题,很多大企业都竞争不过小企业。龙头老大没能获得垄断价格,也没享受到规模扩大带来成本降低的好处,因为同业企业的产能通过 GMP 改造都大有提高。

双龙药业大输液产品销售在"非典"期间一度降低到历史最低水平。"非典"过后,由于市场供大于求,市场竞争白热化,大输液产品持续降价,输液公司盈利空间缩小。双龙药业高管人员说,双龙药业确实没有预料到大输液市场的竞争如此激烈。

残酷的市场竞争导致双龙药业的大输液子公司经营大多出现严重困难。

公开资料显示,近 3 年来,双龙药业对外投资规模居高不减。2001 年,双龙药业对外投资 2.56 亿元;002 年,对外投资 4.24 亿元;003 年,达到 4.36 亿元。

公司终于到了资不抵债、不得不等待被人收购的地步。

其实,在中国资本市场,像双龙药业一样未领悟未济卦告诫而患有投资饥渴症的上市公司不在少数,也各自遇到了不同的麻烦。

看来,不懂"既济"的道理,不知深浅地盲目冒进,是非常危险的,无论是做企业,还是在其他方面,都应当引以为戒。

"亚圣"孟子

《未济卦》阐释的是奋斗不息的法则。成功,为极度的完成;但宇宙间的一切,不可能永远圆满,就此终止。始终在酝酿中,必然由亏而盈,由满而损,反复循环,继续演变发展于无穷,具备无限的潜力,使未来永远充满光明与希望,成为积极奋发的动力。

《未济卦》的"上九",正当未成功的终极,一面饮酒,一面眺望或许即将到来的成功,心中必然也在思索,一切又将返回起点,一切又将重新开始了!

被后世尊称为"亚圣"的孟子所处的时代,正是战国中期。当时各国诸侯都想一统天下。与孟子同时代的各种人才也纷纷出山。在这各显其能的诸多人才中,有身挂六国相印的苏秦;有玩弄六国于股掌之上的张仪;而白起则坑赵卒 40 万,使六国为之丧胆;吴起杀妻求将,纵横中原;就连好说"怪迁之祥"的邹衍,所到之处,都大受各国诸侯们的欢迎。

然而,我们的孟夫子却是凄凉极了。他第一次见梁惠王,就讨了个没趣。梁惠王不客气地冒出一句:"你这老头儿,不远千里而来,能给我国带来什么利益呢?"

孟子不卑不亢、郑重其事地回答道:

"大王何必动不动把功利挂在嘴上呢?除了利益、好处,还有仁义啊!如果人人都像大王你一样唯利是图,国王只想利国家,大夫只想利自家,百姓只想利个人,流风所及,举国上下一门心思争夺利益,这样的国家可就太危险了!"

孟子总结春秋以来的历史经验,进一步说:

"惟利是图,见利就上的结果是,自私自利的思想就会日益严重。正因为人人都争权夺利,才形成现在社会上的混乱局面。"

孟子第一次与梁惠王对话的主题很明确:要仁义还是要功利?其结果自然是不欢而散。

第二次对话是在王家花园里。梁惠王有心嘲弄孟子,站在湖心亭上,环眺林间飞翔的鸿雁,徜徉草坪的小鹿,对孟子说:

"你们这些一心只想着仁义道德的贤人们,也喜欢享受这园林风光吗?也有这种乐趣吗?"

尽管梁惠王的口气非常轻佻,孟子还是严肃地回答了他,而且也借题发挥,就怎样才是真快乐这一议题,讲出了一个直到今天仍有现实意义的重要问题:当领导的要与民同乐,先忧后乐。

孟母择邻

孟子可不可以像当时的许多说客那样,投其所到国家国君的嗜好,说之以争夺霸权的实力政治,先把功名富贵骗到手再说呢?以孟子的学识和辩才,完全可以。完全可以像苏秦那样,先把相印挂在腰带上,向世人扬眉吐气地洗刷一下知识分子的"穷酸相";或者像淳于髡那样,"安车驾驷,束帛加璧,黄金百镒",有了钱回家享受,"终生不仕"也无妨。

然而,我们的孟夫子没有这样做,他没有为一己私利牺牲理想原则,他坚持特立独行的立身处事的圣贤之道,虽然犹如太史公司马迁所说:"天下方务于合纵连横,以攻伐为贤,而孟轲乃述唐、虞、三代之德,是以所如者不合。"但是他以不苟时尚的高贵行为实践了自己的誓言:

"居天下之广居,立天下之正位,行天下之大道;得志与民由之,不得志独行其

道;富贵不能淫,贫贱不能移,威武不能屈。此之谓大丈夫。"

孟夫子一生都在忧患之中,虽然饱经沧桑,但始终坚守正道,把握中庸,刚柔并济,不改其志,危难时振奋精神,顺境中谦虚谨慎,广披其德,以天地为人生的准则,自强不息,厚德载物,永远没有停止的时候。这也是我们中华民族的精神,也是我们每一个人都应该效法的大准则。

一个人的生命有止息的时候,可是人类的发展就如《未既卦》所阐述的那样,代代不已,永不止息!

终点到了,又是一个新起点的开始!

《易经》六十四卦、三百八十四爻,到此结束。然而"变易""简易""不易"的原理,则永远进行;宇宙森罗万象,依然在无尽无穷中变化演进。

辉煌不再的派克制笔公司

一提起世界制笔业的龙头老大,人们立刻就会想到美国派克公司。从20世纪20年代开始,派克公司长期位居美国制笔业的榜首。在最兴旺时期,派克公司在全球14个国家设有子公司,世界上共有120家专营经销派克金笔的商店。派克公司的雇员多达6800多人。

进入20世纪60年代之后,尽管派克公司仍然在制笔业一枝独秀,但此时美国国内市场正悄悄发生着变化。首先,许多制笔公司在与派克公司的竞争中发现,虽说对手十分强大,拥有大批较为稳定的消费者,但也不是无懈可击。也就是说市场的划分是始终处于动态的,不会一成不变。这些制笔公司明白,它们彼此之间的厮杀是没有实质意义的,分来分去也只是点残羹剩饭,因此,它们不约而同地把目光瞄准了派克公司。

通过精心调查、研究和比较之后,这些制笔公司发现派克公司在书法笔领域没有什么优势,而且派克笔风格、式样和价格都比较单一,不能充分满足所有消费者各种层次的需求。针对这种情况,众多精明的制笔商纷纷调整生产策略,将重点转向书法笔和高档笔的生产,并在充分市场调查的基础上,集中力量研制开发出风格、式样全新的高档笔,立即引起广大消费者的兴趣。此外,这些公司不光跟派克公司争夺国外市场,而且决意在美国国内市场上与派克公司一决高下。

渐渐的,派克公司在美国市场的占有率大降,部分中层销售管理人员看到了危机所在,提醒公司应立即采取相应的对策。然而,由于当时美元疲软、汇率下降,加之派克笔具有悠久的历史,所以派克金笔每年70%以上都销往国外。这样一来,国内市场的业绩滑坡便被国外市场的繁荣所掩盖。因此,派克制笔公司的决策者对下属反映的问题无动于衷,自我感觉良好。

高枕无忧的决策者们毫无危机感,随意投资,花销无度,大量的利润被挥霍一空。进入20世纪80年代后,美元升值,派克金笔出口量锐减,公司入不敷出,连年亏损。

市场营销专家皮特森正是这时被推上了派克公司总裁的位子。

皮特森同样犯了三个致命的错误。他没有认真研究派克金笔在国内市场败退

的原因，而是武断地决定大量开发生产售价在 3 美元以下的中低档钢笔。这一决定无疑是混淆了消费者对派克品牌的辨识。本来派克金笔在广大消费者心目中是身份和地位的象征，人们经常购买派克金笔馈赠朋友。当市面上出现大量的低档派克笔后，人们只好放弃购买派克金笔送礼的念头。由于将精力、财力和人力都用来开发中低档产品了，派克公司的高档产品仍旧十分单一，而且质量也没什么改进。相比之下，竞争对手生产的高档笔更受消费者欢迎。

派克制笔公司的另一失误是皮特森执意推行的全球化销售计划。皮特森模仿可口可乐和万宝路香烟的营销方针，不在全世界寻求代理商，而是将整个公司的营销委托给一家广告公司。这家公司制做了统一的媒体广告在全世界发布，却忽略了不同地域或国家的人对派克笔的偏好也不同。面对不同的消费群体和消费习惯，相同的促销手段和宣传广告就收效甚微。

几年之后，派克金笔在美国市场的占有率陡然降至 17%，而主要对手却上升到 50%。产品不对路，营销不得法，最终使派克制笔公司债台高筑。1986 年 2 月英国一家公司以 1 亿美元的价格买下派克制笔公司。

宇宙间的一切，不可能永远圆满，就此中止，始终在酝酿之中，必然由亏而盈，由满而损，反复循环，继续演变，发展于无穷，具备无限潜力，但未来永远充满光明与希望，成为积极奋发和创新的动力。海尔和派克一正一反这两个例子证明，创新是企业发展的不竭之源，但在如何创新的问题上必须谋定而后动，这样才能使企业真正做到百尺竿头更进一步，从一个高度走向另一个高度。

刘备含恨于白帝

公元 219 年，孙权趁关羽率军围樊城久攻不下，荆州空虚之时，派吕蒙突袭荆州，并且乘胜擒杀了关羽。两年之后，镇守阆中的张飞迫不及待地要为关羽报仇，却被部下杀死，刺客逃到东吴。噩耗接连传来，刘备悲痛欲绝，决心报仇。他不肯听从群臣的苦苦劝谏，于当年七月，亲率大军东征。

东吴举国震惊，孙权接连派使者求和，刘备继续进兵，势如破竹，连破巫县、秭归，东吴朝野惊恐万分。孙权慌忙命陆逊为大都督统率吴军抵抗。在危机的关头，陆逊接到任命，人心惶惶，有很多人都不服他。

第二年春天，刘备弃舟登陆，命黄权督领江北诸军防止魏军进攻，自己亲率蜀军东进猇亭，从巫县到夷陵驻扎了几十处，营帐连起来长达七百里，经常向吴军挑战。陆逊则凭借险要的关隘坚守，严令诸将不得主动出兵。

陆逊挖深沟，筑高垒，在两军对峙的时候，捕捉有利的战机，趁蜀军懈怠之机，偷施火攻，大获全胜，史称"夷陵之战"，也称作"火烧连营七百里"。

刘备本来是以恢复汉室为己任的，诸葛亮为他谋划了"东联孙权，北抗曹操"的战略。在三国鼎立的格局中，蜀汉最弱，刘备本当明白"未济"之理。但是，当他的感情冲动占据了上风之时，就不能处理好与东吴的关系了，于是盲目开战，这是违背诸葛亮的战略的。结果大败而归，含恨于白帝，蜀汉从此一蹶不振，三国鼎立的微妙平衡被打破了。

国学经典文库

敢叫"上帝"让位的比尔·盖茨

假如互联网上流传的笑话可以成一种"标准"的话,上帝和盖茨经常彼此交谈:

美国总统比尔·克林顿、副总统艾尔·戈尔与比尔·盖茨在一起坠机事件中遇难。他们都被带上天堂,站在上帝气势雄伟的白色宝座之前。上帝俯视三人,然后先对戈尔说话:"艾尔,你相信什么?"艾尔答:"如果使用更多的燃煤,地球会变成一座温室,人人都会丧命。"上帝微笑着说:"过来坐在我的左边。"上帝接着问克林顿:"比尔,你相信什么?"克林顿回答:"我相信人饥己饥,人溺己溺。"上帝微笑着说:"过来坐在我的右边。"

上帝接着问比尔·盖茨:"比尔,你相信什么?"盖茨笑一笑,然后说:"我相信你坐的是我的椅子。"

这就是比尔·盖茨的个性!比尔·盖茨的微软公司处于一枝独秀、占据主要软件市场的良好发展状态。然而,盖茨对这样的成绩不以为然,在他头脑中想得更多的倒是公司未来的处境,未来的发展和未来的风险。

在电脑技术日新月异飞速发展的时代,哪怕稍有疏忽,就会被别人赶上甚至超过。在比尔·盖茨心中,永远有一种无法解脱的忧患意识。

1991 年初,比尔·盖茨向公司的主要董事们分发了一份公司发展状况备忘录。在这份备忘录中,从头至尾显露出他惯有的思想特征:既不乏勇往直前的气概,又充满深深的忧虑。他在历数微软公司业务取得巨大成就的同时,也详尽分析了公司在各个领域中面临的压力与危机。

微软公司在网络通讯等方面还远远落后于 Novell 公司,对这个巨大的市场鞭长莫及。

一些善于攻占市场份额的软件开发商,正千方百计地围堵微软公司,成为微软公司不可小觑的劲敌。

与苹果公司的法律纠纷也还在旷日持久地继续下去,这给微软公司带来不小的麻烦。在过去几年中,微软公司已花费了数百万美元来推广视窗软件,而且费尽心思让软件开发商为视窗开发应用软件。苹果公司一旦获胜,不仅微软公司将前功尽弃,败下阵来,而且意味着几十亿美元的市场份额将化为乌有。这一场没完没了的官司还不得不一直打下去,因为在与苹果公司的纠纷中,不断有新的对手加入苹果公司的行列中。比尔·盖茨自己也深深感觉到,现在正处于腹背受敌、四面楚歌的境地。

在这份备忘录中,比尔·盖茨还着重谈到与 IBM 的关系问题。他说:"我们应当同 IBM 保持一种不偏不倚的关系,因为我们已经成了更为出色更为强大的公司。我们今天已经确立了自己的行进标准,人们不再认为这只是由于 IBM 选择了我们。"

过去人们一度普遍认为,IBM 是自己坑害了自己,它养虎为患,让微软公司占了上风。但电脑业的明白人都知道,事情并非如此。IBM 之所以面临败局,是因为它跟不上电脑业的发展步伐,在激烈的市场竞争中失利。哪怕微软公司不赶上去,

国学经典文库

这种事情别的人也会照干不误。

比尔·盖茨唱然动容地说明了这件事的意义：

"与 IBM 分道扬镳，表明微软公司不再接受 IBM 贫乏的编码，贫乏的设计方案和诸如此类的其他东西。"

那时候，微软公司的股票每股已经超过 110 美元。比尔·盖茨的备忘录公布之后，一些不明就里的人开始产生恐惧心理，认为别的竞争对手真的要赶上来了，便开始大量抛售股票。结果，微软股票在抛出最多的时候，一天之内下降了 8 美元。仅就比尔·盖茨个人而言，他在一天之内就损失了 3.15 亿美元的票面价值。

自然，那些真正了解微软公司和股票行情的证券老手，认为备忘录并没有揭示出什么真正可怕的东西，反而觉得比尔·盖茨流露出来的忧虑正好是他自负心理的惯常表现。因此，他们非但没有抛出股票，反而乘机大量吃进。例如曾经帮助微软上市的金人萨奇公司副总裁谢伦德就是这样的人，他在这次小小的风波中，着着实实大捞了一把。

在已经成功之际，新的道路、新的事业又展现在我们面前。此时，我们真更像刚刚创业之时一样，谨慎周密，慎重从事。兢兢业业，脚踏实地，而勿轻率冒进。

自我抑制、量力而行，是开始新一轮事业所最应注意的决策原则。成功只代表你的过去，却不能代替现在。过去的成功固然可喜，明天的新事业才是你更值得去担忧的。不要为自己的胜利所陶醉，更勿为欲早日享受成功而操之过急。成功而以艰危处之，继续奋斗，量力而行，才能既保持过去的成功，又开拓新的事业。

成功已成为过去，新的事业仍然充满了艰难和险阻。就像你当初刚刚创业一样，这些艰难险阻仍然是你事业的大敌。虽然你已因为成功而有了较大的力量，但若过于相信自己，麻痹大意，你仍然会被险阻所击败。因此，为了明天的新事业，我们仍应保持创业之初的勇气，去迎接明天的挑战。

功亏一篑　铸成千古恨

封建社会中，每次帝王更迭，朝廷中都会产生一些骚动。尤其是年幼的皇帝登基，更容易引起骚动。

东汉永康元年十二月丁丑日（公元 168 年 1 月 26 日），年仅 36 岁的汉桓帝刘志死在德阳前殿，陈蕃、窦武等拥立解渎亭侯刘宏嗣位，是谓灵帝，时年仅 12 岁。

当时的局势是灵帝太小，遇事无主见，事事要依太后，太后又委政于自己的父亲窦武，这样窦武以大将军的身份掌握了朝政。他提拔征召李膺、杜密、刘猛、陈实等名士共掌朝政，志在诛除宦官，踌躇满志，大权在握，形势有利于窦武。窦太后目光短浅，想调和双方，先后封授曹节、王甫等人为官。这样，宫廷内部宦官的势力则大于窦武等人了。

太后不征得窦武、陈蕃的同意就随意授官，而且所授之人，皆是阉党之徒。陈蕃向来疾恶如仇，此时已年近 80，又身担太傅要职，不忍袖手旁观，就去找窦武商量。建议窦武早下决心，千万不要姑息迁就，一旦宦官势力养成，则必然祸乱天下，后果不堪设想。窦武点头称是。陈蕃走后，窦武当即进宫去见太后，要求窦太后诛

杀心怀鬼胎的宦官。窦太后优柔小仁，没有答应窦武的请求。

陈蕃知道窦武已经向太后请求要诛杀曹节、王甫几个阉党首恶，等了几天没有动静，又有些忍耐不住，上疏复申窦武的意见，请求诛杀宦官曹节、侯览、王甫、郑飒等人。窦太后则又按下不批。

灵帝元年（公元 169 年）八月。太白星犯房之上，将入太微天官。侍中刘瑜，颇知天象。借机上奏太后，说天象示儆，不利将相，应当紧闭宫门，防备突来的变化。又给窦武、陈蕃写信，略言星象错谬，劝他们早决大计。窦武忙找陈著商议，要马上进行部署。先任命朱瑀为司隶校尉，刘祐为河南尹，虞祁为洛阳令，全面地控制京师大权。然后用属于自己一党的小黄门山冰取代原黄门令魏彪，控制了宫廷内的一部分权力。接着窦武又奏请太后收捕了长乐尚书郑飒，送进北寺狱中审问。陈蕃建议窦武不必拷问，一律将作恶的宦官收监处死，窦武不同意，还想按一定程序处理此事。

郑飒受刑不过，招供了同伙们贪赃枉法等罪恶，把曹节、王甫等巨阉牵了进去，而这正是窦武、陈蕃所需要的。窦武见曹节、王甫等人的罪证已拿到手中，心中大喜。当即写好奏章，并郑飒的口供一起拟交太后审批，然后就可名正言顺地大规模诛杀这批作恶多端的阉党。只因当日天晚，窦武觉得从洛阳令到司隶校尉都是自己的人，只要明日早朝公布曹节等人的罪行便可大功告成。便把写好上封的密奏交侍中刘瑜，让他转呈太后。窦武连日操劳，感觉有些疲乏，当晚离开宫廷回府休息。不料这就好像扼住豺狼脖子的手已松开一样，给恶狼以喘息的机会，一场惊心动魄的政治绞杀已接近最高潮。这一天是九月辛亥日（公历 10 月 25 日）。

窦武回到家中，吃完晚饭后酣然入睡。宫廷内则忙乱起来。刘瑜把窦武写的奏本交给一名内侍，让他转呈太后。本来这些太监们都感觉到几日来气候不对，郑飒被抓及招供的事他们也有些耳闻，故反应都很敏感。那位送奏疏的小太监并未把奏疏送进宫中，而是先拿着去交给长乐宫内的五官史朱瑀宇看。朱瑀宇也是宦官当中的小头目，自郑飒被捕，心怀疑惧，与曹节、王甫等互相倚托，当然格外留心。一听说窦武有奏疏，忙接过启封偷看。此时也顾不得什么犯法了。看了几行，已经大为恼怒，待阅完全文，早已是怒从心头起，恶向胆边生，因奏章中要诛杀的名单中有他的大名，便立刻大声对周围的几名太监说："陈蕃、窦武奏自太后，要废帝为逆，这还了得，我们一定要保护皇帝。"说罢，忙让人去召集长乐宫的所有太监，共计有张亮、共普等 17 人，朱瑀宇手持奏疏，慷慨陈词地煽动一番，其他人也无暇去看原文。17 人歃血为盟，共同谋杀窦武、陈蕃。接着又去通知曹节、王甫。曹节、王甫负责皇帝宫中事务，听后大惊，连忙带人进入灵帝内室撒谎说："外间喧嚣，恐怕不利圣躬，请速出御口德阳前殿，宣诏平乱！"灵帝刘宏当时才 13 岁，被人从热被窝中拉起，晕头转向，乳母赵娆也怂恿他快走，他没什么主见，也就跟着众人风风火火地出御前殿。曹节等人见控制了皇帝，心中有了主意，立刻命人关闭宫门，又命人拿着明晃晃的刀逼着尚书官属起草诏书。王甫带人先去假传圣旨杀了山冰，又到北寺狱放出了郑飒，宦官已控制了整个宫中。王甫放出郑飒后，又进长乐宫劫迫窦太后取走了印绶。

众太监忙乱了大半夜，天亮时派郑飒带人去收捕陈蕃、窦武等大臣。至此，宦

官势力已经占绝对优势。他们控制着小皇帝,可以随意写诏书。陈蕃闻宫中有变,带领官属80余人奔尚书省而来,途遇王甫用圣旨调来的御林军,两下力量相差悬殊,80余人大多束手就擒,被押进了郑飒刚刚住过的北寺狱。

窦武闻变,忙骑马驰入步兵营,与窦绍联手拒捕,射死数人,召集北军几千人屯守都亭,当众宣布黄门常侍造反,要求众将士合力除奸。众人半信半疑。不一会儿,王甫矫诏调来张奂及五营兵士前去攻讨窦武。张奂在当时也是较有时望的名将,王甫又确实带着圣旨。窦武一方的官兵见状,先已夺气,纷纷逃出。窦武、窦绍父子逃到洛阳都亭时被追兵围住,惶急万分,先后拔剑自杀。至此,窦武、陈蕃发动的诛讨宦官的斗争彻底失败了。

窦武诛杀宦官失败的主要原因是他在最后的关键时刻离开宫殿,给了敌人以反扑的机会。

<h3 style="text-align:center">施瓦伯不自我满足</h3>

施瓦伯是一个完全靠自己奋斗出来的农家孩子,他后来曾经做过多位总统的顾问,是世界上许多国家元首的好朋友。他认为:无止境的活动,乃是人生的目的、人生的终结。他说:"有一次,有人来问我,一个大商人赚了很多钱,这种人是否就已经达到了他的目的时,我回答他说:如果一个人有达到他目的的时候,他便成不了一个大商人了。有成就的人总是永远前进的,一直到生命结束的时候为止。"

老约翰·洛克菲勒说:"如果你要一直保持成功,你应该朝新的道路前进,不要因循已有的成功之路。"新闻界的"拿破仑"、《伦敦泰晤士报》的大老板思克利士爵士说:"我经商并不是为了钱,我已经赚够了钱,远远超过了我之所需。我是为经商而经商。我喜欢做生意,特别是大生意,这是我寻求刺激的一种方式。"

思克利士爵士,最初每月只能拿到80元的时候,他对自己的处境非常不满,之后当他挣到上万时,也不满足,直至成为亿万富翁,他仍不满足。同时他对于那些自我满足的人,是很反感的。

人生的意义,就在于干一番事业,在于日日维新。只愿闲坐着默想着昔日的成就,平静地走向人生的终点,这实在是错误之极。有大成者是一直要等到他自己完全精疲力竭了,方才肯放手的,而不管在此之前他已取得了多大的成就。

世界上真不知道有多少人一辈子都一无所成,就是因为他们太容易满足了!当然,不满足是痛苦的,为着要避免这一点因不满足而带来的痛苦,许多人急于为自己寻找一个"舒适的"安乐窝,收回了自己向前看的目光,不给自己一点压力或责任。真正的大人物并不会躺在安乐窝里回味着自己的成就,希望朋友们来称赞,并因称赞而感到自满。

<h3 style="text-align:center">曹操称王不称帝</h3>

沧海桑田,周而复始。六十四卦所述说的事物发展进程至"未济"卦时好像是要终结了。但六十三卦"既济"却从积极的角度阐发了"未济"之中必有"可济"之

国学经典文库

理。"既济"可转为"未济","未济"也可转为"既济",事物就在这否定之否定的对立统一中发展,永无止境。正如:此路的极端是另一路的起点,白天的尽头是黑夜的起点,"既济"是"未济"的开端。事物成功之后,往往要走向反面,相聚之后又往往要走向相离,这寓示着人生事业永无止境,今天的成功,意味着明天有新的征程要起步,成功永远是没有止境的。曹操在非常之乱世成就了非常之霸业,本可以取汉而自立,但他没有这样做,他克制住自己的欲望,用称王而不称帝的手段,既夺取了汉室的权力,又没有让自己背上篡位的恶名。老谋深算,处心积虑,把自己驰骋疆场而草创的天下交给了儿子曹丕,遂了自己的帝王心愿。

公元217年5月,汉献帝晋封曹操为"魏王"。次年,汉献帝下诏,命曹操配置天子旌旗,出入戒严,限制行人,清除街道。十月,又命曹操官帽中佩挂十二个旒穗(即古代君王皇冠上前后垂下的玉石串珠),乘黄金装饰的车辆,驾马6匹,以及5种颜色的5辆副车。此等待遇,仅次于帝王了。

此时的曹操已到了迟暮之年,群臣建议他登基称帝,但曹操始终奉行汉朝正朔,避免了天下再度陷入混乱,他曾说:"设使天下无有孤,不知当几人称帝,几人称王。"

不久,发生了一件事情,又坚定了他称王不称帝的想法。

蜀国大将关羽败走麦城后,被孙权所杀,孙权怕刘备报复,更怕刘备与曹操联合攻打自己,便把关羽的头装在木匣子里,派人送到曹操那里,同时又写了封信,表示愿意向曹操"称臣",并劝曹操顺应天命,及早称帝。

曹操接到信,随手递给左右心腹看。左右看了,说道:"汉朝寿命已尽,大王功德无量,天下人都希望您来做天子。"

曹操却笑着说:"孙权这小子要把我放在炉火上烤啊!"

然而,左右心腹却理解不了他的想法,说:"大王称帝,上合天意,下合民心,还有什么可怀疑的呢?"

曹操明白,废掉献帝,自己称帝,是很容易的,问题是汉室虽然衰落,可毕竟它还有一个正统的名义。自己一旦称帝,不但要失去天下人心,还必为刘备所不容。

"不,不行。"曹操说道:"周西伯昌,怀此圣德。三分天下,而有其二。修奉贡献,臣节不坠。""如果天命在我,我就做周文王吧!周文王他儿子后来终于灭了殷做了王,就是武王。"

曹操心目中有一系列理想人物,如周公、管仲等。曹操对周文王情有独钟,在很大程度上是他的功业与周文王有较多的可比性,因此也立志效法周文王这样后世儒家美化的"圣德之君",曹操说自己做周文王,意思就是说,他这一生做魏王就可以了,让他的儿子去做皇帝吧。他把灭吴与灭蜀的希望寄予自己的儿子曹丕。

公元220年正月二十三日,曹操逝世,年66岁。

曹操死后,曹丕继承父亲为魏王,十月,曹丕便废掉了汉献帝,正式称魏文帝,追尊曹操为武皇帝。

曹操是一代枭雄,"宁可我负人,不可人负我"是他的做人原则,他"挟天子以令诸侯"之行径是一般人所做不出来的非常之举,但曹操始终依附着汉朝的傀儡皇帝,这种韬略也是一般人所不能理解的。

曹操像

事物的发展永无止境。曹操雄霸天下，却不愿登上封建权力的巅峰，因为他知道成功是没有终极的，他依然带着他的文臣武将在一个又一个新的起点上起跑，为儿子君临天下铺下一块又一块坚实的基石，曹丕也不负父王的厚望，文治武功，建立了强大的魏国。

历史在超越中辉煌，目标在奋斗中成功。成功只代表过去，却不能代替现在。过去的成功固然可喜，明天的新事业才是你更值得去担忧的。只有永远不放弃追求，把今日的成功看成是明日新征程的起步，又是一个重新开始，保持创业之初的勇气，就一定能书写出人生更加辉煌的篇章。

人生是一处硝烟无法散尽的战场，时时处处充满着智慧的较量。我们只能把已经达到的成功目标作为新征程的起点，走下辉煌的神坛，以谦逊的弱者姿态重新出现在新的环境中，才能立于不败之地。

范蠡弃政务民

战国时代杰出的政治家范蠡，辅佐越王勾践，进行20年"卧薪尝胆"的复仇计划，运用美人西施迷倒敌国君王夫差，然一旦复国成功，他便不辞而别，偷偷来到齐国一处偏僻的地方，开垦荒地、发展农业，开始过起另一种新的生活。而仍留在勾践身边的另一位辅佐重臣文种，却落了个拔剑自刎的下场。

范蠡在齐国没几年，便积蓄了相当可观的财产。齐国君王得知后，便邀请他担任齐国的宰相。使者走后，范蠡对下人们说："我当官当到卿相，种地得到千金，这是布衣出身的最高境界了。如果长久享受，这是不明智的。明天我们就把财产散发给穷人，离开这里。"于是他再度出走，来到齐国陶地（今山东肥城市），并改名为"陶朱公"，开始从事商业活动，没几年便富可敌国，最后在自己的府第寿终正寝。

如果范蠡不把仕途上的成功作为弃政务农的起点，他的下场与文种没什么两样；如果他不把在齐国务农的成就作为异地经商的起点，他又怎能成为巨富而安享晚年呢？正如《宋名臣言行录》中说的"优好之所勿久恋，得志之地勿再往"。

人生旅途，永远没有终点。天外有天，人上有人，任何炫目的成功都只属于某一个领域，只有谦恭者才能笑到最后。